ABAP®-Entwicklung auf der SAP® Cloud Platform

SAP PRESS

SAP PRESS ist eine gemeinschaftliche Initiative von SAP SE und der Rheinwerk Verlag GmbH. Unser Ziel ist es, Ihnen als Anwendern qualifiziertes SAP-Wissen zur Verfügung zu stellen. SAP PRESS vereint das Know-how der SAP und die verlegerische Kompetenz von Rheinwerk. Die Bücher bieten Ihnen Expertenwissen zu technischen wie auch zu betriebswirtschaftlichen SAP-Themen.

Damit Sie nach weiteren Büchern Ihres Interessengebiets nicht lange suchen müssen, haben wir eine kleine Auswahl zusammengestellt:

Chiuaru, Freilinger-Huber, Stark, Trapp
ABAP-Entwicklung für SAP S/4HANA
2019, 548 Seiten, geb.
ISBN 978-3-8362-6788-5
www.sap-press.de/4823

Klaus Kopecz
Anwendungsentwicklung auf der SAP Cloud Platform
Das SAP Cloud Application Programming Model
2021, 424 Seiten, geb.
ISBN 978-3-8362-7651-1
www.sap-press.de/5110

Michael Englbrecht
SAP Fiori – Implementierung und Entwicklung
3., aktualisierte und erweiterte Auflage 2020, 798 Seiten, geb.
ISBN 978-3-8362-7268-1
www.sap-press.de/4947

Emily Celen, Lutz Rosenpflanzer
Custom-Code-Migration nach SAP S/4HANA
2020, 446 Seiten, geb.
ISBN 978-3-8362-7632-0
www.sap-press.de/5105

André Tiebing, Benjamin Kunold, Patrick Jungk

ABAP®-Entwicklung auf der SAP® Cloud Platform

Rheinwerk
Publishing

Liebe Leserin, lieber Leser,

vielen Dank, dass Sie sich für ein Buch von SAP PRESS entschieden haben.

Ich erinnere mich, dass große Aufregung herrschte, als 2017 auf der TechEd angekündigt wurde, dass ABAP bald auch auf der SAP Cloud Platform entwickelt werden könne. Von Skepsis bis Euphorie reichten die Reaktionen derjenigen, mit denen ich damals an unserem SAP-PRESS-Stand über die Ankündigung sprach. Die große Aufregung hat sich inzwischen sicherlich gelegt, gleichzeitig sind auch die Einstiegshürden niedriger geworden: Dank der seit Ende 2019 verfügbaren Testversion können Sie sich einfach selbst ein Bild von der neuen Umgebung machen.

Dieses Buch unterstützt Sie dabei. Es führt Sie nicht nur in die neue Entwicklungs- und Laufzeitumgebung ein, sondern zeigt Ihnen auch, wie sich die Programmierweise und die Bereitstellung in der Cloud von der gewohnten Arbeitsweise unterscheiden. André Tiebing, Benjamin Kunold und Patrick Jungk konnten bereits seit der Einführung Ende 2018 Erfahrungen mit dem ABAP Environment sammeln und geben ihr Wissen mit Begeisterung an Sie weiter. Lassen Sie sich davon anstecken!

Wir freuen uns stets über Lob, aber auch über kritische Anmerkungen, die uns helfen, unsere Bücher zu verbessern. Scheuen Sie sich nicht, mich zu kontaktieren. Ihre Fragen und Anmerkungen sind jederzeit willkommen.

Ihre Janina Schweitzer
Lektorat SAP PRESS

janina.schweitzer@rheinwerk-verlag.de
www.rheinwerk-verlag.de
Rheinwerk Verlag · Rheinwerkallee 4 · 53227 Bonn

Auf einen Blick

Wir hoffen, dass Sie Freude an diesem Buch haben und sich Ihre Erwartungen erfüllen. Ihre Anregungen und Kommentare sind uns jederzeit willkommen. Bitte bewerten Sie doch das Buch auf unserer Website unter **www.rheinwerk-verlag.de/feedback**.

An diesem Buch haben viele mitgewirkt, insbesondere:

Lektorat Janina Schweitzer
Korrektorat Claudia Lötschert, Neuss
Herstellung Nadine Preyl
Typografie und Layout Vera Brauner
Einbandgestaltung Silke Braun
Coverbild iStock: 1150013417 © golero
Satz SatzPro, Krefeld
Druck Beltz Grafische Betriebe, Bad Langensalza

Dieses Buch wurde gesetzt aus der TheAntiquaB (9,35/13,7 pt) in FrameMaker. Gedruckt wurde es auf chlorfrei gebleichtem Offsetpapier (90 g/m²). Hergestellt in Deutschland.

Bibliografische Information der Deutschen Nationalbibliothek:
Die Deutsche Nationalbibliothek verzeichnet diese Publikation in der Deutschen Nationalbibliografie; detaillierte bibliografische Daten sind im Internet über *http://dnb.dnb.de* abrufbar.

ISBN 978-3-8362-7830-0

1. Auflage 2021

Informationen zu unserem Verlag und Kontaktmöglichkeiten finden Sie auf unserer Verlagswebsite **www.rheinwerk-verlag.de**. Dort können Sie sich auch umfassend über unser aktuelles Programm informieren und unsere Bücher und E-Books bestellen.

Inhalt

Einleitung

SAP Cloud Platform, ABAP Environment

Seit September 2018 steht mit *SAP Cloud Platform, ABAP Environment* (im Folgenden kurz *ABAP Environment* genannt) die neuste Generation des ABAP-Stacks von SAP NetWeaver zur Verfügung. Bei dem ABAP Environment handelt es sich um eine ABAP-Entwicklungs- und Laufzeitumgebung innerhalb der SAP Cloud Platform. Damit kann nun auch die SAP-eigene Programmiersprache ABAP für die Bereitstellung von cloudbasierten Services und Anwendungen genutzt werden.

Innovationsplattform

Die neuesten ABAP-Innovationen stehen zukünftig als Erstes im ABAP Environment zur Verfügung und werden erst zu einem späteren Zeitpunkt in On-Premise-Systemen bereitgestellt. Das ABAP Environment dient somit als Innovationsplattform für die ABAP-Entwicklung. Unterstützt wird dieses Konzept durch einen quartalsweisen Releasezyklus. Im Gegensatz zu On-Premise-Systemen profitieren Sie von einem schnelleren Innovationszyklus.

Zielgruppe

Dieses Buch richtet sich vor allem an ABAP-Expert*innen, die an den neusten Technologien im Bereich der ABAP-Entwicklung interessiert sind. Als ABAP-Expert*in sind Sie in Ihrem Unternehmen für die technische Umsetzung von betriebswirtschaftlichen Prozessen zuständig. Ihre Kernkompetenz ist die ABAP-Entwicklung, das heißt, Sie kennen sich vor allem mit den technischen Gegebenheiten des SAP NetWeaver Application Server für ABAP aus.

Fragestellungen

Unser Ziel ist es, Ihnen mit diesem Buch detaillierte Kenntnisse der ABAP-Entwicklung auf der SAP Cloud Platform zu vermitteln. Dazu gehören neben der Entwicklung von Anwendungen nach dem neuen *ABAP-RESTful-Programmiermodell* auch die Architektur des ABAP Environment sowie die Anbindung von SAP-On-Premise-Systemen und anderen externen Systemen.

Folgende Fragestellungen behandeln wir in diesem Buch:

- Was ist das ABAP Environment und wie ordnet es sich in die SAP-Systemlandschaft ein?
- Welche Funktionalitäten bietet das ABAP Environment und wie setzen Sie diese ein?
- Wie entwickeln Sie mit dem ABAP-RESTful-Programmiermodell moderne SAP-Fiori-Anwendungen und ABAP-Services auf Basis des ABAP Environment?

- Wie können Sie das ABAP Environment in Ihre bestehende Systemlandschaft integrieren und so Ihre Geschäftsprozesse um innovative Services ergänzen?

Releasestand

Der Großteil dieses Buchs ist auf Basis des Release 2005 des ABAP Environment entstanden, das im Mai 2020 veröffentlicht wurde. Durch den quartalsweisen Releasezyklus werden fortlaufend neue Funktionen und Services bereitgestellt. Zum Zeitpunkt der Veröffentlichung des Buchs wird daher bereits das Release 2011 aktuell sein. Daher empfehlen wir Ihnen, die von SAP bereitgestellte Roadmap stets im Blick zu haben, um über die neusten Funktionen auf dem Laufenden zu sein. SAP Roadmaps finden Sie auf der Internetseite *https://roadmaps.sap.com/*. Suchen Sie auf dieser Seite ganz einfach nach dem Stichwort »SAP Cloud Platform, ABAP Environment«.

Material zum Buch

Wir verwenden in diesem Buch eine durchgehende Beispielanwendung. Im Zentrum dieser Beispielanwendung steht das Geschäftsobjekt *Rabattaktion*. Im Verlauf des Buchs werden wir diese Anwendung gemeinsam mit Ihnen Schritt für Schritt aufbauen, angefangen beim Datenbankmodell über die Modellierung des Geschäftsobjekts und die Definition einer Benutzeroberfläche bis hin zur finalen Bereitstellung auf der SAP Cloud Platform. Materialien zu der Beispielanwendung finden Sie auf der Webseite zum Buch unter *www.sap-press.de/5171* im Bereich **Materialien**.

Aufbau des Buchs

Das Buch teilt sich in 15 Kapitel auf, die Sie chronologisch durcharbeiten, aber auch zum Nachschlagen einzelner Themen verwenden können.

In **Kapitel 1**, »Die SAP Cloud Platform«, stellen wir Ihnen die SAP Cloud Platform vor. Dieses Kapitel richtet sich vor allem an diejenigen, die mit den grundlegenden Prinzipen und Konzepten des Cloud-Computing und speziell der SAP Cloud Platform noch nicht vertraut sind.

In **Kapitel 2**, »Einführung in SAP Cloud Platform, ABAP Environment«, lernen Sie das ABAP Environment kennen. Wir zeigen Ihnen mögliche Anwendungsszenarien und gehen auf die Architektur der neuen ABAP-Umgebung ein.

Kapitel 3, »ABAP Environment einrichten«, befasst sich mit dem Einrichten einer neuen Umgebung. Wir zeigen Ihnen Schritt für Schritt, wie Sie eine ABAP-Service-Instanz anlegen. Des Weiteren gehen wir auf die Administrationsoberfläche dieser Instanz ein und beschreiben, wie Sie über die ABAP Development Tools in Eclipse eine Systemverbindung herstellen.

Ab **Kapitel 4**, »Aufbau des Datenmodells der Beispielanwendung«, beginnen wir mit unserer Bespielanwendung, die Sie während der gesamten Lektüre dieses Buchs begleiten wird. Wir starten mit einem Überblick über die Anforderungen. Anschließend werden Sie selbst aktiv und legen die Datenbasis der Anwendung in Form von Datenbanktabellen, einer Konsolenanwendung und Basis-CDS-Views an.

In **Kapitel 5**, »Freigegebener Sprachumfang und Objekte«, gehen wir auf im ABAP Environment zur Verfügung stehenden Umfang an ABAP-Sprachelementen und die freigegebenen Repository-Objekte ein. Wir zeigen Ihnen außerdem, wie Sie eigene Objekte für die Verwendung innerhalb des ABAP Environment freigegeben können. Sie erfahren auch, wie Sie Objekte finden, die für die Verwendung freigegeben sind.

Im Zentrum von **Kapitel 6**, »Geschäftsobjekte modellieren«, steht die Modellierung des Geschäftsobjekts Rabattaktion. Im ABAP Environment kommt dazu das neue ABAP-RESTful-Programmiermodell zum Einsatz, das wir Ihnen in diesem Kapitel ausführlich vorstellen.

Wie Sie die Geschäftslogik einer Anwendung definieren und implementieren, zeigen wir Ihnen in **Kapitel 7**, »Geschäftslogik entwickeln«. Dazu gehen wir auf die verschiedenen Implementierungsszenarien des ABAP-RESTful-Programmiermodells ein und zeigen Ihnen anhand der Beispielanwendung, wie Sie Ermittlungen, Validierungen und Aktionen für Geschäftsobjekte bereitstellen können. Abschließend gehen wir auf die unterstützen Sperrkonzepte ein.

In **Kapitel 8**, »Erweiterung des Speicherverhaltens«, lernen Sie die Möglichkeit kennen, in das Speicherverhalten des ABAP-RESTful-Programmiermodells einzugreifen. Sie können so Einfluss auf die Persistierung von Geschäftsobjektdaten nehmen und das Speicherverhalten durch eigene Funktionalitäten erweitern bzw. ersetzen.

Kontextabhängige Services stellen Sie im ABAP Environment durch Projektionsschichten zur Verfügung. In **Kapitel 9**, »Verwendung von Geschäftsobjekten«, bringen wir Ihnen daher die Möglichkeit näher, eine Projektionsschicht mithilfe von CDS-Projektions-Views zu erstellen und so nur bestimmte Teile eines Geschäftsobjekts als Service bereitzustellen.

Wie Sie als ABAP-Entwickler*in mithilfe von SAP Fiori Elements benutzerfreundliche SAP-Fiori-Anwendungen bereitstellen können, ohne tiefgreifende Kenntnisse im Bereich der SAPUI5-Entwicklung zu haben, demonstrieren wir Ihnen in **Kapitel 10**, »Gestalten von Benutzeroberflächen«. Dieses Thema ist unserer Meinung nach essenziell, da das ABAP Environment Oberflächentechnologien wie Dynpro oder Web Dynpro nicht mehr unterstützt.

In **Kapitel 11**, »Customizing im ABAP Environment bereitstellen«, zeigen wir Ihnen Schritt für Schritt, wie Sie Customizing-Funktionalität für Ihre Anwendungen bereitstellen können. Sie definieren eigene Customizing-Tabellen und stellen diese den Anwender*innen zur Pflege zur Verfügung. In diesem Zusammenhang gehen wir auf die Unterschiede zum Customizing in On-Premise-Systemlandschaften ein.

Zugriffschutz und Berechtigungen sind auch im ABAP Environment essenziell für betriebswirtschaftliche Anwendungen. In **Kapitel 12**, »Berechtigungen implementieren«, befassen wir uns daher mit der Absicherung des Zugriffs auf Anwendung und Daten, der Überprüfung von Berechtigungen sowie deren Verwaltung in Benutzerrollen und -katalogen.

In **Kapitel 13**, »Kommunikation mit externen Systemen«, betrachten wir die Integration externer Systeme mit dem ABAP Environment. Wir stellen Ihnen die verschiedenen Komponenten des Kommunikationsmanagements vor, die für die Kommunikation mit externen Systemen zum Einsatz kommen. Auch auf die Side-by-Side-Erweiterbarkeit von SAP S/4HANA gehen wir in diesem Kapitel ein.

Wie Sie den kundeneigenen Quellcode Ihres On-Premise-Systems analysieren und anschließend in das ABAP Environment migrieren können, ist Thema von **Kapitel 14**, »Kundeneigenen Quellcode migrieren«.

Das Thema »Software Lifecycle Management« soll in diesem Buch ebenfalls nicht zu kurz kommen. Daher stellen wir in **Kapitel 15** das Transportwesen des ABAP Environment vor, das sich erheblich vom Transportwesen der SAP-On-Premise-Systeme unterscheidet.

Informationskästen

In hervorgehobenen Informationskästen finden Sie in diesem Buch Inhalte, die wissenswert und hilfreich sind, aber etwas außerhalb der eigentlichen Erläuterung stehen. Damit Sie die Informationen in den Kästen sofort einordnen können, haben wir die Kästen mit Symbolen gekennzeichnet:

[»] In Kästen, die mit diesem Symbol gekennzeichnet sind, finden Sie Informationen zu *weiterführenden Themen* oder wichtigen Inhalten, die Sie sich merken sollten.

[+] Die mit dem *Tippsymbol* gekennzeichneten Kästen geben Ihnen spezielle Empfehlungen, die Ihnen die Arbeit erleichtern können.

[!] Kästen mit dem *Achtungsymbol* weisen Sie auf typische Probleme oder Fallstricke hin.

Danksagung

Wir wollen uns vor allem bei unseren Familien und Freunden bedanken, die uns für die Erstellung dieses Buchs genügend Freiräume gelassen und uns fortlaufend unterstützt haben.

Wir wünschen Ihnen viel Spaß beim Lesen dieses Buchs und viel Freude an der Umsetzung der innovativen ABAP-Funktionalität mithilfe des ABAP Environment!

André Tiebing, **Benjamin Kunold** und **Patrick Jungk**

Kapitel 1
Die SAP Cloud Platform

*Das SAP Cloud Platform, ABAP Environment, eröffnet ABAP-Entwickler*innen den Zugang zu einem neuen – vielleicht ungewohnten – Arbeitsumfeld. Wir wollen Ihnen mit diesem Kapitel den Einstieg in die Anwendungsentwicklung in der Cloud erleichtern.*

Cloud Computing spielt eine immer größere Rolle bei der Bereitstellung betriebswirtschaftlicher Anwendungssoftware. Doch warum ist das eigentlich so? In diesem Kapitel werden wir die Motivation und die Ziele von Cloud Computing ergründen und darstellen, warum Cloud Computing gerade in der heutigen Zeit so relevant ist. Dabei richten wir uns vor allem an diejenigen, die mit den grundlegenden Prinzipen und Konzepten des Cloud Computing und speziell der *SAP Cloud Platform* noch nicht vertraut sind.

Diese Einführung soll Ihnen helfen, die SAP Cloud Platform und das ABAP Environment richtig in ihren Gesamtzusammenhang einzuordnen, und Ihnen den Start mit der Anwendungsentwicklung in der Cloud erleichtern. In Abschnitt 1.1, »Herausforderungen des digitalen Zeitalters«, betrachten wir die Aufgaben und Probleme, mit denen sich Unternehmen im Zeitalter der Digitalisierung konfrontiert sehen.

In Abschnitt 1.2, »Einsatzgebiete der SAP Cloud Platform«, erläutern wir dann, inwieweit Cloud-Lösungen diesen Problemen begegnen können, und stellen Ihnen die SAP Cloud Platform als die zentrale Cloud-Lösung im SAP-Umfeld vor.

In Abschnitt 1.3, »Konzepte der SAP Cloud Platform«, und Abschnitt 1.4, »Cloud Foundry als Basis für das ABAP Environment«, nehmen wir grundlegende Konzepte des Cloud Computing, wie Service- und Bereitstellungsmodelle, in den Blick. Ebenso gehen wir in diesen Abschnitten auf spezielle Konzepte der SAP Cloud Platform ein, wie die Cloud-Foundry-Umgebung.

Abschnitt 1.5, »Dienste der SAP Cloud Platform«, gibt Ihnen einen Überblick, welche Dienste neben dem ABAP Environment noch über die SAP Cloud Platform verfügbar sind.

1.1 Herausforderungen des digitalen Zeitalters

Die digitiale Revolution

Die Gegenwart wird oftmals als Zeit der *vierten industriellen Revolution* bezeichnet. Nicht selten wird jedoch ein aus unserer Ansicht noch treffenderer Begriff verwendet, der den Charakter des gegenwärtigen strukturellen Wandels gut einfängt: Der Begriff der *digitalen Revolution*. Diese digitale Revolution bringt eine Vielzahl von teilweise existenziellen Herausforderungen für Unternehmen mit sich.

Katalysator Digitalisierung

Anders als bei der von der Entwicklung der Dampfmaschine getriebenen industriellen Revolution des 18. und 19. Jahrhunderts ist der Treibstoff des gegenwärtigen wirtschaftlichen Wandels nicht so einfach zu fassen. Es handelt sich um Daten, um Software, um Bits und Bytes. Ähnlich wie die technischen Entwicklungen in der industriellen Revolution führt die fortschreitende Digitalisierung zu stark beschleunigten Entwicklungen in Technologie, Produktivität und Wissenschaften.

Digitale Transformation

Damit Unternehmen dieses katalysatorische Potenzial der Digitalisierung für sich nutzbar machen können, müssen Prozesse und Geschäftsmodelle neu gedacht werden. Schon immer mussten sich Unternehmen den jeweiligen Herausforderungen des technischen Wandels ihrer Zeit stellen. Nun, zu Beginn des 21. Jahrhunderts, befinden sich die Industrie sowie die Gesellschaft in einer Phase des Fortschritts, in der Technologie beinahe jeden Lebensbereich und weite Teile der Wirtschaft durchdringt und diese vernetzt. Je größer der Einfluss der Digitalisierung auf unsere Gesellschaft wird, je digitaler unser Leben stattfindet, desto mehr müssen sich auch Unternehmen diesem Wandel anpassen. Unternehmen müssen zu *digitalen Unternehmen* werden. Diesen Paradigmenwechsel haben wir unter dem Begriff der *digitalen Transformation* zusammengefasst.

1.1.1 Die digitale Transformation

Treiber der digitalen Transformation

Die digitale Transformation ist die Veränderung von Geschäfts- und Produktionsprozessen durch die Nutzung moderner digitaler Technologien. Beschleunigt wird sie maßgeblich durch die Verbreitung mobiler Endgeräte wie dem Smartphone und dem Internet.

Chancen moderner Technologie

In wirtschaftlicher Hinsicht ist dieser digitale Wandel aus zwei Perspektiven zu betrachten:

- **Technische Perspektive**
  Auf der einen Seite ermöglichen es Technologien wie das *Internet of Things* (Internet der Dinge, kurz IoT) oder *künstliche Intelligenz* (KI), be-

stehende Geschäfts- oder Produktionsprozesse effizienter zu gestalten. Durch das Internet besteht die Möglichkeit, Informationen in Echtzeit zu übertragen und zu bewerten. Mithilfe von *Big Data* können Analysen erstellt werden, die aktuelle Entwicklungen und Trends aufzeigen. So können sich Unternehmen immer besser der aktuellen Marktsituation anpassen. Im Zusammenhang mit Internet of Things entstehen völlig neue Möglichkeiten, Prozesse und Infrastrukturen zu vernetzen und damit weite Teile der Wertschöpfungskette weitreichend zu automatisieren.

- **Soziale Perspektive**
  Neben diesen technologischen Aspekten sind auf der anderen Seite die durch die Digitalisierung ausgelösten gesellschaftlichen Veränderungen zu betrachten, besonders im Hinblick auf unser Verhalten als potenzielle Kunden. Mit der Digitalisierung ändert sich die Art der vom Kunden nachgefragten Leistung. Unbestreitbar hat kaum eine andere Technologie die Gesellschaft so sehr verändert wie das Internet und das Smartphone. Digitale Dienste oder Information können von beinahe überall her und zu jeder Zeit abgerufen werden. Dies wirkt sich auf unser Konsumverhalten aus. Ein Beispiel für die neue Art von Leistungen sind bekannte Online-Streaming-Dienste, die den Konsum von Musik oder Filmen in den letzten Jahren stark verändert haben.

Wandel vom Produkt zur Dienstleistung

Dienste wie die Online-Streaming-Angebote rücken immer mehr in den Mittelpunkt der Nachfrage. Es findet ein Wandel von der Besitzorientierung hin zu einer Service- oder Dienstleistungsorientierung statt, bei der der Besitz einer Ware weniger relevant oder notwendig für ihren Nutzen ist. Warum sollte man sich eine sperrige und teure Plattensammlung zulegen, wenn man dieselben Songs einfach über einen Online-Service abrufen kann?

Neudenken bestehender Prozesse

Die geänderten Kundenansprüche sind nicht auf einzelne Branchen beschränkt. Viele Unternehmen sehen sich daher gezwungen, alte Prozesse zu überdenken oder gänzlich neu zu entwerfen. Nur so kann Wettbewerbsfähigkeit gesichert werden. Durch digitale Kanäle war es für Unternehmen zwar noch nie einfacher, eine große Zahl Kunden in relativ geringer Zeit zu erreichen, jedoch gilt dies natürlich auch für deren Mitwettbewerber. Unternehmen, die ihr Angebot nicht rechtzeitig auf die sich schnell ändernde Nachfrage hin anpassen oder nicht die gewünschte Servicequalität erfüllen, werden von der Konkurrenz überholt und verschwinden oft schnell wieder von der Bildfläche.

1.1.2 Die Herausforderungen der Unternehmen

Herausforderungen der Unternehmen

Wichtig ist also, dass Unternehmen mit dem digitalen Wandel Schritt halten. Das erfordert, sich den Herausforderungen der schnell wechselnden Kundenansprüche, dem hohem Innovationsdruck und dem hohem Wettbewerbsdruck zu stellen. Von der Buchhaltung über die Produktion bis hin zum Vertrieb müssen Prozesse optimiert werden, um die Erwartungen der Kunden zu erfüllen.

IT-Herausforderungen

Viele Unternehmensprozesse sind heute ohne die Nutzung von *Informationstechnologie* (IT) undenkbar. Es ist selbsterklärend, dass der Faktor »Unternehmens-IT« bei der Bewältigung der Herausforderungen der Digitalisierung entscheidend ist. Jedoch muss die Unternehmens-IT in digitalen Unternehmen über ihre Kernfunktion des Betriebs und der Steuerung der Unternehmensprozesse hinauswachsen. Sie wird ein wichtiger Faktor zur Etablierung der Alleinstellungsmerkmale eines Unternehmens und ein Treiber von Innovationen. Zum einen muss die IT auf wechselnde Betriebsanforderungen, wie beispielsweise auf eine sprunghaft steigende Nutzerzahl, reagieren können. Zum anderen muss sie flexibel an veränderte Marksituationen oder neue Kundenanforderungen angepasst werden können.

Anforderungen an Softwaresysteme

Diese neuen Anforderungen spiegeln sich direkt in der Softwareentwicklung wider, denn hier wird ein anderes Vorgehen notwendig, als man es beispielsweise bei der ABAP-Entwicklung bislang gewohnt ist. Änderungen müssen in hohem Tempo umgesetzt und bereitgestellt werden. Hierzu müssen einzelne Funktionen angepasst werden können, ohne dass andere Funktionen von diesen Änderungen betroffen sind. Zusätzlich muss das Bedürfnis vieler Nutzer*innen berücksichtigt werden, die angebotenen Services unabhängig vom Gerät mit derselben Nutzungserfahrung konsumieren zu können.

Anpassung der internen Prozesse

Unternehmen müssen sich jedoch auch Herausforderungen außerhalb der IT-Prozesse stellen. Für den Wandel zu einem digitalisierten Unternehmen müssen Prozesse und Strukturen so verändert werden, dass die benötigte Flexibilität erreicht wird, um die Zeit bis zur Marktreife eines Produkts (*Time to Market*) so gering wie möglich zu halten. Dieser Veränderungsprozess ist jedoch nicht innerhalb von ein paar Tagen oder Wochen vollziehbar. Vielmehr muss die digitale Transformation schon bei der Ausrichtung des Unternehmens berücksichtigt werden. Dafür ist es wichtig, dass Mitarbeiter*innen und Management die Tragweite dieser Änderungen verstehen und dabei helfen, sie umzusetzen.

Die digitale Identität des Unternehmens

So hat die digitale Transformation nicht nur Einfluss auf das Unternehmen als Anbieter eines Produkts, sondern auch auf die Rolle eines Unternehmens als Arbeitgeber und auf die Arbeit an sich. Wissensmanagement und -verteilung sowie die interne Kommunikation der Mitarbeiter*innen sind wichtige Aspekte der Digitalisierung von Unternehmen. Daher sollte im Rahmen der digitalen Transformation nicht ausschließlich auf die Umstrukturierung der Prozesse eines Unternehmens geachtet werden, sondern auch auf die Entwicklung der eigenen digitalen Identität. Die Unternehmenswebsite, Social Media oder das Intranet werden zu primären Kommunikationskanälen für Unternehmen.

1.2 Einsatzgebiete der SAP Cloud Platform

Die Frage nach der IT der Zukunft

Angesichts der Herausforderungen des digitalen Wandels stellen sich Unternehmen vermehrt die Frage, ob ihre bestehende IT-Infrastruktur den neuen Anforderungen gerecht werden kann. Können die verbreiteten klassischen On-Premise-Architekturen, also lokal betriebene Systeme, und monolithische Softwaremodelle den Kriterien eines digitalen Unternehmens entsprechen?

Probleme von On-Premise-Architekturen

Leider bringen klassische Architekturmodelle diesbezüglich einige Probleme mit sich, besonders im Hinblick auf die neuen Anforderungen an die Erweiterbarkeit und Skalierbarkeit der IT-Systeme: Klassische betriebswirtschaftliche Anwendungen sind nicht selten hochgradig komplex und umfangreich. Selbst kleine Änderungen an diesen Anwendungen sind daher häufig sehr aufwendig und zeitintensiv. Eine flexible Anpassung von bestehenden Anwendungen sowie die nahtlose Integration von innovativen Technologien sind so nur schwer möglich.

Die mangelnde Skalierbarkeit von On-Premise-Systemen ist zusätzlich problematisch. Systeme müssen für eventuelle Lastspitzen ausgelegt werden, da ihre Leistung nicht bedarfsgerecht gesteuert werden kann. Daraus resultieren jedoch höhere Anschaffungs- und Betriebskosten, die nur in bestimmten Situationen ihren Nutzen offenbaren. Im Umkehrschluss bedeutet dies auch, dass bei unzureichender Leistung nicht ohne Weiteres zusätzliche Hardwarekapazität mobilisiert werden kann.

Cloud Computing als Lösung

Wie muss IT also für die Bewältigung der neuen Herausforderungen gestaltet werden? Eine mögliche Antwort auf diese Frage scheint die Cloud zu sein. In diesem Abschnitt geben wir Ihnen daher zunächst einen Einblick in das Cloud Computing und cloudbasierte Microservice-Architekturen, bevor wir speziell Bezug auf die SAP Cloud Platform nehmen.

1.2.1 Cloud Computing

SAP in der Cloud

Mit der SAP Cloud Platform rückt Cloud Computing auch im SAP-Umfeld in den Mittelpunkt vieler Diskussionen über den Einsatz von SAP-Anwendungssoftware. Doch was bedeutet eigentlich Cloud Computing, und welche Eigenschaften zeichnen einen Cloud-Dienst wie die SAP Cloud Platform aus?

Gemäß der Definition des *National Institute of Standards and Technology* (NIST), einer amerikanischen Behörde für nationale Standards und die Unterstützung technologischer Innovationen in der Wirtschaft, bezeichnet der Begriff Cloud Computing ein Modell für den Zugriff auf einen geteilten Pool von IT-Ressourcen. *IT-Ressourcen* meint hier im engeren Sinne Server, Speicher, Anwendungen oder Services. Der Zugriff auf diese Ressourcen erfolgt über ein Netzwerk wie beispielweise das Internet (Mell/Grance (2011): The NIST Definition of Cloud Computing, Seite 2).

IT-Ressourcen als Dienstleistung

Cloud Computing ist also die Bereitstellung von IT im Sinne einer Dienstleistung, weshalb wir in diesem Zusammenhang auch von einem *Cloud-Dienst* sprechen. Ein *Cloud Provider*, der über eine ausreichend leistungsfähige Server-Infrastruktur verfügt, übernimmt beim Cloud Computing einen Teil der Aufgaben des IT-Betriebs und stellt die von ihm gehosteten Systeme und Anwendungen für andere zur Verfügung. Der Cloud Provider bietet somit seine IT-Kapazitäten als Dienstleister für alle an, die eine Cloud-Plattform nutzen. Die Nutzer*innen können ihrerseits über diese IT-Kapazitäten verfügen, ohne die notwendigen Server, das Netzwerk oder die Anwendungen selbst betreiben zu müssen.

Charakteristika

Cloud Computing weist unter anderem die vier folgenden Charakteristika auf, auf die wir im Folgenden näher eingehen:

- On-Demand Self-Service
- Broad Network Access
- Resource Pooling
- Rapid Elasticity

On-Demand Self-Service und Rapid Elasticity

Diese Charakteristika sind speziell im Hinblick auf die Herausforderungen der Digitalisierung durchaus wünschenswerte Eigenschaften für IT-Systeme. Ein *On-Demand Self-Service* ermöglicht es allen, die einen Cloud-

Dienst nutzen, die benötigte Menge an IT-Kapazitäten gemäß ihres persönlichen Bedarfs abzufragen. In Kombination mit *Rapid Elasticity*, also mit der schnellen und nahezu unbegrenzten Skalierbarkeit der Rechenleistung, kann die IT-Leistung im Gegensatz zum klassischen On-Premise-Hosting bedarfsgerecht angepasst werden. Das kann Kosten sparen, da die Hardware anders als beim klassischen Ansatz nicht für eine Maximalauslastung bereitgestellt werden muss, sondern die entsprechenden Hardwarekapazitäten dynamisch angefordert werden können. So kann auf Lastspitzen schnell reagiert und die Erreichbarkeit der IT dann sichergestellt werden, wenn sie benötigt wird.

Gemäß diesen Prinzipien ermöglicht es die SAP Cloud Platform ihren Nutzer*innen, die benötigten Cloud-Dienste selbst zu buchen. Flexible, nutzungsbasierte Abrechnungsmodelle und eine vereinfachte Bereitstellung von Servicekapazitäten ermöglichen die Skalierbarkeit der angebotenen Dienste.

Resource Pooling

Das *Resource Pooling* ermöglicht die beschriebene Skalierbarkeit und Flexibilität des Cloud-Diensts, indem die verfügbaren Server oder virtuellen Maschinen für die Nutzung von mehreren Nutzenden mehrmandantenfähig gebündelt werden. Sie können so bedarfsabhängig den einzelnen Nutzer*innen des Cloud-Diensts zugewiesen oder abgeschaltet werden.

Wer einen Cloud-Dienst nutzt, hat hierbei in der Regel keine volle Kontrolle darüber, wo die genutzten IT-Ressourcen gehostet werden. Im Falle der SAP Cloud Platform wird die IT-Infrastruktur von SAP selbst oder von ausgewählten Drittunternehmen bereitgestellt. Diese Unternehmen verfügen über extrem große Hardwarekapazitäten und können eine ausreichende Menge an Rechenleistung für den Betrieb von Geschäftsanwendungen flexibel bereitstellen (mehr hierzu in Abschnitt 1.3.1, »Service- und Bereitstellungsmodelle«).

Broad Network Access

On-Premise-Geschäftsanwendungen sind nicht selten nur über eine spezifische, mitgelieferte Benutzeroberfläche bedienbar. Ein bekanntes Beispiel für eine solche Oberfläche ist das *SAP Graphical User Interface* (SAP GUI). Leider wird eine solche Oberfläche zumeist nur von einer bestimmen Art von Endgeräten unterstützt. Dies ist in der heutigen Zeit und bei der wachsenden Heterogenität und hohen Verbreitung mobiler Endgeräte ein entscheidender Nachteil. Nutzer*innen wollen in der Regel von verschiedenen Endgeräten aus auf Services und Anwendungen zugreifen, z. B. von Laptop, Tablet oder Smartphone.

Aus diesem Grund werden Cloud-Dienste und -Anwendungen netzwerkbasiert auf Basis von verbreiteten plattformunabhängigen Protokollen wie dem *Hypertext Transfer Protocol* (HTTP) bereitgestellt. Die SAP Cloud Platform bietet eine solche vollständig webbasierte Benutzeroberfläche. Die bereitgestellten Anwendungen und Dienste sind in der Regel über entsprechende Webprotokolle aufrufbar. Dieses Prinzip wird als *Broad Network Access* bezeichnet.

Microservices

Cloud Computing betrifft nicht nur die Hardwareseite der IT, sondern erfordert auch, dass klassische Programmiermodelle überdacht werden. Wir haben bereits beschrieben, dass monolithische Anwendungen den neuen Anforderungen an Flexibilität und Anpassbarkeit nicht genügen können. Es ist daher empfehlenswert, solche Anwendungen in der Cloud auf Basis eines microserviceorientierten Programmiermodells umzugestalten.

Monolithische Anwendungen verdrahten die Funktionalität mehrerer Geschäftsobjekte innerhalb eines Prozesses miteinander. Eine Änderung an einem dieser Geschäftsobjekte macht gegebenenfalls eine Anpassung und ein Re-Deployment der gesamten Geschäftsanwendung notwendig. Gerade deshalb sind komplexe und funktionsreiche monolithische Anwendungen häufig recht starr gegenüber Anpassungen.

Microservices hingegen bündeln die Funktionalität eines spezifischen Geschäftsobjekts und geben sie nach außen über eine definierte *Programmierschnittstelle* (Application Programming Interface, kurz API) frei. Ein mikroserviceorientiertes Programmiermodell versucht also gezielt, die Geschäftslogik bis hin zur Datenhaltung zu dezentralisieren und dann die einzelnen Funktionalitäten über lose gekoppelte APIs zu vollständigen Anwendungen zusammenzuführen. Das hat den großen Vorteil, dass die so gekapselten Komponenten von Geschäftsanwendungen flexibel angepasst und wiederverwendet werden können.

Abbildung 1.1 stellt das Microservice-Architekturmodell dem klassischen monolithischen Ansatz gegenüber.

Auch die SAP Cloud Platform ermöglicht die Entwicklung von microservicebasierten Webservices in diversen Programmiersprachen (siehe Abschnitt 1.4, »Cloud Foundry als Basis für das ABAP Environment«).

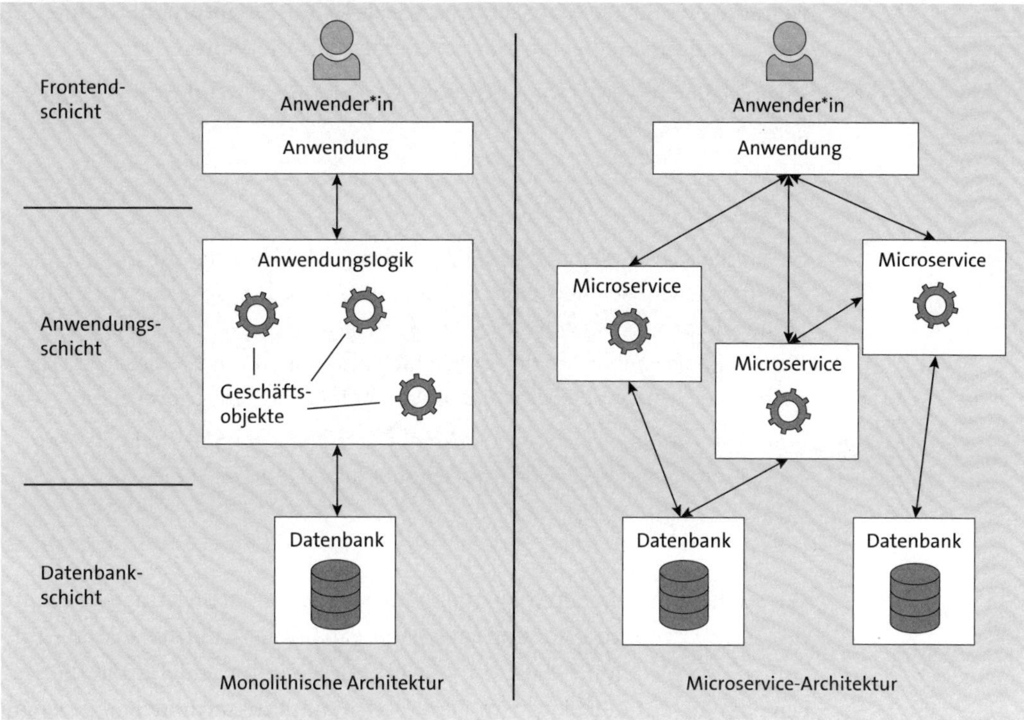

Abbildung 1.1 Monolithische vs. Microservices-Architektur
(Quelle: Fowler/Lewis (2014): Microservices)

1.2.2 Einstieg in die SAP Cloud Platform

Entwicklung, Integration und Erweiterung

SAP liefert mit der *SAP Cloud Platform* eine Plattform für die Entwicklung und Bereitstellung von Geschäftsanwendungen in der Cloud aus. Sie ermöglicht Ihnen die Integration Ihrer Geschäftsprozesse und -anwendungen, unabhängig davon, ob es sich um Cloud-Anwendungen oder On-Premise-betriebene Software handelt. Die SAP Cloud Platform ermöglicht die Entwicklung von cloudbasierten Anwendungen auf Basis diverser Programmiermodelle. Außerdem stellt sie ein umfangreiches Portfolio sofort nutzbarer Dienste bereit.

SAP Cloud Platform Cockpit

Ihnen stehen allerlei nützliche Werkzeuge zur Entwicklung und Bereitstellung von Cloud-Anwendung sowie zur Verwaltung Ihrer eigenen Ressourcen und Services auf der SAP Cloud Platform bereit. Das wohl wichtigste Werkzeug im Umgang mit der SAP Cloud Platform ist das *SAP Cloud Platform Cockpit*. Es dient als zentraler Einstiegspunkt der SAP Cloud Platform. Über eine browserbasierte Benutzeroberfläche können Sie über dieses Cockpit sämtliche administrativen Aufgaben ausführen. Entwickelte Anwendungen und gebuchte Services, wie das ABAP Environment, können Sie hier verwalten und bei Bedarf starten oder herunterfahren.

Sie erreichen das SAP Cloud Platform Cockpit über die URL *https://hana.ondemand.com*.

[+]

Testversion der SAP Cloud Platform

Falls Sie sich ein genaueres Bild von den Funktionen der SAP Cloud Platform machen möchten, steht Ihnen eine kostenlose Testversion zur Verfügung. In der Testversion haben Sie – mit gewissen Einschränkungen – Zugriff auf die Funktionen der SAP Cloud Platform und können diese risikolos und ohne Installationsaufwand für Ihre Anforderungen ausprobieren.

Ein Tutorial, das erklärt, wie Sie einen Testzugang zur SAP Cloud Platform erhalten, finden Sie beispielsweise unter folgendem Link: *http://s-prs.de/v783000*.

Wir stellen Ihnen in den folgenden Abschnitten weitere wichtige Konzepte des Cloud Computing vor und setzen diese in Bezug zu den einzelnen Funktionen der SAP Cloud Platform. Wir führen Sie unter anderem in die verschiedenen, auf der Plattform genutzten Programmiermodelle ein (siehe Abschnitt 1.3.2, »Umgebungen«) und betrachten einzelne Dienste der SAP Cloud Platform (Abschnitt 1.5 »Dienste der SAP Cloud Platform«) genauer.

1.3 Konzepte der SAP Cloud Platform

Auf der SAP Cloud Platform und insbesondere im ABAP Environment ändert sich für Entwickler so manches im Vergleich zur klassischen On-Premise-Entwicklungsumgebung. Die Cloud bildet ein deutlich anderes Umfeld für Softwareentwicklung als die gewohnten On-Premise-Systeme. Auch die Art und Weise, wie Anwendungen den Nutzer*innen zur Verfügung gestellt werden, wandelt sich. Besonders, wenn Sie das Umfeld des SAP-ERP-Systems und das SAP GUI gewohnt sind und mit dem ABAP Environment Ihre ersten Schritte »in die Wolke« wagen, ist es wichtig für Sie, einige wesentliche Konzepte des Cloud Computing zu verstehen. Dies gilt speziell im Hinblick auf die SAP Cloud Platform.

Wir führen Sie daher in diesem Kapitel in wesentliche Begrifflichkeiten aus dem Umfeld der SAP Cloud Platform und des Cloud Computing ein. Wir wollen Ihnen ein allgemeines Verständnis der unterschiedlichen Modelle des Cloud Computing vermitteln und Ihnen deren Abgrenzung von klassischen On-Premise-Architekturen ermöglichen. Hierbei gehen wir nur auf die Konzepte ein, die uns im Zusammenhang mit dem ABAP Environment relevant erscheinen. Für detailliertere Informationen empfiehlt sich weiterführende Literatur, wie beispielsweise das Buch »SAP Cloud Platform. Services, Nutzen, Erfolgsfaktoren« von Holger Seubert (SAP PRESS 2018).

1.3.1 Service- und Bereitstellungsmodelle

Service- und Bereitstellungsmodelle

Wie in Abschnitt 1.2, »Einsatzgebiete der SAP Cloud Platform«, beschrieben, zeichnet sich das Cloud-Architekturmodell dadurch aus, dass bestimmte Aufgaben des IT-Betriebs an einen externen Dritten ausgelagert werden. Welcher Art diese Cloud-Dienstleistungen sind, kann sich jedoch stark unterscheiden. Die wesentlichen Unterscheidungsmerkmale hierbei sind:

- die Art und Weise, wie die technologische Infrastruktur der Plattform zugänglich gemacht wird
- wo Server und Anwendungen laufen
- in welchem Umfang der IT-Betrieb vom Cloud-Provider übernommen wird und welcher Anteil weiterhin unter der Verwaltung der Nutzenden steht

Zur Kategorisierung der verschiedenen Cloud-Dienstleistungen wird im Allgemeinen zwischen dem *Bereitstellungsmodell* (auch *Deployment Model* genannt) und *Servicemodell* (*Service Model*) eines Cloud-Diensts unterschieden.

Servicemodelle

Cloud Provider stellen ihren Kunden nicht ausschließlich bloße Hardwarekapazitäten zur Verfügung. Das Dienstleistungsspektrum eines Cloud Provider erstreckt sich vielmehr von der Bereitstellung von Hardwareleistung bis hin zur Bereitstellung ganzer Anwendungspakete. Servicemodelle grenzen ab, welche Aufgaben des IT-Betriebs der Cloud Provider im konkreten Fall übernimmt und welche von denen zu leisten sind, die den Cloud-Dienst nutzen. Das NIST unterscheidet folgende Servicemodelle:

- Infrastructure as a Service
- Platform as a Service
- Software as a Service

Cloud Computing Stack

Die drei Servicemodelle bauen logisch aufeinander auf. Die nächsthöhere Ebene schließt jeweils die darunterliegenden Servicemodelle mit ein. Die drei Ebenen zusammen werden deshalb auch als *Cloud Computing Stack* bezeichnet. Abbildung 1.2 stellt die drei Servicemodelle gegenüber, die wir im Folgenden näher beschreiben.

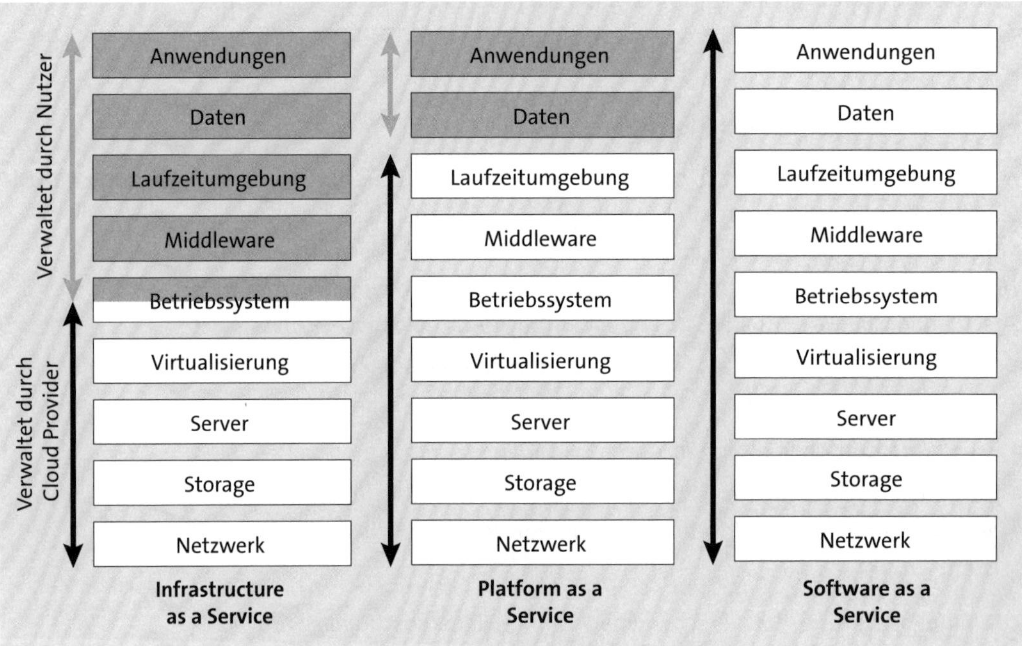

Abbildung 1.2 Cloud-Servicemodelle

Infrastructure as a Service

Die unterste und grundlegende Ebene des Cloud Computing Stack bildet das Servicemodell *Infrastructure as a Service* (IaaS). Hierbei stellt der Cloud Provider ausschließlich die vom Nutzenden benötigte Serverinfrastruktur zur Verfügung. Die Nutzer*innen greifen in der Regel nicht direkt auf die Hardware des Cloud Provider zu, sondern auf entsprechende virtuelle Maschinen. Sie können die Anzahl und Leistungsfähigkeit der virtuellen Maschinen ganz nach ihrem Bedarf festlegen.

Der Cloud Provider übernimmt das Hosting der virtuellen Maschinen und installiert – je nach Angebot – eine rudimentäre Betriebssystemsoftware. Jegliche hierauf aufbauende Software muss von den Nutzer*innen der IaaS eigenständig installiert und verwaltet werden.

Platform as a Service

Aufbauend auf dem IaaS-Modell bildet das Modell *Platform as a Service* (PaaS) die nächste Ebene des Cloud Computing Stack. Die primäre Zielgruppe einer PaaS sind alle, die eigene Software in der Cloud entwickeln und bereitstellen möchten. Beim PaaS-Modell stellt der Cloud Provider die Entwicklungs- und Laufzeitumgebung bereit, die notwendig ist, um Software zu entwickeln und auszuführen. Meist erfolgt der Zugriff durch die Entwickler*innen über spezielle Webanwendungen oder über APIs.

PaaS bietet Unternehmen die Möglichkeit, Cloud-Anwendungen schnell und einfach umzusetzen, ohne sich dabei den Betrieb der notwendigen Hardware und Laufzeitumgebungen leisten zu müssen. Das ABAP Environment ist eines von vielen Beispielen für eine PaaS. Es stellt Ihnen eine vollständige Laufzeitumgebung für ABAP-Anwendungen auf Basis einer SAP-HANA-Datenbank zur Verfügung. Es unterstützt Sie durch verschiedene APIs und stellt Ihnen die aktuellsten Technologien zur Verfügung, um ABAP-Anwendungen in der Cloud zu entwickeln. Neben dem ABAP Environment ist auch die SAP Cloud Platform insgesamt dem PaaS-Servicemodell zuzuordnen.

Software as a Service

Software as a Service (SaaS) bildet die oberste Ebene des Cloud Computing Stack. Bei SaaS werden dem Nutzer vorgefertigte und voll funktionsfähige Anwendungen zur Verfügung gestellt. Diese Anwendungen bzw. Anwendungspakte sind zumeist über einen Webbrowser oder eine ähnliche lokal installierte Anwendung nutzbar. Sie lassen sich flexibel auf Basis monatlicher oder nutzungsabhängiger Gebühren konsumieren. Die Anwendungen obliegen in der Regel ausschließlich der Wartung durch den Cloud Provider und werden von den Nutzenden nicht selbstständig aktualisiert oder gar verändert. Beispielsweise haben Sie bei der Nutzung der SaaS-ERP-Lösung *SAP S/4HANA Cloud* nicht mehr die Möglichkeit, Standardanwendungen zu modifizieren.

SaaS-Dienste erweitern

Das bedeutet jedoch nicht, dass ein SaaS-Angebot nicht für den eigenen Bedarf erweiterbar wäre. Cloud Provider erlauben zumeist den Zugriff auf die der SaaS zugrunde liegende PaaS. Über diese kann der Funktionsumfang einer SaaS flexibel durch eigene Funktionalität ergänzt werden.

Die Grundfunktionen der SaaS lassen sich meist einfach über definierte APIs in eigene Anwendungen integrieren. Dieses Konzept wird auch als *Side-by-Side-Erweiterbarkeit* bezeichnet (siehe Abschnitt 2.2, »Anwendungsszenarien«). Die SaaS bietet Unternehmen so alle Möglichkeiten einer On-Premise-installierten Standardsoftware, ohne dass die Unternehmen selbst für den Betrieb oder die Wartung verantwortlich wären.

Zur Veranschaulichung der Servicemodelle haben wir in Abbildung 1.3 das Zusammenspiel der unterschiedlichen Ebenen des Cloud Computing Stack in den Kontext der SAP Cloud Platform gestellt.

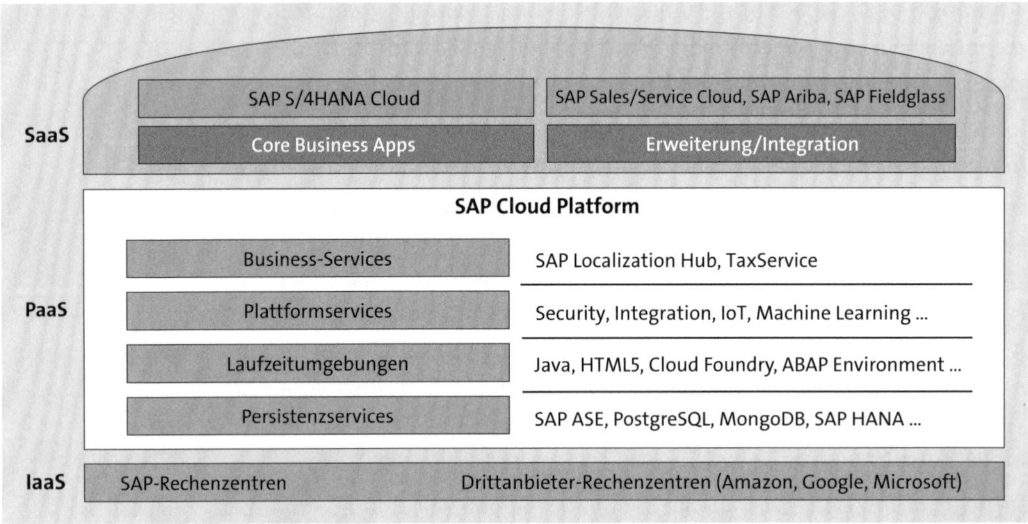

Abbildung 1.3 Cloud-Servicemodelle am Beispiel der SAP Cloud Platform

IaaS-Schicht der SAP Cloud Platform

Die IaaS-Schicht setzt sich hierbei aus SAP-eigenen, in SAP-Rechenzentren gehosteten Servern und dem IaaS-Angebot bekannter Cloud Provider zusammen. Bei diesen Cloud Providern handelt es sich um Microsoft (*Microsoft Azure*), Google (*Google Cloud Platform*) und Amazon (*Amazon Web Services*).

Die SAP Cloud Platform als PaaS

Auf dieser Infrastruktur aufbauend bildet die SAP Cloud Platform das Herzstück des Cloud-Computing-Angebots von SAP. Sie stellt eine umfangreiche Laufzeitumgebung für Cloud-Anwendungen diverser Programmiersprachen bereit (siehe Abschnitt 1.3.2, »Umgebungen«). Dieses Angebot wird ergänzt um *Persistenzdienste*, wie beispielsweise SAP HANA oder Nicht-SAP-Datenbanksysteme wie MongoDB. Des Weiteren gibt es *Plattformdienste* zur einfachen Integration innovativer Technologien wie Internet of Things oder Machine Learning (mehr dazu in Abschnitt 1.5, »Dienste der SAP Cloud Platform«). Neben den eher technisch orientierten Persistenz- und Plattformdiensten stellt die SAP Cloud Platform sogenannte *Business-Services* bereit. Business-Services umfassen sofort nutzbare Funktionalität für bestimmte Geschäftsszenarien, z. B. Adressenverwaltung oder Steuerfindung.

Das SaaS-Angebot von SAP

Zu dem SaaS-Angebot von SAP gehören neben SAP S/4HANA Cloud auch das Portfolio für *SAP Customer Experience*, *SAP Ariba* und *SAP Fieldglass*. Dieses Angebot komplettiert den Cloud Computing Stack der SAP. Neben SAP-eigenen Anwendungen können auch von SAP-Partnern entwickelte Anwendungen, sogenannte *Core Business Apps*, über die SAP Cloud Platform genutzt werden. Das SaaS-Angebot von SAP sieht darüber hinaus Möglichkeiten zur Integration und Erweiterung der On-Premise-Standardlösungen von SAP vor.

[+]

Weiterführende Informationen zum Cloud-Portfolio von SAP

Für weiterführende Informationen zum Cloud-Angebot von SAP verweisen wir auf die entsprechenden SAP-Produktseiten (*https://www.sap.com/trends/cloud-solutions.html*).

Bereitstellungmodelle

Bei der Bereitstellung von Cloud-Diensten ist es ähnlich wie bei der Bereitstellung klassischer Anwendungen entscheidend, wo ein Cloud-Dienst ausgeführt wird und wer in welcher Form Zugriff darauf hat. Hierbei ist vor allem relevant, wo die Hardware des Cloud-Diensts betrieben wird und wer für den Betrieb verantwortlich ist. Ebenso ist die Anzahl der Nutzer*innen, die parallel auf dieselben Hardwareressourcen zugreifen können, ein wichtiges Unterscheidungsmerkmal.

Wir unterscheiden in diesem Zusammenhang die folgenden Bereitstellungsmodelle:

- Public Cloud
- Private Cloud
- Hybrid Cloud

Public Cloud

Beim Bereitstellungsmodell *Public Cloud* ist die technologische Infrastruktur der Cloud für alle über das Internet nutzbar. Die einzelnen Nutzer*innen erhalten also keinen dedizierten Server, sondern müssen sich diesen mit anderen Kunden des Cloud Provider »teilen«. Die von den Kunden in der Public Cloud betriebenen Anwendungen und ihre Daten bleiben von denen der übrigen Nutzer*innen logisch abgeschirmt und können von Dritten weder genutzt noch eingesehen werden.

Die SAP Cloud Platform wird als Public Cloud zur Verfügung gestellt. Dies ermöglicht eine schnelle und flexible Bereitstellung von Cloud-Diensten. Eine Skalierung der Leistung ist abhängig vom Bedarf der Nutzer*innen, nahezu unbegrenzt und in der Regel unkompliziert und schnell möglich. Das Bereitstellungsmodell Public Cloud ist daher besonders für leistungsintensive Anwendungen zu bevorzugen.

Allerdings ist die jeweilige Dienstleitung aufgrund der großen Zielgruppe einer Public Cloud zumeist hochstandardisiert und daher unflexibel gegenüber Erweiterungen oder Modifikationen einzelner Nutzer*innen. Der Zugriff auf den Cloud-Dienst über das Internet ist zusätzlich im Hinblick auf Datenschutz- oder Compliance-Anforderungen zu bewerten.

Die Public Cloud ist die bevorzugte Bereitstellungsvariante für die SAP Cloud Platform. Alle Funktionen und Dienste der SAP Cloud Platform sind in der Public Cloud verfügbar.

Private Cloud

Neben der Nutzung der Public-Cloud-Variante ist es möglich, die SAP Cloud Platform in einer privaten Edition zu nutzen. Dieses Bereitstellungsmodell wird auch als *Private Cloud* bezeichnet. Es stellt den Gegenentwurf zur Public Cloud dar. Alle Nutzer*innen der Private Cloud erhalten ausschließlich Zugriff auf die ihnen gewidmeten Server. Private Clouds können von Unternehmen in Eigenregie lokal betrieben oder ebenfalls von einem Cloud Provider verwaltet werden. Das Bereitstellungsmodell der Private Cloud bietet sich zum Beispiel dann an, wenn Unternehmen die Vorteile des Cloud-Computing-Architekturansatzes nutzen möchten, aber die Nutzung einer Public Cloud wegen hochsensibler Daten und Prozesse nicht infrage kommt.

Hybrid Cloud

Sowohl Public als auch Private Cloud bieten in ihrer Reinform oftmals keine wirklich zufriedenstellende Lösung für die Anforderungen der Unternehmen an die Sicherheit, Flexibilität und Skalierbarkeit eines Cloud-Diensts. Das Bereitstellungsmodell der *Hybrid Cloud* ist eine Mischform aus Private und Public Cloud. Diese Modell verfolgt das Ziel, die Vorteile beider Modelle hinsichtlich ihrer Leistungsfähigkeit, Flexibilität und Sicherheit zu vereinen. Beim Hybrid-Cloud-Modell können beispielsweise kritische Anwendungen und sensible Daten innerhalb einer Private Cloud liegen, während unkritischere Anwendungen über eine Public Cloud bereitgestellt werden.

[»]

SAP HANA Enterprise Cloud (Managed Cloud)

Im SAP-Umfeld begegnet man immer wieder dem Begriff der *Managed Cloud*. Die Managed Cloud ist allerdings kein Bereitstellungsmodell gemäß der NIST-Definition, sondern vielmehr eine Vorgehensweise, die Unternehmen einen kontrollierten und sicheren Weg von den benutzerdefinierten On-Premise-Umgebungen in eine stärker standardisierte Cloud-Architektur eröffnen soll.

Das Managed-Cloud-Modell von SAP wird durch die *SAP HANA Enterprise Cloud* realisiert (*http://s-prs.de/v783001*). Die SAP HANA Enterprise Cloud ist eine von SAP verwaltete Private Cloud, die wahlweise auf dedizierten Servern in SAP-Rechenzentren oder auf der Infrastruktur von SAP-Partnerunternehmen gehostet wird. SAP bietet im Rahmen sogenannter *Managed Services* Hilfestellung bei der Installation und dem Betrieb von SAP-HANA-basierten Softwarelösungen wie beispielsweise SAP S/4HANA. Daher besteht für SAP HANA Enterprise Cloud ein geringeres Implementierungsrisiko bei der Einführung standardisierter Cloud-Lösungen als beispielsweise bei der Nutzung von Public-Cloud-Alternativen. Zusätzlich bietet die SAP HANA Enterprise Cloud Unternehmen durch garantierte Service-Level eine stabile dedizierte Hardware und die vollständige Entscheidungshoheit über Updates und Erweiterungen der ausgelieferten Software – und damit eine sichere und doch flexible Cloud-Umgebung.

1.3.2 Umgebungen

Umgebungen der SAP Cloud Platform

In den vorangegangenen Abschnitten haben wir Ihnen einen groben Überblick über wesentliche Grundbegriffe und Konzepte des Cloud Computing gegeben und die Merkmale der SAP Cloud Platform darin eingeordnet. In den folgenden Abschnitten setzen wir uns nun mit der inneren Struktur der SAP Cloud Platform auseinander. Besonders wichtig sind hierbei die *Umgebungen* der SAP Cloud Platform. Es wird zwischen zwei Umgebungen unterschieden:

- Neo-Umgebung
- Cloud-Foundry-Umgebung

Jede Umgebung bildet ein spezifisches PaaS-Angebot der SAP Cloud Platform ab und bietet ihre eigenen Programmiermodelle, Werkzeuge, Plattformdienste sowie eine eigene Anwendungsdomäne für die Entwicklung und den Betrieb von Geschäftsanwendungen. Jede Umgebung verfügt darüber hinaus über eine eigene Benutzer- und Rollenverwaltung.

Neo-Umgebung

Die *Neo-Umgebung* der SAP Cloud Platform ermöglicht die Entwicklung von Anwendungen mittels Hyper Text Markup Language 5 (HTML5), Java, SAP HANA Extended Application Services (SAP HANA XS) und UI Development Toolkit for HTML5 (SAPUI5). Anwendungen der Neo-Umgebung werden ausschließlich in SAP-eigenen Rechenzentren gehostet.

Cloud Foundry

Wesentlich interessanter im Hinblick auf die ABAP-Entwicklung ist die *Cloud-Foundry-Umgebung*, da sie gewissermaßen das technologische Umfeld des ABAP Environment darstellt. Die Cloud-Foundry-Umgebung basiert auf der *Cloud Foundry Application Runtime*, einer Open-Source-Laufzeit- und Entwicklungsumgebung für containerbasierte Anwendungen, die weitestgehend unabhängig von Programmiersprachen ist.

[»]

Container

Als *Container-Virtualisierung* wird eine Methode zur Bereitstellung von Anwendungen bezeichnet. Sowohl der Anwendungscode als auch sämtliche Abhängigkeiten, wie die Laufzeitumgebung oder Bibliotheken, die zum Ausführen des Codes notwendig sind, werden dabei in einer standardisierten Einheit gekapselt. Diese Einheit wird als *Container* bezeichnet. Container stellen damit eine Abstraktion der Anwendungsschicht dar, die es ermöglicht, Anwendungen schnell und unabhängig von der Systeminfrastruktur bereitzustellen. Anders als virtuelle Maschinen, die einen vollständigen Server mit einem eigenen Betriebssystem abstrahieren, teilen sich Container den Betriebssystem-Kernel mit anderem Containern. Eine der populärsten Container-Laufzeitumgebungen ist *Docker* (*https://www.docker.com*).

Die Cloud-Foundry-Umgebung ermöglicht die Entwicklung eigener Anwendungen auf Basis diverser Laufzeitumgebungen und Programmiersprachen. Wir gehen in Abschnitt 1.4, »Cloud Foundry als Basis für das ABAP Environment«, vertiefender auf die Cloud-Foundry-Umgebung ein.

1.3.3 Account-Struktur

Die Nutzung der SAP Cloud Platform wird über eine spezifische Account-Struktur organisiert. Innerhalb dieser Struktur lassen sich zwei Arten von Accounts unterscheiden, die sogenannten *User-Accounts* und die strukturgebenden *Global* und *Subaccounts*.

Global Account

Global und Subaccounts dienen zur Organisation und Verteilung der auf der SAP Cloud Platform verfügbaren Ressourcen und Dienste. Global und Subaccounts bilden Gruppen oder hierarchische Einheiten einer Organisationsstruktur ab. An oberster Stelle steht hierbei der Global Account. Er repräsentiert den mit SAP geschlossenen Nutzungsvertrag für die zur Verfügung stehenden Dienste. Die über diesen Nutzungsvertrag gebuchten Dienste werden auch als *Entitlements* bezeichnet. Für jedes dieser Entitlements steht eine bestimmte Menge abrufbarer Kontingente, also eine bestimmte Anzahl von Service-Instanzen, zur Verfügung. Diese Kontingente werden im Cloud-Umfeld auch als *Quotas* bezeichnet. Der Global Account grenzt also das gesamte vertraglich vorgesehene Nutzungsspektrum eines Kunden ab. Meist existiert ein Global Account pro Unternehmen oder Organisation.

Subaccounts

Zur Untergliederung und Verteilung der verfügbaren Quotas können dem Global Account Subaccounts mit gewissen Teilkontingenten zugeordnet werden. Subaccounts dienen im Wesentlichen der Strukturierung, sind aber auch einzelne, voneinander abgegrenzte Einheiten. Jeder Subaccount wird einem der bekannten Environments zugeordnet und erhält eine Teilmenge der Quotas des globalen Accounts. Zusätzlich werden Subaccounts einer sogenannten *Region* zugeordnet. Diese gibt an, wo die Kontingente des Subaccounts physisch gehostet werden, also an welchem Ort das entsprechende Rechenzentrum betrieben wird.

User Accounts

Neben den strukturgebenden Global und Subaccounts existieren User Accounts über die Nutzer*innen auf die bereitgestellten Dienste der SAP Cloud Platform zugreifen können. Die Authentifizierung eines User Accounts erfolgt zumeist über eine SAP-ID bzw. über eine Anmeldung mit E-Mail und Passwort. Es wird zwischen *Business-Accounts* für Fachanwender*innen und *Platform Accounts* für Admins und Entwickler*innen unterschieden. Über die Zuordnung von Platform Accounts zu den entsprechenden Global und Subaccounts wird gesteuert, auf welche Anwendungen und Dienste die Nutzer*innen zugreifen können. Als ABAP-Entwickler*in werden Sie in der Regel über einen entsprechenden Platform Account auf der SAP Cloud Platform mit dem ABAP Environment arbeiten.

1.4 Cloud Foundry als Basis für das ABAP Environment

Das ABAP Environment ist als Service in die Cloud-Foundry-Umgebung der SAP Cloud Platform integriert. Zwar sind für die ABAP-Entwicklung innerhalb des ABAP Environment nicht zwingend Kenntnisse der Funktionsweise der Cloud-Foundry-Umgebung notwendig, für die Installation und Administration der Umgebung sowie für die Integration externer Systeme und Services sind sie jedoch sehr hilfreich.

Cloud Foundry auf der SAP Cloud Platform

Bei Cloud Foundry handelt es sich um eine eigenständige, quelloffene Plattform und einen etablierten Industriestandard für die Entwicklung und den Betrieb von *cloud-nativen Anwendungen*, also von Anwendungen, die speziell für den Betrieb in der Cloud konzipiert und entwickelt werden. Cloud Foundry kann auf der eigenen Hardware oder auf einer IaaS-Cloud diverser Anbieter installiert und betrieben werden. Es ist allerdings auch möglich, Cloud Foundry als meist kostenpflichtigen Dienst eines bestimmten zertifizierten PaaS-Provider zu nutzen. Auch SAP bietet diese Art der Nutzung mit der Cloud-Foundry-Umgebung der SAP Cloud Platform an. Hinsichtlich der Funktionalität bestehen kaum Unterschiede zwischen der Open-Source-Variante und den kostenpflichtigen PaaS-Modellen. Obwohl das Framework auf der SAP Cloud Platform in einen SAP-typischen Dress eingekleidet wurde, gelten auch die von Cloud Foundry geprägten Begriffe und Konzepte, die wir im Folgenden erläutern.

1.4.1 Cloud-Foundry-Laufzeitumgebung

Die Gesamtarchitektur der Cloud-Foundry-Umgebung der SAP Cloud Platform ist relativ komplex. Wir wollen uns daher in diesem Abschnitt auf ihre wesentlichen Bestandteile beschränken. Um einen detaillierteren Einblick in die Gesamtarchitektur des Frameworks zu erhalten, empfehlen wir die ausführliche Dokumentation der Cloud Foundry Foundation (*https://docs.cloudfoundry.org*).

Komponenten von Cloud Foundry

Abbildung 1.4 gibt einen groben Überblick über die in diesem Abschnitt betrachteten Komponenten von Cloud Foundry.

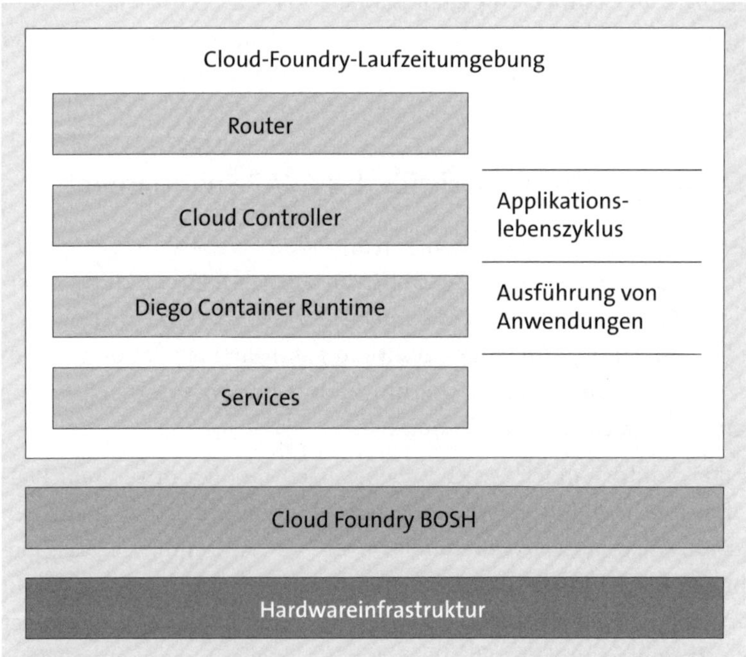

Abbildung 1.4 Cloud-Foundry-Architektur

Cloud Foundry BOSH

Die Cloud-Foundry-Umgebung teilt sich in zwei Hautkomponenten auf: die Cloud-Foundry-Laufzeitumgebung und Cloud Foundry BOSH. *Cloud Foundry BOSH* bildet die Grundlagen der Cloud-Foundry-Laufzeitumgebung. BOSH ist die Deployment-Plattform der Cloud-Foundry-PaaS. Die Plattform abstrahiert die zugrunde liegende Hardware, unabhängig davon, ob diese per IaaS oder auf einem lokalen Server bereitgestellt wird. Sie stellt eine eigene virtuelle Infrastruktur bereit, auf der die Cloud-Foundry-Laufzeitumgebung letztlich ausgeführt wird.

Laufzeitumgebung

Bei der Ausführung von Anwendungen in der Cloud-Foundry-Umgebung spielen verschiedene Einheiten des Frameworks zusammen, die jeweils unterschiedliche Funktionen übernehmen – von Deployment und Staging der Anwendung über die Erzeugung von Containern bis hin zur Zugriffsteuerung für laufende Anwendungen.

Der *Cloud Controller* ist der zentrale Dreh- und Angelpunkt der Cloud-Foundry-Umgebung. Er stellt API-Endpunkte, wie das *Cloud Foundry Command Line Interface* (CLI), zur Verfügung, über die Sie mit dem System interagieren können. Über den Cloud Controller kann beispielsweise die Organisationstruktur der Plattform (siehe Abschnitt 1.4.3, »Orgs und Spaces«) gesteuert werden. Außerdem verwaltet der Cloud Controller den Lebenszyklus von Anwendungen.

Die Interaktion mit dem Cloud Controller über das CLI kann Ihnen zu Beginn noch etwas unhandlich vorkommen, wenn Sie nicht an die Verwendung von Kommandozeilenbefehlen gewöhnt sind. Über das SAP Cloud Platform Cockpit haben Sie daher ebenfalls die Möglichkeit, Ihre Cloud-Foundry-Umgebung zu konfigurieren, User und Spaces zu verwalten oder Anwendungen zu deployen.

Deployment von Anwendungen

Wie zu Beginn dieses Abschnitts erwähnt, werden Anwendungen in der Cloud-Foundry-Umgebung auf Basis von Containern ausgeführt. Die Anwendung werden dazu lokal entwickelt und in die Cloud-Foundry-Laufzeitumgebung hochgeladen. Bei dem Upload einer Anwendung werden alle Informationen über Abhängigkeiten und notwendige Services (die sogenannten *Anwendungsmetadaten*) mit dem Quellcode der Anwendung gebündelt an die *Diego-Laufzeitumgebung* weitergeleitet. Diego ist eine in Cloud Foundry integrierte Laufzeitumgebung für containerbasierte Anwendungen, die dann die Anwendung mittels sogenannter *Garden-Container* ausführt. Jeder dieser Container ist über einen eigenen Endpunkt ansprechbar. Abbildung 1.5 veranschaulicht diesen Prozess.

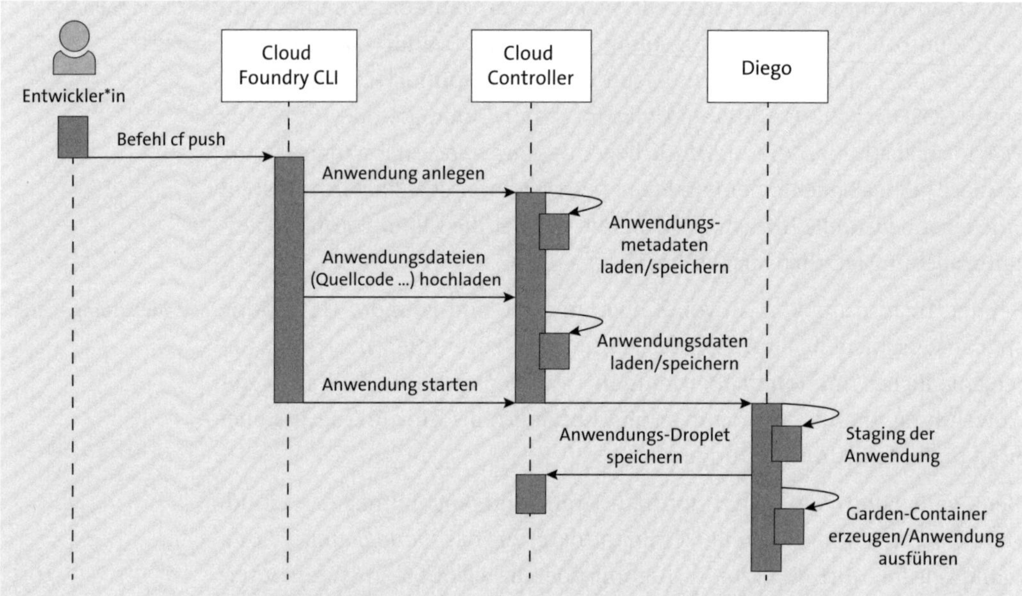

Abbildung 1.5 Deployment von Cloud-Foundry-Anwendungen

1.4.2 Cloud-Foundry-Services

Services spielen eine wichtige Rolle bei der Entwicklung von cloudbasierten Anwendungen. Viele dieser Anwendungen müssen mit Daten aus einer Datenbank arbeiten oder nutzen externe Funktionen für bestimme Aufgaben, wie beispielsweise zur Abwicklung der Benutzerauthentifizierung und des Logins. In den folgenden Kapiteln dieses Buchs wird Ihnen vermehrt der Begriff der *Cloud-Foundry-Services* begegnen, sowohl im Kontext der Installation (siehe Kapitel 3, »ABAP Environment einrichten«) als auch bei der Integration externer Systeme (siehe Kapitel 13, »Kommunikation mit externen Systemen«). Bei dem ABAP Environment selbst handelt es sich um einen solchen Service innerhalb der Cloud-Foundry-Umgebung.

Service Ein Service bildet, in Abgrenzung zu einer Anwendung, eine Funktionalität ab, die nicht Endanwender*innen zur Verfügung gestellt wird, sondern über eine API in andere Services oder Anwendungen on demand integriert werden kann. Die Services lassen sich innerhalb der Cloud-Foundry-Umgebung der SAP Cloud Platform über den *Service Marketplace* konsumieren (siehe Abbildung 1.6). Weitere Beispiele für Services innerhalb der Cloud-Foundry-Umgebung sind neben dem ABAP Environment Datenbank-Services, Messaging-Services und die Account-Datenbanken einer SaaS.

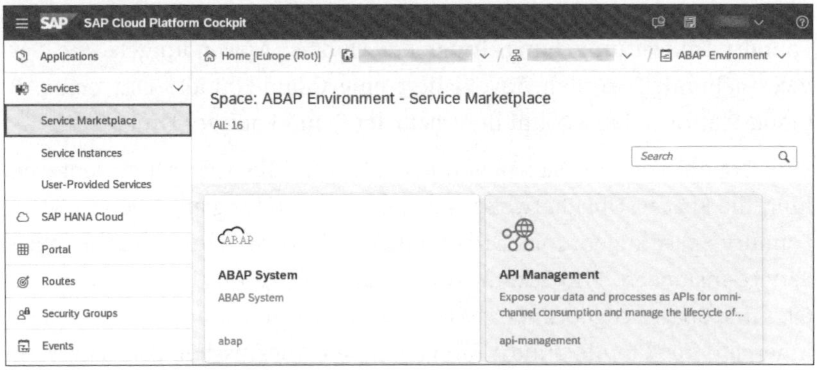

Abbildung 1.6 Service Marketplace

Service-Instanz

Ein Service selbst ist zunächst nur eine abstrakte Definition der bereitzustellenden Funktionalität. Eine konkrete Ausprägung eines solchen Service wird als *Service-Instanz* bezeichnet (siehe Abbildung 1.7).

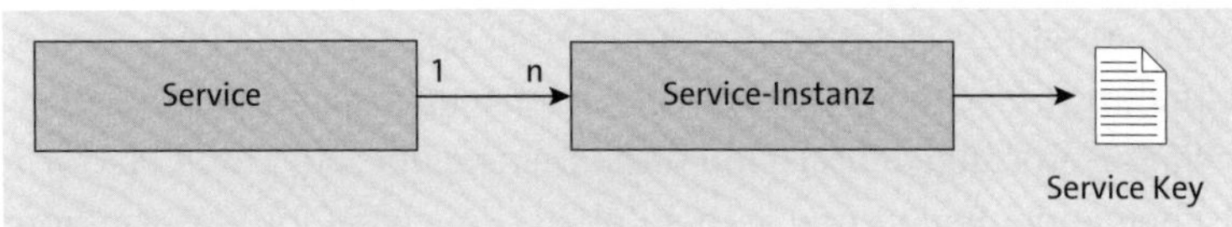

Abbildung 1.7 Services und Service-Instanzen

Die Abgrenzung zwischen Service und Service-Instanz kann schwerfallen; daher wollen wir sie Ihnen an einem Beispiel verdeutlichen: Die Funktionalität eines Datenbank-Service wäre die Bereitstellung einer API für den Zugriff auf einen Datenbankserver. Eine Service-Instanz eines solchen Service würde den Zugriff auf eine konkrete Datenbank umfassen.

Im Falle des ABAP-Environment-Service wäre eine Service-Instanz eine konkrete ABAP-Umgebung, also ein konkretes ABAP-System. Zu jedem Service können mehrere Service-Instanzen existieren. Jede dieser Instanzen verwaltet ihre eigenen Daten und besitzt einen eigenen Endpunkt, über den die Service-Instanz angesprochen werden kann. Dieser Endpunkt wird über einen *Service Key* beschrieben.

1.4.3 Orgs und Spaces

Orgs

In der Cloud-Foundry-Umgebung der SAP Cloud Platform wurde die Organisationstruktur der Open-Source-Variante weitestgehend übernommen. Die wichtigsten Elemente innerhalb dieser Struktur sind die sogenannten *Cloud-Foundry-Organisationen* (kurz *Orgs*) und *Spaces*. Orgs und Spaces ähneln den Global Accounts und Subaccounts der SAP Cloud Platform. Eine

Org ist eine übergeordnete Organisationseinheit innerhalb der Cloud-Foundry-Laufzeitumgebung, unter der Quotas, Anwendungen und Services gebündelt werden. Es existiert eine Cloud-Foundry-Org pro SAP-Cloud-Platform-Subaccount innerhalb der Cloud-Foundry-Umgebung.

Spaces

Eine Org enthält eine Menge von Bereichen für die Anwendungsentwicklung, die Spaces. Üblicherweise wird jeder Anwendung ein eigener Cloud-Foundry-Space zugeordnet. Dieser bündelt die Anwendung und abhängige Service-Instanzen. Entwicklungs- und Administrations-User werden den Orgs und Spaces zugeordnet. Diese Zuordnung legt fest, auf welche Objekte innerhalb der Cloud-Foundry-Umgebung ein spezifischer User zugreifen kann. Über org- und space-spezifische *Rollen* kann zusätzlich der Handlungsspielraum der User abgesteckt werden.

1.5 Dienste der SAP Cloud Platform

ABAP-Entwicklung in der Cloud

Sie haben in Abschnitt 1.3.1, »Service- und Bereitstellungsmodelle«, von der Unterscheidung zwischen Plattform-, Persistenz- und Business-Services erfahren. Wie bereits angedeutet, sind diese Dienste der SAP Cloud Platform von entscheidender Bedeutung bei der Entwicklung von Cloud-Anwendungen. Das gilt natürlich auch für ABAP-basierte Cloud-Anwendungen. Anders als in der klassischen ABAP-Entwicklung, bei der man in der Regel nur die gegebene Funktionalität des SAP NetWeaver Application Server (SAP NetWeaver AS) für ABAP genutzt hat, entstehen ABAP-basierte Cloud-Anwendungen aus der Kombination verschiedenster Dienste und Technologien. Die ABAP-Entwicklung in der Cloud folgt damit dem in Abschnitt 1.2.1, »Cloud Computing«, vorgestellten Microservice-Architekturmodell. In diesem Abschnitt betrachten wir das Portfolio der Dienste der SAP Cloud Platform daher noch einmal etwas detaillierter.

Erweiterung von Anwendungen

Die verschiedenen Dienste der SAP Cloud Platform eröffnen Ihnen die Möglichkeit, Ihre ABAP-Anwendungen mit innovativer Technologie und vordefinierten Funktionen für spezielle Anwendungsfälle zu erweitern. Darüber hinaus vereinfachen Services die Integration der entwickelten Anwendungen in bestehende Prozesse. Sie erleichtern beispielsweise die Entwicklung und Bereitstellung von Web- oder mobilen Anwendungen, die auf den ABAP-Anwendungen aufbauen. Auf diese Weise tragen die Dienste zu einer Vereinfachung des Entwicklungsprozesses bei und erhöhen die Produktivität in der Softwareentwicklung. Sie können über eine webbasierte API schnell und unkompliziert von Ihren Anwendungen konsumiert werden. Die Dienste der SAP Cloud Platform nutzen etablierte, in Unternehmen einsatzbereite Technologien, wodurch eine gleichbleibend hohe Softwarequalität gewährleistet werden kann.

Integration von Anwendungen

Neben Diensten für die Entwicklung, Erweiterung und Bereitstellung von Anwendungen, zählen diverse Kommunikationsdienste für die Integration von Cloud-Anwendungen und externen Systemen oder Anwendungen zum Portfolio der SAP Cloud Platform. Diese *Integrationsdienste* ermöglichen es Ihnen beispielsweise, Daten aus On-Premise-Systemen oder von Internet-of-Things-Geräten in Ihrem ABAP Environment in der Cloud zu nutzen.

[+]

SAP Cloud Platform Discovery Center

Wir stellen Ihnen in diesem Abschnitt nur einen kleinen Ausschnitt der Dienste der SAP Cloud Platform vor. Für einen umfangreicheren Überblick empfehlen wir Ihnen die Nutzung des *SAP Cloud Platform Discovery Center* (*https://discovery-center.cloud.sap*). Dort können Sie das gesamte aktuelle Serviceangebot der SAP Cloud Platform erkunden und erhalten Zugriff auf eine detaillierte Dokumentation der Funktionalität und der Konditionen jedes einzeln Diensts.

Diensteportfolio der SAP Cloud Platform

Das Portfolio der SAP-Cloud-Platform-Dienste unterteilt sich in eine sogenannte *Extension Suite* mit Diensten für die Entwicklung und Erweiterung von Cloud-Anwendungen und eine *Integration Suite* mit Diensten für die Integration und Kommunikation zwischen Geräten, Anwendungen und externen Systemen auf (siehe Abbildung 1.8). Im Folgenden stellen wir einige Dienste der Extension und der Integration Suite vor.

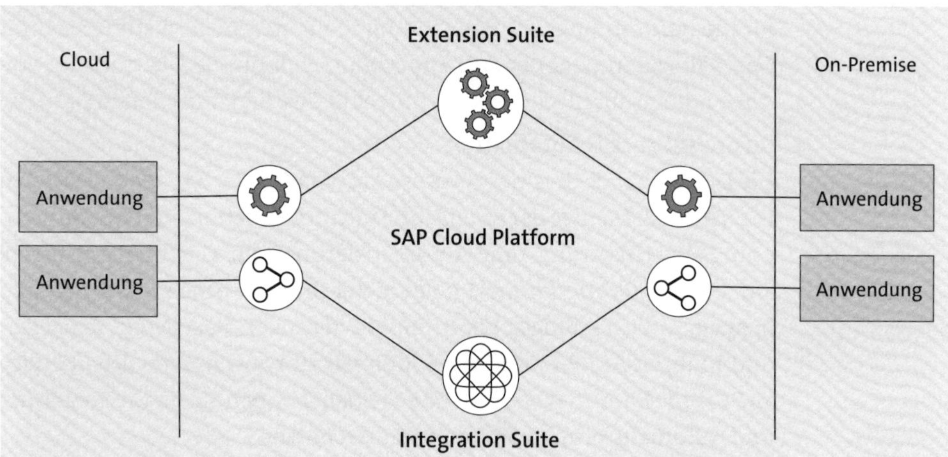

Abbildung 1.8 Erweiterung und Integration von Anwendungen über die Dienste der SAP Cloud Platform

Extension Suite

Die Dienste der Extension Suite der SAP Cloud Platform werden grob in die drei Bereiche *Digital Experience, Development Efficiency* und *Business Process Automation* eingeordnet:

- **Digital Experience**
  Digital-Experience-Dienste sollen Sie bei der Bereitstellung einer einheitlichen und angenehmen Nutzungserfahrung über alle digitalen Kanäle des Unternehmens hinweg unterstützen. Sie sollen Zusammenarbeit ermöglichen und die Produktivität bei der Interaktion mit Geschäftsanwendungen erhöhen. Aufgrund der in Abschnitt 1.1, »Herausforderungen des digitalen Zeitalters«, beschrieben Heterogenität der Endgeräte und der Vielfalt der digitalen Kanäle ist dies eine technologisch äußerst komplexe Aufgabe. Die *SAP Cloud Platform Mobile Services* erleichtern beispielsweise die Entwicklung, Bereitstellung und Verwaltung von mobilen Anwendungen auf Basis Ihrer ABAP-APIs. Der Dienst *SAP Cloud Platform Portal* ermöglicht unter anderem die Bereitstellung von SAP-Fiori-Anwendungen über ein rollenbasiertes Launchpad in der Cloud.
- **Development Efficiency**
  Development-Efficiency-Dienste liefern sofort nutzbare Funktionalitäten, Werkzeuge und Frameworks zur Vereinfachung und Beschleunigung von Entwicklungsprojekten in der Cloud. Das entsprechende Angebot ist sehr umfangreich. Es erstreckt sich von der Bereitstellung bestimmter Anwendungsumgebungen, wie dem *SAP Cloud Platform Java Server* oder dem ABAP Cloud Environment, über Basis-Funktionalitäten, wie Persistenz-, Monitoring- und Sicherheitsdienste, bis hin zur Integration innovativer Technologien wie Machine Learning. Daneben liefern Ihnen Business-Services wie der *SAP Localization Hub, Tax Service* für die Bestimmung und Berechnung indirekter Steuern auf Basis Ihrer Geschäftsdaten oder der *SAP Translation Hub* für die Übersetzung von Anwendungsoberflächen sofort nutzbare Geschäftsfunktionen.
- **Business Process Automation**
  Die Dienste für die Business Process Automation der SAP Cloud Platform ergänzen die Dienste der Extension Suite um Funktionalität für die Steuerung, Visualisierung und Automatisierung von Geschäftsprozessen. *SAP Cloud Platform Business Rules* bietet Ihnen beispielsweise die Möglichkeit, Entscheidungslogik in einem zentralen Regelwerk abzulegen und in Ihren ABAP-Cloud-Anwendungen zu konsumieren. Den Service *SAP Cloud Platform Workflow Management* können Sie für die Steuerung und Automatisierung von Arbeitsläufen nutzen.

Integration Suite

Die Integration Suite liefert Ihnen umfangreiche Funktionalität und Werkzeuge für die Integration von Cloud-Anwendungen in Ihre On-Premise-Systemlandschaft. Die innerhalb dieser Suite bereitgestellten Dienste vereinfachen gerade in hybriden Landschaften die Bereitstellung integrativer Anwendungen und Prozesse, auch wenn verteilte Systeme vorliegen.

So ermöglicht Ihnen beispielsweise der Dienst *SAP Cloud Platform Connectivity* den Aufruf von OData-Services oder RFC-Funktionsbausteinen (Remote Funktion Call) in einem lokalen Netzwerk über den *Cloud Connector* (mehr hierzu in Abschnitt 13.3, »Anbindung an On-Premise-SAP-Systeme«). *SAP Cloud Platform Enterprise Messaging* erlaubt die Verteilung von Nachrichten zwischen Anwendungen über eine zentrale Schnittstelle. *Open Connectors* innerhalb der Integration Suite ermöglichen die Integration diverser Nicht-SAP-Anwendungen, wie sozialen Netzwerken (z. B. Facebook, Twitter), Storage Clouds oder Messenger-Diensten (z. B. Slack). Auch Dienste für die Verwaltung von Internet-of-Things-Geräten, die Entwicklung von Internet-of-Things-basierten Anwendungen oder Blockchain-Anwendungen sind Teil der Integration Suite.

Weitere Dienste

Wir könnten Ihnen an dieser Stelle noch viele weitere Beispiele für interessante und nützliche Dienste der SAP Cloud Platform nennen, die genannten sollten allerdings genügen, um Ihnen zu verdeutlichen, welche Möglichkeiten Ihnen die Nutzung solcher Dienste für die Entwicklung ABAP-basierter Cloud-Anwendungen bietet. ABAP-Entwicklung in der Cloud bedeutet nicht zuletzt, sich dieser Möglichkeiten bewusst zu werden und sie in die Konzipierung und Entwicklung eigener Anwendungen mit einzubeziehen.

1.6 Zusammenfassung

Die Digitalisierung verändert die Art und Weise, wie wir leben und kommunizieren, und auch unsere Bedürfnisse sowie unser Verhalten als Kund*innen. Trends werden schnell verfolgt, aber häufig genauso schnell auch wieder fallen gelassen. Es findet ein Wandel von einem besitzorientierten hin zu einem serviceorientierten Konsum statt. Unternehmen müssen sich diesen neuen Anforderungen anpassen. Eine wichtige Rolle hierbei spielt die Unternehmens-IT, jedoch ist es ebenso wichtig, dass ein ganzheitlicher Anpassungsprozess in den Unternehmen stattfindet. Dieser darf nicht nur die IT betreffen, sondern muss sämtliche Prozesse des Unternehmens berücksichtigen.

Es ist fraglich, ob die klassischen IT-Infrastrukturen, also On-Premise-Server und monolithische Softwaresysteme, den neuen Anforderungen an Flexibilität, Skalierbarkeit und Erweiterbarkeit gewachsen sind. Cloud-basierte

Umgebungen sind hier eine vielversprechende Alternative. Sie bieten eine flexible und technologisch offene Basis, um Funktionalität und Services anzubieten, die zu den aktuellen Kundenwünschen passen, sowie um bestehende Geschäftsprozesse zu erweitern, miteinander zu integrieren oder gänzlich neue Prozesse bzw. Geschäftsmodelle zu etablieren.

Die SAP Cloud Platform präsentiert sich in diesem Kontext als umfangreiche Plattform für den Betrieb und die Entwicklung cloudbasierter Anwendungen. Sie erleichtert die Integration moderner Technologien wie Internet of Things und KI durch die Bereitstellung von Diensten, die einfach in bestehende Prozesse und Anwendungen integriert werden können.

Für ABAP-Entwickler ist der Schritt in die Cloud gleichzeitig auch ein Schritt in eine ungewohnte Technologiewelt. Bisherige Paradigmen der ABAP-Entwicklung müssen hier überwunden werden. So werden Funktionalität und Prozesse in Zukunft nicht mehr in Reports oder Dynpro-Anwendungen abgebildet, sondern müssen dem serviceorientierten Modell der Cloud folgen. Bevor Sie mit der ABAP-Entwicklung in der Cloud beginnen, ist es daher empfehlenswert, die Ideen und Prinzipien der Cloud-Entwicklung verinnerlicht zu haben. Nach der Lektüre dieses Kapitels sollten Sie die Prinzipien klassischer On-Premise-Architekturen von denen der Cloud-Architekturen abgrenzen können. Sie sollten die Motivation und die Ideen, die hinter der SAP Cloud Platform stehen, verinnerlicht haben. Ein grobes Verständnis der Begrifflichkeiten im Umfeld des Cloud Computing, z. B. der Unterscheidung zwischen Service- und Bereitstellungsmodellen, hilft Ihnen, sich im Cloud-Umfeld zurechtzufinden. Auch das Konzept der Microservices sollte Ihnen bekannt sein. Im Speziellen sollten Sie mit der Lektüre dieses Kapitels ein grundlegendes Verständnis für den Aufbau und die Komponenten der SAP Cloud Platform und der Cloud-Foundry-Umgebung erlangt haben.

Kapitel 2
Einführung in SAP Cloud Platform, ABAP Environment

Mit dem SAP Cloud Platform, ABAP Environment erweitert SAP sein Platform-as-a-Service-Angebot um eine Umgebung für die Programmiersprache ABAP.

ABAP erblickte 1983 als *Allgemeiner Berichtsaufbereitungsprozessor* das Licht der Welt. Als Makrosprache wurde ABAP mit SAP R/2 für die Entwicklung von Auswertungen eingesetzt. Die Änderung von Datenbanktabellen war mit der zu diesem Zeitpunkt noch recht rudimentären Programmiersprache noch nicht möglich. Erst mit der Weiterentwicklung, der von *Cobol* beeinflussten, proprietären Programmiersprache entstand das heute vielen Entwicklern bekannte ABAP/4. Mit dieser innovativen Weiterentwicklung konnten in SAP R/2 nun auch Anwendungsfunktionen implementiert werden. Seit 1990 basieren alle SAP-R/3-Module auf ABAP/4. ABAP bildet seitdem die Grundlage für unzählige Geschäftsanwendungen. Noch heute basiert ein großer Teil des digitalen Kerns der SAP-Software auf ABAP.

Weiterentwicklung von ABAP

In den vergangenen Jahren hat SAP weiterhin viel Zeit und Mühe in die Weiterentwicklung von ABAP gesteckt. So wurde beispielsweise mit dem Release SAP R/3 Enterprise Edition 4.6 *ABAP Objects* als objektorientierte Erweiterung eingeführt. Mit SAP NetWeaver 7.4 wurde der Sprachumfang so erweitert, dass viele Anweisungen vereinfacht in Operandenpositionen notiert werden können.

Aber nicht nur ABAP als Programmiersprache hat sich weiterentwickelt. Seit 2012 können Sie mit den *ABAP Development Tools* (ADT) das quelloffene Programmierwerkzeug *Eclipse* als Entwicklungsumgebung für Ihre ABAP-Anwendungen nutzen.

ABAP-Entwicklung in der Cloud

Trotz all der Weiterentwicklungen von ABAP konnte man die SAP-eigene Programmiersprache dennoch nicht für die Entwicklung cloudbasierter Anwendungen oder die Erweiterung von SAP-Cloud-Anwendungen, wie der SAP S/4HANA Cloud, nutzen. Viele aus der weltweiten Entwicklergemeinde wünschten sich, die SAP-eigene Programmiersprache auch für die Entwicklung und den Betrieb von cloudbasierten Anwendungen nutzen zu können und somit Teil dieser neuen Welt zu werden. Als Björn Goerke, damals Chief Technology Officer (CTO) von SAP, im September 2017 auf der SAP TechEd in Las Vegas verkündete, dass eine zusätzliche Entwicklungs- und Laufzeitumgebung für ABAP in die SAP Cloud Platform aufgenommen wird, war dies daher ein neuer Meilenstein der ABAP-Geschichte. Ähnlich wie beim Übergang von SAP R/2 nach SAP R/3 ist ABAP auch beim Übergang in die Cloud ein wesentlicher Baustein des Prozesses. Damals wurden ABAP-Programme von einer Großrechneranlage in die Client-/Server-Welt überführt. Heute können sie von der On-Premise-Welt in die Cloud übernommen werden.

Aufbau dieses Kapitels

Mit dem seit September 2018 allgemein verfügbaren SAP Cloud Platform, ABAP Environment hat SAP sein PaaS-Angebot (Platform as a Service) um ABAP als eine weitere Programmiersprache erweitert. Man spricht bei der neuen Umgebung daher auch von einer *ABAP-PaaS*. Der Einfachheit halber verwenden wir im weiteren Verlauf dieses Buchs die Kurzschreibweise *ABAP Environment* für das SAP Cloud Platform, ABAP Environment. In Abschnitt 2.1, »Einordnung in die SAP-Systemlandschaft«, und Abschnitt 2.2, »Anwendungsszenarien«, dieses Kapitels stellen wir Ihnen das neue ABAP Environment vor. Wir erläutern, wie es sich in Ihre Systemlandschaft integriert und welche Einsatzmöglichkeiten die neue Umgebung bietet. In Abschnitt 2.3, »Architektur des ABAP Environment«, sehen wir uns den Anwendungsserver und die Datenbank des ABAP Environment genauer an. Abschnitt 2.4, »Lizenzmodell«, gibt Ihnen eine Übersicht über die verschiedenen Lizenz- und Abrechnungsmodelle für die neue Umgebung. Abschließend gehen wir in Abschnitt 2.5, »Upgrades und Wartung«, auf das Einspielen neuer Releases und Fehlerkorrekturen durch SAP ein.

2.1 Einordnung in die SAP-Systemlandschaft

Weltweit ist heute eine Vielzahl etablierter SAP-Business-Suite-Systeme On-Premise im Einsatz. Der Großteil der ABAP-Entwicklergemeinde arbeitet mit diesen Systemen, die entweder SAP HANA oder eine andere Datenbank (*AnyDB*) einsetzen. Diese ca. 100.000 produktiven Systeme werden von SAP allerdings nur noch gewartet und nicht mehr weiterentwickelt. SAP investiert stattdessen vor allem in die Weiterentwicklung dreier innovativer Produkte: SAP S/4HANA, SAP S/4HANA Cloud und das ABAP Environment.

Cloud-First-Strategie

Alle drei Produkte basieren auf einer gemeinsamen Codelinie und profitieren somit gleichermaßen von innovativen Weiterentwicklungen. Des Weiteren sind alle drei Produkte für SAP HANA optimiert. Der Einsatz eines anderen Datenbanksystems ist nicht möglich. Bei der Weiterentwicklung der gemeinsamen Codelinie verfolgt SAP eine *Cloud-First-Strategie*: Upgrades werden quartalsweise immer zuerst für die beiden Cloud-Systeme, ABAP Environment und SAP S/4HANA Cloud, bereitgestellt. On-Premise-Kunden erhalten diese Upgrades einmal pro Jahr.

Abbildung 2.1 stellt die drei innovativen Produkte der nicht mehr weiterentwickelten SAP Business Suite gegenüber.

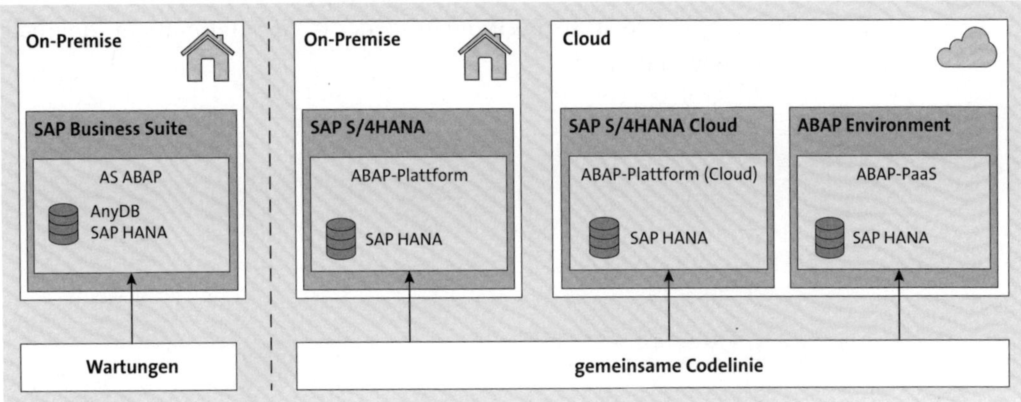

Abbildung 2.1 Gegenüberstellung der SAP-Cloud- und On-Premise-Produkte (in Anlehnung an: Tammy Powlas (2020), SAP Road Map: ABAP Platform Webcast Recap)

ABAP Environment

Mit der Auslieferung des, auch unter dem Projektnamen *Steampunk* bekannten, ABAP Environment erhalten Sie erstmalig die Möglichkeit, ABAP zur Entwicklung cloudbasierter Anwendungen und für die Erweiterung von Cloud-Systemen zu nutzen. Sie können somit Ihre ABAP-Kenntnisse anwenden, um Anwendungen in der Cloud zu entwickeln und zu betreiben. Dadurch, dass Sie keine neue Programmiersprache oder den Umgang mit einer neuen Entwicklungsumgebung und neuen Entwicklungstools erlernen müssen, wird Ihnen der Einstieg in die Cloud erleichtert.

Betrieb der Systemlandschaft

Die komplette Systemlandschaft für die Cloud-Umgebung wird von SAP betrieben. Somit entfällt der Aufwand für das Einspielen von Updates und Upgrades. Auch die komplizierte Handhabung von Erweiterungen und Modifikationen erübrigt sich. Mit den regelmäßig ausgelieferten Updates, die immer erst das ABAP Environment erreichen, bevor sie auf anderen ABAP-basierten Lösungen angeboten werden, profitieren Sie außerdem immer von den neuesten Features.

2.2 Anwendungsszenarien

In diesem Abschnitt möchten wir die Frage beantworten, für welche Unternehmen und Anwendungsfälle das ABAP Environment geeignet ist. Diese Frage pauschal zu beantworten, ist gar nicht so einfach, da die Antwort immer abhängig von der spezifischen Unternehmenssituation ist. Aufgrund der technologischen Eigenschaften des ABAP Environment und der vielfältigen Möglichkeiten, Systeme anzubinden, bietet sich eine Vielzahl an Anwendungsszenarien.

Abbildung 2.2 zeigt die Positionierung des ABAP Environment innerhalb der Systemlandschaft.

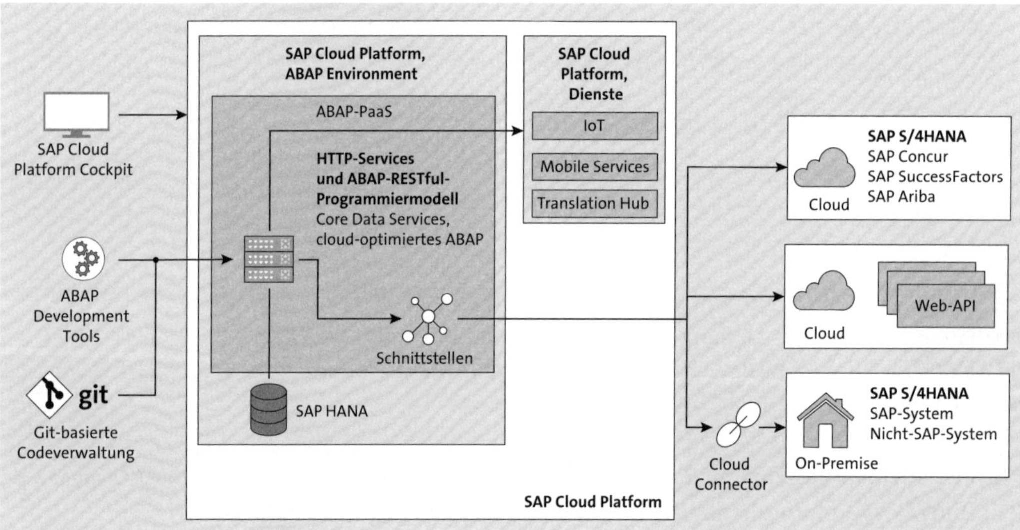

Abbildung 2.2 ABAP Environment in der Systemlandschaft (in Anlehnung an: Wahl (2020): SAP Cloud Platform ABAP Environment – Erfahrungsbericht, Seite 9)

Erweiterung von Cloud-Systemen

Das ABAP Environment wurde ursprünglich für die Erweiterung von SAP-Cloud-Systemen wie SAP S/4HANA Cloud entwickelt. Diese Systeme bieten mit ihrer anwendungsinternen Erweiterbarkeit (*In-App-Erweiterbarkeit*) bereits die Möglichkeit, Anwendungen und Prozesse zu erweitern. Eine kundeneigene ABAP-Entwicklung für SAP S/4HANA Cloud ist allerdings nicht möglich. Abhilfe schafft hier das ABAP Environment, das die SAP Cloud Platform als zentrale Erweiterungsumgebung nutzt (siehe Abbildung 2.3). SAP setzt dazu auf das bereits aus dem Umfeld von SAP S/4HANA Cloud bekannte Verfahren der beigestellen Erweiterungen (*Side-by-Side-Erweiterbarkeit*). Analog zur Entwicklung mit Java und Node.js können ABAP-Entwickler*innen ihre Erweiterungen mittels freigegebener APIs von den Kernfunktionalitäten der Standardsoftware entkoppeln. Unternehmen profitieren hier insbesondere von einer signifikanten Verbesserung der Stabilität ihrer Entwicklungen.

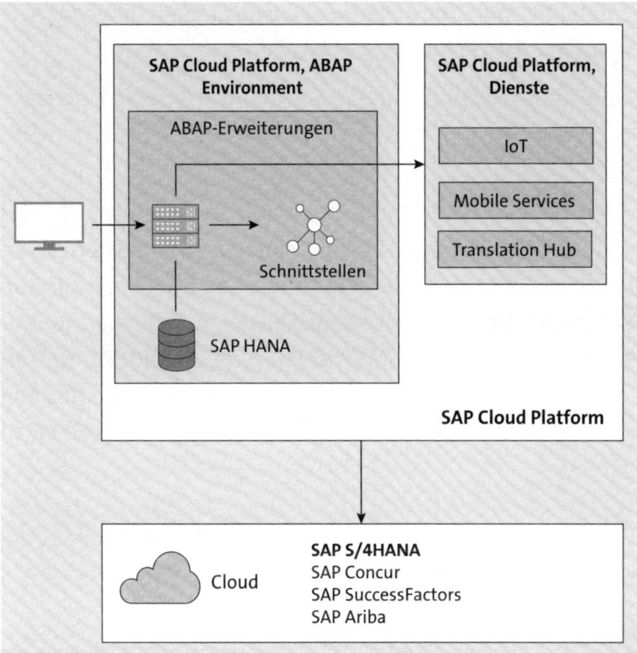

Abbildung 2.3 Anbindung von SAP-Cloud-Systemen an das ABAP Environment (in Anlehnung an: Wahl (2020), SAP Cloud Platform ABAP Environment – Erfahrungsbericht, Seite 11)

[«]

In-App-Erweiterbarkeit vs. Side-by-Side-Erweiterbarkeit

Erweiterungen erlauben Kunden, Standardanwendungen von SAP an ihre eigenen Anforderungen anzupassen. Im Kontext von SAP S/4HANA unterscheidet man zwischen den beiden folgenden Erweiterungsmöglichkeiten:

- **In-App-Erweiterbarkeit**
  Mit In-App-Erweiterungen können Sie leichte Anpassungen an SAP-Standardfunktionalitäten vornehmen. Zu diesen Anpassungen zählen beispielsweise das Ausblenden von Feldern für bestimmte Benutzergruppen oder das Integrieren zusätzlicher Geschäftslogik. Die für diese Anpassungen benötigten, webbasierten Werkzeuge sind bereits in SAP S/4HANA enthalten. Die In-App-Erweiterbarkeit richtet sich insbesondere an Key User, die über vertiefte fachliche Kenntnisse des zu erweiternden Produkts verfügen, aber nicht über vertiefte technische Kenntnisse.

- **Side-by-Side-Erweiterbarkeit**
  Zusätzlich zu der In-App-Erweiterbarkeit bietet SAP mit der Side-by-Side-Erweiterbarkeit die Möglichkeit, existierende Prozesse stärker zu beeinflussen. Losgelöst vom eigentlichen SAP-S/4HANA-System können Sie innerhalb der SAP Cloud Platform eigenständige Anwendungen oder Services mit der Technologie Ihrer Wahl erstellen.

In Abschnitt 13.4, »Side-by-Side-Erweiterungen für SAP S/4HANA«, gehen wir umfassender auf die Side-by-Side-Erweiterbarkeit ein.

Innovationsplattform

Neben der Erweiterung von SAP-Cloud-Anwendungen können Sie das ABAP Environment auch für die Entwicklung eigener, cloudbasierter Anwendungen und Services nutzen (siehe Abbildung 2.4). Dabei steht Ihnen SAP HANA zur Datenspeicherung und -verarbeitung zur Verfügung. Mit dem neuen, zukunftssicheren *ABAP-RESTful-Programmiermodell*, dessen Anwendung wir in Kapitel 6, »Geschäftsobjekte modellieren«, ausführlich zeigen, können Sie darüber hinaus Ihre eigenen, innovativen SAP-Fiori-Anwendungen erstellen.

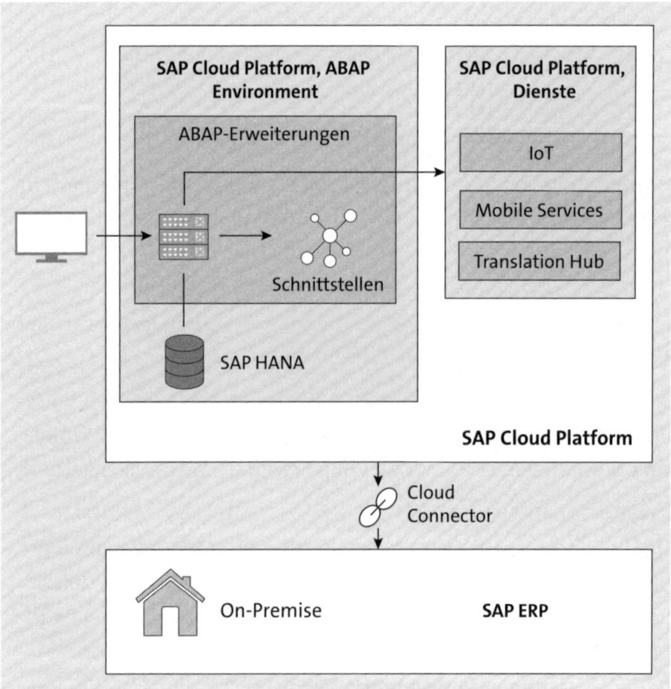

Abbildung 2.4 Anbindung von On-Premise-Systemen an das ABAP Environment (in Anlehnung an: Wahl (2020), SAP Cloud Platform ABAP Environment – Erfahrungsbericht, Seite 16)

Anbinden von On-Premise-Systemen

Über den Cloud Connector können Sie zudem Ihre On-Premise-Systeme an das ABAP Environment anbinden und das ABAP Environment so als Verbindungsglied zwischen älteren On-Premise-Systemen und modernen Cloud-Anwendungen nutzen. Sie profitieren so unabhängig vom Stand Ihrer Systemlandschaft von den neuesten Features und SAP-HANA-Technologien.

Dienste der SAP Cloud Platform

Als integralen Bestandteil der SAP Cloud Platform können Sie mit dem ABAP Environment selbstverständlich auch alle Dienste der SAP Cloud Platform nutzen. Dienste für Machine Learning, Blockchain und Internet of Things (Internet der Dinge) ermöglichen Ihnen so Szenarien, die in einem klassischen On-Premise-System nicht möglich wären.

Hub-ähnliche Nutzung

Aufgrund der vielfältigen Möglichkeiten, verschiedene Datenquellen und Systeme anzubinden, können Sie das ABAP Environment darüber hinaus auch wie einen *Daten-Hub* verwenden. Sie sammeln in diesem Fall die Daten aus unterschiedlichen Quellen für die weitere Verarbeitung oder Analyse (siehe Abbildung 2.5).

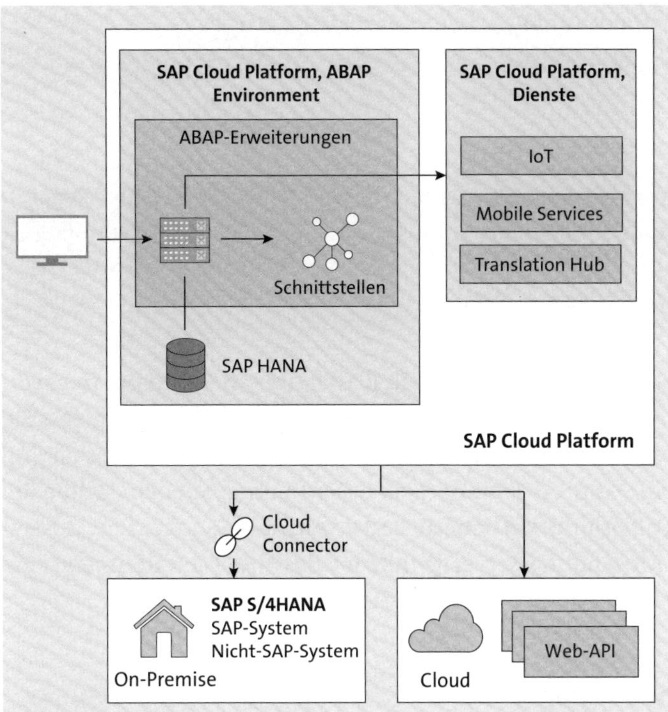

Abbildung 2.5 Nutzung des ABAP Environment als Daten-Hub (in Anlehnung an: Wahl (2020), SAP Cloud Platform ABAP Environment – Erfahrungsbericht, Seite 17)

Ihre zentralen Geschäftssysteme sind komplett von Ihren Entwicklungen im ABAP Environment entkoppelt. Somit können Sie Ihre eigenen Anwendungen oder Web-APIs auch einer breiten Benutzergruppe bereitstellen, ohne dass es nötig ist, ihr Zugriff auf Ihre Geschäftssysteme zu gewähren.

2.3 Architektur des ABAP Environment

Beim ABAP Environment handelt es sich um eine eigenständige Plattform für das Bereitstellen ABAP-basierter Cloud-Dienste und -Anwendungen. Diese Plattform basiert komplett auf der Cloud-Foundry-Technologie (siehe Abschnitt 1.4, »Cloud Foundry als Basis für das ABAP Environment«) und läuft auf der Infrastruktur von Cloud Providern, wie Amazon Web Services (AWS).

[»]

Region und Provider

Zum Zeitpunkt der Drucklegung dieses Buchs stehen folgende Regionen und Provider für das ABAP Environment zur Verfügung:

- Europe (Frankfurt)/AWS
- US East (VA)/AWS
- Japan (Tokyo)/AWS

Wir gehen jedoch davon aus, dass mit fortschreitender Zeit weitere Regionen und Cloud-Provider hinzukommen werden. Die aktuell jeweils unterstützen Regionen können Sie der folgenden Seite im SAP Help Portal entnehmen: *http://s-prs.de/v783002*

Infrastruktur und Services

SAP stellt Ihnen die Infrastruktur sowie alle Services als Teil Ihres Lizenzvertrags für das ABAP Environment zur Verfügung. Daraus resultiert, dass Sie hinsichtlich der Architektur an die Vorgaben und Restriktionen von SAP gebunden sind. Das ABAP Environment basiert immer auf dem letzten Release der ABAP Platform, auf dem auch SAP S/4HANA Cloud basiert. Zusätzlich zu dem Anwendungsserver beinhaltet das ABAP Environment eine SAP-HANA-Datenbank für die Datenspeicherung.

2.3.1 Der Anwendungsserver

Speichergröße

Als Laufzeitumgebung für das ABAP Environment dient ein eigenständiger SAP NetWeaver Application Server (SAP NetWeaver AS) für ABAP . Die maximale Speichergröße der Laufzeitumgebung hängt von der Anzahl erworbener Speicherblöcke, den sogenannten *Compute Units*, ab. Ein Speicherblock entspricht einer Speichergröße von 16 GB. Für den Anwendungsserver stehen Ihnen die Speichergrößen 16 GB, 32 GB, 64 GB, 96 GB und 128 GB zur Auswahl. Er kann unabhängig von der Speichergröße der SAP-HANA-Datenbank konfiguriert werden. Die Minimalausprägung beträgt 16 GB für die Laufzeitumgebung und 64 GB für die SAP-HANA-Datenbank.

Whitelisted API

Mit dem Anwendungsserver des ABAP Environment stellt SAP verschiedene Komponenten und Funktionen in Form einer sogenannten *Whitelisted API* zur Verfügung (siehe Abbildung 2.6). Diese kann von Kunden- und Partnerunternehmen frei verwendet werden, um eigenständige Anwendungen und Dienste bereitzustellen. Worum es sich bei der Whitelisted API genau handelt, erfahren Sie in Kapitel 5, »Freigegebener Sprachumfang und Objekte«.

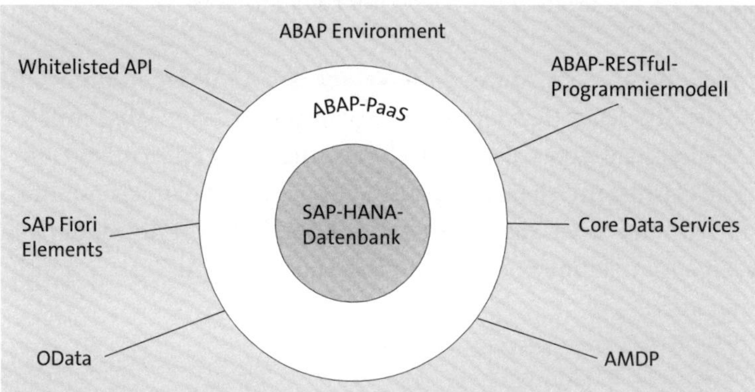

Abbildung 2.6 Komponenten und Funktionen des ABAP Environment

Daneben stellt der Anwendungsserver das neue ABAP-RESTful-Programmiermodell zur Verfügung, das auf *SAP Fiori* und *Core Data Services* (CDS) basiert. Dieses Programmiermodell unterstützt Sie bei der Implementierung kundeneigener Geschäftsobjekte.

Keine Geschäftsobjekte

Bekannte Geschäftsobjekte oder -prozesse, wie man sie aus einer vollwertigen *SAP Business Suite* kennt, sucht man im ABAP Environment hingegen vergebens. Aus Entwicklungssicht bedeutet das, dass bekannte Datenbanktabellen, wie zum Beispiel die Tabellen für den Materialstamm, nicht vorhanden sind und sich daher auch nicht zur Implementierung von Anwendungen verwenden lassen. Semantisch entspricht das ABAP Environment einem AS ABAP ohne die darauf aufbauende Anwendungsebene.

Abbildung 2.7 veranschaulicht beispielsweise die erfolglose Suche nach der Datenbanktabelle `MARA` innerhalb eines ABAP-Cloud-Projekts. Das Ergebnisfeld **Matching items** gibt hier keine Treffer aus. Das liegt daran, dass die Tabelle `MARA` im ABAP Environment nicht verwendet werden kann.

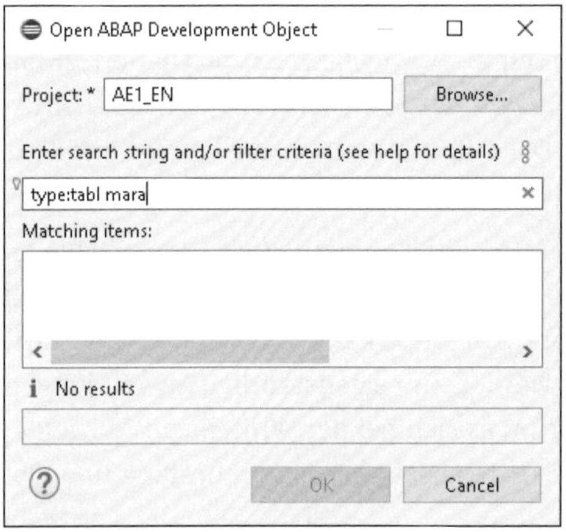

Abbildung 2.7 Erfolglose Suche nach der Datenbanktabelle MARA

Anmeldung am Anwendungsserver

Eine Anmeldung an dem Anwendungsserver des ABAP Environment ist nur noch über die ABAP Development Tools in Eclipse (siehe Abschnitt 3.4, »ABAP Development Tools als Entwicklungsumgebung einrichten«), über das zentrale Dashboard (siehe Abschnitt 3.2, »Das Dashboard als Administrationsoberfläche«) oder über selbst entwickelte SAP-Fiori-Anwendungen möglich. Eine Anmeldung über das *SAP Logon* und das SAP GUI wird nicht mehr unterstützt.

2.3.2 Die Datenbank

Wie bereits zu Beginn dieses Abschnitts erwähnt, wird die Architektur des ABAP Environment durch SAP vorgegeben. Zur Persistierung von Daten beinhaltet das ABAP Environment eine SAP-HANA-Datenbank. Andere Datenbanksysteme stehen bewusst nicht zur Verfügung, um die Innovationen von SAP HANA nutzen zu können.

In-Memory-Technologie

Bei der SAP-HANA-Datenbank handelt es sich um eine vollständige relationale Datenbank, bei der alle relevanten Geschäftsdaten spaltenorientiert im Hauptspeicher abgelegt werden. Durch diese sogenannte *In-Memory-Technologie* kann schneller als bei herkömmlichen Datenbanksystemen auf Daten zugegriffen werden. Ein weiterer Performance-Vorteil ergibt sich dadurch, dass datenintensive Berechnungen direkt auf der Datenbank ausgeführt werden können.

Code-Pushdown

Werden Anwendungslogik oder Berechnungen in die Datenbank verschoben, spricht man von einem *Code-Pushdown*. Dieser Code-Pushdown kann im ABAP Environment angewendet werden. Ihnen stehen dazu die folgenden drei Möglichkeiten zur Verfügung:

- **ABAP SQL**
  Mit SAP NetWeaver 7.40 hat SAP die Open-SQL-Syntax stark erweitert. Die in ABAP eingebetteten SQL-Befehle heißen seit dem SAP NetWeaver Release 7.53 *ABAP SQL*. Mit der erweiterten Syntax ist es unter anderem möglich, Berechnungen direkt innerhalb der Feldleiste durchzuführen und diese so auf die Datenbank zu verlagern.
- **CDS-Views u. CDS-Tabellenfunktionen**
  Mit CDS steht ein weiteres mächtiges Werkzeug zur Verfügung, um Datenbank-Views und Tabellenfunktionen zu definieren und so Anwendungslogik an die Datenbank auszulagern.
- **ABAP Managed Database Procedures**
  Durch *ABAP Managed Database Procedures* (AMDP) wurde die Möglichkeit geschaffen, direkt im ABAP-Anwendungsserver Datenbankprozeduren zu definieren.

Ein direkter Zugriff auf die Datenbank, um beispielsweise *SAP HANA Calculation Views* zu modellieren, ist mit dem ABAP Environment nicht möglich.

Speichergröße

Die Speichergröße der SAP-HANA-Datenbank kann im ABAP Environment unabhängig von der Speichergröße der Laufzeitumgebung konfiguriert werden. Genau wie die Speichergröße der Laufzeitumgebung wird die Speichergröße der SAP-HANA-Datenbank in 16-GB-Blöcken verwaltet. Sie ist in den Größen 64 GB, 128 GB und 256 GB verfügbar.

2.4 Lizenzmodell

Für die Nutzung des, in Abschnitt 2.3, »Architektur des ABAP Environment«, vorgestellten, Anwendungsservers und der Datenbank bietet SAP verschiedene Lizenzierungsmodelle an. Um das ABAP Environment zu beziehen, können Sie zwischen den beiden folgenden Varianten wählen:

- nutzungsbasierte Abrechnung (Konsumption)
- Abonnementmodell (Subskription)

Das ABAP Environment wird, wie bereits beschrieben, als PaaS angeboten. Dieses Modell zielt nicht darauf ab, ein Produkt zu verkaufen, sondern Funktionalität in Form eines Diensts anzubieten.

[+]

Kostenlose Testversion

Seit September 2019 stellt SAP auch eine kostenfreie Testversion des ABAP Environment zur Verfügung. Mit dieser Testversion können Sie erste ABAP-basierte Cloud-Dienste und -Anwendungen unter Nutzung des neuen ABAP-RESTful-Programmiermodells implementieren. Auf diese Weise können Sie einen ersten Eindruck vom ABAP Environment gewinnen und sich mit den neuen Technologien vertraut machen. Beachten Sie jedoch, dass Sie sich die Testumgebung mit mehreren Benutzern teilen.

Die Testversion hat eine Laufzeit von 30 Tagen, die sich höchstens zweimal auf insgesamt 90 Tage verlängern lässt. Nach Ablauf der maximalen Laufzeit werden Ihr Testaccount und Ihre Anwendungen gelöscht. Ein weiterer Testaccount lässt sich beliebig oft anlegen.

Eine detaillierte Anleitung zur Einrichtung der Testversion finden Sie unter *http://s-prs.de/v783003*.

Nutzungsbasierte Abrechnung

Bei der nutzungsbasierten Abrechnung, im SAP-Umfeld auch als *Cloud Platform Enterprise Agreement* (CPEA) bekannt, bezahlen Sie nur die Leistung, die Sie auch wirklich nutzen. Die Abrechnung erfolgt auf Basis der Nutzungsdauer und des Nutzungsumfangs. Sie bezahlen die Gebühren für die geplante Nutzungsdauer bei einer Abrechnungsperiode von einem Monat im Voraus. Im Laufe einer Abrechnungsperiode können Sie die Nutzungszeit mehrfach anpassen. Abbildung 2.8 zeigt das von SAP bereitgestellte *Estimator Tool* (*http://s-prs.de/v783004*), mit dessen Hilfe Sie die voraussichtlichen Kosten für die geplante Nutzungsdauer in Stunden ermitteln können.

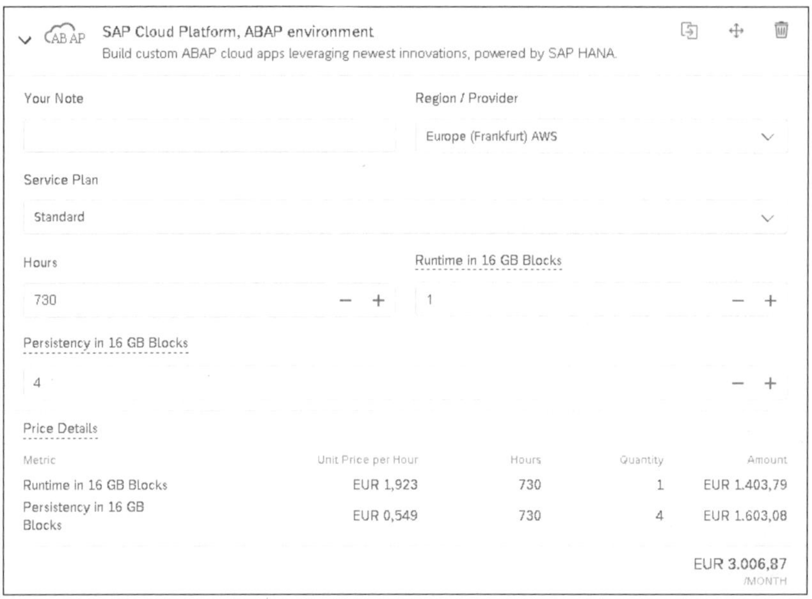

Abbildung 2.8 Estimator Tool für die SAP Cloud Platform

Abonnementmodell

Im Gegensatz zur nutzungsbasierten Abrechnung schließen Sie beim Abonnementmodell einen Vertrag über eine Mindestlaufzeit von drei Monaten ab. Bei diesem Abrechnungsmodell wird für die Nutzung des ABAP Environment ein monatlicher fester Betrag fällig. Der zu entrichtende Betrag ist dabei unabhängig von der Nutzungsdauer bzw. Nutzungshäufigkeit.

2.5 Upgrades und Wartung

Durch das Lizenzmodell für die SAP Cloud Platform ist SAP nicht nur für das Bereitstellen der Infrastruktur verantwortlich, sondern auch für das Einspielen neuer Releases und Fehlerkorrekturen. In diesem Abschnitt schauen wir uns das Thema Updates und Wartung ein wenig genauer an.

Releasezyklus

Wie Sie Abbildung 2.9 entnehmen können, weist das ABAP Environment, genau wie SAP S/4HANA Cloud, einen quartalsweisen Releasezyklus auf. Im Vergleich zur On-Premise-Edition von SAP S/4HANA profitieren Sie dank dieser vier Mal im Jahr vorgesehenen *Major Upgrade Windows* von einem schnelleren Innovationszyklus.

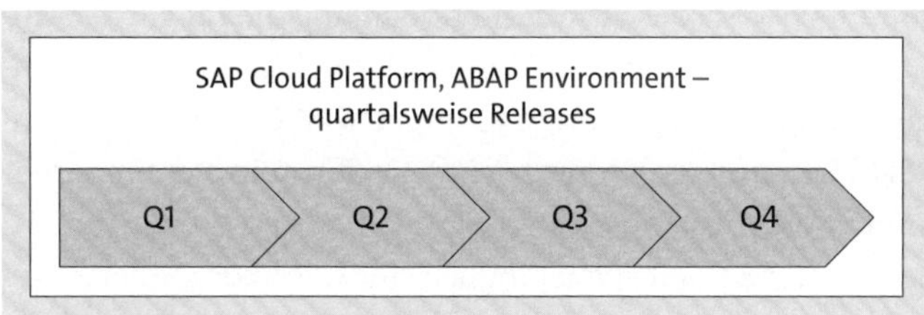

Abbildung 2.9 Releasezyklus des ABAP Environment

Automatische Upgrades

Im Gegensatz zu On-Premise-Systemen müssen Sie sich nicht um das Einplanen und Durchführen eines Upgrades kümmern. Die Upgrades werden automatisch nach einem vorher bekanntgegebenen Zeitplan durchgeführt. Auf den Zeitplan haben Sie keinen Einfluss. Anschließend stehen Ihnen die neusten Funktionen im ABAP Environment zur Verfügung.

Wartungsfenster

Neben diesen quartalsweise stattfindenden Releasewechseln behält SAP es sich vor, Einzelkorrekturen im Rahmen eines wöchentlichen Wartungsfensters einzuspielen. Tabelle 2.1 fasst die durch das *Service Level Agreement (SLA) für SAP Cloud Services* definierten Wartungsfenster und Wartungszeiträume zusammen. Die Wartungsfenster sind unter anderem von der Region abhängig, in der das ABAP Environment betrieben wird.

Wartungsart	Zeitraum in UTC nach Region	Dauer
Fehlerkorrekturen etc.	MENA: Fr. 19 Uhr APJ: Sa. 15 Uhr Europe: Sa. 22 Uhr America: So. 4 Uhr	max. 4 Stunden
Releasewechsel/Aktualisierung Produktversion	APJ: Fr. 21 Uhr bis Sa. 21 Uhr Europe: Sa. 4 Uhr bis So. 4 Uhr America: Sa. 10 Uhr bis So. 10 Uhr	abhängig vom definierten Zeitplan (max. 24 Stunden)

Tabelle 2.1 SLA für SAP Cloud Services

Diese Zeiten sind Bestandteil des SLA. Eine aktuelle Version des SLA steht Ihnen unter der URL *http://s-prs.de/v783005* zur Verfügung.

2.6 Zusammenfassung

In diesem Kapitel haben wir Ihnen das ABAP Environment vorgestellt. Zu Beginn des Kapitels haben Sie die Grundfunktionen und die möglichen Anwendungsszenarien dieser Umgebung kennengelernt. Das ABAP Environment lässt sich als zentrales Erweiterungssystem für SAP-Cloud-Anwendungen einsetzen, als Innovationsplattform zur Entwicklung eigener moderner Cloud-Anwendungen oder als Hub-System zur Sammlung von Daten aus unterschiedlichen Systemen. Selbstverständlich sind auch kombinierte Szenarien denkbar.

Des Weiteren haben wir Ihnen einen Überblick über die Architektur und das Lizenzmodell des ABAP Environment gegeben. Dazu haben wir den technischen Aufbau und den Unterschied zwischen dem Abonnementmodell und der nutzungsbasierten Abrechnung erläutert.

Zum Schluss haben wir Ihnen noch den quartalsweisen Releasezyklus vorgestellt und auf das SLA für SAP Cloud Services verwiesen.

Kapitel 3
ABAP Environment einrichten

Nachdem Sie im vorangehenden Kapitel mögliche Anwendungsszenarien und die Architektur des ABAP Environment kennengelernt haben, zeigen wir Ihnen nun, wie Sie diese Umgebung einrichten.

In diesem Kapitel begleiten wir Sie bei der Einrichtung Ihrer Arbeitsumgebung. Sie erstellen Ihre erste ABAP-Service-Instanz in der Cloud und erhalten einen ersten Einblick in das Dashboard und die Benutzerverwaltung. Voraussetzung für die Nutzung des ABAP Environment ist ein Global Account der SAP Cloud Platform mit den entsprechenden Nutzungsrechten und Ressourcenkontingenten, den Entitlements. Außerdem benötigen Sie einen Subaccount in der Cloud-Foundry-Umgebung und einen Cloud Foundry Space. Sollte Ihnen kein Global Account mit den entsprechenden Nutzungsrechten für das ABAP Environment zur Verfügung stehen, können Sie die von SAP zur Verfügung gestellte Testversion verwenden (siehe Abschnitt 2.4, »Lizenzmodell«).

In Abschnitt 3.1, »Eine ABAP-Service-Instanz anlegen«, zeigen wir Ihnen, wie Sie eine ABAP-Service-Instanz innerhalb der Cloud-Foundry-Umgebung anlegen. Abschnitt 3.2, »Das Dashboard als Administrationsoberfläche«, stellt das Dashboard und die für die Administration der ABAP-Service-Instanz zur Verfügung stehenden Anwendungen vor. In Abschnitt 3.3, »Identitäts- und Zugriffsverwaltung«, führen wir Sie in die Begrifflichkeiten der Benutzerverwaltung der ABAP-Service-Instanz ein. Abschließend zeigen wir Ihnen in Abschnitt 3.4, »ABAP Development Tools als Entwicklungsumgebung einrichten«, wie Sie sich mithilfe eines ABAP-Cloud-Projekts an der ABAP-Service-Instanz anmelden können.

3.1 Eine ABAP-Service-Instanz anlegen

Bevor Sie eine ABAP-Service-Instanz anlegen können, müssen Sie als Erstes die Entitlements Ihres ABAP Environment dem gewünschten Subaccount der SAP Cloud Platform zuweisen. Je nach Strukturierung und Organisation Ihres Unternehmens stehen Ihnen unterschiedlich viele Subaccounts zur Verfügung. Vielleicht unterteilen Sie Ihre Subaccounts klassisch nach Entwicklungs-, Test- und Produktivumgebungen oder haben separate Subaccounts für Abteilungen oder einzelne Teams. Wichtig ist, dass das ABAP Environment nur in einem Subaccount betrieben werden kann, der der Cloud-Foundry-Umgebung zugewiesen ist.

Anmelden an der SAP Cloud Platform

Beginnen Sie damit, die Anmeldeseite des SAP Cloud Platform Cockpit über die URL *https://account.hana.ondemand.com* aufzurufen. Melden Sie sich mit Ihrem Benutzer an. Abbildung 3.1 zeigt den Einstiegsbildschirm des SAP Cloud Platform Cockpit und die Ihnen zur Verfügung stehenden Global Accounts.

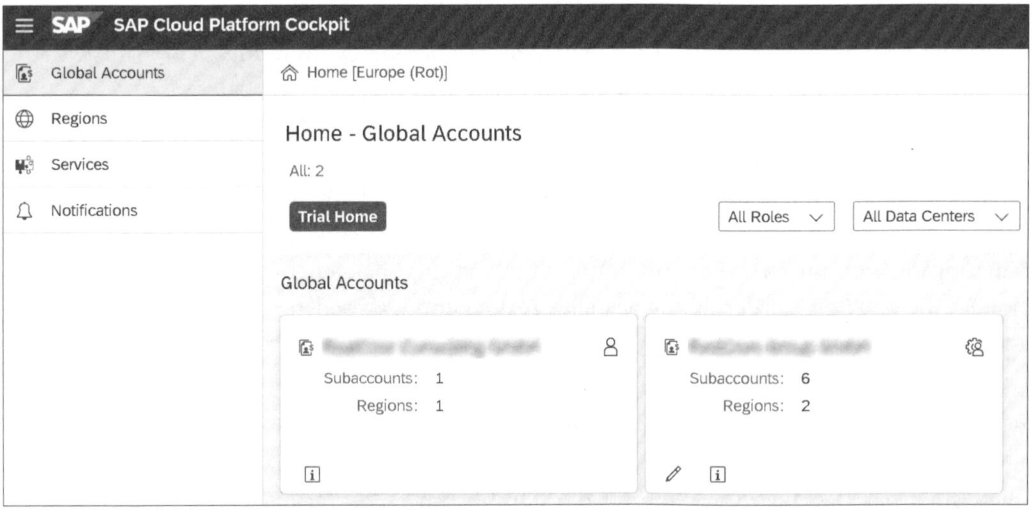

Abbildung 3.1 SAP Cloud Platform Cockpit

Auswahl des Global Accounts

Wählen Sie den Global Account aus, in dem Sie die ABAP-Service-Instanz anlegen wollen. Navigieren Sie anschließend im Menü an der linken Seite über **Entitlements • Subaccount Assignments** zu dem Bereich, in dem Sie Ihre zugeordneten Ressourcenkontingente und Nutzungsrechte sehen und Ihren Subaccounts zuweisen können. Die Zuweisung der zu nutzenden Dienste erfolgt dabei über *Service Plans*. Ein Service Plan stellt eine Variante eines Diensts dar. Die einzelnen Service Plans unterscheiden sich nach Funktion und Größe. Abbildung 3.2 zeigt die einem Subaccount zugewiesenen Service Plans.

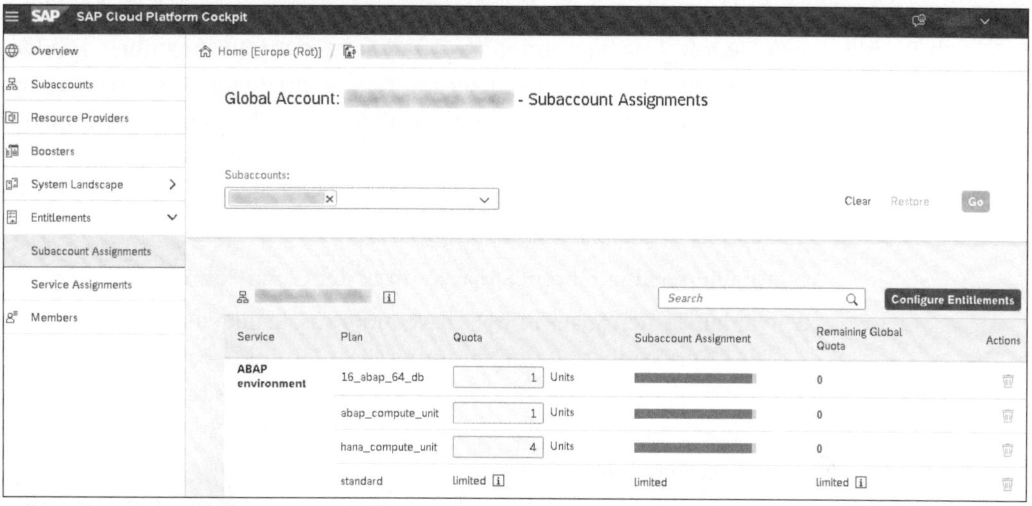

Abbildung 3.2 Subaccount mit zugewiesenen Service Plans

Auswahl von Subaccount und Entitlements

Gehen Sie wie folgt vor, um die Entitlements Ihrem Subaccount zuzuweisen:

1. Wählen Sie über das Auswahlmenü **Subaccounts** den Subaccount aus, unter dem Sie das ABAP Environment betreiben möchten, und bestätigen Sie Ihre Auswahl mit der Schaltfläche **Go**.
2. Über die Schaltfläche **Configure Entitlements** wechseln Sie in den Bearbeitungsmodus.
3. Klicken Sie auf die nun sichtbare Schaltfläche **Add Service**.
4. Suchen Sie, wie in Abbildung 3.3 dargestellt, nach dem Entitlement »ABAP« und wählen Sie anschließend die Service Plans `standard`, `abap_compute_unit` und `hana_compute_unit` aus.

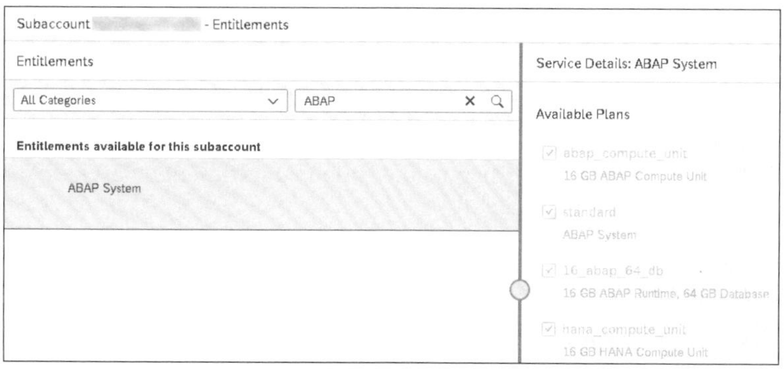

Abbildung 3.3 Auswahl ABAP Entitlement und Service Plan

5. Beenden Sie die Auswahl, indem Sie auf die Schaltfläche **Add service plans** klicken.

ABAP-Service-Instanz in einem Space einrichten

Nachdem Sie die Entitlements Ihrem Subaccount zugewiesen haben, können Sie mit der Einrichtung der ABAP-Service-Instanz beginnen. Die Einrichtung der ABAP-Service-Instanz erfolgt in einem Cloud Foundry Space, oft auch nur Space genannt. Innerhalb der Cloud-Foundry-Umgebung ermöglichen Spaces die Strukturierung und Organisation. In den Spaces erfolgen die Entwicklung und Bereitstellung der Cloud-Anwendungen (siehe auch Abschnitt 1.4.3, »Orgs und Spaces«).

1. Navigieren Sie zu Ihrem Subaccount in der Cloud-Foundry-Umgebung.
2. Wählen Sie den Space Ihres Subaccounts aus, in dem die Einrichtung der ABAP-Service-Instanz vorgenommen werden soll. Über die Schaltfläche **Create Space** können Sie einen Space anlegen, falls noch kein entsprechender Space existiert. Abbildung 3.4 zeigt die im Subaccount zur Verfügung stehenden Spaces.

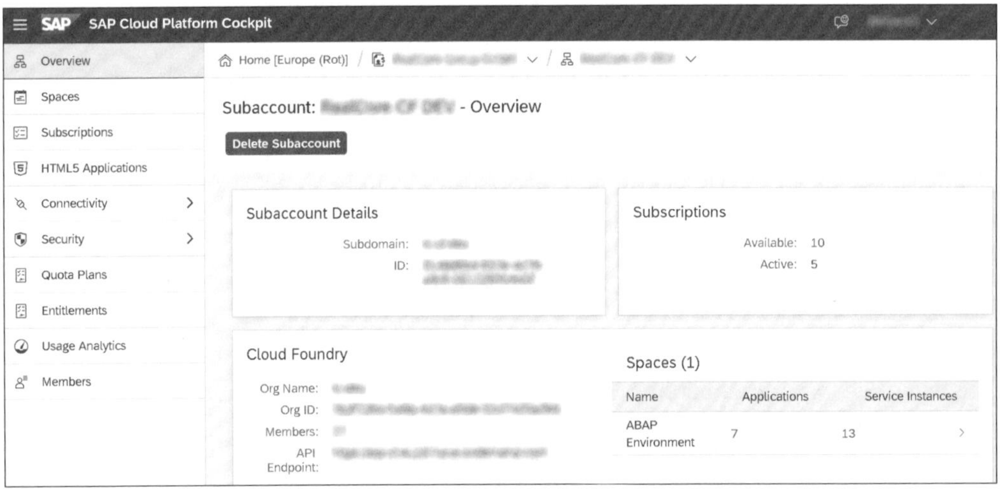

Abbildung 3.4 Subaccounts mit den zugehörigen Spaces

3. Nachdem Sie den passenden Space ausgewählt haben, wählen Sie im Navigationsmenü auf der linken Seite den Eintrag **Services • Service Marketplace** aus und lassen sich so die Ihnen zugewiesenen Services anzeigen (siehe Abbildung 3.5).
4. Über die Kachel **ABAP System** gelangen Sie anschließend in die Übersicht Ihrer ABAP-Services.
5. Lassen Sie sich nun über **Instances** Ihre ABAP-Service-Instanzen anzeigen. Sollten Sie bereits ABAP-Service-Instanzen angelegt haben, werden Ihnen hier die Systeme und der Systemstatus angezeigt.
6. Starten Sie das Anlegen einer neuen ABAP-Service-Instanz über die Schaltfläche **New Instance** (siehe Abbildung 3.6).

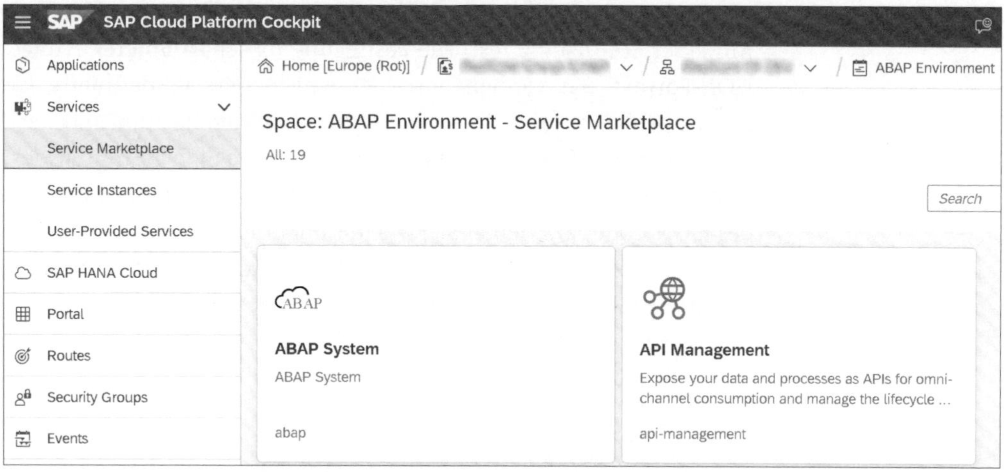

Abbildung 3.5 Auswahl des ABAP System Service

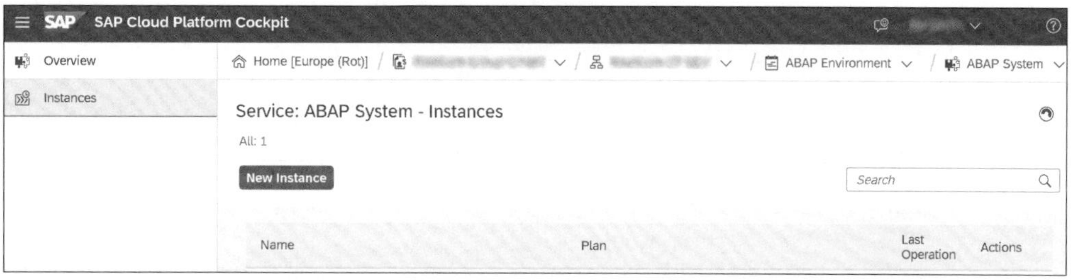

Abbildung 3.6 Anlegen einer neuen ABAP-Service-Instanz

7. In dem sich öffnenden Assistenten müssen Sie als Erstes den Service Plan `standard` auswählen (siehe Abbildung 3.7). Unterhalb der Auswahlbox werden Ihnen die Eigenschaften des ausgewählten Service Plan angezeigt. Hier können Sie den Arbeitsspeicher Ihrer Laufzeitumgebung und den Speicherplatz der SAP-HANA-Datenbank sehen.

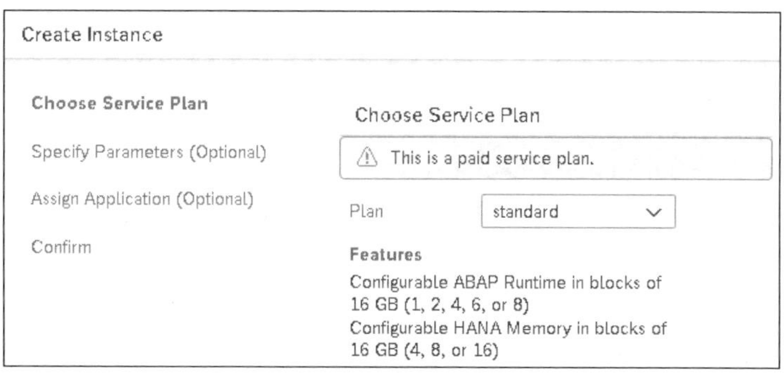

Abbildung 3.7 Auswahl des Service Plan

8. Im nächsten Schritt legen Sie einige grundlegende Parameter Ihrer ABAP-Service-Instanz fest. Die Festlegung dieser Parameter erfolgt im JSON-Format. Sie können entweder eine bereits vordefinierte JSON-Datei hochladen oder direkt im Textfeld editieren. Aufgrund der Bezeichnung **Specify Parameters (Optional)** könnte man vermuten, der gesamte Schritt sei optional, dies trifft aber lediglich auf einzelne Attribute des JSON-Codes zu. Geben Sie, wie in Abbildung 3.8 gezeigt, die für Ihre ABAP-Service-Instanz relevanten Systemparameter an und bestätigen Sie die Eingaben, indem Sie die Schaltfläche **Next** drücken.

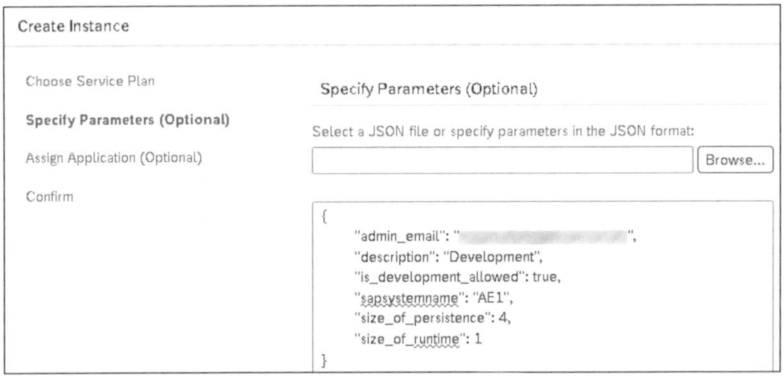

Abbildung 3.8 Definition von Systemparametern

Systemparameter in JSON konfigurieren

Wir gehen hier kurz auf die in Abbildung 3.8 gezeigten Parameter und deren Eigenschaften ein:

- **admin_email**
  Die Eingabe einer E-Mail-Adresse ist Pflicht. Für diese Adresse wird automatisch ein initialer Benutzer für das System angelegt. Dieser Benutzer erhält außerdem die Administratorenrolle und ist der einzige Benutzer, mit dem eine initiale Anmeldung am System möglich ist. Sie können hier nur eine E-Mail-Adresse angeben, die einem Mitglied Ihres Cloud Foundry Space zugeordnet ist. Je nach *User Base*, also je nach Benutzerstamm in Ihrem Global Account, handelt es sich dabei in der Regel um die Adresse eines S-Users.
- **description**
  Mit der optionalen Beschreibung Ihres Systems erleichtern Sie sich dessen Identifizierung innerhalb der Entwicklungsumgebung.
- **sapsystemname**
  Zur Identifizierung des Systems in der Entwicklungsumgebung muss

ein Systemname vergeben werden. Dieser Systemname muss technisch nicht eindeutig sein.

- **is_development_allowed**
  Mit diesem Parameter haben Sie die Möglichkeit, Ihre ABAP-Service-Instanz gegen Änderungen zu sperren. In einer Systemlandschaft mit zwei Systemen würden Sie diesen Parameter im Entwicklungssystem auf »true« setzen und im Produktivsystem auf »false«.
- **size_of_persistence**
  Legen Sie mit diesem Parameter die gewünschte Speichergröße Ihrer SAP-HANA-Datenbank fest. Geben Sie dazu die Anzahl der 16-GB-Blöcke an. Hier sind mindestens vier Blöcke anzugeben.
- **size_of_runtime**
  Mit diesem Parameter legen Sie die Speichergröße Ihrer Laufzeitumgebung fest. Geben Sie hier ebenfalls die Anzahl der 16-GB-Blöcke an.

9. Überspringen Sie den nächsten Schritt zum Anbinden einer Anwendung an Ihre neue ABAP-Service-Instanz.
10. Anschließend gelangen Sie zu einer Übersicht Ihrer vorgenommenen Konfigurationen. Vergeben Sie hier, wie in Abbildung 3.9 gezeigt, einen Namen für Ihre ABAP-Service-Instanz. Mit diesem Namen identifizieren Sie Ihre ABAP-Service-Instanz in der Cloud-Foundry-Umgebung. Er muss daher im gesamtem Cloud Foundry Space eindeutig sein.

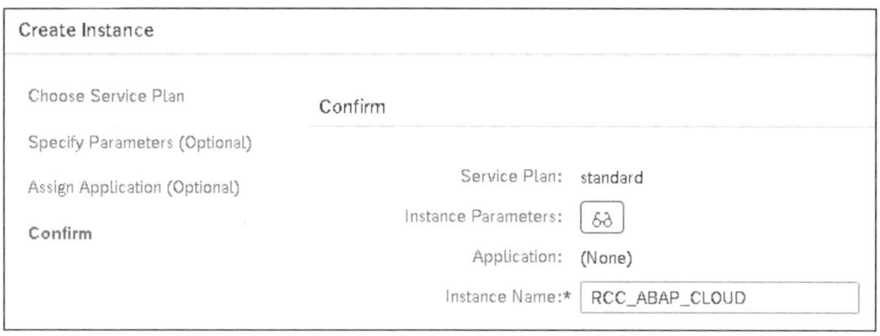

Abbildung 3.9 Übersicht über die Systemkonfiguration

11. Beenden Sie den Assistenten, indem Sie auf die Schaltfläche **Finish** klicken.

Ihr ABAP-System wird nun eingerichtet. Dieser Vorgang kann mehrere Minuten dauern. In der Übersicht Ihrer ABAP-Service-Instanzen können Sie den Status des Vorgangs in der Spalte **Last Operation** beobachten. Sobald die komplette Einrichtung abgeschlossen ist, wird eine E-Mail an die zuvor angegebene Adresse versendet.

Gratulation, Sie haben erfolgreich Ihre erste ABAP-Service-Instanz eingerichtet. Abbildung 3.10 zeigt Ihre neue ABAP-Service-Instanz in der Übersicht der Service-Instanzen.

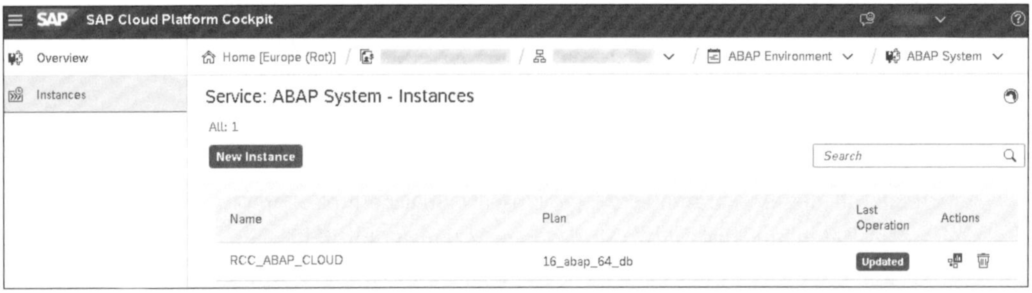

Abbildung 3.10 Erfolgreich erstellte ABAP-Service-Instanz

3.2 Das Dashboard als Administrationsoberfläche

Nach dem erfolgreichen Einrichten steht Ihnen das Dashboard der ABAP-Service-Instanz zur Verfügung, die zentrale Administrationsoberfläche der ABAP-Service-Instanz. Hier werden verschieden SAP-Fiori-Anwendungen zur Verfügung gestellt, mit deren Hilfe das ABAP-System verwaltet werden kann. Dazu zählen unter anderem Anwendungen zur Identitäts- und Zugriffsverwaltung sowie zur Kommunikations- und Softwarekomponentenverwaltung.

Aufruf des Dashboards

Sie erreichen das Dashboard über die ABAP-Service-Instanz auf der SAP Cloud Platform. Navigieren Sie dazu zu Ihren ABAP-Systemen und wählen Sie die entsprechende ABAP-Service-Instanz aus. Über die in Abbildung 3.11 dargestellte Schaltfläche **Open Dashboard** können Sie dann das Dashboard aufrufen. Alternativ können Sie auch die Schaltfläche verwenden, die Sie in der Spalte **Actions** in Abbildung 3.10 sehen. Einen direkten Link zum Dashboard finden Sie im ABAP-Cloud-Projekt in Ihrer Eclipse-Entwicklungsumgebung, das wir in Abschnitt 3.4.2, »ABAP-Cloud-Projekt hinzufügen«, anlegen werden.

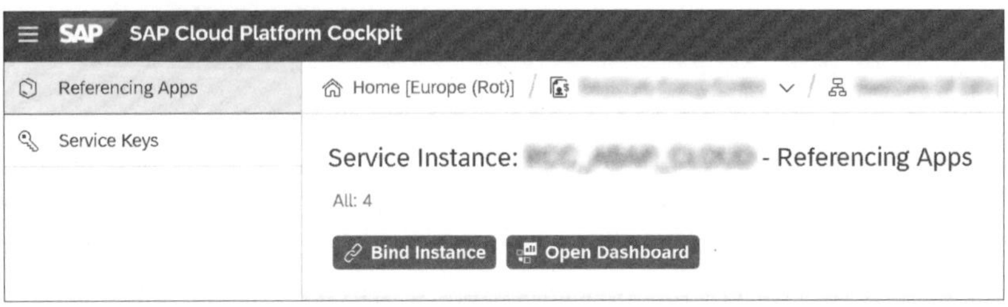

Abbildung 3.11 Dashboard über die Service-Instanz öffnen

[«]

Sprache des Internetbrowsers

Zurzeit fehlen leider noch korrekte Übersetzungen in verschiedenen Anwendungen des Dashboards. Dadurch kann es vorkommen, dass keine Texte in Wertehilfen etc. angezeigt werden. Wir empfehlen Ihnen daher, als Sprache Ihres Internetbrowsers Englisch einzustellen.

Administrationsanwendungen

Nach erfolgreicher Anmeldung am Dashboard der ABAP-Service-Instanz sehen Sie die Ihnen zur Verfügung stehenden Administrationsanwendungen in Form eines *SAP Fiori Launchpad* Abbildung 3.12 zeigt eine Auswahl der Administrationsanwendungen des Dashboards.

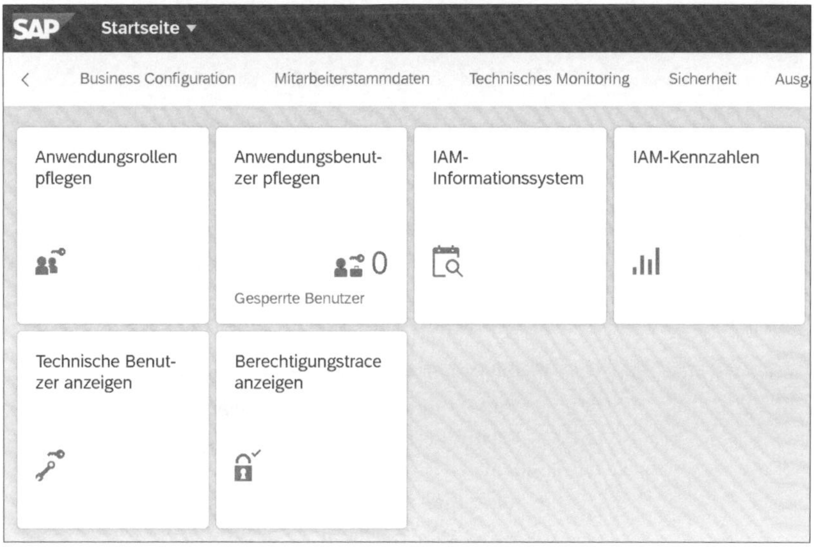

Abbildung 3.12 Administrationsanwendungen des Dashboards

[«]

Anwendungsrollen für die Verwendung des Dashboards

Welche Anwendungen im Dashboard zur Verfügung stehen, ist abhängig von den Ihnen zugewiesenen *Anwendungsrollen*. Um die meisten Anwendungen des Dashboards ausführen zu können, benötigen Sie die Rolle `SAP_BR_ADMINISTRATOR`. Hierbei handelt es sich um eine von SAP vordefinierte Rolle, die alle benötigten Anwendungskataloge enthält.

Sollten Sie die Testversion des ABAP Environment verwenden, steht Ihnen nur ein eingeschränkter Umfang an Anwendungen im Dashboard zur Verfügung. Die Berechtigungen des Trial-Benutzers lassen sich nicht ändern.

Anwendungen des Dashboards

Da es den Rahmen dieses Kapitels sprengen würde, auf alle Anwendungen des Dashboards im Detail einzugehen, wollen wir Ihnen an dieser Stelle lediglich einen kurzen Überblick über diejenigen Anwendungen geben, die wir im Laufe dieses Buchs verwenden werden. Wir nennen Ihnen jeweils die benötigten Anwendungsrollen und -kataloge. Die *Anwendungskataloge* beinhalten die eigentlichen Anwendungen (siehe auch Abschnitt »Anwendungskatalog«). In den folgenden Kapiteln gehen wir dann auf einzelne Anwendungen genauer ein.

Anwendungen der Anwendungsrollenvorlage SAP_BR_ADMINISTRATOR

Anwendungen für Admins

Tabelle 3.1 zeigt die von uns verwendeten Anwendungen für Admins.

Dashboard-Anwendung	Anwendungskatalog	Beschreibung
Mitarbeiter pflegen	Mitarbeiter – Stammdaten (SAP_HCM_BC_EMP_MDT_PC)	Pflegen von Benutzern für das ABAP Environment
Technische Benutzer anzeigen	Identitäts- und Zugriffsverwaltung – Benutzerverwaltung (SAP_CORE_BC_IAM_UM)	Anzeigen von technischen Benutzern wie z. B. Kommunikationsbenutzern
Anwendungsrollen pflegen	■ Identitäts- und Zugriffsverwaltung – Rollenverwaltung (SAP_CORE_BC_IAM_RM) ■ Identitäts- und Zugriffsverwaltung – Rollenzuordnung (SAP_CORE_BC_IAM_RA)	Pflegen von kundeneigenen Anwendungsrollen
Anwendungskataloge	Identitäts- und Zugriffsverwaltung – Rollenverwaltung (SAP_CORE_BC_IAM_RM)	Übersicht über die den Anwendungsbenutzern zugewiesenen Anwendungskataloge
Anwendungsrollenvorlagen	Identitäts- und Zugriffsverwaltung – Rollenverwaltung (SAP_CORE_BC_IAM_RM)	Übersicht über die von SAP ausgelieferten Anwendungsrollenvorlagen

Tabelle 3.1 Anwendungen der Rollenvorlage SAP_BR_ADMINISTRATOR

Dashboard-Anwendung	Anwendungskatalog	Beschreibung
Anwendungsbenutzer pflegen	▪ Identitäts- und Zugriffsverwaltung – Benutzerverwaltung (SAP_CORE_BC_IAM_UM) ▪ Identitäts- und Zugriffsverwaltung – Rollenzuordnung (SAP_CORE_BC_IAM_RA)	Erstellen, Bearbeiten und Löschen von Anwendungsbenutzern
Kommunikationsbenutzer pflegen	Kommunikationsverwaltung (SAP_CORE_BC_COM)	Pflegen von Benutzern für die Kommunikation mit externen Systemen
Kommunikationsvereinbarung	Kommunikationsverwaltung (SAP_CORE_BC_COM)	Erstellen von Kommunikationsvereinbarungen mit externen Systemen
Kommunikationssysteme	Kommunikationsverwaltung (SAP_CORE_BC_COM)	Pflegen von Verbindungsdaten zu externen Systemen
Kommunikationsszenarien anzeigen	Kommunikationsverwaltung (SAP_CORE_BC_COM)	Anzeige der zur Verfügung stehenden Kommunikationsszenarien
Manage Software Components	SAP_A4C_BC_MSCL_PC	Erstellen, Verwalten und Transportieren von Softwarekomponenten

Tabelle 3.1 Anwendungen der Rollenvorlage SAP_BR_ADMINISTRATOR (Forts.)

Anwendungen der Anwendungsrollenvorlage SAP_BR_IT_PROJECT_MANAGER

Anwendungen für das Projektmanagement

Tabelle 3.2 zeigt die von uns verwendeten Anwendungen für Projektmanager*innen.

Dashboard-Anwendung	Anwendungskatalog	Beschreibung
Migration der Eigenentwicklungen	Migration der Eigenentwicklungen (SAP_CORE_BC_CCM)	Analyse von kundeneigenen Entwicklungen für die Migration nach SAP S/4HANA

Tabelle 3.2 Anwendungen der Rollenvorlage SAP_BR_IT_PROJECT_MANAGER

Anwendungen der Anwendungsrollenvorlage SAP_BR_BPC_EXPERT

Änderungen an Customizing-Tabellen

Damit Sie über das Dashboard Änderungen an Customizing-Tabellen nachvollziehen können, muss Ihrem User der in Tabelle 3.3 aufgeführte Anwendungskatalog SAP_CA_BC_IC_LND_PC zugewiesen sein.

Dashboard-Anwendung	Anwendungskatalog	Beschreibung
Business-Configuration-Änderungsprotokolle	Business Configuration – Customizing (SAP_CA_BC_IC_LND_PC)	Anzeige Änderungsprotokolle von Customizing-Tabellen

Tabelle 3.3 Anwendungen der Rollenvorlage SAP_BR_BPC_EXPERT

3.3 Identitäts- und Zugriffsverwaltung

Absicherung des cloudbasierten Systems

Die Identitäts- und Zugriffsverwaltung ist eine Sammlung verschiedener Anwendungen innerhalb des Dashboards Ihrer ABAP-Service-Instanz. Diese Anwendungen ermöglichen Ihnen die Anlage von Anwendungsbenutzern und Anwendungsrollen sowie deren Zuordnung zu Anwendungskatalogen von SAP. Die Identitäts- und Zugriffsverwaltung stellt Ihnen somit Werkzeuge zur Verfügung, mit denen Sie den Zugriff auf Ihr cloudbasiertes System absichern können. Da eine detaillierte Einführung in die Identitäts- und Zugriffsverwaltung den Rahmen dieses Buchs sprengen würde, möchten wir Ihnen im Folgenden lediglich eine kurze Einführung in die Begrifflichkeiten geben.

Anwendungskatalog

Thematische Gruppierung von Anwendungen

Im Umfeld des SAP Fiori Launchpad umfassen Anwendungskataloge eine Sammlung von Anwendungen, die oft einem übergreifenden Bereich oder Thema zuzuordnen sind (z. B. Sicherheit). Diese Kataloge werden von SAP ausgeliefert und können einer oder mehreren Anwendungsrollen zugewiesen werden. Nur User mit entsprechender Rollenzuweisung können diese Anwendungen im SAP Fiori Launchpad sehen und somit aufrufen.

Anwendungen werden im SAP Fiori Launchpad durch Kacheln dargestellt. Abbildung 3.13 zeigt den Anwendungskatalog **Sicherheit** (SAP_CORE_BC_SEC) mit den zugehörigen Anwendungen.

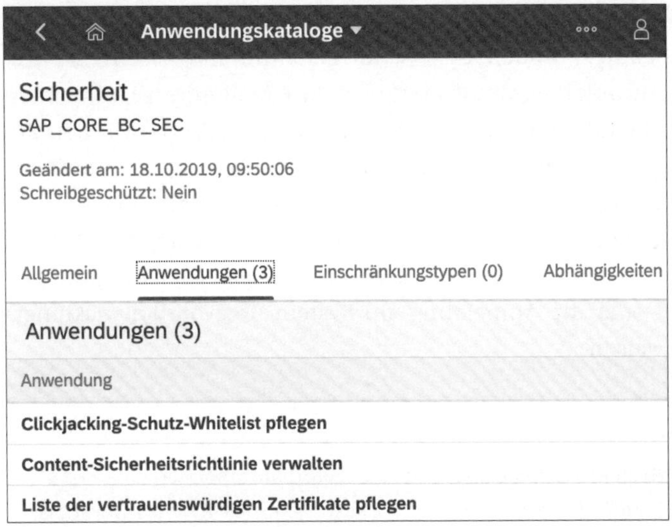

Abbildung 3.13 Anwendungskatalog mit zugehörigen Anwendungen

Anwendungsrollen

Berechtigungen

Mithilfe von Anwendungsrollen werden den Usern Berechtigungen für den Zugriff auf Anwendungen bereitgestellt. Einer Anwendungsrolle können mehrere Anwendungskataloge zugewiesen werden. Falls nötig, können der Zugriff auf Wertehilfen und der Lese- und Schreibzugriff weiter eingeschränkt werden.

Mit der Erstellung Ihrer ABAP-Service-Instanz wurde bereits automatisch die Anwendungsrolle `SAP_BR_ADMINISTRATOR` erstellt und Ihrem Initialbenutzer zugewiesen. Sie können allerdings auch eigene Anwendungsrollen definieren. Bei Bedarf stehen Ihnen dazu Anwendungsrollenvorlagen von SAP zur Verfügung. Tabelle 3.4 gibt eine Übersicht über die zur Verfügung stehenden Anwendungsrollenvorlagen.

Anwendungsrollenvorlage	Name
SAP_BR_ADMINISTRATOR	Administrator
SAP_BR_DEVELOPER	Entwickler
SAP_BR_BPC_EXPERT	Konfigurationsexperte – Geschäftsprozesskonfiguration
SAP_BR_IT_PROJECT_MANAGER	Projektmanager – IT

Tabelle 3.4 Anwendungsrollenvorlagen

Anwendungsbenutzer

Anwendungsbenutzer

Anwendungsbenutzer bilden den Benutzerstamm Ihrer ABAP-Service-Instanz. Jeder Anwendungsbenutzer ist über die E-Mail-Adresse mit seinem User aus dem Cloud Foundry Space verknüpft (z. B. S-User). Mit den Zugangsdaten dieses Benutzers erfolgt auch die Einbindung Ihres Systems in die Entwicklungsumgebung. In Abschnitt 3.4.2, »ABAP-Cloud-Projekt hinzufügen«, gehen wir näher darauf ein. Über die Zuweisung von Anwendungsrollen können Sie Benutzern die Berechtigungen für Anwendungen im Dashboard oder die Anmeldung am System über die Entwicklungsumgebung zuweisen.

[»]

Benutzer-ID

Bei der Anlage eines Anwendungsbenutzers wird automatisch eine Benutzer-ID (z. B. CB0000000002) generiert. Diese Benutzer-ID wird beispielsweise bei der Ermittlung des aktuellen Systembenutzers (`cl_abap_context_info=>get_user_technical_name( )`). herangezogen. Ändern lässt sich diese Benutzer-ID nicht.

Komponenten der Zugriffsverwaltung

In Abbildung 3.14 sehen Sie zusammenfassend eine Übersicht aller Kernkomponenten der Identitäts- und Zugriffsverwaltung für das ABAP Environment, und wie diese miteinander verknüpft sind.

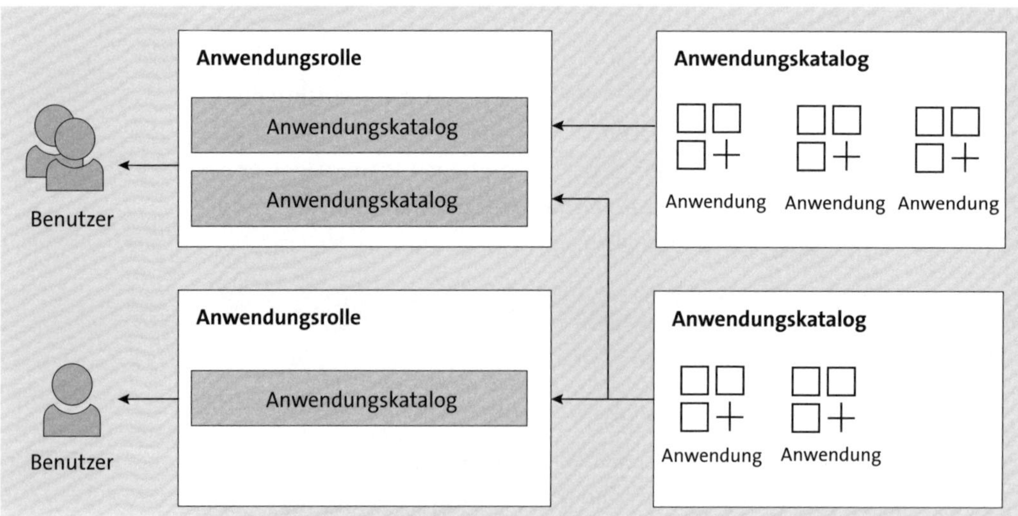

Abbildung 3.14 Komponenten der Identitäts- und Zugriffsverwaltung

3.4 ABAP Development Tools als Entwicklungsumgebung einrichten

Eclipse-basierte Entwicklungsumgebung

Mit den *ABAP Development Tools für SAP NetWeaver* (kurz ADT) hat SAP vor einigen Jahren ein mächtiges Werkzeug für die ABAP-Entwicklung bereitgestellt. Sie können nun Eclipse als Entwicklungsumgebung im SAP-Umfeld nutzen. Als die ADT eingeführt wurden, stellten sie lediglich eine Alternative zur klassischen Entwicklungsumgebung im SAP GUI dar. Ihr Einsatz bot zu dieser Zeit keinen deutlichen Mehrwert im Vergleich zur klassischen *ABAP Workbench* (Transaktion SE80). SAP entwickelte den Funktionsumfang der ADT allerdings stetig weiter. Seit dem Release 7.31 SP11 des SAP NetWeaver Application Server (SAP NetWeaver AS) für ABAP weisen sie einen größeren Funktionsumfang als die ABAP Workbench auf.

Anpassungen der letzten Versionen

Die bedeutendsten Anpassungen der letzten drei Versionen der ADT waren:

- ABAP 7.51:
  - Formularbasierter Domäneneditor
  - Neuer Project Explorer
  - Erweiterte CDS-Entwicklungswerkzeuge
- ABAP 7.52:
  - Quelltextbasierter Tabelleneditor
  - Formularbasierter Paketeditor
  - ABAP-Programm in der Konsole ausführen
- ABAP 7.53:
  - Kundenerweiterungen
  - Modifikationen
  - Analyse von Laufzeitfehlern

ADT als Entwicklungsumgebung

ABAP-Entwicklern ist es bis heute freigestellt, weiterhin über die ABAP Workbench zu entwickeln. Für das ABAP Environment gibt es diese Möglichkeit jedoch nicht mehr. Als Betreiber der Systemlandschaft in der Cloud muss SAP sicherstellen, dass die Auslieferung von neuer Funktionalität keinen Einfluss auf bestehende Kundenentwicklungen hat. Saubere und wohldefinierte Schnittstellen, die von ABAP-Sprachelementen bis hin zu ganzen Entwicklungsobjekten reichen, ermöglichen hier eine strikte Trennung zwischen SAP als Betreiber und Ihnen als Kund*in. Daher werden in erster Linie nur ABAP-Artefakte mit einem vertretbaren Wartungsaufwand von

SAP unterstützt. Eine Vielzahl von ABAP-Sprachelementen und Repository-Objekten kann im ABAP Environment nicht verwendet werden (siehe auch Kapitel 5, »Freigegebener Sprachumfang und Objekte«). Daneben entfällt auch die Möglichkeit, das SAP GUI und somit die ABAP Workbench als Entwicklungsumgebung zu nutzten. Sie haben damit nicht mehr die Wahlfreiheit, sondern der Einsatz der ADT wird unabdingbar.

Im Folgenden zeigen wir Ihnen, wie Sie ein ABAP-Cloud-Projekt in den ADT hinzufügen. Falls Sie bisher noch keine Berührungspunkte mit Eclipse und den ADT hatten und tiefer in das Thema einsteigen möchten, empfehlen wir Ihnen das Buch »ABAP-Entwicklung in Eclipse« von Daniel Schön (SAP PRESS 2015).

3.4.1 Voraussetzungen

Eclipse-Installation

Für die Entwicklung im Umfeld des ABAP Environment benötigen Sie eine Eclipse-Installation mit den ADT. Unter *https://www.eclipse.org* können Sie sich eine für Ihr Betriebssystem passende Version von Eclipse herunterladen und installieren. Zusätzlich müssen Sie die ADT als Paket in Eclipse installieren. Informationen dazu finden Sie unter *https://tools.hana.ondemand.com*. Grundsätzlich empfehlen wir Ihnen, immer die neueste Version einzusetzen. Prüfen Sie daher regelmäßig, ob Aktualisierungen der ADT vorliegen, und führen Sie diese aus.

Anwendungsbenutzer

Nicht jeder beliebige Benutzer darf Entwicklungstätigkeiten im ABAP Environment vornehmen. In Abschnitt 3.3, »Identitäts- und Zugriffsverwaltung«, haben Sie die verschiedenen Bestandteile der Identitäts- und Zugriffsverwaltung kennengelernt. Um in Ihrer ABAP-Service-Instanz entwickeln zu können, benötigen Sie in erster Linie einen entsprechenden Anwendungsbenutzer. Dieser wird vom Admin des ABAP Environment angelegt und ist über seine E-Mail-Adresse mit einem Mitglied des Cloud Foundry Space verknüpft (*Space Member*). Die Space Member stammen wiederum aus dem Subaccount und folglich aus der User Base des Global Accounts (siehe Abbildung 3.15). Abhängig von der verwendeten User Base im Global Account definiert sich somit auch, wie Sie sich zukünftig am ABAP Environment anmelden. In der Regel handelt es sich allerdings um die SAP User Base, und folglich verwenden Sie die Anmeldedaten Ihres S-Users.

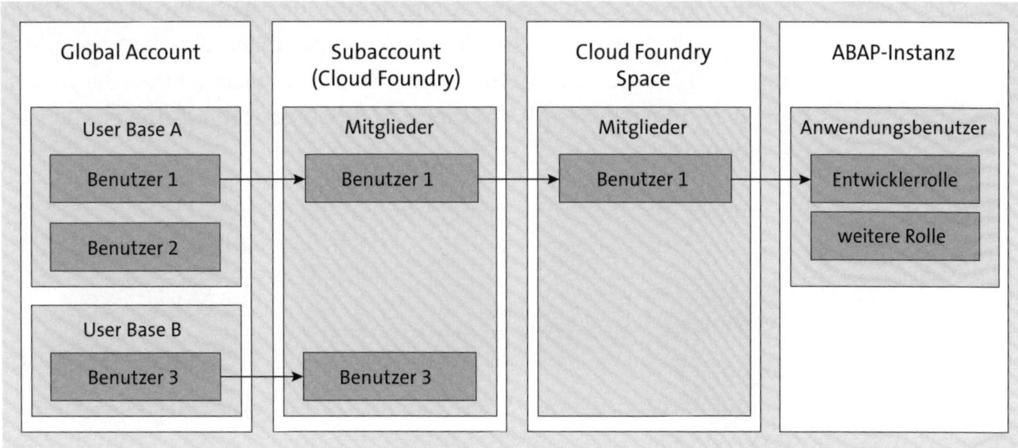

Abbildung 3.15 Verbindung zwischen dem SAP-Cloud-Platform-Benutzer und Anwendungsbenutzer der ABAP-Service-Instanz

Entwicklungsberechtigung

Zusätzlich zum passenden Anwendungsbenutzer benötigen Sie die erforderlichen Berechtigungen. Ihrem Anwendungsbenutzer muss dazu eine Anwendungsrolle zugewiesen sein, die aus der Anwendungsrollenvorlage `SAP_BR_DEVELOPER` generiert wurde. Etwaige Rollenzuweisungen im Cloud Foundry Space wie z. B. *Space Developer* oder *Space Manager* haben hierbei keine Bedeutung.

3.4.2 ABAP-Cloud-Projekt hinzufügen

Sollten Sie bereits ein wenig Erfahrung mit den ADT gesammelt haben, ist Ihnen die Funktion von *ABAP-Projekten* sicher geläufig. Innerhalb Ihrer Entwicklungsumgebung bilden sie die Verbindungen zu Ihren SAP-Systemen ab. ABAP-Projekte lassen sich daher in etwa mit Verbindungen aus dem SAP Logon vergleichen.

[«]

ABAP-Projekte vs. SAP Logon

ABAP-Projekte basieren primär auf Einträgen aus dem SAP Logon. Bei der Anlage eines ABAP-Projekts werden neben den Anmeldedaten auch die Sprache und der Mandant für die Systemanmeldung angegeben. ABAP-Projekte stellen somit eine »speziellere« Form einer Verbindung aus dem SAP Logon dar. ABAP-Projekte können auch mehrfach (pro Mandant, Sprache) für ein System vorhanden sein.

ABAP-Cloud-Projekt

Im Kontext des ABAP Environment wurde der neue Projekttyp *ABAP-Cloud-Projekt* eingeführt. Projekte dieses Typs stellen eine Systemverbindung zu Ihrer ABAP-Service-Instanz dar und ermöglichen Ihnen die Einbindung dieser Instanz als ABAP-System in Ihre Entwicklungsumgebung (siehe Abbildung 3.16).

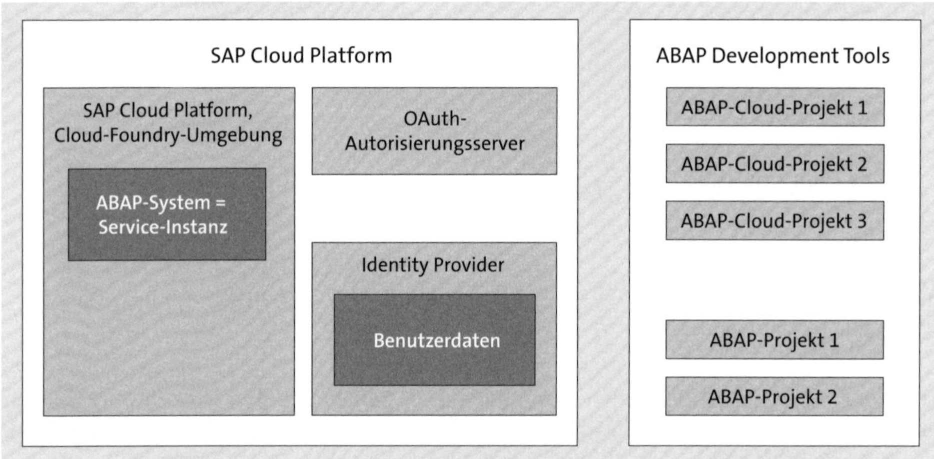

Abbildung 3.16 ABAP-Cloud-Projekt als Systemverbindung (in Anlehnung an: SAP Help Portal: ABAP Cloud Projects)

ABAP-Cloud-Projekt anlegen

Öffnen Sie nun Ihre Eclipse-Entwicklungsumgebung und wechseln Sie in die ABAP-Perspektive, um ein ABAP-Cloud-Projekt anzulegen:

1. Legen Sie, wie in Abbildung 3.17 gezeigt, ein neues ABAP-Cloud-Projekt über den Menüpfad **File • New • ABAP Cloud Project** an. Alternativ können Sie das Projekt über das Kontextmenü des Project Explorer oder die Tastenkombination Strg + N anlegen.

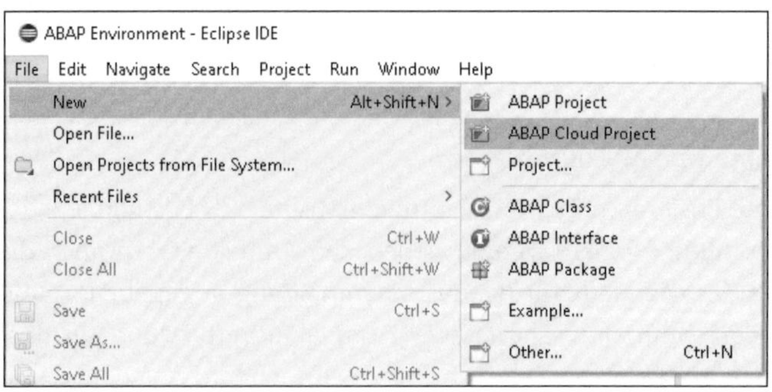

Abbildung 3.17 Anlegen eines ABAP-Cloud-Projekts

2. Als Nächstes müssen Sie sich entscheiden, wie Sie die Verbindung zum ABAP Environment einrichten möchten. Abbildung 3.18 zeigt die Optio-

nen **SAP Cloud Platform Cloud Foundry Environment** und **Service Key**, zwischen denen Sie wählen können. Wir zeigen Ihnen an dieser Stelle die Anbindung Ihres Systems über den Service Key. Wählen Sie **Service Key** aus und bestätigen Sie Ihre Auswahl über die Schaltfläche **Next**.

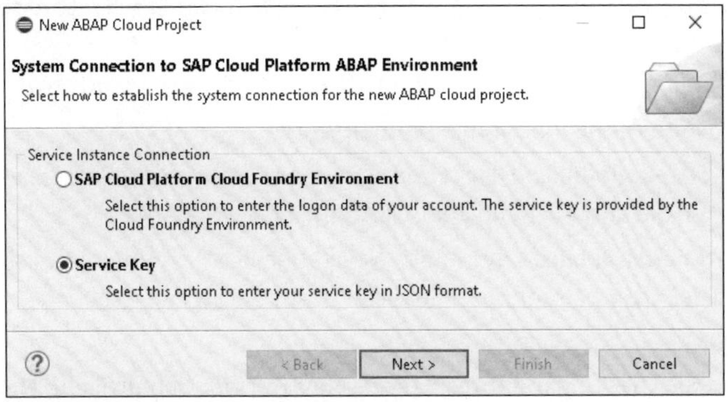

Abbildung 3.18 Verbindungstyp auswählen

Optionen für die Systemverbindung

Entscheiden Sie sich für die erste Option, werden Sie im Anschluss zur Angabe der Region und der Anmeldedaten Ihres Benutzers aufgefordert. Nachdem Sie anschließend den Subaccount und Ihren Cloud Foundry Space ausgewählt haben, werden Ihnen die verschiedenen ABAP-Service-Instanzen zur Auswahl angezeigt. Bei der Anbindung mittels eines Service Key werden die Systeminformationen im JSON-Format angegeben.

3. Geben Sie nun Ihren Service Key im JSON-Format ein. Sie können den JSON-Code entweder importieren oder direkt aus der Zwischenablage einfügen (siehe Abbildung 3.19). In der Regel erhalten Sie den Service Key vom Administrator oder der Administratorin Ihrer SAP Cloud Platform.

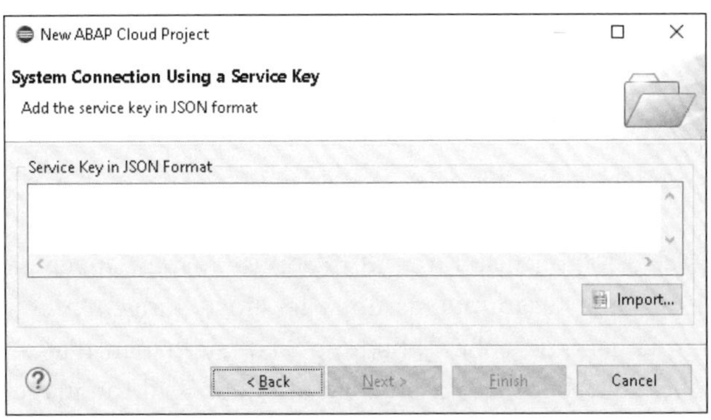

Abbildung 3.19 Service Key im JSON-Format

[»]

Service Key ermitteln

Haben Sie Ihre ABAP-Service-Instanz selbst eingerichtet (siehe Abschnitt 3.1, »Eine ABAP-Service-Instanz anlegen«) oder die notwendigen Berechtigungen, um die ABAP-Service-Instanz aufzurufen, können Sie den Service Key auch folgendermaßen ermitteln:

1. Navigieren Sie zum Space Ihres Subaccounts, in dem die Einrichtung der ABAP-Service-Instanz vorgenommen wurde.
2. Wählen Sie in der linken Navigationsleiste **Services • Service Instances** und klicken Sie anschließend auf Ihre ABAP-Service-Instanz.
3. Über den Punkt **Service Keys** in der Navigationsleiste können Sie sich nun den Service Key Ihrer ABAP-Service-Instanz anzeigen lassen.

4. Bestätigen Sie die Eingabe Ihres Service Key mit der Schaltfläche **Next**. Geben Sie anschließend Ihre Anmeldedaten der ABAP-Service-Instanz ein (siehe Abbildung 3.20). Wie in Abschnitt 3.4.1, »Voraussetzungen« erläutert, sind die Anmeldedaten von der verwendeten User Base abhängig. In der Regel handelt es sich um die Anmeldedaten eines S-Users.

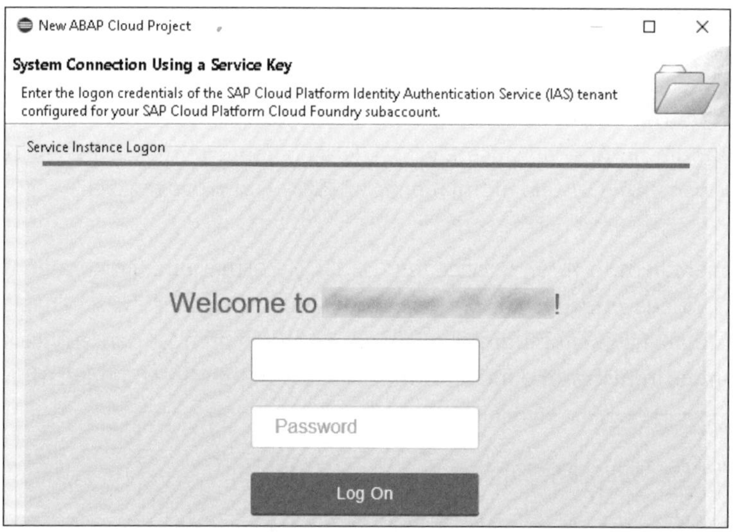

Abbildung 3.20 Anmeldebildschirm des ABAP-Cloud-Projekts

5. Nachdem Sie sich erfolgreich an Ihrer ABAP-Service-Instanz angemeldet haben, wird Ihnen eine Zusammenfassung aller Einstellungen Ihrer Systemverbindung angezeigt (siehe Abbildung 3.21). Sie haben hier auch noch die Möglichkeit, die Anmeldesprache über das Feld **Language** zu ändern.

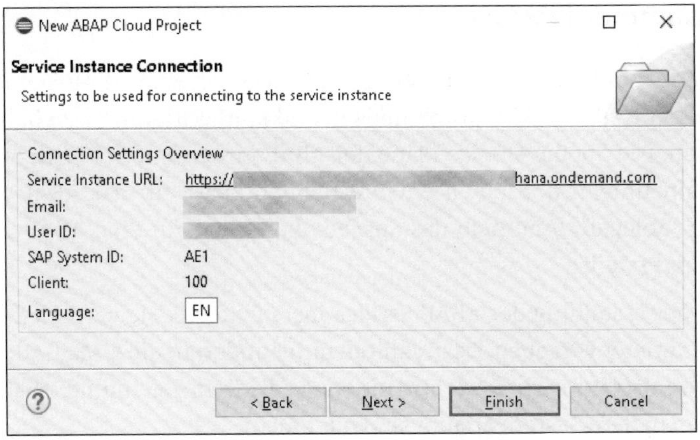

Abbildung 3.21 Systemverbindung des ABAP-Cloud-Projekts

6. Beenden Sie den Assistenten, indem Sie die Schaltfläche **Finish** drücken. Anschließend wird das ABAP-Cloud-Projekt angelegt und im Project Explorer angezeigt.

Link zum Dashboard ermitteln

Über das hinzugefügte Projekt können Sie nun auch die Adresse Ihres Dashboards ermitteln, wie in Abschnitt 3.2, »Das Dashboard als Administrationsoberfläche«, erwähnt:

1. Klicken Sie dazu mit der rechten Maustaste auf das Projekt und wählen Sie im Kontextmenü **Eigenschaften**. Alternativ können Sie die Eigenschaften auch über die Tastenkombination [Alt] + [↵] öffnen.
2. Wählen Sie anschließend den Bereich **ABAP Development**.
3. Dem Feld **System URL** können Sie die Webadresse zum Aufruf des Dashboards Ihrer ABAP-Service-Instanz entnehmen (siehe Abbildung 3.22).

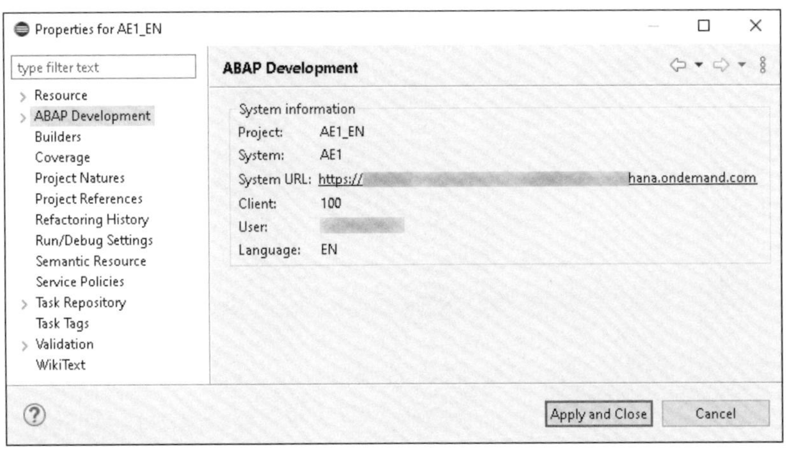

Abbildung 3.22 URL des Dashboards der ABAP-Service-Instanz

3.5 Zusammenfassung

In diesem Kapitel haben wir Ihnen gezeigt, wie Sie eine ABAP-Service-Instanz in der SAP Cloud Platform anlegen und konfigurieren. Dazu haben Sie gesehen, wie Sie die Service-Pläne der ABAP Environment einem Subaccount hinzufügen und einen entsprechenden Space für das ABAP Environment anlegen. Innerhalb des Space haben Sie dann eine ABAP-Service-Instanz erstellt.

Während der Erstellung der ABAP-Service-Instanz haben Sie verschiedene Systemparameter vergeben. Dazu zählten unter anderem die E-Mail-Adresse des Administrators, ein Systemname sowie die Kennzeichnung, ob Entwicklungen in dem System erlaubt sind oder nicht.

Anschließend haben wir Ihnen das Dashboard als Administrationsoberfläche der ABAP-Service-Instanz vorgestellt. Sie haben den grundlegenden Aufbau der Identitäts- und Zugriffsverwaltung kennengelernt und sich mit den Begrifflichkeiten Anwendungskatalog und Anwendungsrollen und vertraut gemacht.

Zum Schluss haben wir Ihnen die ABAP Development Tools als Entwicklungsumgebung vorgestellt. Entwicklungen innerhalb des ABAP Environment erfolgen ausschließlich in dieser Eclipse-basierten Umgebung. Die ABAP Workbench verliert an Bedeutung und steht für das ABAP Environment nicht mehr zur Verfügung. Die Verbindung zu den ABAP-Service-Instanzen erfolgt über ABAP-Cloud-Projekte. Wie Sie ein solches Projekt anlegen und so eine Systemverbindung aufbauen, haben wir Ihnen in Abschnitt 3.4.2, »ABAP-Cloud-Projekt hinzufügen«, gezeigt.

Kapitel 4
Aufbau des Datenmodells der Beispielanwendung

Der Aufbau und die Umsetzung eines geeigneten Datenmodells sind essenzielle Aufgaben der ABAP-Entwicklung. In diesem Kapitel lernen Sie, wie Sie eigene Datenmodelle im ABAP Environment implementieren können.

Nachdem Sie Ihr ABAP Environment eingerichtet haben, steigen wir nun tiefer in die ABAP-Entwicklung auf der SAP Cloud Platform ein. In diesem Kapitel machen Sie sich unter anderem mit den ABAP Development Tools (ADT) vertraut und sammeln erste Erfahrungen mit der Anwendungsentwicklung im ABAP Environment.

Abschnitt 4.1, »Einführung in die Beispielanwendung«, gibt Ihnen einen Überblick über die Anforderungen der Beispielanwendung **Aktionsmanagement**, die wir in diesem Buch entwickeln werden. Von diesen Anforderungen werden wir ein Datenmodell ableiten und auf den Aufbau der entsprechenden Tabellen eingehen.

In Abschnitt 4.2, »Softwarekomponenten«, gehen wir auf Softwarekomponenten und das ABAP-Paketkonzept ein. Wir erläutern detailliert, was sich hinter Softwarekomponenten verbirgt, und implementieren eine Paketstruktur für unser Anwendungsbeispiel.

In Abschnitt 4.3, »Datenmodell implementieren«, zeigen wir Ihnen, wie Sie die technische Basis für die Beispielanwendung in Eclipse anlegen. In diesem Abschnitt implementieren wir die Persistenzschicht unserer Anwendung in Form von Datenbanktabellen.

In Abschnitt 4.4, »Eine Konsolenanwendung anlegen«, erklären wir, wie Sie Konsolenausgaben innerhalb von Eclipse erzeugen. Sie werden dazu eine Klasse erstellen, die Daten in den zuvor angelegten Datenbanktabellen erzeugt und ein Protokoll in der Konsole von Eclipse ausgibt.

Abschnitt 4.5, »Virtuelles Datenmodell«, gibt Ihnen einen Überblick über die Erstellung von virtuellen Datenmodellen mittels CDS-Views (Core Data Services). In diesem Kontext erstellen Sie wiederverwendbare, sogenannte *Basis-CDS-Views* und verknüpfen diese mithilfe von Assoziationen. Auf Basis des so entstehenden virtuellen Datenmodells werden wir in Kapitel 6, »Geschäftsobjekte modellieren«, das Geschäftsobjekt unserer Beispielanwendung modellieren.

4.1 Einführung in die Beispielanwendung

Demoszenario Aktionsmanagement

In diesem Buch verwenden wir ein durchgängiges Demoszenario aus dem Bereich des Aktionsmanagements. Die folgenden Kapitel bauen größtenteils auf der in den folgenden Abschnitten aufgesetzten Beispielanwendung auf. Anhand dieses Beispiels wollen wir Ihnen die Anwendungsentwicklung im ABAP Environment näherbringen.

[+]

Flugdatenmodell

Das in der ABAP-Entwicklung bekannte Flugdatenmodell steht im ABAP Environment nicht zur Verfügung. SAP stellt das Flugdatenmodell jedoch zum Download per GitHub zur Verfügung (*http://s-prs.de/v783007*). Das Demopaket enthält unter anderem Beispiele für das ABAP-RESTful-Programmiermodell, auf das wir in Kapitel 6, »Geschäftsobjekte modellieren«, ausführlicher eingehen.

Wie Sie GitHub-Repositories in das ABAP Environment integrieren können, erfahren Sie in Abschnitt 14.2, »Migration in das ABAP Environment«.

Unser Beispielszenario umfasst eine neue Anwendung, mit der Einzelhandelsunternehmen in einer Filiale Aktionen für bestimmte Produkte planen können, z. B. um Rabatte zu gewähren. Im Zentrum der Anwendung steht das Geschäftsobjekt *Rabattaktion* (Promotion). Ziel des Anwendungsbeispiels ist die Erstellung des in Abbildung 4.1 dargestellten *SAP Fiori List Report*.

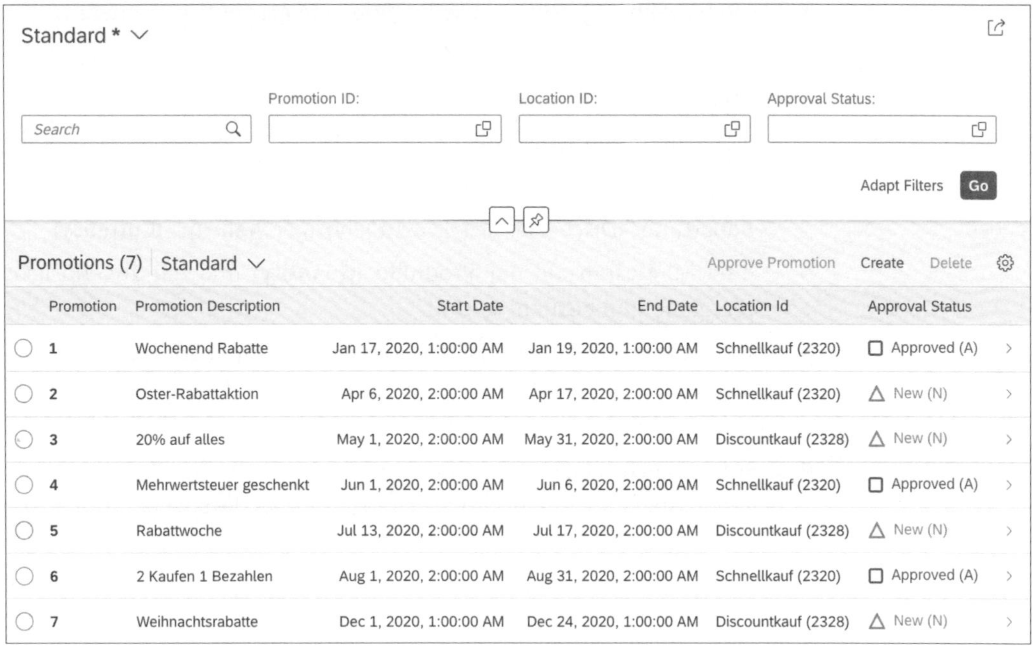

Abbildung 4.1 Oberfläche der Beispielanwendung in Form eines SAP Fiori List Report

Anforderungen an die Beispielanwendung

Die Basis für die Anwendung und alle folgenden Abschnitte bilden die im Folgenden formulierten fachlichen Anforderungen:

- Es soll möglich sein, in einer SAP-Fiori-Anwendung eine Liste mit bestehenden Rabattaktionen (*Promotions*) auszulesen.
- Die Rabattaktionen sollen Positionen in Form von Produkten sowie den gewährten Rabattwert in Prozent beinhalten. Die Rabattaktionen sollen die zugehörigen Positionen (*Promotion Items*) darstellen.
- Die Rabattaktionen sollen folgende Attribute exponieren:
  - Aktions-ID (**Promotion**)
  - Bezeichnung (**Promotion Description**)
  - Gültig von (**Start Date**)
  - Gültig bis (**End Date**)
  - Filiale (**Location Id**)
  - Genehmigungsstatus (**Approval Status**)

- Die Rabattaktionspositionen sollen folgende Attribute exponieren:
  - Aktionspositions-ID (**Promotion Position Id**)
  - Produkt-ID (**Product Id**)
  - Normalpreis (**Product Price**)
  - Rabattwert in Prozent (**Discount In Percent**)
  - Rabattpreis (**Discount Price**) mit zugehöriger Währung (**Currency**)
  - eine Mindestanzahl der Produkte (**Quantity**) und der zugehörigen Mengeneinheit (**Quantity Unit**)
- Der Rabattpreis wird zur Laufzeit über eine Multiplikation des Normalpreises mit dem Rabattwert in Prozent berechnet. Eine manuelle Änderung durch den Benutzer soll nicht möglich sein.
- Es soll möglich sein, Rabattaktionen mit den zugehörigen Positionen zu erstellen, zu bearbeiten und zu löschen (also über die sogenannten CUD-Operationen: Create, Update, Delete).
- Beim Erstellen einer neuen Rabattaktion soll sichergestellt werden, dass »Gültig von« und »Gültig bis« einen zulässigen Zeitraum ergeben.
- Beim Erstellen einer neuen Rabattaktion soll der Genehmigungsstatus automatisch auf »Neu« (**N**) gesetzt werden.
- Beim Erstellen einer neuen Rabattaktion wird die Aktions-ID extern vom Anwender vergeben.
- Der Benutzer soll in der Lage sein, den Genehmigungsstatus auf »Genehmigt« (**A**) zu setzen. Dieser Statuswechsel soll über eine Schaltfläche oberhalb der Ausgabeliste möglich sein.
- Die Attribute »Produkt« und »Filiale« stehen in Beziehung zu den Fremdschlüsseltabellen für Produkt (Product) und Filiale (Location), die die Stammdaten für die Anwendung bereitstellen.

Natürlich beschreiben die genannten Anforderungen noch kein vollwertiges Aktionsmanagement. Um die Beispielanwendung jedoch einfach nachvollziehbar zu gestalten, haben wir die Anforderungen hier so einfach wie möglich gehalten.

Datenmodell der Beispielanwendung

Abbildung 4.2 zeigt das aus diesen Anforderungen abgeleitete Datenbankmodell der Beispielanwendung.

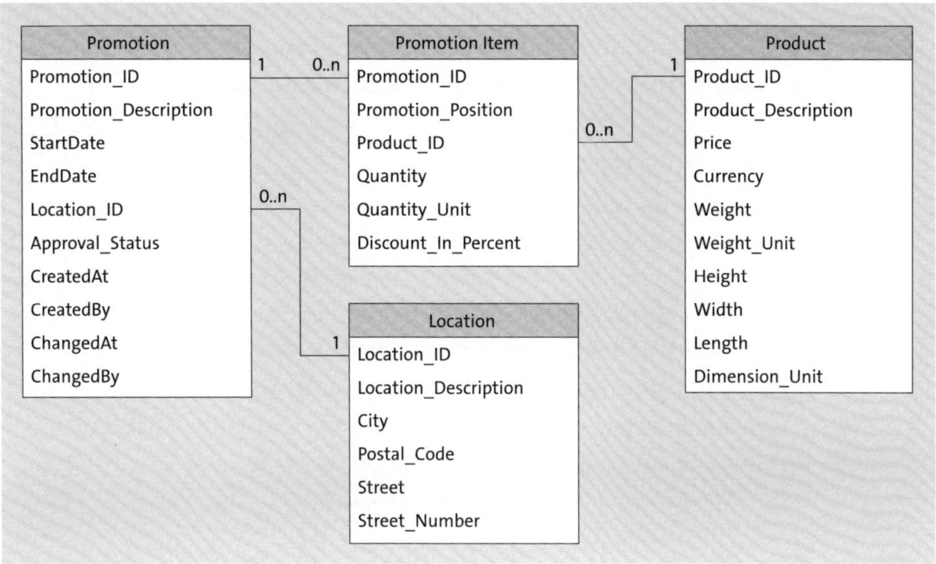

Abbildung 4.2 Datenbankmodell der Beispielanwendung

4.2 Softwarekomponenten

Softwarekomponenten

In SAP-Systemen fassen *Softwarekomponenten* eine Menge von Entwicklungsobjekten zusammen, die nur gemeinsam ausgeliefert werden. Die *Entwicklungsobjekte* werden durch die Zuordnung zu einem *Paket* einer Softwarekomponente zugeordnet.

Bisher spielten Softwarekomponenten bei kundeneigenen ABAP-Entwicklungen keine große Rolle. In den meisten Projekten wurden Pakete einfach der Komponente `HOME` zugeordnet. Die Softwarekomponente `HOME` umfasst alle nicht lokalen Entwicklungsobjekte, die nicht an Kunden ausgeliefert werden.

Softwarekomponenten im ABAP Environment

Im ABAP Environment kommt den Softwarekomponenten eine größere Bedeutung zu. Mithilfe von Softwarekomponenten werden Entwicklungen in Folgesysteme transportiert. In Abschnitt 15.2, »Git-Enabled Change and Transport System«, gehen wir im Detail auf den Transport von Entwicklungen mithilfe von Softwarekomponenten und dem *Git-Enabled Change and Transport System* (gCTS) ein. Neben der Bedeutung für den Transport können durch Softwarekomponenten Entwicklungspakete zu einer Einheit zusammengefasst werden, was dazu beiträgt, die Komplexität von Entwicklungsprojekten zu minimieren.

Wir werden in diesem Abschnitt eine Softwarekomponente für unsere Beispielanwendung anlegen. Alle für das Beispiel angelegten Entwicklungsobjekte werden dieser Softwarekomponente zugeordnet.

[»]

Lokale Entwicklungen

Das häufig für lokale Entwicklungen verwendete Paket `$TMP` steht im ABAP Environment nicht mehr zur Verfügung. Für lokale Entwicklungen stellt das ABAP Environment das Paket `ZLOCAL` bereit. Entwicklungsobjekte, die diesem Paket zugeordnet sind, werden lokalen Transportaufträgen zugeordnet und lassen sich nicht transportieren.

Des Weiteren ist ein Verschieben von Entwicklungsobjekten in kundeneigene Softwarekomponenten nicht möglich. Das Strukturpaket `ZLOCAL` steht automatisch unter den **Favorite Packages** des ABAP-Cloud-Projekts im **Project Explorer** von Eclipse zur Verfügung.

4.2.1 Softwarekomponenten anlegen

Manage Software Components

Für die Verwaltung von Softwarekomponenten steht im Dashboard des ABAP Environment die SAP-Fiori-Anwendung **Manage Software Components** zur Verfügung (siehe Abbildung 4.3). Über diese Anwendung lassen sich Softwarekomponenten anlegen, löschen und in Folgesysteme importieren.

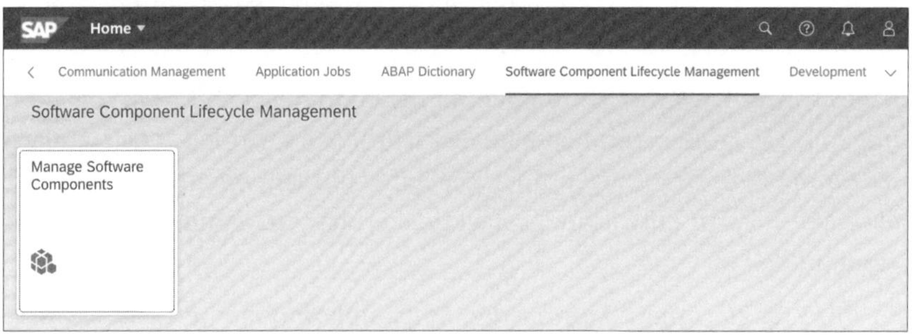

Abbildung 4.3 SAP-Fiori-Anwendung »Manage Software Components«

[»]

Berechtigungen zur Verwaltung von Softwarekomponenten

Um Softwarekomponenten verwalten zu können, muss Ihnen der Anwendungskatalog `SAP_A4C_BC_MSCL_PC` zugewiesen sein. Dieser Anwendungskatalog ist Bestandteil der Administratorenrolle `SAP_BR_ADMINISTRATOR`. Wir empfehlen jedoch, auch Entwicklungsbenutzern zumindest auf dem Entwicklungssystem die benötigten Berechtigungen für das Verwalten von Softwarekomponenten zuzuweisen. Aus unserer Sicht sollte die Organisation von Entwicklungen mittels Softwarekomponenten im Verantwortungsbereich der Entwicklung liegen und nicht in dem der Administration.

Berechtigungen für die Anlage

Sollten Sie nicht über die benötigten Berechtigungen für die Anlage von Softwarekomponenten verfügen, können Sie den folgenden Schritt überspringen. Jedoch müssen Sie dann die in Abschnitt 4.2.2, »Projektstruktur anlegen«, beschriebene Projektstruktur innerhalb der Softwarekomponente `ZLOCAL` oder in einem anderen lokalen Entwicklungspaket anlegen.

Softwarekomponente anlegen

Gehen Sie wie folgt vor, um die Softwarekomponente für unsere Beispielanwendung anzulegen:

1. Rufen Sie die SAP-Fiori-Anwendung **Manage Software Components** über das Dashboard des ABAP Entwicklungssystems auf.
2. Klicken Sie auf die Schaltfläche **Create** oberhalb der Ausgabeliste.
3. Für die neue Softwarekomponente sind ein Name, der Typ und eine Beschreibung anzugeben. Für die Beispielanwendung entscheiden wir uns für folgende Eigenschaften (siehe Abbildung 4.4):
   - **Name**: `Z_PROMOTION_MGMT`
   - **Type**: Development
   - **Description**: Promotion Management
4. Beenden Sie das Anlegen der Softwarekomponente mit einem Klick auf die Schaltfläche **Save**.

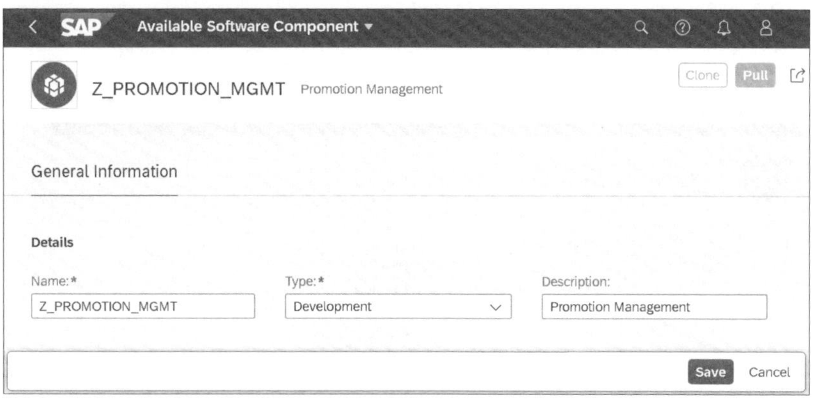

Abbildung 4.4 Softwarekomponente »Promotion Management«

Namen von Softwarekomponenten

SAP empfiehlt, für die Namen von Softwarekomponenten Ihren kundeneigenen Namensraum zu verwenden. Steht Ihrem Unternehmen kein eigener Namensraum zur Verfügung, können Sie wie bisher den Z- oder Y-Namensraum wählen. Sollten Sie bei der Anlage ein nicht erlaubtes Präfix verwenden, führt dies zu einer Fehlermeldung.

/DMO/-Namensraum

SAP stellt Beispiel- und Demoanwendungen im ABAP Environment unter dem Namensraum /DMO/ zur Verfügung. Das Verwenden des Namensraums führt bei der Anlage kundeneigener Softwarekomponenten zu einem Fehler.

Typen von Softwarekomponenten

Bei der Anlage von Softwarekomponenten können Sie zwischen den Typen **Development** und **Business Configuration** wählen:

- Der Typ Development wird für Softwarekomponenten verwendet, die Entwicklungsobjekte enthalten, die später in Folgesysteme importiert werden sollen.
- Der Typ Business Configuration ist für den Transport von Konfigurationen, wie z. B. Customizing, vorgesehen.

Wir werden in Abschnitt 11.1.1, »Softwarekomponenten«, noch genauer auf die Verwendung von Softwarekomponenten des Typs Business Configuration eingehen. Wählen Sie an dieser Stelle zunächst den Typ **Development** aus.

Nach dem Speichern wird Ihnen die Detailsicht der neuen Softwarekomponente angezeigt. Wie in Abbildung 4.5 im Feld **Cloned** zu erkennen, wurde die Softwarekomponente angelegt, aber noch nicht in das System importiert bzw. geklont. Das heißt, die Komponente kann noch nicht für Entwicklungen verwendet werden.

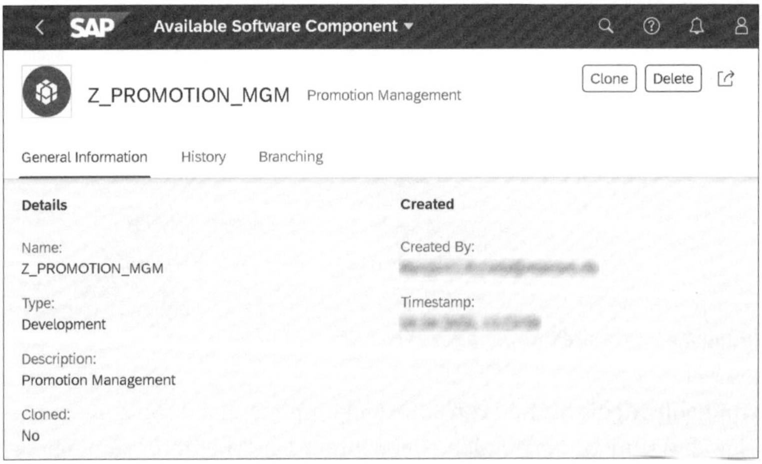

Abbildung 4.5 Nicht importierte Softwarekomponente

Softwarekomponente importieren

Um die Softwarekomponente in das ABAP-System, also Ihre ABAP-Service-Instanz, zu importieren, klicken Sie auf die Schaltfläche **Clone** oben rechts. Bestätigen Sie den sich öffnenden Dialog, indem Sie auf die Schaltfläche **Clone** klicken und damit einen *Pull Request* starten. Dadurch wird der Import in das System gestartet. Er beinhaltet verschiedene automatisch durchgeführte Schritte:

1. **Überprüfen des Namensraum**
   Es wird geprüft, ob der gewählte Namensraum zulässig ist. Dieser muss dem kundeneigenen Namensraum entsprechen. Existiert kein eigener Namensraum, muss die Softwarekomponente im Z- oder Y-Namensraum liegen.
2. **Erstellen der Softwarekomponente**
   Durch den Import in das System wird die Softwarekomponente angelegt.
3. **Anlegen eines Git-Repository**
   Zu der importierten Softwarekomponente werden ein gleichnamiges lokales Git-Repository sowie eine zugehörige Transportschicht angelegt.
4. **Erstellen eines Strukturpakets**
   Zur Softwarekomponente wird ein gleichnamiges Strukturpaket angelegt. Dieses Strukturpaket kann dem ABAP-Cloud-Projekt in Eclipse hinzugefügt werden.

Execution Log

Die beim Import durchgeführten Schritte können Sie dem Ausführungsprotokoll auf der Registerkarte **Execution Log** des Pull Request entnehmen (siehe Abbildung 4.6).

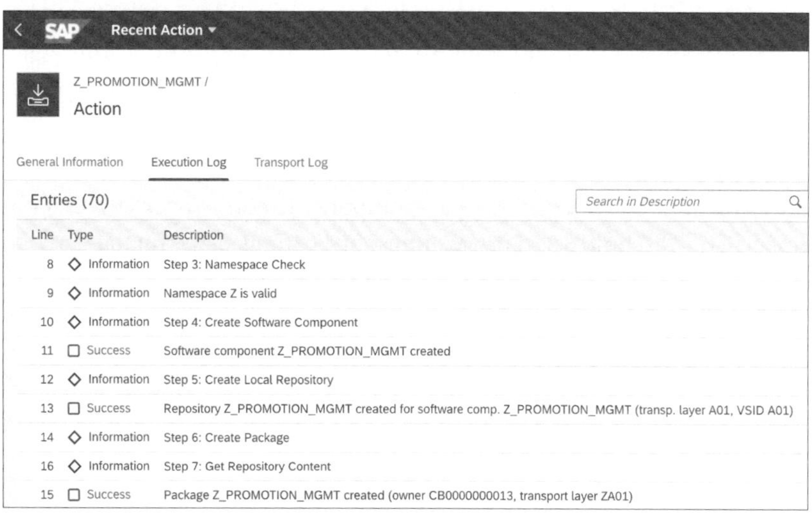

Abbildung 4.6 Ausführungsprotokoll des Pull Request

Strukturpaket hinzufügen

Nach dem erfolgreichen Import kann das angelegte Strukturpaket in Eclipse Ihren Favoriten innerhalb des ABAP-Cloud-Projekts hinzugefügt werden:

1. Melden Sie sich dazu in Eclipse an Ihrem ABAP-Cloud-Projekt an.
2. Wählen Sie im Kontextmenü der **Favorite Packages** den Eintrag **Add Package...** (siehe Abbildung 4.7) und geben Sie den Namen des beim Import der Softwarekomponente angelegten Strukturpakets ein, in unserem Fall `Z_PROMOTION_MGMT`.
3. Bestätigen Sie die Auswahl über die Schaltfläche **Ok**.

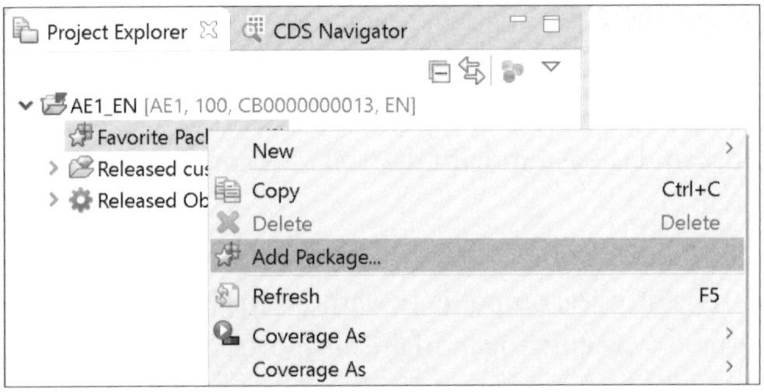

Abbildung 4.7 Paket einem ABAP-Cloud-Projekt hinzufügen

Das Strukturpaket sollte nun unter **Favorite Packages** sichtbar sein. Sie können jetzt weitere Entwicklungspakete innerhalb des Strukturpakets anlegen. Ein direktes Anlegen von ABAP-Entwicklungsobjekten unterhalb des Strukturpakets ist nicht möglich.

Verwendung von Softwarekomponenten

Eine generelle Empfehlung, wie viele Softwarekomponenten für kundeneigene Entwicklungen anzulegen sind, gibt es nicht. Jedoch sollte Ihnen bewusst sein, dass Entwicklungsobjekte, die einer Softwarekomponente zugeordnet werden, nicht außerhalb dieser Komponente verwendet werden können. Dies ist dadurch begründet, dass die Kommunikation zwischen Softwarekomponenten ausschließlich über freigegebene APIs erfolgt.

Entwicklungsobjekte einer Softwarekomponente können per *Release Contract* (siehe Abschnitt 5.3, »Entwicklungsobjekte freigeben«) für die Verwendung in anderen Softwarekomponenten freigegeben werden. Sie können also eigene Softwarekomponenten so kapseln, dass ein Zugriff durch Objekte anderer Softwarekomponenten nur über die von Ihnen definierten Schnittstellen möglich ist. Sie stellen damit sicher, dass andere Softwarekomponenten ausschließlich Objekte verwenden, die einen gewissen Grad an Stabilität aufweisen.

Mit dem Import der angelegten Softwarekomponente haben Sie die Basis für die Implementierung der Beispielanwendung gelegt. Wir werden nun damit fortfahren, die Projekt- bzw. Paketstruktur für die Entwicklung anzulegen.

4.2.2 Projektstruktur anlegen

Entwicklungen strukturieren

Genauso wie bei der Entwicklung innerhalb von ABAP-On-Premise-Systemen kommen im ABAP Environment zur Strukturierung von Entwicklungsobjekten *Entwicklungspakete* zum Einsatz. Durch Entwicklungspakete ist es möglich, fachlich oder technisch zusammengehörige Objekte in einer abgeschlossenen Einheit zusammenzufassen.

[+]

Paketstruktur gut überlegen!

Gerade bei größeren Entwicklungsprojekten ist es wichtig, den Aufbau der Paketstruktur vorab festzulegen. Nachträgliche Änderungen an Paketstrukturen sind oft nur mit großem zeitlichen Aufwand möglich, da Entwicklungsobjekte manuell anderen Paketen zugeordnet werden müssen.

Vorgegebene Paketstruktur

Durch die Arbeit mit Softwarekomponenten wird im ABAP Environment schon eine gewisse Paketstruktur automatisch vorgegeben. Wie in Abschnitt 4.2.1, »Softwarekomponenten anlegen«, bereits erwähnt, wird für jede Softwarekomponente ein Strukturpaket generiert. Das heißt, eine Softwarekomponente wird automatisch durch ein Strukturpaket repräsentiert. Abbildung 4.8 verdeutlicht die Kapselung von Entwicklungsobjekten mithilfe von Struktur- und Entwicklungspaketen.

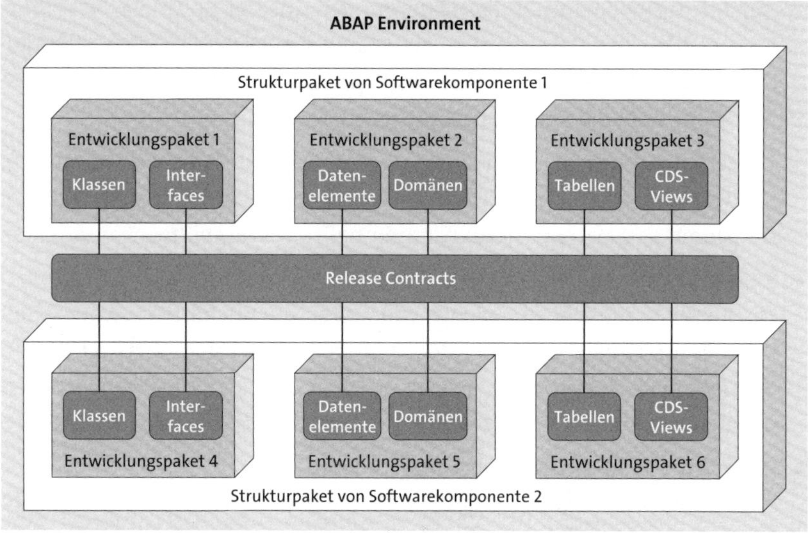

Abbildung 4.8 Kapseln von Entwicklungsobjekten in Paketen

Nutzung von Strukturpaketen

Durch Strukturpakete organisieren Sie die Entwicklungsobjekte einer oder mehrerer Anwendungen. Entwicklungsobjekte können jedoch nicht direkt einem Strukturpaket zugeordnet werden, sondern sind einem Entwicklungspaket zuzuordnen. Daher wollen wir an dieser Stelle das Strukturpaket unserer Softwarekomponente in Entwicklungspakete unterteilen.

[»]

Strukturpaket Z_PROMOTION_MGMT oder Paket ZLOCAL

Wir gehen dabei davon aus, dass es ein Strukturpaket Z_PROMOTION_MGMT gibt, das in Abschnitt 4.2.1, »Softwarekomponenten anlegen«, automatisch durch die Anlage der Softwarekomponente generiert wurde. Falls noch nicht geschehen, fügen Sie dieses Strukturpaket Ihren favorisierten Paketen des ABAP-Cloud-Projekts hinzu. Sollten Sie die in Abschnitt 4.2.1, »Softwarekomponenten anlegen«, vorgestellte Softwarekomponente aufgrund von fehlenden Berechtigungen nicht angelegt haben, können Sie die vorgestellte Paketstruktur auch innerhalb des Pakets ZLOCAL anlegen.

Paketstruktur für die Beispielanwendung

Unterteilen Sie Ihr Strukturpaket in die folgenden Entwicklungspakete:

- **Paket für die Promotion-Management-Anwendung**
  Dieses Paket enthält alle Entwicklungsobjekte, die zur Bereitstellung der Anwendung benötigt werden. Für unsere Promotion-Management-Anwendung legen wir das Paket Z_PROMOTION_MGMT_APP vom Typ **Development** an. Dieses Paket stellt das Hauptpaket für die folgenden Entwicklungspakete dar.
- **Paket für das Datenmodell**
  Das Paket ZPM_DM enthält das Datenmodell unserer Beispielanwendung. Dazu zählen die Datenbanktabellen und die Basis-CDS-Views, die den Zugriff auf die Datenbanktabellen kapseln. Diese Anwendungsobjekte repräsentieren die Persistenzschicht der Anwendung.

  Weitere mögliche Objekte eines Datenmodellpakets können sogenannte DAO-Klassen (*Data Access Objects*) sein. Diese vereinheitlichen und zentralisieren den Datenbankzugriff innerhalb von Geschäftsanwendungen.
- **Paket für Geschäftsobjekte**
  Die Entwicklungsobjekte, die wir in Kapitel 6, »Geschäftsobjekte modellieren«, zur Modellierung von Geschäftsobjekten anlegen, strukturieren wir mit dem Entwicklungspaket ZPM_BO. Zu diesen Objekten gehören unter anderem *Behavior Definitions* und *Behavior Implementations*.
- **Paket für allgemeine Entwicklungsobjekte**
  Allgemeine Entwicklungsobjekte wollen wir in dem Paket ZPM_COMMON ablegen. Dazu zählen beispielsweise Domänen und Datenelemente.

- **Paket für Berechtigungsobjekte**
  Das Paket ZPM_AUTHORITY enthält alle Entwicklungsobjekte, die im Zusammenhang mit der Implementierung von Berechtigungsprüfungen angelegt werden.

Anlegen von Entwicklungspaketen

Das Anlegen eines Entwicklungspakets zeigen wir Ihnen am Beispiel des Pakets Z_PROMOTION_MGMT_APP:

1. Wählen Sie im **Project Explorer** das Strukturpaket Z_PROMOTION_MGMT aus und rufen Sie mit der rechten Maustaste das Kontextmenü auf.
2. Wählen Sie **New • ABAP Package**.
3. Vergeben Sie im folgenden Dialog (siehe Abbildung 4.9) den Namen »Z_PROMOTION_MANAGEMENT_APP« und eine entsprechende Beschreibung. Danach weisen Sie den **Package Type Development** zu. Das Hauptpaket (**Superpackage**) ist das Strukturpaket der Softwarekomponente Z_PROMOTION_MGMT.

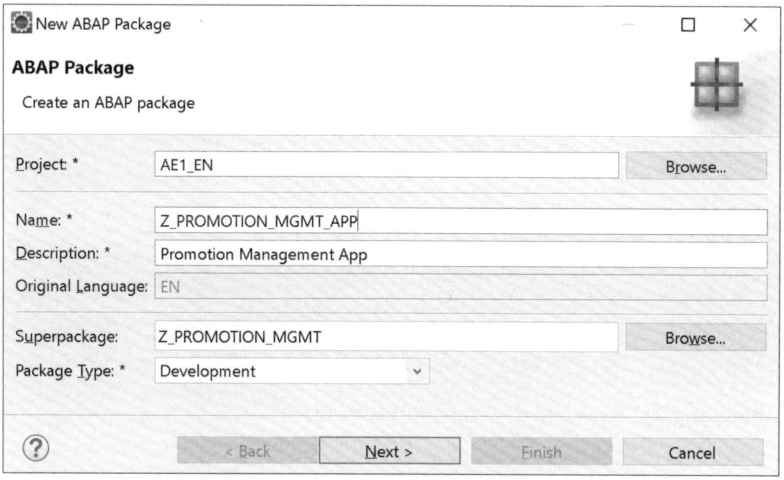

Abbildung 4.9 Anlegen eines Entwicklungspakets

4. Wie Sie in Abbildung 4.10 sehen, sind im Folgedialog die zum Strukturpaket gehörige Softwarekomponente und die entsprechende Transportschicht vorbelegt. Lassen Sie diese Angaben unverändert.
5. Im letzten Schritt müssen Sie einen Transportauftrag auswählen. Legen Sie einen neuen Transportauftrag an, falls noch keiner existiert.
6. Schließen Sie das Anlegen des Entwicklungspakets über die Schaltfläche **Finish** ab (siehe Abbildung 4.11).

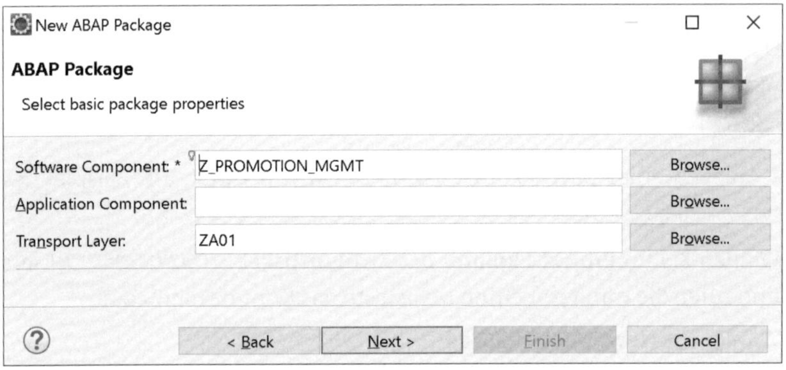

Abbildung 4.10 Auswahl der Softwarekomponente

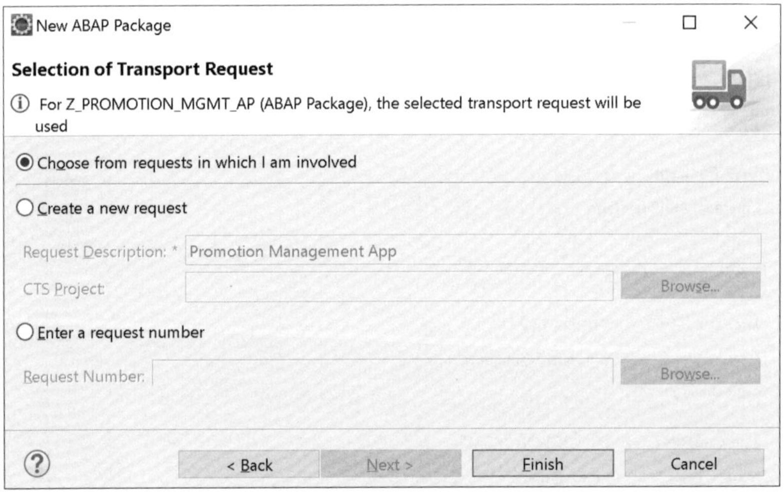

Abbildung 4.11 Auswahl des Transportauftrags

Unterhalb des Pakets `Z_PROMOTION_MGMT_APP` können Sie nun die weiteren Entwicklungspakete, die wir beschrieben haben, anlegen. Achten Sie darauf, dass allen das `Z_PROMOTION_MGMT_APP`-Paket als Hauptpaket zugewiesen ist, alle Pakete vom Typ **Development** sind und der Softwarekomponente `Z_PROMOTION_MGMT` zugeordnet wird.

4.2.3 Paketinhalte kapseln

Gekapselte Pakete

Bei der Entwicklung in On-Premise-Systemen konnten Pakete durch die Eigenschaft **Paket gekapselt**, gekapselt werden (siehe Abbildung 4.12). Durch das Setzen dieser Eigenschaft kann sichergestellt werden, dass auf Inhalte des Pakets nur über definierte Paketschnittstellen zugegriffen werden darf.

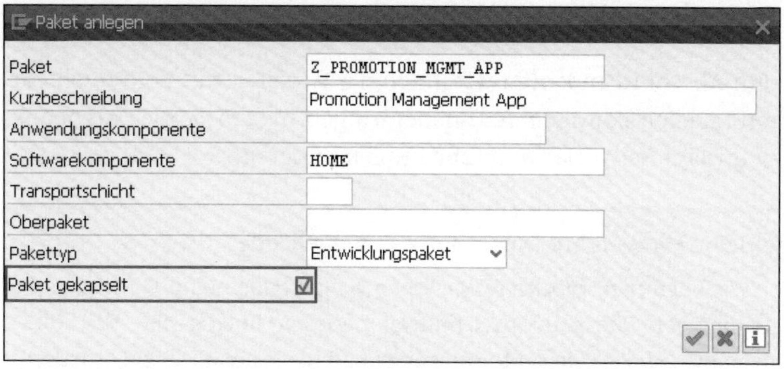

Abbildung 4.12 Gekapseltes Paket auf einem On-Premise-System

Dieses Konzept verliert im ABAP Environment an Bedeutung. An die Stelle der Kapselung von Paketen treten nun die Release Contracts. Sollen Entwicklungsobjekte, die einer Softwarekomponente zugeordnet sind, außerhalb dieser Komponente verwendet werden, müssen sie über einen Release Contract freigegeben werden. Wir werden im weiteren Verlauf der Beispielentwicklung Basis-CDS-Views für die Verwendung innerhalb des ABAP Environment freigeben (siehe Abschnitt 5.3, »Entwicklungsobjekte freigeben«).

Verwendung der Eigenschaft »Paket gekapselt«

Die Eigenschaft **Paket gekapselt** lässt sich bei der Anlage von Paketen weiterhin setzen. Dies hat aber keinerlei Auswirkungen auf die sich im Paket befindlichen Entwicklungsobjekte. Entwicklungsobjekte, die einem gekapselten Paket zugewiesen sind, lassen sich trotzdem außerhalb des Pakets verwenden. Wir raten daher davon ab, Entwicklungspakete zu kapseln, da dies keinerlei Auswirkung hat und bei anderen Entwickler*innen zu Verwirrung führen kann. Des Weiteren lassen sich einmal gekapselte Pakete nicht mehr »entkapseln«, da dies zu einer Fehlermeldung führen würde (siehe Abbildung 4.13).

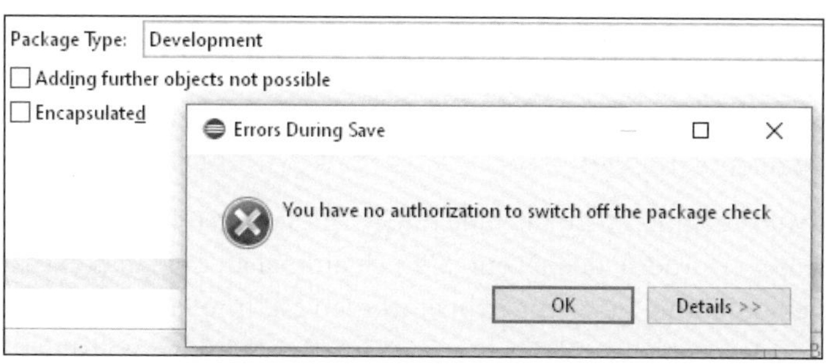

Abbildung 4.13 Fehler beim Entfernen der Eigenschaft »Paket gekapselt«

4.3 Datenmodell implementieren

In diesem Abschnitt möchten wir Ihnen das Arbeiten mit dem quelltextbasierten Tabellen-Editor der ADT näherbringen, in dem Sie die Datenbanktabellen unserer Beispielanwendung implementieren.

[»]

Allgemeine Hinweis zur Darstellung von Quellcode

Bevor wir beginnen, möchten wir Ihnen einige allgemeine Hinweis zur Darstellung von Quellcode-Ausschnitten in diesem Buch geben: Wir stellen an einigen Stellen die Syntax einzelner Befehle in generischer Form dar. Wir verwenden hierbei eine spezielle Notation zur Darstellung von Platzhaltern für Variablen oder Felder, für alternatives Coding oder optionale Zusätze. Listing 4.1 zeigt diese Notation exemplarisch:

```
SELECT *
  INTO|APPENDING <Target>
  [UP TO ... ].
...
[ENDSELECT].
```

Listing 4.1 Beispiel für Notation von generischem Quellcode

Platzhalter für Variablen oder Felder werden mit <...> gekennzeichnet und kursiv gedruckt. Das Zeichen | trennt alternatives, aber sich gegenseitig ausschließendes Coding. Optionale Zusätze werden mit [...] gekennzeichnet. Sämtliche Syntax, die wir Ihnen in diesem Buch vorstellen, orientiert sich an der SAP-Dokumentation und der ABAP Language Help.

4.3.1 Datenbanktabellen anlegen

Database Table Editor

Aufgrund der fehlenden SAP-GUI-Unterstützung im ABAP Environment ist eine formularbasierte Tabellenanlage nicht mehr möglich. Mit dem quelltextbasierten Tabellen-Editor, dem *Database Table Editor* stellt SAP ein alternatives Werkzeug in Eclipse zur Verfügung. Die Tabellenanlage erfolgt hier komplett quelltextbasiert.

Für viele Entwickler*innen wird die fehlende Formulardarstellung anfangs eine Umstellung erfordern, doch wenn Sie sich einmal an die quelltextbasierte Tabellenerstellung gewöhnt haben, werden Sie in diesem Rahmen schnell von den Vorteilen der ADT, wie zum Beispiel der Codevervollständigung, profitieren.

[+]

Database Table Editor in On-Premise-Projekten

Der quelltextbasierte Tabellen-Editor steht nicht nur für das ABAP Environment zur Verfügung. Er wurde bereits mit dem Release SAP NetWeaver AS für ABAP 7.52 und der ADT-Client-Version 2.83 von SAP ausgeliefert. Somit können Sie den quelltextbasierten Tabellen-Editor auch in ABAP-Projekten auf On-Premise-Systeme nutzen.

Anlegen von Datenelementen

Als Erstes wollen wir die für die Datenbanktabellen benötigten Datenelemente anlegen. Für die Felddefinitionen von Datenbanktabellen können Sie grundsätzlich elementare Datentypen verwenden. Im Vergleich zu Datenelementen ergeben sich zum Beispiel bei der Benutzung in CDS-Views keine nennenswerten Nachteile.

Möchten Sie Ihre Tabellen allerdings über Fremdschlüsselbeziehungen miteinander verknüpfen, benötigen Sie aus technischer Sicht zwingend ein Datenelement für die entsprechenden Datenbankfelder. In Abschnitt 4.3.2, »Fremdschlüsselbeziehungen implementieren«, hinterlegen wir solche Fremdschlüsselbeziehungen für unser Datenmodell. Daher legen wir nun als Erstes die dafür benötigten Datenelemente an (siehe Tabelle 4.1).

Name	Beschreibung	Datentyp	Länge
ZPM_PROMOTION_ID	Promotion ID	NUMC	10
ZPM_PRODUCT_ID	Product ID	NUMC	10
ZPM_LOCATION_ID	Location ID	NUMC	10

Tabelle 4.1 Vorausgesetzte Datenelemente

Datenelemente anlegen

Legen Sie die Datenelemente innerhalb des Pakets ZPM_COMMON wie folgt an:

1. Rufen Sie im **Project Explorer** mit der rechten Maustaste das Kontextmenü auf und wählen Sie **New • Other ABAP Repository Object** und anschließend **Dictionary • Data Element** (siehe Abbildung 4.14).
2. Bestätigen Sie Ihre Auswahl mit **Next**.
3. Im sich daraufhin öffnenden Anlagedialog vergeben Sie den Namen »ZPM_PROMOTION_ID« und eine entsprechende Beschreibung für das Datenelement.

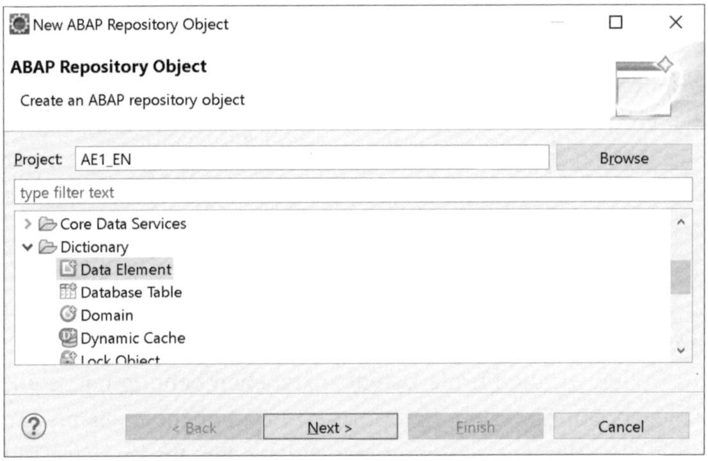

Abbildung 4.14 Anlage von Datenelementen

4. Bestätigen Sie die Eingaben mit **Next** und wählen Sie einen Transportauftrag aus.
5. Beenden Sie den Assistenten über die Schaltfläche **Finish**.

Datenelement spezifizieren

Anschließend können Sie das Datenelement weiter spezifizieren. Definieren Sie, wie in Abbildung 4.15 gezeigt, einen Datentyp, die Länge sowie die benötigten Feldbezeichner. Aktivieren Sie das Datenelement anschließend über das Aktivierungs-Icon ( ). Alternativ können Sie auch die Tastenkombination `Strg` + `F3` verwenden.

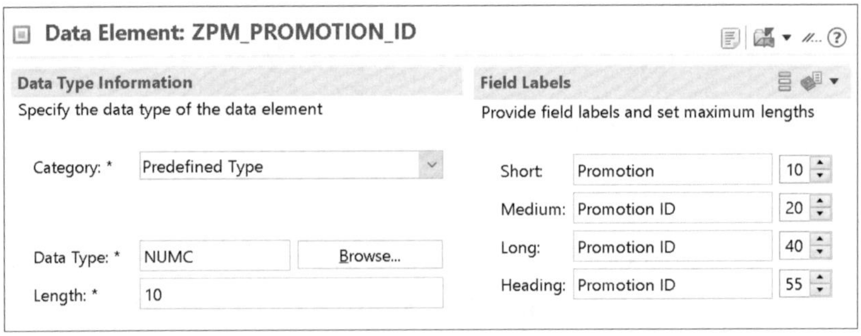

Abbildung 4.15 Eigenschaften eines Datenelements

Wiederholen Sie die gezeigten Schritte für die Datenelemente `ZPM_LOCATION_ID` und `ZPM_PRODUCT_ID`.

Datentyp für Beschreibungen

Neben den Datenelementen für die Fremdschlüsselbeziehungen benötigen wir eine Domäne für die Bezeichnungen. Legen Sie die Domäne `ZPM_DE-`

SCRIPTION vom Typ CHAR mit einer Länge von 50 Stellen an. Zusätzlich aktivieren Sie die Groß- und Kleinschreibung über die Checkbox **Case-sensitive**. Anschließend können Sie auf Basis der Domäne die Datenelemente ZPM_PROMOTION_DESCRIPTION, ZPM_LOCATION_DESCRIPTION und ZPM_PRODUCT_DESCRIPTION erstellen sowie entsprechende Feldbezeichner vergeben.

Anlegen von Datenbanktabellen

Tabelle für die Kopfdaten der Rabattaktion

Wir legen nun die einzelnen Tabellen unseres in Abschnitt 4.1, »Einführung in die Beispielanwendung«, vorgestellten Datenmodells an. Wir beginnen mit der Tabelle für die Kopfdaten der Rabattaktion:

1. Rufen Sie mit der rechten Maustaste das Kontextmenü des Entwicklungspakets ZPM_DM auf und wählen Sie **New • Other ABAP Repository Object • Dicitionary • Database Table**.
2. Daraufhin startet ein spezifischer Anlagedialog für Datenbanktabellen. Geben Sie darin den Namen »ZPM_PROMO_HDR« sowie die Beschreibung »Promotion Header Data« ein, wie in Abbildung 4.16 gezeigt.

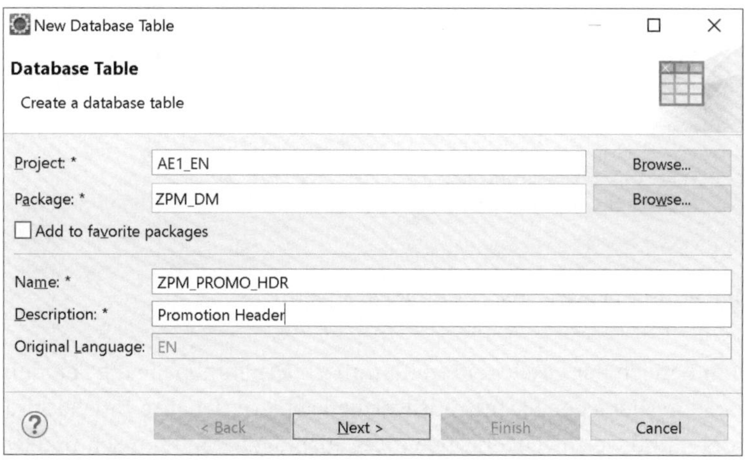

Abbildung 4.16 Anlage von Datenbanktabellen

3. Bestätigen Sie Ihre Eingaben mit **Next**.
4. Wählen Sie im nächsten Dialogschritt einen Transportauftrag aus und schließen Sie die Anlage über die Schaltfläche **Finish** ab.

Nachdem Sie den Assistenten beendet haben, wird automatisch eine noch inaktive Datenbanktabelle angelegt und dem ABAP Dictionary hinzugefügt. Wie in Abbildung 4.17 zu erkennen, finden Sie die Tabelle im **Project Explorer** unter **ZPM_DM • Dictionary • Database Tables**.

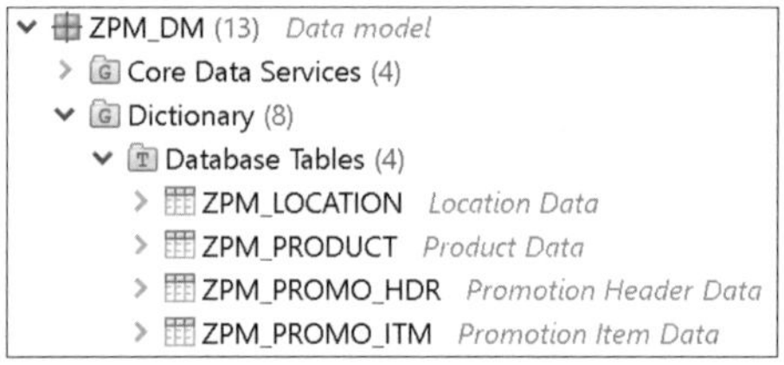

Abbildung 4.17 Datenbanktabellen innerhalb des Entwicklungspakets

Mit dem Abschluss der Tabellenanlage öffnet sich automatisch der quelltextbasierte Tabellen-Editor. Wir zeigen Ihnen nun, wie Sie mit diesem Editor Ihre Tabellen aufbauen können.

Aufbau der Tabellendefinition

Abbildung 4.18 zeigt den quelltextbasierten Tabellen-Editor mit dem initial erzeugten Coding. Im oberen Bereich ❶ befinden sich *Annotationen*. Über diese Annotationen im Kopfbereich definieren Sie die Eigenschaften einer Tabelle. Beispielsweise können Sie Anzeige- und Pflegeeinstellungen vornehmen oder die Auslieferungsklasse der Tabelle festlegen.

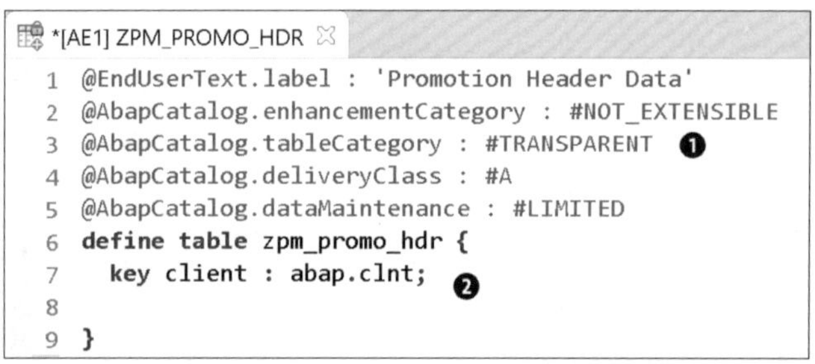

Abbildung 4.18 Quelltextbasierter Tabellen-Editor

In dem Bereich der geschweiften Klammern ❷ nehmen Sie die Felddefinitionen vor. Hier legen Sie fest, aus welchen Feldern sich Ihre Tabelle zusammensetzt und welche Datentypen diese ausprägen. Mit dem Schlüsselwort `key` definieren Sie außerdem die Schlüsselfelder Ihrer Tabelle.

Tabelleneigenschaften per Annotation

Wie gezeigt, definieren Sie Eigenschaften einer Tabelle über Annotationen im Kopfbereich der Tabellendefinition. Grundsätzlich unterscheidet man dabei zwischen *obligatorischen* und *optionalen Annotationen*. Alle obligatorischen Annotationen erhalten mit dem initial erzeugten Coding einen Standardwert. Auf den folgenden Seiten stellen wir Ihnen die Annotationen für Datenbanktabellen und die jeweils möglichen Annotationswerte vor.

Annotation für Tabellenart

Mit der Annotation `@AbapCatalog.tableCategory` legen Sie die Tabellenart Ihrer Datenbanktabelle fest. Standardmäßig werden Tabellen als *transparente Tabellen* angelegt. Sie können allerdings auch als *globale temporäre*

Tabellen angelegt werden. Tabelle 4.2 zeigt die möglichen Annotationswerte.

Annotationswert	Beschreibung
#TRANSPARENT	Definition einer Tabelle als temporäre Tabelle. Stellt die standardmäßige Tabellenart dar.
#GLOBAL_TEMPORARY	Definition einer Tabelle als global temporäre Tabelle. Es handelt sich um spezielle transparente Tabellen, die ausschließlich für die Ablage temporärer Daten während einer Datenbank-LUW vorgesehen sind.

Tabelle 4.2 Annotationswerte für die Tabellenart

Annotation für Pflegeeigenschaften

Die Annotation `@AbapCatalog.dataMaintenance` definiert die Anzeige- und Pflegeeigenschaften einer Tabelle. Tabelle 4.3 gibt Ihnen eine Übersicht über die zulässigen Annotationswerte.

Annotationswert	Beschreibung
#NOT_ALLOWED	Anzeige und Pflege der Daten sind nicht erlaubt.
#LIMITED	Pflegen der Daten ist nicht erlaubt.
#ALLOWED	Anzeige und Pflege der Daten sind erlaubt.

Tabelle 4.3 Annotationswerte für die Tabellenpflegeeigenschaften

Annotationen für die Auslieferungsklasse

Mit der Annotation `@AbapCatalog.deliveryClass` wird die Auslieferungsklasse einer Datenbanktabelle definiert. Die Auslieferungsklasse steuert den Transport von Tabellendaten bei Installation, Upgrade, Mandantenkopien oder Transporten zwischen Kundensystemen. Tabelle 4.4 zeigt die möglichen Annotationswerte.

Annotationswert	Beschreibung
#A	Anwendungstabelle für Stamm- und Bewegungsdaten
#C	Customizing-Tabelle, Pflege nur durch Kunden
#L	Tabelle für Ablage temporärer Daten
#G	Customizing-Tabelle, für mandantenabhängiges Customizing

Tabelle 4.4 Annotationswerte für die Auslieferungsklasse

Annotationswert	Beschreibung
#E	Steuerungstabelle, in der Kunden Einträge vornehmen können
#S	Systemtabelle, nutzbar für mandantenübergreifendes Customizing. Diese Tabellen werden in Regel von Entwickler*innen im Entwicklungssystem befüllt.
#W	Systemtabelle für Verwaltungsdaten des Systems. Tabellen dieser Auslieferungsklasse werden in der Regel von SAP vorausgefüllt ausgeliefert und nur durch Kundenmodifikationen beeinflusst.

Tabelle 4.4 Annotationswerte für die Auslieferungsklasse (Forts.)

Annotationen für die Erweiterungskategorie

Eine weitere Annotation ist `@AbapCatalog.enhancementCategory`. Mit dieser Annotation können Sie die Erweiterungskategorie Ihrer Tabelle festlegen. Die Erweiterungskategorie kennen Sie wahrscheinlich bereits aus klassischen SAP-Systemen. Der Vollständigkeit halber finden Sie in Tabelle 4.5 eine Auflistung aller möglichen Annotationswerte.

Annotationswert	Beschreibung
#NOT_EXTENSIBLE	Nicht erweiterbar
#EXTENSIBLE_CHARACTER	Erweiterbar und zeichenartig
#EXTENSIBLE_CHARACTER_NUMERIC	Erweiterbar und zeichenartig und numerisch
#EXTENSIBLE_ANY	Beliebig erweiterbar

Tabelle 4.5 Annotationswerte für die Erweiterungskategorie

Vollständige Tabellendefinition

Übernehmen Sie nun das Coding aus Listing 4.2, um die Anlage der Kopftabelle der Rabattaktion abzuschließen.

```
@EndUserText.label : 'Promotion Header Data'
@AbapCatalog.enhancementCategory : #NOT_EXTENSIBLE
@AbapCatalog.tableCategory : #TRANSPARENT
@AbapCatalog.deliveryClass : #A
@AbapCatalog.dataMaintenance : #ALLOWED
define table zpm_promo_hdr {
  key client          : abap.clnt not null;
  key promotion_id    : zpm_promotion_id not null;
```

```
  promotion_description : zpm_promotion_description;
  startdate             : datn;
  enddate               : datn;
  location_id           : zpm_location_id
  approval_status       : abap.char(1);
  createdat             : timestampl;
  createdby             : syuname;
  changedat             : timestampl;
  changedby             : syuname;
}
```

Listing 4.2 Tabelle für Kopfdaten der Rabattaktion

Auswahl der Feldbezeichner

Wir empfehlen Ihnen, bei der Anlage von neuen Tabellen grundsätzlich die insgesamt 30 zur Verfügung stehenden Zeichen für die Feldbezeichner zu nutzen und auf kurze technische Namen, wie Sie es vielleicht bisher gewöhnt waren, zu verzichten.

Bei der codebasierten Tabellenanlage können Sie keine Camel-Case-Notationen für die Feldnamen verwenden. Stattdessen sollten Sie bei längeren Feldnamen Unterstriche verwenden. Bei der späteren Anlage der Basis-CDS-Views ersetzen Sie die Feldnamen durch Aliase.

Für die Definition der Tabellenfelder greifen wir unter anderem auf die im ABAP Environment zur Verwendung freigegebenen Datenelemente zurück. In Abschnitt 5.4, »Freigegebene Objekte suchen«, zeigen wir Ihnen, wie Sie freigegebene Datenelemente ermitteln können.

Elementare Datentypen

Bei der Definition von Tabellenfeldern haben Sie daneben auch die Möglichkeit, auf elementare Datentypen zurückzugreifen. Um ein Feld über einen Datentyp zu typisieren, verwenden Sie anstelle des Datenelements das Präfix `abap.`, gefolgt vom entsprechenden elementaren Datentyp. Je nach verwendetem Datentyp müssen Sie zusätzlich noch eine Längenangabe machen und gegebenenfalls die Anzahl von Nachkommastellen angeben.

Schließen Sie die Tabellenanlage ab, indem Sie die Datenbanktabelle über die Schaltfläche aktivieren.

Anlage der Positionstabelle

Nachdem Sie die Tabelle für die Kopfdaten der Rabattaktion erfolgreich angelegt haben, fahren Sie mit der Anlage der Tabelle für die Positionsdaten fort. Rufen Sie dazu, wie bei der Anlage der Kopftabelle gezeigt, den Anlagedialog für Datenbanktabellen auf. Geben Sie der Tabelle den Namen »ZPM_PROMO_ITM« und eine entsprechende Beschreibung. Anschießend fügen Sie die Felddefinitionen aus Listing 4.3 ein und aktivieren die Tabelle.

```
...
define table zpm_promo_itm {
  key client             : abap.clnt not null;
  key promotion_id       : zpm_promotion_id not null;
  key promotion_position : abap.numc(10) not null;
  product_id             : zpm_product_id;
  @Semantics.quantity.unitOfMeasure : 'zpm_promo_itm.quantity_unit'
  quantity               : abap.quan(5,0);
  quantity_unit          : msehi;
  discount_in_percent    : abap.dec(5,2);
  @Semantics.amount.currencyCode : 'zpm_promo_itm.currency'
  discount_price         : abap.curr(6,2);
  currency               : waers_curc;
}
```

Listing 4.3 Tabelle für Positionsdaten der Rabattaktion

Elementannotationen

Zusätzlich zu den Annotationen im Kopfbereich kommen in der Positionstabelle *Elementannotationen* zum Einsatz. Mithilfe von Elementannotationen können Tabellenfelder mit betriebswirtschaftlicher Semantik angereichert werden. So muss z. B. zu einem Betragsfeld ein Währungsfeld und für ein Mengenfeld ein Einheitenfeld angegeben werden. Im SAP GUI stand im ABAP Dictionary dazu die in Abbildung 4.19 gezeigte Registerkarte **Währungs-/Mengenfelder** zur Verfügung. In Eclipse hingegen wird diese Zuweisung mithilfe von Elementannotationen vorgenommen.

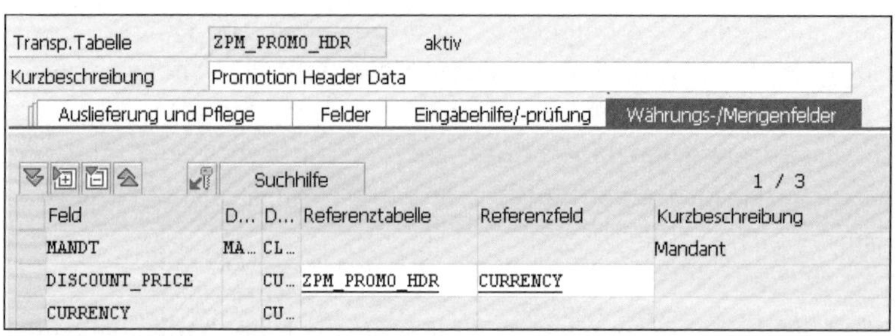

Abbildung 4.19 Währungs- und Mengenfelder im SAP GUI

Betrags- und Mengenfelder

Verwenden Sie folgende Elementannotationen, um bei Betrags- und Mengenfeldern die entsprechenden Referenzfelder anzugeben:

- Zu einem Betragsfeld lässt sich mithilfe der Feldannotation `@Semantics.amount.currencyCode : '<Table>.<CurrencyField>'` das zugehörige Währungsfeld angeben.
- Bei einem Mengenfeld kann durch `@Semantics.quantity.unitOfMeasure : '<Table>.<UnitOfMeasureField>'` das Einheitenfeld angegeben werden.

In Listing 4.3 wird dem Tabellenfeld `quantity` das Feld `quantity_unit` als Einheitenfeld und dem Tabellenfeld `discount_price` das Feld `currency_code` als Währungsfeld zugewiesen.

Weitere Datenbanktabellen

Legen Sie zuletzt noch die in Tabelle 4.6 aufgeführten Datenbanktabellen an. Hinsichtlich des Aufbaus der Tabellen können Sie sich an Abbildung 4.2 orientieren.

Tabellenname	Beschreibung
ZPM_PRODUCT	Product Data
ZPM_LOCATION	Location Data
ZPM_PROD_LOC	Product Location Data

Tabelle 4.6 Weitere Datenbanktabellen für die Beispielanwendung

4.3.2 Fremdschlüsselbeziehungen implementieren

Um die Anlage des Datenmodells zu vervollständigen, legen wir nun für die Datenbanktabellen entsprechende Fremdschlüsselbeziehungen an. *Fremdschlüssel* sind Felder in einer sogenannten *Fremdschlüsseltabelle*, die auf Datensätze in einer *Prüftabelle* verweisen.

Abbildung 4.20 zeigt die Fremdschlüsselbeziehung zwischen der Tabelle für die Rabattaktionspositionen, der Tabelle für die Rabattaktionen und der Tabelle für die Produkte.

Definition von Fremdschlüsselbeziehungen

Fremdschlüsselbeziehungen werden im ABAP Environment ebenfalls quelltextbasiert über den Tabellen-Editor definiert. Hierzu fügen Sie nach dem Tabellenfeld, für das die Fremdschlüsselbeziehung gelten soll, den folgenden Zusatz ein:

```
with foreign key [<n>,<m>] <CheckTable> where <ForeignKeyField> =
<CheckTable>.<CheckField>.
```

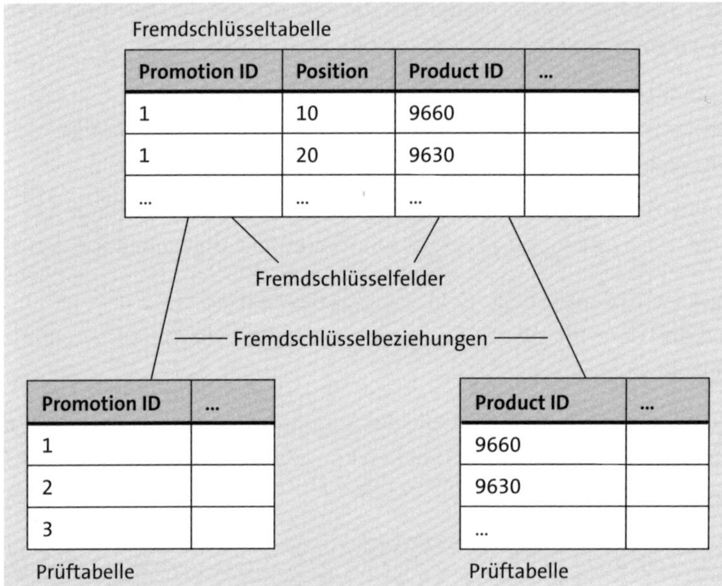

Abbildung 4.20 Fremdschlüsselbeziehungen der Tabelle für die Rabattaktionspositionen

Über die `where`-Bedingung werden die Feldbeziehungen zwischen Fremdschlüsseltabelle und Prüftabelle angegeben. Durch `[<n>,<m>]` wird die Kardinalität der Fremdschlüsselbeziehung festgelegt.

Tabelle 4.7 zeigt die zulässigen Werte für `n`.

Kardinalität	Beschreibung
`[0..1]`	Zu jeder Zeile in der Prüftabelle existiert maximal eine Zeile in der Fremdschlüsseltabelle.
`[1]`	Zu jeder Zeile in der Prüftabelle existiert genau eine Zeile in der Fremdschlüsseltabelle.
`[0..*]`	Zu jeder Zeile in der Prüftabelle können mehrere Zeilen in der Fremdschlüsseltabelle existieren.
`[1..*]`	Zu jeder Zeile in der Prüftabelle existiert mindestens eine Zeile in der Fremdschlüsseltabelle.

Tabelle 4.7 Kardinalität der Fremdschlüsseltabelle

Für `m` sind die in Tabelle 4.8 aufgeführten Werte zulässig.

Kardinalität	Beschreibung
[1]	Zu jeder Zeile in der Fremdschlüsseltabelle existiert genau eine Zeile in der Prüftabelle.
[0..1]	Es muss nicht zu jeder Zeile in der Fremdschlüsseltabelle eine Zeile in der Prüftabelle existieren.

Tabelle 4.8 Kardinalität der Prüftabelle

Fremdschlüsselbeziehungen der Positionstabelle

Wir implementieren nun die in Abbildung 4.20 dargestellten Fremdschlüsselbeziehungen in der Positionstabelle der Rabattaktionen. Fügen Sie dazu das Coding aus Listing 4.4 für die Felder `promotion_id` und `product_id` ein.

```
@AbapCatalog.foreignKey.keyType : #KEY
@AbapCatalog.foreignKey.screenCheck : false
key promotion_id        : zpm_promotion_id not null
  with foreign key [0..*,1] zpm_promo_hdr
    where client = zpm_promo_itm.client
      and promotion_id = zpm_promo_itm.promotion_id;
key promotion_position : abap.numc(10) not null;
@AbapCatalog.foreignKey.keyType : #KEY
@AbapCatalog.foreignKey.screenCheck : false
product_id              : zpm_product_id
  with foreign key [0..*,1] zpm_product
    where client = zpm_promo_itm.client
      and product_id = zpm_promo_itm.product_id;
```

Listing 4.4 Definition Fremdschlüsselbeziehungen

Elementannotationen

Per Elementannotationen kann die Fremdschlüsselbeziehung mit weiteren Informationen angereichert werden. Die Annotation `@AbapCatalog.foreignKey.keyType` gibt die Art des Tabellenfelds in der Prüftabelle an. Tabelle 4.9 zeigt die entsprechenden Annotationswerte:

Annotationswert	Beschreibung
#NON_KEY	Das Fremdschlüsselfeld gehört nicht zum Schlüssel der Prüftabelle.
#KEY	Das Fremdschlüsselfeld ist ein Schlüsselfeld in der Prüftabelle.
#TEXT_KEY	Die Fremdschlüsseltabelle ist eine Texttabelle der Prüftabelle.

Tabelle 4.9 Fremdschlüsseltypen

Die Annotation `@AbapCatalog.foreignKey.screenCheck` ist bei der Definition der Fremdschlüsselbeziehung obligatorisch. Im ABAP Environment erfüllt sie jedoch keine Funktion. Belegen Sie die Annotation daher mit dem Wert `false`. Darüber hinaus müssen Sie die Annotation nicht weiter beachten.

Wir haben in diesem Abschnitt die Datenbanktabellen der Beispielanwendung vollständig implementiert und so die Basis für die folgenden Kapitel gelegt. In Abschnitt 4.4, »Eine Konsolenanwendung anlegen«, befüllen wir die Datenbanktabellen mit Beispieldaten.

4.4 Eine Konsolenanwendung anlegen

Allgemein werden zur Demonstration erster Entwicklungsschritte in einer neuen Programmierumgebung gern die bekannten »Hello World«-Anwendungen erstellt. Wir wollen hier jedoch davon absehen und ein etwas handfesteres Anwendungsbeispiel implementieren. In diesem Abschnitt befüllen wir daher die in Abschnitt 4.3, »Datenmodell implementieren«, angelegten Datenbanktabellen über eine konsolenbasierte Anwendung mit Beispieldaten.

Auf einem klassischen ABAP-Anwendungsserver würde man eine solch einfache Anwendung wohl über einen entsprechenden Report mit einer Ausgabe per *SAP List Viewer* (ALV) oder `WRITE`-Befehl umsetzen. Dies ist im ABAP Environment so nicht mehr möglich. Hier lassen sich keine klassischen Reports mehr anlegen. Durch den Wegfall der Dynpro-Oberflächen ist die Implementierung einer Programmausgabe auf klassischem Wege ebenfalls nicht mehr möglich (und im neuen ABAP-RESTful-Programmiermodell auch nicht gewünscht).

Konsolenausgabe

Abhilfe schafft hier die Konsole der Eclipse-Entwicklungsumgebung, die für einfache Ausgaben verwendet werden kann. Die Konsolenausgabe ist als eine Hilfestellung für die Entwicklung gedacht, und nicht als Ersatz für eine Benutzeroberfläche (User Interfaces, kurz UI). Konsolenanwendungen des ABAP Environment werden durch ABAP-Klassen repräsentiert.

Klasse für Konsolenanwendung anlegen

Wir erstellen nun eine solche Klasse, um die Datenbanktabellen aus Abschnitt 4.3.1, »Datenbanktabellen anlegen«, mit Daten zu befüllen und anschließend ein Protokoll in der Konsolenausgabe zu erzeugen:

1. Rufen Sie dazu über den **Project Explorer** das Kontextmenü des Entwicklungspakets `ZPM_DM` auf und wählen Sie **New • ABAP Class**.

2. Im sich daraufhin öffnenden Dialog geben Sie als Namen »ZCL_PM_GENERATE_DATA« ein und wählen eine sprechende Beschreibung (siehe Abbildung 4.21).

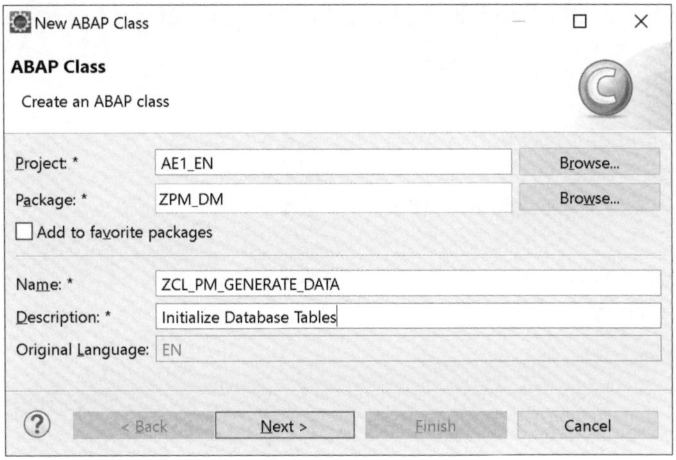

Abbildung 4.21 Anlage einer ABAP-Klasse

3. Folgen Sie den nächsten Schritten des Assistenten zur Anlage von ABAP-Klassen und schließen Sie die Erstellung der Klasse über die Schaltfläche **Finish** ab.
4. Nachdem Sie die Erstellung der Klasse abgeschlossen haben, öffnet sich der quelltextbasierte Klassen-Editor. Dieser zeigt den in Listing 4.5 dargestellten Quelltext.

```
CLASS zcl_pm_generate_data DEFINITION PUBLIC FINAL
  CREATE PUBLIC.

  PUBLIC SECTION.
  PROTECTED SECTION.
  PRIVATE SECTION.
ENDCLASS.

CLASS zcl_pm_generate_data IMPLEMENTATION.
ENDCLASS.
```

Listing 4.5 Generierter Quelltext

Ausführung von Klassen-Quellcode

Die erstellte Klasse ist jedoch noch kein eigenständig ausführbares Objekt. Damit eine Klasse im ABAP Environment als Konsolenanwendung ausgeführt werden kann, muss diese die Methode `MAIN` des Interface `IF_OO_ADT_`

CLASSRUN implementieren. Für die Laufzeitumgebung ist die Methode MAIN der zentrale Einstiegspunkt der Anwendung.

Binden Sie das Interface im öffentlichen Bereich der Klasse ein und implementieren Sie anschließend die Methode MAIN, wie in Listing 4.6 gezeigt.

```
CLASS zcl_pm_generate_data DEFINITION PUBLIC FINAL
  CREATE PUBLIC .

  PUBLIC SECTION.
    INTERFACES: if_oo_adt_classrun.
...
CLASS zcl_pm_generate_data IMPLEMENTATION.
  METHOD if_oo_adt_classrun~main.
  ENDMETHOD.
ENDCLASS.
```

Listing 4.6 Einbinden des Interface IF_OO_ADT_CLASSRUN

Anwendungslogik implementieren

Innerhalb der Methode IF_OO_ADT_CLASSRUN~MAIN kann jetzt die Anwendungslogik entwickelt werden. Listing 4.7 zeigt Ausschnitte einer Anwendungslogik, die die Datenbanktabellen aus Abschnitt 4.3, »Datenmodell implementieren«, mit Beispieldaten befüllt. Wir greifen in diesem Listing, wie auch in allen weiteren Programmierbeispielen, auf die moderne ABAP-Syntax zurück, die ab SAP NetWeaver 7.40 zur Verfügung steht.

```
METHOD if_oo_adt_classrun~main.
    DATA: lt_products        TYPE TABLE OF zpm_product,
          lt_locations       TYPE TABLE OF zpm_location,
          lt_promotions      TYPE TABLE OF zpm_promo_hdr,
          lt_promotion_items TYPE TABLE OF zpm_promo_itm,
          l_created_at       TYPE timestampl.
    GET TIME STAMP FIELD l_created_at.
    out->write( 'Start of Application...' ).

    DELETE FROM: zpm_promo_itm, zpm_promo_hdr,
                 zpm_product, zpm_location.

    "Produktdaten erstellen
    lt_products = VALUE #(
       ( product_id = 1
         product_description = 'Schokolade'
         price = '0.95' currency = 'EUR' height = '0.9'
```

```
      length = '16.8' width  = '7.4'
      dimension_unit = 'CM' weight = 100
      weight_unit = 'G' ) ( … ) ).

  "Filialdaten erstellen
  lt_locations = VALUE #( ( … ) ( … )).

  "Rabattaktionen erstellen
  lt_promotions = VALUE #(
    ( promotion_id = 1
      promotion_description = 'Wochenend Rabatte'
      startdate = '20200117' enddate = '20200119'
      location_id = 2320 createdat = l_created_at
      createdby  = sy-uname ) ).

  "Rabattaktionspositionen erstellen
  lt_promotion_items = VALUE #(
    ( promotion_id = 1 promotion_position = 10
      product_id = 1 discount_in_percent = '10'
      quantity = 1 quantity_unit = 'ST'
      discount_price = '0.85' currency = 'EUR' )
    ( promotion_id = 1 promotion_position = 20
      product_id = 2 discount_in_percent = '27'
      quantity = 1 quantity_unit = 'ST'
      discount_price = '4.15' currency = 'EUR' ) ).

  INSERT zpm_product FROM TABLE @lt_products.
  INSERT zpm_location FROM TABLE @lt_locations.
  INSERT zpm_promo_hdr FROM TABLE @lt_promotions.
  DATA(l_count) = sy-dbcnt.
  INSERT zpm_promo_itm FROM TABLE @lt_promotion_items.

  out->write( lt_promotions ).
  out->write( |Nr of created promotions: { l_count }| ).
  out->write( 'End of Application...' ).
ENDMETHOD.
```

Listing 4.7 Quelltext der Konsolenanwendung

Konsolenanwendungen ausführen

Aktivieren Sie die Klasse ([Strg] + [F3]). Führen Sie anschließend die Konsolenanwendung aus, indem Sie in der Menüleiste **Run • Run as • ABAP Application (Console)** wählen oder die Taste [F9] drücken. Die Datenbanktabellen werden nun mit den initialen Daten befüllt. Abbildung 4.22 zeigt die erzeugte Konsolenausgabe.

```
ABAP Console
Start of Application...
Table
CLIENT  PROMOTION_ID  PROMOTION_DESCRIPTION  STARTDATE   ENDDATE
        0000000001    Wochenend Rabatte      2020-01-17  2020-01-19
Nr of created promotions: 1
End of Application...
```

Abbildung 4.22 Konsolenausgabe

Wie Sie dem Quelltext sicherlich entnommen haben, werden Konsolenausgabe mithilfe der Anweisung `out->write( )` erzeugt. Über die Methode `WRITE` können Sie ohne Weiteres String-Literale, Variablen, interne Tabellen oder Objekte über die Konsole ausgeben.

4.5 Virtuelles Datenmodell

In SAP S/4HANA wird der Zugriff auf die Datenbanktabellen durch eine bzw. mehrere Ebenen von CDS-Views abstrahiert. Man spricht hierbei vom *virtuellen Datenmodell* (kurz VDM). Über das VDM werden die komplexen, technisch geprägten und teilweise stark denormalisierten Strukturen der Datenbank in eine betriebswirtschaftlich verständlichere Form übertragen.

Leider unterstützt das ABAP Environment die Erstellung eines annotationsgestützten VDM nicht in der Form, in der sie z. B. auf einem SAP-S/4HANA-System möglich ist. Allerdings bietet die Abstraktion der Datenbankstrukturen durch CDS-Views auch für Entwicklungen im ABAP Environment entscheidende Vorteile.

Abstraktion komplexer Datenbasis

Die performanceoptimierte Modellierung von Datenbanktabellen kann zu komplexen und nur von technischen Expert*innen nachvollziehbaren Strukturen führen. Eine sinnvolle Modellierung von Geschäftsobjekten ist dann nur noch schwer möglich. Die Abstraktion durch CDS-Views ermöglicht die Abbildung der komplexen Datenbasis in einer sinnvollen und betriebswirtschaftlich verständlichen Geschäftsobjektstruktur.

Gesicherter Zugriff auf Datenbasis

Im Zusammenspiel mit dem Release-Konzept (siehe Abschnitt 5.3, »Entwicklungsobjekte freigeben«) des ABAP Environment, kann durch die Abstraktion der Datenbanktabellen mittels CDS-Views ein gesicherter, wiederwendbarer und kontrollierter Zugriff auf die Datenbasis gewährleistet werden. So besteht die Möglichkeit, lesende Zugriffe auf Datenbanktabellen ausschließlich über entsprechende CDS-Views abzubilden. Andersherum erfolgen schreibende Zugriffe dann nur noch über Geschäftsobjekte oder über andere freigegebene Schnittstellen. So kann ein Zugriff auf Datenbanktabellen von außerhalb der Softwarekomponente gezielt verhindert werden.

Aufgrund dieser Vorteile legen wir für unsere Beispielanwendung CDS-Views, aufbauend auf der Struktur der Datenbanktabellen, an. Wir gehen im Rahmen der Anlage und Verknüpfung der CDS-Views nur auf solche Aspekte ein, die für das Verständnis der Beispielanwendung wichtig sind. Alles Weitere würde den Rahmen dieses Buchs sprengen. Für einen tieferen Einblick in die Funktionsweise von CDS-Views empfehlen wir das Buch »Core Data Services für ABAP« von Renzo Colle, Ralf Dentzer und Jan Hrastnik (2. Auflage, SAP PRESS 2020).

4.5.1 Basis-CDS-Views anlegen

Basis-CDS-Views

Basis-CDS-Views bauen direkt auf Datenbanktabellen auf. Sie sind die einzigen Views innerhalb des VDM, die direkt auf Datenbanktabellen zugreifen. Sie kapseln den Inhalt der Datenbanktabellen und stellen anderen Entwicklungsobjekten die darin enthaltenen Daten zur Konsumierung bereit.

In diesem Abschnitt legen wir für jede Datenbanktabelle unserer Beispielanwendung einen Basis-CDS-View an. Anschließend werden wir diese in Abschnitt 4.5.2, »CDS-Views verknüpfen«, über Assoziationen miteinander verknüpfen. Abbildung 4.23 verdeutlicht dieses Prinzip anhand der Rabattaktionstabellen.

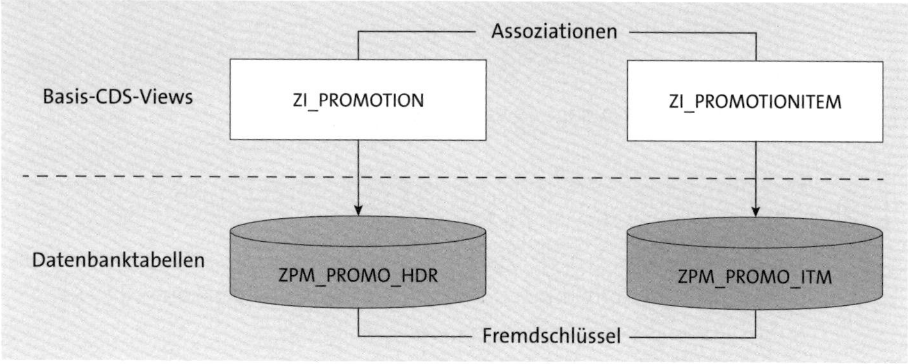

Abbildung 4.23 Datenbanktabellen mit zugehörigen Basis-CDS-Views

Basis-CDS-Views anlegen

Bei der Anlage von CDS-Views gehen Sie ähnlich vor wie bei der in Abschnitt 4.3.1, »Datenbanktabellen anlegen«, erläuterten Anlage von Datenbanktabellen:

1. Rufen Sie über die Tastenkombination `Strg` + `N` den Dialog zur Erstellung von Entwicklungsobjekten auf.
2. Wählen Sie dieses Mal **ABAP • Core Data Services • Data Definition** und bestätigten Sie Ihre Auswahl über die Schaltfläche **Next**.
3. Es startet der in Abbildung 4.24 gezeigte Anlagedialog für CDS-Views. Geben Sie den Namen »ZI_Promotion« und eine entsprechende Beschreibung ein.
4. Seit dem ADT-Release 3.12 können Sie über das Feld **Referenced Object** die Datenquelle angegeben, auf die der CDS-View referenzieren soll. Auf diese Weise können Sie alle Elemente des referenzierten Objekts direkt in Ihren CDS-View aufnehmen, was das Erstellen von CDS-Views erheblich vereinfacht. Geben Sie für unser Beispiel die Tabelle `ZPM_PROMO_HDR` als referenziertes Objekt an.

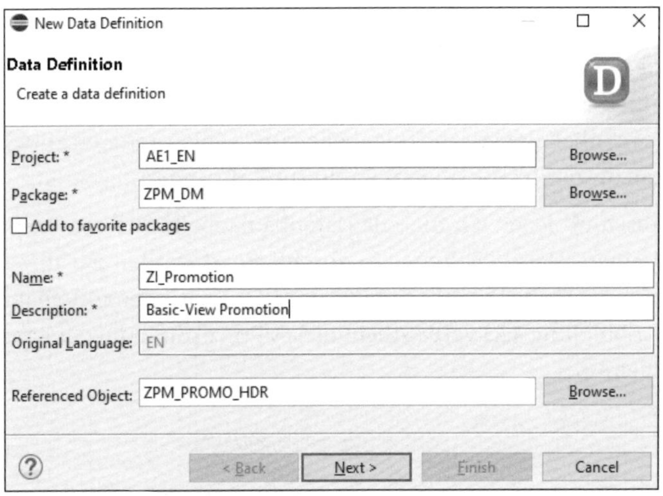

Abbildung 4.24 Anlage eines Basis-CDS-View

> **Namenskonventionen für CDS-Views**
>
> Basis-CDS-Views gehören zu den sogenannten *Interface-Views*. Daher sind viele Kundenunternehmen und auch SAP dazu übergegangen, ihre Basis-CDS-Views mit dem Präfix `I_` zu kennzeichnen.

5. Klicken Sie auf die Schaltfläche **Next**.
6. Wählen Sie im nächsten Dialogschritt einen Transportauftrag aus und bestätigen Sie Ihre Auswahl erneut mit **Next**.
7. Im letzten Dialogschritt haben Sie die Möglichkeit, ein vordefiniertes Template auszuwählen, das Sie bei der Anlage des CDS-View unterstützt.

Abbildung 4.25 zeigt die zur Verfügung stehenden Templates. Wählen Sie das Template **Define View** und beenden Sie den Anlagedialog mit der Schaltfläche **Finish**.

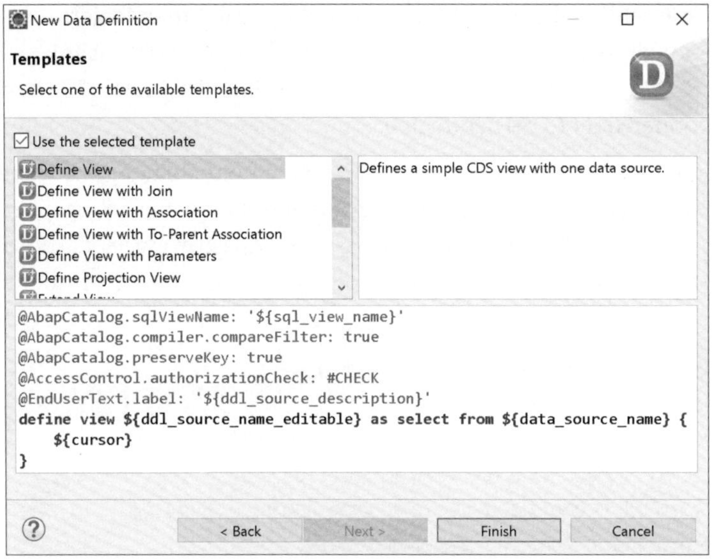

Abbildung 4.25 Vordefinierte CDS-Templates

Quelltextbasierter CDS-Editor

Anschließend öffnet sich der quelltextbasierte CDS-Editor. Wie in Abbildung 4.26 zu erkennen, wurde die Grundstruktur der CDS-View-Definition bereits auf Basis des ausgewählten Templates **Define View** und des referenzierten Objekts `ZPM_PROMO_HDR` ausgeprägt.

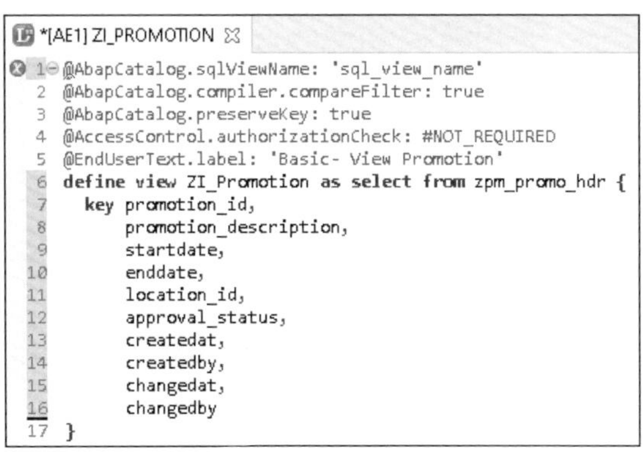

Abbildung 4.26 Quelltextbasierter CDS-Editor

SQL-View-Name

Legen Sie hier den *SQL-View-Namen* fest, indem Sie die folgende Annotation im Kopfbereich des CDS-View verwenden:

```
@AbapCatalog.sqlViewName : 'ZIPROMOTION'
```

Bei dem SQL-View-Namen handelt es sich um den Repräsentanten des CDS-View auf der Datenbank. Dieser muss sich vom Namen des CDS-View unterscheiden und kann eine maximale Länge von 16 Zeichen haben.

CDS-View-Datenquelle

Hinter dem Schlüsselwort `as select from` finden Sie das referenzierte Objekt als Datenquelle des CDS-View. In unserem Fall ist dies die Datenbanktabelle `ZPM_PROMO_HDR`. Mögliche weitere Datenquellen sind CDS-Views, CDS-Tabellenfunktionen oder CDS-Hierarchien.

CDS-View-Projektionsliste

Die Projektionsliste Ihres CDS-View finden Sie innerhalb der geschweiften Klammern {}. Diese wurde automatisch aus den Feldern des referenzierten Objekts abgeleitet. Vergeben Sie für diese Felder Aliase in Camel-Case-Notation. Listing 4.8 zeigt das vollständige Coding des CDS-View `ZI_Promotion`.

```
@AbapCatalog.sqlViewName: 'ZIPROMOTION'
@AbapCatalog.compiler.compareFilter: true
@AbapCatalog.preserveKey: true
@AccessControl.authorizationCheck: #NOT_REQUIRED
@EndUserText.label: 'Basic- View Promotion'
define view ZI_Promotion as select from zpm_promo_hdr {
    key promotion_id        as PromotionId,
    promotion_description   as PromotionDescription,
    startdate               as StartDate,
    enddate                 as EndDate,
    location_id             as LocationId,
    approval_status         as ApprovalStatus,
    createdat               as CreatedAt,
    createdby               as CreatedBy,
    changedat               as CreatedAt,
    changedby               as CreatedBy
}
```

Listing 4.8 Datenmodell des CDS-View ZI_Promotion

[»]

Schlüsselfelder in CDS-Views

Beachten Sie, dass die einzelnen Felder der Projektionsliste mit Kommata zu trennen sind. Felder, die zur eindeutigen Identifikation einzelner Datensätze notwendig sind, sind mit dem Schlüsselwort `key` zu kennzeichnen. Im Falle Ihres CDS-View ist dies das Feld `PromotionId`.

Data Preview

Nachdem Sie Ihren CDS-View aktiviert haben, können Sie eine Vorschau, den sogenannten *Data Preview*, aufrufen. Drücken Sie dazu einfach die Taste [F8]. Es werden Ihnen die Daten aus der Datenquelle des CDS-View angezeigt. In diesem Fall ist dies der Datensatz der Tabelle `ZPM_PROMO_HDR`, den wir durch die Konsolenanwendung in Abschnitt 4.4, »Eine Konsolenanwendung anlegen«, erzeugt haben (siehe Abbildung 4.27).

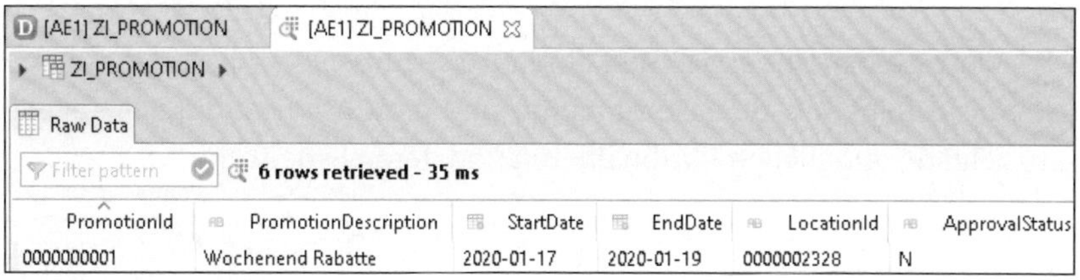

Abbildung 4.27 Data Preview des CDS-View ZI_Promotion

Weitere CDS-Views

Legen Sie für die weitere Bearbeitung des Anwendungsbeispiels nun noch die folgenden CDS-Views an:

- `ZI_PromotionItem`
- `ZI_Product`
- `ZI_Location`

4.5.2 CDS-Views verknüpfen

Auf Datenbankebene haben wir die Verknüpfungen der Tabellen untereinander über Fremdschlüsselbeziehungen beschrieben. Die CDS-Technologie bietet zur Implementierung solcher gerichteten Beziehungen *Assoziationen* an. Assoziationen sind zentrale Elemente bei der Entwicklung von CDS-Modellen sowie im ABAP-RESTful-Programmiermodell. Neben der Definition verknüpfter CDS-Datenmodelle können Assoziationen beispielsweise auch für die externe Nutzung exponiert und so für weiterführende Frameworks zur Verfügung gestellt werden.

Assoziationsdefinition

Wir betrachten Assoziationen hier zunächst mit Blick auf die Modellierung einfacher Abhängigkeiten innerhalb unseres Datenmodells. Dazu verknüpfen wir die CDS-Views `ZI_Promotion` und `ZI_PromotionItem` mittels *Assoziationsdefinitionen*. Dabei gilt es, Folgendes zu beachten:

- Eine Rabattaktion enthält beliebig viele Rabattpositionen.
- Eine Rabattposition gehört genau zu einer Rabattaktion.

Listing 4.9 zeigt die Verknüpfung des CDS-View `ZI_Promotion` mit dem Ziel-CDS-View `ZI_PromotionItem` über die Assoziation `_Item`.

```
define view ZI_PROMOTION as select from zpm_promo_hdr
association[0..*] to ZI_PromotionItem as _Item
    on $projection.PromotionId = _Item.PromotionId {
    ...
    _Item }
```

Listing 4.9 Assoziationsdefinition

Kardinalitätsangaben

CDS-View-Assoziationen werden durch das Schlüsselwort association eingeleitet, gefolgt von einer Kardinalität und dem Assoziationsziel. Tabelle 4.10 zeigt die möglichen Kardinalitäten und deren Bedeutung.

Kardinalitätsangabe	Bedeutung
[0..1] bzw. [], [1]	Das Assoziationsziel hat keinen oder höchstens einen Datensatz.
[1..1]	Das Assoziationsziel hat genau einen Datensatz.
[0..*] bzw. [*]	Das Assoziationsziel kann beliebig viele Datensätze haben.
[1..*]	Das Assoziationsziel hat einen bis beliebig viele Datensätze.

Tabelle 4.10 Angaben zur Kardinalität

Wird auf die Angabe der Kardinalität verzichtet, handelt es sich standardmäßig um eine [0..1]-Kardinalität. Generell empfehlen wir, die Kardinalität so präzise wie möglich anzugeben. Für das Anwendungsbeispiel vergeben wir die Kardinalität [0..*].

[»]

Namenskonventionen für Assoziationen

Für die Assoziation sollten Sie einen betriebswirtschaftlich verständlichen Namen vergeben. In unserem Fall geben wir den Namen _Item an. Bei der Namensvergabe für Assoziationen hat es sich durchgesetzt, diese mit einem Unterstrich _ beginnen zulassen. Dadurch kann man Assoziationen beim Aufruf besser von anderen CDS-Elementen unterscheiden.

Beziehung zwischen CDS-Views

Durch die on-Bedingung wird die Beziehung zwischen dem Quell-CDS-View und dem Ziel-CDS-View definiert. In Listing 4.9 wird durch die Angabe $projection.PromotionId = _Item.PromotionId das Feld PromotionId des CDS-View ZI_Promotion mit dem Feld PromotionId des CDS-View ZI_Promotion-

Item verknüpft. Das Schlüsselwort $projektion markiert hierbei, dass es sich um ein Feld aus der Projektionsliste des aktuellen CDS-View handelt.

Exponieren von Assoziationen

Durch das Aufnehmen des Assoziationsnamens _Item in die Projektionsliste des CDS-View wird die Assoziation exponiert und kann so konsumiert werden.

Auf gleiche Art und Weise können Sie nun eine Assoziation von dem CDS-View ZI_PromotionItem zu dem CDS-View ZI_Promotion definieren. Verwenden Sie dazu die in Listing 4.10 gezeigte Assoziationsdefinition.

```
association [1..1] to ZI_PROMOTION as _Promotion
  on $projection.PromotionId = _Promotion.PromotionId
```

Listing 4.10 Assoziationsdefinition zwischen ZI_PromotionItem und ZI_Promotion

Assoziationsliste in dem Data Preview

Aktivieren Sie beide CDS-Views und öffnen Sie erneut den Data Preview des View ZI_Promotion. Sie haben nun die Möglichkeit, den exponierten Assoziationen für die angezeigten Datensätze zu folgen. Diese erreichen Sie über die Liste der Assoziationen, die Sie über die Navigationsleiste des Data Preview aufrufen können. Abbildung 4.28 zeigt die Assoziationsliste des CDS-View ZI_Promotion.

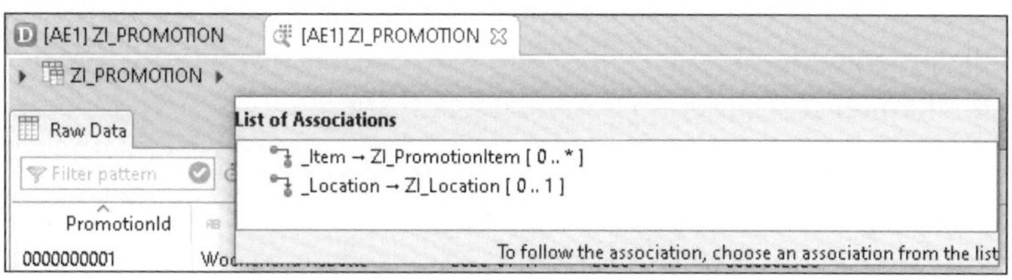

Abbildung 4.28 Assoziationsliste in dem Data Preview

Nach der Auswahl einer Assoziation werden automatisch die Datensätze des Assoziationsziels aufgerufen, wie in Abbildung 4.29 gezeigt.

Abbildung 4.29 Assoziationsziel in dem Data Preview

Sie haben nun den CDS-View der Rabattaktion mit dem CDS-View der Rabattaktionspositionen verknüpft. Sie können nun noch die anderen CDS-Views gemäß dem in Abbildung 4.2 gezeigten Datenmodell verknüpfen.

Verknüpfung von CDS-Views

Durch Assoziationen sind Sie in der Lage, Verknüpfungen zwischen CDS-Views zu definieren. Sie beschreiben so Zusammenhänge in Ihrem Datenmodell und können diese mittels Exponierung für Verwendungen zugänglich machen. Zusätzlich erleichtern Assoziationen das Verständnis der jeweiligen betriebswirtschaftlichen Zusammenhänge. Entwickler*innen, die keine tiefgreifenden Kenntnisse dieser fachlichen Zusammenhänge haben, sind so in der Lage, den Assoziationspfaden zu folgen, und können sich einen Gesamteindruck vom zugrunde liegenden Datenmodell machen.

4.6 Zusammenfassung

Mit diesem Kapitel haben wir Ihnen einen ersten Einblick von der ABAP-Entwicklung auf der SAP Cloud Platform vermittelt.

Als Erstes haben wir Ihnen die Anforderungen an unsere Beispielanwendung für ein Aktionsmanagement vorgestellt, die wir in diesem Buch verwenden. Von diesen Anforderungen haben wir ein Datenmodell abgeleitet und dieses in Abschnitt 4.3, »Datenmodell implementieren«, angelegt. Ein Großteil der folgenden Kapitel wird auf dieser Beispielanwendung und der in diesem Kapitel geschaffenen Datenbasis aufbauen.

Anschließend haben wir Ihnen die Softwarekomponenten als neues Strukturierungsmittel der ABAP-Entwicklung vorgestellt. In der ABAP-Entwicklung auf der SAP Cloud Platform spielen Softwarekomponenten eine zentrale Rolle. Durch sie werden Entwicklungsobjekte in Folgesysteme wie Test- und Produktivsysteme transportiert. Entwicklungsobjekte sind automatisch vor einem Zugriff von außerhalb der Softwarekomponente geschützt. Softwarekomponenten lassen sich durch Entwicklungspakete weiter unterteilen und tragen so zur Strukturierung von Entwicklungsprojekten bei.

Die Datenmodellierung wurde in diesem Kapitel mithilfe der ADT in Eclipse durchgeführt. Diese kommt als ausschließliche Entwicklungsumgebung zum Einsatz. Die ABAP Workbench (Tranaktion SE80) wird nicht mehr unterstützt. Das Anlegen von Entwicklungsobjekten erfolgt in Eclipse ausschließlich in quelltextbasierten Editoren. Formularbasierte Editoren, wie Sie sie aus der ABAP Workbench gewöhnt sind, werden nicht angeboten.

Klassische ABAP-Reports stehen im ABAP Environment nicht mehr zur Verfügung. Dadurch ist die Implementierung einer Programmausgabe für das SAP GUI nicht mehr möglich. Abhilfe schafft hier die Konsole der Eclipse-

Entwicklungsumgebung, die für einfache Ausgaben verwendet werden kann. Solche Konsolenanwendungen innerhalb des ABAP Environment werden durch ABAP-Klassen repräsentiert. In Abschnitt 4.4, »Eine Konsolenanwendung anlegen«, haben wir Ihnen gezeigt, wie Sie eine entsprechende Klasse anlegen und Konsolenausgaben erzeugen können.

Zum Abschluss dieses Kapitels haben wir Ihnen CDS-Views als Technologie zur Modellierung von virtuellen Datenmodellen vorgestellt. CDS-Views sind ein nützliches Werkzeug, um betriebswirtschaftliche Zusammenhänge zu modellieren. Durch die vorgestellten Basis-CDS-Views können Sie Zugriffe auf Datenbanktabellen steuern und anderen Entwicklungsobjekten die darin enthaltenen Daten zur Konsumierung bereitstellen. Auf Basis dieser CDS-Views werden Sie in den folgenden Kapiteln das Geschäftsobjekt unserer Beispielanwendung modellieren.

Kapitel 5

Freigegebener Sprachumfang und Objekte

Mit dem ABAP Environment steht Ihnen nur noch ein eingeschränkter Umfang an ABAP-Sprachelementen und freigegebener Repository-Objekte zur Verfügung. Doch keine Sorge: ABAP bleibt ABAP. Sie müssen allerdings einige Unterschiede im Vergleich zur klassischer On-Premise-Entwicklung beachten.

Funktionsumfang von klassischem ABAP

Der große Sprachumfang und die Fülle an bereitgestellten Standard-APIs sind sicherlich einige der wesentlichen Erfolgsfaktoren der ABAP-Programmiersprache. Mit ABAP lassen sich leicht eigene Anwendungen entwickeln und eigener Code in SAP-Standard-Software einbinden. Doch genau diese Vermischung von SAP- und kundeneigenem Quellcode und der große Funktionsumfang von ABAP sorgen auch dafür, dass bei falscher Anwendung nicht unerhebliche Schäden an der Integrität, Sicherheit oder Performance eines SAP-Systems entstehen können.

Eingeschränktes ABAP in der Cloud

In einer PaaS-Cloud wie dem ABAP Environment, bei dem SAP die Stabilität des Systems für alle Nutzer*innen gewährleisten muss, kann daher kein voller Zugriff auf den ABAP-Funktionsumfang gewährt werden. Im ABAP Environment stellt Ihnen SAP deshalb nur einen eingeschränkten Umfang an ABAP-Sprachelementen und freigegebenen Repository-Objekten zur Verfügung.

In Abschnitt 5.1, »ABAP-Sprachversion und -elemente«, stellen wir Ihnen die für das ABAP Environment zugelassene Sprachversion sowie die zur Verwendung freigegebenen ABAP-Sprachelemente vor.

In Abschnitt 5.2, »Freigegebene Repository- und Objekttypen«, beschreiben wir die von SAP zur Verwendung freigegebenen Repository-Objekte. Zusätzlich geben wir Ihnen einen Überblick über die im ABAP Environment generell zur Verfügung stehenden Objekttypen.

In Abschnitt 5.3, »Entwicklungsobjekte freigeben«, gehen wir näher auf den API-Status von Entwicklungsobjekten ein. Zusätzlich erklären wir Ihnen anhand der in Abschnitt 4.5, »Virtuelles Datenmodell«, angelegten CDS-Views, wie Sie mithilfe dieses API-Status Ihre kundeneigenen Objekte für die Verwendung innerhalb des ABAP Environment freigeben können.

Abschließend zeigen wir Ihnen in Abschnitt 5.4, »Freigegebene Objekte suchen«, wie Sie Objekte finden, die für die systeminterne Verwendung freigegeben sind.

5.1 ABAP-Sprachversion und -elemente

Die *ABAP-Sprachversion* ist eine Eigenschaft quelltextbasierter Entwicklungsobjekte. Die Versionskennung legt fest, welche ABAP-Sprachelemente im Entwicklungsobjekt verwendet werden dürfen und nach welchen Regeln die Syntax überprüft wird. Als Bestandteil des SAP NetWeaver Application Server (SAP NetWeaver AS) für ABAP ist die ABAP-Sprachversion keine exklusive Eigenschaft des ABAP Environment, sondern findet sich seit dem Release 7.50 auch auf On-Premise-Systemen wieder.

Verfügbare ABAP-Sprachversionen

Aktuell wird zwischen den folgenden ABAP-Sprachversionen unterschieden:

- **Standard-ABAP (Versionskennung: X)**
  Die ABAP-Sprachversion *Standard-ABAP* beschreibt die allgemeine Grundversion von ABAP. Sie umfasst den gesamten, unicodefähigen Sprachumfang der Programmiersprache.
- **ABAP für Key User (Versionskennung: 2)**
  Diese Sprachversion ist für die sichere Implementierung von Kundenerweiterungen durch Key User vorgesehen. Sie wird daher im Umfeld der On-Premise-Version von SAP S/4HANA für In-App-Erweiterungen über einen webbasierten ABAP-Editor genutzt. Diese Sprachversion unterstützt nur einen eingeschränkten Satz von Sprachelementen. Dynamische Programmierung wird nicht unterstützt. Des Weiteren ist der Zugriff auf externe Repository-Objekte eingeschränkt und die Benutzung obsoleter Sprachelemente nicht möglich.
- **ABAP für SAP Cloud Platform (Versionskennung: 5)**
  Mit dieser Sprachversion erfolgt die Entwicklung im ABAP Environment. Entwicklungsobjekte, die im ABAP Environment angelegt werden, erhalten diese Versionskennung automatisch. Diese Sprachversion ist noch einmal schärfer als die ABAP-Version für Key User ausgeprägt. Die unterstützten ABAP-Sprachelemente wurden noch weiter eingeschränkt, und auch der Zugriff auf Repository-Objekte ist reglementiert.

Obsolete Sprachversionen

Einige zuvor eingeführte ABAP-Sprachversionen sind mit dem neuesten Release überholt und können nicht mehr verwendet werden. Sollte ein Quellcodeobjekt bereits einer solchen Version zugeordnet worden sein, werden diese Objekte behandelt, als würden sie gar keine Sprachelemente unterstützen.

Abbildung 5.1 zeigt die Angabe der ABAP-Sprachversion (**ABAP Language Version**) in den Eigenschaften der Klasse `CL_SALV_TABLE` in der Eclipse-Entwicklungsumgebung. Die Versionskennung wird in der Tabelle der Programmeigenschaften (`TRDIR`) im Feld `UCCHECK` abgelegt.

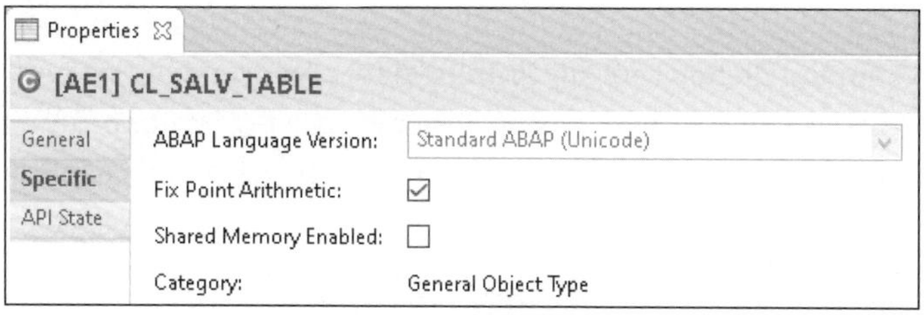

Abbildung 5.1 Darstellung der ABAP-Sprachversion in Eclipse

Properties-View einblenden

Sollte Ihnen der View **Properties** in Eclipse nicht angezeigt werden, können Sie diesen nachträglich hinzufügen. Wählen Sie dazu im Menü **Window • Show View • Properties**.

Sicheres ABAP für die Cloud

Im ABAP Environment wird Ihnen nur noch ein sehr eingeschränkter Satz von ABAP-Sprachelementen zur Verfügung gestellt. Dadurch sollen vor allem die Stabilität, Sicherheit und Integrität des Cloud-Systems gewährleistet werden. Befehle, die nicht als *cloudsicher* angesehen werden, sind nicht mehr erlaubt. So ist zum Beispiel der Zugriff auf das Dateisystem (Befehle `OPEN DATASET` etc.) und den Kernel des ABAP-Anwendungsservers nicht länger möglich.

Nicht erlaubte ABAP-Sprachelemente

Welche ABAP-Sprachelemente im ABAP Environment benutzt werden können, definiert die Datenbanktabelle `SYCH_VERSION`. In dieser Tabelle ist jedem ABAP-Sprachelement die kompatible Sprachversion zugeordnet. Im ABAP Environment können nur Sprachelemente benutzt werden, die der Sprachversion 5 zugeordnet sind. Man spricht hier auch von *whitelisted* und *blacklisted* Sprachelementen.

Um Ihnen einen ersten Überblick zu verschaffen, finden Sie im Folgenden einen Auszug von ABAP-Sprachelementen, die im ABAP Environment nicht verwendet werden können:

- MOVE, ADD, SUBTRACT, MULTIPLY, DIVIDE
- OPEN DATASET, READ DATASET, CLOSE DATASET
- CALL DATABASE PROCEDURE, EXEC, OPEN CURSOR, CLOSE CURSOR

ABAP SQL

Zusätzlich zu den Einschränkungen der ABAP-Sprachelemente können Sie im ABAP Environment nur noch das neue, mit AS ABAP 7.4 eingeführte, ABAP SQL verwenden. Bei SQL-Abfragen müssen Sie demnach zum Beispiel die Feldselektionen kommasepariert aufführen und bei Variablen @ als Fluchtsymbol voranstellen.

Prüfung der Sprachversion

Seit dem Release AS ABAP 7.50 stellt Ihnen SAP mit dem Programm DEMO_ABAP_VERSIONS ein nützliches Tool zur Prüfung der Sprachversion zur Seite. Abbildung 5.2 zeigt, wie Sie mit diesem Programm eine Syntaxprüfung Ihres Quellcodes für die verschiedenen ABAP-Sprachversionen in Ihrem On-Premise-System vornehmen können.

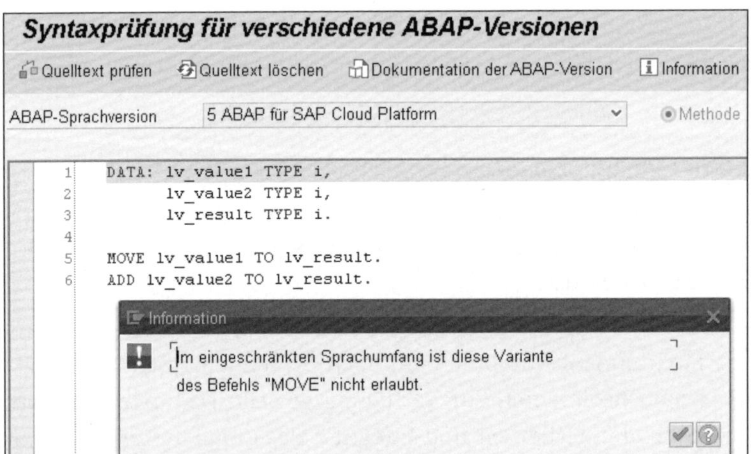

Abbildung 5.2 Fehlgeschlagene Syntaxprüfung im Programm DEMO_ABAP_VERSIONS

Das Programm eignet sich allerdings nur für kleinere Coding-Strecken. Möchten Sie sich bereits heute auf eine zukünftige Migration Ihrer kundeneigenen Anwendungen ins ABAP Environment vorbereiten und diese Anwendungen dementsprechend cloudfähig gestalten, empfehlen wir Ihnen, hierfür die Prüfungen des *ABAP Test Cockpit* (ATC) zu verwenden. In Abschnitt 14.1.1, »Prüfung mit dem ABAP Test Cockpit«, erklären wir Ihnen, wie Sie solche Prüfungen vornehmen können.

5.2 Freigegebene Repository- und Objekttypen

Standard-Entwicklungsobjekte

Während der eingeschränkte ABAP-Sprachumfang für die meisten Entwickler*innen vermutlich zu verschmerzen ist, stellen die freigegebenen Repository-Objekte eine ganz andere Herausforderung dar. Im ABAP Environment steht Ihnen nur noch ein stark eingeschränkter Umfang an Klassen, Datenelementen, Domänen etc. zur Verfügung. Diese freigegebenen Repository-Objekte konzentrieren sich in erster Linie auf Basisfunktionalitäten wie Datums- und Zeitkonvertierungen oder die Handhabung eines Application Logs. Mit jedem weiteren Update des ABAP Environment werden jedoch zusätzliche Objekte in die Liste freigegebener Repository-Objekte aufgenommen. Mit der Version 2008 werden 1.553 Objekte von SAP bereitgestellt (siehe Abbildung 5.3).

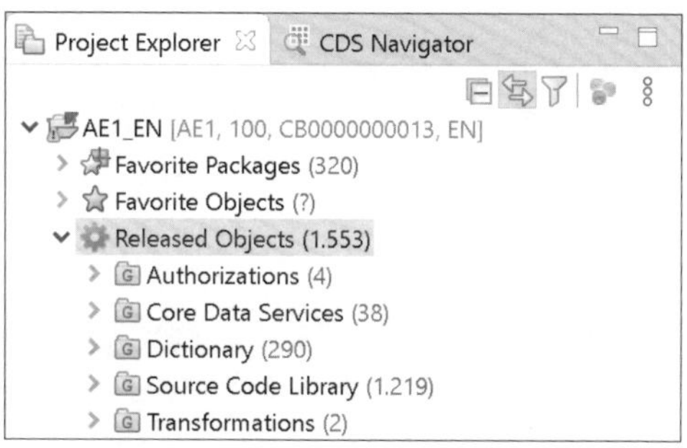

Abbildung 5.3 Anzahl freigegebener Repository-Objekte im Project Explorer

> **Freigegebene Repository-Objekte**
>
> Mit dem Release SAP Netweaver 7.51 stellt SAP das Programm `ABAP_DOCU_VERSION_WHITELIST` zur Verfügung. Mit diesem Programm können Sie sich in Ihrem On-Premise-System alle gültigen Repository-Objekte abhängig von der ABAP-Sprachversion anzeigen lassen.

Freigegebene Objekttypen

Neben den Einschränkungen des ABAP-Sprachumfangs und der freigegebenen Repository-Objekte unterliegt auch der Umgang mit einigen Objekttypen gewissen Vorgaben. So können Sie auf Programme beispielsweise nur noch lesend zugreifen. Die Anlage oder Änderung eines klassischen Reports ist im ABAP Environment nicht mehr möglich.

Tabelle 5.1 zeigt die Entwicklungsobjekte, die im ABAP Environment über die ADT verwendet, angelegt, geändert und gelöscht werden können.

Anwendungsfall	Entwicklungsobjekt	Objektname
Kernentwicklung	Klasse	CLAS
	Funktionsgruppe	FUGR
	Funktionsbaustein	FUNC
	Interface	INTF
	Nachrichtenklasse	MSAG
	Transformation	XSLT
andere Entwicklungsobjekte	ABAP-Pakete	DEVC
	Whitelisting von Objekten	APIS
ABAP Dictionary	Domäne	DOMA
	Datenelement	DTEL
	Datenbanktabelle	TABL
	Tabellentyp	TTYP
	Sperrobjekt	ENQU
	Struktur	STRC
Core Data Services (CDS)	DCL Source	DCLS
	DDL Source	DDLS
Konnektivität	HTTP-Service	HTTP
Business Services	Service Consumption Model	SRVC
	Service Definition	SRVD
	Service Binding	SRVB
Geschäftsobjekte	Behavior Definition	BDEF
	Behavior Implementation	CLAS

Tabelle 5.1 Anlegbare, änderbare und löschbare Entwicklungsobjekte

Anwendungsfall	Entwicklungsobjekt	Objektname
Identity and Access Management (IAM)	Felder der Berechtigungsprüfung	AUTH
	Zuordnung des Service zu Berechtigungsobjekten	SUSH
	Berechtigungsobjekt	SUSO
	Anwendungskatalog	SIA1
	IAM-Anwendung	SIA6
	Restriction Field	SIA5
	Restriction Type	SIA2
Serviceintegration und Kommunikation	Kommunikationsszenario	SCO1
	Inbound Service	SCO2

Tabelle 5.1 Anlegbare, änderbare und löschbare Entwicklungsobjekte (Forts.)

Auf die Entwicklungsobjekte in Tabelle 5.2 können Sie in dem ABAP Environment nur lesend zugreifen.

Anwendungsfall	Entwicklungsobjekt	Objektname
Kernentwicklung	Programm	PROG
ABAP Dictionary	Typgruppe	TYPE

Tabelle 5.2 Nicht anlegbare, änderbare oder löschbare Entwicklungsobjekte

[+]

Dokumentation für ABAP in der Cloud

Eine vollständige Dokumentation über die Syntax im ABAP Environment und die verwendbaren Entwicklungsobjekte finden Sie unter folgender URL: *http://s-prs.de/v783008*.

5.3 Entwicklungsobjekte freigeben

API-Status von Entwicklungsobjekten

Ob ein Objekt für die Verwendung innerhalb des ABAP Environment freigegeben ist, wird über die Eigenschaft *API-Status* des jeweiligen Objekts definiert. Das gilt sowohl für SAP-Standard-Objekte als auch für kundeneigene Entwicklungsobjekte.

API-Status anzeigen

Den API-Status eines Entwicklungsobjekts finden Sie im Bereich **API State** im View **Properties** in den ADT. Der Bereich **API State** ist ausschließlich für Objekte sichtbar, die überhaupt freigegeben werden können. Dazu zählen unter anderem CDS-Views, Datenbanktabellen, Datenelemente, Domänen, Klassen und Interfaces. Abbildung 5.4 zeigt den API-Status des CDS-View I_CURRENCY. Dieser ist von SAP für die Verwendung innerhalb des ABAP Environment freigegeben und kann damit in kundeneigenen Entwicklungen zum Einsatz kommen.

Abbildung 5.4 Anzeige des API-Status in Eclipse

Release Contracts

Über den API-Status werden Objekte für einen bestimmten Zweck freigegeben. Dieser Zweck wird über die Release Contracts definiert. Darüber hinaus wird durch den Release Contract sichergestellt, dass ein Entwicklungsobjekt gewisse Stabilitätsanforderungen erfüllt.

Es wird insgesamt zwischen drei Arten von Release Contracts unterschieden:

- **C0 – Felder via Key-User-App hinzufügen**
  Der Release Contract C0 spielt im ABAP Environment keine Rolle. Der Vollständigkeit halber wollen wir diesen hier jedoch kurz beschreiben. Er stellt die Stabilität für die von SAP bereitgestellten Erweiterungspunkte sicher. Entwicklungsobjekte, die diesen API-Status haben, können im Umfeld von SAP S/4HANA mit der Anwendung **Benutzerdefinierte Felder und Logik** um kundeneigene Felder erweitert werden. Im ABAP Environment haben Sie jedoch keine Möglichkeit, den Release Contract C0 für Ihre eigenen Entwicklungen zu setzen.
- **C1 – Systeminterne Verwendung**
  Objekte, die den API-Status des Release Contract C1 vorweisen, sind für die systeminterne Verwendung im ABAP Environment freigegeben. Das heißt, dass sie in kundeneigenen Entwicklungen verwendet werden dürfen. Ansonsten können selbstentwickelte Kundenobjekte nur innerhalb ihrer Softwarekomponente verwendet werden.

Darüber hinaus erfüllen die von SAP bereitgestellten Objekte die entsprechenden Stabilitätsanforderungen. Zu den Stabilitätsanforderungen des Release Conract C1 gehört unter anderem, dass existierende Elemente, Parameter oder Assoziationen der betreffenden Objekte nicht mehr verändert oder gelöscht werden dürfen. Nachträglich dürfen den Entwicklungsobjekten nur optionale Elemente, Parameter oder Assoziationen hinzugefügt werden. Die Schnittstellen der Objekte sind also *stabil*.

Der Release Contract C1 lässt sich beispielsweise für CDS-Views, Datenbanktabellen, Datenelemente, Domänen, Klassen und Interfaces verwenden. Möchten Sie Ihre Entwicklungsobjekte außerhalb der jeweiligen Softwarekomponente zur Verfügung stellen, nutzen Sie hierfür diesen Release Contract. Wir zeigen Ihnen in diesem Abschnitt anhand von CDS-Views, wie Sie Entwicklungsobjekte für die systeminterne Verwendung freigeben können.

- **C2 – Verwendung als Remote API**
  Entwicklungsobjekte, die für den Zugriff durch externe Anwendungen freigegeben werden sollen, werden mit dem Release Contract C2 versehen. Dieser Release Contract stellt sicher, dass das betreffende Entwicklungsobjekt die Stabilitätsanforderungen für den Remote-Zugriff erfüllt. Genau wie beim Release Contract C1 gehört zu diesen Anforderungen, dass bestehende Komponenten eines Entwicklungsobjekts nachträglich nicht mehr geändert werden dürfen. Darüber hinaus darf sich die Länge der Parameter und Elemente der Objekte nicht ändern. So soll verhindert werden, dass Konsument*innen eines Services nach einem Upgrade Änderungen vornehmen müssen.

  Die Freigabe mit dem Release Contract C2 betrifft ausschließlich CDS-Views und Service Bindings. Möchten Sie einen Service für die Verwendung als Remote API freigeben, verwenden Sie Service Bindings. Wir beschreiben die Vorgehensweise in Abschnitt 6.4.2, »Service Binding«.

[«]

Release Contract C2 für kundeneigene Entwicklungsobjekte

Der API-Status des Release Contract C2 wird ausschließlich von SAP verwendet und ist nicht für kundeneigene Entwicklungen vorgesehen. Sie haben dennoch die Möglichkeit, den API-Status C2 für Ihre eigenen Objekte zu setzen. Jedoch hat dies keine Auswirkung auf das Entwicklungsobjekt. Darüber hinaus kann der API-Status anschließend nicht mehr geändert oder gelöscht werden. Daher raten wir dringend davon ab, diesen Status für Ihre kundeneigenen Entwicklungsobjekte zu verwenden.

Deprecation Entwicklungsobjekte, die zur Verwendung freigegeben wurden, können mit dem Status *Deprecated* als veraltet gekennzeichnet werden. Quellcodezeilen, in denen ein veraltetes Objekt verwendet wird, werden mit einer Warnung gekennzeichnet. Die entsprechenden Objekte sind dann schnellstmöglich durch ein Nachfolgeobjekt, den sogenannten *Successor*, zu ersetzen. Abbildung 5.5 zeigt den Aufruf eines veralteten Objekts mit der entsprechenden Warnung und dem Hinweis auf das Nachfolgeobjekt.

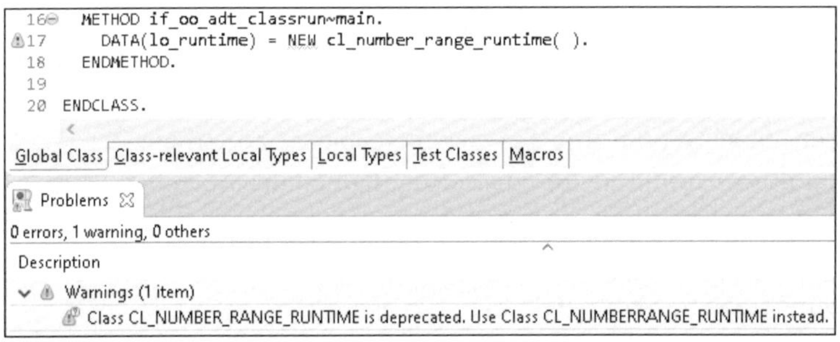

Abbildung 5.5 Warnung beim Aufruf eines Objekts mit dem Status »Deprecated«

Neben ganzen Objekten lassen sich auch einzelne Elemente von freigegebenen CDS-Views als deprecated kennzeichnen. Für diese Elemente muss dann ebenfalls ein Nachfolgeelement angegeben werden. Listing 5.1 zeigt ein als deprecated gekennzeichnetes CDS-View-Element.

```
@API.element.releaseState: #DEPRECATED
@API.element.successor: 'creationdate'
createdat,
creationdate,
```

Listing 5.1 Veraltetes View-Element

Die `@API`-Annotationen waren für das Release 2008 des ABAP Environment nicht freigegeben und können daher nicht für kundeneigene CDS-Views verwendet werden.

[»]

Freigegebene Annotationen

Ähnlich wie die angesprochenen `@API`-Annotationen sind ein Teil der geläufigen CDS-Annotationen nicht für die Verwendung im ABAP Environment freigegeben. Die Quellcode-Vervollständigung in Eclipse schlägt Ihnen leider jedoch auch nicht freigegebene Annotationen vor. Sie können der ABAP-Schlüsselwortdokumentation jedoch alle notwendigen Informationen über den Freigabestatus der jeweiligen Annotation entnehmen. Weitere Informationen dazu finden Sie in folgendem Blog-Beitrag:

http://s-prs.de/v783009.

Alternativ können Sie den Freigabestatus der jeweiligen Annotationsdefinition entnehmen (siehe Abschnitt 10.3, »Metadatenerweiterungen«).

5

Kundeneigene CDS-Views freigeben

Wie Sie kundeneigene Entwicklungsobjekte für die Verwendung im ABAP Environment freigeben, zeigen wir Ihnen nun anhand der in Abschnitt 4.5.1, »Basis-CDS-Views anlegen«, angelegten CDS-Views:

1. Rufen Sie den CDS-View `ZI_PROMOTION` auf und wechseln Sie im **Properties**-View in den Bereich **API-State** (siehe Abbildung 5.6).

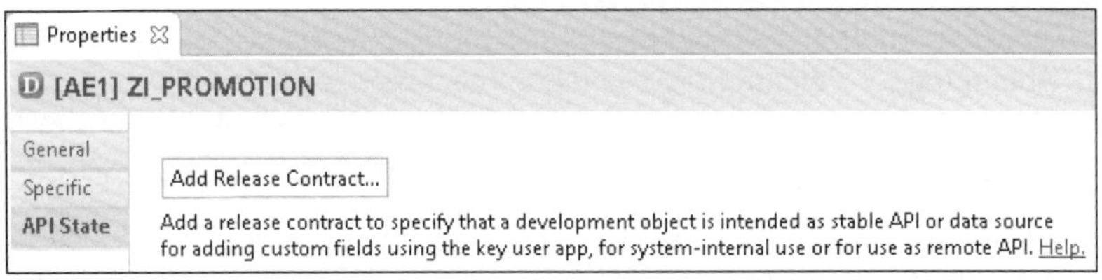

Abbildung 5.6 Freigabe kundeneigener Entwicklungsobjekte

2. Fügen Sie nun über die Schaltfläche **Add Release Contract...** einen neuen Release Contract hinzu.
3. In dem sich daraufhin öffnenden Fenster wählen Sie die Option **Use System-Internally (Contract C1)** aus und navigieren mit **Next** zum nächsten Schritt (siehe Abbildung 5.7).

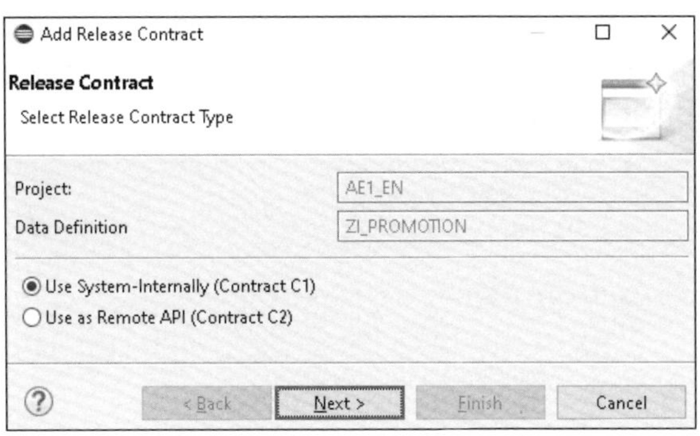

Abbildung 5.7 Auswahl des Release Contract

4. Wählen Sie im Drop-down-Menü **Release-State** den Status **RELEASED** aus (siehe Abbildung 5.8).

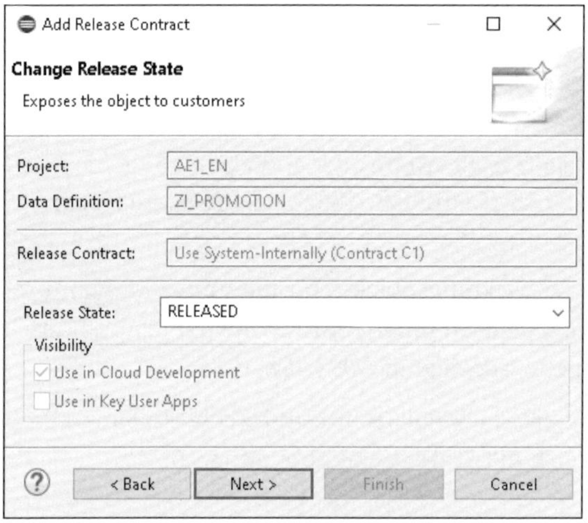

Abbildung 5.8 Release-Status und Kommentar angeben

5. Die Einstellung **Visibility** gibt an, ob das entsprechende Objekt für die Verwendung auf der SAP Cloud Platform bzw. im ABAP Environment oder für die Verwendung in Key-User-Anwendungen freigeben wird. Das Feld ist normalerweise vorbelegt und lässt keine Eingabe zu.
6. Nach einem Klick auf **Next** wird geprüft, ob Konflikte existieren, die eine Freigabe verhindern würden.
7. Wählen Sie einen Transportauftrag aus und schließen Sie die Freigabe für die systeminterne Verwendung ab, indem Sie die Schaltfläche **Finish** klicken.

Abbildung 5.9 zeigt den vergebenen API-Status **Released** des CDS-View `ZI_PROMOTION`. Der so freigegebene CDS-View kann nun außerhalb der zugehörigen Softwarekomponente verwendet werden.

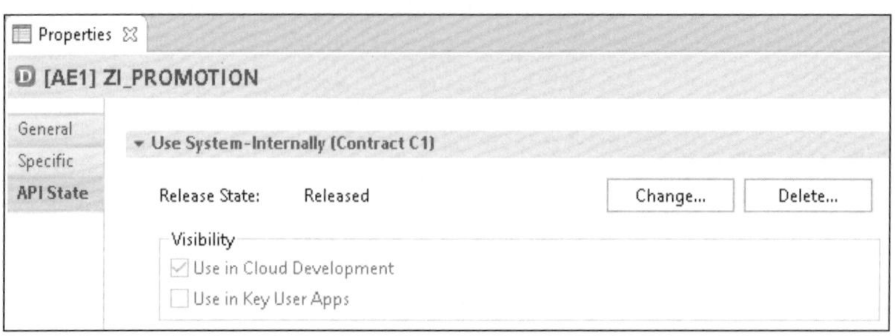

Abbildung 5.9 Abgeschlossene Freigabe eines CDS-View

Vererbung des API-Status

CDS-Views stehen häufig in Beziehung zu anderen CDS-Views. Bei der Freigabe eines CDS-View wird der API-Status nicht an die assoziierten CDS-Views vererbt. Die Verwendung der Assoziation führt daher zu einem Syntaxfehler. Abbildung 5.10 verdeutlicht dies anhand des Aufrufs der Assoziation `_Item` des CDS-View `ZI_PROMOTION`. Die Assoziation verweist auf den CDS-View `ZI_PROMOTION_ITEM`, der nicht freigegeben ist.

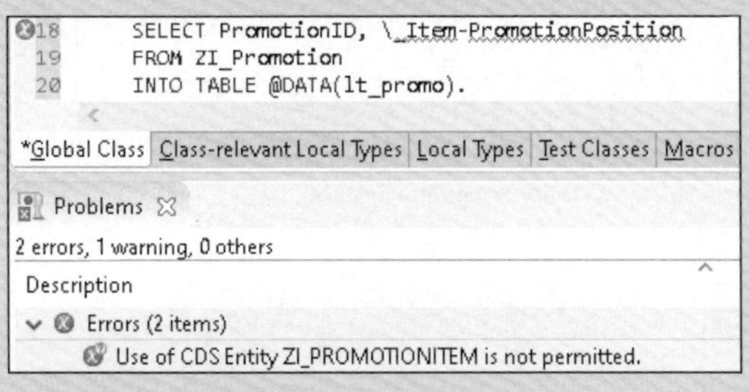

Abbildung 5.10 Fehlermeldung beim Verweis auf einen nicht freigegebenen CDS-View

Bedeutung der Freigabe

Durch das Freigeben Ihrer kundeneigenen Entwicklungsobjekte stellen Sie sicher, dass auf Inhalte Ihrer Softwarekomponenten nur über definierte Schnittstellen zugegriffen werden darf. Durch die Freigabe per Release Contract C1 sichern Sie den Aufrufern zu, dass sich das Entwicklungsobjekt nur im Rahmen der Stabilitätsanforderungen ändern wird. Das heißt im Fall von Release Contract C1, dass Elemente, Parameter und Assoziationen nicht gelöscht oder geändert werden dürfen.

Konflikte bei der Freigabe

Wie zuvor erwähnt, kann es bei der Freigabe zu Konflikten kommen. Mögliche Konflikte entstehen, wenn ein zur Freigabe ausgewähltes Entwicklungsobjekt andere Objekte nach außen weiterreicht, die jedoch nicht freigegeben sind. Abbildung 5.11 zeigt eine Meldung bei so einem Konflikt. In diesem Fall soll die Klasse `ZCL_CLASS` zur systeminternen Verwendung freigegeben werden. Die Methode `GET_INSTANCE` liefert eine Referenz auf ein Interface zurück, das aber nicht freigegeben ist.

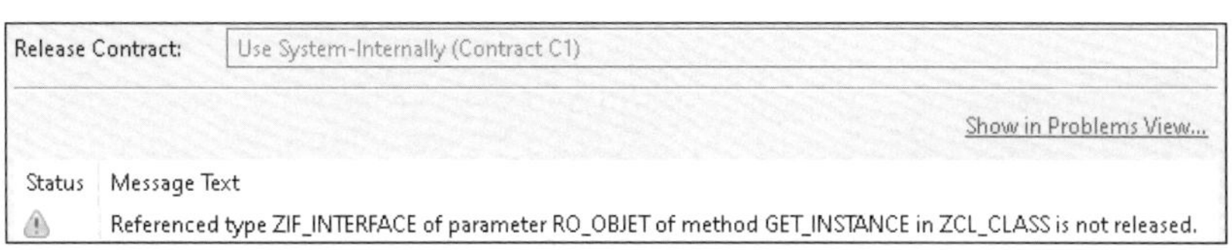

Abbildung 5.11 Konflikt bei der Freigabe eines Objekts

Ändern von freigegebenen Objekten

Das Freigeben per Release Contract C1 verhindert jedoch nicht, dass Bestandteile des Objekts nachträglich geändert werden können. Falls Sie zum Beispiel einen Feldnamen des freigegebenen CDS-View `ZI_PROMOTION` ändern, weist Sie der Syntaxcheck mit der in Abbildung 5.12 gezeigten Warnung lediglich darauf hin, dass der CDS-View bereits freigegeben wurde und Elemente eigentlich nicht mehr geändert werden sollten. Sie können die Anpassungen aber trotzdem speichern. Ihre Anpassungen sollten dann jedoch mit den Stabilitätsanforderungen des jeweiligen Release Contract vereinbar sein.

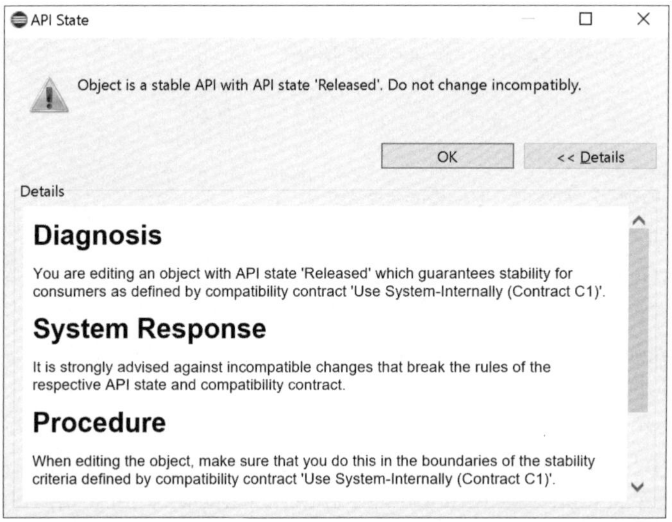

Abbildung 5.12 Warnung beim Ändern von freigegebenen Objekten

Zurücknehmen von Objektfreigaben

Möchten Sie die Freigabe eines kundeneigenen Entwicklungsobjekts zurücknehmen, klicken Sie im Bereich **API State** des **Properties**-Views auf die Schaltfläche **Change**. Wählen Sie anschließend im Feld **Release State** den Status **Deprecated** aus, wie in Abbildung 5.13 gezeigt.

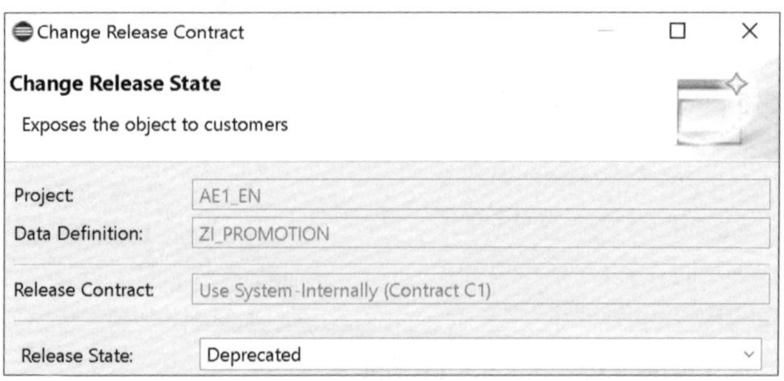

Abbildung 5.13 Zurücknehmen einer Objektfreigabe

Nachfolgeobjekt definieren

Zu einem als obsolet bzw. deprecated gekennzeichneten Objekt sollten Sie immer einen Nachfolger angeben (siehe Abbildung 5.14). Wählen Sie hierzu die Schaltfläche **Add...** aus.

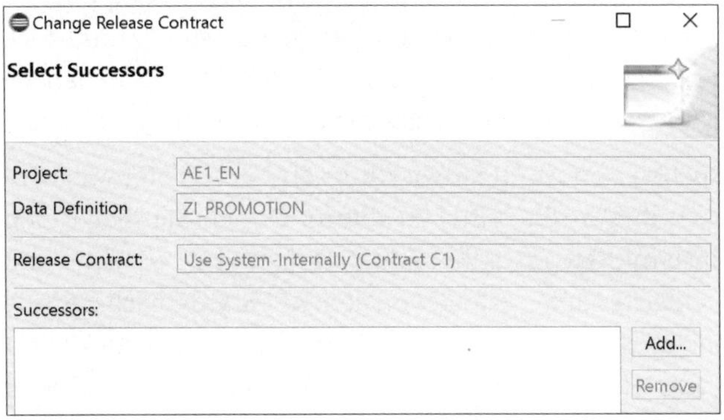

Abbildung 5.14 Auswahl eines Nachfolgers

Die Angabe eines Nachfolgers ist optional. Ist kein Nachfolger vorhanden, führt das bei der Konfliktprüfung nur zu einer Warnung (siehe Abbildung 5.15). Daher lässt sich der API-Status auch ohne Nachfolgeobjekt auf **Deprecated** setzen. Wir empfehlen Ihnen jedoch, immer ein Nachfolgeobjekt anzugeben.

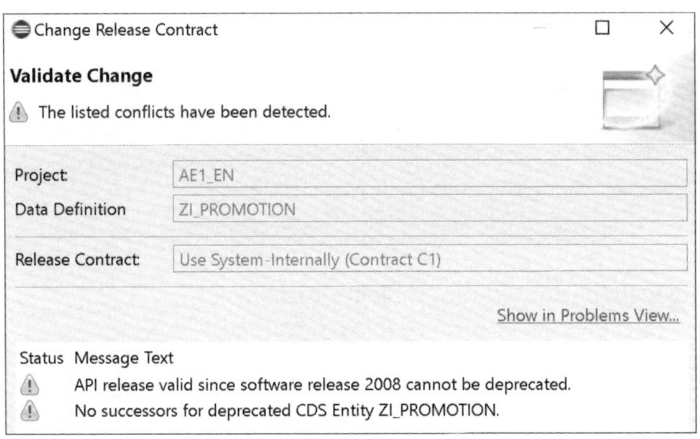

Abbildung 5.15 Warnungen bei fehlender Angabe eines Nachfolgers

Löschen von API-Status

Sie haben ebenfalls die Möglichkeit, den API-Status im View **Properties** zu löschen, indem Sie die Schaltfläche **Delete** klicken. Generell raten wir Ihnen jedoch davon ab, den API-Status eines einmal freigegebenen Entwicklungsobjekts komplett zu löschen. Setzen Sie den Status in diesem Fall lieber auf **Deprecated**, geben aber kein Nachfolgeobjekt an. So verhindern Sie, dass es bei den Konsumenten Ihres Entwicklungsobjekts zu Programmabbrüchen kommt.

5.4 Freigegebene Objekte suchen

Durch die Sichtbarkeits- und Nutzbarkeitsbereiche, die nun für ABAP-Objekte definiert werden, kann es schwerfallen, den Überblick darüber zu behalten, welche Objekte für welche Nutzung freigeben sind. Zum Glück stellt Eclipse auch hier geeignete Hilfsmittel zur Verfügung, mit denen Sie ermitteln können, für welche Form der Nutzung ein Objekt freigegeben ist.

Nach API-Status filtern

Der Dialog zum Suchen von ABAP-Entwicklungsobjekten bietet Möglichkeiten, Objekte nach ihrem API-Status zu filtern. Öffnen Sie hierzu den Suchdialog in Eclipse mit der Tastenkombination [Strg] + [⇧] + [A] und geben Sie in der Suchleiste »api:«, gefolgt von dem API-Status, nach dem Sie filtern möchten, an. Der Suchausdruck in Abbildung 5.16 gibt alle ABAP-Entwicklungsobjekte aus, die für irgendeine Form der Nutzung freigegeben sind.

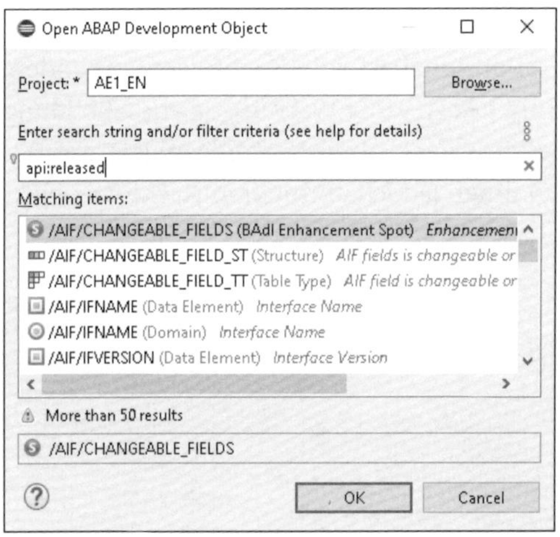

Abbildung 5.16 Freigegebene Entwicklungsobjekte suchen

Schlüsselwörter zur Filterung

Neben »released« können auch andere Schlüsselwörter zur Suche von Objekten verwendet werden. Tabelle 5.3 zeigt, welche Schlüsselwörter zur Filterung genutzt werden können.

Schlüsselwort	Bedeutung
`released`	Alle Objekte, die für irgendeine Form der Nutzung freigeben sind. Diese Objekte erfüllen die Stabilitätsanforderungen der entsprechenden Release Contracts.

Tabelle 5.3 Schlüsselwörter zur Filterung bei der Suche von Entwicklungsobjekten

Schlüsselwort	Bedeutung
use_in_sap_cloud_platform	Alle Objekte, die für die systeminterne Verwendung im ABAP Environment vorgesehen sind. Diese Objekte erfüllen die Stabilitätsanforderungen für Release Contract C1.
use_in_key_user_apps	Alle Objekte, die für die Nutzung in Key-User-Anwendungen vorgesehen sind. Diese Objekte erfüllen die Stabilitätsanforderungen für Release Contract C1.
use_as_remote_api	Alle Objekte, die für die Nutzung als Remote-API freigeben sind. Diese Objekte entsprechen den Stabilitätsanforderung von Release Contract C2.
add_custom_fields	Alle Objekte, für die über die entsprechende Key-User-Anwendung eigene Felder hinzugefügt werden können. Diese Objekte erfüllen die Stabilitätsanforderungen für Release Contract C0.
deprecated	Alle Objekte, die einmal freigeben waren, nun aber nicht mehr genutzt werden sollen.
deprecated_as_remote_api	Alle Objekte, die für die Nutzung als Remote-API freigegeben waren.
deprecated_for_cloud_plattform	Alle Objekte, die für die systeminterne Nutzung im ABAP Environment freigeben waren.
deprecated_for_custom_fields	Alle Objekte, die für die systeminterne Nutzung in Key-User-Anwendungen freigeben waren.
deprecated_for_key_user_apps	Alle Objekte, die für das Hinzufügen von eigenen Feldern über die entsprechenden Key-User-Anwendungen freigegeben waren.

Tabelle 5.3 Schlüsselwörter zur Filterung bei der Suche von Entwicklungsobjekten (Forts.)

Mit der Tastenkombination `Strg` + Leertaste können Sie sich nach der Eingabe von »api:« alle nutzbaren Schlüsselwörter anzeigen lassen. Darüber hinaus können Sie durch den Zusatz »type:« die Suche auf den Typ des gesuchten Entwicklungsobjekts eingrenzen. Abbildung 5.17 zeigt ein Suchmuster, das alle für die Nutzung im ABAP Environment freigegebenen CDS-Views ermittelt.

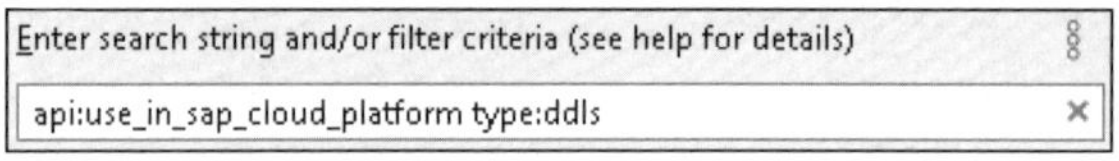

Abbildung 5.17 Suche nach im ABAP Environment freigegebenen CDS-Views

Eigene Repository Trees anlegen

Um die Navigation zu spezifischen ABAP-Entwicklungsobjekten zu erleichtern, bietet Eclipse die Möglichkeit, eigene *Repository Trees* über den Project Explorer anzulegen. Diese können ebenfalls verwendet werden, um freigegebene Entwicklungsobjekte zu gruppieren, zu organisieren und zu finden. Wir zeigen Ihnen an dieser Stelle, wie Sie einen eigenen Repository Tree anlegen, der die für die systeminterne Verwendung freigegebenen kundeneigenen CDS-Views anzeigt:

1. Öffnen Sie mit der rechten Maustaste das Kontextmenü zum Project Explorer und wählen Sie **New • ABAP Repository Tree...** aus (siehe Abbildung 5.18).

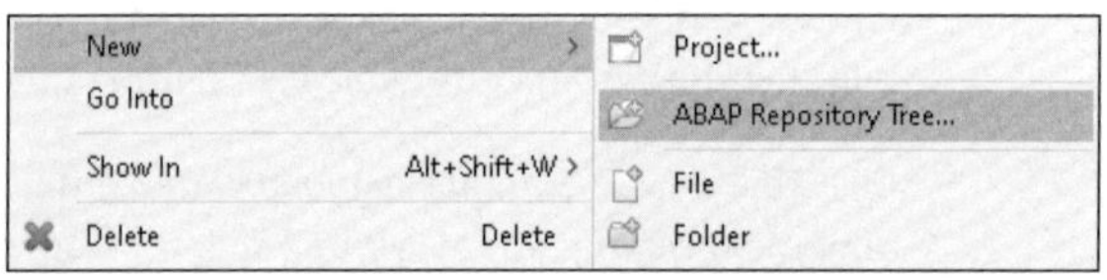

Abbildung 5.18 Anlegen eines neuen Repository Trees

2. Im Dialog können Sie einen Repository Tree auf Basis einer bestimmten Vorlage anlegen oder selbst einen Repository Tree konfigurieren. Wählen Sie **Blank**, um den neuen Repository Tree frei zu konfigurieren (siehe Abbildung 5.19).

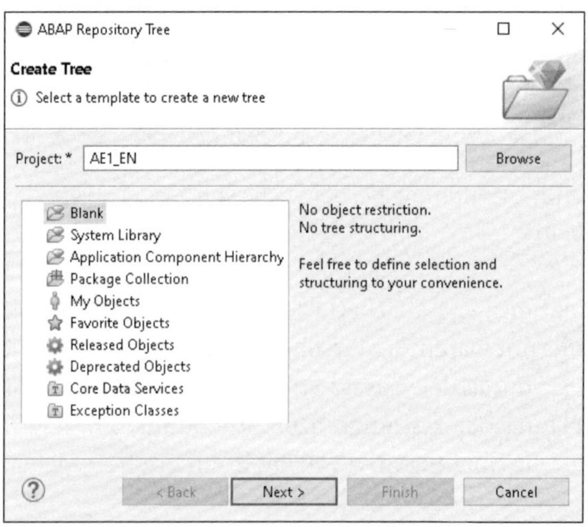

Abbildung 5.19 Auswahl der Vorlage »Blank« zur Erzeugung eines neuen Repository Trees

3. Bestätigen Sie Ihre Auswahl mit **Next**.
4. Vergeben Sie im folgenden Bildschirm einen sprechenden Namen für den neuen Repository Tree.
5. Über das Eingabefeld **Property Filter** können Sie die im Repository Tree anzuzeigenden Objekte bestimmen. Geben Sie den Filter »api:use_in_sap_cloud_platform type:ddls« ein, um die für die systeminterne Verwendung freigegebenen CDS-Views zu ermitteln.
6. Über das in Abbildung 5.20 gezeigte Feld **Object Name Pattern** können Sie die ermittelten Objekte über ihre Namen weiter einschränken.

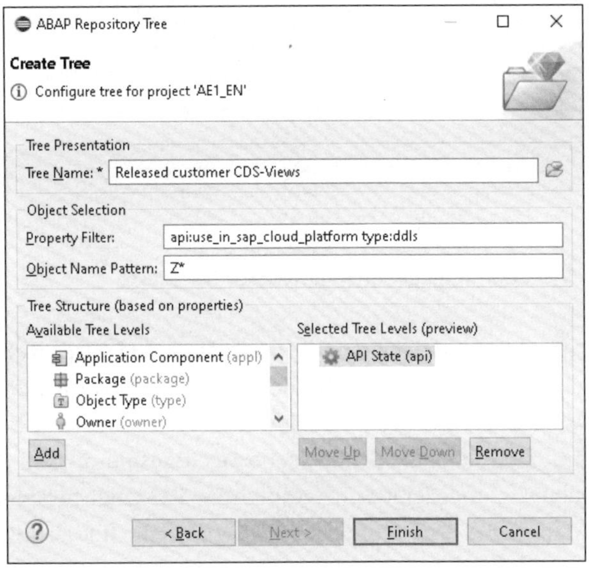

Abbildung 5.20 Konfigurieren des neuen Repository Trees

7. Über das Feld **Available Tree Levels** können Sie zusätzlich festlegen, nach welchen Kriterien die Objekte des Repository Trees gruppiert werden sollen.
8. Schließen Sie den Vorgang über die Schaltfläche **Finish** ab.

Abbildung 5.21 zeigt den neuen Repository Tree im Project Explorer. Dieser enthält nur CDS-Views, die freigegeben sind und im Z*-Namensraum liegen.

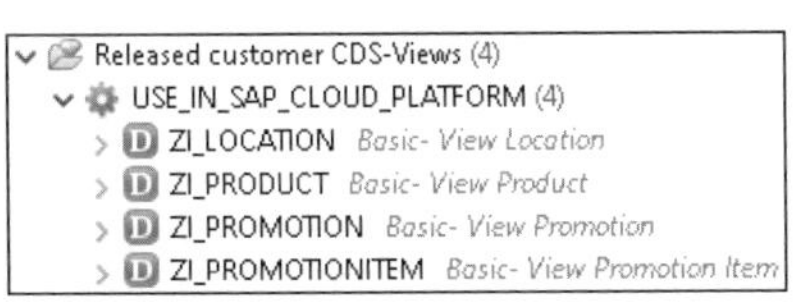

Abbildung 5.21 Neuer Repository Tree im Project Explorer

CDS-View I_APISFORSAP-CLOUDPLATFORM

Neben den Möglichkeiten, die Eclipse bietet, gibt es noch eine technischere Möglichkeit, Objekte über ihren API-Status zu suchen. Der CDS-View `I_APISFORSAPCLOUDPLATFORM` liefert eine Übersicht aller verfügbaren ABAP-Entwicklungsobjekte, die für die systeminterne Verwendung (Release Contract C1) innerhalb des ABAP Environment freigegeben sind. Neben den freigegebenen Objekten werden von diesem CDS-View auch Objekte ermittelt, die den API-Status **Deprecated** haben. Lassen Sie sich die freigegebenen Entwicklungsobjekte, wie Abbildung 5.22 dargestellt, in dem Data Preview des CDS-View anzeigen. Den Data Preview können Sie ausgehend vom CDS-View mit der Funktionstaste F8 aufrufen.

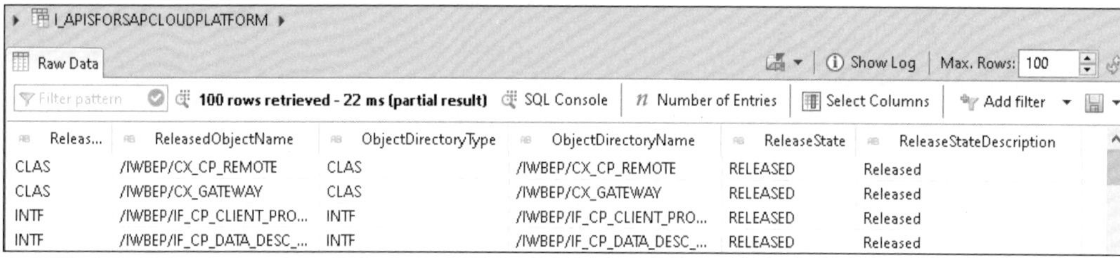

Abbildung 5.22 CDS-View der freigegebenen Entwicklungsobjekte

Die angezeigten Daten lassen sich über die Schaltfläche **Add Filter** weiter eingrenzen. Zusätzlich haben Sie die Möglichkeit, die SQL-Konsole in Eclipse aufzurufen und Datenabfragen auf diesen CDS-View auszuführen. Die SQL-Konsole lässt sich über die Schaltfläche **SQL Console** öffnen, die oberhalb der Ausgabeliste angezeigt wird. Abbildung 5.23 zeigt beispielsweise eine `SELECT`-Abfrage zur Ermittlung aller CDS-Views, die für das ABAP Environment freigegeben sind.

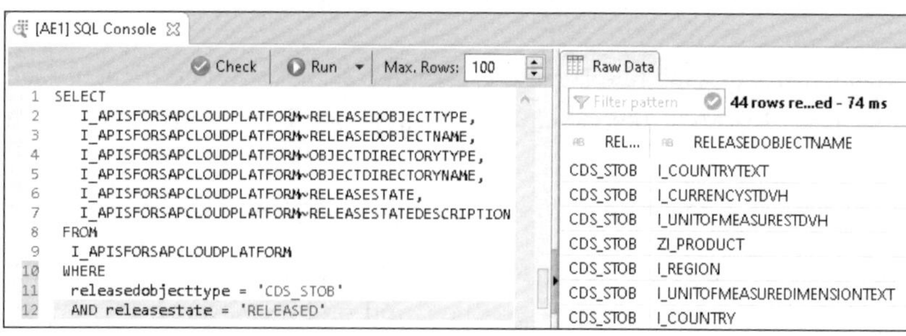

Abbildung 5.23 Ermittlung freigegebener CDS-Views mittels SQL-Abfrage

5.5 Zusammenfassung

Bei der Entwicklung von Geschäftsanwendungen im ABAP Environment müssen Sie mit Einschränkungen im Vergleich zu der bisherigen Entwicklung auf On-Premise-Systemen rechnen. Sie können nicht mehr auf alle Repository-Objekte des ABAP-Anwendungsservers zugreifen, so wie Sie es vielleicht bisher gewohnt waren. Die Verwendung der ABAP-Sprachelemente sowie der zur Verfügung stehenden Repository-Objekte ist nun viel strikter geregelt.

ABAP-Sprachversion

Die Erstellung von Entwicklungsobjekten, wie beispielsweise Klassen, erfolgt im ABAP Environment mit der ABAP-Sprachversion 5. Dadurch steht nur noch ein sehr eingeschränkter Satz von ABAP-Sprachelementen zur Verfügung. So ist es zum Beispiel nicht mehr möglich, auf das Dateisystem und den Kernel des ABAP-Anwendungsservers zuzugreifen. Es sind nur noch Befehle erlaubt, die als cloudsicher gelten.

Freigegebene Repository- und Objekttypen

Neben dem eingeschränkten ABAP-Sprachumfang stehen Ihnen im ABAP Environment auch Klassen, Datenelemente, Domänen etc. nur in stark eingeschränktem Umfang zur Verfügung. Nach und nach werden jedoch immer mehr Repository-Objekte für das ABAP Environment freigegeben. So hat die Anzahl der zur Verwendung bereitgestellten Objekte von Release 1909 bis Release 2008 von 664 Objekten auf 1.553 Objekte zugenommen. Freigegebene Objekte finden Sie im Project Explorer von Eclipse unter dem Eintrag **Released Objects**.

Entwicklungsobjekte freigeben

SAP-Kundenunternehmen haben ebenfalls die Möglichkeit, ihre Entwicklungsobjekte für die Verwendung innerhalb des ABAP Environment freizugeben. Die Freigabe von Objekten erfolgt über den API-Status. Dazu werden sogenannte Release Contracts definiert. Es wird zwischen folgenden Release Contracts unterschieden:

- C0 – Felder via Key-User-App hinzufügen
- C1 – Systeminterne Verwendung
- C2 – Verwendung als Remote-API

Um eigene Entwicklungsobjekte zur Verwendung in anderen Softwarekomponenten Ihres ABAP Environment freizugeben, verwenden Sie beispielsweise den Release Contract C1.

Freigegebene Objekte suchen

Der Dialog zum Suchen von ABAP-Entwicklungsobjekten bietet Ihnen die Möglichkeit, Objekte nach ihrem API-Status zu filtern. Den Suchdialog können Sie über die Tastenkombination [Strg] + [⇧] + [A] aufrufen. Innerhalb der Suchleiste können Sie durch den Zusatz »api:« gezielt nach Objekten suchen, die einen bestimmten API-Status haben. Für die Eingrenzung des API-Status stehen Ihnen verschiedene Schlüsselwörter zur Verfügung. Die folgende Liste nennt die wichtigsten Schlüsselwörter:

- `released`
- `use_in_sap_cloud_platform`
- `use_in_key_user_apps`
- `use_as_remote_api`
- `deprecated`

Kapitel 6
Geschäftsobjekte modellieren

In diesem Kapitel widmen wir uns der Modellierung von Geschäftsobjekten gemäß dem neuen ABAP-RESTful-Programmiermodell. Die Grundlage für die Geschäftsobjekte bilden erneut CDS-Modelle. Wir zeigen Ihnen Schritt für Schritt, wie Sie Geschäftsobjekte im ABAP Environment erstellen.

Im Zentrum dieses Kapitels steht die Modellierung von Geschäftsobjekten. Dabei kommt im ABAP Environment das ABAP-RESTful-Programmiermodell zum Einsatz. Dieses neue Programmiermodell unterstützt Sie dabei, Geschäftsobjekte mit CDS-Views zu modellieren und betriebswirtschaftliche Logik zu implementieren. Dazu zählt unter anderem das transaktionale Verhalten, wie das Erzeugen, Ändern und Löschen von Datensätzen. Des Weiteren werden Sie von dem Programmiermodell bei der Definition und Implementierung von Ermittlungen, Validierungen, Sperrkonzepten und Berechtigungsprüfungen unterstützt.

In Abschnitt 6.1, »ABAP-RESTful-Programmiermodell als Grundlage für die Geschäftsobjektmodellierung«, geben wir Ihnen einen Überblick über die Evolution der ABAP-Programmiermodelle und stellen Ihnen das ABAP-RESTful-Programmiermodell als das Programmiermodell für das ABAP Environment vor.

In Abschnitt 6.2, »Aufbau des Geschäftsobjekts«, und Abschnitt 6.3, »Geschäftsobjektmodellierung mittels CDS-Views«, konzentrieren wir uns auf den Aufbau von Geschäftsobjekten und zeigen Ihnen anhand unserer Beispielanwendung, wie Sie solche Objekte mit CDS-Views modellieren können.

Abschließend erstellen wir in Abschnitt 6.4, »Business Services erstellen«, die erforderlichen *Service Definitions* und *Service Bindings* für unsere Beispielanwendung. Mit diesen Mitteln werden Geschäftsobjekte exponiert und können unter anderem von SAP-Fiori-Anwendungen konsumiert werden. Dies werden wir anhand des Aufrufs der *App Preview* von *SAP Fiori Elements* verdeutlichen.

6.1 ABAP-RESTful-Programmiermodell als Grundlage für die Geschäftsobjektmodellierung

REST-basierte Schnittstellen

Die Modellierung von Geschäftsobjekten ist ein wesentlicher Teil der Anwendungsentwicklung im ABAP Environment. Die Geschäftsobjekte und das zugrunde liegende transaktionale Verhalten können anderen Systemen anschließend über eine Web-API bereitgestellt werden. Technisch nutzt das ABAP Environment dazu *REST-basierte Schnittstellen*. Als zentraler Bestandteil von SAP Gateway werden diese Schnittstellen bereits seit vielen Jahren für den Zugriff auf SAP-Systeme genutzt.

REST steht für *Representational State Transfer* und beschreibt eine Designphilosophie bzw. ein Programmierparadigma für Anwendungsprotokolle. Damit ein Protokoll als REST-konform bezeichnet werden darf, müssen die folgenden Architektureigenschaften erfüllt sein:

- **Client-Server-Architektur**
  Server und Client müssen unabhängig voneinander entwickelt sein. Dabei hat der Client keine langfristige Datenspeicherungsfunktion, und der Server ist nicht an der Darstellung der gelieferten Daten beteiligt.
- **Zustandslosigkeit**
  Der Client muss alle Informationen liefern, die notwendig sind, damit der Server die Anfragen verarbeiten kann. Alle Sitzungsinformationen müssen auf der Client-Seite behalten werden.
- **Caching**
  Jede Serverantwort enthält einen *Indikator* zur Verbesserung der Performance und Stabilität. Mit diesem Indikator wird sichergestellt, dass der Client keine veralteten Daten verarbeitet.
- **Mehrschichtiges System**
  Für den Client darf es nicht erkennbar sein, ob er direkt mit dem Endserver oder einem Zwischenserver kommuniziert.
- **Einheitliche Schnittstelle**
  Der Server stellt dem Client eine Darstellung seiner Ressourcen und der Mittel zur Bearbeitung dieser Ressourcen bereit.
- **Code auf Abruf**
  Um die Funktionen des Clients zu erweitern, muss der Server in der Lage sein, zusätzlichen ausführbaren Code bereitzustellen.

APIs, die diese Design-Prinzipien erfüllen, werden als *RESTful APIs* bezeichnet.

6.1.1 Evolution der ABAP-Programmiermodelle

In Kapitel 2, »Einführung in SAP Cloud Platform, ABAP Environment«, haben wir bereits angesprochen, dass sich die Art und Weise, wie Geschäftsanwendungen im SAP-Umfeld erstellt werden, verändert hat. Generell unterliegt die Softwareentwicklung einem stetigen Wandel. Dieser Wandel macht sich vor allem durch neue technische Möglichkeiten bemerkbar. Auch bei der ABAP-Entwicklung werden wir stetig von der Einführung neuer Technologien begleitet. Wiederholt wurden neue Oberflächentechnologien eingeführt, und ABAP wurde als Programmiersprache weiterentwickelt.

Einfluss von SAP HANA und SAPUI5

Bisher hat jedoch keine Veränderung die Entwicklung von Geschäftsanwendungen so sehr beeinflusst wie die Einführung der SAP-HANA-Datenbank und die Einführung von SAPUI5. Langfristig verfolgt SAP das Ziel, das SAP GUI komplett durch webbasierte Anwendungen zu ersetzen. Die Umsetzung dieses Ziels hat letztlich dazu beigetragen, dass SAP mit dem ABAP-Programmiermodell für SAP Fiori das erste »richtige« Programmiermodell entwickelt hat.

Klassische ABAP-Programmierung

Alle zuvor genutzten Vorgehensmodelle für die ABAP-Entwicklung sind keinem Programmiermodell im eigentlichen Sinne zuzuordnen. Die klassische ABAP-Programmierung ist vielmehr ein Sammelbecken für eine Vielzahl von Techniken und Technologien, die bei der Erstellung von Geschäftsanwendungen vor Einführung des Release 7.5 des SAP NetWeaver Application Server (SAP NetWeaver AS) für ABAP zum Einsatz gekommen sind. So erfolgte beispielsweise die Datenmodellierung bei der Entwicklung einer neuen Anwendung im ABAP Dictionary. Dort wurden alle notwendigen Tabellen, Strukturen und Datenelemente entsprechend den Anforderungen angelegt und in Relation zueinander gesetzt.

Anwendungslogik

Die Entwicklung der eigentlichen Anwendungslogik wurde in Form von Reports, Funktionsbausteinen und Klassen realisiert. Abhängig von der Anforderung und den Fähigkeiten der Entwickler*innen konnten die Klassen gegebenenfalls mit Entwurfsmustern strukturiert werden.

Datenzugriff

Für das Fortschreiben auf die Datenbank wurde auf Standardlogik aus BAPI-Funktionsbausteinen (*Business Application Programming Interfaces*) zurückgegriffen. Dennoch mussten der Datenzugriff, das Sperrverhalten und das transaktionale Verhalten häufig eigenständig implementiert werden. Das war mit einem hohen zeitlichen Aufwand verbunden.

Oberflächen

Bei der Entwicklung der Oberflächen stand mit der Zeit eine Vielzahl an Technologien zur Verfügung. Dazu zählten unter anderem Technologien wie *Dynpro*, *Business Server Pages* (BSP), *Web Dynpro ABAP*, *Floorplan*

Manager und SAPUI5. Die Wahl der Oberflächentechnologie war nicht zuletzt von den Fähigkeiten des Entwicklers oder der Entwicklerin und den entsprechenden Anforderungen abhängig.

Anbindung von Drittsystemen

Auch bei der Datenversorgung von Drittsystemen gab es kein einheitliches Vorgehen. Oft wurden diese Systeme mit flachen Dateischnittstellen oder unter dem Einsatz von *SOAP-Webservices* mit Daten versorgt.

ABAP-Programmiermodell für SAP Fiori

Mit dem *ABAP-Programmiermodell für SAP Fiori* stellte SAP mit dem Release 7.5 des AS ABAP ihr erstes Programmiermodell zur Verfügung. Dieses Programmiermodell definierte ein standardisiertes Verfahren für die Entwicklung von Anwendungen im Umfeld von SAP S/4HANA. Auf Basis von CDS-Views, dem *Business Object Processing Framework* (BOPF) und *OData* können mit diesem Programmiermodell moderne, webbasierte und für SAP HANA optimierte Anwendungen entwickelt werden.

Datenmodellierung und Geschäftsobjektgenerierung

Anders als bei der klassischen ABAP-Programmierung erfolgt die Datenmodellierung bei diesem Programmiermodell nicht ausschließlich über Tabellen, sondern über darauf aufbauende CDS-Views. Diese bilden auch die Grundlage für die automatische Generierung von BOPF-Geschäftsobjekten und der zugehörigen OData-Services. Die Entwickler*innen müssen sich lediglich um die Ausprogrammierung des transaktionalen Verhaltens in BOPF kümmern.

Generierung von Oberflächen

Selbst die automatische Generierung rudimentärer Programmoberflächen zur Verarbeitung von CRUD-Operationen (Create, Read, Update, Delete) ist mit dem Programmiermodell für SAP Fiori möglich. Schon im CDS-View können Sie dazu mit Annotationen Einfluss darauf nehmen, welche Felder angezeigt oder wie diese gruppiert werden sollen. Letztlich stehen alle diese Informationen in einem OData-Service bereit und können vom Generierungswerkzeug der *SAP Web IDE* ausgelesen werden, um eine den SAP-Fiori-Designrichtlinien entsprechende Oberfläche zu generieren.

ABAP-RESTful-Programmiermodell

Doch auch die Vorgehensweise im ABAP-Programmiermodell für SAP Fiori ließ sich noch weiter vereinfachen und vereinheitlichen. Als logische Konsequenz sollten die genannten Konzepte in ABAP und CDS integriert werden. Dadurch sollte die gesamte Entwicklungstätigkeit in Eclipse verlagert und der zeitliche Gesamtaufwand für die Entwicklung auf ein Minimum reduziert werden. Als Ergebnis dieser Weiterentwicklung wurde schließlich das ABAP-RESTful-Programmiermodell vorgestellt und erstmals mit Release 1808 des SAP Cloud Platform, ABAP Environment ausgeliefert.

Mit den Weiterentwicklungen von CDS und ABAP konnte eine direkte Entwicklung von Geschäftsobjekten ermöglicht werden. Die Anwendung des zuvor noch notwendigen BOPF wurde für Entwickler*innen somit obsolet.

Die Geschäftsobjektmodellierung mit dem ABAP-RESTful-Progammiermodell behandeln wir im Laufe dieses und der folgenden Kapitel ausführlicher.

ABAP-RESTful-Programmiermodell für SAP S/4HANA

Mit dem Release SAP NetWeaver AS ABAP 7.54 wurde das ABAP-RESTful-Programmiermodell auch On-Premise ausgeliefert. Das Programmiermodell steht Ihnen somit nicht nur im ABAP Environment zur Verfügung, sondern kann auch in SAP-S/4HANA-Systemen ab Release 1909 genutzt werden.

Abbildung 6.1 stellt die Evolutionsschritte des ABAP-Programmiermodells und der Kernkomponenten der ABAP-Entwicklung, denen wir uns im Folgenden widmen, im Überblick dar.

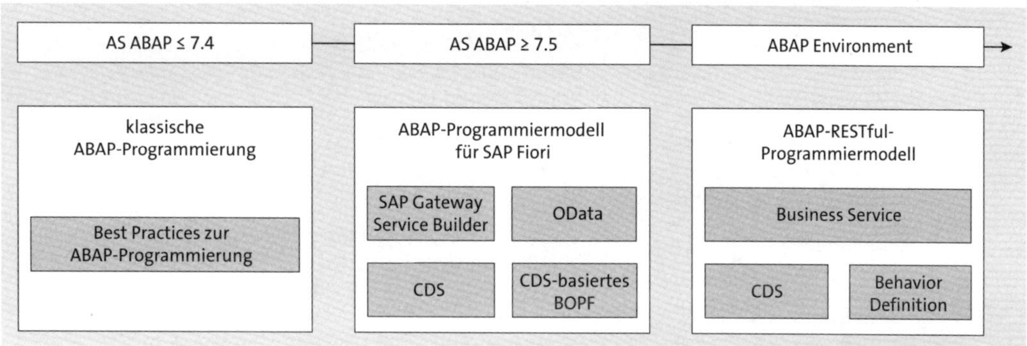

Abbildung 6.1 Evolution der ABAP-Entwicklung

6.1.2 Aufbau des ABAP-RESTful-Programmiermodells

ADT als einheitliche Entwicklungsumgebung

Wie bereits erwähnt, steht das SAP GUI im ABAP Environment nicht zur Verfügung. Für die Anwendung des ABAP-RESTful-Programmiermodells wird es nicht benötigt: Alle notwendigen Entwicklungstätigkeiten können Sie mit den ADT in Eclipse vornehmen. Es steht somit eine einheitliche Entwicklungsumgebung zur Verfügung. Die Nutzung unterschiedlicher Tools und Anwendungen ist nicht erforderlich.

Die Entwicklung von Anwendungen mit dem ABAP-RESTful-Programmiermodell folgt einem einfachen und übersichtlichen Fluss. In diese Vorgehensweise können Sie sich problemlos und schnell einarbeiten. Für die Modellierung von Geschäftsobjekten und die Implementierung transaktionalen Verhaltens stehen Ihnen CDS und ABAP zur Verfügung. Sie müssen also nicht den Umgang mit zusätzlichen Frameworks wie BOPF und den zugehörigen Transaktionen und Tools erlernen.

Entwicklungs-objekte und -ebenen

Abbildung 6.2 zeigt die unterschiedlichen Entwicklungsobjekte und -ebenen, zwischen denen das ABAP-RESTful-Programmiermodell unterscheidet. Der zuvor erwähnte Entwicklungsfluss verläuft in dieser Darstellung von unten nach oben:

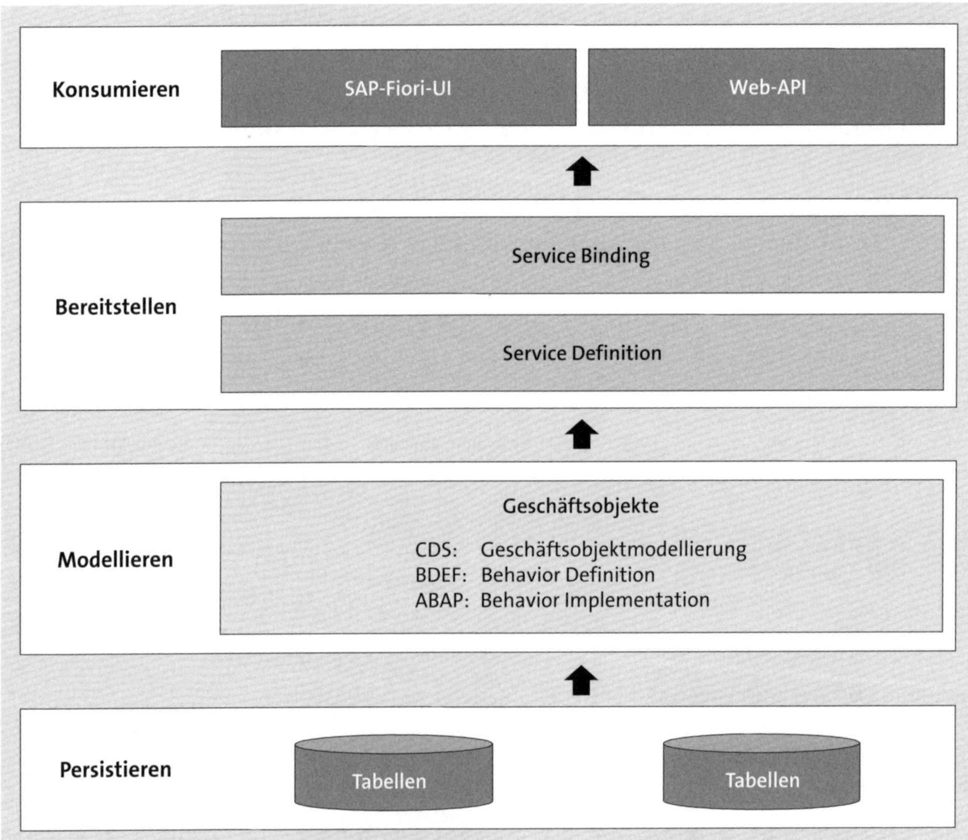

Abbildung 6.2 Das ABAP-RESTful-Programmiermodell

- **Persistenzebene**
  Die unterste dabei bildet die *Persistenzebene*. Hier erfolgt die Datenmodellierung, also die Erstellung von Tabellen im ABAP Dictionary.
- **Modellierungsebene**
  Auf der nächsthöheren Ebene werden Geschäftsobjekte mittels CDS modelliert. Durch Assoziationen und Kompositionen stellen Sie Ihre Entitäten in Relation zueinander und erzeugen so Ihre Geschäftsobjekte, ähnlich wie in BOPF. Diese Geschäftsobjekte können bei Bedarf auch mit CUD-Operationen (Create, Update, Delete) um transaktionales Verhalten sowie um Validierungen und Aktionen erweitert werden. Die Definition und Implementierung dieses transaktionalen Verhaltens wird im ABAP-

RESTful-Programmiermodell über *Behavior Definitions* und *Behavior Implementations* vorgenommen. In Kapitel 7, »Geschäftslogik entwickeln«, gehen wir näher auf die Definition und Implementierung des transaktionalen Verhaltens ein.

- **Bereitstellungsebene**
  Dem weiteren Entwicklungsfluss des ABAP-RESTful-Programmiermodells folgend, bilden Sie auf der nächsthöheren Ebene Ihre *Business Services* ab. Hier definieren Sie, wie sich Ihre Web-API zusammensetzen soll. Diese Schicht bildet gewissermaßen das Pendant zur Entwicklung von OData Services im *SAP Gateway Service Builder* beim ABAP-Programmiermodell für SAP Fiori. Näheres zu den Business Services erfahren Sie in Abschnitt 6.4, »Business Services erstellen«.
- **Konsumierungsebene**
  Die oberste Ebene des ABAP-RESTful-Programmiermodells bilden der Aufruf und die Verwendung der zuvor definierten Business Services. Ein Business Service kann als Web-API oder UI-Service (User Interface) exponiert werden. Bei einem *UI-Service* werden die verschiedenen Frontend-Informationen, wie z. B. UI-Annotationen, in die Metadaten des OData-Service geschrieben. Diese Informationen können wiederum von der *SAP-Fiori-UI* gelesen und für die Erstellung einer zum Service passenden Benutzeroberfläche verwendet werden. Wird ein OData-Service hingegen als Web-API exponiert, werden keine UI-relevanten Informationen über die Metadaten exponiert.

6.2 Aufbau des Geschäftsobjekts

Auf Basis des in Abschnitt 4.3, »Datenmodell implementieren«, implementierten Datenmodells erstellen wir nun ein Geschäftsobjekt. Im Zentrum unserer Beispielanwendung steht das Geschäftsobjekt Rabattaktion.

Geschäftsobjekt

Geschäftsobjekte repräsentieren Objekte der realen Welt in Unternehmenssoftware. Dies können zum Beispiel Kunden, Bestellungen, Vertriebsbelege, Rechnungen oder, wie in unserem Beispiel, Rabattaktionen sein. Geschäftsobjekte umfassen semantisch zusammenhängende Daten und können in Verbindung mit weiteren Geschäftsobjekten stehen.

Geschäftsobjektstruktur

Ein Geschäftsobjekt hat einen hierarchischen Aufbau, der sich aus Knoten bzw. Entitäten auf verschiedenen Ebenen zusammensetzt. Dieser Hierarchiebaum repräsentiert die Geschäftsobjektstruktur.

Die einzelnen Entitäten sind durch *Kompositionen* miteinander verknüpft. Bei einer Komposition handelt es sich um eine spezielle Form der Assoziation. Man spricht häufig von einer »Ist-Teil-von«-Assoziation oder auch *Kompositionsassoziation*. Durch Kompositionen werden sogenannte *Eltern-Kind-Beziehungen* (Parent Child Relationships) definiert und Abhängigkeiten zwischen den einzelnen Entitäten modelliert. Abbildung 6.3 zeigt die Struktur und die Abhängigkeiten innerhalb des Geschäftsobjekts Rabattaktion.

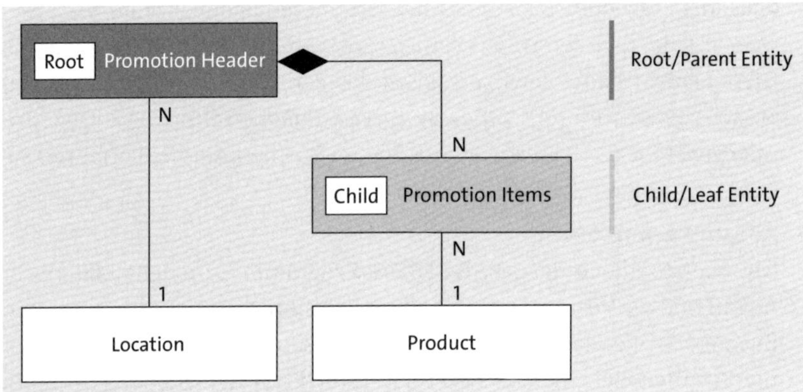

Abbildung 6.3 Geschäftsobjektstruktur der Rabattaktion

Entitäten der Rabattaktion

Das Geschäftsobjekt Rabattaktion wird durch die beiden Entitäten Promotion Header (Rabattaktionskopf) und Promotion Items (Rabattaktionsposition) repräsentiert. Die Entitäten Location und Product sind nicht Bestandteil des Geschäftsobjekts und stehen lediglich für Wertehilfen und Text-Assoziationen in Verbindung mit dem Geschäftsobjekt. Jede der in Abbildung 6.3 gezeigten Entitäten basiert auf einer Datenbanktabelle bzw. auf einem auf Basis einer Datenbanktabelle erstellten Basis-CDS-View.

Entitäten der Geschäftsobjektstruktur

In jeder Geschäftsobjektstruktur gibt es immer genau eine Wurzel-Entität, die *Root Entity*. Diese Wurzel-Entität repräsentiert das komplette Geschäftsobjekt. Im Falle unserer Beispielanwendung ist dies der Rabattaktionskopf. Die Root Entity ist gleichzeitig die Parent Entity bzw. *Parent Entity* der Rabattaktionspositionen. Die Positionen stellen somit die *Child Entities* der Kopfdaten dar. Zwischen den Rabattaktionsköpfen und -positionen besteht somit eine Eltern-Kind-Beziehung. Diese Art der Beziehung sagt aus, dass einzelne Entitäten zu einem Gesamtobjekt zusammengefasst werden und dass eine Teil-Entität, in diesem Fall die Rabattaktionsposition, nicht ohne die übergeordnete Entität existieren kann.

Leaf Entity

Bei einer Rabattaktionsposition handelt es sich gleichzeitig um eine sogenannte *Leaf Entity*. Als Leaf Entity werden Entitäten bezeichnet, die in Verbindung zu einer Parent Entity stehen und selbst keine Child Entities haben. Abbildung 6.4 verdeutlicht dies.

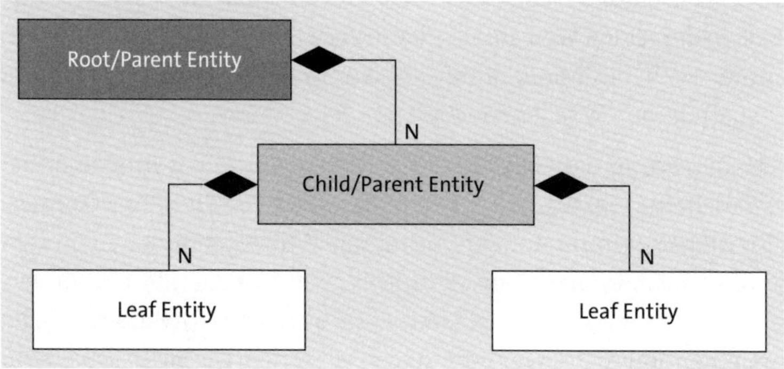

Abbildung 6.4 Entitätstypen

Geschäftsobjektverhalten

Geschäftsobjekte umfassen jedoch nicht nur Daten, sondern bilden auch betriebswirtschaftliche Logik ab. Die betriebswirtschaftliche Logik wird durch das Geschäftsobjektverhalten repräsentiert. Dazu zählt unter anderem das transaktionale Verhalten, wie zum Beispiel das Erzeugen, Ändern und Löschen von Datensätzen. Aber auch Validierungen, Ermittlungen, Berechnungen, Sperren und Aktionen zählen zum Geschäftsobjektverhalten.

Die Grundlage für das Geschäftsobjektverhalten bilden die funktionalen Anforderungen. Aus den Anforderungen an unsere Beispielanwendung, die wir in Abschnitt 4.1, »Einführung in die Beispielanwendung«, beschrieben haben, lassen sich folgende Bestandteile des Geschäftsobjektsverhaltens für das Objekt Rabattaktion ableiten:

- **CUD-Operationen**
  Es soll möglich sein, Rabattaktionen mit den zugehörigen Positionen zu erstellen, zu bearbeiten und zu löschen.
- **Validierungen**
  Beim Erstellen einer neuen Rabattaktion soll sichergestellt werden, dass »Gültig von« und »Gültig bis« einen zulässigen Zeitraum ergeben.
- **Ermittlungen**
  Beim Erstellen einer neuen Rabattaktion soll der Genehmigungsstatus automatisch auf »Neu« (**N**) gesetzt werden. Des Weiteren soll der Rabattpreis zur Laufzeit als Multiplikation des Normalpreises mit dem Rabattwert in Prozent berechnet werden.
- **Aktionen**
  Die Anwender*innen sollen in der Lage sein, den Genehmigungsstatus auf »Genehmigt« (**A**) zu setzen.

Geschäftsobjektinstanz

Die Geschäftsobjektstruktur und das Geschäftsobjektverhalten beschreiben den Aufbau und das Verhalten einer *Geschäftsobjektinstanz* zur Laufzeit. Eine Instanz eines Geschäftsobjekts bildet ein einzelnes Exemplar dieses Objekts in der realen Welt ab. Dies kann zum Beispiel die Bestellung mit der Nummer 15591, das Material mit der Nummer 9660 oder in unserem Fall die Rabattaktion »Wochenend Rabatte« sein.

Modellierung der Geschäftsobjektstruktur

Für die Modellierung der Geschäftsobjektstruktur und die Implementierung des Geschäftsobjektverhaltens steht das ABAP-RESTful-Programmiermodell im ABAP Environment zur Verfügung. Wir zeigen Ihnen in diesem und den folgenden Kapiteln, wie sie mithilfe dieses neuen Programmiermodells Geschäftsobjekte modellieren und sich betriebswirtschaftliche Logik implementieren. Des Weiteren zeigen wir Ihnen, wie Sie Geschäftsobjekte zur Konsumierung innerhalb von SAP-Fiori-Anwendungen und Web-APIs freigeben.

6.3 Geschäftsobjektmodellierung mittels CDS-Views

Wie in Abschnitt 6.2, »Aufbau des Geschäftsobjekts«, erläutert, setzen sich Geschäftsobjekte aus verschiedenen Entitäten zu einem Hierarchiebaum zusammen. Die Verbindungen zwischen den einzelnen Entitäten werden durch Kompositionen definiert. Jede einzelne Entität des Hierarchiebaums wird durch einen CDS-View modelliert.

Root-Entity-Definition

Um einen CDS-View als Root Entity eines Geschäftsobjekts zu kennzeichnen, fügen Sie der CDS-View-Definition das Schlüsselwort `root` hinzu:

```
define root view <CDSEntity> as select from <DataSource>
```

Durch die Definition als Root Entity lässt sich auf Basis dieser Entität ein Geschäftsobjektverhalten, das heißt die Behavior Definition, anlegen. Eine solche Behavior Definition erstellen Sie in Abschnitt 7.2, »Transaktionales Verhalten implementieren«.

Kompositionsdefinition

Eine Komposition zwischen der Root Entity und den untergeordneten Entitäten definieren Sie durch folgende Anweisung:

```
composition [0..*] of <DataSource> as <Alias>
```

Durch die Kardinalitätsangabe `[0..*]` geben Sie an, dass zu der Root Entity beliebig viele Unterentitäten existieren können. Eine `on`-Bedingung, wie Sie sie bei Assoziationen angegeben müssen, wird hier nicht benötigt.

Ziel einer Komposition können ausschließlich CDS-Views sein, die eine `to parent`-Assoziation zur übergeordneten Entität aufweisen. In den untergeordneten CDS-Views definieren Sie dies durch folgende Anweisung:

```
association to parent <ParentCDS> as <Alias>
  on $projection.<KeyField> = <Alias>.<KeyField>
```

Kompositionen zu CDS-Views ohne `to parent`-Assoziation führen zu einer Fehlermeldung.

[+]

View-Schicht für Geschäftsobjektmodellierung

Es empfiehlt sich, die Modellierung von Geschäftsobjekten in einer eigenen View-Schicht vorzunehmen. Diese View-Schicht sollte ausschließlich auf Basis-CDS-Views aufsetzen. Durch dieses Vorgehen sparen Sie sich unter anderem die Arbeit, Elementannotationen wie `@Semantics.amount.currencyCode` erneut auf Geschäftsobjektebene angeben zu müssen. Elementannotationen werden automatisch durch die *Propagationslogik* an übergeordnete CDS-Views übertragen.

Wir raten davon ab, Geschäftsobjekte direkt auf Datenbanktabellen aufzusetzen, auch wenn dies prinzipiell möglich ist.

Definieren Sie nun das Modell des Geschäftsobjekts Rabattaktion. Legen Sie dazu die in Listing 6.1 und Listing 6.2 gezeigten CDS-Views im Entwicklungspaket `ZPM_BO` an. **Rabattaktion modellieren**

[«]

Namenskonventionen für die Geschäftsobjekt-Views

Wir verwenden für die CDS-Views der Geschäftsobjektmodellierung das Suffix `TP`. `TP` steht für *Transactional Processing* und macht deutlich, dass zu den CDS-Views ein transaktionales Verhalten in Form einer Behavior Definition existiert. Diese Namenskonvention orientiert sich an der der transaktionalen CDS-Views des Programmiermodells für SAP Fiori. Teilweise hat sich auch das Suffix `BO` (für *Business Object*) bewährt.

Egal, wie Sie Ihre CDS-Views nennen – wichtig ist, dass Sie die CDS-Views der Geschäftsobjektebene von anderen CDS-Views unterscheiden können.

Listing 6.1 zeigt den Root-CDS-View `ZI_PromotionTP` des Rabattaktionskopfs mit der Komposition zum Child-CDS-View `ZI_PromotionItemTP` der Rabattaktionspositionen. **Rabattaktionskopf**

```
@AbapCatalog.sqlViewName: 'ZIPROMOTIONTP'
@AbapCatalog.compiler.compareFilter: true
@AbapCatalog.preserveKey: true
@AccessControl.authorizationCheck: #NOT_REQUIRED
@EndUserText.label: 'Promotion - Business Object'
define root view ZI_PromotionTP as select from ZI_Promotion
```

```
  composition [0..*] of ZI_PromotionItemTP as _PromotionItem {
  key PromotionId,
      PromotionDescription,
      StartDate,
      EndDate,
      LocationId,
      ApprovalStatus,
      CreatedAt,
      CreatedBy,
      ChangedAt,
      ChangedBy,
      _PromotionItem,
      _Location
}
```

Listing 6.1 CDS-View des Rabattaktionskopfs

Rabattaktionsposition

Listing 6.2 zeigt den CDS-View `ZI_PromotionItemTP` der Rabattaktionsposition mit der entsprechenden `to parent`-Assoziation zum CDS-View des Rabattaktionskopfs.

```
@AbapCatalog.sqlViewName: 'ZIPROMOITMTP'
@AbapCatalog.compiler.compareFilter: true
@AbapCatalog.preserveKey: true
@AccessControl.authorizationCheck: #NOT_REQUIRED
@EndUserText.label: 'Promotion Item - Business Object'
define view ZI_PromotionItemTP
  as select from ZI_PromotionItem
association to parent ZI_PromotionTP as _Promotion
  on $projection.PromotionId = _Promotion.PromotionId {
  key PromotionId,
  key PromotionPosition,
      ProductId,
      Quantity,
      QuantityUnit,
      DiscountInPercent,
      DiscountPrice,
      Currency,
      _Promotion,
      _Product
}
```

Listing 6.2 CDS-View der Rabattaktionspositionen

Template

Ein spezielles CDS-Template unterstützt Sie bei der Anlage von CDS-Views mit einer `to parent`-Assoziation. Abbildung 6.5 zeigt die Auswahl des Templates **Define View Entity with To-Parent Association**.

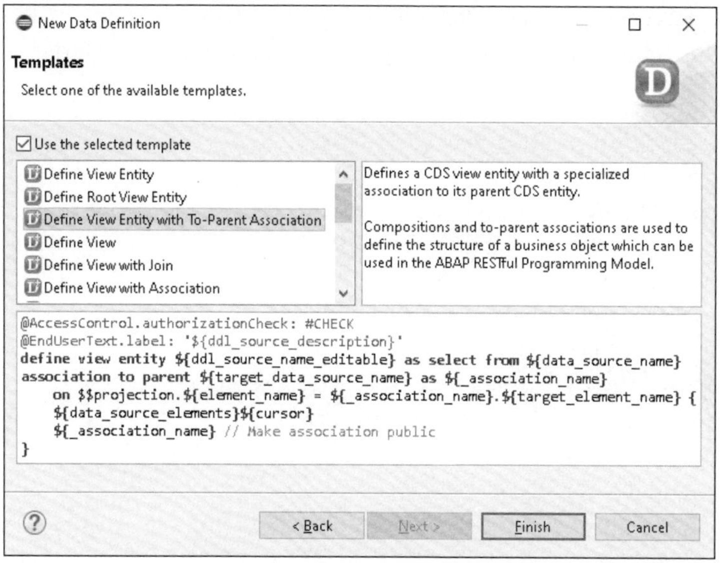

Abbildung 6.5 Template für einen CDS-View mit »to parent«-Assoziation

[+]

Aktivierungsreihenfolge

Die Aktivierung eines CDS-View mit einer Kompositionsassoziation setzt voraus, dass das Assoziationsziel durch eine `to parent`-Assoziation mit dem zu aktivierenden CDS-View verknüpft ist. Legen Sie daher am besten Ihren Root-View zunächst ohne entsprechende Kompositionsassoziationen an. Beginnen Sie anschließend mit der Aktivierung der CDS-Views mit den `to parent`-Assoziationen und arbeiten Sie sich Schritt für Schritt bis zum Root-View vor. So vermeiden Sie Probleme bei der CDS-View-Aktivierung.

Vergleich zum Programmiermodell für SAP Fiori

Sollten Sie bereits Erfahrungen mit dem ABAP-Programmiermodell für SAP Fiori gemacht haben, wird Ihnen vieles bekannt vorkommen. Auch beim Programmiermodell für SAP Fiori modellieren Sie Ihr Geschäftsobjekt mithilfe von CDS-Views. Die Modellierung von Geschäftsobjekten im Programmiermodell für SAP Fiori ist jedoch viel annotationslastiger. Im Zuge des ABAP-RESTful-Programmiermodells wurde die Modellierung von Geschäftsobjekten in die CDS-Definitionssprache integriert. Es ist nun nicht mehr notwendig, die Wurzel-Entität und die Kompositionsassoziationen durch CDS-Annotationen (`@ObjectModel`) zu definieren. Ebenfalls ist es nicht mehr nötig, das transaktionale Verhalten innerhalb der CDS-Views durch die Annotation @ObjectModel.transactionalProcessingEnabled: true zu aktivieren.

Modellierung im Fiori-Programmiermodell

Listing 6.3 zeigt zum Vergleich die Definition der Wurzel-Entität durch CDS-Annotationen innerhalb des ABAP-Programmiermodells für SAP Fiori.

```
...
@ObjectModel.modelCategory: #BUSINESS_OBJECT
@ObjectModel.compositionRoot: true
@ObjectModel.transactionalProcessingEnabled: true
@ObjectModel.writeActivePersistence: 'ZPM_PROMO_HDR'
@ObjectModel.createEnabled: true
@ObjectModel.updateEnabled: true
@ObjectModel.deleteEnabled: true
define view ZI_PromotionTP as select from ZI_Promotion
association [0..*] to ZI_PromotionItemTP as _PromotionItem
  on $projection.PromotionId = _PromotionItem.PromotionId {
    key promotion_id,
    ...
    @ObjectModel.association.type: [#TO_COMPOSITION_CHILD]
    _PromotionItem
}
```

Listing 6.3 Geschäftsobjektmodellierung durch Annotationen

Durch die in Listing 6.3 gezeigten @ObjectModel-Annotationen wird bei der Aktivierung des CDS-View ein BOPF-Geschäftsobjekt generiert, das das transaktionale Verhalten bereitstellt. Diese Annotationen werden im ABAP-RESTful-Programmiermodell nicht mehr benötigt. Viel mehr wird das Geschäftsobjektverhalten mit dem ABAP-Entwicklungsobjekt der Behavior Definition definiert. Auf diese Weise wird eine bessere Lesbarkeit der CDS-Views gewährleistet, da diese durch Annotationen schnell unübersichtlich werden können.

6.4 Business Services erstellen

Nachdem Sie Ihr Geschäftsobjekt modelliert haben, können Sie eine Web-API für dieses Geschäftsobjekt bereitstellen. Wir verzichten hier zunächst auf die Implementierung von transaktionalem Verhalten, sondern definieren lediglich einen UI-Service zur Darstellung unseres Geschäftsobjekts. In Kapitel 7, »Geschäftslogik entwickeln«, gehen wir dann ausführlicher auf die Implementierung des transaktionalen Verhaltens ein.

Wenn Sie externen Systemen Funktionalität in Form von Web-APIs bereitstellen möchten, nutzen Sie im ABAP-RESTful-Programmiermodell Business Services dazu. Wie in Abbildung 6.6 dargestellt, setzen sich Business Services aus einer Service Definition und einem Service Binding zusammen. Auf den folgenden Seiten erläutern wir, worum es sich bei diesen beiden Objekten genau handelt und wie sie angelegt werden.

Komponenten eines Business Service

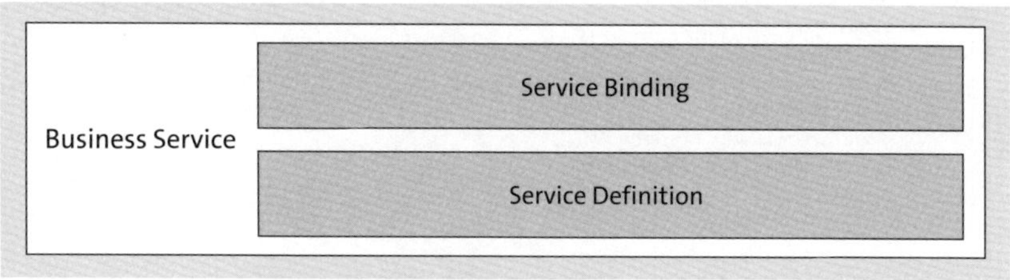

Abbildung 6.6 Bestandteile des Business Service

6.4.1 Service Definition

Menge der CDS-Entitäten

Eine Service Definition bildet das Fundament eines Business Service. Mit einem Business Service definieren Sie, wie sich Ihre Web-API zusammensetzt. Für jede Service Definition geben Sie dazu die CDS-Entitäten Ihrer Geschäftsobjekte an, die Sie nach außen exponieren wollen. Service Bindings stellen somit die konsumentenspezifische Sicht einer Systemfunktionalität dar.

Wie in Abbildung 6.7 dargestellt, können CDS-Entitäten in beliebig vielen Service Definitions verwendet werden. Genauso kann sich eine Service Definition aus mehreren CDS-Entitäten zusammensetzen.

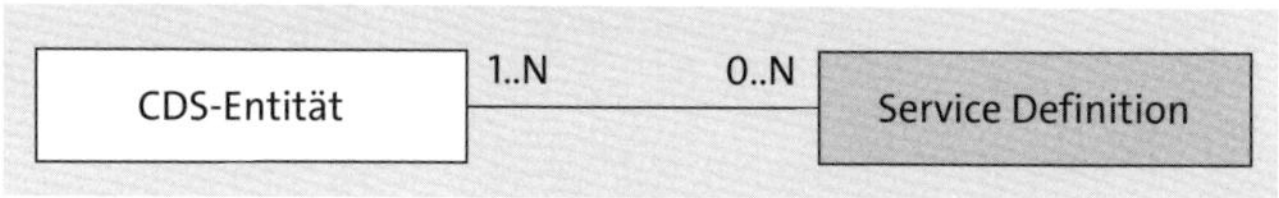

Abbildung 6.7 Beziehung zwischen CDS-Entität und Service Definition

Service Definition für die Rabattaktion

Wir wollen nun die Service Definition für das Geschäftsobjekt Rabattaktion definieren. Die dazu notwendigen CDS-Entitäten sind die Kopf- und Positionsdaten der Rabattaktion. Legen Sie wie folgt eine Service Definition innerhalb des Pakets `ZPM_BO` an:

1. Rufen Sie im **Project Explorer** mit der rechten Maustaste das Kontextmenü auf und wählen Sie **New • Other ABAP Repository Object** und anschließend **Business Services • Service Definition** (siehe Abbildung 6.8). Alternativ können Sie auch den Dialog zur Erstellung von Entwicklungsobjekten mit der Tastenkombination [Strg] + [N] aufrufen.

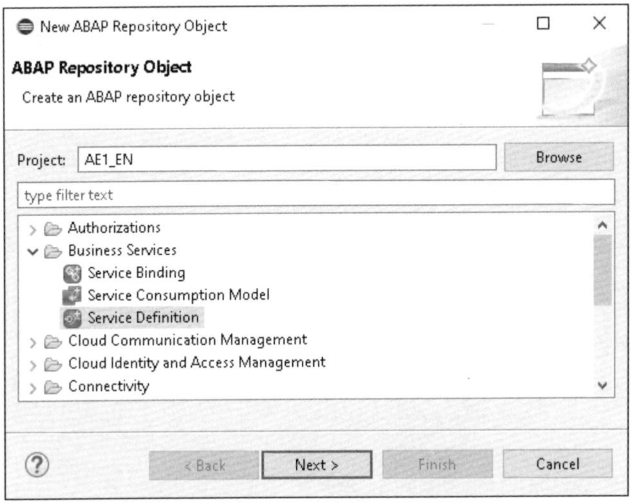

Abbildung 6.8 Anlage eines neuen Repository-Objekts

2. Bestätigen Sie Ihre Auswahl mit **Next**.
3. Vergeben Sie, wie Abbildung 6.9 gezeigt, den Namen »ZPROMOTION« und die Beschreibung »Service Definition for Promotion«.

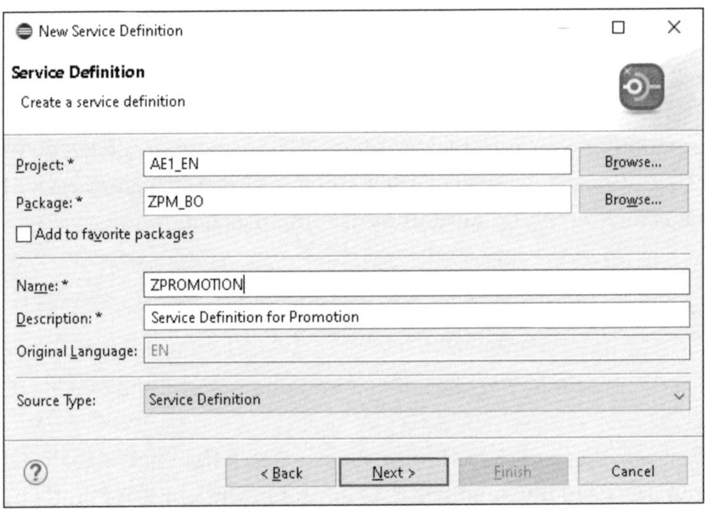

Abbildung 6.9 Anlage einer Service Definition

[»]

Namenskonventionen

Service Definitions werden nicht in unterschiedliche Typen unterteilt, wie es beispielsweise bei CDS-Views gemacht wird. Daher ist es nicht notwendig, ein Präfix oder Suffix in deren Namen zu verwenden. Sollten Sie Ihre Service Definition allerdings ausschließlich als API- oder UI-Service nutzen, orientieren Sie sich an den von SAP vorgeschlagenen Namenskonventionen für das Service Binding und nutzen das Präfix `UI_` oder `API_`.

Beachten Sie außerdem, dass sich Service Definitions den Namensraum mit anderen ABAP-Dictionary-Objekten, wie zum Beispiel CDS-Views und Datenbanktabellen, teilen. Sollten es bei der Namensgebung Überschneidungen geben, können Sie das Suffix `_SD` verwenden, um Ihre Service Definition von anderen Entwicklungsobjekten abzugrenzen.

4. Drücken Sie die Schaltfläche **Next**.
5. Wählen Sie im nächsten Dialogschritt einen Transportauftrag aus und bestätigen Sie Ihre Auswahl erneut mit **Next**.
6. Im letzten Dialogschritt haben Sie die Möglichkeit, ein vordefiniertes Template auszuwählen, das Sie bei der Anlage der Service Definition unterstützt. Wählen Sie das Template **Define Service** und beenden Sie den Anlagen-Dialog mit **Finish** (siehe Abbildung 6.10).

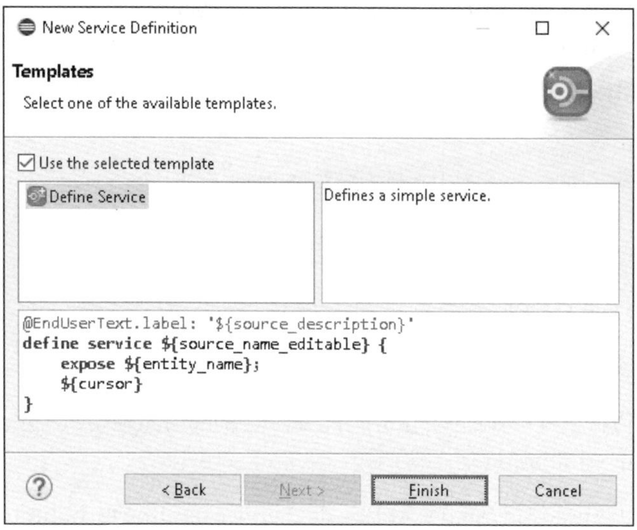

Abbildung 6.10 Vordefiniertes Template

7. Es öffnet sich der quelltextbasierte Editor für Service Definitions. Wie in Abbildung 6.11 zu erkennen, wurde die Grundstruktur bereits auf Basis des ausgewählten Templates **Define Service** ausgeprägt. Innerhalb der geschweiften Klammern {} können Sie definieren, welche CDS-Entitäten Sie exponieren möchten. Auch dabei unterstützt Sie die Code-Vervollständigung bzw. der **Code Assist**.

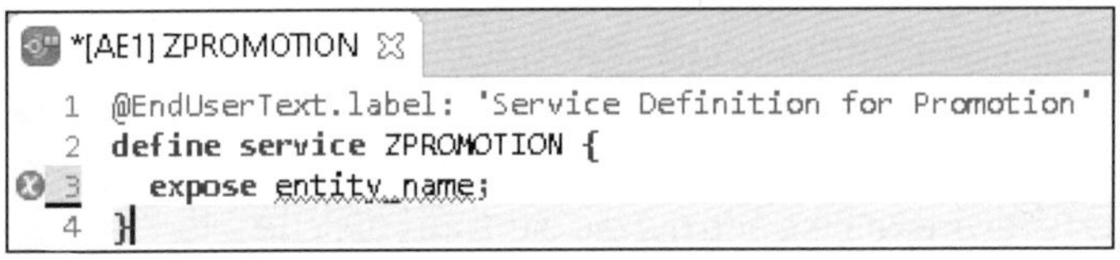

Abbildung 6.11 Quelltextbasierter Editor für Service Definitions

8. Verwenden Sie das Schlüsselwort `expose`, gefolgt von der zu exponierenden CDS-Entität. Beginnen Sie mit den Kopfdaten der Rabattaktion, also der Root Entity unseres Geschäftsobjekts, und fügen Sie folgendes Coding ein: `expose ZI_PromotionTP;`
9. Für jede freigegebene CDS-Entität können Sie außerdem einen Alias vergeben. Dieser Alias wird dann beim späteren Zugriff auf den Service anstelle des Namens der CDS-Entität verwendet. Um einen Alias zu vergeben, fügen Sie das Schlüsselwort `as`, gefolgt von einem entsprechenden Freitext, hinter der zu exponierenden CDS-Entität ein. Wir verzichten allerdings an dieser Stelle auf die Vergabe eines Alias.
10. Assoziationen werden nicht automatisch mit exponiert. Daher sollten Sie im nächsten Schritt die Positionsdaten der Rabattaktion mit dem folgenden Coding exponieren: `expose ZI_PromotionItemTP;`

    Das vollständige Coding der Service Definition `ZPROMOTION` sehen Sie in Listing 6.4.

```
@EndUserText.label: 'Service Definition for Promotion'
define service ZPROMOTION {
  expose ZI_PromotionTP;
  expose ZI_PromotionItemTP;
}
```

Listing 6.4 Service Definition ZPROMOTION

11. Aktivieren Sie Ihre Service Definition über die Schaltfläche oder mit der Tastenkombination `Strg` + `F3`.

Anschließend können Sie mit der Anlage des Service Binding fortfahren.

[»]

Abstrakte CDS-Entitäten

Möchten Sie UI- oder API-Services mit dem ABAP-RESTful-Programmiermodell erstellen, beachten Sie, dass Sie keine abstrakten CDS-Entitäten in der Service Definition verwenden dürfen. Abstrakte CDS-Entitäten dienen lediglich der Definition eines globalen Strukturtyps, den Sie zur Datendeklaration in ABAP-Coding verwenden können. Die Verwendung abstrakter

CDS-Entitäten in Service Definitions führt zu einem Laufzeitfehler. Sie dürfen in Service Definitions nur verwendet werden, wenn diese über OData-Client-Proxy-Tools angelegt wurden.

6.4.2 Service Binding

Im vorangegangenen Abschnitt haben Sie mit einer Service Definition definiert, wie sich Ihre Web-API zusammensetzt. Mit dem Service Binding entscheiden sich nun, ob es sich bei Ihrem Business Service um einen UI-Service oder eine Web-API handeln soll. Dazu binden Sie Ihre Service Definition an ein Anwendungsprotokoll. In beiden Fällen erhalten Sie nach der Generierung einen OData-Service.

UI-Service vs. Web-API

Technisch gesehen unterscheidet sich der UI-Service von der Web-API in den Metadaten:

- Bei einem UI-Service werden die Metadaten des OData-Service um verschiedene Frontendinformationen, wie z. B. UI-Annotationen, angereichert. Diese Informationen können von der SAP-Fiori-UI interpretiert werden und für die Erstellung einer passenden Oberfläche für den Service genutzt werden.
- Bei einer Web-API werden die Metadaten hingegen nicht um UI-relevanten Informationen angereichert. Die Web-APIs können lediglich von anderen OData-Clients aufgerufen werden.

Aufbau eines Service Binding

Wie in Abbildung 6.12 dargestellt, kann eine Service Definition in mehreren Service Bindings verwendet werden. Die Verwendung mehrerer Service Definitions in einem Service Binding ist aber nur im Kontext der Versionierung möglich und wird am Ende dieses Abschnitts näher beschrieben.

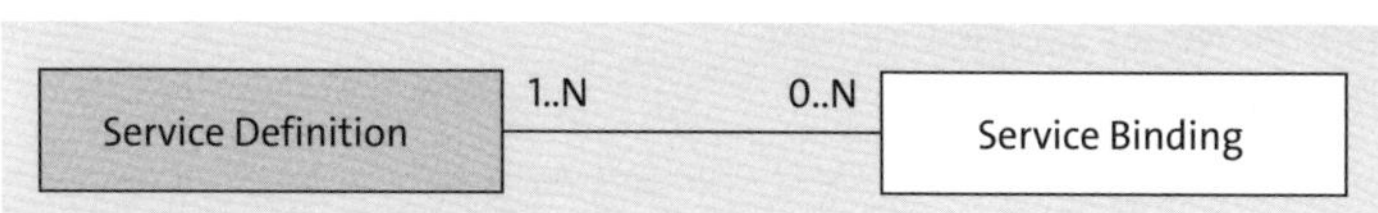

Abbildung 6.12 Beziehung zwischen Service Definition und Service Binding

Service Binding anlegen

Erstellen Sie nun ein Service Binding für Ihre zuvor angelegte Service Definition:

1. Rufen Sie im **Project Explorer** mit der rechten Maustaste das Kontextmenü Ihrer Service Definition `ZPROMOTION` auf und wählen Sie **New Service Binding** (siehe Abbildung 6.13). Alternativ können Sie auch den Dialog zur Erstellung von Entwicklungsobjekten mit der Tastenkombination [Strg] + [N] aufrufen und dort nach »Service Binding« filtern.

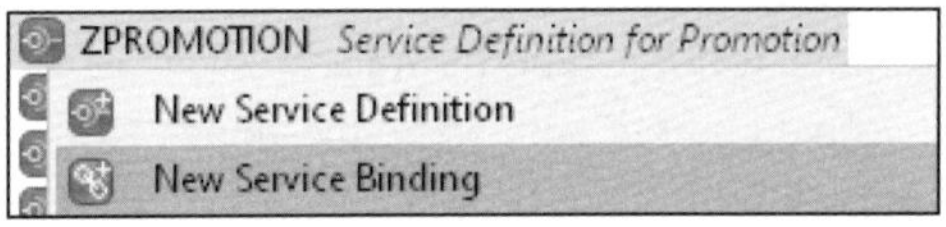

Abbildung 6.13 Anlage eines neuen Service Binding

2. Vergeben Sie, wie Abbildung 6.14 gezeigt, den Namen »ZUI_PROMOTION_O2« und die Beschreibung »Service Binding for Promotion«.
3. Wählen Sie im Feld **Binding Type** »ODATA V2 – UI«. Sollten Sie den Anlagedialog nicht über das Kontextmenü der Service Definition aufgerufen haben, achten Sie zudem darauf, unter **Service Definition** die Service Definition »ZPROMOTION« einzutragen.

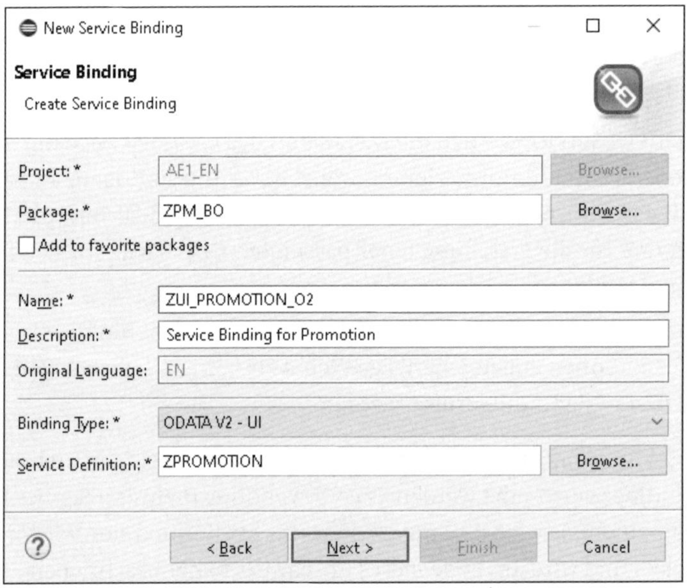

Abbildung 6.14 Neues Service Binding

[»]

Namenskonventionen

Service Bindings können für einen UI-Service oder eine Web-API angelegt werden und sich außerdem hinsichtlich der Version des zu verwendenden OData-Protokolls unterscheiden. Damit Sie Service Bindings besser voneinander differenzieren können, wird empfohlen, das Präfix UI für UI-Services und das Präfix API für Web-APIs zu verwenden. Außerdem sollten Sie das Suffix _02 für Service Bindings mit dem OData-Protokoll V2 und das Suffix _04 für Service Bindings mit dem OData-Protokoll V4 anfügen. Die Unterstützung des OData-Protokolls V4 ist von SAP für das Release 2011 des ABAP Environments geplant.

4. Klicken Sie auf die Schaltfläche **Next**.
5. Wählen Sie im nächsten Dialogschritt einen Transportauftrag aus und schließen Sie die Anlage mit **Finish** ab.
6. Wie in Abbildung 6.15 dargestellt, öffnet sich die Detailansicht des Service Binding. Über die Schaltfläche **Activate** im rechten Bildschirmbereich können Sie Ihr Service Binding aktivieren.

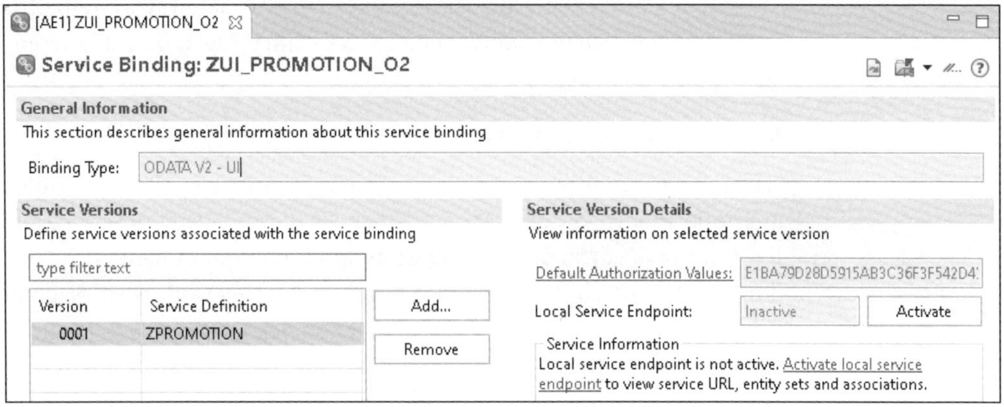

Abbildung 6.15 Angelegtes Service Binding

Versionen des Service Binding

Im linken Bildschirmbereich steht Ihnen der Bereich **Service Versions** zur Verfügung. Wie bereits erwähnt, können Sie einem Service Binding mehrere Service Definitions zuweisen. Jede dieser Zuweisungen führt dazu, dass eine neue Version des Service Binding erstellt und einer korrespondierenden Versionsnummer zugewiesen wird. Im Grunde genommen erstellen Sie mit jedem Hinzufügen einer Service Definition auch eine neue Version Ihrer Web-API. Jede Version hat eine separate Service-URL.

Diese Funktionalität spielt ihre Stärken insbesondere bei der Entwicklung von Web-APIs aus. Sie können so eine bereits veröffentliche Web-API »ungestört« um Funktionen erweitern, und jeder Client kann anschließend entscheiden, ob und wann eine Umstellung auf eine neue Version erfolgen soll.

Vergleich zum Programmiermodell für SAP Fiori

Sollten Sie bereits Erfahrungen mit dem ABAP-Programmiermodell für SAP Fiori gemacht haben, wird Ihnen aufgefallen sein, dass die Bereitstellung einer Web-API mit dem ABAP-RESTful-Programmiermodell deutlich komfortabler ist. Die Anlage von Service Definition und Service Binding ist in wenigen Augenblicken erledigt und erfolgt komplett in Eclipse. Die Bereitstellung einer Web-API mit dem ABAP-Programmiermodell für SAP Fiori ist dagegen etwas aufwendiger:

1. Als Erstes definieren Sie mit der Annotation `@OData.publish: true`, dass Sie eine CDS-View als OData-Service exponieren wollen.
2. Nachdem Sie den CDS-View aktiviert haben, wird automatisch ein OData-Service generiert.
3. Dieser muss anschließend noch im SAP-Gateway-System aktiviert werden. Daher müssen Sie ins SAP GUI wechseln und die Transaktion zur Aktivierung und Pflege von Services in Ihrem SAP-Gateway-System öffnen. Dort können Sie nun einen neuen Service hinzufügen und aktivieren.

6.4.3 Aufruf von Business Services

Nachdem Sie im Ihren ersten Business Service mit dem ABAP-RESTful-Programmiermodell erstellt haben, können Sie diesen Business Service aufrufen. Wir nutzen dazu die Vorschaufunktion für SAP-Fiori-Elements-Anwendungen, die in Eclipse für Service Bindings bereitgestellt wird. Nach dem Prinzip WYSIWYG (What You See Is What You Get) können Sie in einem sehr frühen Stadium Ihrer Entwicklung direkt über eine Schaltfläche in Eclipse sehen, wie Ihre Anwendung später aussehen wird. Beim ABAP-Programmiermodell für SAP Fiori müssten Sie sich dagegen erst an der SAP Web IDE anmelden und einen entsprechenden Import vornehmen, um eine Vorschau zu sehen. Die automatische Generierung der Oberfläche erfolgt bei der Entwicklung nach dem ABAP-RESTful-Programmiermodell einzig durch die CDS-Annotationen in Ihrem Geschäftsobjekt.

Vorschau anzeigen

Um sich eine Vorschau Ihrer Anwendung anzeigen zu lassen, gehen Sie wie folgt vor:

1. Öffnen Sie die Detailansicht des Service Binding und markieren Sie die Root Entity `ZI_PromotionTP`, wie in Abbildung 6.16 dargestellt.
2. Klicken Sie anschließend auf die Schaltfläche **Preview...**

Abbildung 6.16 Vorschau der Oberfläche anzeigen lassen

3. Nun sollte sich Ihr Webbrowser öffnen und Sie gegebenenfalls zur Anmeldung auffordern.
4. Nachdem Sie sich erfolgreich angemeldet haben, wird Ihnen ein SAP Fiori List Report zur Darstellung der Kopfdaten der Rabattaktion angezeigt. Beim initialen Aufruf sind hier jedoch alle Felder ausgeblendet.
5. Um sich einzelne Felder anzeigen zu lassen, klicken Sie im oberen rechten Bildschirmbereich auf die Schaltfläche (**Einstellungen**).
6. Sie gelangen in die Anzeigeeinstellungen des SAP Fiori List Reports. Hier können Sie wählen, welche Felder angezeigt werden sollen. Markieren Sie alle in Abbildung 6.17 markierten Felder und bestätigen Sie Ihre Auswahl mit der Schaltfläche **OK**.

Abbildung 6.17 Auswahl anzuzeigender Felder

Ausgabe des List Reports

Abbildung 6.18 zeigt das Ergebnis der vorgenommenen Anzeigeeinstellungen. Da wir bisher keine Feldbezeichnungen über UI-Annotationen definiert haben, werden die Feldbezeichnungen aus den Texten der Datenelemente ermittelt. Sollten Sie statt eines Datenelements einen elementaren Datentyp verwendet haben, wird stattdessen der Feldname aus der Projektionsliste des CDS-View verwendet.

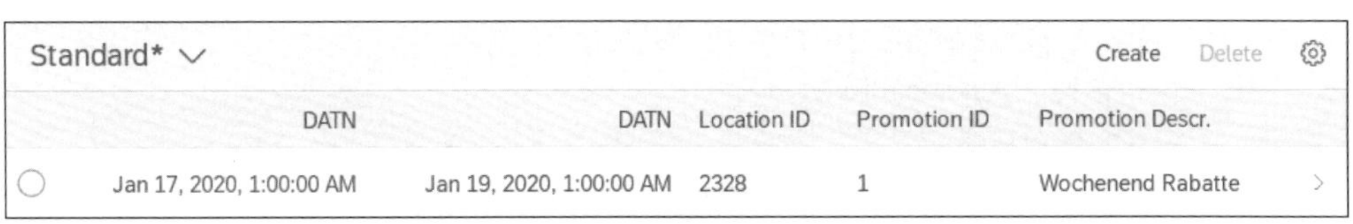

Abbildung 6.18 SAP Fiori List Report mit unvollständigen Feldbezeichnungen

Mit einem Klick auf den Datensatz navigieren Sie in die Detailansicht der Kopfdaten. Dort finden Sie auch einen SAP Fiori List Report zur Darstellung der Positionsdaten. Allerdings wird die Detailansicht aufgrund fehlender UI-Annotationen zurzeit noch unvollständig dargestellt.

UI-Annotationen hinzufügen

Wir wollen nun die CDS-Views mit UI-Annotationen anreichern, um eine optisch ansprechende Oberfläche zu gestalten. An dieser Stelle werden wir nicht im Detail auf die einzelnen UI-Annotationen eingehen. Wir werden in Kapitel 10, »Gestalten von Benutzeroberflächen«, ausführlicher beschreiben, wie Sie mithilfe von UI-Annotationen einheitliche Benutzeroberflächen erstellen können.

Öffnen Sie den CDS-View `ZI_PromotionTP` und fügen Sie die folgenden Annotationen oberhalb des Felds `PromotionId` ein:

```
@UI.lineItem: [{position: 10, label: 'Promotion' }]
@UI.identification: [{position: 10, label: 'Promotion' }]
```

Die UI-Annotation `@UI.lineItem` beeinflusst die Darstellung eines Felds im SAP Fiori List Report. Mit der UI-Annotation `@UI.identification` beeinflussen Sie dagegen die Darstellung des Felds in der Detailansicht. Die Detailsicht wird durch eine *Object Page* repräsentiert, einem weiteren SAP-Fiori-Floorplan neben dem List Report. Mit beiden UI-Annotationen legen Sie die Position und Feldbezeichnung des entsprechenden Felds fest. Verfahren Sie analog mit den Feldern `PromotionDescription`, `StartDate`, `EndDate`, `LocationId` und `ApprovalStatus`. Definieren Sie jeweils die gewünschte Position und vergeben Sie eine sprechende Feldbezeichnung.

Detailansicht der Kopfdaten

Als Nächstes wollen wir uns um die Darstellung der Detailansicht der Kopfdaten kümmern. Erweitern Sie dazu Ihren CDS-View `ZI_PromotionTP` um die in Listing 6.5 aufgeführten UI-Annotationen. Fügen Sie diese oberhalb Ihrer Felddefinitionen direkt unterhalb der öffnenden geschweiften Klammer { ein. Mit diesen UI-Annotationen können Sie die Darstellungsweise der Detailsicht definieren.

```
@UI.facet: [
{ id: 'idGeneralInformation',
  position: 10,
  label:'General Information',
  type: #IDENTIFICATION_REFERENCE },
{ id: 'idPromotionItem',
  position: 20,
  label: 'Promotion Item',
  type: #LINEITEM_REFERENCE,
  targetElement: '_PromotionItem' } ]
```

Listing 6.5 UI-Annotation für die Darstellung der Detailansicht

Listing 6.6 zeigt die vollständige Definition des CDS-View ZI_PromotionTP.

```
@AbapCatalog.sqlViewName: 'ZIPROMOTIONTP'
@AbapCatalog.compiler.compareFilter: true
@AbapCatalog.preserveKey: true
@AccessControl.authorizationCheck: #NOT_REQUIRED
@EndUserText.label: 'Promotion - Business Object'
define root view ZI_PromotionTP as select from ZI_Promotion
  composition [0..*] of ZI_PromotionItemTP as _PromotionItem
{
  @UI.facet: [
  { id: 'idGeneralInformation',
    position: 10,
    label:'General Information',
    type:#IDENTIFICATION_REFERENCE },
  { id: 'idPromotionItem',
    position: 20,
    label: 'Promotion Items',
    type: #LINEITEM_REFERENCE,
    targetElement: '_PromotionItem' } ]

  @UI.lineItem: [{position: 10, label: 'Promotion' }]
  @UI.identification: [{position: 10, label: 'Promotion' }]
  key PromotionId,
  @UI.lineItem: [{position: 20, label: 'Description' }]
  @UI.identification: [{position: 20, label: 'Description' }]
  PromotionDescription,
  @UI.lineItem: [{position: 30, label: 'Start date' }]
  @UI.identification: [{position: 30, label: 'Start date' }]
  StartDate,
  @UI.lineItem: [{position: 40, label: 'End date' }]
  @UI.identification: [{position: 40, label: 'End date' }]
  EndDate,
  @UI.lineItem: [{position: 50, label: 'Location' }]
  @UI.identification: [{position: 50, label: 'Location' }]
  LocationId,
  @UI.lineItem: [{position: 60, label: 'Approval Status' }]
  @UI.identification: [{position: 60, label: 'Approval Status' }]
  ApprovalStatus,
  CreatedAt,
  CreatedBy,
  @UI.identification: [{position: 70, label: 'Changed at' }]
  ChangedAt,
```

```
  @UI.lineItem: [{position: 70, label: 'Changed by' }]
  @UI.identification: [{position: 80, label: 'Changed by' }]
  ChangedBy,
  _PromotionItem,
  _Location
}
```

Listing 6.6 CDS-View ZI_PromotionTP mit UI-Annotationen

Anzeige der Positionsdaten

Damit auch die Positionsdaten ansprechend dargestellt werden, sollten Sie nun in den CDS-View `ZI_PromotionItemTP` wechseln und dort die Positionen und Feldbezeichnungen mit den UI-Annotationen `@UI.lineItem` und `@UI.identification` verfeinern. Listing 6.7 zeigt die vollständige Definition des CDS-View `ZI_PromotionItemTP` mit den zugehörigen UI-Annotationen.

```
@AbapCatalog.sqlViewName: 'ZIPROMOITMTP'
@AbapCatalog.compiler.compareFilter: true
@AbapCatalog.preserveKey: true
@AccessControl.authorizationCheck: #NOT_REQUIRED
@EndUserText.label: 'Promotion Item - Business Object'
define view ZI_PromotionItemTP
  as select from ZI_PromotionItem
association to parent ZI_PromotionTP as _Promotion
  on $projection.PromotionId = _Promotion.PromotionId {
  @UI.facet: [
  { id: 'idPromotionItem',
    label: 'Promotion Items',
    type: #IDENTIFICATION_REFERENCE } ]

  @UI.lineItem: [{position: 10, label: 'Promotion' }]
  @UI.identification: [{position: 10, label: 'Promotion' }]
  key PromotionId,
  @UI.lineItem: [{position: 20, label: 'Position' }]
  @UI.identification: [{position: 20, label: 'Position' }]
  key PromotionPosition,
  @UI.lineItem: [{position: 30, label: 'Article' }]
  @UI.identification: [{position: 30, label: 'Article' }]
  ProductId,
  @UI.lineItem: [{position: 40, label: 'Quantity' }]
  @UI.identification: [{position: 40, label: 'Quantity' }]
  Quantity,
  QuantityUnit,
  @UI.lineItem: [{position: 50, label: 'Discount in percent' }]
```

```
  @UI.identification: [{position: 50, label: 'Discount in percent}]
  DiscountInPercent,
  @UI.lineItem: [{position: 60, label: 'Discount Price' }]
  @UI.identification: [{position: 60, label: 'Discount Price' }]
  DiscountPrice,
  Currency,
  _Promotion,
  _Product
}
```

Listing 6.7 CDS-View ZI_PromotionItemTP mit UI-Annotationen

Ergebnisse in der Vorschau

Aktivieren Sie nun beide CDS-Views und aktualisieren Sie die Anwendung in Ihrem Webbrowser. Der SAP Fiori List Report zeigt die Kopfdaten der Rabattaktion wie in Abbildung 6.19 an.

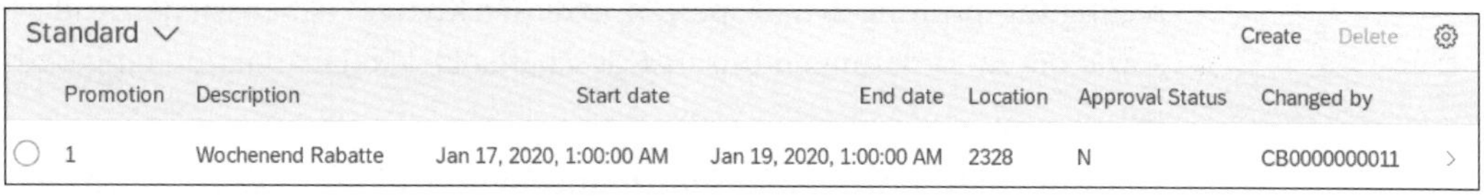

Abbildung 6.19 SAP Fiori List Report mit vollständigen Feldbezeichnungen

Abbildung 6.20 zeigt die Detailansicht der Rabattaktion.

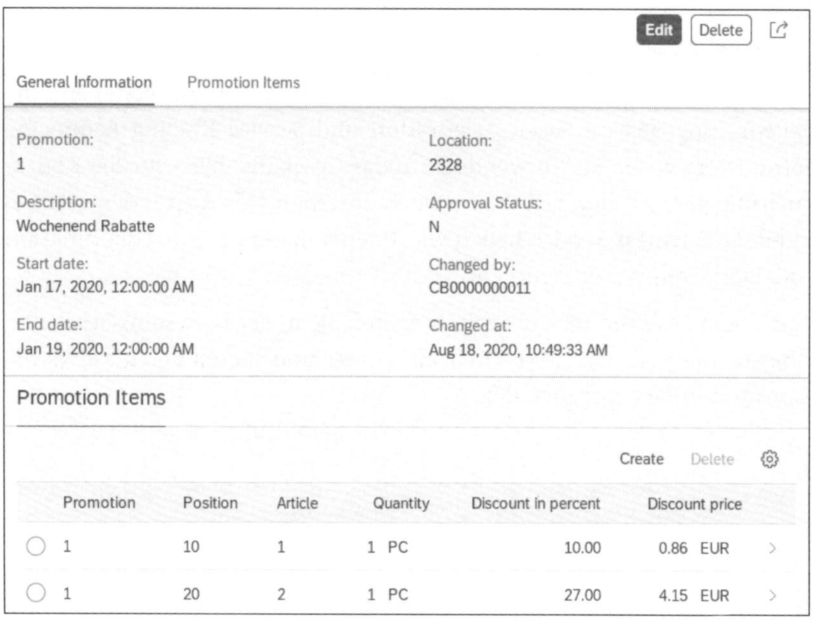

Abbildung 6.20 Fertig gestaltete Detailansicht

6.5 Zusammenfassung

In diesem Kapitel haben wir erläutert, wie Sie im ABAP Environment Geschäftsobjekte mit dem ABAP-RESTful-Programmiermodell modellieren. Dazu haben wir in Abschnitt 6.1, »ABAP-RESTful-Programmiermodell als Grundlage für die Geschäftsobjektmodellierung«, die grundlegenden Konzepte des Programmiermodells vorgestellt und die Evolution der ABAP-Programmierung aufgezeigt. Sie sollten nun in der Lage sein, das neue Programmiermodell in den Kontext der ABAP-Programmierung einzuordnen.

Wir haben Ihnen in Abschnitt 6.2, »Aufbau des Geschäftsobjekts«, die Bestandteile von Geschäftsobjekten vorgestellt. Ein Geschäftsobjekt setzt sich aus einer Geschäftsobjektstruktur und dem Geschäftsobjektverhalten zusammen. Das Geschäftsobjektverhalten repräsentiert die betriebswirtschaftliche Logik und beinhaltet Ermittlungen, Validierungen, Aktionen sowie Berechtigungsprüfungen und Sperren. In diesen Kontext haben wir den Aufbau sowie die Anforderungen unseres Geschäftsobjekts Rabattaktion eingeordnet.

In Abschnitt 6.3, »Geschäftsobjektmodellierung mittels CDS-Views«, haben Sie dann das Geschäftsobjekt Rabattaktion modelliert und spezielle CDS-Views verwendet. Unter anderem haben Sie die Wurzel-Entität der Rabattaktionsköpfe durch `define root view` definiert. Die entsprechende Kompositionsassoziation zu der Child Entity der Rabattaktionspositionen erfolgte durch die Zusätze `composition [0..*] of` und `association to parent`.

Abschließend haben Sie in Abschnitt 6.4, »Business Services erstellen«, die Entwicklungsobjekte Service Definition und Service Binding kennengelernt. Diese haben Sie verwendet, um das Geschäftsobjekt für die Konsumierung per SAP Fiori List Report bereitzustellen. Den Aufruf des entsprechenden Business Service haben wir Ihnen anhand der Vorschaufunktion SAP Fiori Elements verdeutlicht.

Nach dem Studium dieses Kapitels sollten Sie in der Lage sein, Geschäftsobjekte innerhalb des ABAP Environment zu modellieren und diese für die Konsumierung bereitzustellen.

Kapitel 7
Geschäftslogik entwickeln

Wir zeigen Ihnen in diesem Kapitel, wie Sie das ABAP-RESTful-Programmiermodell nutzen können, um das Verhalten von Geschäftsobjekten zu definieren und eigene Geschäftslogik zu implementieren.

Nachdem Sie im vorangehenden Kapitel das ABAP-RESTful-Programmiermodell als nächsten Schritt innerhalb der Evolution der ABAP-Programmiermodelle kennengelernt haben, steigen Sie nun in die Definition und die Implementierung des Verhaltens unseres exemplarischen Geschäftsobjekts, der Rabattaktion, ein.

In Abschnitt 7.1, »Implementierungsszenarien«, führen wir Sie zunächst in die unterschiedlichen Implementierungsszenarien des ABAP-RESTful-Programmiermodells ein. Wir stellen Ihnen die Unterschiede zwischen den einzelnen Szenarien vor und nennen mögliche Anwendungsfälle.

In Abschnitt 7.2, »Transaktionales Verhalten implementieren«, geben wir Ihnen einen Überblick über die Definition von Geschäftsobjektverhalten. Im Kontext des ABAP-RESTful-Programmiermodells stehen dazu sogenannte *Behavior Definitions* zur Verfügung.

Abschnitt 7.3, »Ermittlungen implementieren«, bis Abschnitt 7.7, »Sperrkonzepte«, befassen sich mit den Möglichkeiten, das Verhalten von Geschäftsobjekten zu beeinflussen. Dazu können Sie unter anderem Ermittlungen (siehe Abschnitt 7.3, »Ermittlungen implementieren«), Validierungen (siehe Abschnitt 7.4, »Validierungen implementieren«) und Aktionen (siehe Abschnitt 7.5, »Aktionen implementieren«) implementieren. In Abschnitt 7.6, »Zusätzliche Feldeigenschaften definieren«, definieren wir dynamische und statische Feldeigenschaften für unser Geschäftsobjekt.

Abschließend gehen wir in Abschnitt 7.7, »Sperrkonzepte«, auf die vom ABAP-RESTful-Programmiermodell unterstützten Sperrkonzepte ein.

7.1 Implementierungsszenarien

Verhalten von Geschäftsobjekten

Bevor wir mit der eigentlichen Implementierung des *Verhaltens* von Geschäftsobjekten beginnen, wollen wir uns zunächst ansehen, wie dieses Verhalten im ABAP-RESTful-Programmiermodell zu definieren ist. In Abschnitt 6.2, »Aufbau des Geschäftsobjekts«, haben wir das Verhalten eines Geschäftsobjekts bereits grob umschrieben und möchten nun noch einmal im Detail betrachten, aus welchen Komponenten sich dieses Verhalten zusammensetzt.

Das Verhalten, im Englischen *Behavior*, spezifiziert im ABAP-RESTful-Programmiermodell die zwei folgenden Eigenschaften für alle Entitäten der Kompositionshierarchie eines Geschäftsobjekts:

- Charakteristiken
- Operationen

Abbildung 7.1 gibt einen groben Überblick über die Operationen und Charakteristiken, die durch ein Behavior beschrieben werden.

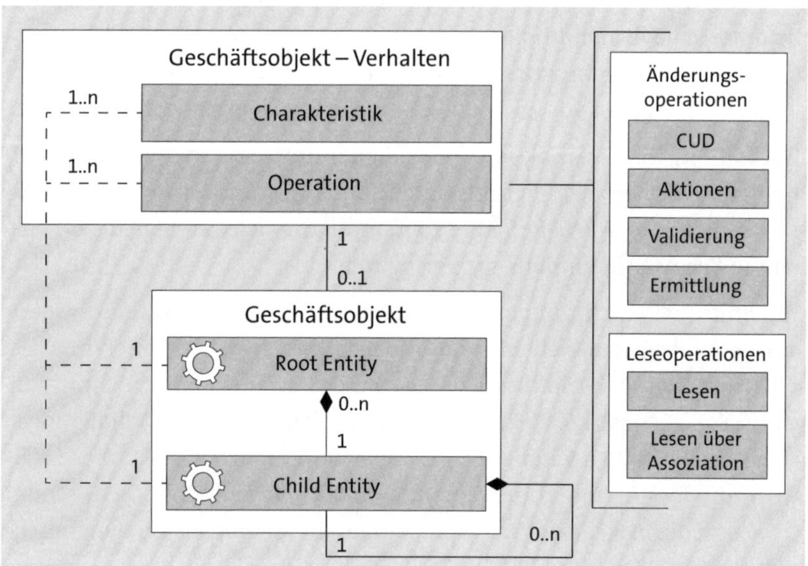

Abbildung 7.1 Behavior von Geschäftsobjekten

Charakteristiken

Charakteristiken definieren allgemeine Eigenschaften der Entitäten von Geschäftsobjekten sowie der entsprechenden Instanzen. Über Charakteristiken werden unter anderem Attributeigenschaften, Berechtigungsprüfungen oder Nummernvergaben spezifiziert. Jede Entität eines Geschäftsobjekts kann mehrere dieser Charakteristiken gleichzeitig ausprägen.

Operationen

Operationen bilden Funktionen ab, über die Anwendungen mit Geschäftsobjekten interagieren können. Wir können hierbei grob zwischen lesenden und ändernden Operationen unterscheiden:

- *Lesende Operationen* ermöglichen das Auslesen einzelner Instanzen von Geschäftsobjekten sowie die Navigation über deren Assoziationen.
- *Ändernde Operationen* umfassen die CUD-Funktionen (Create, Update, Delete) und anwendungsspezifisch definierte Aktionen des Geschäftsobjekts. Da Validierungen und automatische Ermittlungen von Attributwerten (siehe Abschnitt 7.5, »Aktionen implementieren«, und Abschnitt 7.6, »Zusätzliche Feldeigenschaften definieren«) direkt mit den CUD-Operationen zusammenhängen, fallen sie ebenfalls unter die ändernden Operationen.

Implementierungsszenarien

Für die Implementierung des Geschäftsobjektverhaltens unterscheidet das ABAP-RESTful-Programmiermodell zwischen zwei Implementierungsansätzen:

- Unmanaged Behavior
- Managed Behavior

Beide Ansätze adressieren verschiedene Szenarien und Vorausetzungen für die Verhaltensimplementierung von Geschäftsobjekten.

Unmanaged Behaviors

Bei der Implementierung eines *Unmanaged Behavior* müssen sämtliche notwendigen Operationen des Verhaltens der Entitäten eines Geschäftsobjekts durch eigene Anwendungslogik implementiert werden. Das betrifft nicht nur die Logik zur Interaktion mit dem Geschäftsobjekt, sondern auch die entsprechende Persistenzlogik (siehe Abbildung 7.2).

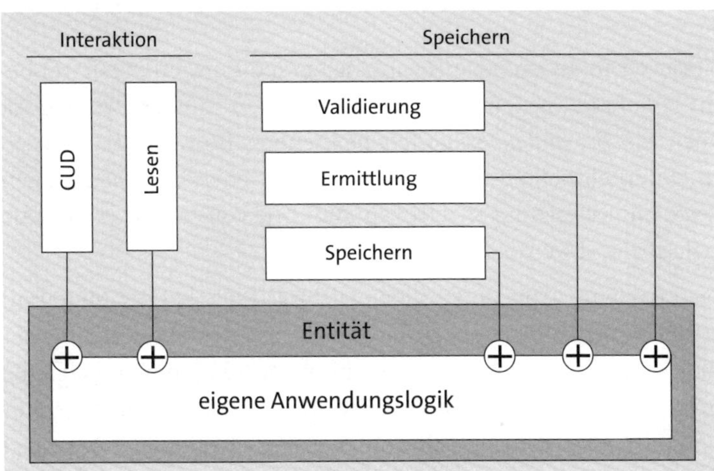

Abbildung 7.2 Unmanaged Behavior im ABAP-RESTful-Programmiermodell

Wir unterscheiden in Abbildung 7.2 zusätzlich zwischen Operationen zur Interaktion mit den Instanzen eines Geschäftsobjekts und Operationen zum Speichern. Auf diese zusätzliche Unterscheidung gehen wir in Abschnitt 7.2, »Transaktionales Verhalten implementieren«, noch genauer ein.

Ein Unmanaged Behavior ist aus Entwicklungssicht also erst einmal mit einem hohen Aufwand für die Implementierung sämtlicher Operationen verbunden. Vom Lesen der Daten des Geschäftsobjekts von der Datenbank über CUD-Operationen und das Absichern korrekter transaktionaler Abläufe bis hin zum Speichern der veränderten Daten muss sämtliche Anwendungslogik von den Entwickler*innen selbst umgesetzt werden. Beim Unmanged Behavior wird Ihnen also lediglich das »Skelett« für die Implementierung des Geschäftsobjektverhaltens zur Verfügung gestellt. Es wird erst durch eigene Implementierungen lauffähig.

Verwendung von Unmanaged Behaviors

Es stellt sich also die Frage, wann die Nutzung dieses aufwendigen Verfahrens sinnvoll ist. Unmanaged Behaviors bieten sich besonders in Szenarien an, in denen die beschriebenen Operationen bereits in irgendeiner Form implementiert wurden und wiederverwendet werden können. Das ist oftmals in Situationen der Fall, in denen bereits existierende Prozesse in ABAP-RESTful-Anwendungen und die entsprechenden Geschäftsobjekte überführt werden oder Teile bestehender Anwendungslogik in ABAP-RESTful-Anwendungen integriert werden sollen. Solche Teile bestehender Anwendungslogik können z. B. bereits existierende Klassen, die Implementierung von BOPF-Objekten oder Verbuchungsbausteine sein. Das Unmanaged Behavior bietet Ihnen die Möglichkeit, diesen sogenannten *Legacy-Code* in ABAP-RESTful-Anwendungen zu integrieren und nutzbar zu machen.

Brownfield-Ansatz

Solche Szenarien, in denen neue Technologien und Anwendungen mit bestehenden IT-Softwaresystemen verbunden werden müssen, werden im Allgemeinen als *Brownfield-Szenarien* bezeichnet. Brownfield-Szenarien spielen in Unternehmen eine große Rolle, da bestehende Anwendungen und Prozesse nur selten mit vertretbarem Aufwand vollständig durch neue Technologie abgelöst werden können.

Unmanaged Behaviors spielen also eine wichtige Rolle bei der Migration von Legacy-Code in die ABAP-RESTful-Anwendungsarchitektur und bei der Realisierung von Brownfield-Szenarien. Abseits dessen empfiehlt sich die Entwicklung von Geschäftsobjekten mittels Unmanaged Behavior nur dann, wenn die Geschäftslogik nicht mit den Möglichkeiten des *Managed*

Behaviors abzubilden ist, z. B. bei der Implementierung von Berechtigungsprüfungen (siehe Kapitel 12, »Berechtigungen implementieren«).

Verwendung von Managed Behaviors

Stellen Sie sich nun ein Szenario vor, in dem eine transaktionale Anwendung für einen vollkommen neuen Geschäftsfall oder Prozess entwickelt werden soll. In einem solchen Fall existiert keine Legacy-Geschäftslogik, die für die Implementierung des Verhaltens der entsprechenden Geschäftsobjekte wiederverwendet werden kann. Das Verhalten müsste also in einem Unmanaged Behavior aufwendig von Grund auf neu entwickelt werden.

Greenfield-Ansatz

Eine solche Situation, in der IT-Prozesse und die entsprechenden Anwendungen oder Geschäftsobjekte vollständig neu zu entwerfen und zu implementieren sind, wird auch als *Greenfield-Szenario* bezeichnet. Greenfield-Szenarien stellen in gewisser Weise das Gegenstück der beschriebenen Brownfield-Szenarien dar. »Auf der grünen Wiese« sind die Einführung und das Etablieren neuer Technologien und Anwendungen deutlich einfacher.

Das *Managed Behavior* des ABAP-RESTful-Programmiermodells bietet sich genau für solche Greenfield-Szenarien an. Bei Managed Behaviors ist es nicht notwendig, die benötigten Lese- und CUD-Operationen, die Persistenzlogik sowie das übrige transaktionale Verhalten eines Geschäftsobjekts selbst zu implementieren. In Managed Behaviors wird die technische Implementierung dieser Operationen automatisch über die *Business Object Runtime Infrastructure* abgebildet (siehe Abbildung 7.3). Wir wollen der Einfachheit halber die Business Object Runtime Infrastructure nachfolgend als *BO-Framework* bezeichnen.

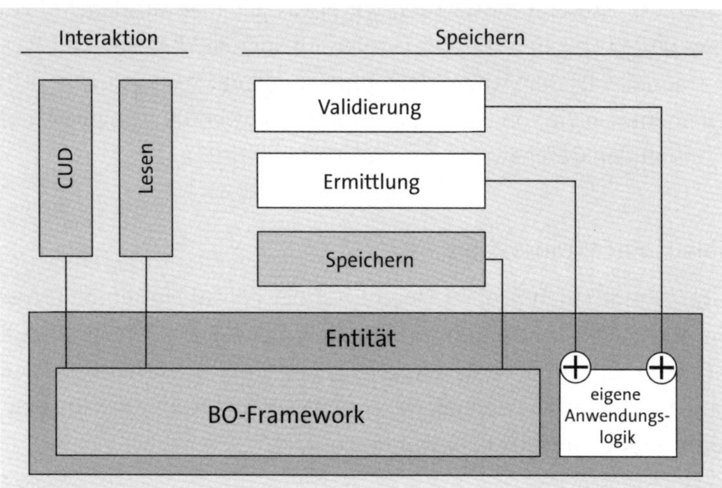

Abbildung 7.3 Managed Behavior im ABAP-RESTful-Programmiermodell

Während Ihnen das Unmanaged Behavior also nur das »Skelett« für eine Verhaltensimplementierung liefert, stellt Ihnen ein Managed Behavior zusätzlich eine Implementierung der »lebensnotwendigen« Funktionen Ihres Geschäftsobjekts bereit. Managed Behaviors bieten bei der Implementierung von Geschäftsobjekten also eine erhebliche Arbeitserleichterung gegenüber den Unmanaged Behaviors. Dadurch, dass hier die elementaren Operationen des Geschäftsobjekts durch das BO-Framework implementiert werden, können Sie sich auf die Implementierung der eigentlichen Geschäftslogik fokussieren. Das Managed Behavior liefert dazu Schnittstellen für die Implementierung eigener Anwendungslogik über Ermittlungen, Validierungen oder selbstdefinierte Aktionen.

In den folgenden Abschnitten implementieren wird das Verhalten des Geschäftsobjekts Rabattaktion exemplarisch als Managed Behavior. Anhand dieses Beispiels werden Sie die wichtigsten Funktionen dieser Implementierungsvariante kennenlernen. Auf die Implementierung eines Unmanaged Behavior gehen wir nicht im Detail ein. Für vertiefende Informationen zum ABAP-RESTful-Programmiermodell können wir Ihnen beispielsweise das Buch »ABAP RESTful Programming Model, ABAP Development for SAP S/4HANA« von Stefan Haas und Bince Mathew (SAP PRESS 2020) empfehlen.

7.2 Transaktionales Verhalten implementieren

Transaktionszyklus des ABAP-RESTful-Programmiermodells

Zu Beginn dieses Abschnitts schauen wir etwas genauer auf den Aufbau einer Transaktion bzw. den transaktionalen Ablauf des ABAP-RESTful-Programmiermodells. Dieser Aufbau legt unter anderem fest, wann und in welcher Reihenfolge die von uns implementierte Anwendungslogik bei der Interaktion mit den Geschäftsobjekten ausgeführt wird.

7.2.1 Ablauf einer Transaktion

Abbildung 7.4 gibt einen groben Überblick über den Ablauf einer Transaktion im ABAP-RESTful-Programmiermodell. Der transaktionale Ablauf wird hier in vereinfachter Form dargestellt. Der Einfachheit halber haben wir uns auf die Darstellung der hier wesentlichen Transaktionsschritte bzw. Operationen eines Managed Behavior beschränkt.

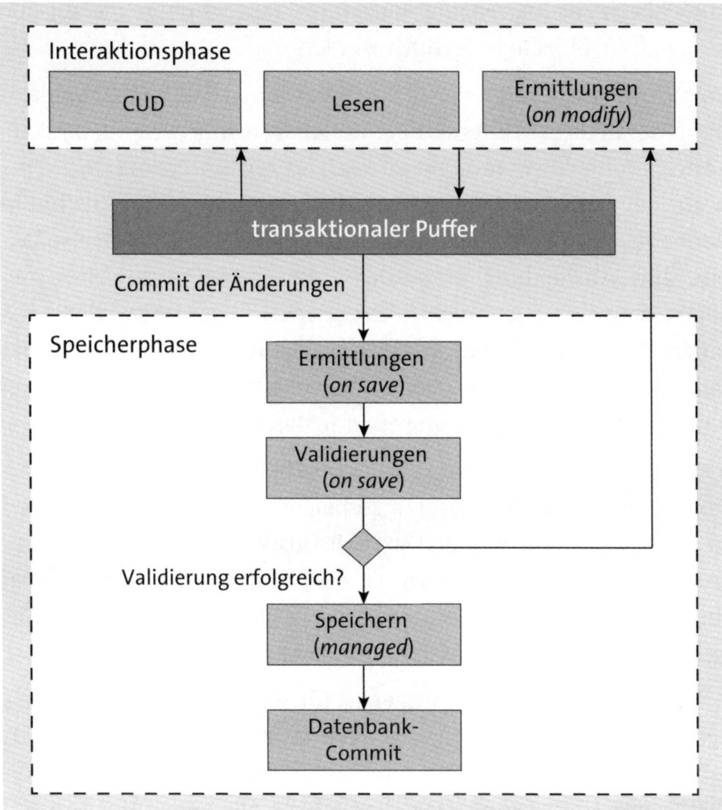

Abbildung 7.4 Transaktionszyklus des ABAP-RESTful-Programmiermodells (in Anlehnung an: SAP SE (2020): SAP – ABAP RESTful Programming Model, Seite 257)

Verschiedene Phasen des transaktionalen Ablaufs

Im vorangehenden Abschnitt haben wir bereits kurz die Trennung zwischen Operationen für die Interaktion von Geschäftsobjekten und Operationen für die Speicherung der entsprechenden Daten angesprochen. Diese Unterscheidung ist wichtig für das ABAP-RESTful-Programmiermodell und lässt sich auch direkt im transaktionalen Ablauf wiederfinden. Eine Transaktion teilt sich in zwei verschiedene Phasen auf:

- die *Interaktionsphase* (auf Englisch *Interaction Phase*)
- die *Speicherphase* (auf Englisch *Save Phase*)

Die Interaktions- und Speicherphase sind nicht ausschließlich im Hinblick auf den zeitlichen Ablauf einer Transaktion oder die Reihenfolge der Ausführung von Operationen zu betrachten. Wie in Abschnitt 7.1, »Implementierungsszenarien«, beschrieben, dienen die Phasen ebenfalls zur semantischen Trennung der Operationen für Interaktion und Persistenz. Ebenso dienen die Phasen zur Abgrenzung einzelner Transaktionen, die auf den Daten der Geschäftsobjekte ausgeführt werden.

Interaktionsphase

Die Interaktionsphase bündelt sämtliche Operationen der Geschäftsobjektentitäten für deren direkte Interaktion mit den Konsumenten einer ABAP-RESTful-Anwendung. *Interaktion* meint hier das Ausführen von CUD-Operationen auf den Instanzen eines Geschäftsobjekts sowie das Ausführen von Aktionen oder Ermittlungen mit dem Zusatz `on modify`. Wenn also beispielsweise eine Anwendung Änderungen an den Instanzen eines Geschäftsobjekts vornimmt, geschieht dies zunächst in der Interaktionsphase. Die innerhalb dieser Interaktionsphase ausgeführten Operationen sind Teil derselben Transaktion. Sie arbeiten also alle mit demselbem lokalen Datenstand bzw. mit der Ausprägung einer Instanz des Geschäftsobjekts.

Die Änderungen an den Instanzen eines Geschäftsobjekts werden im transaktionalen Puffer des BO-Frameworks gespeichert, der demnach also den aktuellen Stand der Instanzen eines Geschäftsobjekts zur Laufzeit repräsentiert. Dieser aktuelle Stand der Instanz ist zum Zeitpunkt der Interaktionsphase nur für die entsprechende Anwendung sichtbar und wird erst mit dem Commit der Änderungen auf der Datenbank fortgeschrieben.

Diese Verwaltung von Datenänderungen ist für Sie sicherlich nichts Neues. Die Menge der logisch zusammenhängenden Änderungen an Daten, die zu einem definierten Zeitpunkt gemeinsam persistiert werden, wird im ABAP-Kontext als *Logical Unit of Work* (LUW) bezeichnet. Alle Änderungen an den Daten von Geschäftsobjekten innerhalb einer Interaktionsphase werden im ABAP-RESTful-Programmiermodell also als eine LUW behandelt.

Speicherphase

Sobald alle Änderungen an den Geschäftsobjektinstanzen vorgenommen wurden, können diese persistiert werden. Es erfolgt also das entsprechende *Commit* der Änderungen. Dieses Commit markiert den Übergang in die zweite Phase des Transaktionsablaufs: die Speicherphase. In der Speicherphase werden sämtliche Änderungen an Geschäftsobjekten aus dem transaktionalen Puffer auf die Datenbank überführt. Es werden also zum einen die notwendigen Persistenzoperationen, deren Implementierung in Managed Behaviors vom Framework geleistet wird, ausgeführt, und der transaktionale Puffer des BO-Frameworks wird im Anschluss geleert. Zum anderen werden in dieser Phase Ermittlungen mit dem Zusatz `on save` sowie eigene Validierungsroutinen durchlaufen. Sollten diese Validierungen nicht erfolgreich sein oder notwendige Ermittlungen kein Ergebnis liefern, kann an dieser Stelle die Persistierung des Geschäftsobjekts abgebrochen werden, bevor Änderungen auf der Datenbank vorgenommen werden. Der Abschluss der Speicherphase beendet die LUW.

[«]

Draft-Konzept

Seit Release 2008 des ABAP Environment unterstützt das ABAP-RESTful-Programmiermodell das *Draft-Konzept*. Als *Draft* (Entwurf) bezeichnet man eine temporäre Instanz eines Geschäftsobjekts, die erst beim Speichern in den Datenbanktabellen des Geschäftsobjekts persistiert wird, wodurch eine aktive Instanz entsteht. Zuvor existiert der Entwurf ausschließlich in *Draft-Tabellen*.

Durch das Draft-Konzept sind Endanwender*innen in der Lage, die Arbeit an einem Geschäftsobjekt ohne Datenverlust zu einem späteren Zeitpunkt oder auf einem anderen Endgerät fortzusetzen. Des Weiteren können Entwürfe jederzeit gespeichert werden, selbst wenn die Daten noch inkonsistent sind. Dadurch wird das Risiko eines Datenverlusts durch Netzwerkfehler etc. minimiert.

7.2.2 Behavior Definition anlegen

Anforderungen an das transaktionale Verhalten

Nachdem wir den Aufbau und den Ablauf einer Transaktion im ABAP-RESTful-Programmiermodell beschrieben haben, möchten wir nun das konkrete transaktionale Verhalten des Geschäftsobjekts Rabattaktion implementieren. Aus den Anforderungen an unsere Beispielanwendung aus Abschnitt 4.1, »Einführung in die Beispielanwendung«, lassen sich folgende Anforderungen an das transaktionale Verhalten für die Entitäten des Geschäftsobjekts Rabattaktion ableiten:

- Es soll möglich sein, Rabattaktionen anzulegen, zu ändern und zu löschen.
- Es soll möglich sein, die zugehörigen Positionen über die Rabattaktion anzulegen.

Für die abhängige Entität der Rabattaktionsposition ist damit das folgende transaktionale Verhalten zu definieren:

- Es soll möglich sein, Rabattaktionspositionen zu ändern und zu löschen.
- Das Erstellen einer Rabattaktionsposition soll nur über die entsprechende Rabattaktion möglich sein.

Behavior Definition anlegen

Bevor wir mit der eigentlichen Implementierung des transaktionalen Verhaltens und der Geschäftslogik für die Rabattaktionen beginnen, müssen wir zunächst die notwendigen Operationen und Charakteristiken des Geschäftsobjekts spezifizieren. Hierfür liefert uns das ABAP-RESTful-Programmiermodell mit der Behavior Definition das passende Repository-Objekt. Um eine Behavior Definition anzulegen, gehen Sie wie folgt vor:

1. Rufen Sie über die rechte Maustaste das Kontextmenu des **Project Explorer** Ihrer Eclipse-Entwicklungsumgebung auf und wählen Sie **New • Other ABAP Repository Object • Core Data Services • Behavior Definition**. Nutzen Sie alternativ die Tastenkombination [Strg] + [N].
2. Bestätigen Sie die Auswahl mit **Next**. Daraufhin öffnet sich das in Abbildung 7.5 dargestellte Dialogfenster zur Anlage einer Behavior Definition.

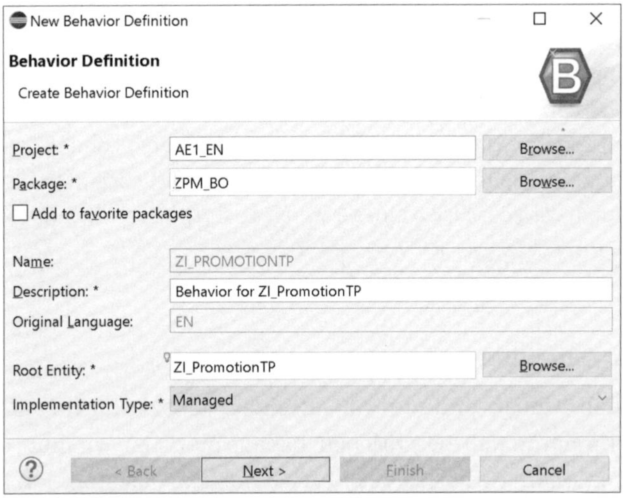

Abbildung 7.5 Anlage-Dialog einer Behavior Definition

3. Geben Sie im Feld **Root Entity** den Root View »ZI_PromotionTP« des Geschäftsobjekts Rabattaktion an. Wählen Sie über die Auswahlliste **Implementation Type** den Typ **Managed** aus und geben Sie eine geeignete Beschreibung ein.

[»]

Implementation Type im Anlagedialog

Über die Auswahlliste **Implementation Type** wird definiert, ob es sich bei der anzulegenden Behavior Definition um die Definition eines Managed oder Unmanaged Behavior handelt. Wir verwenden für unseren Anwendungsfall ein Managed Behavior. Für die Anlage einer Behavior Definition für ein Unmanaged Behavior wählen Sie **Unmanaged** aus.

[+]

Anlage ausgehend vom Root View

Sie können den Anlagedialog auch direkt für einen Root View aufrufen. Rufen Sie dazu im **Project Explorer** über die rechte Maustaste das Kontextmenü auf und navigieren Sie über **New Behavior Definition** in den Anlagedialog. In diesem Fall sind sämtliche Eingabefelder bereits vorbelegt.

4. Bestätigen Sie die Eingaben mit **Next**.
5. Wählen Sie im nächsten Fenster einen entsprechenden Transportauftrag aus und beenden Sie die Anlage über die Schaltfläche **Finish**.
6. Es öffnet sich automatisch der Editor mit dem initial erzeugten Coding (siehe Abbildung 7.6).

*[AE1] ZI_PROMOTIONTP

```
managed;

define behavior for ZI_PromotionTP
persistent table ZPM_PROMO_HDR ❶
{
  create;
  update;
  delete;
  association _PromotionItem { create; }    ❷
}

define behavior for ZI_PromotionItemTP
persistent table ZPM_PROMO_ITM
{
  update;
  delete;
}
```

Abbildung 7.6 Generiertes Coding der Behavior Definition

Behavior Definition Language

Über diese Behavior Definition wird nun das Verhalten des Geschäftsobjekts `ZI_PromotionTP` und des abhängigen Kind-Objekts `ZI_PromotionItemTP` definiert. Behavior Definitions nutzen die sognannte *Behavior Definition Language* (BDL) zur Beschreibung des Geschäftsobjektverhaltens. Die Behavior Definition ist in zwei Bereiche aufgeteilt:

❶ Über den Bereich vor den geschweiften Klammern {} werden sämtliche Informationen zu den Charakteristiken der Geschäftsobjekt-Entitäten spezifiziert. Wir werden diesen Bereich daher als *Charakteristikdefinition* der Behavior Definition bezeichnen.

❷ Der Bereich innerhalb der geschweiften Klammern wird zur Definition von Operationen, wie CUD-Operationen (Create, Update, Delete), Aktionen, Ermittlungen und Validierungen, genutzt. Wir bezeichnen diesen Bereich als *Operationsdefinition*.

Eine Behavior Definition einer Entität eines Geschäftsobjekts beginnt mit den Schlüsselwörtern `define behavior for`, gefolgt vom Namen des entsprechenden CDS-Views. In Managed Behaviors, erkennbar an dem Schlüsselwort `managed`, wird durch den Zusatz `persistent table` die Datenbanktabelle angeben, in der die Daten des Geschäftsobjekts persistiert werden.

Notwendige CUD-Operationen definieren

Innerhalb der Operationsdefinition spezifizieren Sie die Operationen, die für das entsprechende Geschäftsobjekt notwendig sind. Für die CUD-Operationen können hier die Schlüsselwörter `create`, `update` und `delete` angegeben werden. Diese Schlüsselwörter wirken sich auf die gleiche Weise aus wie die entsprechenden Annotationen des ABAP-Programmiermodells für SAP Fiori, wie beispielsweise die Annotation `@ObjectModel.createEnabled:true` (siehe Listing 6.3). Für das Verhalten des Geschäftsobjekts Rabattaktion sind gemäß den Anforderungen alle drei CUD-Operationen zu definieren. Für die abhängige Child Entity Rabattaktionsposition sind nur die Operationen Ändern und Löschen zu definieren.

Instanzerzeugung über Assoziationen

Die Definition der Anlage der Child Entity erfolgt über die Root Entity der Rabattaktion. Hierzu wird in der BDL der folgende Zusatz verwendet:

```
association <Association> { create; }
```

Als Assoziation ist hier der Alias-Name der entsprechenden Komposition aus der CDS-Definition des Root View anzugeben, für unsere Beispielanwendung also `_PromotionItem`. Als Operation wird zum Zeitpunkt der Drucklegung dieses Buchs ausschließlich `create` vom ABAP-RESTful-Programmiermodell unterstützt. Für Geschäftsobjekte mit Managed Behavior werden derzeit nur Kompositionsassoziationen unterstützt. Dadurch ist die Anlage von Child Entities immer nur über die Parent Entity möglich. Entsprechend können in Managed Behaviors keine `create`-Operationen direkt für Child Entities definiert werden, sondern müssen immer mittels `association <Association> { create; }` über die Parent Entity erfolgen.

Zusätze für Sperrverwaltung

Um die Anlage der Behavior Definition abzuschließen, fügen Sie die Zusätze `lock master` und `lock dependant` gemäß Listing 7.1 in die Verhaltensdefinition ein. Dies ist syntaktisch notwendig, soll an dieser Stelle jedoch nicht weiter vertieft werden. Wir werden in Abschnitt 7.7, »Sperrkonzepte«, auf die Bedeutung dieser Zusätze eingehen.

```
define behavior for ZI_PromotionTP
persistent table ZPM_PROMO_HDR
lock master
{
...
}

define behavior for ZI_PromotionItemTP
persistent table ZPM_PROMO_ITM
lock dependent by _Promotion
```

```
{
...
}
```

Listing 7.1 Zusätze für Sperrverwaltung

Feld-Mappings definieren

In Managed Behaviors setzt das BO-Framework die Namensgleichheit der Felder der Geschäftsobjekte und der korrespondierenden Felder der entsprechenden Datenbanktabelle voraus. Es kann jedoch vorkommen, dass diese Namensgleichheit nicht zu gewährleisten ist, beispielsweise, wenn aufgrund unverständlicher Feldnamen in einer Datenbanktabelle sprechende Alias-Namen bei der Definition des Basis-CDS-View angegeben wurden. In solchen Fällen muss in der Behavior Definition des Geschäftsobjekts ein entsprechendes *Feld-Mapping* definiert werden. Ein Feld-Mapping wird über folgende Anweisung definiert:

```
mapping for <DatabaseTable> [corresponding] { <FieldEntity> =
<FieldDatabase>; ... }
```

corresponding-Zusatz in Feld-Mappings

Der Zusatz `corresponding` definiert ein automatisches Mapping von Feldern mit Namensgleichheit. Zusammengehörige Feldpaare mit verschiedenen Namen müssen über die Feldliste angeben werden. Der Zusatz `corresponding` ist optional.

[!]

corresponding in Feld-Mappings

Wir empfehlen Ihnen, den Zusatz `corresponding` bei der Definition von Feld-Mappings immer anzugeben. Andernfalls geht das automatische Mapping von gleichnamigen Feldern verloren, was zu unerwünschten Ergebnissen führen kann.

Spezifizieren Sie nun das Mapping für die Felder der Geschäftsobjekte Rabattaktion und Rabattaktionsposition gemäß Listing 7.2.

```
define behavior for ZI_PromotionTP
persistent table ZPM_PROMO_HDR
lock master
{
mapping for ZPM_PROMO_HDR corresponding {
      PromotionID = promotion_id;
      PromotionDescription = promotion_description;
      LocationId = location_id;
      ApprovalStatus = approval_status;
}
```

```
...
}

define behavior for ZI_PromotionItemTP
persistent table ZPM_PROMO_ITM
lock dependent( PromotionId = PromotionId )
{
mapping for ZPM_PROMO_ITM corresponding {
      PromotionID = promotion_id;
      DiscountInPercent = discount_in_percent;
      DiscountPrice = discount_price;
      ProductId = product_id;
      PromotionPosition = promotion_position;
      QuantityUnit = quantity_unit;
}
...
}
```

Listing 7.2 Feld-Mapping definieren

Aktivieren Sie anschließend die Behavior Definition über die Tastenkombination [Strg] + [F3].

Aliase für Entitäten verwenden

Aus Gründen der Lesbarkeit und Verständlichkeit empfiehlt es sich bei der Definition des Verhaltens von Geschäftsobjekten, Alias-Namen für die technischen Bezeichnungen der Geschäftsobjekt-Entitäten zu vergeben. Sie können Alias-Namen wie folgt spezifizieren:

```
define behavior for <Entity> alias <Alias>.
```

Definieren Sie für die Entität `ZI_PromotionTP` den Alias `Promotion` und für die Entität `ZI_PromotionItemTP` den Alias `PromotionItem`.

Out-of-the-box-Implementierung

Managed Behaviors liefern eine sogenannte *Out-of-the-box-Implementierung* für das grundlegende transaktionale Verhalten eines Geschäftsobjekts. Das bedeutet, dass nach der Definition des Verhaltens über die Behavior Definition ein in dieser Hinsicht voll funktionsfähiges Geschäftsobjekt zur Verfügung steht. Für die Operationen Anlegen, Ändern und Löschen ist keine weitere Implementierung notwendig.

CUD-Funktionen in der Vorschau

Sie können sich dessen vergewissern, wenn Sie die Vorschau für SAP-Fiori-Elements-Anwendungen für das Service Binding des Geschäftsobjekts Rabattaktion aufrufen. Abbildung 7.7 zeigt die Ausgabe des SAP Fiori List Report. Oberhalb der Ausgabeliste stehen Ihnen die Schaltflächen **Create** und

Delete zur Verfügung, mit denen Sie eine neue Rabattaktion anlegen bzw. eine bestehende Rabattaktion löschen können.

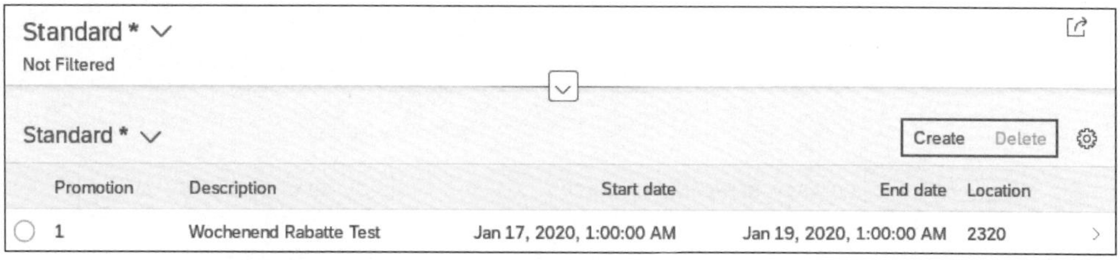

Abbildung 7.7 CUD-Funktionen für das Geschäftsobjekt Rabattaktion

Abbildung 7.8 zeigt die entsprechenden Schaltflächen in der Detailsicht.

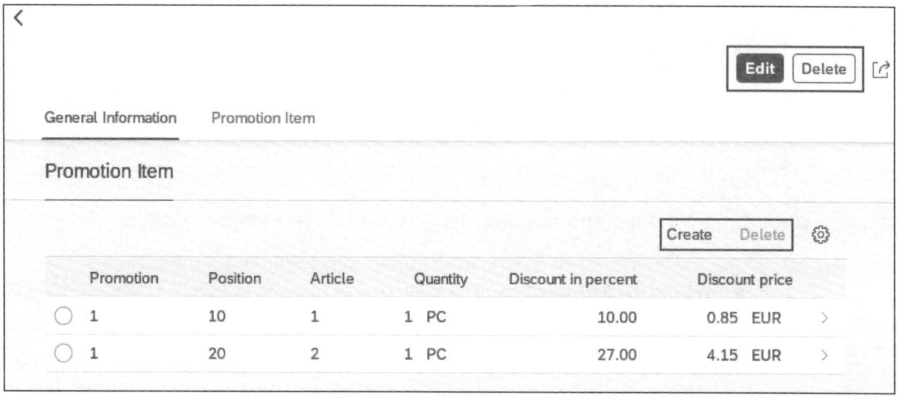

Abbildung 7.8 CUD-Funktionen für das Geschäftsobjekt Rabattaktion in der Detailsicht

7.2.3 Behavior Implementation anlegen

Bis hierhin konnten wir also ein funktionsfähiges Verhalten unseres Geschäftsobjekts bereitstellen, ohne auch nur eine Zeile ABAP-Code programmieren zu müssen. Bevor wir in den folgenden Abschnitten damit fortfahren, eigene Anwendungslogik zu implementieren, müssen wir die notwendigen Vorrausetzungen erfüllen. Die Implementierung der Operationen von Geschäftsobjekten erfolgt klassenbasiert. Wir müssen also zunächst die notwendigen Klassen erstellen und initial ausprägen.

Business Object Behavior API

Für die Implementierung der Operationen der Geschäftsobjektentitäten wird im ABAP-RESTful-Programmiermodell eine spezielle klassenbasierte API bereitgestellt. Abbildung 7.9 zeigt die Klassenhierarchie dieser API.

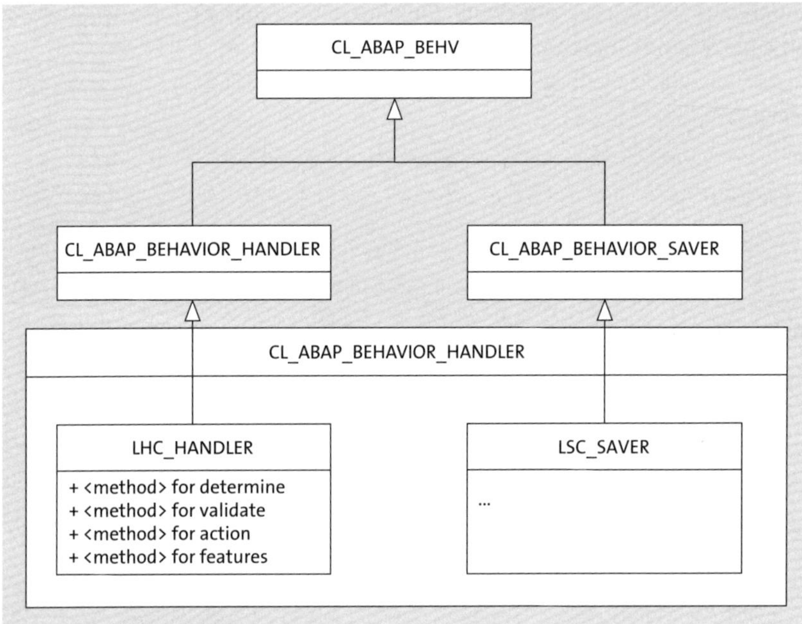

Abbildung 7.9 Klassenhierarchie der Business Object Behavior API

Die beschriebene API wird auch als *Business Object Behavior API* des ABAP-RESTful-Programmiermodells bezeichnet. Die Klasse `CL_ABAP_BEHV` dient als Basisklasse zur Verhaltensimplementierung im ABAP-RESTful-Programmiermodell. Sie definiert wesentliche Datentypen und elementare Funktionen der Verhaltensimplementierung von Geschäftsobjekten, wie beispielsweise Methoden zur Nachrichtensteuerung. In der Regel verwenden Sie diese Klasse jedoch bei der Verhaltensimplementierung nicht direkt.

Handler für Persistierungsoperationen

Wenn Sie die nächste Ebene der Klassenhierarchie in Abbildung 7.9 betrachten, finden Sie die darin bereits beschriebene Trennung von Interaktions- und Speicherphase im ABAP-RESTful-Programmiermodell wieder. Die Klasse `CL_ABAP_BEHAVIOR_SAVER` definiert einen allgemeinen Handler für alle Operationen, die für die Persistierung der Daten eines Geschäftsobjekts notwendig sind. Da die Persistenzlogik in einfachen Managed Behaviors durch das BO-Framework abgebildet wird, ist die Implementierung des lokalen Handlers für Speicheroperationen grundsätzlich nicht notwendig. Wir wollen uns in diesem Kapitel daher vornehmlich mit den Operationen der Interaktionsphase befassen und werden die Implementierung der Speicherphase in Kapitel 8, »Erweiterung des Speicherverhaltens«, noch einmal aufgreifen.

Handler für Interaktions-Operationen

Für die Operationen der Interaktionsphase, also CUD-Operationen, Aktionen und Ermittlungen, stellt das ABAP-RESTful-Programmiermodell die Klasse `CL_ABAP_BEHAVIOR_HANDLER` als allgemeinen Handler bereit. Aber auch Validierungen werden mittels der Klasse `CL_ABAP_BEHAVIOR_HANDLER` implementiert. Die konkrete Implementierung der Handler-Methoden erfolgt hier über lokal definierte Klassen, die von der Klasse `CL_ABAP_BEHAVIOR_HANDLER` abgeleitet werden. Innerhalb dieser lokalen Klassen können spezielle Methoden für die Implementierung von CUD-Operationen, Aktionen und Ermittlungen definiert und ausgeprägt werden.

Behavior Implementation

Die lokalen Handler-Klassen eines Geschäftsobjekts werden innerhalb globaler Klassen-Pools gebündelt, die letztendlich einfach lokale Klassen sind. Diese Klassen-Pools werden daher auch als *Behavior Pools* oder einfach als *Behavior Implementation* bezeichnet.

Behavior Implementations zuordnen

Eine solche Behavior Implementation wird über die Behavior Definition mit den Entitäten des Geschäftsobjekts verknüpft. Eine Behavior Implementation kann sowohl einem gesamten Geschäftsobjekt als auch den einzelnen Entitäten dieses Geschäftsobjekts zugeordnet werden:

- Wird eine Behavior Implementation dem gesamten Geschäftsobjekt zugeordnet, wird das Verhalten sämtlicher abhängiger Entitäten im selben globalen Klassen-Pool implementiert.
- Anders verhält es sich, wenn die Behavior Implementation den Entitäten des Geschäftsobjekts zugeordnet wird. In diesem Fall ist es möglich, das Verhalten der einzelnen Entitäten in separaten globalen Klassen zu implementieren.

Da der Zusammenhang zwischen Behavior Implementation und Behavior Definition und die Aufteilung der Implementierung auf mehrere globalen und lokale Klassen auf den ersten Blick etwas undurchsichtig sein können, verdeutlichen wird beides noch einmal am Beispiel des Geschäftsobjekts Rabattaktion (siehe Abbildung 7.10).

Wie in Abbildung 7.10 dargestellt, werden wir für die Behavior Definition des Geschäftsobjekts eine globale Behavior Implementation definieren, die dann sowohl für die Entität Rabattaktion als auch für die Entität Rabattaktionsposition gilt. Die konkrete Implementierung soll für unseren Beispielfall in jeweils einer lokalen Handler-Klasse pro Entität des Geschäftsobjekts vorgenommen werden. Beide lokale Händlerklassen liegen hierbei im selben Klassen-Pool.

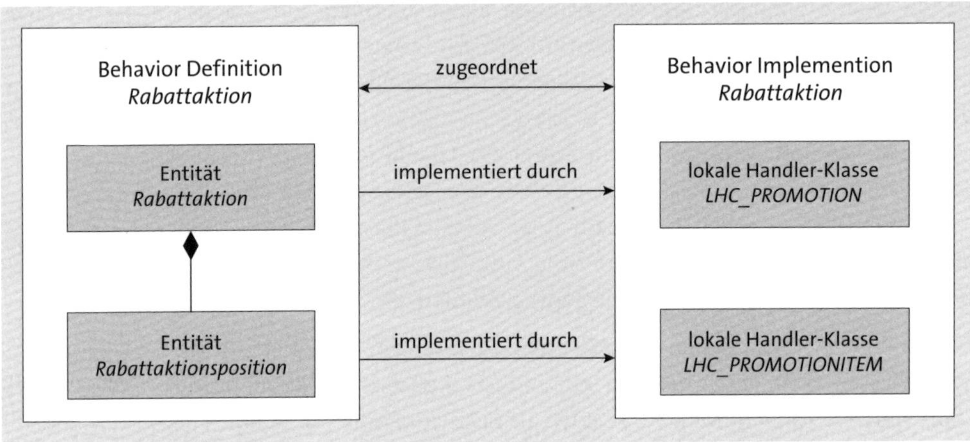

Abbildung 7.10 Behavior Implementation für das Geschäftsobjekt Rabattaktion

[+]

Strukturierung von Behavior Implementations

Allgemein empfehlen wir Ihnen, zur Strukturierung und besseren Übersichtlichkeit der Implementierung Ihrer Geschäftsobjekte semantisch zusammengehörige Geschäftsobjektentitäten, wie beispielsweise Kopf- und Positionsdaten, in gemeinsamen Behavior Pools zu implementieren. Für Behavior Definitions mit einer besonders komplexen Kompositionshierarchie kann es jedoch sinnvoll sein, einzelne Knoten zu gruppieren und diese Gruppen über eigene Behavior Pools zu implementieren. Die Implementierungen des Verhaltens der einzelnen Entitäten können dann über separate lokale Handler-Klassen abgegrenzt werden.

Behavior Implementation anlegen

Legen Sie nun eine Behavior Implementation für das Geschäftsobjekt Rabattaktion an:

1. Selektieren Sie im **Project Explorer** die Behavior Definition `ZI_PROMOTIONTP` und rufen Sie über die rechte Maustaste das Kontextmenü auf. Starten Sie den Anlageassistenten über die Auswahl **New Behavior Implementation**.
2. Abbildung 7.11 zeigt den spezifischen Anlagedialog für eine Behavior Implementation. Vergeben Sie als Namen »ZBP_ROMOTIONTP« und bestätigen Sie Ihre Eingaben mit **Next**.
3. Wählen Sie einen entsprechenden Transportauftrag aus und schließen Sie die Anlage mit der Schaltfläche **Finish** ab.

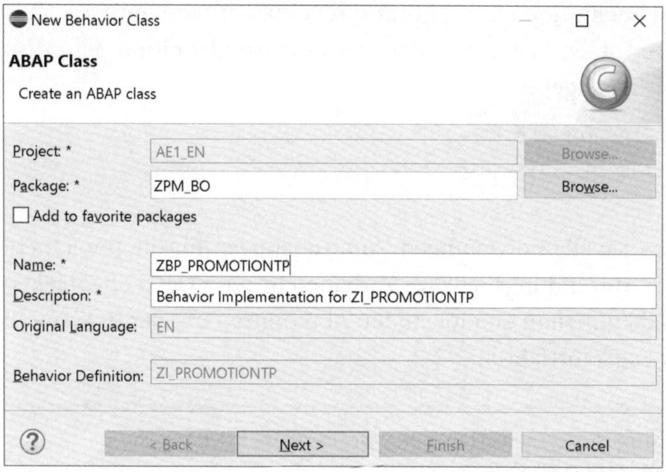

Abbildung 7.11 Anlagedialog für Behavior Implementations

Namenskonventionen

Um Behavior Implementations von anderen ABAP-Klassen abzugrenzen, hat sich für deren Bezeichnung das Präfix `BP` (kurz für Behavior Pool) bewährt.

4. Nach der Anlage der Behavior Implementation muss diese mit der Behavior Definition des Geschäftsobjekts verknüpft werden. Hierzu wird in der BDL folgender Zusatz angeben:

   ```
   implementation in <BehaviorPool> [unique]
   ```

   Der optionale Zusatz `unique` gibt hierbei an, dass die Operationen der Entitäten nur innerhalb des angegebenen Behavior Pools implementiert werden können. In Managed Behaviors muss der Zusatz `unique` angegeben werden.

   Ergänzen Sie die Behavior Definition des Geschäftsobjekts Rabattaktion wie folgt:

   ```
   managed implementation in class zbp_promotiontp unique;

   define behavior for ZI_PromotionTP alias Promotion
   ...
   ```

Behavior Implementation einer Entität zuordnen

In unserem Beispiel wurde die Behavior Implementation dem gesamten Geschäftsobjekt zugeordnet. Das bedeutet, dass die Implementierung des Verhaltens aller Entitäten unseres Geschäftsobjekts Rabattaktion in lokalen Klassen des Behavior Pools `ZBP_PROMOTION_TP` abgebildet wird. Um eine Behavior Implementation einer Entität direkt zuzuordnen, müssen Sie den Zusatz `implemtation in class` in der Charakteristikdefinition der entsprechenden Entität angeben:

```
define behavior for <Enitity>
implementation in class <BehaviorPool> [unique]
...
```

Damit haben Sie alle notwendigen Vorausetzungen für die Implementierung eigener Anwendungslogik im Verhalten unseres Geschäftsobjekts geschaffen und können in den folgenden Abschnitten mit der Implementierung dieser Logik fortfahren.

[+]

Verwendung des Geschäftsobjekt-Generators für das ABAP-RESTful-Programmiermodell

Bei der Modellierung und Implementierung von Geschäftsobjekten müssen Sie eine Reihe von sich wiederholenden Schritten ausführen, z. B. die Anlage der notwendigen CDS-Views oder der Behavior Definitions und Implementations. Um den Entwicklungsprozess zu Beschleunigen steht Ihnen ein Generator für das ABAP-RESTful-Programmiermodell, der *RAP Generator*, zur Verfügung. Der RAP Generator liefert eine objektorientierte Schnittstelle, über die auf Basis von Datenbanktabellen ein vollständiges Geschäftsobjekt mit einer Root- und diversen Child Entities generiert werden kann. Mehr Informationen zum RAP Generator finden Sie im folgenden Blogbeitrag innerhalb der SAP Community: *http://s-prs.de/v783025.*

7.3 Ermittlungen implementieren

Ermittlungen

Wir beginnen in diesem Abschnitt damit, Ermittlungen für das Geschäftsobjekt zu entwickeln. Über Ermittlungen können einzelne Attribute der Entitäten von Geschäftsobjekten automatisch mittels eigener ABAP-Anwendungslogik mit Werten belegt werden. Das können beispielsweise Werte sein, die erst aus anderen Eingaben errechnet werden, oder Werte, die aus anderen Datenquellen abgefragt werden müssen.

Für unsere Beispielanwendung sollen gemäß der in Abschnitt 4.1, »Einführung in die Beispielanwendung«, definierten Anforderungen folgende Teilanforderungen mittels Ermittlungen implementiert werden:

- Bei Anlage einer Rabattaktion ist der Genehmigungsstatus dieser Promotion mit dem Wert **N** (New) zu initialisieren.

- Bei der Anlage einer Rabattaktionsposition soll der rabattierte Preis auf Basis des eingegebenen Rabatts in Prozent sowie auf Basis des Verkaufspreises des Produkts ermittelt werden. Bei der Änderung des Rabatts soll der rabattierte Preis aktualisiert werden.

7.3.1 Ermittlungen in der Behavior Definition definieren

Zuerst müssen wir die entsprechenden Ermittlungen in der Behavior Definition des Geschäftsobjekts definieren. Ermittlungen werden im ABAP-RESTful-Programmiermodell wie folgt definiert:

```
determination <Name> on (save | modify) {<Trigger>}
```

Eine Ermittlung wird innerhalb der Operationsdefinition der Behavior Definition der Geschäftsobjektentitäten angegeben. Die Zusätze `on save` bzw. `on modify` definieren den Zeitpunkt, in dem die Bedingung, die die Ermittlung auslöst (*Trigger-Bedingung*), geprüft bzw. die Ermittlung ausgeführt wird:

- Ist der Zeitpunkt `on modify` angeben, wird die Ermittlung während der Interaktionsphase des transaktionalen Ablaufs geprüft und ausgeführt.
- Hingegen werden Ermittlungen mit dem Zeitpunkt `on save` erst innerhalb der Speicherphase ausgeführt.

Über die Trigger-Bedingung einer Ermittlung wird geprüft, ob die Ermittlung ausgeführt werden soll oder nicht. Es wird dazu geprüft, ob eine Instanz neu angelegt, gelöscht oder geändert wurde.

Trigger definieren

Trigger können auf Operations- oder Feldebene definiert werden. Ein Trigger auf Operationsebene reagiert auf das Erstellen, Ändern oder Löschen von Instanzen. Sie können einen Trigger auf Operationsebene wie folgt definieren:

```
determination <DeterminationName> on (save | modify) { create; |
update; | delete; }
```

Soll eine Ermittlung nur bei der Änderung bestimmter Felder ausgelöst werden, können Sie dies über *Feld-Trigger* definieren. Feld-Trigger werden folgendermaßen definiert:

```
determination <DeterminationName> on (save | modify) { field <f1>,…,
<fn>; }
```

Sie können bei der Definition von Ermittlungen Operations- und Feld-Trigger miteinander kombinieren. Tabelle 7.1 stellt die Auslösebedingungen beider Trigger-Typen noch einmal gegenüber.

Trigger-Typ	Anlage	Änderung	Löschen
Operations-Trigger	X	X	X
Feld-Trigger	X	X	–

Tabelle 7.1 Auslösebedingungen der Trigger-Typen von Ermittlungen

[»]

Namenskonventionen

Bei der Anlage von Ermittlungen, Aktionen und Validierungen werden die Bezeichner üblicherweise mittels Camel-Case-Notation angegeben.

Genehmigungsstatus und Preis

Definieren Sie nun die zu Beginn dieses Abschnitts beschriebenen Ermittlungen `initialApprovalStatus` für die Initialisierung des Genehmigungsstatus und `calculateDiscountPrice` zur Berechnung des rabattierten Preises. Das entsprechende Coding können Sie Listing 7.3 entnehmen.

```
managed implementation in class zbp_promotiontp unique;

define behavior for ZI_PromotionTP alias Promotion
persistent table ZPM_PROMO_HDR
...
{
  ...
  determination initialApprovalStatus on save { create; }
}

define behavior for ZI_PromotionItemTP alias PromotionItem
persistent table ZPM_PROMO_ITM
...
{
  ...
  determination calculateDiscountPrice on save { field
DiscountInPercent, ProductId; }
}
```

Listing 7.3 Definition von Ermittlungen einer Rabattaktion

[+]

Ermittlungsimplementierungen trennen

Es ist grundsätzlich möglich, mehrere unabhängige Felder über eine gemeinsame Ermittlung zu befüllen. Aus Gründen der Übersichtlichkeit ist es jedoch ratsam, die Ermittlungen semantisch unabhängiger Felder zu trennen. Beispielsweise empfehlen wir anstelle einer Ermittlung `determination initialize on save ( create; )`, die mehrere Felder bei der Anlage einer Instanz initialisiert, eigene feldabhängige Ermittlungen `determination initializeField1 on save ( create; )` ... `determination initializeFieldN on save ( create; )` zu definieren. Dies erhöht die Übersichtlichkeit und erleichtert das nachträgliche Ändern einzelner Ermittlungen.

Die Trigger der Ermittlung `initialApprovalStatus` werden so definiert, dass die Ermittlung nur bei Anlage einer Rabattaktion ausgeführt wird. Die Berechnung des rabattierten Preises (`DiscountPrice`) soll durch die Ermittlung `calculateDiscountPrice` bei Anlage einer neuen Rabattaktionsposition sowie bei der Änderung des Rabatts in Prozent oder Änderung des rabattierten Artikels ausgeführt werden.

7.3.2 Ermittlungen in der Behavior Implementation implementieren

Ermittlungen implementieren

Wir können nun die Ermittlungen in ABAP implementieren:

1. Öffnen Sie hierzu die bereits angelegte Behavior Implementation `ZBP_PROMOTIONTP` über den **Project Explorer** Ihrer Eclipse-Entwicklungsumgebung.
2. Das generierte Coding auf der Registerkarte **Global Class** des Klasseneditors sollte nicht verändert werden. Die gesamte Implementierung des Geschäftsobjektverhaltens wird im Bereich für lokale Typdefinitionen **Local Types** vorgenommen. Wechseln Sie in den entsprechenden Editor, indem Sie die Registerkarte **Local Types** auswählen (siehe Abbildung 7.12).

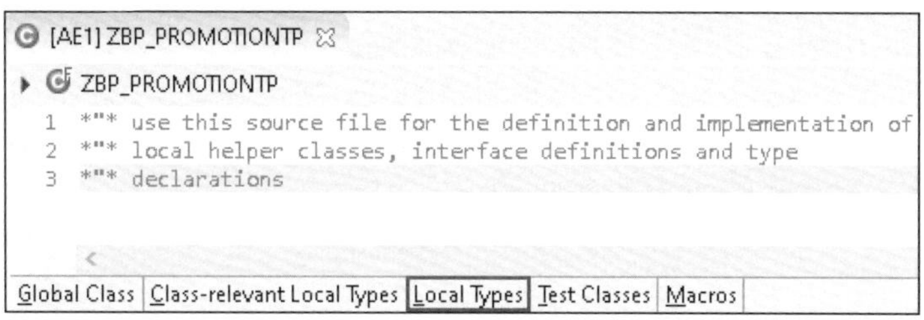

Abbildung 7.12 Bereich für lokale Typendefinition im Klasseneditor

3. Als Nächstes müssen Sie die notwendigen lokalen Handler-Klassen für die Interaktionen mit den Geschäftsobjektentitäten definieren. Legen Sie die lokale Handler-Klasse `LHC_PROMOTION` für die Entität Rabattaktion und `LHC_PROMOTIONITEM` für die Entität Rabattaktionsposition an. Beach-

ten Sie, dass diese lokalen Handler von der Klasse CL_ABAP_BEHAVIOR_HANDLER erben müssen.

Namenskonventionen

Für die Bezeichnung der lokalen Interaktions-Handler hat sich das Präfix LHC_ durchgesetzt. Bezeichner für lokale Speicher-Handler werden gemäß den Namenskonventionen mit dem Präfix LSC_ begonnen.

4. Die Ermittlungen werden nun durch Methoden der lokalen Handler-Klassen implementiert. Methoden für die Implementierung von Ermittlungen sind wie folgt zu definieren:

   ```
   METHODS <Name> FOR DETERMINE ON SAVE|MODIFY <Entity> FOR
   <Entity>~<DeterminationName>
   ```

   Die Definition erfolgt im privaten Bereich (PRIVATE SECTION) der Klassendefinition. Implementierungen von Ermittlungen werden durch den Zusatz FOR DETERMINE ON SAVE|MODIFY gekennzeichnet. Danach geben Sie den Namen der Entität an, auf die sich die Implementierung der Ermittlung bezieht. Über den Zusatz FOR spezifizieren Sie dann die implementierte Ermittlung. Den Zusatz ON SAVE|MODIFY müssen Sie abhängig vom gewählten Trigger-Zeitpunkt bei der Definition der entsprechenden Ermittlung ausprägen.

Ermittlung initialApprovalStatus

Listing 7.4 zeigt beispielhaft die Definition der entsprechenden Methode zur Implementierung der Ermittlung initialApprovalStatus der Entität Rabattaktion.

```
CLASS lhc_promotion DEFINITION INHERITING FROM cl_abap_behavior_
handler.

  PRIVATE SECTION.

    METHODS initial_approval_status
      FOR DETERMINE ON SAVE Promotion
      FOR Promotion~initialApprovalStatus.

ENDCLASS.
```

Listing 7.4 Definition der Implementierung einer Ermittlung

Die entsprechende Implementierung der Ermittlung können Sie Listing 7.5 entnehmen.

```
CLASS lhc_promotion IMPLEMENTATION.
  METHOD initial_approval_status.

    " Setzen des initialen Genehmigungsstatus
    MODIFY ENTITY OF ZI_PromotionTP IN LOCAL MODE
       UPDATE FROM VALUE #( FOR ls_promotion IN promotion
           ( promotionid      = ls_promotion-promotionid
             approvalstatus   = 'N'
             %control-approvalstatus = if_abap_behv=>mk-on ) ).

  ENDMETHOD.
ENDCLASS.
```

Listing 7.5 Implementierung der Ermittlungen »initialApprovalStatus«

Relevante Instanzen für Ermittlungen

Die Ermittlung setzt den initialen Genehmigungsstatus mittels *Entity Manipulation Language* (EML). Die Schlüsselfelder der relevanten Geschäftsobjektinstanzen werden in den Implementierungen von Ermittlungen über einen impliziten Importing-Parameter übergeben. Der Name des Parameters entspricht dabei der entsprechenden Entität, also in diesem Fall promotion. Bei dem Parameter promotion handelt es sich um eine interne Tabelle, die die Schlüsselfelder der relevanten Rabattaktionen enthält. Die entsprechenden Parameter müssen bei der Methodendefinition nicht angeben werden und werden zur Laufzeit automatisch vom BO-Framework versorgt.

Ermittlung calculate-DiscountPrice

Orientieren Sie sich bei den Methodennamen für die Implementierung von Ermittlungen an dem Namen der zugehörigen Ermittlung. So können Sie einfacher nachvollziehen, welche Methode zu welcher Ermittlung gehört. Definieren und implementieren Sie nun wie in Listing 7.6 gezeigt, die Methode calculate_discountprice für die Ermittlung calculateDiscountPrice.

```
CLASS lhc_promotionitem DEFINITION INHERITING FROM cl_abap_behavior_
handler.

  PRIVATE SECTION.
    METHODS calculate_discountprice
        FOR DETERMINE ON SAVE PromotionItem
        FOR PromotionItem~calculateDiscountPrice.
ENDCLASS.

  READ ENTITIES OF ZI_PromotionTP
       ENTITY PromotionItem
       FROM VALUE #( FOR ls_promotionitem IN promotionitem (
```

```
PromotionId = ls_promotionitem-PromotionId
  PromotionPosition = ls_promotionitem-PromotionPosition
  %control-DiscountInPercent = if_abap_behv=>mk-on ) )
       RESULT DATA(lt_promotion_items).

    IF lt_promotion_items IS NOT INITIAL.
      SELECT DISTINCT productid, price, currency FROM zi_product
        FOR ALL ENTRIES IN @lt_promotion_items
        WHERE ProductId = @lt_promotion_items-ProductId
        INTO TABLE @DATA(lt_product).
    ENDIF.

    LOOP AT lt_promotion_items ASSIGNING FIELD-SYMBOL(<ls_promotion_
item>).
      TRY.
          DATA(ls_product)  = lt_product[ ProductId = <ls_promotion_
item>-ProductId ].
          <ls_promotion_item>-DiscountPrice = ls_product-price * ( (
100 - <ls_promotion_item>-DiscountInPercent ) / 100 ).
          <ls_promotion_item>-Currency = ls_product-currency.
        CATCH cx_sy_itab_line_not_found.
          CONTINUE.
      ENDTRY.
    ENDLOOP.

    MODIFY ENTITIES OF ZI_PromotionTP
          ENTITY PromotionItem
          UPDATE FROM VALUE #( FOR ls_promotion_item IN lt_promotion_
items ( promotionid = ls_promotion_item-promotionid
PromotionPosition = ls_promotion_item-PromotionPosition
DiscountPrice = ls_promotion_item-DiscountPrice
Currency = ls_promotion_item-Currency
%control-DiscountPrice = if_abap_behv=>mk-on
%control-Currency = if_abap_behv=>mk-on ) ).
ENDMETHOD.
```

Listing 7.6 Implementierung der Ermittlung »calculateDiscountPrice«

7.3.3 Annotationsbasierte Ermittlungen

Neben den im vorangehenden Abschnitt implementierten Ermittlungen ermöglicht Ihnen das ABAP-RESTful-Programmiermodell für bestimmte

Felder noch eine andere Form von Ermittlung: die annotationsbasierten Ermittlungen. Diese könnten Ihnen bereits aus dem ABAP-Programmiermodell für SAP Fiori bekannt sein. Sie werden genutzt, um bestimmte Felder, wie beispielsweise das letzte Änderungsdatum, automatisch mit Werten zu belegen. Die entsprechenden Annotationen können bei der Definition der CDS-Views für die Entitäten eines Geschäftsobjekts angegeben werden.

Annotationen

Tabelle 7.2 zeigt die Annotationen für die annotationsbasierten Ermittlungen.

Annotation	Beschreibung
`@Semantics.systemDateTime.lastChangedAt: true`	Ermittelt den Zeitpunkt (Datum und Uhrzeit) der letzten Änderung.
`@Semantics.systemDateTime.createdAt: true`	Ermittelt den Zeitpunkt (Datum und Uhrzeit) der Anlage.
`@Semantics.user.lastChangedBy: true`	Ermittelt den Benutzer der die letzten Änderung.
`@Semantics.user.createdBy: true`	Ermittelt den Benutzer der Anlage.

Tabelle 7.2 Annotationsbasierte Ermittlungen

Wir empfehlen Ihnen, diese Elementannotationen im jeweiligen Basis-CDS-View anzugeben. Durch die Propagationslogik werden die Annotationen an die übergeordneten CDS-Views vererbt. Listing 7.7 zeigt die Elementannotationen der Administrationsfelder des CDS-View `ZI_Promotion`.

```
define view ZI_Promotion as select from zpm_promo_hdr
...
@Semantics.systemDateTime.createdAt: true
createdat                as CreatedAt,
@Semantics.user.createdBy: true
createdby                as CreatedBy,
@Semantics.systemDateTime.lastChangedAt: true
changedat                as ChangedAt,
@Semantics.user.lastChangedBy: true
changedby                as ChangedBy,
...
}
```

Listing 7.7 Semantische Annotationen der Administrationsfelder

7.3.4 Entity Manipulation Language

In Listing 7.5 und Listing 7.6 werden die neuen ABAP-Befehle `MODIFY ENTITY` und `READ ENTITY` verwendet. Hierbei handelt es sich um einzelne Sprachelemente einer im Rahmen des ABAP-RESTful-Programmiermodells neu eingeführten Syntax, der Entity Manipulation Language (EML). Sie stellt eine Schnittstelle für die quelltextbasierte Interaktion mit den Entitäten von Geschäftsobjekten bereit. Die EML bildet innerhalb des ABAP-RESTful-Programmiermodells also das Pendant zu den Service-Klassen der BOPF-API. Anders als die BOPF-API ist die EML direkt in den ABAP-Sprachumfang integriert. Wir wollen an dieser Stelle kurz in die Grundlagen der EML einführen.

Die EML-Syntax umfasst drei wesentliche Sprachelemente bzw. Operationen:

- `READ ENTITY`
- `MODIFY ENTITY`
- `COMMIT ENTITIES`

Entitäten auslesen

Über das Statement `READ ENTITY` lassen sich alle nicht ändernden Operationen eines Geschäftsobjekts ausführen. Das umfasst in der aktuellen Version des ABAP-RESTful-Programmiermodells das Auslesen einer Instanz sowie das Auslesen von Instanzen über Assoziationen. `READ ENTITY`-Statements werden gemäß Listing 7.8 aufgebaut.

```
READ ENTITY <Entity>
  [FIELDS ( <Field1> ... <FieldN> ) WITH] |
  [FROM] <KeyTable>
  RESULT <ResultTable>
 BY <Association>
  [FIELDS ( <Field1> ... <FieldN> ) WITH] |
  [FROM] <KeyTableAssociation>
  RESULT <KesultTableAssociation>
  LINK   <LinkTable>
[FAILED <Failed>]
[REPORTED <Reported>].
```

Listing 7.8 Syntax zum Auslesen einer Entität über die EML

Kurz- und Langschreibweise von EML-Befehlen

Listing 7.8 zeigt die Kurzschreibweise der EML-Leseoperation, mit der immer nur eine Entität eines Geschäftsobjekts angesprochen werden

> kann. Wir werden im Folgenden immer nur diese Kurzschreibweise der EML-Befehle nutzen. Die Langschreibweise erweitert die Anweisungen, sodass ein gleichzeitiger Zugriff auf mehrere Entitäten einer Kompositionshierarchie ermöglicht wird. Der Aufbau der Anweisung bleibt hierbei jedoch weitgehend identisch.

Die EML-Leseoperation beginnt mit dem Schlüsselwort `READ ENTITY`, gefolgt vom technischen Namen des CDS-View für die auszulesende Entität des Geschäftsobjekts. Über den optionalen Zusatz `FIELDS(` *<Field1>* `...` *<FieldN>* `)` `WITH` können Sie festlegen, welche Felder der jeweiligen Entität auszulesen sind. Hierzu müssen Sie eine Schlüsseltabelle *<KeyTable>* angeben, über die die auszulesenden Instanzen der jeweiligen Entität spezifiziert werden. Die gelesenen Instanzen werden über den Parameter `RESULT` zurückgeliefert.

Zugriff über Assoziationen

Neben dem direkten Zugriff auf Entitäten bietet die EML auch die Möglichkeit, über Assoziationen zu den Entitäten zu navigieren. Hierzu dient der Zusatz `BY`, gefolgt vom Namen der zu lesenden Assoziation mit vorangestelltem Backslash \. Die Angabe der Schlüssel- und Rückgabeparameter erfolgt analog zum direkten Auslesen einer Entität. Beim Lesen von Assoziationen wird über den Zusatz `LINK` zusätzlich noch eine Tabelle zurückgeliefert, die ausschließlich die Schlüsselfelder der Eltern- und Kind-Instanzen enthält.

Entitäten ändern

Neben lesenden Operationen können über EML auch alle ändernden Operationen eines Geschäftsobjekts ausgeführt werden. Dies gilt für die CUD-Operationen ebenso wie für selbstdefinierte Aktionen. Jede EML-Änderungsoperation beginnt in der Kurzschreibweise mit dem Schlüsselwort `MODIFY ENTITY`, gefolgt vom Namen des CDS-View für die Entität des Geschäftsobjekts. Über die Zusätze `CREATE`, `UPDATE` und `DELETE` lassen sich Instanzen dieser Entität anlegen, ändern oder löschen. Listing 7.9 zeigt die Syntax zur Anlage eines Geschäftsobjekts.

```
MODIFY ENTITY <Entity>
  CREATE [FIELDS ( <Field1> ... <FieldN> ) WITH ] |
  [FROM] <KeyTable>
  CREATE BY <Association> [FIELDS ( <Field1> ... <FieldN> )
  WITH] | [FROM] <KeyTable>
  [FAILED <Failed>]
  [MAPPED <Mapped>]
  [REPORTED <Reported>].
```

Listing 7.9 Syntax zur Anlage von Instanzen über EML

Instanzen anlegen

Für die Anlage von Kind-Instanzen einer Kompositionshierarchie, so wie sie beispielsweise für die Rabattaktionspositionen des Geschäftsobjekts Rabattaktion definiert wurde, steht Ihnen der Zusatz CREATE BY zur Verfügung. Anstelle von <KeyTable> muss eine Tabelle von Instanzen der jeweiligen Entität als Übergabeparameter angegeben werden.

Für die Operationen CREATE und CREATE BY lassen sich über den Zusatz FIELDS die änderungsrelevanten Felder einschränken. Über die Parameter REPORTED und FAILED werden während der Operationsausführung erzeugte Nachrichten und fehlerhafte Instanzen der Entitäten zurückgeliefert.

Instanzen ändern

Die Syntax zur Änderung von Instanzen wird in Listing 7.10 dargestellt.

```
MODIFY ENTITY <Entity>
  UPDATE [FIELDS ( <Field1> ... <FieldN> ) WITH] |
  [FROM] <KeyTable>
  [FAILED <Failed>]
  [REPORTED <Reported>].
```

Listing 7.10 Syntax zur Änderung von Instanzen über EML

Die Zusätze FIELDS, FAILED und REPORTED wirken hier analog zur Anlage von Instanzen einer Geschäftsobjektentität.

Instanzen löschen

Listing 7.11 zeigt die Syntax zum Löschen von Instanzen einer Geschäftsobjektentität.

```
MODIFY ENTITY <Entity>
  DELETE FROM <KeyTable>
  [FAILED   <Failed>]
  [REPORTED <Reported>].
```

Listing 7.11 Syntax zum Löschen von Instanzen über EML

Aktionen ausführen

Neben den CUD-Operationen bietet die EML auch die Möglichkeit, Aktionen (siehe Abschnitt 7.5, »Aktionen implementieren«) auf den Entitäten des Geschäftsobjekts auszuführen. Hierzu wird das Schlüsselwort EXECUTE unter Angabe der entsprechenden Aktion verwendet. Zusätzlich kann über den Parameter RESULT eine Rückgabetabelle angeben werden, falls ein entsprechender Rückgabeparameter für eine Aktion definiert wurde. Listing 7.12 zeigt die Syntax zum Ausführen von Aktionen der Entitäten.

```
MODIFY ENTITY <Entity>
  EXECUTE <Action> FROM <KeyTable>
  [RESULT <ResultTable>]
```

```
[FAILED <Failed>]
[REPORTED <Reported>].
```

Listing 7.12 Syntax zum Ausführen von Aktionen von Entitäten über EML

Innerhalb einer `MODIFY ENTITY`-Anweisung können die Zusätze `CREATE`, `UPDATE`, `DELETE` und `EXECUTE` gleichzeitig verwendet werden. Es ist hier also beispielsweise möglich, mit einem Aufruf mehrere Instanzen unabhängig voneinander zu löschen oder anzulegen.

[+]

Zusatz IN LOCAL MODE

Ändernde Operationen können über EML mit dem Zusatz `IN LOCAL MODE` ausgeführt werden. Bei dieser Ausführung einer Änderungsoperation im lokalen Modus werden Berechtigungsprüfungen oder Prüfungen bestimmter Feldeigenschaften, wie beispielsweise Read-Only-Prüfungen, nicht ausgeführt.

Der Zusatz `IN LOCAL MODE` kann nur in der Langschreibweise der EML verwendet werden. Die Verwendung des Zusatzes außerhalb der Implementierung des entsprechenden Geschäftsobjekts führt zu einem Programmabbruch.

Speichern geänderter Instanzen

Die über EML ausgeführten Änderungsoperationen werden nicht unmittelbar auf der Datenbank persistiert. Grund hierfür ist die Trennung zwischen Interaktions- und Speicherphase im transaktionalen Ablauf von ABAP-RESTful-Anwendungen. Die Änderungen liegen zunächst im transaktionalen Puffer des BO-Frameworks und müssen in der Speicherphase persistiert werden. Die Speicherphase eines Geschäftsobjekts kann über die EML durch die Anweisung `COMMIT ENTITIES` ausgelöst werden. Diese Anweisung wird gemäß Listing 7.13 aufgebaut.

```
COMMIT ENTITIES
  [RESPONSE OF <Entity>
    [FAILED <Failed>]
    [REPORTED <Reported> ] ]
  [RESPONSE OF <Entity>
    [FAILED <Failed>]
    [REPORTED <Reported>] ].
```

Listing 7.13 Aufbau einer COMMIT ENTITY-Anweisung in der EML

Der Aufruf `COMMIT ENTITIES` löst die Speicherphase für alle Geschäftsobjekte aus, für die Änderungen im transaktionalen Puffer enthalten sind. Über den RESPONSE-Zusatz haben Sie dabei die Möglichkeit, fehlerhafte Instanzen sowie in der Interaktionsphase erzeugte Nachrichten für jedes Geschäftsobjekt separat abzufragen.

Weiterführende Informationen zur Entity Manipulation Language

Aufbauende Information finden Sie beispielsweise im SAP Help Portal unter: *http://s-prs.de/v783010*

7.4 Validierungen implementieren

Validierungen

Nachdem Sie erfahren haben, wie Sie Ermittlungen für ein Geschäftsobjekt definieren und implementieren können, zeigen wir Ihnen nun, wie Sie Ihr Geschäftsobjekt um Validierungen erweitern können. Validierungen spielen eine wichtige Rolle in der betriebswirtschaftlichen Logik eines Geschäftsobjekts. Durch Validierungen lassen sich Daten auf ihre Konsistenz hin prüfen und mögliche Fehlerquellen bestimmen.

In Abschnitt 4.1, »Einführung in die Beispielanwendung«, haben wir formuliert, dass beim Speichern einer Rabattaktion geprüft werden soll, ob die Werte »Gültig von« (StartDate) und »Gültig bis« (EndDate) einen zulässigen Zeitraum ergeben. »Gültig von« muss also zeitlich vor »Gültig bis« liegen. Andernfalls soll eine Fehlermeldung ausgegeben werden.

Validierungen definieren

Eine Validierung können Sie innerhalb der Operationsdefinition der Behavior Definition durch folgende Schlüsselwörter definieren:

```
validation <ValidationName> on save { create; | update; | delete; |
field <Field1>, …, <FieldN>; }
```

Die Definition einer Validierung beginnt mit dem Schlüsselwort validation, gefolgt von dem Namen der Validierung *<ValidationName>*. Der Name der Validierung muss innerhalb der Behavior Definition der aktuellen Entität eindeutig sein.

Trigger-Bedingungen

Anschließend müssen die Operations- oder Feld-Trigger, die die Validierung auslösen, sowie der Zeitpunkt, an dem die entsprechenden Trigger geprüft werden, angegeben werden. Diese Angaben erfolgen analog zur Definition der Trigger-Bedingungen für Ermittlungen (siehe Abschnitt 7.3, »Ermittlungen implementieren«). Für Validierungen steht nur der Zeitpunkt on save zur Verfügung. Validierungen können beim Erstellen, Ändern oder Löschen von Instanzen ausgeführt werden.

Ergänzen Sie nun Ihre Behavior Definition `ZI_PROMOTIONTP` durch die in Listing 7.14 gezeigte Validierung.

Validierung für die Rabattaktion

```
define behavior for ZI_PromotionTP alias Promotion
...
{
...
  validation validatePromotionDate on save { field StartDate,
EndDate; }
}
```

Listing 7.14 Definition von Validierungen einer Rabattaktion

Die Validierung `validatePromotionDate` wird beim Speichern nur dann ausgelöst, wenn sich die Felder `StartDate` oder `EndDate` geändert haben.

[«]

Validierungen trennen

Wie auch bei der Implementierung von Ermittlungen empfehlen wir Ihnen zur Verbesserung der Wartbarkeit und Übersichtlichkeit des Quellcodes, Validierungen von semantisch unabhängigen Feldern getrennt zu implementieren.

Validierungen implementieren

Implementiert wird die Validierungslogik in einer eigenständigen Methode der lokalen Handler-Klasse `LHC_PROMOTION` der Klasse `ZBP_PROMOTIONTP`. Die Methodendefinition erfolgt im privaten Bereich (`PRIVATE SECTION.`) der Handler-Klasse. Methoden zur Implementierung von Validierungen werden wie folgt definiert:

```
METHODS <MethodName> FOR VALIDATE ON SAVE <Entity>
    FOR <Entity>~<ValidationName>.
```

Implementierungen von Validierungen werden durch das Schlüsselwort `FOR VALIDATE` gekennzeichnet, gefolgt von dem Trigger-Zeitpunkt `ON SAVE` und der Entität. Die eigentliche Validierung wird durch den Zusatz `FOR` angegeben.

Sie können den in Listing 7.15 gezeigten Quelltext für die Methodendefinition in unserem Beispiel übernehmen.

```
CLASS lhc_promotion DEFINITION INHERITING FROM cl_abap_behavior_
handler.
  PRIVATE SECTION.
    ...
    METHODS validate_promotion_date
```

```
        FOR VALIDATE ON SAVE Promotion
        FOR Promotion~validatePromotionDate.
ENDCLASS.
```

Listing 7.15 Definition der Validierungsmethode

Implementieren Sie anschließend die Methode VALIDATE_PROMOTION_DATE und übernehmen Sie dabei den Quelltext aus Listing 7.16.

```
" 1. Lesen der geänderten Daten
READ ENTITY ZI_PromotionTP FIELDS ( StartDate EndDate )
  WITH VALUE #( FOR ls_promotion IN promotion (
          PromotionId = ls_promotion-PromotionId ) )
  RESULT DATA(lt_promotions).

LOOP AT lt_promotions ASSIGNING FIELD-SYMBOL(<ls_promotion>).
  " 2. Prüfen, ob Rabattaktionsraum valide ist
  IF <ls_promotion>-EndDate LT <ls_promotion>-StartDate.
    " 3. Inkonsistente Rabattaktion zurückmelden
    APPEND VALUE #(
       PromotionId = <ls_promotion>-PromotionId )
    TO failed-promotion.

    " 4. Fehlermeldung erstellen und zurückliefern
    APPEND VALUE #(
      PromotionId = <ls_promotion>-PromotionId
      %msg = new_message(
          id       = 'Z_PROMOTION_MGMT_APP'
          number   = '001'
          severity = if_abap_behv_message=>severity-error )
      %element-EndDate    = if_abap_behv=>mk-on )
    TO reported-promotion.
  ENDIF.
ENDLOOP.
```

Listing 7.16 Implementierung der Validierungsmethode

Ablauf der Validierung

Wir wollen den in Listing 7.16 gezeigten Quelltext etwas genauer betrachten. Dieser besteht hauptsächlich aus vier Teilen:

1. **Lesen der geänderten Daten**
   Durch die EML-Leseoperation READ ENTITY werden die geänderten Daten der aktuellen Instanz der Rabattaktion gelesen. Dazu greifen wir auf den Importing-Parameter PROMOTION zurück, der implizit zur Verfügung

steht. Durch den Zusatz ALL FIELDS oder FIELDS (f1 ... fn) können Sie die zu lesenden Felder angeben.

2. **Prüfen, ob Rabattaktionszeitraum valide ist**
   Es wird geprüft, ob das »Gültig bis«-Datum (EndDate) vor dem »Gültig ab«-Datum (StartDate) liegt. Ist dies der Fall, muss eine Fehlermeldung ausgegeben werden.
3. **Inkonsistente Rabattaktion zurückmelden**
   Sollte die Überprüfung des Rabattaktionszeitraums einen Fehler ergeben haben, wird das Schlüsselfeld PromotionId über den impliziten Changing-Parameter FAILED-PROMOTION an das BO-Framework zurückgeliefert. Dadurch wird die Speichersequenz für die Geschäftsobjektinstanz – nach Abarbeitung aller Validierungen – abgebrochen.
4. **Fehlermeldung erstellen und zurückliefern**
   Über den impliziten Changing-Parameter REPORTED-PROMOTION wird eine entsprechende Fehlermeldung an das BO-Framework zurückgemeldet. Dazu stehen die in Tabelle 7.3 aufgeführten Felder im Changing-Parameter zur Verfügung.

Feld	Beschreibung
%msg	Meldung vom Typ IF_ABAP_BEHV_MESSAGE
%element	Kennzeichnung der Felder, auf welche sich die Meldung bezieht. Im Falle einer Fehlermeldung werden die markierten Felder einer SAP-Fiori-Anwendung rot hinterlegt.

Tabelle 7.3 Felder des impliziten Changing-Parameters REPORTED

Meldungen erzeugen

Meldungen sind als Referenz vom Typ IF_ABAP_BEHV_MESSAGE im Feld %msg des Changing-Parameters REPORTED-PROMOTION zurückzuliefern. Für die Erzeugung einer entsprechenden Referenz steht die Methode NEW_MESSAGE zur Verfügung. Hierbei handelt es sich um eine geschützte Methode (PROTECTED), die von der Klasse CL_ABAP_BEHAVIOR_HANDLER an die lokale Handler-Klasse vererbt wird. Der Methode sind eine Nachrichtenklasse, die Nachrichtennummer sowie der Nachrichtentyp (SEVERITY) zu übergeben.

[zB]

Nachrichtenklasse anlegen

Das ABAP Environment unterstützt Nachrichtenklassen weiterhin. Für die in Listing 7.16 ausgegebene Fehlermeldung verwenden wir die Nachrichtenklasse Z_PROMOTION_MGMT_APP. Diese Nachrichtenklasse können Sie im Entwicklungspaket ZPM_COMMON anlegen:

1. Rufen Sie dazu mit der rechten Maustaste das Kontextmenü zu diesem Paket im **Project Explorer** auf und wählen Sie **New • Other ABAP Repository Object • Message Classes • Message Class**.
2. Vergeben Sie anschließend den Namen »Z_PROMOTION_MGMT_APP« und eine Beschreibung.
3. Wählen Sie dann einen Transportauftrag aus und beenden Sie den Anlagen-Dialog, indem Sie die Schaltfläche **Finish** drücken.

Abbildung 7.13 zeigt die Nachrichtenklasse `Z_PROMOTION_MGMT_APP` mit entsprechenden Texten.

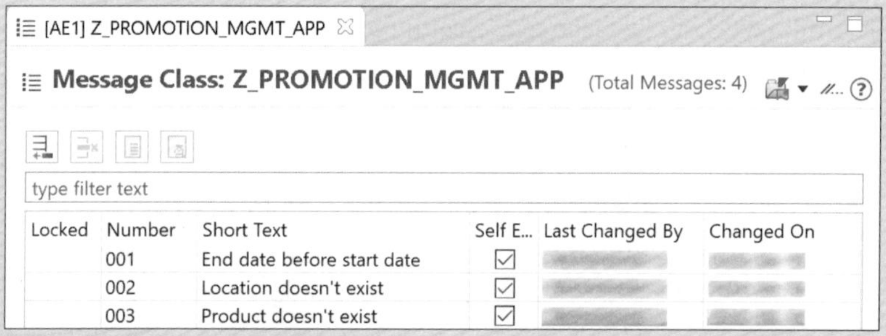

Abbildung 7.13 Nachrichtenklasse

Übersetzung von Nachrichtenklassen

Aktuell unterstützt das ABAP Environment die Übersetzung von Nachrichtenklassen nicht. Dies gilt ebenfalls für Feldbezeichner von Datenelementen etc. Die Unterstützung von Übersetzungen ist für Release 2011 des ABAP Environment geplant. Dazu wird aller Voraussicht nach die SAP-Fiori-Anwendung *Maintain Translations* bereitgestellt werden.

Validierung testen

Nachdem Sie Listing 7.15 und Listing 7.16 übernommen haben, können Sie die Validierung testen:

1. Starten Sie dazu die Vorschau für SAP-Fiori-Elements-Anwendungen über das bereits angelegte Service Binding `ZUI_PROMOTION_02`.
2. Legen Sie eine neue Rabattaktion an oder bearbeiten Sie eine bereits existierende. Wählen Sie das »Gültig bis«-Datum so, dass es vor dem »Gültig ab«-Datum liegt und speichern Ihre Änderungen.
3. Anschließend sollte die Validierung `validatePromotionDate` ausgelöst und wie in Abbildung 7.14 eine Fehlermeldung angezeigt werden.

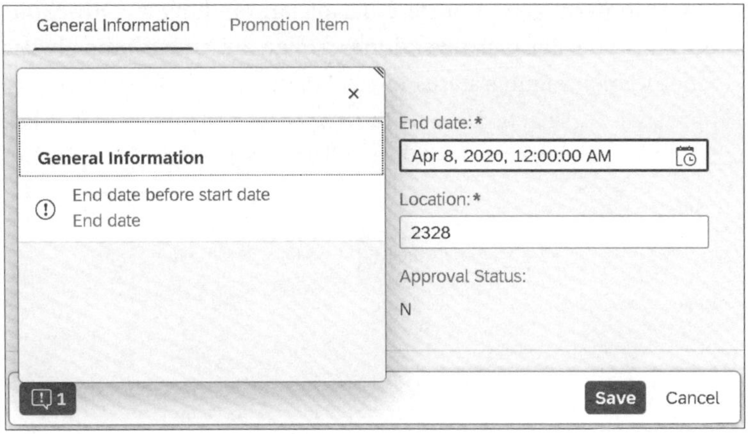

Abbildung 7.14 Fehlermeldung aus Validierung

Es steht Ihnen frei, das Geschäftsobjektverhalten sowohl auf Kopf- als auch auf Positionsebene um weitere Validierungen zu ergänzen. Weitere Prüfungen könnten z. B. sein:

- `validateLocation`: Prüfung, ob die angegebene Filiale existiert
- `validateProduct`: Prüfung, ob das angegebene Produkt existiert

Ausführungsreihenfolge von Validierungen

Beachten Sie, dass Validierungen stets nach Ermittlungen und ausschließlich beim Speichern (on save) ausgeführt werden. Es wird sicherlich vorkommen, dass Sie innerhalb eines Geschäftsobjekts für verschiedene Entitäten mehrere Validierungen definieren. In welcher Reihenfolge diese Validierungen dann ausgeführt werden, können Sie nicht beeinflussen. Es ist nicht möglich, Abhängigkeiten zwischen den einzelnen Validierungen zu definieren, um auf diese Weise Validierungsketten zu bilden. Dies ist auch nicht nötig, da beim Speichern alle Validierungen durchlaufen werden, für die die Validierungsbedingungen erfüllt sind. Erst wenn alle Validierungen durchlaufen wurden, wird geprüft, ob eine dieser Validierungen fehlgeschlagen ist, und erst dann wird die Speichersequenz abgebrochen.

7.5 Aktionen implementieren

Neben Ermittlungen und Validierungen stellen Aktionen einen wichtigen Teil des Geschäftsobjektverhaltens dar. Mithilfe von Aktionen lassen sich beispielsweise Werte von Feldern einer Geschäftsobjektinstanz ändern.

Statusänderung

Gemäß den Anforderungen an unsere Beispielanwendung aus Abschnitt 4.1, »Einführung in die Beispielanwendung«, sollen die Nutzer*innen in der Lage sein, den Genehmigungsstatus einer Rabattaktion auf »Genehmigt« (**A** für Approved) zu setzen. Dieser Statuswechsel soll über einen Klick auf eine Schaltfläche oberhalb der Ausgabeliste möglich sein (siehe Abbildung 7.15).

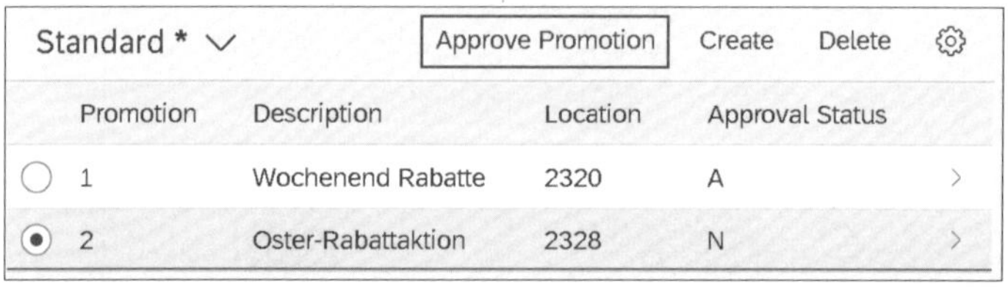

Abbildung 7.15 List Report mit Aktionsschaltfläche

Aktion definieren

Für die Umsetzung dieser Anforderung muss innerhalb der Operationsdefinition der Behavior Definition eine neue Aktion definiert werden. Dazu ergänzen Sie die Behavior Definition `ZI_PROMOTIONTP` um folgende Zeile:

```
action approvePromotion result [1] $self;
```

Aktionsname

Eingeleitet wird die Aktionsdefinition durch das Schlüsselwort `action`, gefolgt von dem Aktionsnamen `approvePromotion`.

[»]

Länge von Aktionsnamen

Namen von Aktionen können maximal 30 Zeichen lang sein. Sollten Sie für einen Aktionsnamen mehr Zeichen benötigen, können Sie mit dem Zusatz `external 'ExternerAktionsname'` einen bis zu 128 Zeichen langen externen Namen vergeben. Dieser wird jedoch ausschließlich in den OData-Metadaten exponiert und kann in ABAP nicht verwendet werden.

Rückgabeparameter

Durch `result [1] $self` geben Sie an, dass die Aktion genau eine Instanz des Geschäftsobjekts zurückliefert, nämlich genau die, für die die Aktion durchgeführt wird. Es ist auch möglich, dass Aktionen kein Ergebnis zurückliefern, eine andere Instanz desselben Geschäftsobjekts oder eine Instanz eines anderen Geschäftsobjekts. Tabelle 7.4 fasst die möglichen Rückgabeparameter des Schlüsselworts `result` zusammen.

Rückgabeparameter	Beschreibung
`$self`	Es wird die Instanz des Geschäftsobjekts zurückgeliefert, für die die Aktion durchgeführt wurde.

Tabelle 7.4 Rückgabeparameter der Aktionsdefinition

Rückgabeparameter	Beschreibung
entity <*EnitityName*>	Es wird eine von der Aktionsinstanz abweichende Instanz zurückgeliefert. Dies kann eine andere Instanz desselben Geschäftsobjekts sein oder eine Instanz eines anderen Geschäftsobjekts.
entity <*ABAPStructure*>	Aktionen können ebenfalls Strukturen des ABAP Dictionary zurückliefern.

Tabelle 7.4 Rückgabeparameter der Aktionsdefinition (Forts.)

[«]

Zusätze von Aktionsdefinitionen

Aktionsdefinitionen können um eine Vielzahl von Zusätzen ergänzt werden. Zum Beispiel ist es durch den Zusatz `features: instance` möglich, Aktionen dynamisch zu aktivieren oder zu deaktivieren (siehe Abschnitt 7.6, »Zusätzliche Feldeigenschaften definieren«). Wir wollen hier nicht im Detail auf die einzelnen Zusätze eingehen, sondern verweisen an dieser Stelle auf die Dokumentation im SAP Help Portal: *http://s-prs.de/v783011*

Aktion implementieren

Genau wie bei Ermittlungen und Validierungen wird die eigentliche Aktionslogik innerhalb einer eigenständigen Methode implementiert. Definieren Sie nun, wie in Listing 7.17 gezeigt, die Methode `approve_promotion` für die Aktion `approvePromotion` im privaten Bereich der lokalen Handler-Klasse `lhc_promotion` der Klasse `ZBP_PROMOTIONTP`.

```
CLASS lhc_promotion DEFINITION INHERITING FROM cl_abap_behavior_
handler.

  PRIVATE SECTION.
  ...
    METHODS approve_promotion FOR MODIFY
      IMPORTING it_keys FOR ACTION Promotion~approvePromotion
      RESULT rt_result.
  ...
ENDCLASS.
```

Listing 7.17 Definition der Aktionsmethode

Da es sich bei Aktionen, genau wie beim Erstellen, Ändern und Löschen von Instanzen, um Änderungsoperationen handelt, muss bei der Methodendefinition das Schlüsselwort `FOR MODIFY` angegeben werden. Als Importing-

Parameter werden die Schlüsselfelder der Instanzen übergeben, auf die die Aktion durchgeführt wurde.

Sollte in der Behavior Definition die Aktion mit einem Rückgabeparameter (result) definiert worden sein, muss die Methode einen entsprechenden Rückgabewert füllen. Die Namen der Eingabe- und Rückgabeparameter können Sie frei wählen.

Implementieren Sie nun die Methode, wie in Listing 7.18 gezeigt.

```
METHOD approve_promotion.
  " 1. Setzen des Genehmigungsstatus A - Approved
  MODIFY ENTITIES ZI_PromotionTP IN LOCAL MODE
      ENTITY Promotion
      UPDATE FROM VALUE #( FOR ls_key IN it_keys (
          PromotionId    = ls_key-PromotionId
          ApprovalStatus = 'A'
          %control-ApprovalStatus = if_abap_behv=>mk-on ) )
      FAILED failed
      REPORTED reported.

  " 2. Lesen der geänderten Daten
  READ ENTITY ZI_PromotionTP ALL FIELDS WITH
      VALUE #( FOR ls_key IN it_keys (
               PromotionId = ls_key-PromotionId ) )
      RESULT DATA(lt_promotions).

  " 3. Zurückliefern der geänderten Daten
  rt_result = VALUE #( FOR ls_promotion IN lt_promotions (
                 PromotionId = ls_promotion-PromotionId
                 %param      = ls_promotion ) ).
ENDMETHOD.
```

Listing 7.18 Implementierung der Aktionsmethode

Wir wollen die Ablauflogik der in Listing 7.18 gezeigten Aktionsmethode genauer betrachten:

1. **Setzen des Genehmigungsstatus A (Approved)**
   Durch die EML-Änderungsoperation UPDATE des EML-Änderungsausdrucks wird der Genehmigungsstatus für die übergebene Geschäftsobjektinstanz auf **A** – Approved gesetzt. Beachten Sie, dass die Änderung mit dem Zusatz IN LOCAL MODE ausgeführt wird. Dadurch wird dem Framework signalisiert, dass die Änderung der Entität intern aus dem Ge-

schäftsobjekt heraus erfolgt. Dies ist z. B. dann notwendig, wenn Read-only-Felder geändert werden sollen.

2. **Lesen der geänderten Daten**
   Nach der Aktualisierung werden die aktualisierten Daten mit der EML-Leseoperation gelesen. Dies ist notwendig, da durch die zuvor ausgeführte Änderungsoperation gegebenenfalls zusätzliche Ermittlungen durchgeführt wurden und sich so möglicherweise weitere Daten der Instanz geändert haben können.
3. **Zurückliefern der geänderten Daten**
   Die geänderte Instanz wird über den Rückgabeparameter `rt_result` zurückgeliefert.

Damit haben Sie die Anwendungslogik der Aktion `approvePromotion` vollständig implementiert.

Aktionsschaltfläche im UI anzeigen

Damit die Aktion über die SAP-Fiori-Oberfläche ausgeführt werden kann, muss sie als Schaltfläche zur Verfügung gestellt werden. Hierzu verwenden wir die in Listing 7.19 gezeigte UI-Annotation innerhalb des CDS-View `ZI_PromotionTP`.

```
@UI.lineItem: [{
  position: 10, label: 'Promotion' }, {
  type: #FOR_ACTION, dataAction: 'approvePromotion',
  label: 'Approve Promotion', position: 10 }
]
key PromotionId
```

Listing 7.19 UI-Annotation für Aktionsschaltflächen

Durch diese UI-Annotation wird eine Schaltfläche über der Ausgabeliste im SAP Fiori List Report erzeugt. Über das Element `dataAction` verweisen Sie auf die in der Behavior Definition definierte Aktion `approvePromotion`.

[«]

Externer Aktionsname

Sollten Sie für Ihre Aktion einen externen Namen vergeben haben, müssen Sie diesen in der UI-Annotation angeben.

Aktionen ausführen

Aktivieren Sie Ihre Anpassungen und rufen Sie Ihre Anwendung mit der Vorschau für SAP-Fiori-Elements-Anwendungen aus dem Service Binding `ZUI_PROMOTION_02` heraus auf. Wie in Abbildung 7.15 erkennbar, wird nun oberhalb der Listenausgabe die Schaltfläche **Approve Promotion** angezeigt. Wählen Sie innerhalb der Ausgabeliste eine beliebige Rabattaktion aus und ändern Sie deren Genehmigungsstatus auf **A** (Approved), indem Sie auf die Schaltfläche **Approve Promotion** klicken. Die Oberfläche aktualisiert sich daraufhin und zeigt den neuen Genehmigungsstatus.

Aktionen ausführen per EML

Wie bereits in Abschnitt 7.3, »Ermittlungen implementieren«, erwähnt, können Sie Aktionen auch direkt aus ABAP heraus per EML ausführen. Listing 7.20 zeigt, wie Sie die Aktion `approvePromotion` für Rabattaktionen mit EML ausführen können.

```
MODIFY ENTITY ZI_PromotionTP
    EXECUTE approveStatus
    FROM VALUE #( FOR ls_promotion IN lt_promotion (
             promotion_id = ls_promotion-promotion_id ) )
        RESULT DATA(lt_promotion_updated).
```

Listing 7.20 Aktionen per EML ausführen

7.6 Zusätzliche Feldeigenschaften definieren

Feldeigenschaften

Im ABAP-RESTful-Programmiermodell haben Sie die Möglichkeit, für die Felder und Operationen der Entitäten Ihres Geschäftsobjekts spezielle Eigenschaften zu definieren, um unter anderem die Darstellung dieser Felder auf den SAP-Fiori-Oberflächen zu beeinflussen. Neben der Darstellung beeinflussen die Eigenschaften den Zugriff auf die entsprechenden Felder und Aktionen über die EML.

Diese *Feldeigenschaften*, auch *Feature Controls* genannt, ermöglichen es Ihnen, den Zugriff auf die Felder und Operationen Ihrer Geschäftsobjektentitäten serviceseitig festzulegen und dynamisch zu steuern. Sie können folgende Feldeigenschaften für die Entitäten von Geschäftsobjekten spezifizieren:

- schreibgeschütze Felder
- obligatorische Felder
- aktive oder inaktive Operationen

Statische und dynamische Eigenschaften

Zusätzlich wird zwischen *statischen* und *dynamischen Feldeigenschaften* unterschieden:

- Statische Eigenschaften eines Felds einer Entität werden einmal festgelegt und können zur Laufzeit nicht mehr geändert werden. Ein Feld, das statisch als schreibgeschützt definiert wurde, wird auch immer als schreibgeschützt dargestellt.

- Dynamische Feldeigenschaften können zur Laufzeit festgelegt und auch wieder verändert werden. So soll beispielsweise ein ansonsten schreibgeschütztes Feld nur dann eingabebereit sein, wenn ein bestimmtes anderes Feld der Entität gepflegt worden ist.

7.6.1 Statische Feldeigenschaften definieren

Feldeigenschaften für die Rabattaktion

Wir definieren nun Feldeigenschaften für die Entitäten unseres Geschäftsobjekts Rabattaktion. Wir beginnen zunächst mit der Definition statischer Feldeigenschaften. Mit diesen Feldeigenschaften sollen die folgenden Anforderungen umgesetzt werden:

- Das Feld **Approval Status** für die Entität Rabattaktion soll schreibgeschützt sein.
- Die Felder **Location**, **Description**, **Start date** und **End date** der Entität Rabattaktion sind obligatorisch.

Feldeigenschaften definieren

Statische Feldeigenschaften werden über die Behavior Definition eines Geschäftsobjekts definiert. So lassen sich die Felder von Entitäten als schreibgeschützt darstellen oder können als obligatorisch markiert werden. Statische Feldeigenschaften werden in der Operationsdefinition der Behavior Definition über folgende Syntax spezifiziert:

```
field ( <Property> ) <Field1> [..., <FieldN>]
```

Werte der Feldeigenschaften

Feldeigenschaften werden über das Schlüsselwort `field` definiert. Sie können folgende Werte über statische Feldeigenschaften spezifizieren:

- `read only`

  Die so spezifizierten Felder sind schreibgeschützt. Schreibgeschützte Felder lassen sich in der Interaktionsphase des transaktionalen Ablaufs nicht ändern. Das bedeutet, dass für diese Felder weder über die SAP-Fiori-Oberfläche noch über die EML Werte bei der Änderung oder Anlage von Instanzen angeben werden können.

  Innerhalb der Speicherphase können die Felder jedoch geändert werden. Daher sind beispielsweise Ermittlungen für schreibgeschützte Felder mit dem Zusatz `on save` möglich.

  Seit dem Release 2008 des ABAP Environment steht Ihnen zusätzlich die statische Feldeigenschaft `readonly:update` zur Verfügung. Bei der Angabe von `readonly:update` sind die entsprechenden Felder nur für den Fall einer Änderung schreibgeschützt und können bei der Anlage einer neuen Instanz überschrieben werden.

- `mandatory`

  Die mit `mandatory` spezifizierten Felder sind obligatorisch. Für obligatorische Felder muss bei der Anlage oder Änderung von Instanzen immer ein Wert angegeben werden.

  Seit dem Release 2008 des ABAP Environment können Sie zusätzlich die statische Feldeigenschaft `mandatory:create` verwenden. Über `mandatory:create` können Sie Felder nur für die Anlage einer Instanz als obligatorisch kennzeichnen. Bei der Änderung einer Instanz muss für die entsprechenden Felder dagegen kein Wert angegeben werden.

[»]

Wirkung von obligatorischen Feldern

Durch die Angabe von `mandatory` lassen sich Felder als Pflichtfelder definieren. Dies wirkt sich jedoch ausschließlich auf die Darstellung der Felder auf der SAP-Fiori-Oberfläche aus. Der Inhalt der Felder wird nicht validiert. Um zu prüfen, ob tatsächlich Werte eingegeben wurden, ist es daher nötig, eigene Validierungen zu implementieren.

Feldeigenschaft für mehrere Felder

Über die Feldliste können Sie eine Feldeigenschaft für mehrere Felder der Entität zu setzen. Definieren Sie beispielsweise die zu Beginn dieses Abschnitts genannten Felder der Entitäten des Geschäftsobjekts Rabattaktion als schreibgeschützt, wie in Listing 7.21 gezeigt.

```
define behavior for ZI_PromotionTP alias Promotion
{
  ...
  field (read only) CreatedAt, ChangedAt, CreatedBy,  ChangedBy,
ApprovalStatus;
}
```

Listing 7.21 Felder von Entitäten als schreibgeschützt definieren

Definieren Sie außerdem die obligatorischen Felder der Entitäten gemäß Listing 7.22.

```
define behavior for ZI_PromotionTP alias Promotion
{
  ...
  field (mandatory) LocationId, PromotionDescription,  StartDate,
EndDate;
}
```

Listing 7.22 Felder von Entitäten als obligatorisch definieren

Darstellung der Felder

In der Vorschau für SAP-Fiori-Elements-Anwendungen sind direkt die Auswirkungen der definierten statischen Feldeigenschaften sichtbar. Abbildung 7.16 zeigt die Darstellung von obligatorischen ❶ und schreibgeschützten ❷ Feldern.

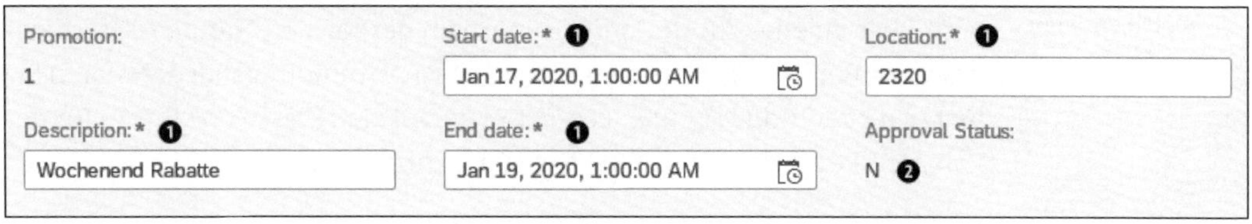

Abbildung 7.16 Darstellung obligatorischer und schreibgeschützter Felder auf der SAP-Fiori-Oberfläche

7.6.2 Dynamische Feldeigenschaften definieren

Dynamische Eigenschaften für die Rabattaktion

Nachdem wir die statischen Feldeigenschaften für die Entitäten des Geschäftsobjekts Rabattaktion definiert haben, wollen wir nun die dynamischen Feldeigenschaften betrachten. Hierzu definieren wir für das Geschäftsobjekt Rabattaktion folgende dynamische Eigenschaften:

- Für bereits angelegte Aktionen soll das Feld `PromotionID` im Änderungsmodus nicht editierbar sein.
- In Abschnitt 7.5, »Aktionen implementieren«, haben wir eine Aktion zur Genehmigung von Rabattaktionen implementiert. Diese Aktion soll nur für Instanzen mit dem Genehmigungsstatus **N** (New) ausgeführt werden können. Wird auf der SAP-Fiori-Oberfläche eine Instanz ausgewählt, die einen Status hat, soll die Schaltfläche für die Aktion zur Genehmigung deaktiviert werden.
- Nur Aktionen mit dem Status **N** (New) dürfen geändert werden.

[«]

Dynamische Aktionseigenschaften

Dynamische Eigenschaften lassen sich im ABAP-RESTful-Programmiermodell nicht nur für die Felder von Entitäten spezifizieren, sondern können, anders als statische Eigenschaften, auch auf die Operationen von Entitäten wirken. Man spricht hier auch von *dynamischen Aktionseigenschaften*.

Feldeigeschaften definieren

Wir beginnen zunächst mit der Definition der dynamischen Feldeigenschaften. Dynamische Feldeigenschaften werden in der Operationsdefinition der Behavior Definition wie folgt angegeben:

```
field (features: instance) <Field1>, ..., <FieldN>;
```

Definieren Sie demgemäß für unser Beispielszenario die dynamischen Feldeigenschaften für das Feld PromotionId wie folgt:

```
field (features : instance) PromotionId;
```

Feldeigenschaften implementieren

Die Implementierung von dynamischen Feld- und Aktionseigenschaften wird über eigenes ABAP-Coding innerhalb der lokalen Handler-Klasse des Behavior Pools vorgenommen. Für unseren Anwendungsfall definieren Sie hierzu die Methode FEATURE_CONTROL in der lokalen Klasse LHC_PROMOTION des Behavior Pools ZBP_PROMOTIONTP, wie in Listing 7.23 gezeigt.

```
CLASS lhc_promotion DEFINITION INHERITING FROM cl_abap_behavior_
handler.
...
METHODS feature_control FOR FEATURES
      IMPORTING it_keys REQUEST requested_features FOR Promotion
RESULT rt_result.
...
ENDCLASS.
```

Listing 7.23 Methodendefinition zur Implementierung dynamischer Feldeigenschaften

Methoden für die Implementierung von dynamischen Feldeigenschaften werden über die folgende Syntax definiert:

```
METHODS <Name> FOR FEATURES IMPORTING <KeyTable> REQUEST
<RequestedFeatures> FOR <Entity> RESULT <ResultTable>.
```

Sie werden über den Zusatz FOR FEATURES gekennzeichnet. Als Importing-Parameter wird eine Liste der Schlüsselwerte der entsprechenden Instanzen sowie eine Struktur der abgefragten Feldeigenschaften übergeben. Implementieren Sie die Methode FEATURE_CONTROL, wie in Listing 7.24 gezeigt.

```
METHOD feature_control.
  DATA ls_feature_control LIKE LINE OF rt_result.

  " 1. Lesen der Geschäftsobjektinstanzen
  READ ENTITY ZI_PromotionTP ALL FIELDS WITH
    VALUE #( FOR ls_key IN it_keys ( promotionid = ls_key-promotionid
) )
    RESULT DATA(lt_promotions).

  LOOP AT lt_promotions ASSIGNING FIELD-SYMBOL(<ls_promotion>).
     CLEAR ls_feature_control.
```

```
      ls_feature_control-PromotionId= <ls_promotion>-PromotionId.

      " 2. Dynamische Feldeigenschaften setzen
      IF <ls_promotion>-PromotionId IS NOT INITIAL.
        ls_feature_control-%field-PromotionId = if_abap_behv=>
fc-f-read_only.
      ENDIF.

      " 3. Dynamische Aktionseigenschaften setzen
      IF <ls_promotion>-ApprovalStatus <> 'N' AND <ls_promototion>-
ApprovalStatus IS NOT INITIAL.
        ls_feature_control-%update = if_abap_behv=>fc-o-disabled.
        ls_feature_control-%action-approvePromotion = if_abap_behv
=>fc-o-disabled.
      ENDIF.
      INSERT ls_feature_control INTO TABLE rt_result.
    ENDLOOP.
  ENDMETHOD.
```

Listing 7.24 Implementierung von dynamischen Feldeigenschaften

[«]

Implementierung von Feldeigenschaften trennen

Es ist nicht möglich, innerhalb einer Behavior Implementation mehrere Methoden mit dem Zusatz `FOR FEATURES` für eine Geschäftsobjektentität zu definieren. Daher kann hier keine Modularisierung in der Form erfolgen, wie wir sie für Validierungen und Ermittlungen vorgenommen haben. Für komplexere Implementierungen empfehlen wir dennoch die Modularisierung der Implementierung durch entsprechende private Methoden.

Ablauflogik der Imlementierung

Die in Listing 7.24 gezeigte Aktionsmethode beinhaltet folgende Ablauflogik:

1. **Lesen der Geschäftsobjektinstanzen**
   Zunächst werden die relevanten Instanzen des Geschäftsobjekts mit der EML-Leseoperation `READ ENTITY` gelesen.
2. **Dynamische Feldeigenschaften setzen**
   Im nächsten Schritt wird das Feld `PromotionId` der angelegten Instanzen als schreibgeschützt markiert. Die dynamisch festgelegten Feldeigenschaften werden über die Rückgabestruktur (`RT_RESULT`) der Methode `FEATURE_CONTROL` zurückgeliefert. Hierzu ist das Feld `%field-PromotionId`

des Rückgabeparameters für die betreffenden Instanzen entsprechend auszuprägen.

3. Tabelle 7.5 gibt einen Überblick über die Felder sowie die möglichen Werte der Rückgabestruktur.

Feld	Beschreibung	Mögliche Werte
`PromotionId`	Schlüsselfelder der entsprechenden Instanz, in diesem Falle `PromotionId`	
`%field`	Struktur mit allen Feldern der Entität, für die ein dynamisches Verhalten implementiert wurde	▪ `MANDATORY` Das Feld ist obligatorisch. ▪ `READ ONLY` Das Feld ist schreibgeschützt. ▪ `ALL` Das Feld ist schreibgeschützt und obligatorisch. ▪ `UNRESTRICTED` Für das Feld besteht kein Zugriffschutz.
`%update`, `%create`, `%delete`	Über diese Felder können CUD-Operationen für Instanzen aktiviert oder deaktiviert werden.	▪ `ENABLED` Die Operation ist aktiv. Die entsprechende Operation kann ausgeführt werden. ▪ `DISABLED` Die Operation ist inaktiv. Die entsprechende Operation kann nicht ausgeführt werden.
`%action`	Struktur, die sämtliche definierten Aktionen der Geschäftsobjektentität als Felder enthält. Über diese Struktur können diese Aktionen aktiviert oder deaktiviert werden	▪ `ENABLED` ▪ `DISABELD`

Tabelle 7.5 Rückgabewerte zur Spezifizierung dynamischer Feld- und Aktionseigenschaften

Feld	Beschreibung	Mögliche Werte
%assoc	Struktur, über die Operationen über die Assoziationen von Instanzen deaktiviert oder aktiviert werden können	▪ ENABLED ▪ DISABLED

Tabelle 7.5 Rückgabewerte zur Spezifizierung dynamischer Feld- und Aktionseigenschaften (Forts.)

4. **Dynamische Aktionseigenschaften setzen**
   In diesem Schritt werden für die Instanzen, die nicht den Genehmigungsstatus **N** (New) haben, die Änderungsoperation `update` sowie die Aktion `approvePromotion` für die Genehmigung von Rabattaktionen deaktiviert. Hierzu werden die Felder `%update` und `%action-approvePromotion` entsprechend deaktiviert.

Beachten Sie, dass die in Listing 7.24 gezeigte Implementierung der dynamischen Feldeigenschaften des Felds `PromotionId` seit Release 2008 des ABAP Environment auch über die statische Feldeigenschaft `field (mandatory:create, readonly:update) PromotionId` erreicht werden kann.

[+]

Konstanten verwenden

Zur Ausprägung der Felder der Rückgabestrukturen bei der Spezifikation dynamischen Verhaltens können Sie die Konstanten des Interface `IF_ABAP_BEHV` verwenden:

- Für die Spezifizierung dynamischer Feldeigenschaften können Sie die folgenden Konstanten verwenden:
  - `if_abap_behv=>fc-f-mandatory`
  - `if_abap_behv=>fc-f-read_only`
  - `if_abap_behv=>fc-f-unrestricted`
  - `if_abap_behv=>fc-f-all`
- Für die Ausprägung von dynamischen Operationseigenschaften stehen Ihnen folgende Konstanten zur Verfügung:
  - `if_abap_behv=>fc-o-enabled`
  - `if_abap_behv=>fc-o-disabled`

Darstellung dynamischer Eigenschaften

Abbildung 7.17 zeigt die Auswirkung der definierten dynamischen Aktionseigenschaften auf die SAP-Fiori-Oberfläche. Die Schaltfläche für die Aktion **Approve Promotion** wird für Rabattaktionen, die nicht den Genehmigungsstatus **N** (New) haben, automatisch ausgegraut. Die Aktion kann so nicht mehr ausgeführt werden. Dasselbe gilt auch für die Ausführung der Aktion über die EML. Im Detailbild der SAP-Fiori-Oberfläche wird die Schaltfläche für die Änderung aufgrund der dynamischen Aktionseigenschaften ebenfalls automatisch ausgeblendet.

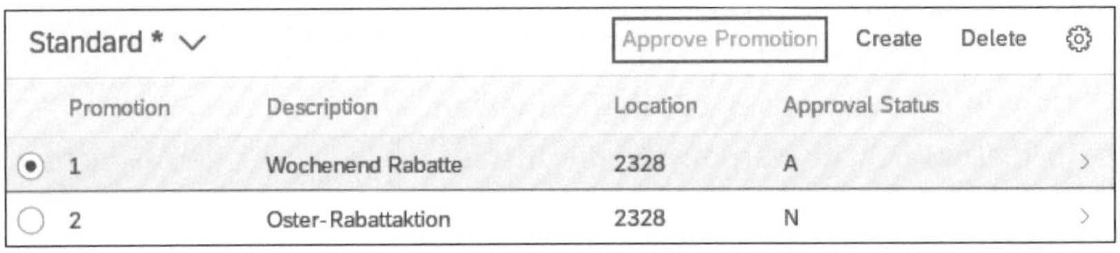

Abbildung 7.17 Ausgegraute Aktionen durch dynamische Feldeigenschaften

7.7 Sperrkonzepte

Genau wie in bisherigen ABAP-Systemen unterstützt das ABAP Environment das Sperren von Datensätzen bzw. Geschäftsobjektinstanzen. Durch das Setzen von *Sperren* sollen gleichzeitige Änderungen an ein und derselben Geschäftsobjektinstanz verhindert werden. Dieser Fall würde eintreten, wenn z. B. zwei Anwender*innen gleichzeitig ein und dieselbe Rabattaktion ändern wollen.

Pessimistische und optimistische Sperren

Bei Sperren unterscheidet man zwischen pessimistischen und optimistischen Sperren.

- Eine *pessimistische Sperre* wird für die zu ändernde Geschäftsobjektinstanz erzeugt. Diese Sperre besteht für die gesamte Zeit der Transaktion. Dadurch können parallel laufende Transaktionen keine konkurrierenden Änderungen an derselben Instanz vornehmen. Erst durch Beendigung der Transaktion wird die Sperre aufgehoben, und die Geschäftsobjektinstanz steht wieder für Änderungen zur Verfügung. Abbildung 7.18 verdeutlicht dieses Prinzip anhand zweier konkurrierender User.
- Bei der *optimistischen Sperre* werden anders als beim pessimistischen Sperrverfahren keine Sperren gesetzt, sondern es wird zum Zeitpunkt der Speicherung geprüft, ob sich die Geschäftsobjektinstanz seit dem Start der Transaktion verändert hat. Diese Änderungsprüfung erfolgt anhand eines sogenannten *eTag-Felds*. Es handelt sich dabei um ein Feld der Instanz, anhand dessen eindeutig identifiziert werden kann, ob in

der Zwischenzeit eine Veränderung stattgefunden hat. So wird verhindert, dass Änderungen an Instanzen fälschlicherweise überschrieben werden. Als eTag-Felder kommen häufig Zeitstempel zum Einsatz, die bei einer Änderung der Instanz aktualisiert werden.

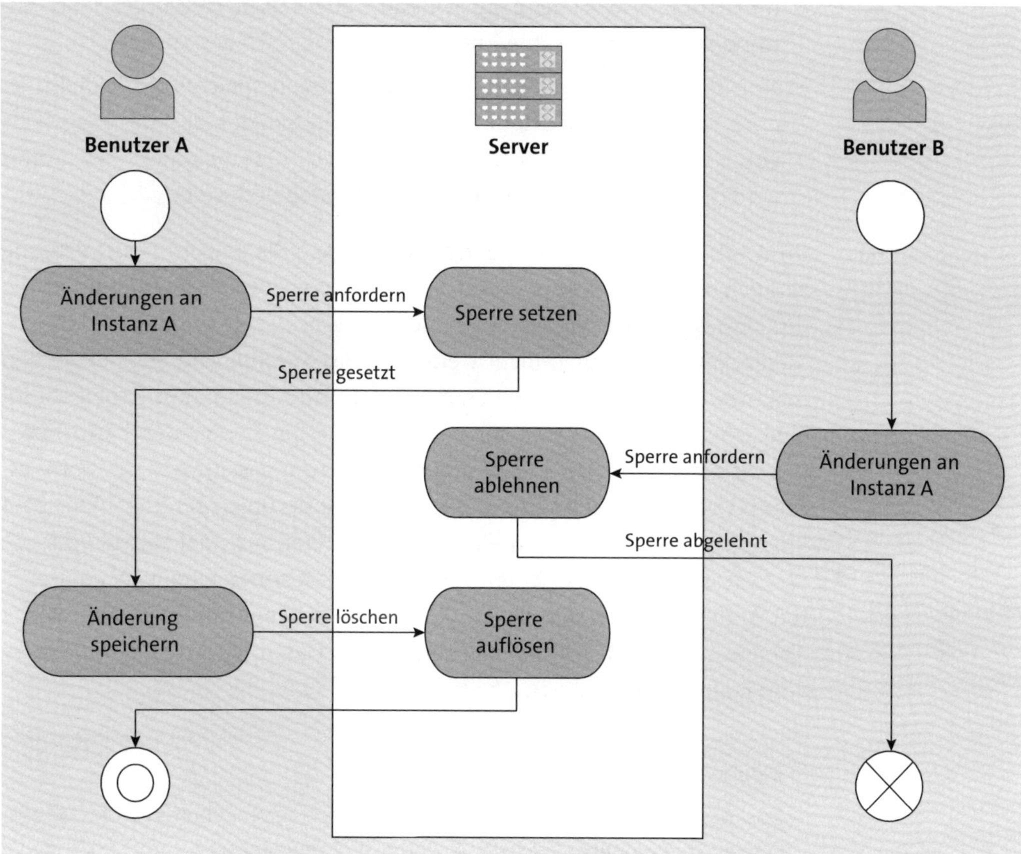

Abbildung 7.18 Pessimistische Sperre

Ablauf einer optimistischen Sperrung

Wir skizzieren den Ablauf der optimistischen Sperrung anhand unserer Beispielanwendung. Nehmen wir an, zwei Anwender*innen rufen unabhängig voneinander ein und dieselbe Rabattaktion über unseren SAP Fiori List Report auf. Dadurch ergäbe sich folgender Ablauf:

1. Anwenderin A ruft die Rabattaktion 1 auf. Das System liefert die entsprechenden Daten mit dem zugehörigen eTag-Wert »20200509101328«, in diesem Fall einem Zeitstempel.
2. Anschließend ruft Anwender B ebenfalls die Rabattaktion 1 auf und erhält den gleichen Datensatz mit dem identischen eTag-Wert.

3. Anwenderin A und Anwender B bearbeiten gleichzeitig die Rabattaktion.
4. Anwender B ist mit der Bearbeitung fertig und speichert seine Änderungen, während Anwenderin A die Rabattaktion weiterhin bearbeitet.
5. Die von Anwender B angeforderte Speicherung der Daten wird ausgeführt, und der Wert des eTag-Felds auf »20200509071904« geändert. Anwender B hat somit seine Änderungen erfolgreich gespeichert.
6. Nun möchte Anwenderin A ihre Änderungen speichern. Dies wird jedoch vom System abgelehnt, da sich inzwischen der Wert des eTag-Felds von »20200509101328« auf »20200509071904« geändert hat. Somit wird das ungewollte Überschreiben der Daten verhindert.

Automatisches Sperren

Im ABAP-RESTful-Programmiermodell können Sie sowohl pessimistische als auch optimistische Sperrszenarien realisieren. Bei der Implementierung des Managed Behavior, wie wir es beim Geschäftsobjekt Rabattaktion umsetzen, müssen Sie sich nicht weiter um das Sperren und Entsperren von Instanzen kümmern. Das BO-Framework nimmt Ihnen diese Arbeit ab. Sobald eine Änderungsoperation (`MODIFY ENTITY`) auf einer Geschäftsobjektinstanz ausgeführt wird, wird automatisch eine pessimistische Sperre erzeugt. Dabei spielt es keine Rolle, ob die Änderungsoperation über eine SAP-Fiori-Anwendung, von einem OData-Client aus oder direkt über die EML erfolgt. Solang die Schreibsperre besteht, können parallel keine weiteren Änderungen an den Daten der Instanz vorgenommen werden (siehe Abbildung 7.18). Nach der Speicherung der Daten wird die Schreibsperre vom Framework automatisch aufgelöst.

[»]

Eigene Sperrlogik

Das ABAP-RESTful-Programmiermodell bieten Ihnen ebenfalls die Möglichkeit, die implizite Sperrlogik durch eine eigene Sperrlogik, ein sogenanntes *Unmanaged Lock*, zu ersetzen. Das Unmanaged Lock definieren Sie innerhalb der Behavior Definition durch den Zusatz `lock master unmanaged`. Im Behavior Pool muss daraufhin eine Methode `<Method> FOR LOCK` definiert werden, in der Sie Ihre Sperrlogik implementieren.

Sperren der Root Entity

In der Behavior Definition `ZI_PROMOTIONTP` haben wir durch den Zusatz `lock master` definiert, dass bei Änderungen an Instanzen der Root Entity eine Schreibsperre erzeugt wird. Der Zusatz `lock master` lässt sich nur für Root Entities setzen und muss für Behavior Definitions des Managed Behavior zwingend angegeben werden.

Sperren der Child Entity

Durch das Erzeugen einer Schreibsperre auf Ebene der Root Entity werden die untergeordneten Entitäten (Child Entities) ebenfalls gesperrt. Diese

Sperrabhängigkeit definieren Sie durch das Schlüsselwort `lock dependent by`, gefolgt von der `to parent`-Assoziation. Die Definition der Sperrabhängigkeit mit dem Schlüsselwort `lock dependent by` ist beim Managed Behavior ebenfalls obligatorisch. Listing 7.25 zeigt die Sperrabhängigkeit der Rabattaktionspositionen von der Rabattaktion.

```
define behavior for ZI_PromotionTP alias Promotion
persistent table ZPM_PROMO_HDR
lock master
{ … }

define behavior for ZI_PromotionItemTP alias PromotionItem
persistent table ZPM_PROMO_ITM
lock dependent by _Promotion
{ … }
```

Listing 7.25 Definition der Sperrabhängigkeit

Durch die Definition von Sperrabhängigkeiten wird verhindert, dass Anwenderin A die Kopfdaten einer Rabattaktion ändert und Anwender B gleichzeitig die Positionsdaten derselben Rabattaktion anpasst.

eTag-Feld in REST-basierten Protokollen

Während die Zusätze `lock master` und `lock dependent by` bei der Implementierung des Managed Behavior zwingend angegeben werden müssen, ist die Definition eines eTag-Felds für die Realisierung der optimistischen Sperre optional. eTag-Felder kommen in REST-basierten Protokollen wie dem OData-Protokoll zum Einsatz, um zwischenzeitliche Änderungen an Daten zu identifizieren. Da REST-basierte Protokolle zustandslos sind (siehe Abschnitt 6.1, »ABAP-RESTful-Programmiermodell als Grundlage für die Geschäftsobjektmodellierung«), gibt es keine durchgängige Transaktion, in der eine Sperre für die jeweilige Geschäftsobjektinstanz gehalten werden kann. Daher sollte für die REST-basierte Kommunikation, wie sie bei unserem SAP Fiori List Report zum Einsatz kommt, immer ein eTag-Feld definiert werden, um das ungewollte Überschreiben von Änderungen zu verhindern.

eTag-Feld definieren

Ergänzen Sie nun Ihre Behavior Definition um das eTag-Feld `ChangedAt`, wie in Listing 7.26 gezeigt.

```
define behavior for ZI_PromotionTP alias Promotion
…
etag master ChangedAt
{ … }
```

Listing 7.26 Definition eTag-Feld

Als eTag können Sie nur Felder verwenden, die vom Typ `TIMESTAMPL` sind. Des Weiteren müssen Sie sicherstellen, dass das Feld bei der Speicherung der Instanz aktualisiert wird. Für das Feld `ChangedAt` erreichen Sie dies, indem Sie das Feld mit der Annotation `@Semantics.systemDateTime.lastChangedAt: true` anreichern (siehe Abschnitt 7.3 »Ermittlungen implementieren«).

eTag-Prüfung

Sobald eine Änderung über unseren SAP Fiori List Report gespeichert wird, wird nun automatisch anhand des eTag-Felds geprüft, ob sich in der Zwischenzeit die Daten der Instanz geändert haben. Sobald der Server eine Abweichung am eTag-Feld feststellt, wird die weitere Verarbeitung abgebrochen. Im Falle des SAP Fiori List Report der Rabattaktionen wird eine Fehlermeldung ausgegeben (siehe Abbildung 7.19).

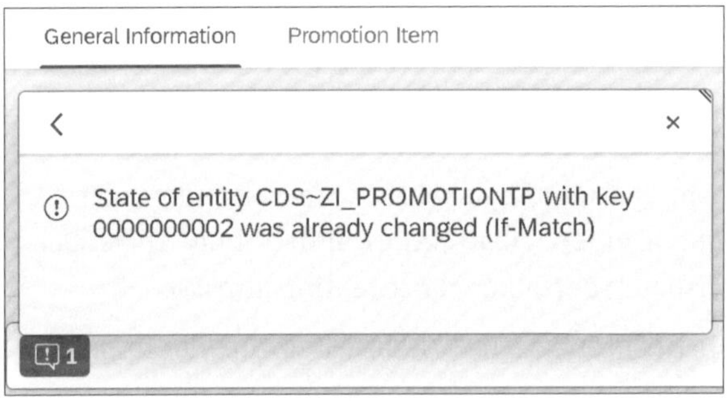

Abbildung 7.19 Fehlgeschlagene eTag-Prüfung

eTag-Fehlermeldung

Sie haben leider keine Möglichkeit, die eTag-Fehlermeldung innerhalb der Behavior Implementation zu beeinflussen, da die Prüfung automatisch vom Framework durchgeführt wird. Im Falle einer fehlgeschlagenen eTag-Prüfung meldet das Framework den HTTP-Statuscode 412 (Precondition Failed) an die aufrufende Anwendung zurück. Auf diesen HTTP-Statuscode können Sie UI-seitig reagieren und eine für die Endanwender*innen verständliche Fehlermeldung erzeugen.

[!]

eTag-Prüfung bei MODIFY ENTITY

Beachten Sie, dass bei Änderungen von Geschäftsobjektinstanzen über die EML-Änderungsoperation `MODIFY ENTITY` keine eTag-Prüfung durchgeführt wird. Dies kann zur ungewollten Überschreibung von Änderungen führen, wenn Sie zu Beginn die Instanz per `READ ENTITY` eingelesen haben. In diesem Fall empfehlen wir Ihnen, vor Durchführung der Änderungsoperation das eTag-Feld programmseitig zu prüfen.

Pessimistische Sperren beim optimistischen Verfahren

Erfolgen die Änderungen über eine REST-basierte Schnittstelle, so wie es bei dem SAP Fiori List Report der Fall ist, kommen neben der optimistischen Sperre auch kurzeitig pessimistische Sperren zum Einsatz. Abbildung 7.20 stellt diese Sperrlogik vereinfacht dar.

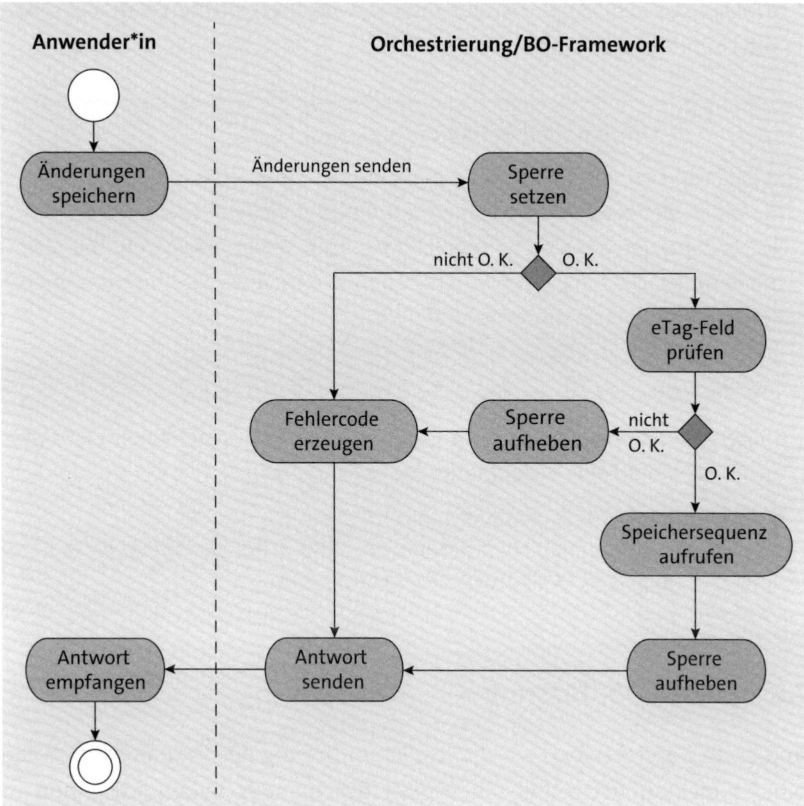

Abbildung 7.20 Sperrlogik des Managed Behavior bei REST-basierten Schnittstellen

Die vom BO-Framework durchgeführten Schritte lassen sich wie folgt zusammenfassen:

1. Eine Anwenderin führt Änderungen an einer Geschäftsobjektinstanz durch und sendet diese durch das Speichern an das BO-Framework.
2. Für die betroffene Instanz wird eine pessimistische Sperre erstellt. Kann diese Sperre nicht erstellt werden, weil bereits eine Sperre für diese Instanz existiert, wird die Verarbeitung abgebrochen.
3. Konnte die pessimistische Sperre erstellt werden, erfolgt die Prüfung des eTag-Felds. Wird eine Abweichung zwischen dem gesendeten eTag-Feld und dem eTag-Feld der Instanz festgestellt, werden die Änderungen ab-

gelehnt, die pessimistische Sperre wird aufgelöst und die Verarbeitung abgebrochen.

4. Die eTag-Prüfung wurde akzeptiert, und es wird die eigentliche Speichersequenz aufgerufen. Die Speichersequenz aktualisiert automatisch das eTag-Feld. Nachdem die Änderungen gespeichert wurden, wird die pessimistische Sperre aufgehoben.

Sperren im Unmanaged Behavior

Sobald Sie sich bei der Implementierung der Geschäftslogik für das Unmanaged Behavior als Implementierungsszenario entscheiden, müssen Sie das Sperren von Geschäftsobjektinstanzen selbst realisieren. Die Methode für das Setzen pessimistischer Sperren definieren Sie innerhalb Ihrer Behavior Implementation wie folgt:

```
METHODS <LockMethodName> FOR LOCK
  IMPORTING <LockImportParameter> FOR LOCK <Entity>.
```

Sollten Sie ein eTag-Feld für Ihr Geschäftsobjekt definiert haben, erfolgt die Prüfung des Felds in der Methode `FOR READ`:

```
METHODS <MethodName> FOR READ
  IMPORTING <ReadImportParameter> FOR READ <Entity>
  RESULT <ReadResultParameter>.
```

7.8 Zusammenfassung

In diesem Kapitel haben wir die Implementierung des Verhaltens von Geschäftsobjekten betrachtet. Zu Beginn des Kapitels haben wir Ihnen in Abschnitt 7.1, »Implementierungsszenarien«, die verschiedenen Implementierungsansätze des ABAP-RESTful-Programmiermodells vorgestellt. Sie haben das Managed und das Unmanaged Behavior kennengelernt. Sie sollten den Unterschied zwischen diesen beiden Implementierungsansätzen kennen und wissen, für welche Anwendungsfälle sich welches Szenario eignet.

Des Weiteren haben wir in diesem Abschnitt das Verhalten (Behavior) von Geschäftsobjekten formal definiert und die einzelnen Operationen und Charakteristiken, die in diesem Verhalten zusammengefasst werden, herausgestellt.

Zu Beginn von Abschnitt 7.2, »Transaktionales Verhalten implementieren«, haben wir den transaktionalen Ablauf des ABAP-RESTful-Programmiermodells beschrieben. Sie haben die verschiedenen Phasen dieses Ablaufs kennengelernt und sollten deren Zusammenhänge mit dem bekannten

Konzept der LUW verinnerlicht haben. Wir haben relevanten Operationen den jeweiligen Phasen des transaktionalen Ablaufs grob zugeordnet.

Anschließend haben wir die Definition des Managed Behavior für das exemplarische Geschäftsobjekt Rabattaktion anlegt und die grundlegenden Operationen Create, Update und Delete (CUD-Operationen) spezifiziert. Für das Erstellen, Ändern und Löschen von Geschäftsobjektinstanzen haben Sie die vom BO-Framework zur Verfügung gestellten Out-of-the-box-Implementierungen kennengelernt.

Nach der Anlage der Behavior Definition haben wir für die weitere Implementierung des Verhaltens unseres Geschäftsobjekts eine entsprechende Behavior Implementation angelegt. In Abschnitt 7.3, »Ermittlungen implementieren«, bis Abschnitt 7.5, »Aktionen implementieren«, haben wir dann die Geschäftsobjektlogik mit automatischen Ermittlungen, Validierungen und Aktionen und eigener Anwendungslogik angereichert.

In Abschnitt 7.6, »Zusätzliche Feldeigenschaften definieren«, haben wir Ihnen gezeigt, wie mittels Feldeigenschaften der Zugriff auf die Felder eines Geschäftsobjekts beeinflusst werden kann. Auf diese Weise ist es z. B. möglich, Felder als Pflichtfelder zu markieren oder einen Schreibschutz für die Felder Ihres Geschäftsobjekts zu implementieren. Es wurde zwischen statischen und dynamischen Feldeigenschaften unterschieden:

- Statische Feldeigenschaften werden einmal festgelegt und können zur Laufzeit nicht mehr geändert werden.
- Eigenschaften, die sich zur Laufzeit ändern, werden durch dynamische Feldeigenschaften definiert.

Ergänzend zu den dynamischen Feldeigenschaften können über dynamische Aktionseigenschaften die Operationen eines Geschäftsobjekts zur Laufzeit aktiviert oder deaktiviert werden. Die Implementierung von dynamischen Feld- und Aktionseigenschaften wird über eigenes ABAP-Coding innerhalb einer lokalen Handler-Klasse des Behavior Pools vorgenommen.

Abschließend sind wir in Abschnitt 7.7, »Sperrkonzepte«, auf das Sperrkonzept des ABAP-RESTful-Programmiermodells eingegangen. Unter anderem haben wir Ihnen die Unterschiede zwischen dem pessimistischen und optimistischen Sperrverfahren erläutert. Des Weiteren haben wir den Ablauf der Sperrlogik, wie sie beispielsweise bei SAP-Fiori-Anwendungen zum Einsatz kommt, skizziert. In Managed Behaviors des ABAP-RESTful-Programmiermodells müssen Sie sich als Entwickler*in nicht selbst um das Sperren und Entsperren von Instanzen kümmern. Das BO-Framework leistet das für Sie.

Kapitel 8
Erweiterung des Speicherverhaltens

Mit der Erweiterung des Speicherverhaltens bietet Ihnen das ABAP-RESTful-Programmiermodell die Möglichkeit, Einfluss auf die Persistierung von Geschäftsobjektinstanzen zu nehmen. Sie lernen in diesem Kapitel, wie Sie das Speicherverhalten durch eigene Funktionalität erweitern bzw. ersetzen können.

Im vorangehenden Kapitel haben wir Ihnen erklärt, wie Sie das Geschäftsobjektverhalten durch die Definition eines Managed Behavior implementieren können. Einer der Vorteile dieses Implementierungsszenarios ist, dass Sie sich nicht um das Persistieren der Daten kümmern müssen. Die *Speicherroutinen* zur Persistierung der Daten sind impliziter Bestandteil des Managed Behavior.

Das Managed Behavior ermöglicht es Ihnen jedoch auch, auf das Speicherverhalten Einfluss zu nehmen. In diesem Kapitel stellen wir Ihnen diese Erweiterung des Speicherverhaltens vor. Für das Unmanaged Behavior spielt diese Möglichkeit keine große Rolle, da Sie die Speicherroutinen bei diesem Szenario ohnehin selbst implementieren müssen.

In Abschnitt 8.1, »Erweitertes Speicherverhalten implementieren«, zeigen wir Ihnen, wie Sie das Speicherverhalten des Managed Behavior durch eigene Funktionalität erweitern können.

Abschnitt 8.2, »Eigene Speicherroutinen implementieren«, geht im Detail darauf ein, wie Sie die impliziten Speicherroutinen des BO-Frameworks durch eigene Speicherroutinen ersetzen können.

Mögliche Varianten der Persistierungsphase

Durch diese beiden Erweiterungsmöglichkeiten ergeben sich insgesamt drei mögliche Varianten für die Persistierungsphase des Managed Behavior (siehe Abbildung 8.1):

- **Unmanaged Save**
  Die impliziten Speicherroutinen des BO-Frameworks werden komplett von Ihnen ersetzt. Das Speichern der Daten muss in diesem Fall von Ihnen vorgenommen werden.

- **Managed Save**
  Das Speichern der Daten wird vollständig vom BO-Framework übernommen. Dies stellt die übliche Variante des Implementierungsszenarios Managed Behavior dar.
- **Additional Save**
  Bei dieser Variante wird die eigentliche Speicherung der Daten weiterhin vom BO-Framework durchgeführt. Im Anschluss haben Sie jedoch die Möglichkeit, weiterführende Funktionalität aufzurufen.

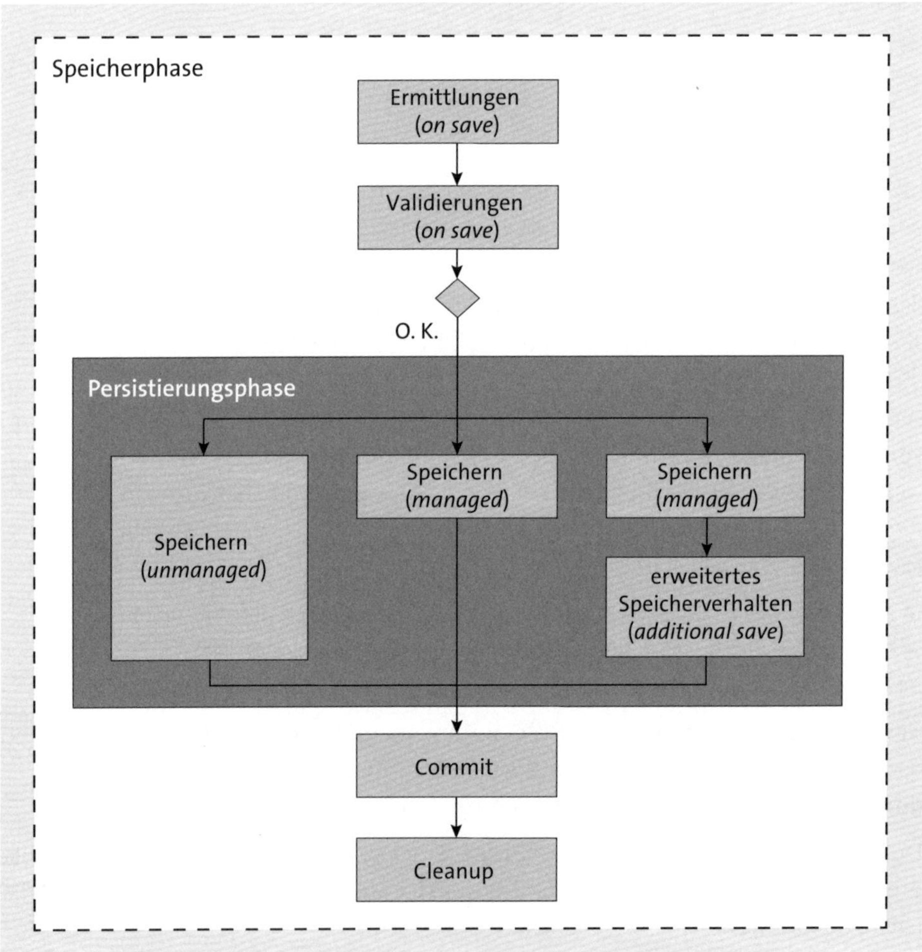

Abbildung 8.1 Speicherphase des Managed Behavior (in Anlehnung an: SAP SE (2020), SAP – ABAP RESTful Programming Model, Seite 257)

8.1 Erweitertes Speicherverhalten implementieren

Häufig werden nach dem erfolgreichen Speichern von Daten noch Folgefunktionen benötigt. Solche Funktionen können beispielsweise die Datenübertragung an Fremdsysteme sein, das Versenden von E-Mails oder das Schreiben von Änderungsbelegen. Durch *Änderungsbelege* kann unter anderem nachverfolgt werden, wer welche Daten zu welchem Zeitpunkt geändert hat.

Anwendungsfälle

Betrachten wir an dieser Stelle unser Geschäftsobjekt Rabattaktion. Durch die in Abschnitt 7.5, »Aktionen implementieren«, erstellte Aktion `approvePromotion` ist es möglich, den Status einer Rabattaktion auf »Genehmigt« (**A**) zu setzen. Aus fachlicher Sicht bedeutet dies, dass die Angaben der Rabattaktion vollständig und korrekt sind. Der Folgeprozess könnte nun zum Beispiel vorsehen, dass die Daten der Rabattaktion automatisch an die Kassen der Filialen gesendet werden oder an einen Dienstleister, der dann Werbeprospekte für die Rabattaktion erstellt. Für genau solche Anwendungsfälle bietet sich die Erweiterung des Speicherverhaltens an.

Ablauf des erweiterten Speicherverhaltens

Das Speicherverhalten wird innerhalb der Behavior Definition durch den Zusatz `with additional save` erweitert. Durch diesen Zusatz ist es möglich, eigene Funktionalität aufzurufen, nachdem die Daten auf die Datenbank geschrieben wurden. Abbildung 8.2 stellt den Ablauf des erweiterten Speicherverhaltens als *UML-Sequenzdiagramm* (Unified Markup Language) dar:

1. Der Client nimmt Änderungen an einer Instanz eines Geschäftsobjekts vor und speichert diese. Das BO-Framework ruft daraufhin die in der lokalen Handler-Klasse implementierten Ermittlungen und Validierungen auf. Sind alle Validierungen erfolgreich, ist der sogenannte *Point of no Return* erreicht. Dies bedeutet, dass die Speicherung der Daten sichergestellt wird und nicht mehr aktiv verhindert werden kann. Ausnahmefälle sind hier Laufzeitfehler, die zu einem Programmabbruch führen.
2. Das BO-Framework schreibt daraufhin die geänderten Daten aus dem transaktionalen Puffer auf die Datenbank. Die eigentliche Datenspeicherung wird also weiterhin vom Framework durchgeführt.
3. Anschließend ruft das BO-Framework die Methode `SAVE_MODIFIED` der lokalen *Saver-Klasse* auf. Innerhalb der Methode können Sie nun beliebige Funktionalitäten ausführen und eigene Anwendungslogik implementieren.
4. Durch das finale `COMMIT` des BO-Frameworks werden die geänderten Daten auf der Datenbank verbucht, und die Speicherphase wird beendet.

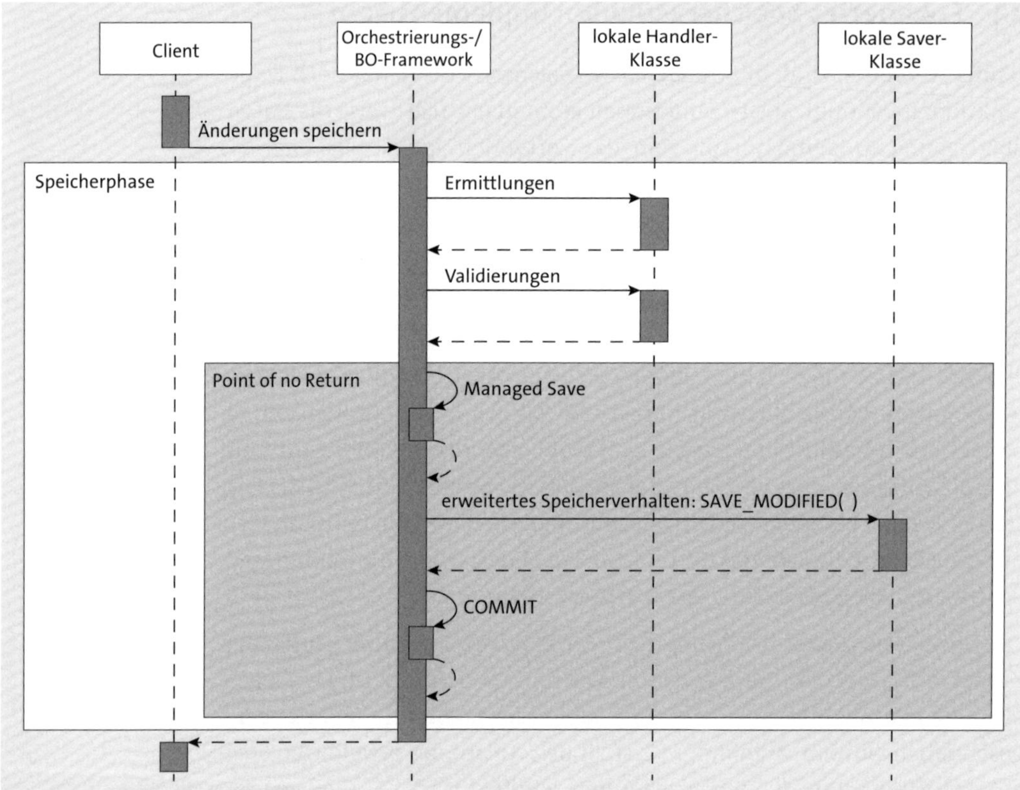

Abbildung 8.2 Erweitertes Speicherverhalten

Wir zeigen Ihnen nun anhand unserer Beispielanwendung, wie Sie das Speicherverhalten eines Geschäftsobjekts erweitern können. Wir rufen dazu den zu Beginn dieses Abschnitts beschriebenen Anwendungsfall auf und leiten folgende Anforderung ab:

- Sobald eine Rabattaktion den Status »Genehmigt« (**A**) erhält, sollen die Daten der Rabattaktion an ein Fremdsystem übertragen werden.
- Durchgeführte Übertragungen sollen in einer Tabelle protokolliert werden.
- Wird eine Rabattaktion gelöscht, soll sie aus dem Fremdsystem zurückgezogen werden. Dieser Vorgang soll ebenfalls in der Tabelle protokolliert werden.

Protokolltabelle anlegen

Legen Sie nun als Erstes die in Listing 8.1 definierte Datenbanktabelle ZPM_PROMO_TRANS innerhalb des Entwicklungspakets ZPM_DM an. Diese Tabelle protokolliert die durchgeführten Übertragungen.

```
define table zpm_promo_trans {
  key client          : abap.clnt not null;
  key transmission_id : abap.raw(16) not null;
  promotion_id        : zpm_promotion_id;
  target_system       : abap.char(40);
  operation           : abap.char(10);
  created_by          : syuname;
  created_at          : timestampl;
}
```

Listing 8.1 Definition der Protokolltabelle

Felder der Protokolltabelle

Die Protokolltabelle ist so aufgebaut, dass für eine Rabattaktion mehrere Einträge in der Tabelle erfasst werden können, da die Übertragung einer Rabattaktion theoretisch an mehrere Zielsysteme erfolgen kann. Tabelle 8.1 zeigt Ihnen die Felder der Tabelle ZPM_PROMO_TRANS.

Feldname	Beschreibung
transmission_id	Schlüssel zur eindeutigen Identifizierung einer Übertragung
promotion_id	ID der Rabattaktion
target_system	Name des Zielsystems
operation	Identifizierung, ob Rabattaktion gesendet (TRANSFERED) oder zurückgezogen (REVOKED) wurde
created_by	User der Übertragung
created_at	Datum und Uhrzeit der Übertragung

Tabelle 8.1 Felder der Protokolltabelle ZPM_PROMO_TRANS

Erweitertes Speicherverhalten definieren

Erweitern Sie nun das Speicherverhalten der Root Entity, indem Sie in der Behavior Definition ZI_PROMOTIONTP für die Entität Promotion den Zusatz with additional save ergänzen (siehe Listing 8.2).

```
managed implementation in class zbp_promotiontp unique;

define behavior for ZI_PromotionTP alias Promotion
persistent table ZPM_PROMO_HDR
with additional save
...
```

Listing 8.2 Definition des erweiterten Speicherverhaltens

[+]

Erweitertes Speicherverhalten für alle Entitäten

Sie können das erweiterte Speicherverhalten auch für alle Entitäten des Geschäftsobjekts auf einmal definieren, indem Sie den Zusatz `with additional save` im Kopfbereich der Behavior Definition angeben:

```
implementation managed with additional save in class …
```

Dies erspart Ihnen die separate Angabe des Zusatzes `with additional save` für jede einzelne Entität.

Erweitertes Speicherverhalten implementieren

Durch die in Listing 8.2 gezeigte Definition können Sie nun innerhalb der Behavior Implementation `ZBP_PROMOTIONTP` eine lokale Saver-Klasse `LSC_PROMOTION` implementieren. Diese muss von der Klasse `CL_ABAP_BEHAVIOR_SAVER` erben und die Methode `SAVE_MODIFIED` redefinieren (siehe Listing 8.3). Die Methode wird automatisch aufgerufen, nachdem die Daten aus dem transaktionalen Puffer auf die Datenbank geschrieben wurden, aber noch nicht verbucht sind. Die Verbuchung findet erst nach dem finalen `COMMIT` statt (siehe Abbildung 8.2).

```
CLASS lsc_promotion DEFINITION
  INHERITING FROM cl_abap_behavior_saver.

  PROTECTED SECTION.
    METHODS save_modified REDEFINITION.
ENDCLASS.
CLASS lsc_promotion IMPLEMENTATION.

  METHOD save_modified.
  ENDMETHOD.

ENDCLASS.
```

Listing 8.3 Definition der lokalen Saver-Klasse

[»]

Name der lokalen Saver-Klasse

Da die lokale Saver-Klasse genauso wie die lokale Handler-Klasse Bestandteil ein und derselben Behavior-Implementation-Klasse ist, sollte ihr Name mit dem Präfix `LSC_` beginnen.

Implementieren Sie anschließend die Methode `SAVE_MODIFIED` und übernehmen Sie dazu den in Listing 8.4 gezeigten Quelltext. Der Einfachheit halber zeigen wir nur das Speichern der Daten in der Protokolltabelle und haben auf den Aufruf des Fremdsystems verzichtet.

```
METHOD save_modified.

  DATA: lt_promo_trans_u TYPE TABLE OF zpm_promo_trans,
        lt_promo_trans_d TYPE TABLE OF zpm_promo_trans,
        ls_promo_trans   TYPE zpm_promo_trans.

  "1. Verarbeiten der geänderten Rabattaktionen
  IF update-promotion IS NOT INITIAL.
    LOOP AT update-promotion ASSIGNING FIELD-SYMBOL(<ls_promotion_u>).

      "2. Prüfen, ob sich der Wert im Feld ApprovalStatus
      "geändert hat
      IF <ls_promotion_u>-%control-ApprovalStatus = if_abap_behv=>
mk-on
        AND <ls_promotion_u>-ApprovalStatus = 'A'.

        "Aufruf der Fremdsysteme
        "send_to_external_system( ).

        TRY.
            CLEAR: ls_promo_trans.
            ls_promo_trans-transmission_id  = cl_system_uuid=>
create_uuid_x16_static( ).
            ls_promo_trans-promotion_id     = <ls_promotion_u>-
PromotionId.
            ls_promo_trans-operation        = 'TRANSFERED'.
            ls_promo_trans-target_system    = '<TargetName>'.
            ls_promo_trans-created_by       = sy-uname.
            GET TIME STAMP FIELD ls_promo_trans-created_at.

            APPEND ls_promo_trans TO lt_promo_trans_u.
          CATCH cx_uuid_error.
            CONTINUE.
        ENDTRY.
      ENDIF.
    ENDLOOP.

    "3. Speichern der Daten in der Protokolltabelle
    INSERT zpm_promo_trans FROM TABLE @lt_promo_trans_u.
  ENDIF.
```

```
" 4. Verarbeiten der gelöschten Rabattaktionen
IF delete-promotion IS NOT INITIAL.
  SELECT * FROM zpm_promo_trans
      FOR ALL ENTRIES IN @delete-promotion
      WHERE promotion_id = @delete-promotion-PromotionId
      INTO TABLE @DATA(lt_transfered).

  LOOP AT lt_transfered ASSIGNING FIELD-SYMBOL(<ls_transfered>).
      TRY.
          "Aufruf der Fremdsysteme
          "revoke_from_external_system( ).

          CLEAR ls_promo_trans.
          ls_promo_trans = CORRESPONDING #( <ls_transfered> ).
          ls_promo_trans-transmission_id  = cl_system_uuid=>create_
uuid_x16_static( ).
          ls_promo_trans-operation      = 'REVOKED'.
          ls_promo_trans-created_by     = sy-uname.
          GET TIME STAMP FIELD ls_promo_trans-created_at.

          APPEND ls_promo_trans TO lt_promo_trans_d.
        CATCH cx_uuid_error.
          CONTINUE.
      ENDTRY.
  ENDLOOP.

  INSERT zpm_promo_trans FROM TABLE @lt_promo_trans_d.
ENDIF.
ENDMETHOD.
```

Listing 8.4 Implementierung des erweiterten Speicherverhaltens

Ablauf des Speichervorgangs

Wir gehen an dieser Stelle auf die wichtigsten Passagen in Listing 8.4 ein:

1. **Verarbeiten der geänderten Rabattaktionen**
   Als Erstes prüfen Sie, ob sich bestehende Geschäftsobjektinstanzen geändert haben. Dazu verfügt die Methode SAVE_MODIFIED über drei implizite Importing-Parameter: CREATE, UPDATE und DELETE. Diese enthalten die Daten der neu angelegten, geänderten und gelöschten Instanzen. Es stehen jedoch nur die Daten der Entitäten zur Verfügung, für die der Zusatz with additional save in der Behavior Definition angegeben wurde. Abbildung 8.3 zeigt den impliziten Importing-Parameter UPDATE mit den Fel-

dern der Entität `promotion`. Die Daten der Rabattaktionspositionen sind nicht Bestandteil dieses Importing-Parameters, da für diese Entität kein erweitertes Speicherverhalten definiert wurde.

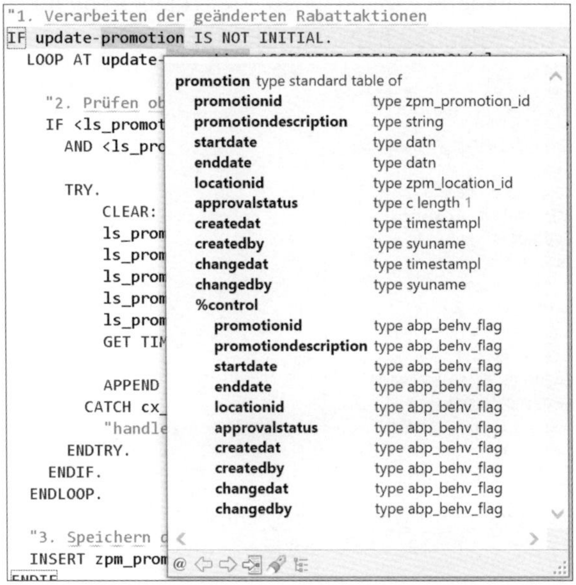

Abbildung 8.3 Felder des impliziten Importing-Parameters UPDATE

2. **Prüfen, ob sich der Wert im Feld ApprovalStatus geändert hat**
   Wie Sie Abbildung 8.3 entnehmen können, beinhalten die Importing-Parameter nicht nur die Daten der Instanz, sondern auch die Struktur `%control`. Anhand dieser Struktur können Sie identifizieren, welche Felder sich geändert haben. Wir verwenden die Struktur, um zu prüfen, ob sich der Wert des Felds `ApprovalStatus` auf »A« geändert hat. Ist dies der Fall, generieren wir mit der Funktion `cl_system_uuid=>create_uuid_x16_static( )` einen eindeutigen Schlüssel (`transmission_id`) und füllen die Felder der Protokolltabelle.
3. **Speichern der Daten in der Protokolltabelle**
   Für die genehmigten Rabattaktionen werden die Einträge in der Tabelle `ZPM_PROMO_TRANS` gespeichert.
4. **Verarbeiten der gelöschten Rabattaktionen**
   Die gelöschte Rabattaktionen werden durch den Importing-Parameter `DELETE` an die Methode `SAVE_MODIFIED` übergeben. Für gelöschte Rabattaktionen wird ebenfalls ein Eintrag in der Protokolltabelle erfasst, jedoch mit der Operation `REVOKED`.

Geänderte Geschäftsobjektinstanz

Sie haben nun das erweiterte Speicherverhalten vollständig implementiert und können Ihre Änderungen aktivieren. Sobald sich nun der Genehmigungsstatus einer Rabattaktion auf **A** (Approved) ändert, wird die von Ihnen implementierte Methode `SAVE_MODIFIED` aufgerufen. Abbildung 8.4 zeigt die geänderten Daten der Geschäftsobjektinstanz.

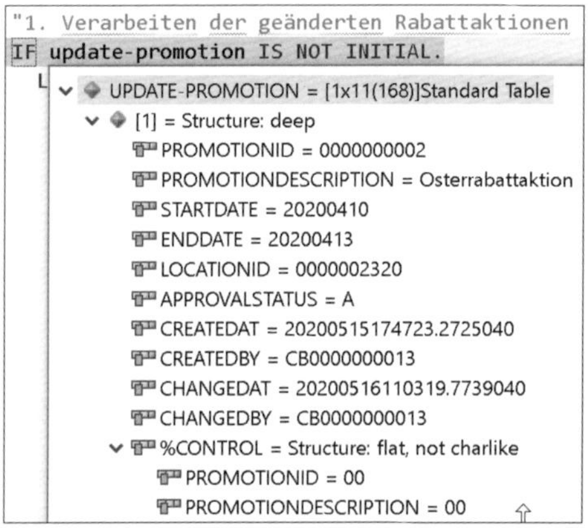

Abbildung 8.4 Daten der geänderten Geschäftsobjektinstanz

Auslösen des erweiterten Speicherverhaltens

Beachten Sie, dass die Methode `SAVE_MODIFIED` auch dann aufgerufen wird, wenn sich die Daten einer der untergeordneten Entitäten ändern, auch wenn der Zusatz `with additional save` für diese nicht angegeben wurde. Prüfen Sie daher immer anhand der `%control`-Struktur, ob sich wirklich genau die Daten geändert haben, für deren Änderung eine Folgefunktion ausgeführt werden soll.

8.2 Eigene Speicherroutinen implementieren

Neben der Erweiterung des Speicherverhaltens haben Sie die Möglichkeit, die impliziten Speicherroutinen komplett zu ersetzen. Sie erweitern in diesem Fall Ihr Managed Behavior um ein Unmanaged Save. Dies kann beispielsweise dann sinnvoll sein, wenn Sie die Persistierung der Daten durch eigene *Verbuchungsbausteine* realisieren möchten.

Ablauf der Speicherphase

Genau wie beim erweiterten Speicherverhalten wird beim Unmanaged Save die Methode `SAVE_MODIFIED` der lokalen Saver-Klasse aufgerufen. Anders als beim erweiterten Speicherverhalten wurden zu diesem Zeitpunkt jedoch noch keine Daten aus dem transaktionalen Puffer auf die Datenbank geschrieben. Die Speicherung der Daten muss von Ihnen selbst implementiert werden. Abbildung 8.5 stellt den Ablauf des Unmanaged Save anhand eines UML-Sequenzdiagramms dar:

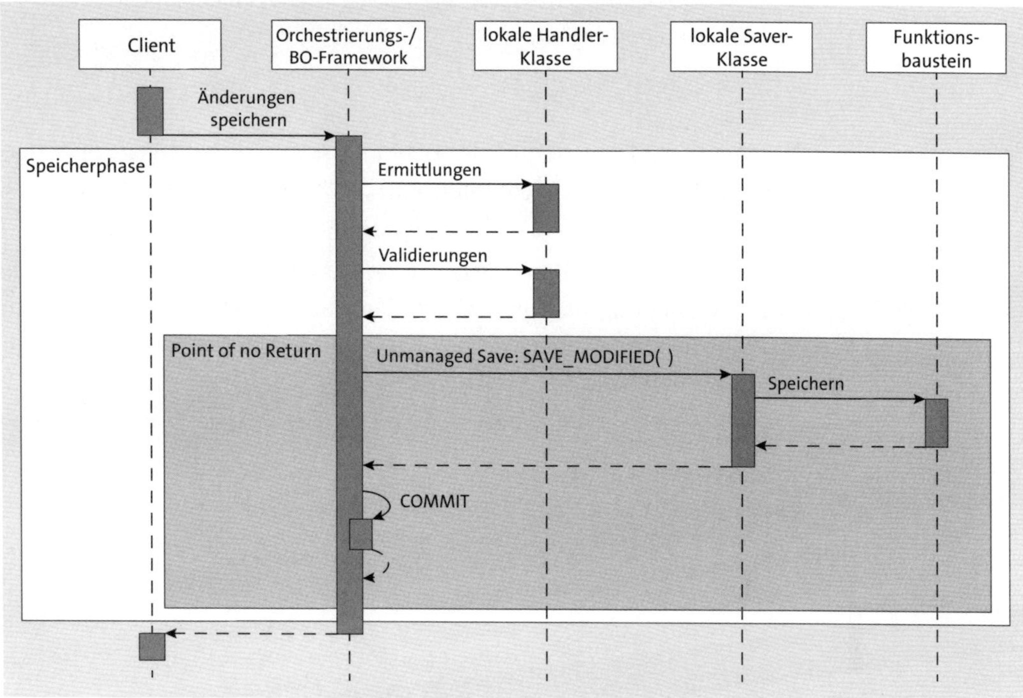

Abbildung 8.5 Ablauf eines Unmanaged Save im Managed-Szenario

Definition des Unmanaged Save

Wir definieren nun für die Entität der Rabattaktionsköpfe ein Unmanaged Save. Ersetzen Sie dazu den Zusatz `with additional save` bei der Entität `Promotion` durch den Zusatz `with unmanaged save`. Zusätzlich müssen Sie den Zusatz `persistent table ZPM_PROMO_HDR` löschen. Die geänderte Behavior Definition der Entität `Promotion` können Sie Listing 8.5 entnehmen.

```
implementation managed in class zbp_promotiontp unique;

define behavior for ZI_PromotionTP alias Promotion
with unmanaged save
lock master
etag master ChangedAt
{ ... }
```

Listing 8.5 Definition des Unmanaged Save

Unmanaged Save für alle Entitäten

Genau wie beim erweiterten Speicherverhalten können Sie auch beim Unmanaged Save die Speicherroutinen für alle Entitäten auf einmal ersetzen, indem Sie den Zusatz `with unmanaged save` wie folgt im Kopfbereich der Behavior Definition ergänzen:

```
implementation managed with unmanaged save in class …
```

Die eigentliche Persistierung der Daten muss nun durch eigene Speicherroutinen erfolgen. Sie legen dafür entsprechende Verbuchungsbausteine an.

Tabellentyp definieren

Die zu verbuchenden Datensätze der Rabattaktionsköpfe sollen als Tabelle an die Verbuchungsbausteine übergeben werden. Legen Sie den Tabellentyp `ZPM_PROMO_HDR_TT` im Paket `ZPM_COMMON` mit den in Abbildung 8.6 gezeigten Eigenschaften an.

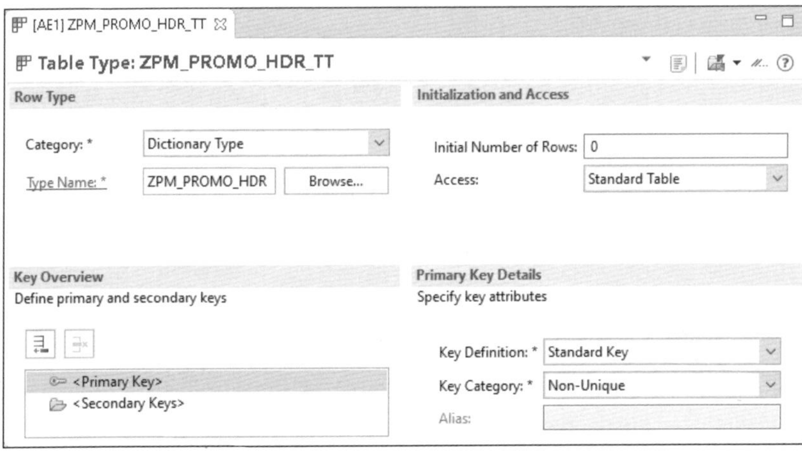

Abbildung 8.6 Definition des Tabellentyps ZPM_PROMO_HDR_TT

Verbuchungsbausteine anlegen

Anschließend können Sie innerhalb des Pakets `ZPM_DM` die Funktionsgruppe `ZPM_PROMOTION_SAVE_TASK` anlegen und die in Tabelle 8.2 aufgeführten Funktionsbausteine erstellen.

Funktionsbaustein	Beschreibung
Z_PM_PROMO_HDR_C	Erstellen von neuen Rabattaktionen
Z_PM_PROMO_HDR_D	Löschen von Rabattaktionen
Z_PM_PROMO_HDR_U	Aktualisieren von Rabattaktionen

Tabelle 8.2 Verbuchungsbausteine für Rabattaktionskopfdaten

> **Create, Update und Delete**
>
> Beachten Sie, dass Sie beim Unmanaged Save für alle CUD-Operationen der jeweiligen Entität Speicherroutinen zur Verfügung stellen müssen. Es ist nicht möglich, ein Unmanaged Save nur für einzelne Operationen zu definieren.

Die Funktionsbausteine enthalten ausschließlich die Datenbankoperationen INSERT, UPDATE und DELETE. Da Verbuchungsbausteine üblicherweise asynchron in einem separaten Prozess ausgeführt werden, haben diese Bausteine keine Rückgabeparameter. Abbildung 8.7 zeigt die Definition des Funktionsbausteins zur Speicherung von Rabattaktionsköpfen.

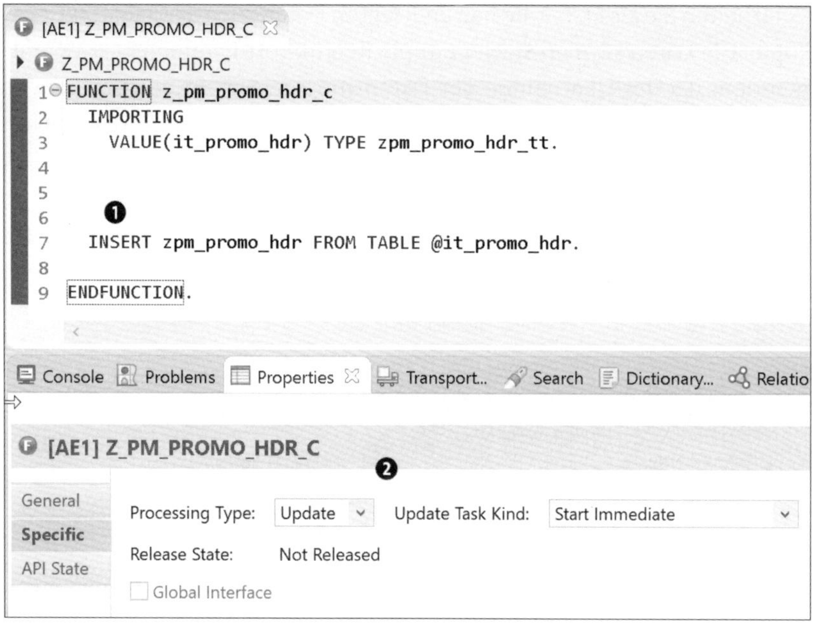

Abbildung 8.7 Definition Verbuchungsbaustein

Im oberen Bereich ❶ des quelltextbasierten Editors finden Sie die SQL-Operation INSERT zur Erstellung neuer Datensätze in der Tabelle ZPM_PROMO_HDR. Auf der Registerkarte **Properties** ❷ wird der Funktionsbaustein durch den Wert **Update** im Feld **Processing Type** als Verbuchungsbaustein definiert. Implementieren Sie in Anlehnung an Abbildung 8.7 die beiden zusätzlichen Verbuchungsbausteine Z_PM_PROMO_HDR_U und Z_PM_PROMO_HDR_D. Die Funktionsgruppe ZPM_PROMOTION_SAVER_TASK sollte nun über die in Abbildung 8.8 gezeigten Funktionsbausteine verfügen.

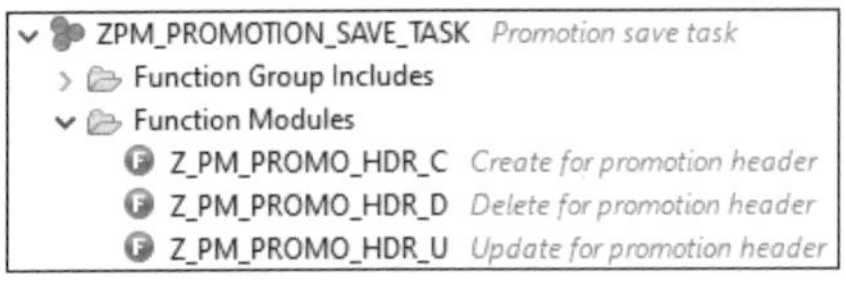

Abbildung 8.8 Verbuchungsbausteine für das Unmanaged Save

Speicherroutine implementieren

Haben Sie die lokale Saver-Klasse `LSC_PROMOTION` sowie die Methode `SAVE_MODIFIED` bereits angelegt, brauchen Sie nur noch die Aufrufe der Verbuchungsbausteine vorzunehmen. Andernfalls nehmen Sie die Implementierung der lokalen Saver-Klasse gemäß Listing 8.3 vor. Erweitern Sie nun die Methode `SAVE_MODIFIED` aus Listing 8.4 um den Aufruf der Verbuchungsbausteine.

Verbuchungsbausteine aufrufen

Verarbeiten Sie als Erstes die neu angelegten Datensätze der Rabattaktionsköpfe. Die Daten können Sie dem impliziten Import-Parameter `CREATE` entnehmen. Bei der Übernahme der Daten müssen Sie ein entsprechendes Feld-Mapping vornehmen, da die Feldnamen des CDS-View `ZI_PromotionTP` von den Feldnamen der Datenbanktabelle `ZPMR_PROMO_HDR` abweichen. Das in der Behavior Definition implementierte Feld-Mapping hat an dieser Stelle leider keine Auswirkung. Übernehmen Sie die Verarbeitung der neu angelegten Datensätze aus Listing 8.6.

```
DATA: lt_promo_hdr TYPE zpm_promo_hdr_tt.

"1. Verarbeiten der neu angelegten Rabattaktionen
IF create-promotion IS NOT INITIAL.
  lt_promo_hdr = CORRESPONDING #( create-promotion
      MAPPING promotion_id          = PromotionId
              promotion_description = PromotionDescription
              location_id           = LocationId
              approval_status       = ApprovalStatus ).

  CALL FUNCTION 'Z_PM_PROMO_HDR_C'
      EXPORTING
          it_promo_hdr = lt_promo_hdr.
ENDIF.
```

Listing 8.6 Verarbeiten der neu angelegten Rabattaktionen

Geänderte Datensätze verarbeiten

Als Nächstes werden wir die geänderten Rabattaktionsköpfe verarbeiten. Geänderte Datensätze können dem Importing-Parameter `UPDATE` entnommen werden. Für die geänderten Datensätze werden die aktuellen Daten von der Datenbank gelesen. Anhand der %control-Struktur wird anschließend geprüft, welche Felder sich geändert haben. So wird verhindert, dass Felder ungewollt überschrieben werden. Die Verarbeitung der geänderten Rabattaktionsköpfe können Sie Listing 8.7 entnehmen. Beachten Sie, dass wir an dieser Stelle der Übersicht halber nicht alle Feldprüfungen berücksichtigt haben.

```
"2. Verarbeiten der geänderten Rabattaktionen
IF update-promotion IS NOT INITIAL.
  CLEAR: lt_promo_hdr.

  "Aktuelle Daten von der Datenbank lesen
  SELECT * FROM zpm_promo_hdr
      FOR ALL ENTRIES IN @update-promotion
      WHERE promotion_id = @update-promotion-PromotionId
      INTO TABLE @lt_promo_hdr.

  LOOP AT update-promotion ASSIGNING FIELD-SYMBOL(<ls_promotion_u>).
    ASSIGN lt_promo_hdr[
        promotion_id = <ls_promotion_u>-PromotionId ]
      TO FIELD-SYMBOL(<ls_promo_hdr>).

    "Nur Werte für Felder übernehmen, die sich geändert haben
    IF <ls_promotion_u>-%control-PromotionDescription = if_abap_behv=>
mk-on.
      <ls_promo_hdr>-promotion_description = <ls_promotion_u>-
PromotionDescription.
    ENDIF.

    IF <ls_promotion_u>-%control-StartDate = if_abap_behv=>mk-on.
      <ls_promo_hdr>-startdate = <ls_promotion_u>-StartDate.
    ENDIF.
    "Weitere Feldprüfungen
    …

    IF <ls_promotion_u>-%control-ApprovalStatus = if_abap_behv=>mk-on.
      <ls_promo_hdr>-approval_status = <ls_promotion_u>-
ApprovalStatus.

      IF <ls_promotion_u>-ApprovalStatus = 'A'.
        "Befüllen der Protokolltabelle beim Status
```

```
            "'Genehmigt'
          ENDIF.
        ENDIF.
        "Administrationsfelder sind immer zu aktualisieren
        <ls_promo_hdr>-changedby = <ls_promotion_u>-ChangedBy.
        <ls_promo_hdr>-changedat = <ls_promotion_u>-ChangedAt.
      ENDLOOP.

      CALL FUNCTION 'Z_PM_PROMO_HDR_U'
        EXPORTING
          it_promo_header = lt_promo_hdr.

      INSERT zpm_promo_trans FROM TABLE @lt_promo_trans_u.
    ENDIF.
```

Listing 8.7 Verarbeiten der geänderten Rabattaktionen

Gelöschte Datensätze verarbeiten

Zum Schluss verarbeiten wir die zu löschenden Datensätze. Die Schlüsselfelder der zu löschenden Datensätze können Sie dem Importing-Parameter `DELETE` entnehmen. Listing 8.8 zeigt das Löschen der Datensätze.

```
"3. Verarbeiten der gelöschten Rabattaktionen
IF delete-promotion IS NOT INITIAL.
   lt_promo_hdr = CORRESPONDING #( delete-promotion
                      MAPPING promotion_id = PromotionId ).

   CALL FUNCTION 'Z_PM_PROMO_HDR_D'
     EXPORTING
       it_promo_hdr = lt_promo_hdr.
...
ENDIF.
```

Listing 8.8 Verarbeiten der gelöschten Rabattaktionen

Sie haben somit die impliziten Speicherroutinen des BO-Frameworks erfolgreich durch eigene Verbuchungsbausteine ersetzt. Im Anschluss an die Methode `SAVE_MODIFIED` führt das BO-Framework ein finales `COMMIT` aus und verbucht die geänderten Daten auf der Datenbank.

Kombination der Speicherverhalten

Der Aufruf Ihrer implementierten Speicherroutinen erfolgt ausschließlich bei Änderungen von Rabattaktionen auf Kopfebene. Änderungen auf der Positionsebene `PromotionItem` werden weiterhin über die impliziten Speicherroutinen des BO-Frameworks verbucht. Generell haben Sie die Möglichkeit, innerhalb einer Behavior Definition für jede Entität ein anderes

Speicherverhalten zu definieren. So können Sie zum Beispiel für eine Root/Parent Entity ein Managed Save definieren und für die untergeordneten Entitäten wie Child oder Leaf Entities ein abweichendes Speicherverhalten (siehe Abbildung 8.9).

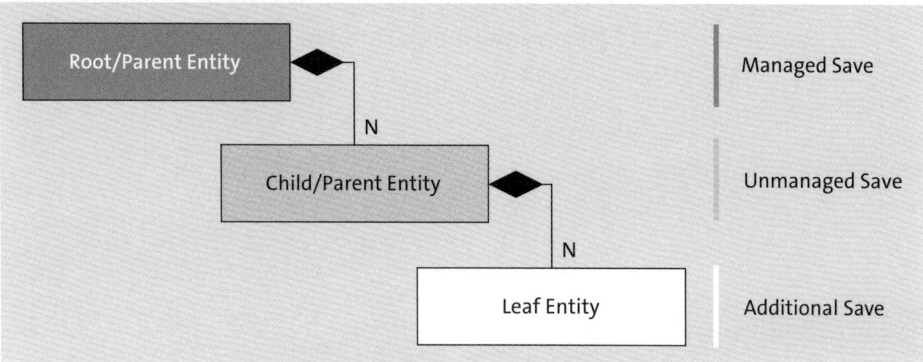

Abbildung 8.9 Kombination der verschiedenen Speicherverhalten

Aufteilen der Speicherroutinen

Beachten Sie jedoch, dass in solchen Fällen immer ein und dieselbe SAVE_MODIFIED-Methode aufgerufen wird, wenn Sie für alle Entitäten Ihres Geschäftsobjekts eine einzige Behavior-Implementation-Klasse definiert haben. Sollten Sie verschiedene Speicherverhalten miteinander kombinieren, empfehlen wir Ihnen, Ihr Geschäftsobjektverhalten auf mehrere Behavior Implementations aufzuteilen und für jede Entität eine eigene lokale Saver-Klasse anzulegen.

8.3 Zusammenfassung

Wir haben Ihnen in diesem Kapitel gezeigt, wie Sie das Speicherverhalten des ABAP-RESTful-Programmiermodells um eigene Funktionalität erweitern bzw. durch diese ersetzen können. Sie können somit Einfluss auf die Persistierung von Geschäftsobjektinstanzen nehmen.

Als Erstes haben wir Ihnen in Abschnitt 8.1, »Erweitertes Speicherverhalten implementieren«, gezeigt, wie Sie das Standard-Speicherverhalten des BO-Framework durch eigene Funktionalität ergänzen können. Diese Erweiterung des Speicherverhaltens bietet sich immer dann an, wenn nach der Speicherung Folgefunktionen ausgeführt werden sollen, z. B. eine Datenübertragung an Fremdsysteme, das Versenden von E-Mails oder das Schreiben von Änderungseinträgen. Die eigentliche Speicherung der Daten übernehmen weiterhin die impliziten Speicherroutinen des BO-Frameworks.

In Abschnitt 8.2, »Eigene Speicherroutinen implementieren«, haben wir gezeigt, wie Sie die impliziten Speicherroutinen vollständig ersetzen können. Man spricht dann von einem Unmanaged Save. Die eigentliche Persistierung der Daten muss von Ihnen in Form von eigenen Verbuchungsbausteinen vorgenommen werden. Das Unmanaged Save bietet sich immer dann an, wenn bereits eigene Verbuchungsbausteine existieren.

Kapitel 9
Verwendung von Geschäftsobjekten

In diesem Kapitel erfahren Sie, wie Sie mittels Projektionsschichten kontextabhängige Services bereitstellen und so eine flexible Konsumierung von Geschäftsobjekten ermöglichen.

In Kapitel 6, »Geschäftsobjekte modellieren«, bis Kapitel 8, »Erweiterung des Speicherverhaltens«, haben Sie die Struktur des Geschäftsobjekts für unsere Beispielanwendung modelliert und das Geschäftsobjektverhalten implementiert. Das so entstandene Geschäftsobjekt besteht aus einer Vielzahl von Feldern, Ermittlungen, Validierungen und Aktionen. Mit einer Service Definition und einem Service Binding haben Sie dieses Geschäftsobjekt als UI-Service bereitgestellt. Das heißt, dass die komplette Struktur und das gesamte Verhalten des Geschäftsobjekts zur Konsumierung über eine SAP-Fiori-Anwendung zur Verfügung stehen. Wie gehen Sie jedoch vor, wenn nur bestimmte Teile des Geschäftsobjekts exponiert werden sollen?

Teile des Geschäftsobjekts exponieren

Um nur bestimmte Teile des Geschäftsobjekts als Service bereitzustellen, können Sie im ABAP-RESTful-Programmiermodell eine sogenannte *Projektionsschicht* aufbauen. Dieses Vorgehen bringen wir Ihnen in diesem Kapitel näher.

In Abschnitt 9.1, »Flexible Konsumierung von Geschäftsobjekten mittels Projektionsschicht«, erläutern wir die Möglichkeit der flexiblen Konsumierung von Geschäftsobjekten mittels Projektionsschicht genauer.

Abschnitt 9.2, »Projektionsschicht erstellen«, zeigt Ihnen, wie Sie mithilfe von *Projektions-Views* eine eigene Projektionsschicht für Ihr Geschäftsobjekt anlegen können.

In Abschnitt 9.3, »Virtuelle Elemente modellieren«, erfahren Sie, wie Sie Felder ins Datenmodell aufnehmen, die nicht persistiert, sondern erst zur Laufzeit durch entsprechende ABAP-Logik berechnet werden.

9.1 Flexible Konsumierung von Geschäftsobjekten mittels Projektionsschicht

Allgemeingültiges Geschäftsobjekt

Services und Anwendungen, die ein Geschäftsobjekt konsumieren, stehen die komplette Struktur und das gesamte Verhalten dieses Objekts zur Verfügung. In bestimmten Geschäftsszenarien wird jedoch nur eine bestimmte Teilmenge der Funktionen eines Geschäftsobjekts benötigt. Betrachten wir an dieser Stelle unser Geschäftsobjekt Rabattaktion. Es handelt sich um ein allgemeingültiges Geschäftsobjekt, mit dem Handelsunternehmen für eine Filiale Rabatte für bestimmte Produkte gewähren können. Jede der Rabattaktionen besteht aus der gleichen Geschäftsobjektstruktur sowie dem gleichen Geschäftsobjektverhalten, da der zugehörige Service alle Felder, Ermittlungen, Validierungen und Aktionen exponiert. Aus fachlicher Sicht gibt es jedoch nicht nur die *eine* Rabattaktion, sondern es kann verschiedene Formen von Rabatten geben, die sich je nach Kontext in ihrer Struktur und ihrem Verhalten unterscheiden.

Geschäftsobjektprojektion

Unter anderem kann ein Rabatt ein Mengenrabatt sein, das heißt, der Kunde muss eine bestimmte Menge eines Produkts kaufen, um einen Rabatt zu erhalten. Denkbar sind auch Rabatte in Form von Sonderrabatten, die nur für bestimmte Personengruppen gelten, wie zum Beispiel Mitarbeiter*innen. Diese Rabattformen stellen also Erweiterungen bzw. Einschränkungen des allgemeingültigen Geschäftsobjekts dar. Es handelt sich hierbei um sogenannte *Geschäftsobjektprojektionen*. Abbildung 9.1 stellt die Projektion der verschiedenen Rabattformen dar.

Geschäftsobjektbasis

Das bisher definierte Geschäftsobjekt Rabattaktion bildet die Basis aller Rabattaktionen. Diese *Geschäftsobjektbasis* beinhaltet unter anderem die Struktur und das Verhalten des Objekts in Form von CUD-Operationen (`create`, `update`, `delete`) und der Aktion `approvePromotion`. Die weiteren Rabattformen bauen in Form von Geschäftsobjektprojektionen auf dieser Geschäftsobjektbasis auf.

Wie in Abbildung 9.1 zu erkennen ist, verwenden die Geschäftsobjektprojektionen nur die Elemente und Funktionen, die für die jeweilige Rabattform relevant sind. So projiziert der Saisonrabatt ❶ das gesamte Verhalten und alle Felder der Struktur bis auf das Feld `minQuantity` der Rabattaktionsposition. Dieses Feld wird ausschließlich vom Mengenrabatt ❷ verwendet, da nur bei dieser Aktion eine Mindestmenge eines Produkts gekauft werden muss. Für den Sonderrabatt ❸ werden hingegen nur die CUD-Operationen projiziert, jedoch nicht die Aktion `approvePromotion`.

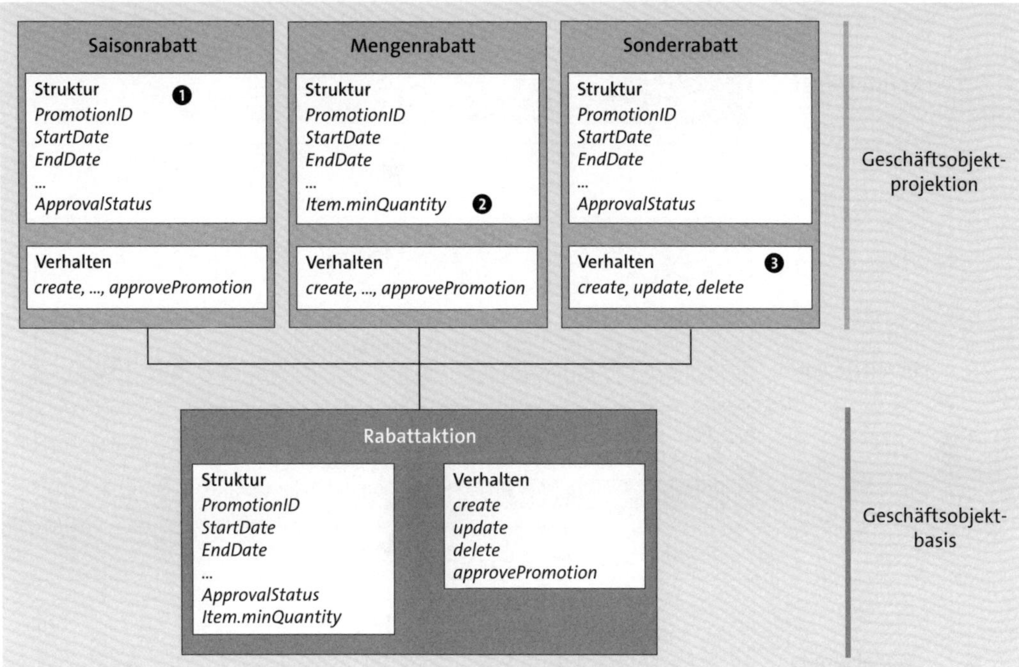

Abbildung 9.1 Projektion der Rabattaktion

Projektionsschicht

Für die Projektion von Geschäftsobjekten steht im ABAP-RESTful-Programmiermodell die Projektionsschicht (*Projection Layer*) zur Verfügung. Durch diese Schicht können Sie diejenigen Geschäftsobjektstrukturen und das Verhalten exponieren, die in einem bestimmten Geschäftskontext relevant sind. Mithilfe von Projektionen sind Sie somit in der Lage, kontextabhängige Teilmengen von einer Geschäftsobjektbasis zu bilden. Abbildung 9.2 ordnet die Projektionsschicht in den Gesamtkontext des ABAP-RESTful-Programmiermodells ein.

Flexibles Konsumieren von Geschäftsobjekten

Neben der Ableitung von weiteren Geschäftsobjekttypen ermöglicht Ihnen die Projektionsschicht auch eine flexiblere Konsumierung von Geschäftsobjekten. Durch das Einziehen einer Projektionsschicht sind Sie in der Lage, ein und dasselbe Geschäftsobjekt sowohl als UI-Service als auch als Web-API zu exponieren. Die servicespezifischen Unterschiede definieren Sie in diesem Fall innerhalb der Projektionsschicht. So wird zum Beispiel nur die Projektionsschicht mit UI-Annotationen angereichert, die später als UI-Service exponiert werden. Die eigentliche Geschäftsobjektbasis bleibt hingegen frei von servicespezifischen Annotationen.

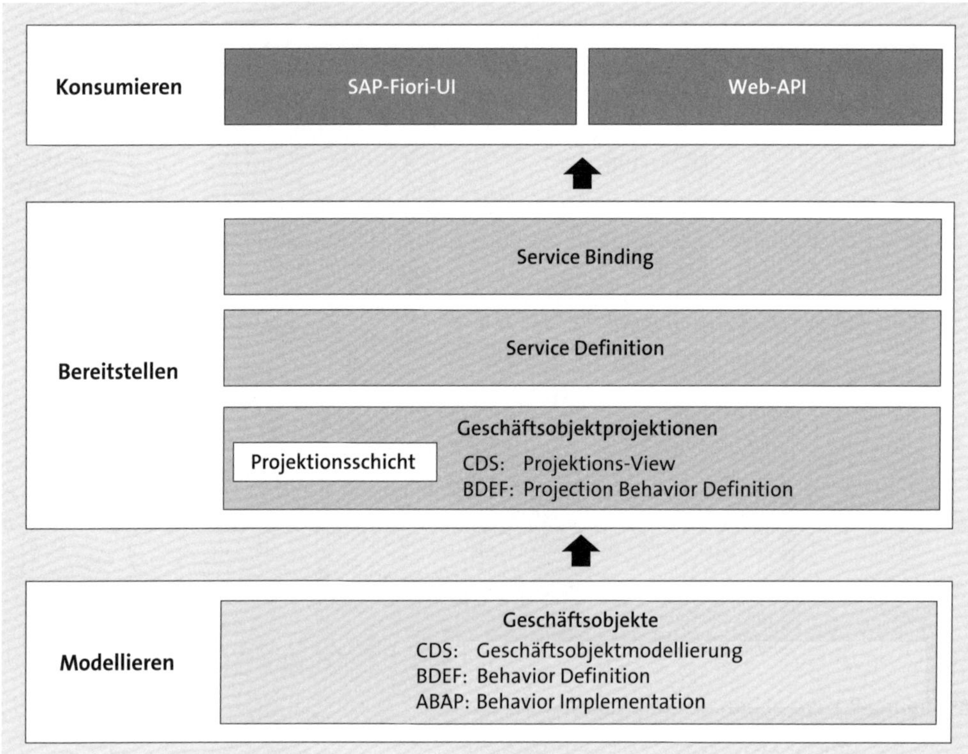

Abbildung 9.2 Einordnung der Projektionsschicht ins ABAP-RESTful-Programmiermodell (in Anlehnung an: SAP SE (2020), SAP – ABAP RESTful Programming Model, Seite 43)

Robuste Programmierung

Ein weiterer Vorteil der Verwendung von Projektionsschichten ist, dass Sie die Geschäftsobjektbasis erweitern können, ohne die bereits existierenden Geschäftsobjektprojektionen zu beeinflussen. Dies ermöglicht eine robuste Programmierung von Anwendungen. Stellen Sie sich vor, dass die Rabattaktion um eine neue Rabattart »Treuerabatt« ergänzt werden soll. Die zusätzlich benötigten Felder und Verhalten würden Sie in der Geschäftsobjektbasis Rabattaktion implementieren. Das Bereitstellen der neuen Rabattart würde jedoch über eine zusätzliche Geschäftsobjektprojektion für den Treuerabatt erfolgen. Auf die bereits bestehenden Geschäftsobjektprojektionen hat die Erweiterung der Geschäftsobjektbasis keinen Einfluss.

Entwicklungsobjekte der Projektionsschicht

Um eine Projektionsschicht zu erstellen, stehen Ihnen CDS-Projektions-Views und *Projection Behavior Definitions* zur Verfügung. Diese werden auf Basis der CDS-Views und der Behavior Definition der Geschäftsobjektbasis erstellt.

Zusammenspiel der Entwicklungsobjekte

Abbildung 9.3 veranschaulicht folgende Zusammenhänge zwischen den Entwicklungsobjekten:

- Zu jedem CDS-View der Geschäftsobjektstruktur können beliebig viele CDS-Projektions-Views existieren.
- Zu einem CDS-Projektions-View existiert genau eine Projection Behavior Definition, die auf genau einer Behavior Definition basiert.

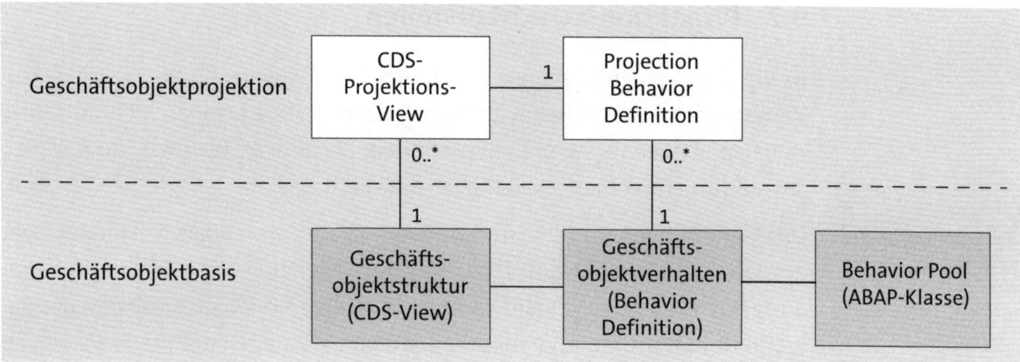

Abbildung 9.3 Entwicklungsobjekte der Projektionsschicht

Aufgaben der Projektionsschichtobjekte

Innerhalb der Projektionsschicht kommen den CDS-Projektions-Views und Projection Behavior Defintions folgende Aufgaben zu:

- **CDS-Projektions-View**
  Bei Projektions-Views handelt es sich um einen speziellen Typ von CDS-Views. Projektions-Views basieren auf den CDS-Views, die die Struktur des Geschäftsobjekts beschreiben, und exponieren nur diejenigen Elemente, die für den jeweiligen Service relevant sind. Zum Beispiel kann durch einen CDS-Projektions-View die Feldliste des projizierten CDS-View eingeschränkt oder durch virtuelle Elemente erweitert werden (siehe Abschnitt 9.3, »Virtuelle Elemente modellieren«). Des Weiteren lassen sich CDS-Projektions-Views mit servicespezifischen Annotationen anreichern.

  Ähnlich den Ihnen vielleicht vom ABAP-Programmiermodell für SAP Fiori her bekannten *Consumption Views* orientieren sich CDS-Projektions-Views an dem Konsumenten des Geschäftsobjekts. Sie sind somit Bestandteil der Bereitstellungsschicht des ABAP-RESTful-Programmiermodells (siehe Abbildung 9.2).

- **Projection Behavior Definition**
  Zu einem CDS-Projektions-View definieren Sie eine Projection Behavior Definition. Während Sie durch den Projektions-View definieren, welche Elemente der Geschäftsobjektstruktur exponiert werden, definieren Sie

mit der Projection Behavior Definition, welche Funktionen des Geschäftsobjektverhaltens exponiert werden. Sie können jedoch nur Funktionen exponieren, die in der Behavior Definition der Geschäftsobjektbasis definiert wurden. Neue oder abweichende Funktionen lassen sich in der Projection Behavior Definition nicht definieren.

9.2 Projektionsschicht erstellen

In diesem Abschnitt zeigen wir Ihnen, wie Sie mithilfe von Projektions-Views und Projection Behavior Definition eine Projektionsschicht für unsere Beispielanwendung erstellen können. Dazu erweitern wir die Beispielanwendung um einen zusätzlichen Anwendungsfall.

Anforderung an die Projektionsschicht

Das Genehmigen von Rabattaktionen soll dem jeweiligen Filialleiter oder der Filialleiterin obliegen. Dazu soll ihm oder ihr eine SAP-Fiori-Anwendung zur Verfügung gestellt werden, über die er oder sie die Daten der Rabattaktionen prüfen und anschließend den Status »Genehmigt« (**A**) setzen kann. Andere Funktionen darf der Filialleiter oder die Filialleiterin über diese Anwendung nicht ausführen.

Aus diesem Anwendungsfall lassen sich folgen Anforderungen an die SAP-Fiori-Anwendung **Approver** ableiten:

- Über die Anwendung soll der Filialleiter oder die Filialleiterin die Aktion `approvePromotion` ausführen können.
- Das Anlegen, Aktualisieren und Löschen von Rabattaktionen darf über die Anwendung **Approver** nicht durchgeführt werden.
- Für die Prüfung der Rabattaktionen soll dem Filialleiter oder der Filialleiterin neben den bisherigen Rabattdaten auch der eigentliche Produktpreis auf Positionsebene angezeigt werden.

Aufbau der Geschäftsobjektprojektion

Abbildung 9.4 stellt den Aufbau und die Bestandteile der von diesen Anforderungen abgeleiteten Geschäftsobjektprojektion dar:

❶ **Geschäftsobjektbasis der Rabattaktion**
Die Geschäftsobjektbasis setzt sich aus den in den vorangehenden Kapiteln angelegten CDS-Views `ZI_PromotionTP` und `ZI_PromotionItemTP` sowie aus der Behavior Definition `ZI_PROMOTIONTP` und der Behavior Implementation `ZBP_PROMOTIONTP` zusammen. Für die Implementierung der Anwendung **Approver** bleiben diese Entwicklungsobjekte unverändert.

❷ **Geschäftsobjektprojektion der Approver-Anwendung**
Die für die Anwendung **Approver** benötigte Projektionsschicht baut auf den Entwicklungsobjekten der Geschäftsobjektbasis auf. Wir werden die

Projektions-Views ZI_PromotionApproverTP und ZI_PromotionItemApproverTP zu den CDS-Views ZI_PromotionTP und ZI_PromotionItemTP erstellen. Zusätzlich werden wir eine Projection Behavior Definition ZI_PROMOTIONAPPROVERTP definieren, die nur die Aktion approvePromotion der Behavior Implementation ZI_PROMOTIONTP projiziert.

❸ **OData-UI-Service**
Die Geschäftsobjektprojektion werden wir dem Endanwender oder der Endanwenderin über einen UI-Service zur Verfügung stellen. Dazu legen wir die Service Definition ZUI_PROMOTION_APPROVER und das Service Binding ZUI_PROMOTION_APPROVER_O2 an.

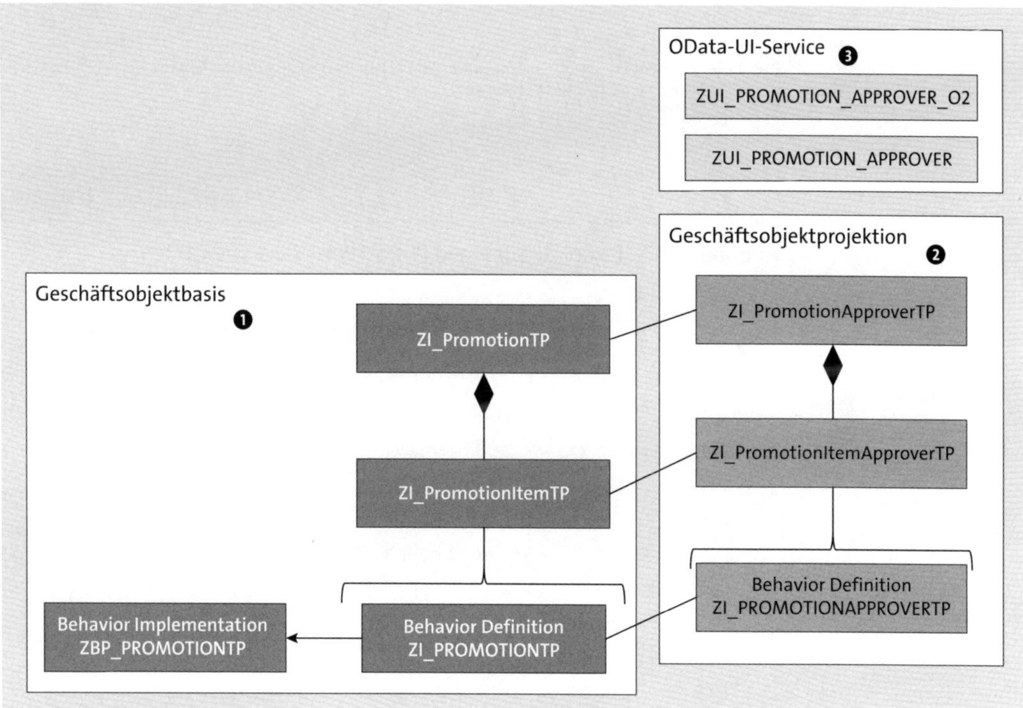

Abbildung 9.4 Projektionsobjekte der Anwendung »Approver«

9.2.1 CDS-Projektions-Views anlegen

Projektions-View anlegen

Im ersten Schritt erstellen Sie den CDS-Projektions-View ZI_PromotionApproverTP innerhalb des Entwicklungspakets ZPM_BO:

1. Rufen Sie dazu den Anlagedialog für CDS-Views über den **Project Explorer** in Eclipse auf.
2. Für Projektions-Views bietet Ihnen dieser Dialog ein entsprechendes Template an. Wählen Sie das Template **Define Projection View** aus, wie in

Abbildung 9.5 gezeigt, und schließen Sie den Anlagedialog über die Schaltfläche **Finish**.

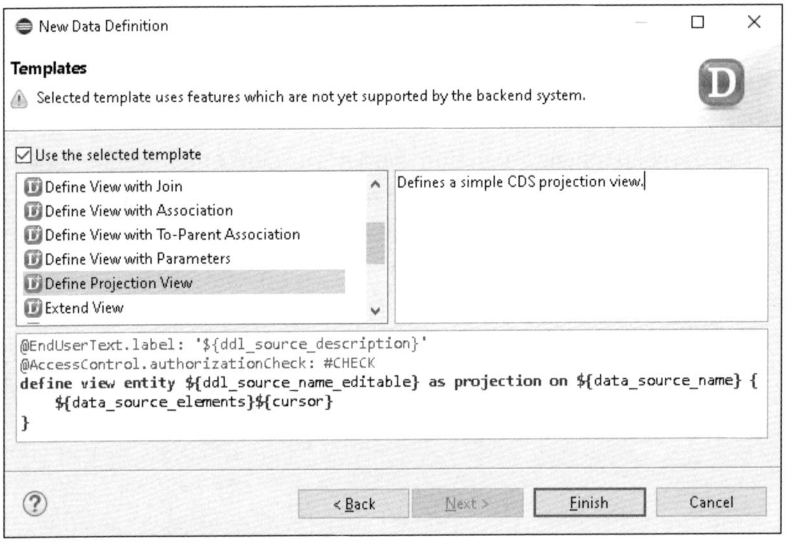

Abbildung 9.5 Template für einen Projektions-View auswählen

3. Übernehmen Sie die in Listing 9.1 gezeigte CDS-View-Definition.

```
define root view entity ZI_PromotionApproverTP
  as projection on ZI_PromotionTP {
  @UI.facet: [
  { id: 'GeneralInformation',
    label:'General Information',
    type:  #IDENTIFICATION_REFERENCE },
  { id: 'PromotionItem',
    purpose: #STANDARD,
    position: 20,
    label: 'Promotion Item',
    type: #LINEITEM_REFERENCE,
    targetElement: '_PromotionItem' } ]

  @UI.lineItem: [{ position: 10, label: 'Promotion' },
                { type: #FOR_ACTION,
                  dataAction: 'approvePromotion',
                  label: 'Approve Promotion', position: 10 }]
  @UI.identification: [{position: 10, label: 'Promotion' }]
  key PromotionId,
  @UI.lineItem: [{position: 20, label: 'Description' }]
```

```
    @UI.identification: [{position: 20, label: 'Description' }]
    PromotionDescription,
    @UI.lineItem: [{position: 30, label: 'Start date' }]
    @UI.identification: [{position: 30, label: 'Start date' }]
    StartDate,
    @UI.lineItem: [{position: 40, label: 'End date' }]
    @UI.identification: [{position: 40, label: 'End date' }]
    EndDate,
    @UI.lineItem: [{position: 50, label: 'Location' }]
    @UI.identification: [{position: 50, label: 'Location' }]
    LocationId,
    @UI.lineItem: [{position: 60, label: 'Approval Status' }]
    @UI.identification: [{position: 60, label: 'Approval Status' }]
    ApprovalStatus,
    @UI.hidden: true
    CreatedAt,
    @UI.hidden: true
    CreatedBy,
    @UI.hidden: true
    ChangedAt,
    @UI.hidden: true
    ChangedBy,
    _Location,
    _PromotionItem
}
```

Listing 9.1 CDS-Projektions-View ZI_PromotionApproverTP

4. Aktivieren Sie den Projektions-View anschließend.

Wie Sie in Listing 9.1 erkennen können, ist die Syntax von Projektions-Views identisch zu der von »normalen« CDS-Views. Abweichend von der Definition, die Sie bisher kennengelernt haben, geben Sie durch das Schlüsselwort `as projection on` jedoch an, dass es sich um eine direkte Projektion des CDS-View `ZI_PromotionTP` handelt.

UI-Annotationen

Da der Projektions-View später als UI-Service zur Verfügung gestellt werden soll, geben Sie die benötigten UI-Annotationen direkt in der Feldliste an. In der Feldliste haben Sie alle Felder des projizierten CDS-View übernommen.

Eigenschaften von Projektions-Views

Auch wenn es sich bei Projektions-Views um CDS-Views handelt, unterliegen diese jedoch gewissen Einschränkungen. Die folgende Liste fasst die wichtigsten Eigenschaften von Projektions-Views zusammen:

- Projektions-Views können ausschließlich auf herkömmlichen CDS-Views basieren. Das »Stapeln« von Projektions-Views ist somit nicht möglich.
- Handelt es sich bei dem projizierten CDS-View um einen Root View, muss der Projektions-View ebenfalls ein Root View sein.
- Es können nur Felder des projizierten CDS-View exponiert werden.
- Die Definition von neuen Kompositionsassoziationen (Eltern-Kind-Beziehungen) ist nicht möglich.
- Das Erstellen von neuen lesenden Assoziationen wird unterstützt.
- Felder einer vom projizierten CDS-View bereitgestellten Assoziation können in die Feldliste aufgenommen werden, wenn die Assoziation eine Kardinalität von 1 aufweist.
- Das Aufnehmen von Feldern einer im Projektions-View neu definierten Assoziation führt jedoch zu einem Fehler.
- Feldnamen lassen sich über die Alias-Funktion `as` umbenennen.
- Die selektierten Daten eines Projektions-View lassen sich über eine `WHERE`-Bedingung eingrenzen.

Projektions-View für die Rabattaktionspositionen

Legen Sie nun den Projektions-View `ZI_PromotionItemApproverTP` für die Rabattaktionspositionen an. Übernehmen Sie dafür die in Listing 9.2 gezeigte Definition.

```
@EndUserText.label: 'Promotion Item Approver Projection'
@AccessControl.authorizationCheck: #NOT_REQUIRED
define view entity ZI_PromotionItemApproverTP
  as projection on ZI_PromotionItemTP {
   @UI.facet: [
   { id: 'PromotionItem',
     label:'Promotion Item',
     type:#IDENTIFICATION_REFERENCE } ]

    @UI.lineItem: [{position: 10, label: 'Promotion' }]
    key PromotionId,
    @UI.lineItem: [{position: 20, label: 'Position' }]
    key PromotionPosition,
    @UI.lineItem: [{position: 30, label: 'Article' }]
    ProductId,
    @UI.hidden: true
    Quantity,
    @UI.hidden: true
    QuantityUnit,
```

```
    @UI.lineItem: [{ position: 40, label: 'Product price' }]
    _Product.Price    as ProductPrice,
    @UI.lineItem: [{position: 50, label: 'Discount in percent' }]
    DiscountInPercent,
    @UI.lineItem: [{position: 60, label: 'Discount price' }]
    DiscountPrice,
    Currency,
    _Product,
    _Promotion: redirected to parent ZI_PromotionApproverTP
}
```

Listing 9.2 CDS-Projektions-View ZI_PromotionItemApproverTP

Die Feldliste des Projektions-View wird hier um das Feld ProductPrice erweitert. Dazu haben wir das Feld Price über die vom CDS-View ZI_PromotionItemTP exponierte Assoziation _Product mit in die Feldliste aufgenommen und einen entsprechenden Alias-Namen vergeben.

Umleiten von Assoziationen

Durch die Definition von Projektions-Views können sich Ziele von exponierten Assoziationen ändern. So ist es in unserem Fall notwendig, die Assoziation _Promotion auf den neuen Projektions-View ZI_PromotionApproverTP umzuleiten. Dies erfolgt durch den Zusatz : redirected to parent ZI_PromotionApproverTP.

Leiten Sie, wie in Listing 9.3 gezeigt, außerdem die Assoziation _PromotionItem für die Rabattaktionspositionen auf den Projektions-View ZI_PromotionItemApproverTP um.

```
define root view entity ZI_PromotionApproverTP
  as projection on ZI_PromotionTP{
  ...
    _PromotionItem : redirected to composition child
ZI_PromotionItemApproverTP
}
```

Listing 9.3 Umleiten der Assoziation _PromotionItem

9.2.2 Projection Behavior Definition anlegen

Sie haben nun die Struktur der Geschäftsobjektprojektion für die Anwendung **Approver** angelegt. Nun müssen Sie noch definieren, welche Funktionen der Behavior Definition ZI_PROMOTIONTP in der Projektion zur Verfügung stehen sollen. Dazu legen Sie die Projection Behavior Definition ZI_PROMOTIONAPPROVERTP an.

Behavior Definition für Projektion anlegen

Sie können Projection Behavior Definitions direkt über den zugehörigen Projektions-View erstellen:

1. Klicken Sie dazu mit der rechten Maustaste auf den CDS-Projektions-View im **Project Explorer** und wählen Sie den Punkt **New Behavior Definition** aus dem Kontextmenü aus (siehe Abbildung 9.6).

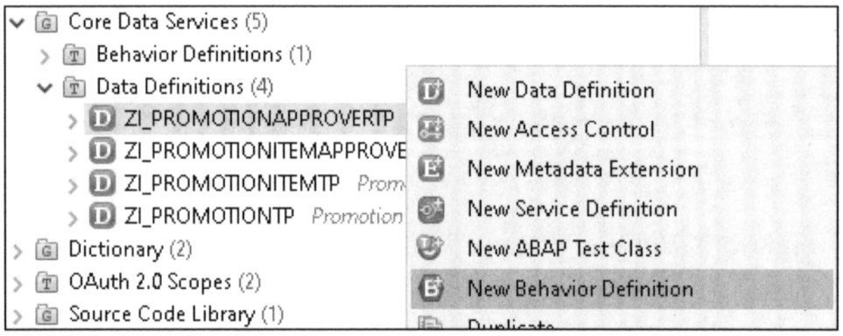

Abbildung 9.6 Erstellen einer Projection Behavior Definition

2. Im sich daraufhin öffnenden Anlagedialog lassen Sie die Angaben unverändert. Da Sie die Projection Behavior Definition direkt über den CDS-Projektions-View anlegen, wird das Feld **Implementation Type** mit dem passenden Typ **Projection** vorbelegt (siehe Abbildung 9.7).

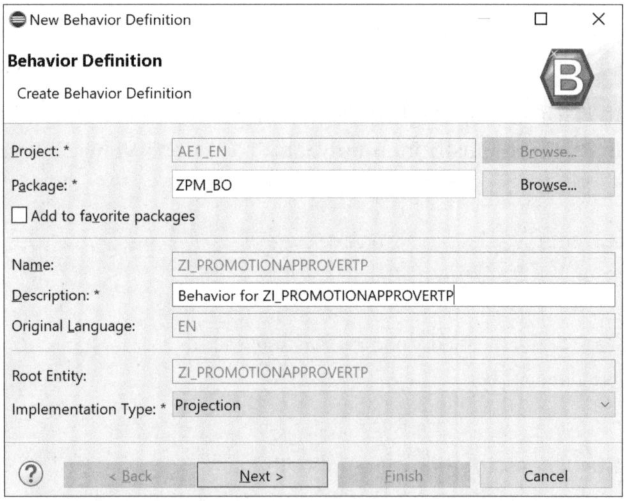

Abbildung 9.7 Anlagedialog für die Projection Behavior Definition

3. Navigieren Sie über die Schaltfläche **Next** durch den Anlagedialog und schließen Sie das Anlegen der Projection Behavior Definition über die Schaltfläche **Finish** ab.
4. Es öffnet sich der Quellcode-Editor mit einer vordefinierten Projection Behavior Definition `ZI_PROMOTIONAPPROVERTP`, in der automatisch alle zur

Verfügung stehenden Funktionen der zugrunde liegenden Behavior Definition `ZI_PROMOTIONTP` projiziert werden (siehe Abbildung 9.8).

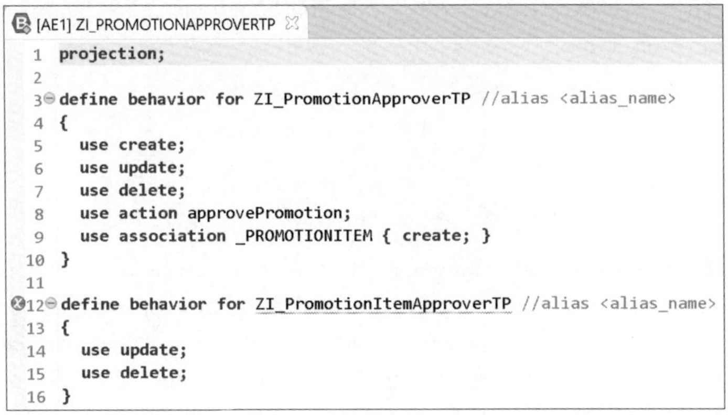

Abbildung 9.8 Vordefinierte Projection Behavior Definition

5. Wenn keine Änderungen an der Projection Behavior Definition vorgenommen werden, verhält sich die Geschäftsobjektprojektion genauso wie die Geschäftsobjektbasis. Ändern Sie die neue Behavior Definition wie in Listing 9.4 gezeigt ab und aktivieren Sie diese.

```
projection;

define behavior for ZI_PromotionApproverTP
  alias PromotionApprover
use etag
{
  use action approvePromotion;
}
```

Listing 9.4 Projection Behavior Definition ZI_PromotionApproverTP

Schlüsselwörter projection und use

Durch das Schlüsselwort `projection` definieren Sie, dass es sich um eine Projection Behavior Definition handelt, die auf der Behavior Definition der projizierten CDS-View basiert.

Jede Funktion der projizierten Behavior Definition, die Sie durch den Service der Projektionsschicht exponieren wollen, müssen Sie nach dem Schlüsselwort `use` angeben. In unserem Fall soll der Service ausschließlich die Aktion `approvePromotion` zur Verfügung stellen. Des Weiteren wird das eTag-Feld der projizierten Behavior Definition verwendet (`use etag`), um zwischenzeitliche Datenänderungen zu identifizieren.

[»]

Projizierbare Elemente

Mit dem Schlüsselwort `use` lassen sich folgende Funktionen einer Behavior Definition projizieren:

- Standard-CUD-Operationen
- Aktionen
- eTag
- Instanzerzeugungen per Assoziation (`association ... { create; }`)

Auf Ermittlungen und Validierungen lässt sich das Schlüsselwort `use` nicht anwenden. Sie können Ermittlungen und Validierungen daher nicht nur für eine Projektion definieren oder von nur einer Projektion ausschließen. Die Definition von neuen Ermittlungen und Validierungen auf Geschäftsobjektbasis hat somit auch Auswirkung auf bereits existierende Projektionen.

9.2.3 UI-Service definieren

Mit der Aktivierung der Projection Behavior Definition haben Sie die Erstellung der Projektionsschicht für die Anwendung **Approver** abgeschlossen. Damit Sie die Projektionsschicht als SAP-Fiori-Anwendung zur Verfügung stellen können, müssen Sie noch einen entsprechenden UI-Service definieren. Erstellen Sie dazu die in Tabelle 9.1 genannte Service Definition und das genannte Service Binding.

Objekttyp	Name
Service Definition	ZUI_PROMOTION_APPROVER
Service Binding	ZUI_PROMOTION_APPROVER_02

Tabelle 9.1 Service Definition und Service Binding der Anwendung »Approver«

Service Definition anlegen

Exponieren Sie über die Service Definition `ZUI_PROMOTION_APPROVER` die beiden angelegten CDS-Projektions-Views (siehe Listing 9.5).

```
define service ZUI_PROMOTION_APPROVER {
  expose ZI_PromotionApproverTP;
  expose ZI_PromotionItemApproverTP;
}
```

Listing 9.5 Service Definition ZUI_PROMOTION_APPROVER

Service Binding anlegen

Achten Sie bei der Anlage des Service Binding darauf, den **Binding Type** »ODATA V2 – UI« auszuwählen. Anschließend können Sie die Anwendung **Approver** über die Vorschau für SAP-Fiori-Elements-Anwendungen aufrufen.

	Promotion	Description	Start date	End date	Location	Approval Status
○	1	Wochenend Rabatte	Jan 17, 2020, 1:00:00 AM	Jan 19, 2020, 1:00:00 AM	2328	A
○	2	Osterrabattaktion	Apr 10, 2020, 2:00:00 AM	Apr 13, 2020, 2:00:00 AM	2320	A
◉	3	20% auf alles	Jun 1, 2020, 2:00:00 AM	Jun 30, 2020, 2:00:00 AM	2320	N
○	4	Mehrwertsteuer geschenkt	Jul 6, 2020, 2:00:00 AM	Jul 11, 2020, 2:00:00 AM	2328	A
○	5	Rabattwoche	Jul 20, 2020, 2:00:00 AM	Jul 25, 2020, 2:00:00 AM	2320	N
○	6	2 Kaufen 1 Bezahlen	Aug 1, 2020, 2:00:00 AM	Aug 8, 2020, 2:00:00 AM	2328	N
○	7	Weihnachtsrabatte	Dec 1, 2020, 1:00:00 AM	Dec 24, 2020, 1:00:00 AM	2328	N

Abbildung 9.9 Fiori List Report der Anwendung »Approver«

Vorschau

Wie Sie anhand der Abbildung 9.9 erkennen können, steht ausschließlich die Funktion **Approve Promotion** in dieser Anwendung zur Verfügung. Es lassen sich keine Rabattaktionen anlegen, ändern oder löschen. In der Detailsicht wird der Produktpreis in der Spalte **Product price** angezeigt (siehe Abbildung 9.10).

Promotion	Position	Article	Product price	Discount in percent	Discount price
3	10	1	0.95 EUR	20.00	0.76 EUR

Abbildung 9.10 Anzeige des Produktpreises auf Detailsichtebene

9.3 Virtuelle Elemente modellieren

Wie bereits angesprochen, haben Sie die Möglichkeit, CDS-Projektions-Views mit sogenannten *virtuellen Elementen* anzureichern. Hierbei handelt es sich um Felder, die zur Laufzeit durch eine ABAP-Klasse ermittelt bzw. berechnet werden. Virtuelle Elemente sind *transient*. Das heißt, dass die Werte dieser Felder nicht auf der Datenbank persistiert werden.

In diesem Abschnitt zeigen wir anhand des in Abschnitt 9.2, »Projektionsschicht erstellen«, erstellten Projektions-View `ZI_PromotionApproverTP`, wie sich virtuelle Elemente definieren lassen. Dazu erweitern wir unsere Anwendung **Approver** um folgende Anforderung: In einem neuen Feld **Number of Products** soll die Anzahl der in einer Rabattaktion eingesetzten Produkte angezeigt werden.

Virtuelle Elemente definieren

Innerhalb eines CDS-Projektions-View fügen Sie der Feldliste durch folgenden Zusatz ein virtuelles Element hinzu:

```
virtual <Name> : { <DataElement> | <DataType> }
```

Die ABAP-Klasse, die das virtuelle Element zur Laufzeit berechnet, ist durch eine `@ObjectModel`-Annotation anzugeben:

```
@ObjectModel.virtualElementCalculatedBy: 'ABAP:<ABAPClass>'
```

[»]

Definition von virtuellen Elementen

Das Schlüsselwort `virtual` lässt sich ausschließlich in CDS-Projektions-Views verwenden. Die Definition von virtuellen Elementen innerhalb von CDS-Views durch die Annotation `@ObjectModel.virtualElement: true`, wie Sie es vielleicht aus On-Premise-Systemen kennen, wird im ABAP Environment nicht unterstützt.

Virtuelles Element NumberOfProducts

Übernehmen Sie den in Listing 9.6 gezeigten Code-Ausschnitt, um das virtuelle Element `NumberOfProducts` zu definieren.

```
define root view entity ZI_PromotionApproverTP
  as projection on ZI_PromotionTP
{
  ...
  @UI.lineItem: [{position: 70, label: 'Number of products' }]
  @EndUserText.label: 'Number of products'
  @ObjectModel.virtualElementCalculatedBy: 'ABAP:ZCL_PM_NUMBER_OF_
PRODUCTS'
  virtual NumberOfProducts : abap.int2,
  ...
}
```

Listing 9.6 Definition des virtuellen Elements NumberOfProducts

Damit haben Sie das virtuelle Element `NumberOfProduct` mit dem integrierten ABAP-Typ `abap.int2` definiert. Die eigentliche Ermittlung erfolgt in der ABAP-Klasse `ZCL_PM_NUMBER_OF_PRODUCTS`, die Sie als Nächstes erstellen und entsprechend ausprägen.

ABAP-Klasse für virtuelle Elemente

Klassen, die für die Ermittlung von virtuellen Elementen eingesetzt werden, müssen das Interface IF_SADL_EXIT_CALC_ELEMENT_READ implementieren. Durch das Einbinden dieses Interface stehen Ihnen die beiden Methoden GET_CALCULATION_INFO und CALCULATE zur Verfügung:

- GET_CALCULATION_INFO
  Innerhalb dieser Methode können Sie definieren, welche Felder für die Berechnung des virtuellen Elements von der Datenbank zu lesen sind. Die Methode wird vom Framework vor der eigentlichen Selektion der Daten aufgerufen (siehe Abbildung 9.11). Tabelle 9.2 zeigt die von der Methode bereitgestellten Importing- und Exporting-Parameter.

Parameter	Beschreibung
it_requested_calc_elements	Importing-Parameter mit den zu berechnenden virtuellen Elementen in Großbuchstaben
iv_entity	Name der aktuellen Entität
et_requested_orig_elements	Exporting-Parameter mit der Liste von Feldnamen in Großbuchstaben, die für die Berechnung benötigt werden

Tabelle 9.2 Parameter der Methode GET_CALCULATION_INFO

- CALCULATE
  In dieser Methode implementieren Sie die eigentliche Berechnung des virtuellen Elements. Die Methode wird vom Framework nach der Selektion der Daten aufgerufen und stellt Ihnen die in Tabelle 9.3 aufgeführten Parameter zur Verfügung.

Parameter	Beschreibung
it_original_data	Importing-Parameter mit den selektierten Daten
it_requested_calc_elements	Liste mit den Namen der zu berechnenden virtuellen Elemente in Großbuchstaben
ct_calculated_data	Exporting-Parameter mit den berechneten virtuellen Elementen.

Tabelle 9.3 Parameter der Methode CALCULATE

Aufrufreihenfolge zur Datenermittlung

Abbildung 9.11 verdeutlicht die Aufrufreihenfolge der Methoden GET_CALCULATION_INFO und CALCULATE im Rahmen der Datenermittlung.

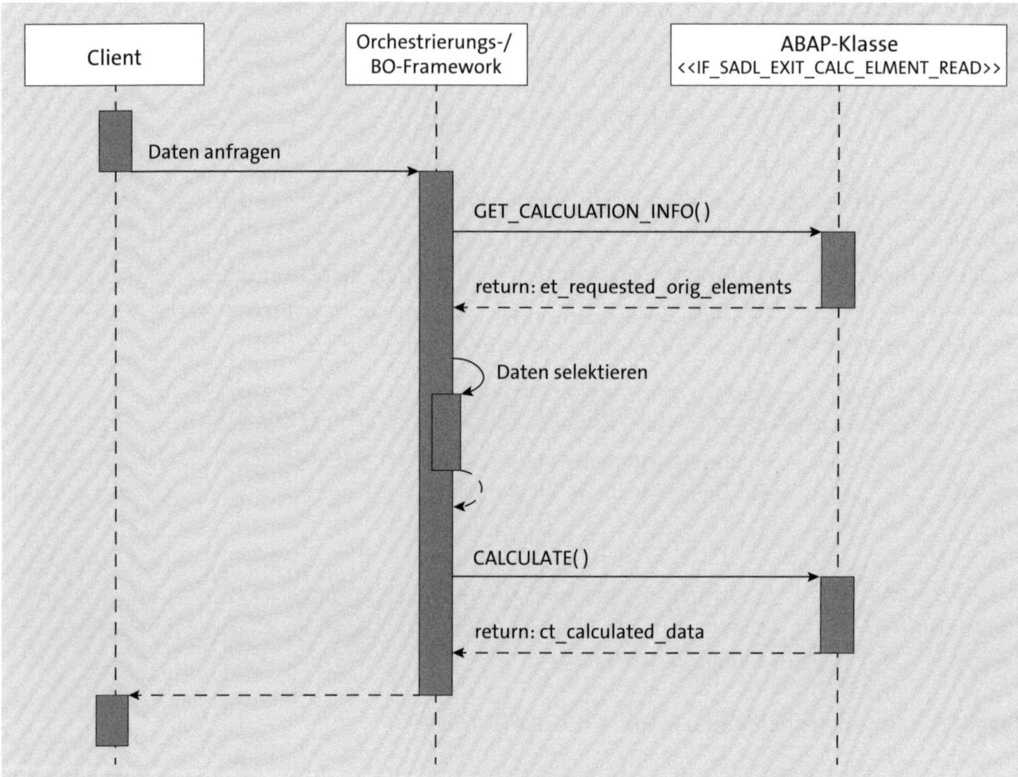

Abbildung 9.11 Ablauf der Ermittlung virtueller Elemente

Virtuelle Elemente ermitteln

Legen Sie innerhalb des Pakets ZPM_BO die Klasse ZCL_PM_NUMBER_OF_PRODUCTS an, mit der Sie das virtuelle Element NumberOfProducts ermitteln. Nachdem Sie die Klasse angelegt haben, binden Sie das Interface IF_SADL_EXIT_CALC_ELEMENT_READ ein. Listing 9.7 zeigt die vollständige Klassenimplementierung.

```
CLASS zcl_pm_number_of_products IMPLEMENTATION.
  METHOD if_sadl_exit_calc_element_read~get_calculation_info.
    "Überprüfen der Entität
    IF iv_entity <> 'ZI_PROMOTIONAPPROVERTP'.
      RETURN.
    ENDIF.

    "Die zur Berechnung benötigten Felder definieren
    LOOP AT it_requested_calc_elements ASSIGNING FIELD-SYMBOL(<ls_
requested_elements>).
      CASE <ls_requested_elements>.
        WHEN 'NUMBEROFPRODUCTS'.
```

```
        APPEND 'PROMOTIONID' TO et_requested_orig_elements.
      WHEN OTHERS.
        CONTINUE.
    ENDCASE.
  ENDLOOP.

ENDMETHOD.

METHOD if_sadl_exit_calc_element_read~calculate.

  DATA: lt_original_data TYPE TABLE OF ZI_PromotionApproverTP.

  lt_original_data = CORRESPONDING #( it_original_data ).

  LOOP AT lt_original_data ASSIGNING FIELD-SYMBOL(<ls_original_
data>).
    "Ermitteln des virtuellen Elements
    SELECT COUNT( DISTINCT productid ) AS number_of_products FROM
ZI_PromotionItem
        WHERE promotionid EQ @<ls_original_data>-promotionid
        INTO TABLE @DATA(lt_number_of_products).
    IF sy-subrc EQ 0.
      <ls_original_data>-NumberOfProducts =
                  lt_number_of_products[ 1 ]-number_of_products.
    ENDIF.
  ENDLOOP.

  "Ermittelte Daten zurückliefern
  ct_calculated_data = CORRESPONDING #( lt_original_data ).

ENDMETHOD.
ENDCLASS.
```

Listing 9.7 Klasse zur Ermittlung des virtuellen Elements NumberOfProducts

In der Methode `GET_CALCULATION_INFO` definieren Sie, dass das Feld `PromotionId` für die Ermittlung des virtuellen Elements `NumberOfProducts` benötigt wird. Dadurch wird das Feld `PromotionId` bei der eigentlichen Selektion der Daten berücksichtigt, unabhängig davon, ob der Client das Feld angefragt hat oder nicht.

Innerhalb der Methode `CALCULATE` wird die eigentliche Ermittlung des virtuellen Elements durchgeführt. Über den Exporting-Parameter `ct_calcula-`

`ted_data` wird das virtuelle Element zusammen mit den anderen Daten der Entität zurückgeliefert.

[»]

Klassen zu Ermittlung von virtuellen Elementen

Sie müssen nicht für jedes virtuelle Element eine eigene Klasse definieren, sondern können eine Klasse für die Ermittlung mehrerer virtueller Elemente verwenden.

Vorschau

Wenn Sie nun erneut die Anwendung **Approver** über das Service Binding `ZUI_PROMOTION_APPROVER_02` aufrufen, wird Ihnen die Anzahl der Produkte in der Spalte **Number of products** angezeigt (siehe Abbildung 9.12).

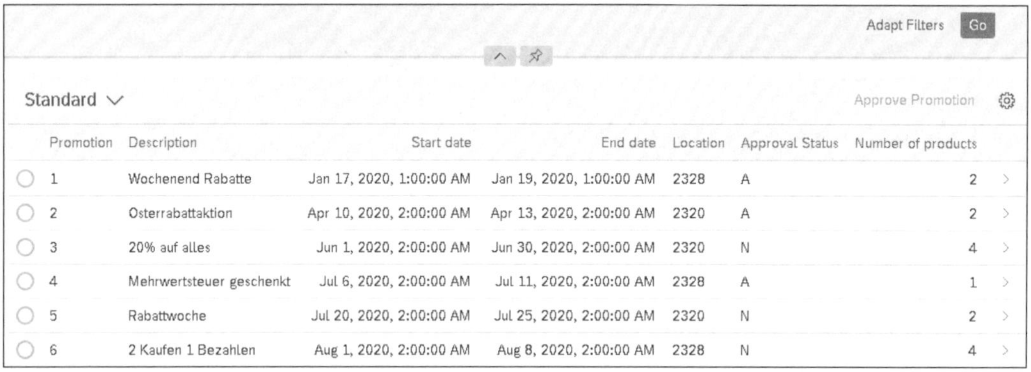

Promotion	Description	Start date	End date	Location	Approval Status	Number of products
1	Wochenend Rabatte	Jan 17, 2020, 1:00:00 AM	Jan 19, 2020, 1:00:00 AM	2328	A	2
2	Osterrabattaktion	Apr 10, 2020, 2:00:00 AM	Apr 13, 2020, 2:00:00 AM	2320	A	2
3	20% auf alles	Jun 1, 2020, 2:00:00 AM	Jun 30, 2020, 2:00:00 AM	2320	N	4
4	Mehrwertsteuer geschenkt	Jul 6, 2020, 2:00:00 AM	Jul 11, 2020, 2:00:00 AM	2328	A	1
5	Rabattwoche	Jul 20, 2020, 2:00:00 AM	Jul 25, 2020, 2:00:00 AM	2320	N	2
6	2 Kaufen 1 Bezahlen	Aug 1, 2020, 2:00:00 AM	Aug 8, 2020, 2:00:00 AM	2328	N	4

Abbildung 9.12 Anzeige des virtuellen Elements Number of products

EML und virtuelle Elemente

Zum Schluss sei noch darauf hingewiesen, dass virtuelle Elemente von der Entity Manipulation Language (EML) nicht berücksichtigt werden und daher nicht Bestandteil der Ergebnismenge der EML-Leseoperation `READ ENTITY` sind. Des Weiteren werden virtuelle Elemente auch innerhalb des Data Preview von Eclipse nicht berücksichtigt.

9.4 Zusammenfassung

In diesem Kapitel haben wir Ihnen die Projektionsschicht des ABAP-RESTful-Programmiermodells als Möglichkeit vorgestellt, Geschäftsobjekte über kontextabhängige Services bereitzustellen.

Als Erstes haben wir die Projektionsschicht in Abschnitt 9.1, »Flexible Konsumierung von Geschäftsobjekten mittels Projektionsschicht«, in den Gesamtkontext des ABAP-RESTful-Programmiermodells eingeordnet. Für das Bereitstellen von kontextabhängigen Services stehen Ihnen CDS-Projektions-Views zur Verfügung, die wir Ihnen in Abschnitt 9.2, »Projektionsschicht erstellen«, vorgestellt haben. Sie können diesen speziellen CDS-View-Typ verwenden, um auf Ihrer Geschäftsobjektbasis eine Geschäftsobjektprojektion zu erstellen. Durch CDS-Projektions-Views sind Sie in der Lage, die Feldliste der projizierten CDS-Views einzuschränken oder durch virtuelle Elemente zu erweitern. Des Weiteren lassen sich Projektions-Views mit servicespezifischen Annotationen anreichern. Dies haben wir Ihnen anhand einer Genehmigungsanwendung nähergebracht, indem wir unter anderem die CUD-Operationen der Geschäftsobjektbasis von der Projektion ausgeschlossen haben.

In Abschnitt 9.3, »Virtuelle Elemente modellieren«, haben Sie den so erstellen CDS-Projektions-View um ein virtuelles Element ergänzt. Virtuelle Elemente sind Felder innerhalb eines Projektions-View, die zur Laufzeit durch eine ABAP-Klasse berechnet werden. Die Werte dieser Felder werden nicht auf der Datenbank persistiert und stehen nur zur Laufzeit zur Verfügung.

Kapitel 10

Gestalten von Benutzeroberflächen

Mit SAP Fiori stehen Ihnen Designrichtlinien zur Verfügung, die die Usability und die User Experience Ihrer Geschäftsanwendungen in den Mittelpunkt rücken. Ziel ist es, Oberflächen zu vereinheitlichen und geräteübergreifend zur Verfügung zu stellen.

SAPUI5 und SAP Fiori

Im Laufe der Zeit hat SAP eine Vielzahl von Technologien zur Verfügung gestellt, mit deren Hilfe Benutzeroberflächen gestaltet werden können. Dazu zählen Technologien wie Dynpro, Business Server Pages (BSP), Web Dynpro ABAP und Floorplan Manager. Mit der Veröffentlichung des auf HTML5, CSS, JavaScript und jQuery Mobile basierenden *SAPUI5-Frameworks* wurde der Grundstein für die Entwicklung moderner, webbasierter und geräteunabhängiger SAP-Geschäftsanwendungen gelegt. Während SAPUI5 die Technologie zur Entwicklung von Oberflächen bereitstellt, definiert *SAP Fiori* als *Designrichtlinie* das Aussehen und das Verhalten betriebswirtschaftlicher Anwendungen.

SAP-Fiori-Grundprinzipien

Anwendungen, die nach den SAP-Fiori-Designrichtlinien konzipiert werden, müssen die folgenden fünf Grundprinzipien erfüllen:

- **Rollenbasiert (role based)**
  SAP-Fiori-Anwendungen sind auf bestimmte Benutzer bzw. Anwendungsfälle zugeschnitten. Dem Anwender stehen nur die Funktionen zur Verfügung, die für einen bestimmten Arbeitsschritt benötigt werden.
- **Flexibel (adaptive)**
  Anwendungen, die nach den SAP-Fiori-Designrichtlinien entworfen wurden, sind geräteunabhängig und passen sich dem jeweiligen Endgerät an. Dieses Prinzip wird auch als *Responsive Design* bezeichnet und ermöglicht das einheitliche Arbeiten über Plattformgrenzen hinweg.
- **Einfach (simple)**
  SAP-Fiori-Anwendungen sind auf das Nötigste reduziert und enthalten nur Funktionen, die für das Bearbeiten eines Arbeitsschritts benötigt werden.

- **Stimmig (coherent)**
  Auf den SAP-Fiori-Designrichtlinien basierende Anwendungen sind untereinander stimmig. Das heißt, dass alle Anwendung standardisierte Layouts verwenden. So ist eine einheitliche Bedienung der verschiedenen Anwendungen gewährleistet, was dem Endanwender den Wechsel zwischen Anwendungen erleichtert.
- **Ansprechend (delightful)**
  SAP-Fiori-Anwendungen sollen ansprechend gestaltet und intuitiv zu bedienen sein. Dies führt zu einer verbesserten Benutzungserfahrung (*User Experience*, kurz UX).

In diesem Kapitel stellen wir Ihnen Möglichkeiten vor, wie Sie als ABAP-Entwickler*in ohne tiefgreifende SAPUI5-Kenntnisse betriebswirtschaftliche Anwendungen bereitstellen können, die die SAP-Fiori-Grundprinzipien erfüllen.

Abschnitt 10.1, »Einheitliche Benutzeroberflächen mit SAP Fiori Elements«, gibt Ihnen einen Überblick über die von SAP Fiori unterstützen Floorplans und stellt *SAP Fiori Elements* als Möglichkeit der metadatengetriebenen Generierung von Benutzeroberflächen vor.

Für die Generierung von Benutzeroberflächen stehen Ihnen UI-Annotationen zur Verfügung, die Sie bereits in Abschnitt 6.4.3, »Aufruf von Business Services«, kennengelernt haben. In Abschnitt 10.2, »UI-Annotationen«, betrachten wir sie vertieft.

Abschnitt 10.3, »Metadatenerweiterungen«, und Abschnitt 10.4, »Aktive Annotationen«, beschäftigen sich mit dem Auslagern von Metadaten als Metadatenerweiterungen sowie mit der Nachverfolgung von aktiven Annotationen innerhalb von CDS-Views.

Abschließend zeigen wir Ihnen in Abschnitt 10.5, »Benutzeroberflächen mit der SAP Web IDE anlegen«, wie Sie in der SAP Web IDE einen UI-Service des ABAP Environment verwenden, um eine SAP-Fiori-Anwendung zu generieren.

10.1 Einheitliche Benutzeroberflächen mit SAP Fiori Elements

Die SAP-Fiori-Strategie hat eine Vereinfachung und Vereinheitlichung von betriebswirtschaftlichen Geschäftsanwendungen zum Ziel. SAP Fiori rückt die Benutzerfreundlichkeit (*Usability*) sowie die Benutzererfahrung Ihrer Geschäftsanwendungen in den Mittelpunkt.

Altmodische und monolithische Anwendungen

Durch die Vielzahl von SAP-Oberflächentechnologien sind in den meisten SAP-Systemlandschaften über die Jahre eine Fülle von Anwendungen entstanden, die sich nicht nur hinsichtlich ihres Aussehens unterscheiden, sondern auch hinsichtlich ihres Verhaltens. Häufig handelt es sich um monolithische Anwendungen, deren Oberflächen mit allerhand Funktionen »vollgestopft« sind. Sie können in den meisten Fällen nur von Personen bedient werden, die über Jahre Erfahrungen mit eben diesen Anwendungen sammeln konnten. Für ungeübte Anwender*innen stellen die überfrachteten Oberflächen eine Herausforderung dar, da eine intuitive Bedingung häufig nicht möglich ist. In vielen Fällen müssen Anwender*innen daher im Umgang mit den Anwendungen geschult werden. Dies bringt nicht nur zeitlichen, sondern auch monetären Aufwand mit sich.

10.1.1 Floorplans

Einheitliche Benutzeroberflächen

Damit monolithische Anwendungen bald der Vergangenheit angehören und ein einheitliches *Look-and-feel* über alle Plattformen hinweg geschaffen wird, stehen verschiedene *Floorplans* für SAP Fiori zur Verfügung. Floorplans definieren den visuellen Grundaufbau einer Anwendung und sind auf bestimmte Anwendungsfälle zugeschnitten. Anwendungen, die auf Basis solcher Floorplans erstellt werden, haben alle eine grundsätzlich ähnliche Benutzeroberfläche. Auf diese Weise ist ein intuitives Arbeiten mit den SAP-Fiori-Anwendungen möglich. Endanwender müssen sich beim Wechsel von einer Anwendung zur anderen nicht jedes Mal auf ein neues Look-and-feel einstellen.

In diesem Abschnitt stellen wir Ihnen die verschiedenen Floorplans vor, die von SAP Fiori bereitgestellt werden. Jeder dieser Floorplans erfüllt einen bestimmten Zweck und eignet sich für bestimmte Anwendungsfälle. Die in diesem Abschnitt gezeigten Abbildungen (Abbildung 10.1 bis Abbildung 10.7) entstammen allesamt der offiziellen Website der SAP-Fiori-Designrichtlinien (*http://s-prs.de/v783026*).

Analytical List Page

Grafische Auswertungen

Für die Aufbereitung und Analyse von Daten steht Ihnen der Floorplan *Analytical List Page* (kurz ALP) zur Verfügung. Mit diesem Floorplan können Sie Daten tabellarisch oder grafisch aufbereiten (siehe Abbildung 10.1).

Für die grafische Aufbereitung und interaktive Filterung von Daten stehen Ihnen verschiedene Diagrammtypen zur Verfügung. Dazu zählen ein interaktives Liniendiagramm (*Interactive Line Chart* ❶), ein interaktives Balkendiagramm (*Interactive Bar Chart* ❷) und ein interaktives Kreisdiagramm (*Interactive Donut Chart* ❸). Die selektierten Daten lassen sich im unteren Bereich der Seite sowohl in Tabellen- als auch in Diagrammform ❹ darstellen. Die Verwendung der Analytical List Page bietet sich immer dann an, wenn Sie den Endanwender*innen die Betrachtung von transaktionalen Geschäftsdaten aus verschiedenen Perspektiven ermöglichen wollen.

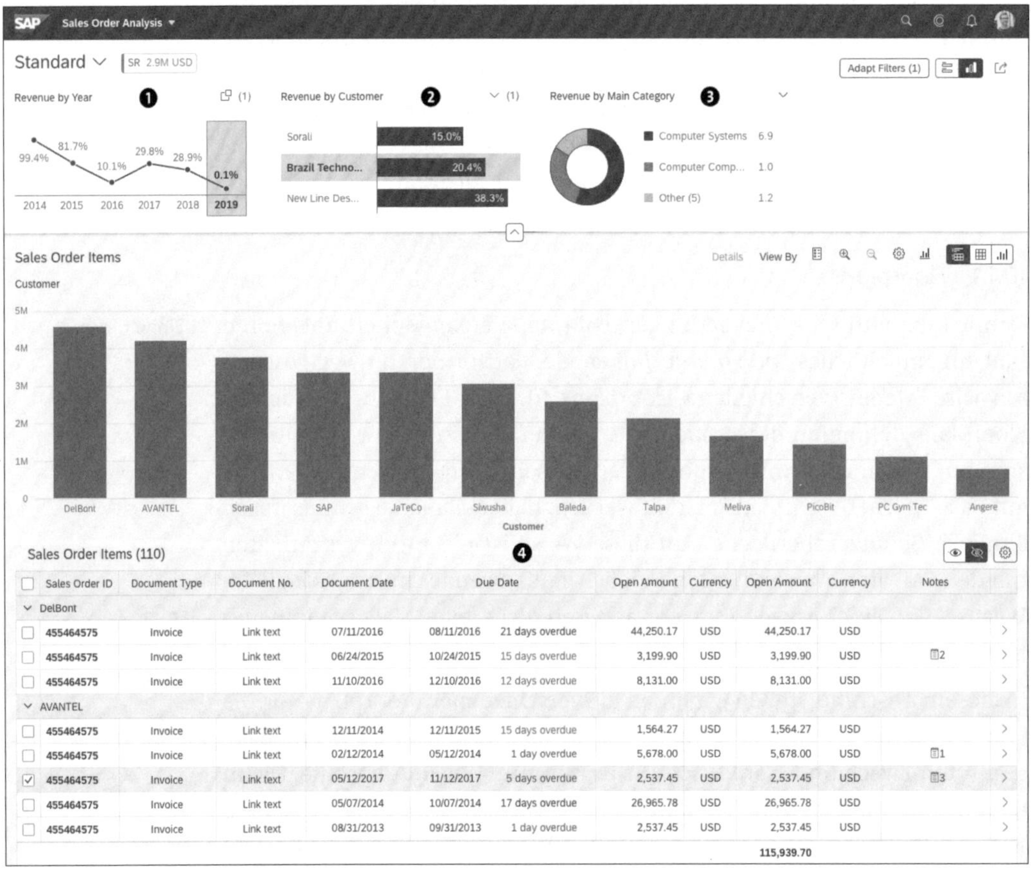

Abbildung 10.1 Analytical List Page

List Report

Listenausgabe Im Zuge unserer Beispielanwendung haben Sie bereits den Floorplan *List Report* kennengelernt. Der Einsatz dieses Floorplan bietet sich immer dann an, wenn Anwender*innen mit großen Datenmengen arbeiten und gezielt Daten suchen, filtern, sortieren oder gruppieren möchten. Abbildung 10.2 zeigt eine entsprechende SAP-Fiori-Anwendung, die mit dem List-Report-Floorplan erstellt wurde.

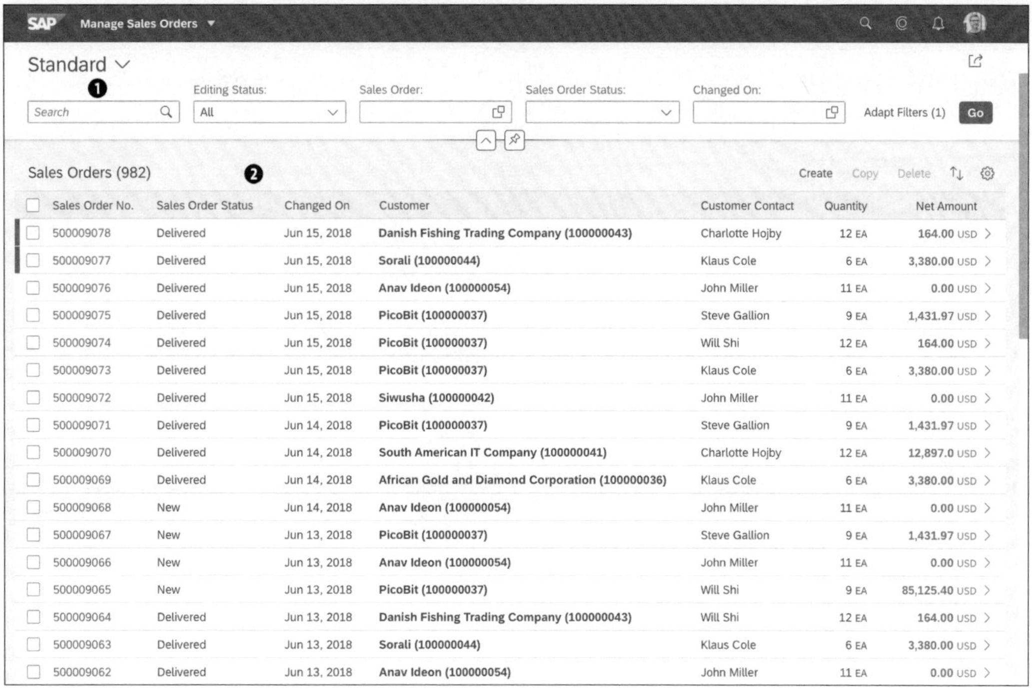

Abbildung 10.2 List Report

Für die Suche von Daten stehen den Endanwender*innen im Kopfbereich ❶ verschiedene Suchfelder zur Verfügung, mit deren Hilfe die Daten der Ergebnisliste ❷ eingegrenzt werden können. Durch die Auswahl eines Eintrags aus der Ergebnisliste kann man in die Detailsicht navigieren. Die Detailsicht wird in den meisten Fällen mit dem Floorplan *Object Page* umgesetzt.

Object Page

Detailsicht eines Geschäftsobjekts

Auch den Floorplan Object Page haben Sie bereits im Zuge der Beispielanwendung kennengelernt (siehe Abschnitt 6.4.3, »Aufruf von Business Services«). Die Verwendung der Object Page bietet sich immer dann an, wenn Daten für ein einzelnes Geschäftsobjekt angezeigt werden sollen (siehe Abbildung 10.3).

Über die Object Page können Sie sich verschiedene Details des jeweiligen Objekts anzeigen lassen. Die Object Page unterstützt genauso wie der List Report das transaktionale Verhalten, das heißt, Sie können Objekte anlegen, ändern oder löschen.

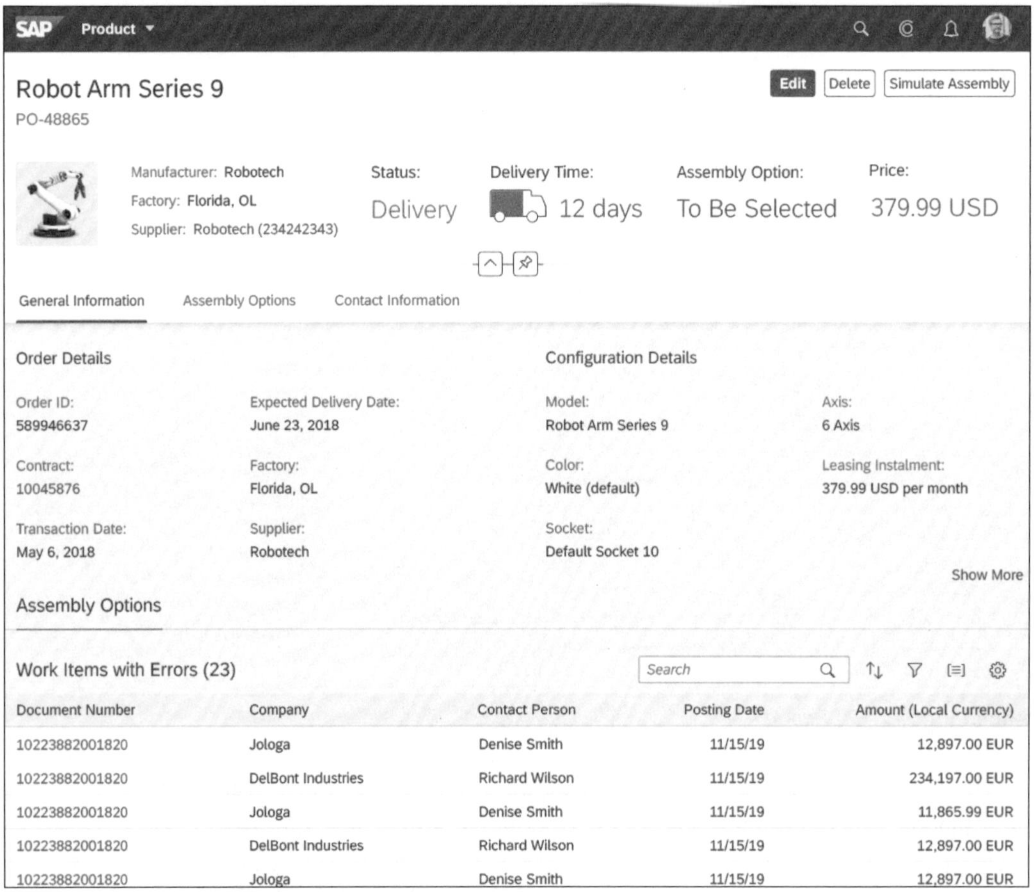

Abbildung 10.3 Object Page

Overview Page

Rollenspezifische Inhalte

Die *Overview Page* stellt rollenspezifische Inhalte dar. Diese werden in Form von Karten auf einer einzigen Seite angezeigt. Abbildung 10.4 zeigt eine Overview Page mit solchen Karten und Informationen.

Der Floorplan Overview Page bietet sich immer dann an, wenn ein Einstiegspunkt für den Zugriff auf rollenspezifische Informationen oder Anwendungen zur Verfügung gestellt werden soll. So können sich die Endanwender*innen auf die für sie relevanten Informationen fokussieren.

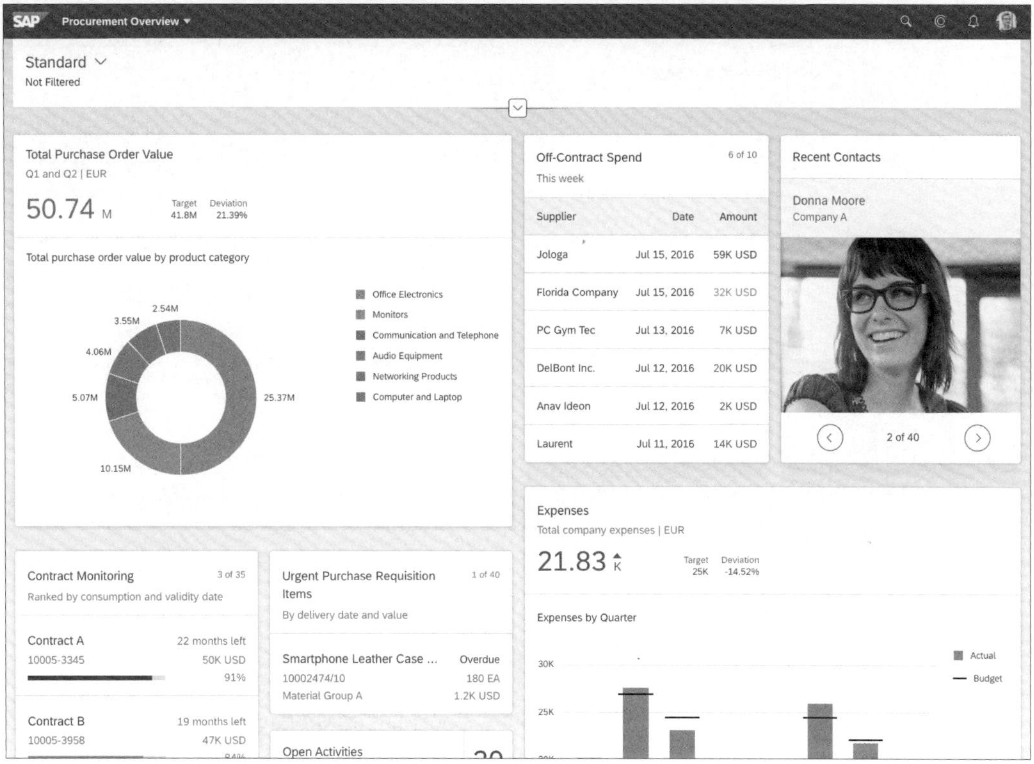

Abbildung 10.4 Overview Page

Worklist

Aufgaben, die die Endanwender*innen bearbeiten müssen, können ihnen per *Worklist* zur Verfügung gestellt werden. Die Ausgabe der Aufgaben erfolgt in Form einer Liste mit Einträgen, auf die die Anwender*innen reagieren sollen, indem sie bestimmte Aktionen ausführen (siehe Abbildung 10.5).

Worklist vs. List Report

Dieser Floorplan ist nicht zu verwechseln mit dem List Report. Der List Report konzentriert sich vor allem auf die Darstellung von großen Datenmengen, um Datensätze zu suchen und zu bearbeiten. Hauptaufgabe der Worklist ist es, dem Anwender seine offenen Aufgaben anzuzeigen und Folgeaktivitäten bereitzustellen.

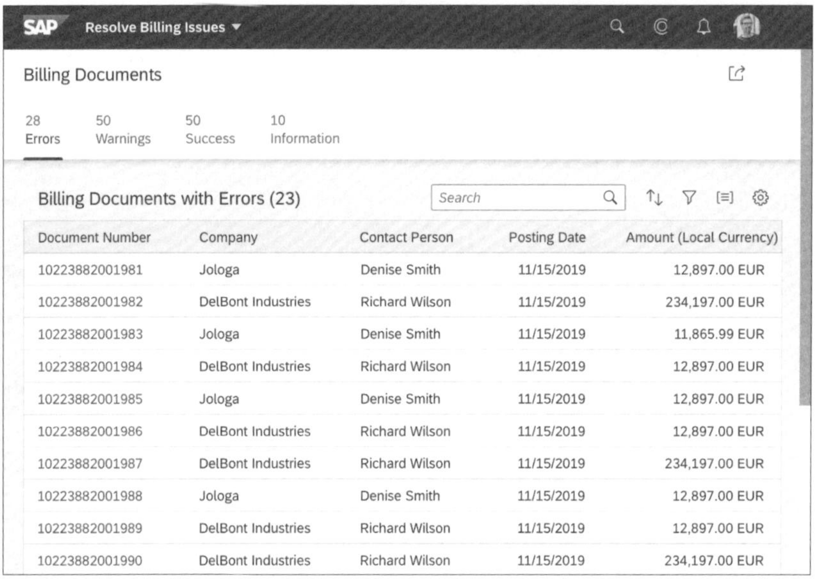

Abbildung 10.5 Worklist

Initial Page

Einzelbearbeitung von Geschäftsobjekten

Der in Abbildung 10.6 gezeigte Floorplan *Initial Page* empfiehlt sich für die Bearbeitung eines einzelnen Geschäftsobjekts. Für die gezielte Suche nach diesem Objekt steht den Anwender*innen ein einzelnes Suchfeld ❶ zur Verfügung. Innerhalb des Inhaltsbereichs ❷ wird das gefundene Geschäftsobjekt in Form einer Object Page angezeigt und kann dann bearbeitet werden. Wird von der Suche ein Ergebnis mit mehreren Objekten erwartet, empfiehlt sich eher der List Report zur Darstellung.

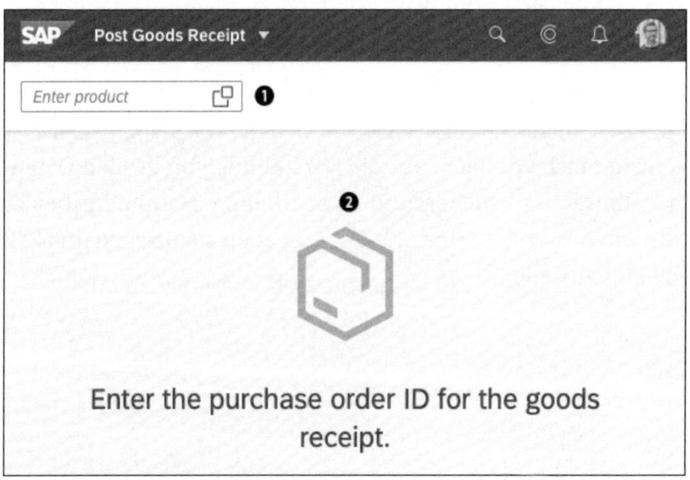

Abbildung 10.6 Initial Page

Wizard

Geführte Prozeduren

Der Floorplan *Wizard* kann verwendet werden, um die Anwender*innen durch eine feste Abfolge von Arbeitsschritten zu leiten. Dies vereinfacht ihnen vor allem die Bearbeitung von Prozessen, die aus einer langen Abfolge von verschiedenen Schritten und Aufgaben bestehen. Abbildung 10.7 stellt eine Anwendung basierend auf dem Wizard-Floorplan dar.

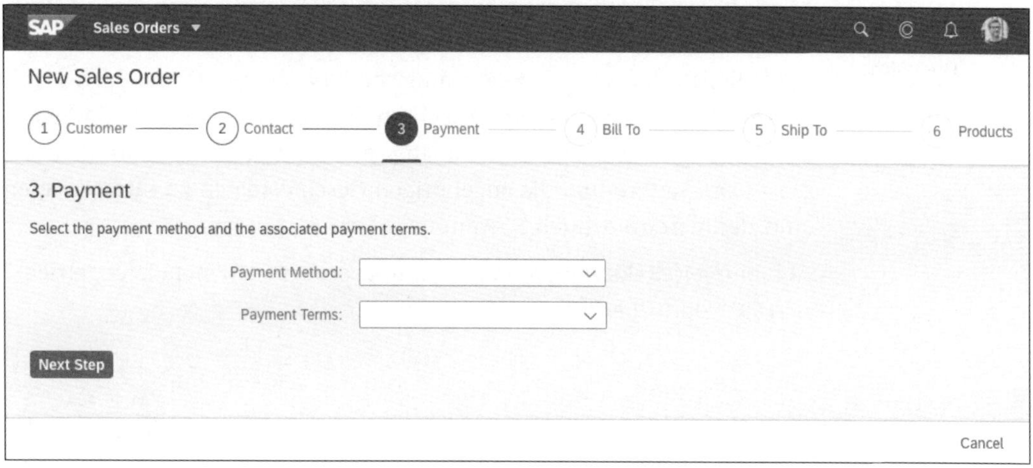

Abbildung 10.7 Wizard

10

[«]

Weiterführende Informationen

Wünschen Sie weiterführende Informationen zu den einzelnen Floorplans, empfehlen wir Ihnen die offizielle Website der SAP-Fiori-Designrichtlinien: *http://s-prs.de/v783016*

10.1.2 SAP Fiori Elements

Mit SAP Fiori Elements wird Ihnen ein Werkzeug an die Hand gegeben, mit dem Sie SAP-Fiori-Anwendungen einfach und komfortabel bereitstellen können, ohne tiefgreifende Kenntnisse im Bereich der SAPUI5-Entwicklung zu benötigen.

Entwicklung aus einer Hand

Im bisherigen SAP-Softwareentwicklungsprozess waren Sie als ABAP-Entwickler*in für die Datenselektion, die Verarbeitung der Daten und deren visuelle Aufbereitung verantwortlich. Die Entwicklung erfolgte somit aus einer Hand. Durch die Einführung von SAPUI5 kam es zu einem Bruch innerhalb des Softwareentwicklungsprozesses, denn nicht alle ABAP-Entwickler*innen haben Kenntnisse in der Web-Entwicklung. Plötzlich wurden für die Visualisierung der Daten zusätzliche Frontend-Entwickler*innen benötigt, die sich sowohl mit den technischen Gegebenheiten des SAPUI5-Frameworks auskennen als auch mit den SAP-Fiori-Designrichtlinien vertraut sein sollten. Solche Fähigkeiten erfordern nicht zuletzt zusätzlichen monetären und entwicklungstechnischen Aufwand. Durch SAP Fiori Elements wird die Bereitstellung von Benutzeroberflächen wieder zurück in die Hände der ABAP-Entwickler*innen gelegt.

Metadaten-getriebene Oberflächen

Mit SAP Fiori Elements sind Sie in der Lage, SAP-Fiori-Anwendungen zu erstellen, ohne eine Zeile Frontend-Quellcode zu schreiben. Hierzu müssen Sie lediglich den für die Anwendung bereitgestellten OData-Service mit entsprechenden *Metadaten* anreichern. Zur Laufzeit wird die SAP-Fiori-Anwendung anhand dieser Metadaten generiert. Die Informationen, wie der OData-Service und die zugehörigen Geschäftsdaten zu interpretieren sind, definieren Sie durch UI-Annotationen.

Abbildung 10.8 skizziert den Generierungsprozess von metadatengetriebenen SAP-Fiori-Oberflächen.

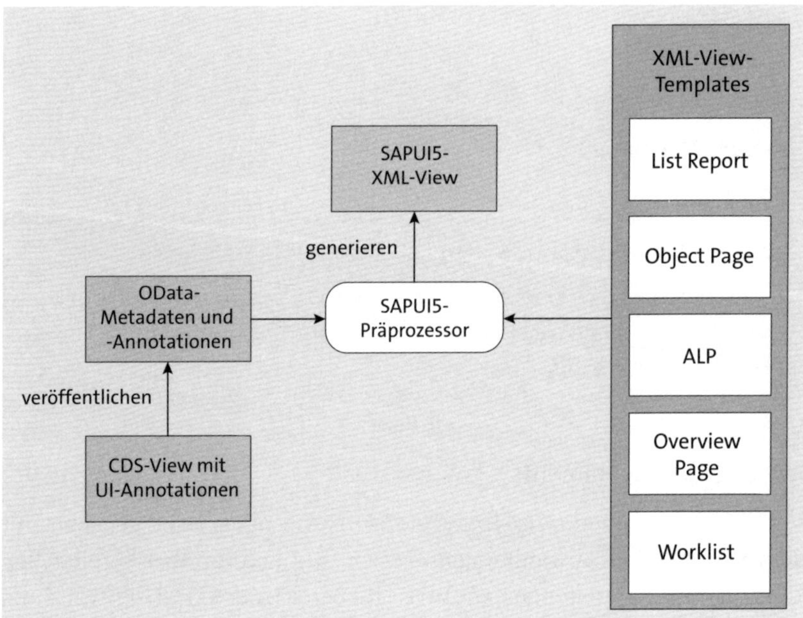

Abbildung 10.8 Generierung von Fiori-Anwendungen mit SAP Fiori Elements

Generierung von Oberflächen

In SAP-Fiori-Anwendungen erfolgen die Erstellung der Oberflächen und die zugehörige Anordnung von UI-Elementen durch sogenannte *XML-Views*. Die Generierung eines XML-View aus den von Ihnen bereitgestellten OData-Metadaten und Annotationen erfolgt anhand von *XML-View-Tem-*

plates. Bei den XML-View-Templates handelt es sich um nichts anderes als um die in Abschnitt 10.1.1 vorgestellten Floorplans. Beim erstmaligen Start einer Anwendung werden die Annotationen mit dem XML-View-Template vom *SAPUI5-Präprozessor* zu einem XML-View kombiniert. Auf diese Weise werden Oberflächen generiert, die die SAP-Fiori-Designrichtlinien einhalten.

Unterstützte Floorplans

SAP Fiori Elements unterstützt die metadatengetriebene Generierung von Oberflächen für folgende Floorplans:

- List Report
- Object Page
- Analytical List Page
- Overview Page
- Worklist

Mit den unterstützten Floorplans lassen sich die meistens Anwendungsfälle abdecken. Die metadatengetriebene Generierung der Floorplans Initial Page und Wizard ist hingegen nicht möglich.

Vorteile von SAP Fiori Elements

Die Vorteile von SAP Fiori Elements liegen auf der Hand: Wo Frontend-Entwickler*innen in der Vergangenheit gegebenenfalls mehrere Tage für die Bereitstellung einer Anwendung benötigt haben, können Sie als ABAP-Entwickler*in nun eine vollfunktionsfähige SAP-Fiori-Anwendung in nur wenigen Stunden bereitstellen. Die von SAP bereitgestellten Floorplans werden fortlaufend optimiert. Dies bedeutet, dass Ihre mit SAP Fiori Elements erstellten Anwendungen automatisch von Neuerungen profitieren und immer auf dem neusten Stand sind, ohne dass Sie selbst Anpassungen vornehmen müssen.

Freie Entwicklung von Oberflächen

Sollte ein Anwendungsfall nicht von den vordefinierten Floorplans abgedeckt sein, besteht natürlich weiterhin die Möglichkeit, eine SAP-Fiori-Anwendung zu Ihren über das ABAP Environment bereitgestellten UI-Services frei zu entwickeln.

[«]

Einstieg in SAP Fiori Elements

Um Ihnen den Einstieg in SAP Fiori Elements zu vereinfachen, stellt SAP unter anderem eine Videoserie zur Verfügung: *http://s-prs.de/v783017*

Auch auf der offiziellen Website der SAP-Fiori-Designrichtlinien finden Sie weiterführende Informationen zu SAP Fiori Elements: *http://s-prs.de/v783018*

10.2 UI-Annotationen

Wie einfach es ist, eine ansprechende SAP-Fiori-Anwendung mit SAP Fiori Elements bereitzustellen, demonstrieren wir Ihnen in diesem Abschnitt anhand unserer Beispielanwendung. Die Definition der Darstellung von Geschäftsdaten erfolgt direkt innerhalb der CDS-Views. Dafür reichern Sie die CDS-Views mit UI-Annotationen an. In Abschnitt 6.4.3, »Aufruf von Business Services«, haben wir Ihnen bereits erste UI-Annotationen vorgestellt, um eine rudimentäre SAP-Fiori-Anwendung bereitzustellen. Wie in Abbildung 10.9 zu erkennen, sieht die bisher generierte Anwendung jedoch noch nicht sehr ansprechend aus.

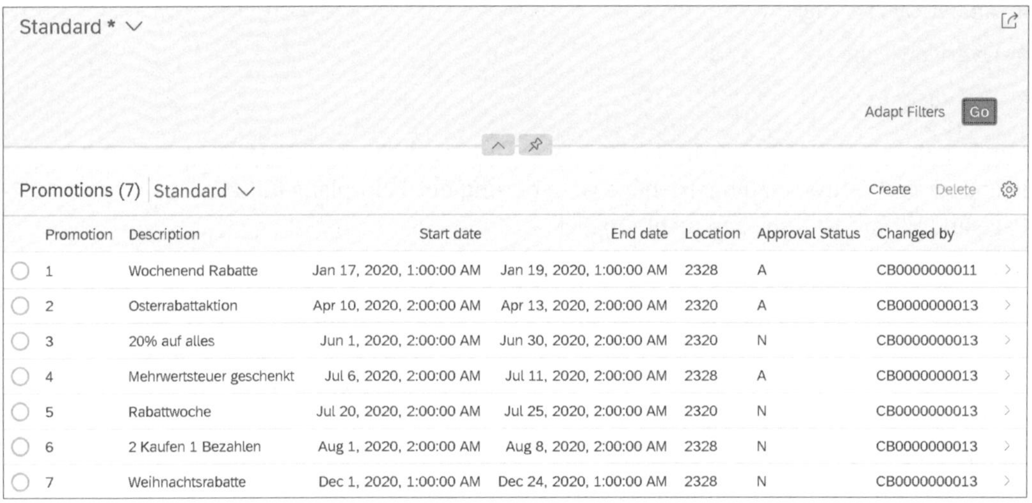

Abbildung 10.9 List Report für die Rabattaktion

Unvollständige Oberfläche

Aktuell stehen den Anwender*innen noch keine Suchfelder zur Verfügung, mit denen sie gezielt nach konkreten Datensätzen suchen können. Auch enthält die Ausgabeliste noch keine beschreibenden Texte für die Spalten **Location** oder **Approval Status**. Unerfahrene Anwender*innen können so die Bedeutung der Werte **N** und **A** beispielsweise nur erahnen. Des Weiteren erhalten die Anwender*innen bei der Anlage einer neuen Rabattaktion keine Unterstützung in Form von Wertehilfen.

In Abschnitt 10.2.1, »Grundlegende UI-Annotationen«, bis Abschnitt 10.2.5, »Erweiterte Gestaltungsmöglichkeiten«, werden wir die CDS-Views `ZI_PromotionTP` und `ZI_PromotionItemTP` mit UI-Annotationen anreichern, die die Oberfläche entsprechend erweitern. Einfachheitshalber verzichten wir an dieser Stelle darauf, eine UI-spezifische Projektionsschicht zu erstellen, wie in Kapitel 9, »Verwendung von Geschäftsobjekten«, empfohlen. Damit wollen wir die Beispielanwendung übersichtlich halten.

ABAP-Programmiermodell für SAP Fiori

Sollten Sie bereits Erfahrung mit dem ABAP-Programmiermodell für SAP Fiori gesammelt haben, wird Ihnen das meiste vertraut vorkommen. Auch bei diesem Programmiermodell definieren Sie Ihre Oberflächen über UI-Annotationen. Jedoch steht im ABAP Environment nicht der gleiche Umfang an UI-Annotationen zur Verfügung, wie Sie ihn vielleicht von einem SAP-S/4HANA-On-Premise-System gewohnt sind. Dies hängt damit zusammen, dass nicht alle Annotationen für das ABAP Environment freigegeben (*Released*) sind.

[+]

Weiterführende Informationen zur Oberflächenentwicklung mit dem ABAP-Programmiermodell für SAP Fiori

Sollten Sie bisher keine Erfahrungen mit der Gestaltung von Benutzeroberflächen im Zuge des ABAP-Programmiermodells für SAP Fiori gemacht haben, empfehlen wir Ihnen das Buch »ABAP-Entwicklung für SAP S/4HANA« von Constantin-Catalin Chiuaru, Sebastian Freilinger-Huber, Timo Stark und Tobias Trapp (SAP PRESS 2019). Die Autoren beschreiben in diesem Buch sehr detailliert, wie Sie transaktionale Benutzeroberflächen gestalten können.

10.2.1 Grundlegende UI-Annotationen

Als Erstes stellen wir Ihnen die wichtigsten UI-Annotationen im Zusammenhang mit der Darstellung und Anordnung von Ausgabefeldern innerhalb von SAP-Fiori-Anwendungen vor.

Titel der Ausgabeliste definieren

Titel hinzufügen

Sie können der Ausgabeliste eines SAP Fiori List Report einen Titel hinzufügen. Dieser hilft den Endanwender*innen, schneller zu erfassen, welche Geschäftsobjekte in der Liste angezeigt werden. Wir verwenden dazu die in Listing 10.1 gezeigte Annotation `@UI.headerInfo: { typeNamePlural: 'Promotions' }`, die wir im Kopfbereich des CDS-Views `ZI_PromotionTP` definieren:

```
@UI.headerInfo: { typeNamePlural: 'Promotions' }

define root view ZI_PromotionTP
  as select from ZI_Promotion
...
```

Listing 10.1 UI-Annotation für die Definition eines Tabellentitels

Durch das Hinzufügen dieser Annotation wird nun in der Toolbar der Ausgabeliste der Titel **Promotions** angezeigt (siehe Abbildung 10.10).

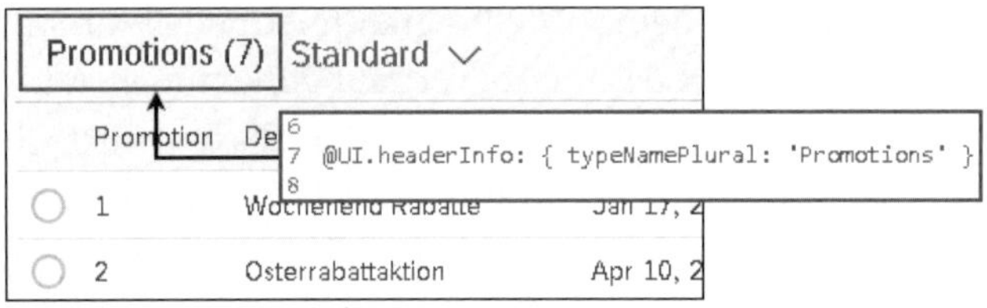

Abbildung 10.10 Toolbar mit Titel

Ausgabeliste bearbeiten

Spalten hinzufügen

Nachdem Sie den Titel der Ausgabeliste angepasst haben, zeigen wir Ihnen an dieser Stelle, wie Sie Felder einer Geschäftsobjektentität als Spalte innerhalb einer Liste ausgeben können. Dazu nutzen Sie die Annotation `@UI.lineItem`. Hierbei handelt es sich um eine Elementannotation, die jedem Feld, auf das sie sich bezieht, einzeln voranzustellen ist. Listing 10.2 verdeutlich dies anhand des Felds `PromotionId`.

```
@UI.lineItem: [{
  label:      'Promotion',
  position:   10,
  importance: #HIGH } ]
key PromotionId
```

Listing 10.2 UI-Annotation für die Listausgabe

Die in Listing 10.2 gezeigte UI-Annotation definiert die Bezeichnung, die Position sowie die Wichtigkeit der Spalte innerhalb der Liste.

Spaltenbezeichnung

Liegt dem Ausgabefeld ein Datenelement zugrunde, werden die Feldbezeichner des Datenelements als Bezeichnung ausgegeben. Durch die Annotation `@UI.lineItem.label` haben Sie die Möglichkeit, diese Bezeichner zu überschreiben und eigene Bezeichner festzulegen. Mit Listing 10.2 ersetzen wir den Feldbezeichner **Promotion ID** des Datenelements `ZPM_PROMOTION_ID` durch die Bezeichnung **Promotion**.

Ausgabeposition

Die Annotation `@UI.lineItem.position` ist obligatorisch und daher zwingend anzugeben. Durch diese Annotation definieren Sie die Position der Spalte innerhalb der Ausgabeliste. Es hat sich bewährt, die Positionen in Zehner-Schritten zu definieren, falls nachträglich noch eine Spalte hinzugefügt werden soll.

Wichtigkeit

Durch die Annotation @UI.lineItem.importance können Sie die Wichtigkeit einer Spalte innerhalb der Ausgabeliste festlegen. Damit können Sie beeinflussen, ob eine Spalte angezeigt wird, wenn die Anwendung beispielsweise auf kleinen Endgeräten wie Smartphones ausgegeben wird. Spalten, die immer angezeigt werden sollen, können Sie mit der Wichtigkeit #HIGH versehen. Es stehen Ihnen folgende Werte zur Verfügung:

- #HIGH
- #MEDIUM
- #LOW

Wird auf die Angabe der importance verzichtet, wird das jeweilige Feld automatisch mit der Wichtigkeit #LOW behandelt.

Tabellenanzeige für die Rabattaktion

Definieren Sie nun über die Annotation @UI.lineItem im CDS-View ZI_PromotionTP die in Tabelle 10.1 gezeigten Eigenschaften. Einige davon haben Sie bereits in Abschnitt 6.4.3, »Aufruf von Business Services«, definiert. Durch diese Eigenschaften erzeugen Sie den in Abbildung 10.9 gezeigten List Report.

Feld	Label	Position	Importance
PromotionId	**Promotion**	10	#HIGH
PromotionDescription	**Description**	20	#HIGH
StartDate	**Start date**	30	#MEDIUM
EndDate	**End date**	40	#LOW
LocationId	**Location**	50	#MEDIUM
ApprovalStatus	**Approval Status**	60	#HIGH
ChangedBy	**Changed by**	70	#LOW

Tabelle 10.1 Eigenschaften der List-Report-Felder der Rabattaktion

Detailsicht definieren

Object Page

Nachdem Sie die Ausgabe des List Report vollständig definiert haben, können Sie die Detailsicht unserer Beispielanwendung definieren. Wie bereits in Abschnitt 10.1.1, »Floorplans«, erwähnt, wird die Detailsicht eines Geschäftsobjekts durch den Object-Page-Floorplan repräsentiert. Wie in Abbildung 10.11 zu erkennen, teilt sich eine Object Page in verschiedene Bereiche auf:

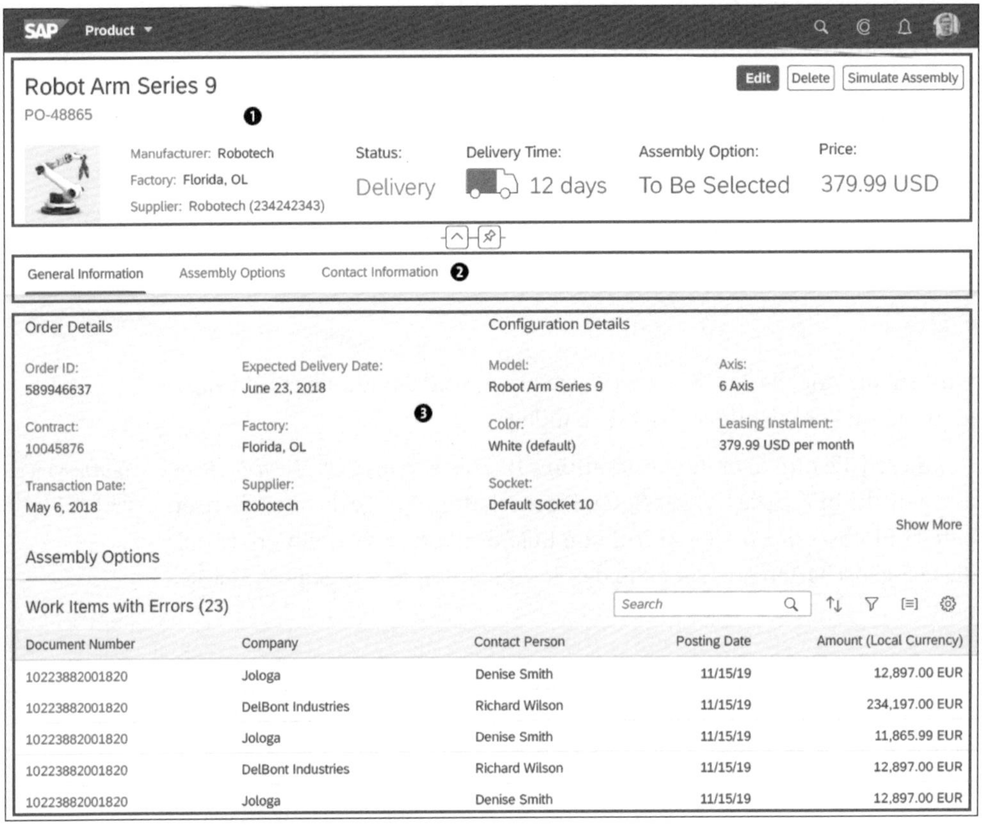

Abbildung 10.11 Bereiche des Object Page Floorplan

❶ Dynamic Page Header

Im Kopfbereich, dem sogenannten *Dynamic Page Header*, können wichtige Detailinformationen zu einem Geschäftsobjekt angegeben werden. Dies können beispielsweise Statusinformationen, Beschreibungen in Form von Texten oder sogar Bilder des Geschäftsobjekts sein. Zusätzlich können hier Schaltflächen für verschiedene Funktionen wie das Ändern oder Löschen von Objekten dargestellt werden.

❷ Navigation Bar

Über den Navigationsbalken (*Navigation Bar*) können den Anwender*innen Schaltflächen zur Navigation in die einzelnen Bereiche der Content Area zur Verfügung gestellt werden.

❸ Content Area

Innerhalb des Inhaltsbereichs (*Content Area*) werden die eigentlichen Daten des Geschäftsobjekts angezeigt. Die Content Area besteht aus verschiedenen Teilbereichen. Man spricht in diesem Zusammenhang auch von *Facets*. Durch diese Aufteilung haben Sie die Möglichkeit, in einem Teilbereich Kopfinformationen eines Geschäftsobjekts anzuzeigen und in einem anderen die zugehörigen Positionsdaten in Form einer Liste.

UI-Annotationen für den Dynamic Page Header

Wir zeigen Ihnen in einem ersten Schritt, mit welchen UI-Annotationen Sie den Kopfbereich der Object Page beeinflussen können. Dazu wollen wir den Titel **Promotion**, die Nummer der Rabattaktion als Geschäftsobjekttitel und den Namen der Rabattaktion als Beschreibung ausgeben. Die für diese Anforderungen benötigten UI-Annotationen geben Sie im CDS-View `ZI_PromotionTP` an. Ergänzen Sie dazu die bereits vorhandene UI-Annotation `@UI.headerInfo:` um die in Listing 10.3 gezeigten Zusätze.

```
@UI.headerInfo: {
    typeNamePlural: 'Promotions',
    typeName: 'Promotion',
    title: { value: 'PromotionId' },
    description: { value: 'PromotionDescription' } }
```

Listing 10.3 UI-Annotationen für den Dynamic Page Header

Der Titel für die gesamte Object Page wird über `typeName: 'Promotion'` gesetzt. Für den Geschäftsobjekttitel referenzieren Sie über das Attribut `value` auf das CDS-View-Feld `PromotionId` und für die Beschreibung auf das Feld `PromotionDescription`. Abbildung 10.12 zeigt den daraus generierten Kopfbereich der Object Page.

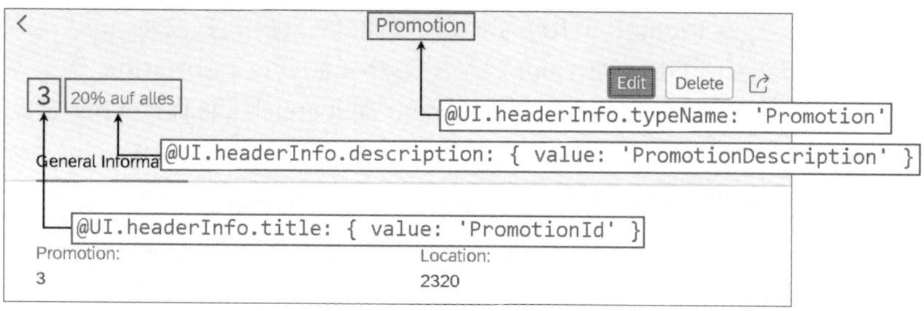

Abbildung 10.12 Kopfbereich der Object Page

Definition von Teilbereichen

Um die Detailsicht noch weiter auszuprägen, definieren wir entsprechende Teilbereiche auf der Object Page. Der Teilbereich **General Information** soll die Kopfdaten der ausgewählten Rabattaktion darstellen. Die zugehörigen Rabattaktionspositionen sollen in Form einer Liste innerhalb des Teilbereichs **Promotion Items** angezeigt werden.

Teilbereiche werden durch die Annotation @UI.facet definiert. Eine entsprechende Definition haben wir Ihnen bereits in Listing 6.6 in Abschnitt 6.4.3, »Aufruf von Business Services«, gezeigt. Der Vollständigkeit halber sei die Definition von Facets hier noch einmal genauer beschrieben. Dazu wird der Code aus Listing 10.4 direkt unterhalb der öffnenden geschweiften Klammer { des CDS-View ZI_PromotionTP eingefügt.

```
@UI.facet: [
  { id: 'idGeneralInformation',
    position: 10,
    label:'General Information',
    type:  #IDENTIFICATION_REFERENCE },
  { id: 'idPromotionItem',
    position: 20,
    label: 'Promotion Items',
    type: #LINEITEM_REFERENCE,
    targetElement: '_PromotionItem' } ]
```

Listing 10.4 Definition von Facets

Facet »General Information«

Hiermit werden die Teilbereiche **General Information** und **Promotion Items** definiert. Das Facet **General Information** ist vom Typ #IDENTIFICATION_REFERENCE. In diesem Bereich werden alle Felder des CDS-View ZI_PromotionTP angezeigt, die mit der Annotation @UI.identification versorgt sind, auf die wir im Folgenden noch genauer eingehen.

Facet »Promotion Items«

Um die Rabattaktionspositionen in Form einer Liste auszugeben, definieren wir das Facet **Promotion Items** vom Typ #LINEITEM_REFERENCE und referenzieren dabei mit dem Attribut targetElement auf die Assoziation _PromotionItem. Auf diese Weise werden in diesem Teilbereich alle Felder des CDS-View ZI_PromotionItemTP angezeigt, für die die Annotation @UI.lineItem angegeben wurde.

[»]

Eindeutige Facet-IDs

Durch das Attribut id können Sie einem Teilbereich einen Identifikator zuweisen. Wir empfehlen Ihnen, für diesen Identifikator einen innerhalb des CDS-View eindeutigen Namen zu wählen. So sind Sie in der Lage, die einzelnen Teilbereiche voneinander zu unterscheiden. Beachten Sie, dass die Eindeutigkeit des Identifikators nicht von der Syntaxprüfung geprüft wird.

Felder an die Detailsicht binden

Die Detailsicht soll mit allen Feldern der Rabattaktionsköpfe angereichert werden. Dazu müssen die Felder, wie in Listing 10.5 am Beispiel des Felds

`PromotionId` gezeigt, mit der UI-Annotation `@UI.identification` angereichert werden.

```
@UI.identification: [{
  position: 10,
  label: 'Promotion' }]
key PromotionId
```

Listing 10.5 UI-Annotation für die Detailsichtausgabe

An dieser Stelle verzichten wir auf die Angabe des Attributs `importance`. Versorgen Sie alle Felder des CDS-View `ZI_PromotionTP` mit der Annotation `@UI.identification`.

Felder der Rabattaktionspositionen

Als letzten Schritt sollen die Felder `PromotionId`, `PromotionPosition`, `ProductId`, `Quantity`, `DiscountInPercent` und `DiscountPrice` der Rabattaktionsposition dem Facet **Promotion Items** hinzugefügt werden. Dies erreichen Sie mit der bereits in Listing 10.2 vorgestellten UI-Annotation `@UI.lineItem`. Ergänzen Sie den CDS-View `ZI_PromotionItemTP` mit dieser Annotation.

Abbildung 10.13 zeigt die Object Page, nachdem alle Anpassungen vorgenommen wurden.

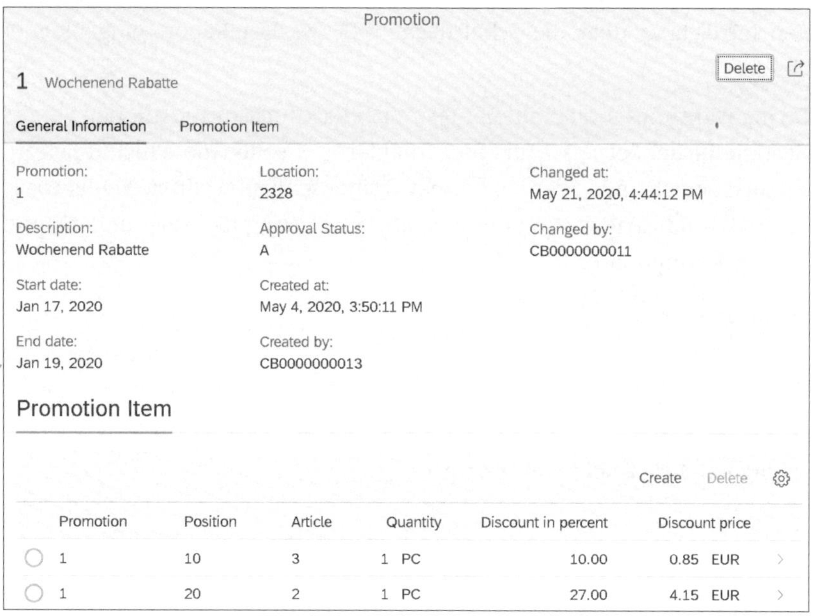

Abbildung 10.13 Detailsicht der Rabattaktion

Währungs- und Mengenfelder

Die Mengeneinheit im Feld **Quantity** und die Währung im Feld **Discount price** sind automatisch Bestandteil der Ausgabe, ohne dass die zugehörigen

Felder (`QuantityUnit` und `Currency`) der Liste explizit durch eine UI-Annotation hinzugefügt wurden. Dies wird durch die `@Semantics`-Annotationen im Basis-CDS-View `ZI_PromotionItem` erreicht. Listing 10.6 zeigt beispielhaft die entsprechende Annotation für den Rabattpreis.

```
@Semantics.amount.currencyCode: 'Currency'
discount_price          as DiscountPrice,
@Semantics.currencyCode: true
currency                as Currency,
```

Listing 10.6 Definition von Betrags- und Währungsfeldern

Durch diese Definition wird das Betragsfeld im passenden Format zusammen mit dem referenzierten Währungsfeld dargestellt. So würden beispielsweise für Betragsfelder mit der Währung Japanische Yen keine Nachkommastellen angezeigt werden.

Felder von der Ausgabe ausschließen

Felder, die gänzlich von der Ausgabe ausgeschlossen werden sollen, können mit der Annotation `@UI.hidden: true` versorgt werden. Felder mit dieser Annotation können dann auch nicht mehr über die Anzeigeeinstellungen (erreichbar über die Schaltfläche [⚙]) des List Report eingeblendet werden.

Felder ausblenden

Da die Währungs- und Einheitenfelder der Rabattaktionspositionen bereits Bestandteil der Betrags- und Mengenfelder sind, sollen diese nicht noch zusätzlich eingeblendet werden können. Daher schließen wir die Felder `QuantityUnit` und `Currency` von der Ausgabe aus. Listing 10.7 zeigt die entsprechende Konfiguration.

```
@UI.hidden: true
QuantityUnit,
@UI.hidden: true
Currency,
```

Listing 10.7 Ausblenden von Feldern

[»]

Felder von der Übertragung ausschließen

Um Felder komplett von der Übertragung vom Backend ans Frontend auszuschließen, steht Ihnen im ABAP-Programmiermodell für SAP Fiori die Annotation `@Consumption.hidden: true` zur Verfügung. Diese ist jedoch nicht für die Verwendung im ABAP Environment freigegeben. Dort können Sie Felder durch eine entsprechende Projektionssicht von der Übertragung ausschließen. Erstellen Sie dazu einfach, wie in Kapitel 9, »Verwendung von Geschäftsobjekten«, gezeigt, einen CDS-Projektions-View und nehmen Sie die betreffenden Felder dabei nicht mit in die Feldliste des View auf.

10.2.2 Suchfelder definieren

Damit Anwender*innen gezielt nach Rabattaktionen suchen können, müssen Sie den List Report um Suchfelder ergänzen. Den Anwender*innen sollen Suchfelder für die Rabattaktionsnummer (`PromotionId`), die Filiale (`LocationId`) und den Genehmigungsstatus (`ApprovalStatus`) bereitgestellt werden. Außerdem sollen sie in der Lage sein, die Liste nach der Bezeichnung von Rabattaktionen (`PromotionDescription`) zu durchsuchen. Dazu soll eine *Freitextsuche* zur Verfügung gestellt werden.

Freitextsuche definieren

Für die Freitextsuche steht im List Report ein allgemeines Suchfeld zur Verfügung. Dieses Suchfeld lässt sich durch die Annotation `@Search.searchable: true` aktivieren. Durch diese, auf Kopfebene eines CDS-View anzugebende Annotation, kann die Freitextsuche innerhalb dieses View verwendet werden.

Felder für die Freitextsuche definieren

Felder, die bei der Freitextsuche berücksichtigt werden sollen, sind mit der Annotation `@Search.defaultSearchElement: true` zu versorgen. Sobald ein CDS-View für die Freitextsuche ausgezeichnet wurde, ist mindestens ein Feld auf diese Weise als relevantes Suchfeld anzugeben.

Listing 10.8 zeigt die Aktivierung der Freitextsuche für das Feld `PromotionDescription`.

```
@Search.searchable: true

define root view ZI_PromotionTP
...
  @Search.defaultSearchElement: true
  PromotionDescription,
...
```

Listing 10.8 Definition einer Freitextsuche

Abbildung 10.14 zeigt das auf Basis dieser Annotation generierte Suchfeld, das im Kopfbereich des List Report ausgegeben wird.

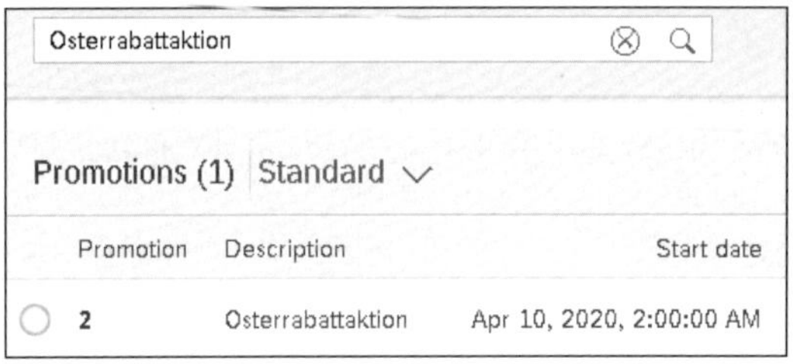

Abbildung 10.14 Suchfeld für die Freitextsuche im List Report

Freitextsuche über mehrere Felder

Die Freitextsuche muss nicht auf ein Feld beschränkt sein, sondern Sie können auch mehrere Felder für die Freitextsuche freigeben. So können mehrere Felder gleichzeitig durchsucht werden. Aus Performance-Gründen sollten jedoch nicht zu viele Felder für die Freitextsuche verwendet werden.

Fuzzy Search

Die in Abbildung 10.14 gezeigt Suche liefert ausschließlich Ergebnisse, wenn die Beschreibungen der Felder exakt mit dem eingegebenen Suchtext übereinstimmen. Sobald der Suchtext nur leicht abweicht, zum Beispiel durch einen Buchstabendreher, liefert die Suche kein Ergebnis.

Fehlertolerante Suche

Um eine *fehlertolerante Suche* zu ermöglichen, steht Ihnen die sogenannte *Fuzzy Search* (bzw. unscharfe Suche) zur Verfügung. Darunter versteht man die Suche nach einer Zeichenkette innerhalb eines Texts. Die eingegebene Zeichenkette muss dabei nicht exakt der gesuchten Zeichenkette entsprechen, sondern muss nur einen bestimmten Grad an Ähnlichkeit aufweisen.

Unschärfeklassifizierung

Die fehlertolerante Suche definieren Sie durch die Annotation `@Search.fuzzinessThreshold`, gefolgt von einer Unschärfeklassifizierung zwischen 0 und 1. Die Klassifizierung 0 bedeutet, dass die Zeichenketten nichts gemeinsam haben. Bei einer Unschärfeklassifizierung von 1 müssen die Zeichenketten identisch sein. Folgender Code definiert die fehlertolerante Suche für das Feld `PromotionDescription`.

```
@Search.defaultSearchElement: true
@Search.fuzzinessThreshold: 0.7
PromotionDescription,
```

Die Auswirkung dieser Definition zeigt Abbildung 10.15. Die Ergebnisliste beinhaltet auch Einträge, die nicht exakt mit dem eingegebenen Suchtext übereinstimmen.

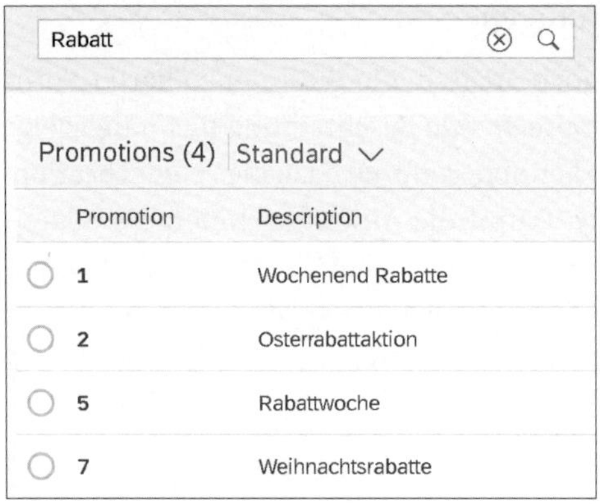

Abbildung 10.15 Ergebnisliste der fehlertoleranten Suche

Selektionsfelder definieren

Für die gezielte Suche nach Rabattaktionen sollen den Benutzern die Rabattaktionsnummer, die Filiale und der Genehmigungsstatus als Selektionsfelder zur Verfügung gestellt werden.

Um ein Feld als Selektionsfeld zu deklarieren, müssen Sie dieses mit der Annotation `@UI.selectionField` versorgen. Folgende Annotation definiert die Rabattaktionsnummer als Suchfeld:

```
@UI.selectionField: [{ position: 10 }]
key PromotionId
```

Die Angabe des Attributs `position` ist obligatorisch und gibt die Reihenfolge der Selektionsfelder innerhalb der Suchleiste an. Mit den in Abbildung 10.16 gezeigten Selektionsfeldern können Benutzer nun sehr detailliert nach bestimmten Rabattaktionen suchen.

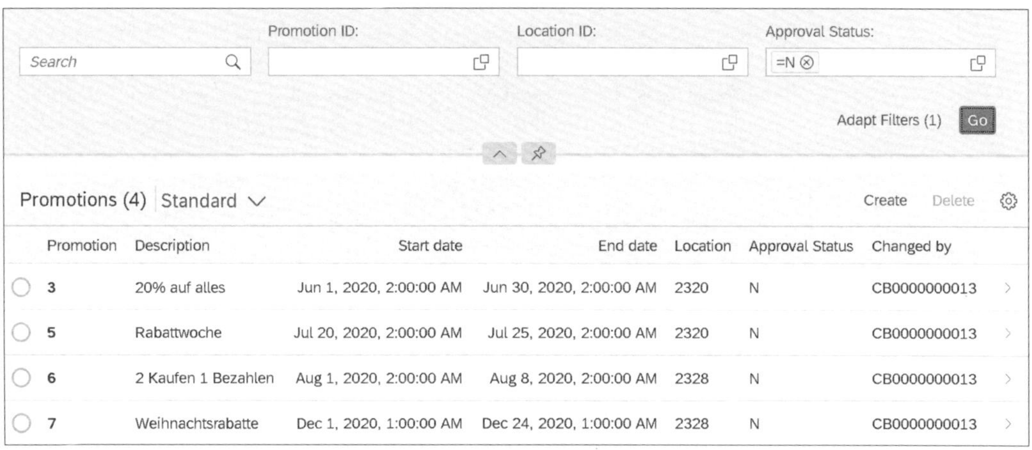

Abbildung 10.16 Suchfelder des List Report für die Rabattaktion

10.2.3 Textassoziationen hinzufügen

Aktuell enthält der List Report noch Spalten, die Werte in codierter Form darstellen oder zu denen die entsprechende Beschreibung nicht angezeigt wird. Wie in Abbildung 10.16 zu erkennen, gehören dazu die Felder **Location**, **Approval Status** und **Changed by**. Damit die Anwender*innen die Bedeutung der hier angegebenen Werte verstehen, sollen die zu den Werten gehörigen Beschreibungen in natürlicher Sprache ausgegeben werden. Durch *Textassoziationen* setzen Sie die Werte mit der zugehörigen Beschreibung in Verbindung.

Domänenfestwerte ausgeben

Domänenfestwerte

Eine Möglichkeit für die Beschreibung codierter Werte sind *Domänenfestwerte*. Betrachten wir dazu den Genehmigungsstatus der Rabattaktion: In unserer Beispielanwendung kann dieser die Werte **N** für New und **A** für Approved annehmen. Jedoch sind diesen Werten noch keine Beschreibungen zugeordnet. Diese Zuordnung soll nun durch Domänenfestwerte erfolgen.

Domäne anlegen

Legen Sie im ersten Schritt die Domäne `ZPM_APPROVAL_STATUS` im Paket `ZPM_COMMON` über das Kontextmenü des Project Explorer an und vergeben Sie die folgenden Festwerte, wie in Abbildung 10.17 gezeigt:

- N (New)
- A (Approved)
- C (Canceled)

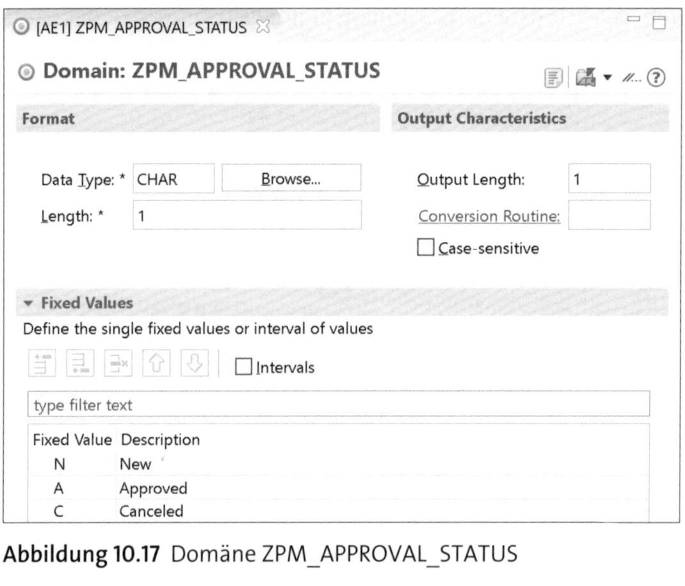

Abbildung 10.17 Domäne ZPM_APPROVAL_STATUS

Legen Sie zu der Domäne anschließend das Datenelement ZPM_APPROVAL_STATUS an, wie in Abschnitt 4.3.1, »Datenbanktabellen anlegen«, gezeigt, und ordnen Sie das Datenelement dem Feld APPROVAL_STATUS der Tabelle ZPM_PROMO_HDR zu.

Domänenfestwerte auslesen

Domänenfestwerte und die zugehörigen sprachabhängigen Beschreibungen werden in den Tabellen DD07L und DD07T abgelegt. Diese sind jedoch nicht für die Verwendung freigegeben. Um Domänenfestwerte auszulesen, stehen Ihnen im ABAP Environment die CDS-Views DDCDS_CUSTOMER_DOMAIN_VALUE und DDCDS_CUSTOMER_DOMAIN_VALUE_T zur Verfügung. Listing 10.9 zeigt die Verwendung dieser CDS-Views für das Auslesen der Domäne ZPM_APPROVAL_STATUS. Das Auslesen erfolgt innerhalb des CDS-View ZI_ApprovalStatusValues. Die auszulesende Domäne ist über den Parameter p_domain_name an die CDS-Views zu übergeben.


```
@AbapCatalog.compiler.compareFilter: true
@AbapCatalog.preserveKey: true
@AccessControl.authorizationCheck: #NOT_REQUIRED
@Search.searchable: true
@ObjectModel.resultSet.sizeCategory: #XS
@EndUserText.label: 'Basic View - Domain values of approval status'
define view ZI_ApprovalStatusValues
    as select from DDCDS_CUSTOMER_DOMAIN_VALUE( p_domain_name:
'ZPM_APPROVAL_STATUS' ) as DomainValue
    left outer join DDCDS_CUSTOMER_DOMAIN_VALUE_T( p_domain_name:
'ZPM_APPROVAL_STATUS' ) as DomainValueText
    on( DomainValue.domain_name = DomainValueText.domain_name
      and DomainValue.value_low = DomainValueText.value_low )
{
  @ObjectModel.text.element: ['ApprovalStatusDescription']
  key DomainValue.value_low     as ApprovalStatus,
      @Semantics.language: true
  key DomainValueText.language as Language,
      @Semantics.text: true
      @Search.defaultSearchElement: true
      DomainValueText.text      as ApprovalStatusDescription
}
```

Listing 10.9 CDS-View zum Auslesen von Domänenfestwerten

Assoziation definieren

Anschließend können Sie den CDS-View ZI_PromotionTP in Beziehung zum View ZI_ApprovalStatusValues setzen:

```
association [1..*] to ZI_ApprovalStatusValues as
_ApprovalStatusValues on $projection.ApprovalStatus =
  _ApprovalStatusValues.ApprovalStatus
```

Über die Annotation `@ObjectModel.text.association` können Sie diese Assoziation anschließend als Textassoziation verwenden:

```
@ObjectModel.text.association: '_ApprovalStatusValues'
ApprovalStatus,
```

Durch die Versorgung des Felds `ApprovalStatus` mit der Textassoziation wird im List Report automatisch die passende Bezeichnung angezeigt (siehe Abbildung 10.18).

Abbildung 10.18 Genehmigungsstatus mit zugehöriger Bezeichnung

> **Textassoziationen in Projektions-Views**
>
> Beachten Sie, dass die Annotation `@ObjectModel.text.association` nicht in CDS-Projektions-Views verwendet werden kann. Verwenden Sie stattdessen die Annotation `@ObjectModel.text.element` und referenzieren Sie auf die vom projizierten View bereitgestellte Textassoziation. Listing 10.10 zeigt dies beispielhaft anhand des Genehmigungsstatus.
>
> ```
> @ObjectModel.text.element: ['ApprovalDescription']
> ApprovalStatus,
> _ApprovalStatusValues.ApprovalStatusDescription as
> ApprovalDescription,
> ...
> _ApprovalStatusValues
> ```
>
> **Listing 10.10** Textbezeichnung per Textfeld
>
> Da Annotationen von projizierten CDS-Views an die Projektions-Views propagiert werden, sollten Textassoziationsannotationen abweichend zu dem in diesem Abschnitt gezeigten Beispiel nie direkt auf Geschäftsobjektebene definiert werden, da dies zu einem Fehler im Projektions-View führen würde.

Benutzernamen ausgeben

Bei der Ausgabe der Felder `CreatedBy` und `ChangedBy` werden aktuell noch die technischen Bezeichner (IDs) der Benutzer ausgegeben, die eine Rabattaktion erstellt oder geändert haben. Diese IDs lassen jedoch keine Rückschlüsse auf die Benutzernamen zu. Um die Benutzerfreundlichkeit unserer Anwendung zu verbessern, möchten wir die Namen der Ersteller sowie der letzten Änderer in Textform ausgeben.

CDS-View für Benutzernamen

Um Benutzernamen auszulesen, steht im ABAP Environment der CDS-View `I_User` zur Verfügung. Dieser kann jedoch nicht direkt konsumiert werden, sondern muss zuvor in einem weiteren CDS-View verschaltet werden. Legen Sie dazu den in Listing 10.11 gezeigten CDS-View `ZI_UserFullName` im Paket `ZPM_COMMON` an.


```
@AbapCatalog.sqlViewName: 'ZIUSRFULLNAME'
@AbapCatalog.compiler.compareFilter: true
@AbapCatalog.preserveKey: true
@AccessControl.authorizationCheck: #NOT_REQUIRED
@EndUserText.label: 'Basic View - User full name'
@Search.searchable: true
define view ZI_UserFullName as select from I_User {
    @ObjectModel.text.element: ['UserDescription']
    key UserID,
    @Search.defaultSearchElement: true
    @Semantics.text: true
    UserDescription,
    IsTechnicalUser
}
```

Listing 10.11 CDS-View zum Auslesen von Benutzernamen

Textassoziation definieren

Wie in Listing 10.12 gezeigt, können Sie den CDS-View `ZI_UserFullName` anschließend in Beziehung zu den Feldern `CreatedBy` und `ChangedAt` setzen. Dies erfolgt jedoch nicht direkt über die Assoziation, sondern über eine Textassoziation innerhalb des View. Dazu nehmen Sie das Feld `UserDescription` des assoziierten CDS-View in die Feldliste des View `ZI_PromotionTP` auf und referenzieren auf dieses Feld über die Annotation `@ObjectModel.text.element`.

```
association [1..1] to ZI_UserFullName as
_CreatedBy on $projection.CreatedBy = _CreatedBy.UserID
association [1..1] to ZI_UserFullName as
_ChangedBy on $projection.ChangedBy = _ChangedBy.UserID
```

```
{
  ...
  @UI.textArrangement: #TEXT_ONLY
  @ObjectModel.text.element: ['CreatedByName']
  CreatedBy,
  @UI.hidden: true
  @Semantics.text: true
  _CreatedBy.UserDescription as CreatedByName,
  @UI.textArrangement: #TEXT_ONLY
  @ObjectModel.text.element: ['ChangedByName']
  ChangedBy,
  @UI.hidden: true
  @Semantics.text: true
  _ChangedBy.UserDescription as ChangedByName,
  ...
}
```

Listing 10.12 Assoziation zu den vollständigen Benutzernamen

Ausblenden von codierten Werten

Da in den meisten Fällen die technischen Bezeichner für die Benutzer nicht relevant sind, soll ausschließlich der Benutzername ausgegeben werden. Dieses erreichen Sie durch die Annotation `@UI.textArrangement: #TEXT_ONLY`. Abbildung 10.19 zeigt die Ausgabe der Benutzernamen im Feld **Changed by**.

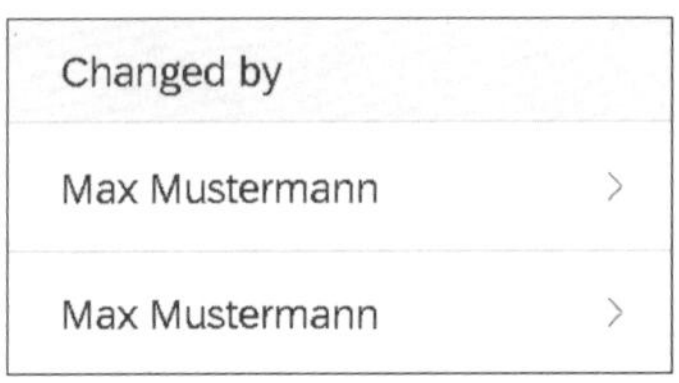

Abbildung 10.19 Anzeige des vollständigen Benutzernamens

10.2.4 Wertehilfen modellieren

Um die Arbeit mit der Beispielanwendung für die Anwender*innen noch weiter zu vereinfachen, sollen für die Suchfunktionen sowie für die Eingabefelder *Wertehilfen* zur Verfügung gestellt werden. Diese Wertehilfen schlagen den Anwender*innen zulässige Werte für das jeweilige Eingabefeld vor. In diesem Abschnitt erfahren Sie, wie Sie Ihre CDS-Views mit Wertehilfe-Annotationen anreichern.

Wertehilfen definieren

Als Erstes zeigen wir Ihnen, wie Sie einen *Wertehilfe-CDS-View* zu einer Datenquelle erstellen. Als Beispiel nutzen wir die Suche nach Filialen. Die Anwender*innen sollen sowohl bei der Suche nach einer Rabattaktion als auch bei ihrer Bearbeitung durch eine entsprechende Wertehilfe für das Feld `LocationId` unterstützt werden.

Wertehilfe-CDS-View erstellen

Bei dem CDS-View `ZI_LocationValueHelp` aus Listing 10.13 handelt es sich um einen auf dem Basis-CDS-View `ZI_Location` basierenden Wertehilfe-CDS-View.

```
@Search.searchable: true
define view ZI_LocationValueHelp as select from ZI_Location {
    @ObjectModel.text.element: ['LocationDescription']
    key LocationId,
    @Semantics.text: true
    @Search.defaultSearchElement: true
    @EndUserText.label: 'Location Description'
    LocationDescription,
    @EndUserText.label: 'City'
    City,
    @EndUserText.label: 'Postal Code'
    PostalCode,
    @EndUserText.label: 'Street'
    Street,
    @EndUserText.label: 'Street Number'
    StreetNumber
}
```

Listing 10.13 Wertehilfe-CDS-View ZI_LocationValueHelp

Wertehilfeannotationen

Über die Annotation `@Consumption.valueHelpDefinition` können Sie anschließend das Feld `LocationId` des CDS-View `ZI_PromotionTP` in Beziehung zum Wertehilfe-CDS-View setzen (siehe Listing 10.14).

```
@Consumption.valueHelpDefinition: [{ entity: {
  name: 'ZI_LocationValueHelp',
  element: 'LocationId'
} }]
LocationId
```

Listing 10.14 Wertehilfeannotation

Durch die Wertehilfeannotation wird für das Suchfeld im List Report sowie für das Eingabefeld auf der Object Page die in Abbildung 10.20 gezeigte Wertehilfe generiert.

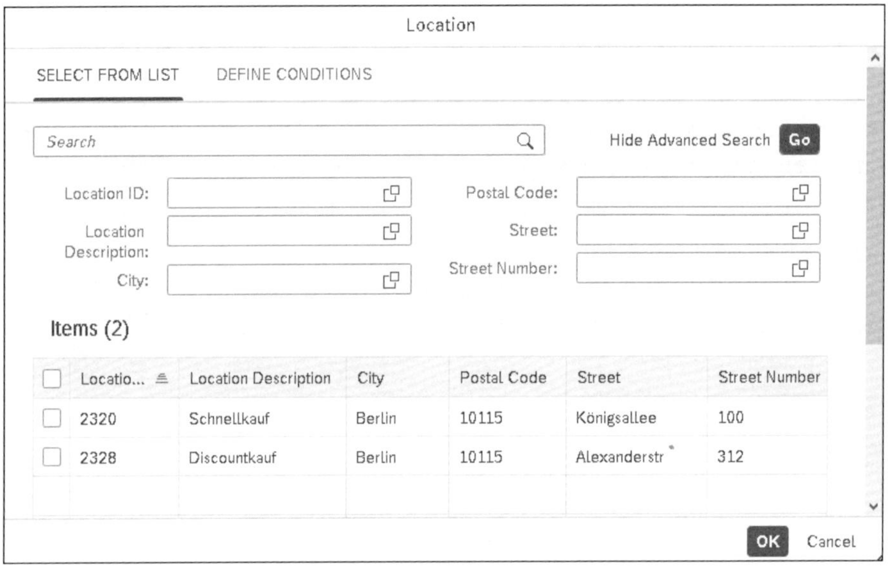

Abbildung 10.20 Wertehilfe für die Suche nach Filialen

Wertehilfeassoziationen

Bei der Programmierung nach dem ABAP-Programmiermodell für SAP Fiori ist es gang und gäbe, Wertehilfeassoziationen zu definieren. Dazu steht die Annotation `@Consumption.valueHelpDefinition: [{ association: '_<Name>' }]` zur Verfügung. Diese Annotation ist jedoch nicht für die Verwendung im ABAP Environment freigeben.

Weitere Wertehilfen definieren

Wertehilfe für den Genehmigungsstatus

Für die Wertehilfe für den Genehmigungsstatus brauchen Sie keinen zusätzlichen Wertehilfe-CDS-View zu definieren, sondern können einfach den in Abschnitt 10.2.3, »Textassoziationen hinzufügen«, erstellten CDS-View `ZI_ApprovalStatusValues` verwenden. Sie versorgen dazu das Feld `ApprovalStatus` des CDS-View `ZI_PromotionTP` mit der Wertehilfe-Annotation `@Consumption.valueHelpDefinition`. Abbildung 10.21 zeigt die entsprechende Wertehilfe für das Suchfeld **Approval Status**.

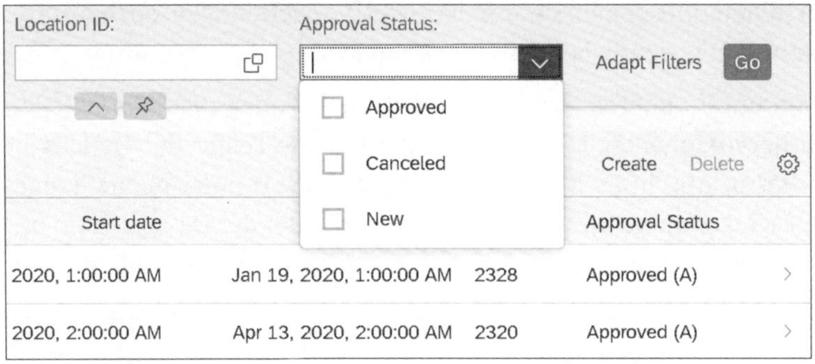

Abbildung 10.21 Wertehilfe in Form einer Drop-down-Liste

Drop-down-Liste

Die Wertehilfe wird in Form einer Drop-down-Liste angezeigt, die mögliche Werte zur Auswahl bereitstellt. Dies erreichen Sie durch die Annotation `@ObjectModel.resultSet.sizeCategory: #XS` im Kopfbereich des CDS-View `ZI_ApprovalStatusValues` (siehe Listing 10.9). Durch diese Annotation geben Sie an, dass der CDS-View nur eine geringe Datenmenge als Ergebnis liefert. SAP Fiori Elements erstellt daraufhin automatisch eine Drop-down-Liste als Wertehilfe.

Wertehilfe für Währungs- und Mengeneinheiten

Für Währungs- und Einheitenfelder müssen Sie nicht explizit eigene Wertehilfe-CDS-Views anlegen, sondern können die von SAP bereitgestellten CDS-Views verwenden. Tabelle 10.2 zeigt die wichtigsten vordefinierten Wertehilfe-CDS-Views.

CDS-View	Funktion
`I_UnitOfMeasureStdVH`	Wertehilfe für Mengeneinheiten
`I_CurrencyStdVH`	Wertehilfe für Währungsschlüssel
`I_Language`	Wertehilfe für Sprachschlüssel

Tabelle 10.2 Bereitgestellte Wertehilfe-CDS-Views

Für unsere Beispielanwendung setzen Sie den CDS-View `ZI_PromotionItemTP` durch die Wertehilfe-Annotation in Beziehung zu den genannten Wertehilfen.

10.2.5 Erweiterte Gestaltungsmöglichkeiten

SAP Fiori Elements bietet noch viel mehr annotationsbasierte Gestaltungsmöglichkeiten. Wir wollen Ihnen in diesem Abschnitt weitere Annotationen vorstellen, mit denen Sie Ihre SAP-Fiori-Anwendungen noch ansprechender und übersichtlicher gestalten können.

Weitere UI-Annotationen

Sie haben unter anderem die Möglichkeit, Felder oder auch ganze Zeilen farblich hervorzuheben. Des Weiteren können Sie Felder der Detailsicht mittels der in Abschnitt 10.2.1, »Grundlegende UI-Annotationen«, vorgestellten Facets gruppieren. Aktuell werden die Felder der Detailsicht in unserer Beispielanwendung einfach von links nach rechts aneinandergereiht.

[»]

Weitere Gestaltungsmöglichkeiten

Mittels UI-Annotationen haben Sie sogar die Möglichkeit, kleine Diagrammdarstellungen (*Micro Charts*), *Bewertungsindikatoren* oder auch *Fortschrittsleisten* für Ihre Anwendungen zu definieren. Auf diese Möglichkeiten gehen wir jedoch in diesem Abschnitt nicht weiter ein.

Status-Icons und -Farben

Um Statuswerte, wie zum Beispiel den Genehmigungsstatus optisch hervorzuheben, können Sie die entsprechenden Felder mit einer semantischen Farbgebung versehen. Dazu stehen Ihnen die Farben Rot, Gelb, Grün und Grau zur Verfügung. Anhand der Farbgebung erkennen Anwender*innen beispielsweise Werte mit einer kritischen oder negativen Bedeutung schneller.

Farben mit semantischer Bedeutung

Tabelle 10.3 zeigt die Farben mit der semantischen Bedeutung sowie die zugehörigen Icons. Anhand der Icons sind auch farbenblinde Personen in der Lage, dem jeweiligen Wert eine positive oder negative Bedeutung zuzuordnen.

Farbwert	Farbe	Icon	Bedeutung
0	Grau		neutral
1	Rot		negativ
2	Gelb		kritisch
3	Grün		positiv

Tabelle 10.3 Farbwerte und ihre Bedeutung

Definition eines farbgebenden Felds

Wir heben nun in unserem List Report den Wert der Spalte **Approval Status** farblich hervor. Dazu müssen Sie als Erstes das Feld `StatusCriticality` innerhalb des CDS-View `ZI_PromotionTP` definieren, das den Farbwert angibt.

Wie in Listing 10.15 gezeigt, ist der Farbwert abhängig vom Wert des Felds `ApprovalStatus`.

```
@UI.hidden: true
case when ApprovalStatus = 'N' then 2
     when ApprovalStatus = 'A' then 3
     when ApprovalStatus = 'C' then 1
    else 0 end as StatusCriticality
```

Listing 10.15 Definition der Farbwerte über den Wert des Felds ApprovalStatus

UI-Annotation für den List Report

Über die UI-Annotation `@UI.lineItem.criticality` stellen Sie anschließend eine Beziehung zwischen dem Statusfeld `ApprovalStatus` und dem neuen Feld `StatusCriticality` her (siehe Listing 10.16).

```
@UI.lineItem: [{
  position: 60, importance: #HIGH, label: 'Approval Status',
  criticality: 'StatusCriticality' }]
ApprovalStatus
```

Listing 10.16 Statusfeld mit Farbwerten versorgen

UI-Annotation für die Object Page

Sie können das Statusfeld in der Detailsicht unserer Anwendung ebenfalls farblich hervorheben, indem Sie die UI-Annotation `@UI.identification.criticality` verwenden.

Abbildung 10.22 zeigt die farblich hervorgehobenen Werte in der Spalte **Approval Status**. Die vorangestellten Status-Icons können Sie durch die Annotation `criticalityRepresentation: #WITHOUT_ICON` ausblenden.

Abbildung 10.22 Farblich hervorgehobener Genehmigungsstatus

Gruppierung mittels Facets

Wir haben Ihnen in Abschnitt 10.2.1, »Grundlegende UI-Annotationen«, bereits gezeigt, wie Sie die Detailsicht Ihrer SAP-Fiori-Anwendung mittels Facets gestalten können. Facets können Sie auch verwenden, um Informationen auf eine Seite der Anwendung zu gruppieren und diese Gruppen ineinander zu verschachteln.

Aktuell werden die mit der Annotation `@UI.identification` versorgten Felder in der Detailsicht der Anwendung nacheinander im Teilbereich **General Information** ausgegeben (siehe Abbildung 10.23). Die Reihenfolge ihrer Ausgabe haben Sie durch die Positionsangaben beeinflusst.

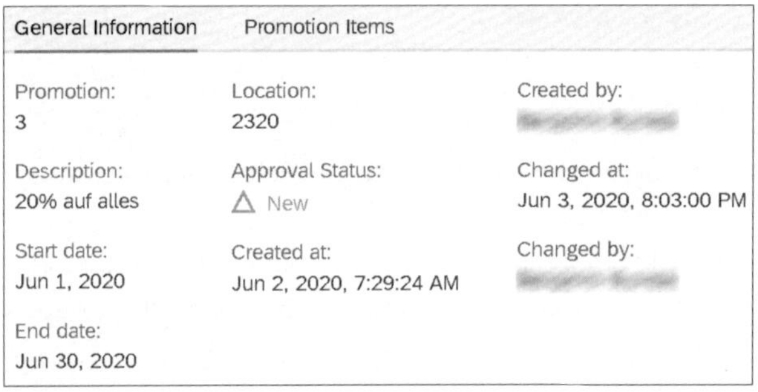

Abbildung 10.23 Felder des Facets »General Information«

Semantische Gruppierung

Durch diese Form der Anordnung scheinen die Felder teilweise willkürlich zusammengestellt. Viel sinnvoller wäre es, die Felder nach ihrer Semantik zu gruppieren. Wir ergänzen daher folgende Anforderungen an die Detailsicht der Beispielanwendung:

- Der Genehmigungsstatus soll für die Anwender*innen direkt sichtbar im Kopfbereich der Detailsicht eingeblendet werden.
- Für allgemeine Felder der Rabattaktion soll eine Feldgruppe mit dem Titel **Promotion Data** definiert werden.
- Die Filialdaten sollen in einer eigenen Feldgruppe **Location Data** angezeigt werden.
- Die administrativen Daten sollen in einer Feldgruppe **Admin Data** angezeigt werden.

Feldgruppe im Kopfbereich definieren

Als Erstes wollen wir den Genehmigungsstatus im Kopfbereich der Detailsicht anzeigen. Dazu definieren Sie das in Listing 10.17 gezeigte Facet innerhalb des CDS-View `ZI_PromotionTP`.

```
@UI.facet: [
  { id: 'idStatusHeader',
    purpose: #HEADER,
    type: #FIELDGROUP_REFERENCE,
    targetQualifier: 'tqStatusHeader' }
```

Listing 10.17 Facet für den Kopfbereich

Der Verwendungszweck `#HEADER` ordnet das Facet dem Kopfbereich der Detailsicht zu. Durch den Typ `#FIELDGROUPE_REFERENCE` definieren Sie ein Facet, das Felder zu einer Gruppe zusammenfasst. Felder, die mit der Annotation `@UI.fieldGroup` und dem passenden Kennzeichner `tqStatusHeader` angereichert werden, werden nun in der definierten Feldgruppe angezeigt.

Feldgruppen-zuordnung

Listing 10.18 zeigt das mit der Annotation angereicherte Feld **ApprovalStatus**.

```
@UI.fieldGroup: [{
  qualifier: 'tqStatusHeader',
  position: 10,
  criticality: 'StatusCriticality'
}]
ApprovalStatus
```

Listing 10.18 Feldgruppenzuordnung

Durch diese Zuordnung wird der Genehmigungsstatus nun innerhalb des Kopfbereichs der Detailsicht angezeigt (siehe Abbildung 10.24).

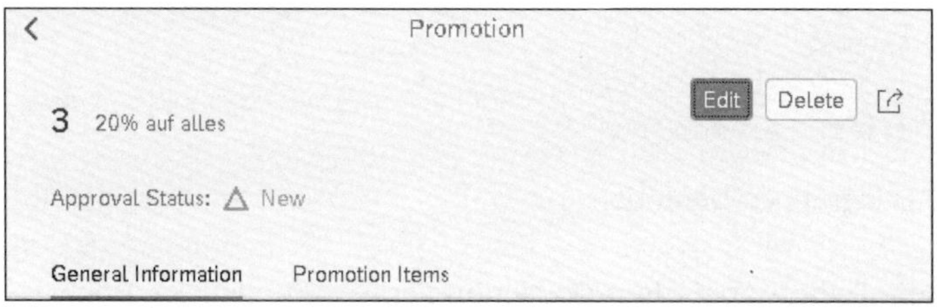

Abbildung 10.24 Statusfeld im Kopfbereich der Detailsicht

Feldgruppen verschachteln

In einem nächsten Schritt zeigen wir Ihnen, wie Sie Facets ineinander verschachteln können. Dazu erstellen wir die Teilbereiche **Promotion Data**, **Location Data** und **Admin Data** in Form von Feldgruppen und fügen sie anschließend dem Teilbereich **General Information** hinzu.

Collection-Facet

Damit die Feldgruppen dem Teilbereich **General Information** hinzugefügt werden können, muss der Typ dieses Facet von `#IDENTIFICATION_REFERENCE` auf `#COLLECTION` geändert werden (siehe Listing 10.19).

```
{ id: 'idGeneralInformation',
  position: 10,
  label: 'General Information',
  type:  #COLLECTION }
```

Listing 10.19 Definition eines Collection-Facet

Feldgruppen hinzufügen

Sie können dem so definieren Collection-Facet nun die anzuzeigenden Feldgruppen hinzufügen. Wie in Listing 10.20 gezeigt, definieren Sie dazu die drei Feldgruppen mit den IDs idPromotionData, idLocationData und idAdminData.

```
{ id: 'idPromotionData',
  position: 10,
  label: 'Promotion Data',
  type: #FIELDGROUP_REFERENCE,
  parentId: 'idGeneralInformation',
  targetQualifier: 'tqPromotionData' },
{ id: 'idLocationData',
  position: 20,
  label: 'Location Data',
  type: #FIELDGROUP_REFERENCE,
  parentId: 'idGeneralInformation',
  targetQualifier: 'tqLocationData' },
{ id: 'idAdminData',
  position: 30,
  label: 'Admin Data',
  type: #FIELDGROUP_REFERENCE,
  parentId: 'idGeneralInformation',
  targetQualifier: 'tqAdminData' }
```

Listing 10.20 Feldgruppen-Definition

Sie ordnen die Feldgruppen dem Collection-Facet zu, indem Sie über das Attribut parentId die ID idGeneralInformation des Collection-Facet angeben.

Felder zuordnen

Wie in Listing 10.18 bereits gezeigt, ordnen Sie anschließend den Feldgruppen die jeweiligen Felder hinzu, indem Sie diese mit der Annotation @UI.fieldGroup versorgen. Listing 10.21 verdeutlicht dies noch einmal anhand der Feldgruppe mit dem Titel **Promotion Data**.

```
@UI.fieldGroup: [{ qualifier: 'tqPromotionData', position: 10, label:
'Promotion' }]
key PromotionId,
@UI.fieldGroup: [{ qualifier: 'tqPromotionData', position: 20, label:
'Description' }]
PromotionDescription,
@UI.fieldGroup: [{ qualifier: 'tqPromotionData', position: 30, label:
'Start Date' }]
StartDate,
@UI.fieldGroup: [{ qualifier: 'tqPromotionData', position: 40, label:
'End Date' }]
EndDate
```

Listing 10.21 Felder der Feldgruppe »Promotion Data«

Abbildung 10.25 zeigt die Ausgabe der definierten Feldgruppen.

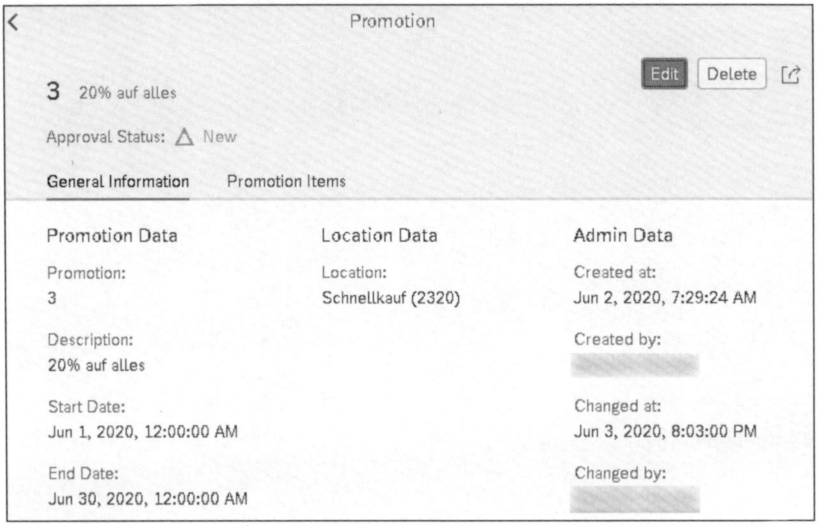

Abbildung 10.25 Verschachtelte Feldgruppen

Mit der Definition der Feldgruppen haben Sie die Erstellung der Benutzeroberfläche für die Beispielanwendung abgeschlossen. Sie haben, ohne eine Zeile Frontend-Quellcode zu schreiben, eine ansehnliche und intuitiv zu bedienende SAP-Fiori-Anwendung erstellt. Abbildung 10.26 zeigt den generierten List Report.

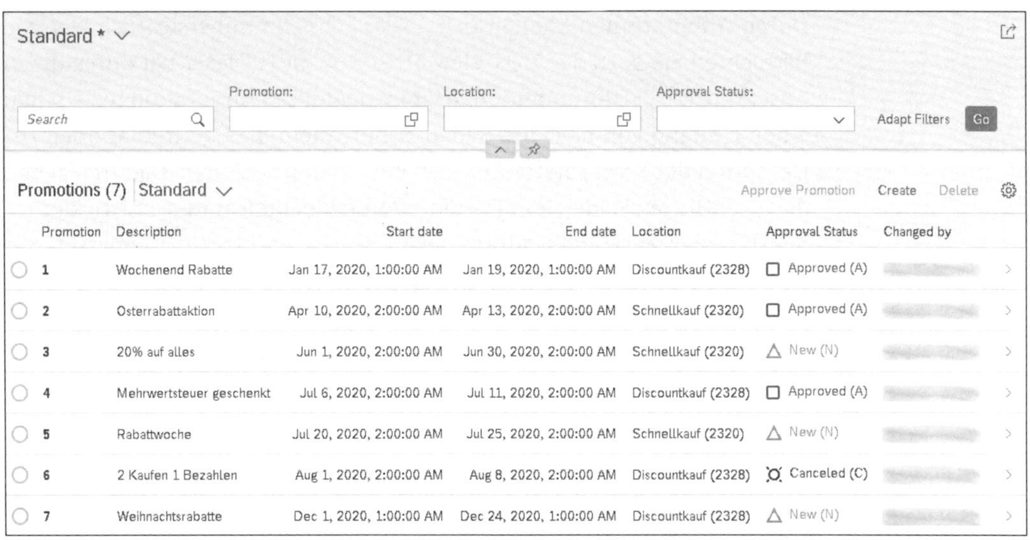

Abbildung 10.26 Fertiger SAP Fiori List Report

Abbildung 10.27 zeigt die generierte Object Page bzw. Detailsicht.

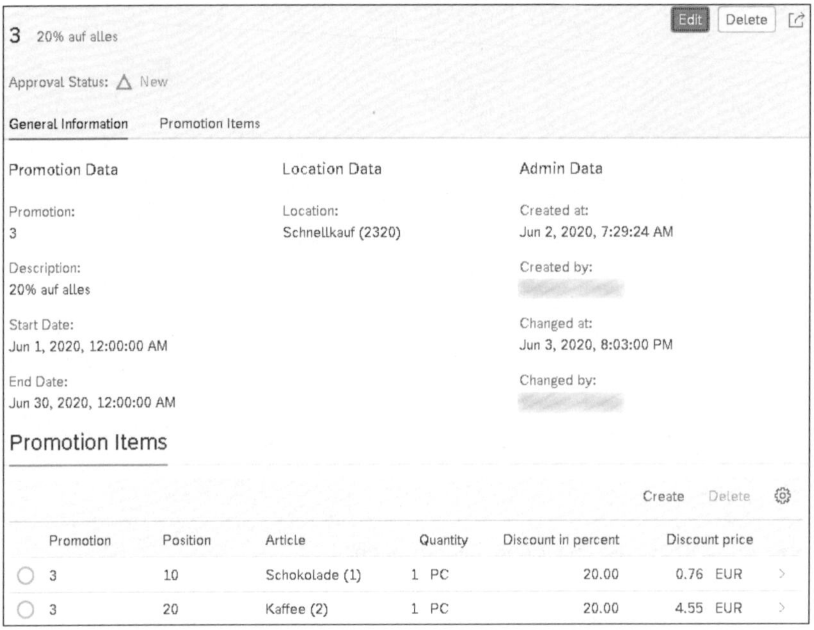

Abbildung 10.27 Fertige Object Page

10.3 Metadatenerweiterungen

Durch Annotationen können CDS-Views schnell unübersichtlich werden. Betrachten Sie dazu den CDS-View `ZI_PromotionTP`. Dieser hat durch die in Abschnitt 10.2, »UI-Annotationen«, hinzugefügten Annotation inzwischen einen Umfang von über 100 Zeilen. Schon allein die UI-Annotationen zur Definition der Facets erstrecken sich über knapp 30 Zeilen. Dadurch gehen die eigentlichen Felder des CDS-View unter. Möchten andere Entwickler*innen beispielsweise die Feldliste des CDS-View nachträglich anpassen, gestaltet sich das unter Umständen schwierig.

CDS-Metadatenerweiterung

Um CDS-Views übersichtlicher zu gestalten, haben Sie die Möglichkeit, Annotationen in *CDS-Metadatenerweiterungen* (Metadata Extensions), auszulagern. Hierbei handelt es sich um eigenständige Entwicklungsobjekte vom Typ `DDLX`.

Unterstützte Annotationen

In CDS-Metadatenerweiterungen lassen sich ausschließlich Annotationen verwenden, die in der *Annotationsdefinition* mit der Annotation `@MetadataExtension.usageAllowed : true` angereichert wurden. Hierzu gehören beispielsweise die Annotation `@EndUserText.label` oder die `@UI`-Annotationen.

Annotationsdefinitionen

Bei den Annotationsdefinitionen von SAP handelt es sich Entwicklungsobjekte vom Typ DDLA. Diese können Sie in Eclipse aufrufen. Öffnen Sie dazu über die Tastenkombination [⇧] + [Strg] + [A] die Objektsuche und geben Sie als Suchbegriff »type:ddla« ein. Abbildung 10.28 zeigt beispielsweise die Definition der Annotation @UI.

```
[AE1] UI
@MetadataExtension.usageAllowed : true
@CompatibilityContract: {
    c1: { usageAllowed: true,
          allowedChanges.annotation: [ #ANY ],
          allowedChanges.value: [ #ANY ]
        },
    c2: { usageAllowed: false
        }
}
@API.state: [ #RELEASED_FOR_SAP_CLOUD_PLATFORM ]
define annotation UI
 {
    @Scope:[#ENTITY]
    headerInfo
    {
```

Abbildung 10.28 Annotationsdefinition

An Abbildung 10.28 erkennen Sie an der ersten Zeile, dass Sie die @UI-Annotation in CDS-Metadatenerweiterungen verwenden können. An der Annotation @API.state ist außerdem zu erkennen, dass die Annotation für die Verwendung im ABAP Environment freigegeben ist.

CDS-Metadatenerweiterung anlegen

Legen Sie nun eine CDS-Metadatenerweiterung zu dem CDS-View ZI_PromotionTP an:

1. Wählen Sie im Menü **File • New • Other... • Core Data Services • Metadata Extension**. Anschließend können Sie die CDS-Metadatenerweiterung manuell definieren. Sie haben aber auch die Möglichkeit, bereits existierende Annotationen aus einem CDS-View zu exportieren und gleichzeitig eine neue CDS-Metadatenerweiterung anzulegen. Dies bietet sich vor allem in unserem Fall an, da der CDS-View bereits über eine hohe Anzahl von Annotationen verfügt.
2. Rufen Sie dazu den CDS-View ZI_PromotionTP auf und ergänzen Sie die Annotation `@Metadata.allowExtensions: true` im Kopfbereich des CDS-View.
3. Aktivieren Sie den CDS-View.
4. Wählen Sie anschließend **Source Code • Extract Metadata Extension** im Menü.

5. Vergeben Sie in dem sich darauf öffnenden Anlagedialog den Namen »ZI_PromotionTP« und die Beschreibung »Metadata Extension of ZI_PromotionTP«.
6. Navigieren Sie über die Schaltfläche **Next** zum Folgebildschirm.

[+]

Namen von CDS-Metadatenerweiterungen

CDS-Metadatenerweiterungen haben einen eigenen Namensraum. Wir empfehlen Ihnen daher, CDS-Metadatenerweiterungen den gleichen Namen zu geben wie dem zugehörigen CDS-View. Dadurch ist eine einfache Zuordnung zwischen CDS-View und CDS-Metadatenerweiterung möglich.

7. Wählen Sie einen passenden Transportauftrag aus und klicken Sie erneut auf **Next**.
8. Im Folgebildschirm können Sie die Elemente und Annotationen auswählen, die in die neue CDS-Metadatenerweiterung übernommen werden sollen. Wählen Sie für unser Beispiel alle Elemente und Annotationen aus, indem Sie auf die Schaltfläche **Select All** klicken (siehe Abbildung 10.29).

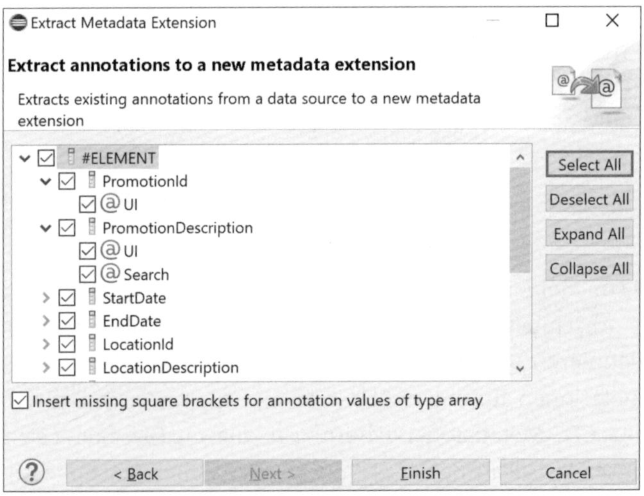

Abbildung 10.29 Auswahl der zu exportierenden Annotationen

9. Schließen Sie das Anlegen der CDS-Metadatenerweiterung ab, indem Sie die Schaltfläche **Finish** drücken.
10. Anschließend wird die CDS-Metadatenerweiterung angelegt und im Editor angezeigt. Über die Annotation `@Metadata.layer` müssen Sie die Metadatenerweiterung noch einer Schicht zuordnen. Wählen Sie `#CUSTOMER` als Schicht aus.

[«]

Schicht der Metadatenerweiterung

Die zugeordnete Schicht ist relevant, wenn zu einem CDS-View mehrere Metadatenerweiterungen existieren. Da die hier angelegte Metadatenerweiterung die einzige für unseren View ist, gehen wir an dieser Stelle nicht näher auf die Schichten der Metadatenerweiterungen ein, sondern verweisen diesbezüglich auf die ABAP-Schlüsselwortdokumentation (*http://s-prs.de/v7873019*).

11. Aktivieren Sie sowohl den CDS-View `ZI_PromotionTP` als auch die zugehörige CDS-Metadatenerweiterung über die Tastenkombination `Strg` + `⇧` + `F3`.

[«]

Exportierte Annotationen

Es werden nur Annotationen der Elementebene automatisch in die CDS-Metadatenerweiterung exportiert. Annotationen der Kopfebene eines CDS-View werden nicht berücksichtigt. Wir empfehlen Ihnen jedoch, nach Möglichkeit auch diese Annotationen mit auszulagern.

CDS-Metadatenerweiterung anzeigen

Nachdem Sie die Entwicklungsobjekte aktiviert haben, wird Ihnen durch das Erweiterungssymbol angezeigt, dass eine Metadatenerweiterung zu dem CDS-View `ZI_PromotionTP` existiert. Sobald Sie den Mauszeiger über das Symbol führen, wird Ihnen ein Informationsfenster angezeigt (siehe Abbildung 10.30). Von hier aus können Sie direkt zur CDS-Metadatenerweiterung navigieren.

Abbildung 10.30 Informationsfenster

Durch dieses Vorgehen haben Sie die für Metadatenerweiterungen zulässigen Annotationen ausgelagert. Der eigentliche CDS-View besteht jetzt nur noch aus der Feldliste und aus Annotationen, die sich nicht in Metadatenerweiterungen auslagern lassen.

10.4 Aktive Annotationen

Annotationen eines CDS-View

Annotationen können sich auf mehrere Entwicklungsobjekte verteilen. Unter anderem lassen sich Annotationen wie in Abschnitt 10.3, »Metadatenerweiterungen«, beschrieben, in CDS-Metadatenerweiterungen auslagern. Elementannotationen werden durch die Propagationslogik automatisch an übergeordnete CDS-Views vererbt. Hinzu kommt, dass auch auf einer Datenbanktabelle aufbauende CDS-Views durch die verwendeten Datenelemente mit `@EndUserText`-Annotationen angereichert werden. All dies ist bei der Betrachtung eines CDS-View nicht immer auf den ersten Blick ersichtlich.

View »Active Annotations«

Um sich alle aktiven Annotationen eines CDS-View anzeigen zu lassen, steht in Eclipse der View **Active Annotations** zur Verfügung. Diesen View können Sie sich ausgehend von einem CDS-View anzeigen lassen, indem Sie das Kontextmenü mit der rechten Maustaste öffnen und dort **Open With • Active Annotations** wählen. Alternativ können Sie den View auch über den Menüpfad **Window • Show View • Other... • Other • Active Annotations** aufrufen.

Abbildung 10.31 zeigt den View **Active Annotations** für den CDS-View `ZI_PromotionTP`. Hier finden Sie folgende Informationen:

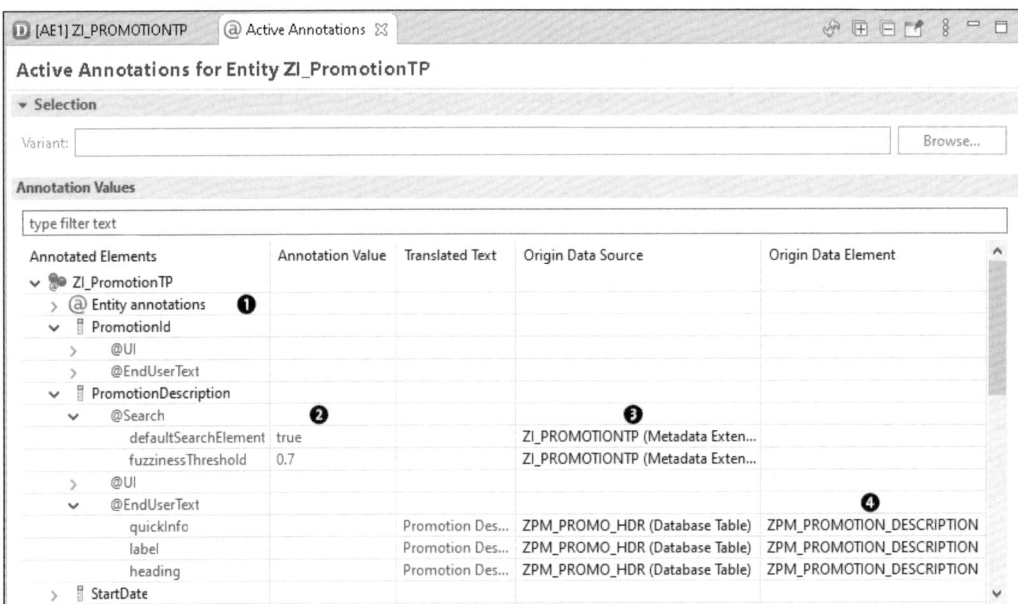

Abbildung 10.31 View »Active Annotations«

❶ **Annotated Elements**
Die Spalte **Annotated Elements** zeigt die Elemente des CDS-View in Form eines Hierarchiebaums. Dazu gehören Parameter, Felder und Assoziationen. Durch das Expandieren der Knoten des Hierarchiebaums werden Ihnen die Annotationen angezeigt, mit denen das jeweilige Element versorgt wurde. So erkennen Sie zum Beispiel, dass das Feld `PromotionId` mit den Annotationen `@UI` und `@EndUserText` versorgt wurde. Über den Eintrag **Entity annotations** können Sie sich die Annotationen anzeigen lassen, die für die gesamte CDS-Entität gelten.

❷ **Annotation Value**
Die Werte einer Annotation werden Ihnen in der Spalte **Annotation Value** angezeigt. So erkennen Sie beispielsweise, dass für das Feld `PromotionDescription` die Fuzzy Search mit einer Unschärfeklassifizierung von 0,7 definiert wurde.

❸ **Origin Data Source**
Die Spalte **Origin Data Source** zeigt Ihnen das Entwicklungsobjekt, von dem aus die Annotation an das Element propagiert wird. Die `@Search.fuzzinessThreshold`-Annotation wird beispielsweise von der CDS-Metadatenerweiterung `ZI_PromotionTP` an das Element `PromotionDescription` propagiert.

❹ **Origin Data Element**
In der Spalte **Origin Data Element** wird Ihnen der Name des Datenelements angezeigt, durch das ein Feld mit entsprechenden Annotationen angereichert wurde. Zum Beispiel wird die Annotation `@EndUserText` des Felds `PromotionDescription` vom Datenelement `ZPM_PROMOTION_DESCRIPTION` abgeleitet.

Über den View **Active Annotations** behalten Sie immer den Überblick über die aktiven Annotationen eines CDS-View. Vor allem, wenn Sie auf den ersten Blick nicht nachvollziehen können, woher eine Annotation an einen CDS-View propagiert wird, ist diese Ansicht sehr hilfreich.

10.5 Benutzeroberflächen mit der SAP Web IDE anlegen

Bisher haben wir die Benutzeroberfläche der Beispielanwendung ausschließlich über die Vorschaufunktion für SAP-Fiori-Elements-Anwendungen aufgerufen. Endanwender*innen muss die Anwendung natürlich auf eine andere Art und Weise bereitgestellt werden. Wir werden Ihnen in diesem Abschnitt zeigen, wie Sie Anwendungen mit der *SAP Web IDE* generieren und Endanwender*innen im ABAP Environment bereitstellen können.

[»]

SAP Business Application Studio

Alternativ zur SAP Web IDE können Sie für die Erstellung von SAP-Fiori-Anwendungen das *SAP Business Application Studio* verwenden. Auch hierbei handelt es sich um eine webbasierte Entwicklungsumgebung, die Ihnen jedoch in der Cloud-Foundry-Umgebung zur Verfügung steht.

Wie Sie das SAP Business Application Studio verwenden, um SAP-Fiori-Anwendungen bereitzustellen, können Sie folgendem Tutorial entnehmen: *http://s-prs.de/v783020*

SAP Web IDE

Die SAP Web IDE ist das von SAP empfohlene Werkzeug zur Bereitstellung von Web-Anwendungen. Es handelt sich um eine webbasierte Entwicklungsumgebung, mit der Sie unter anderem SAP-Fiori-Anwendungen entwickeln können. Dazu stehen Ihnen verschiedene Templates in der SAP Web IDE zur Verfügung, mit denen Sie vollfunktionsfähige Anwendungen generieren können, die den SAP-Fiori-Designrichtlinien folgen.

Die SAP Web IDE steht Ihnen ausschließlich in der Neo-Umgebung der SAP Cloud Platform zur Verfügung und wird von SAP stetig weiterentwickelt. SAP stellt unter der URL *https://account.hanatrial.ondemand.com* eine Testversion der SAP Web IDE zur Verfügung.

Multi-Target Application

Um Benutzern die Beispielanwendung bereitzustellen, werden wir eine sogenannte *Multi-Target Application* (MTA) erstellen und diese in der Cloud-Foundry-Umgebung der SAP Cloud Platform deployen. MTAs setzen sich aus verschiedenen Modulen zusammen. Diese Module werden mit unterschiedlichen Technologien erstellt und in einem *MTA-Archiv* gebündelt. So wird die UI-Logik beispielsweise durch HTML5-Module repräsentiert und die Geschäftslogik durch Java-Module. SAP-HANA-Datenbankobjekte werden durch SAP-HANA-Datenbankmodule implementiert (siehe Abbildung 10.32).

Über das MTA-Archiv können Sie die einzelnen Module zusammenhängend auf der SAP Cloud Platform bereitstellen. Ein Deployment ist jedoch nur auf Ebene eines Subaccounts der Cloud-Foundry-Umgebung möglich.

[+]

Weiterführende Informationen zu Multi-Target Applications

Für tiefergehende Informationen zu Multi-Target Applications verweisen wir auf die Dokumentation im SAP Help Portal (*http://s-prs.de/v783021*).

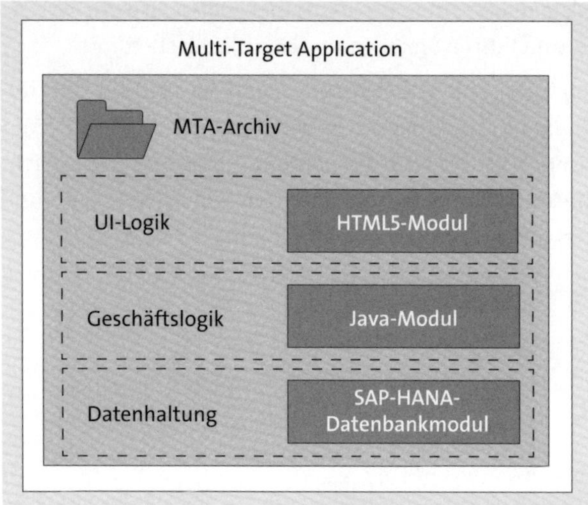

Abbildung 10.32 Module einer Multi-Target Application

Multi-Target Application anlegen

Legen Sie nun mithilfe der SAP Web IDE eine Multi-Target Application an. Anhand des durch das Service Binding `ZUI_PROMOTION_02` bereitgestellten OData-Service werden Sie einen SAP Fiori List Report in Form eines HTML5-Moduls generieren. Anschließend werden Sie die Anwendung im ABAP Environment deployen.

Projekt anlegen

Legen Sie zunächst ein neues Projekt in der SAP Web IDE an:

1. Rufen Sie die SAP Web IDE auf und legen Sie über **File • New Project from Template** ein neues Projekt an. Alternativ können Sie die Tastenkombination `Strg` + `Alt` + `⇧` + `O` verwenden.
2. Wählen Sie das Template **Multi-Target Application** aus, wie in Abbildung 10.33 gezeigt.

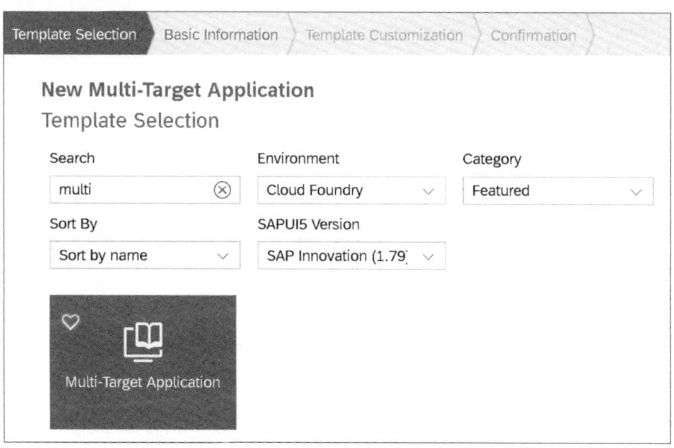

Abbildung 10.33 Erstellung einer Multi-Target Application

3. Vergeben Sie im Anlagedialog einen Projektnamen, beispielsweise »MTA_Promotion_Mgmt«, und fahren Sie über die Schaltfläche **Next** fort.
4. Abbildung 10.34 zeigt den Folgebildschirm. Geben Sie im Feld **Description** eine Beschreibung ein und markieren Sie die Checkbox **Use HTML5 Application Repository**. Das *HTML5 Application Repository* ermöglicht die zentrale Speicherung von statischen Inhalten wie HTML-, CSS- und JavaScript-Dateien in der Cloud-Foundry-Umgebung.

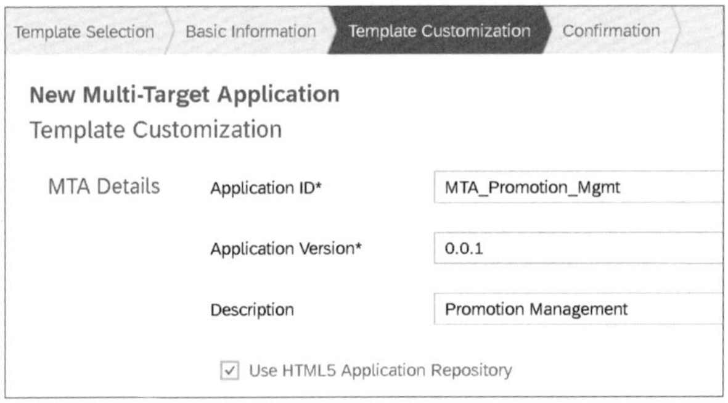

Abbildung 10.34 Pflege der MTA-Details

5. Schließen Sie die Anlage des Projekts über die Schaltfläche **Finish** ab.

API-Endpunkt

Das angelegte Projekt können Sie nun in der SAP Web IDE bearbeiten. Als ersten Schritt geben Sie den Space innerhalb Ihrer Cloud-Foundry-Umgebung an, in dem Sie Ihr Projekt bereitstellen möchten. Dabei muss es sich um den Space handeln, in dem auch Ihre ABAP-Service-Instanz betrieben wird. Zur Angabe des Space benötigen Sie den API-Endpunkt (**API Endpoint**) Ihrer Cloud-Foundry-Umgebung. Diesen finden Sie in der Übersicht Ihres Subaccounts (siehe Abbildung 10.35).

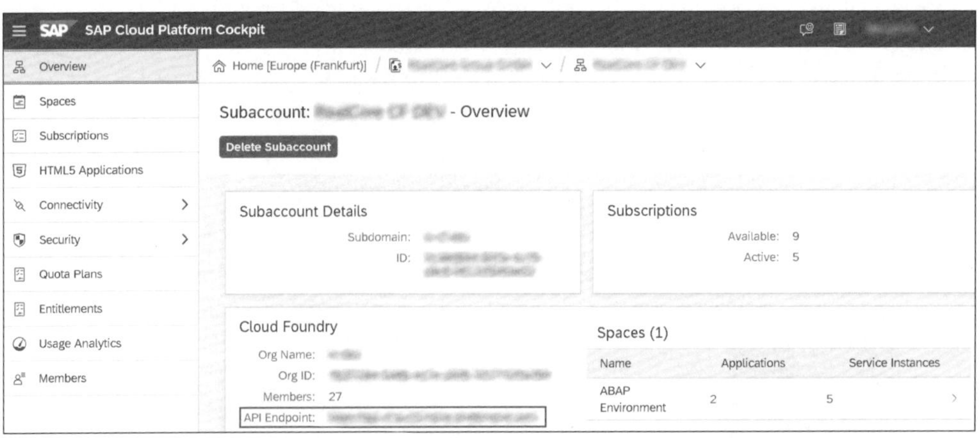

Abbildung 10.35 API-Endpunkt des Cloud-Foundry-Subaccounts

Cloud Foundry Space definieren

Definieren Sie nun den Cloud Foundry Space des MTA-Projekts, indem Sie in der SAP Web IDE mit der rechten Maustaste auf den Projektnamen klicken und den Pfad **Project • Project Settings** wählen. Anschließend können Sie, wie in Abbildung 10.36 dargestellt, den **API Endpoint**, die **Organization** und den **Space** angeben. Speichern Sie Ihre Änderungen, indem Sie die Schaltfläche **Save** drücken.

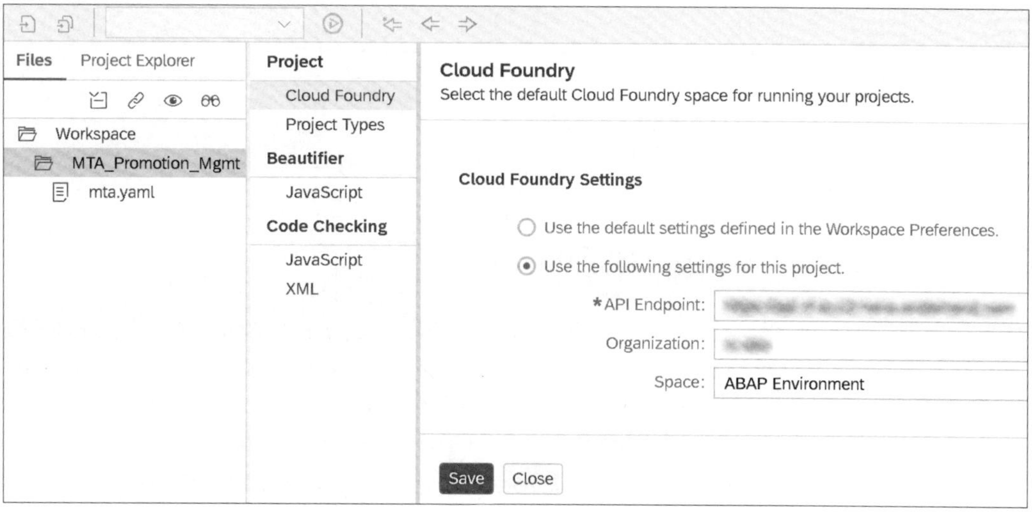

Abbildung 10.36 Standard-Space des MTA-Projekts definieren

SAP Cloud Platform Service

Nun müssen Sie dem Projekt das ABAP Environment als Service hinzufügen:

1. Definieren Sie dazu einen SAP Cloud Platform Service, indem Sie im Kontextmenü des Projekts den Pfad **New • SAP Cloud Platform Service** wählen, wie in Abbildung 10.37 gezeigt.

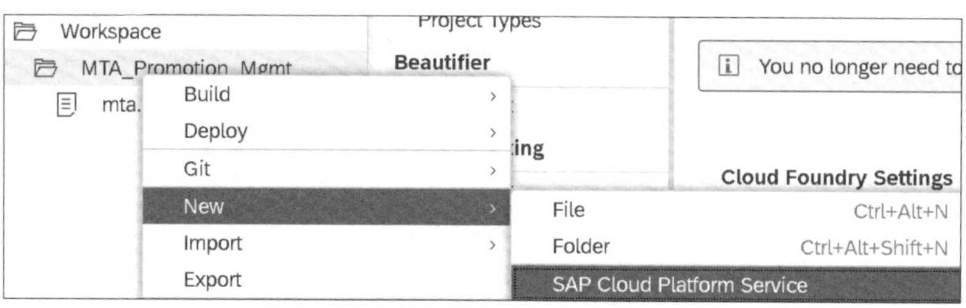

Abbildung 10.37 SAP Cloud Platform Service hinzufügen

2. Abbildung 10.38 zeigt den sich daraufhin öffnenden Anlagedialog. Wählen Sie hier **ABAP** als Service aus und klicken Sie anschließend auf **Next**.

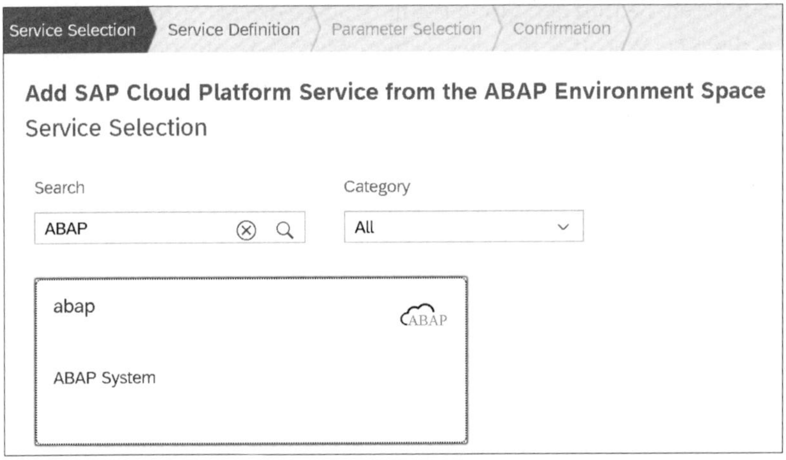

Abbildung 10.38 Serviceauswahl

3. Im Schritt **Service Definition** wählen Sie im Feld **Add or Reuse an Existing Instance** die Option **Reuse instance** aus und im Feld **Service Name (Instance)** Ihre ABAP-Service-Instanz. Zusätzlich müssen Sie noch einen Ressourcennamen definieren (siehe Abbildung 10.39).
4. Schließen Sie die Anlage des Service über die Schaltfläche **Finish** ab.

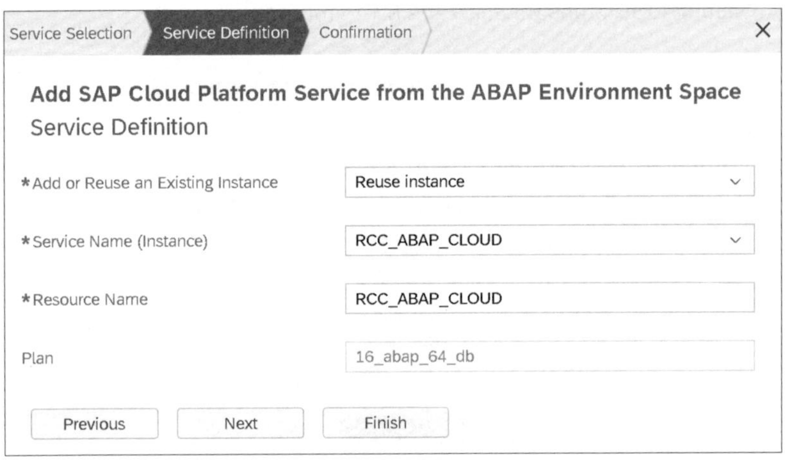

Abbildung 10.39 Service definieren

HTML5-Modul anlegen

Nachdem Sie die grundlegenden Eigenschaften des MTA-Projekts definiert haben, können Sie die Oberfläche für die Beispielanwendung erstellen:

1. Klicken Sie dazu erneut mit der rechten Maustaste auf das MTA-Projekt und wählen Sie **New • HTML5 Module** im Kontextmenü.

2. Wählen Sie aus den vorgeschlagenen Templates **List Report Application** aus (siehe Abbildung 10.40).

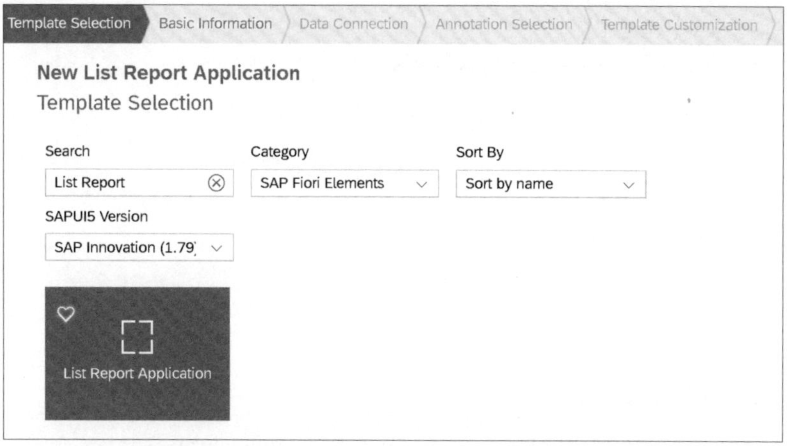

Abbildung 10.40 Auswahl des Templates »List Report Application«

3. Vergeben Sie auf dem Folgebildschirm einen Modulnamen, einen Titel sowie einen Namensraum für Ihr HTML5-Modul (siehe Abbildung 10.41). Fahren Sie mit **Next** fort.

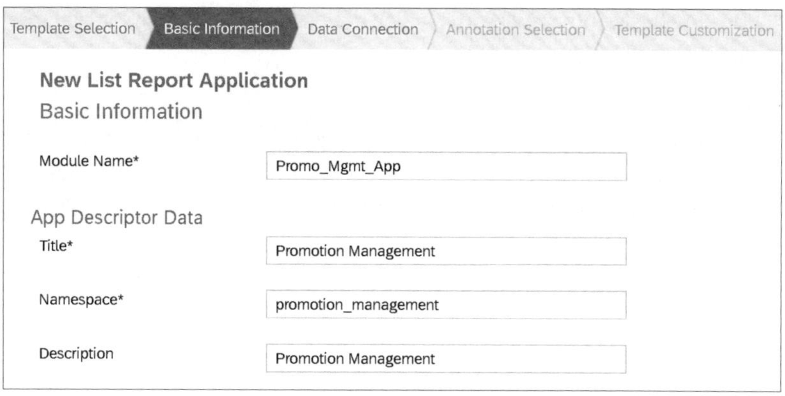

Abbildung 10.41 Details zum HTML5-Modul angeben

4. Anschließend müssen Sie im Schritt **Data Connection** die Datenquelle Ihres HTML5-Moduls definieren. Wählen Sie dazu unter **Sources** den Eintrag **SAP Cloud Platform Service** aus. In der Liste wird dann der in Abbildung 10.39 definierte Service angezeigt.
5. Durch das Expandieren des Eintrags werden Ihnen alle in Ihrer ABAP-Service-Instanz zur Verfügung stehenden OData-Services angezeigt (siehe Abbildung 10.42). Wählen Sie den Service `ZUI_PROMOTION_02` aus.

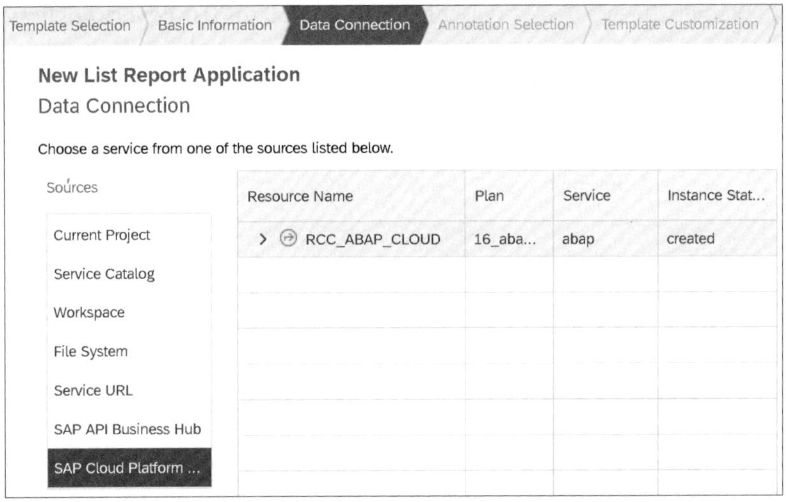

Abbildung 10.42 ABAP-Service-Instanz als Datenquelle auswählen

Anmelden an der ABAP-Service-Instanz

Sobald Sie die Service-Instanz expandieren, müssen Sie sich mit Ihren Benutzerdaten für Ihre ABAP-Service-Instanz anmelden. Dazu öffnet sich ein Pop-up-Fenster. Vergewissern Sie sich daher, dass der Pop-up-Blocker Ihres Internet-Browsers ausgeschaltet ist.

6. Nachdem Sie den OData-Service ausgewählt haben, müssen Sie die Annotationen des Service auswählen. Wählen Sie sowohl die Metadaten (**Rank 1**) als auch das Annotationsmodell (**Rank 2**) aus (siehe Abbildung 10.43). Bestätigen Sie Ihre Auswahl mit **Next**.

Abbildung 10.43 Auswahl der Annotationen

7. Im letzten Konfigurationsschritt müssen Sie die Entitäten Ihres OData-Service für die Datenbindung angeben. Des Weiteren müssen Sie den Navigationspfad zwischen den Entitäten definieren. Wählen Sie als **OData Collection** `ZI_PromotionTP`, als **OData Navigation** die Assoziation `to_PromotionItem` und als **OData Sub Navigation** `to_Promotion` aus (siehe Abbildung 10.44).

8. Schließend Sie die Anlage des HTML5-Moduls über die Schaltfläche **Finish** ab.

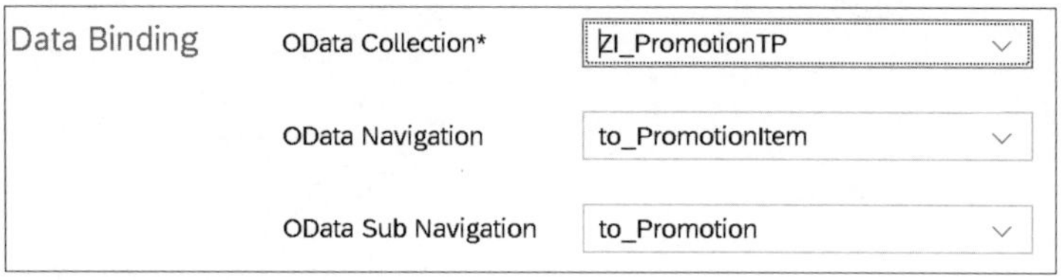

Abbildung 10.44 Definition der Datenbindung

9. Öffnen Sie die Datei **mta.yaml**. Wechseln Sie auf die Registerkarte **Resources** und löschen Sie den Eintrag **dest_MTA_Promotion_Mgmt** (siehe Abbildung 10.45). Speichern Sie Ihre Änderungen.

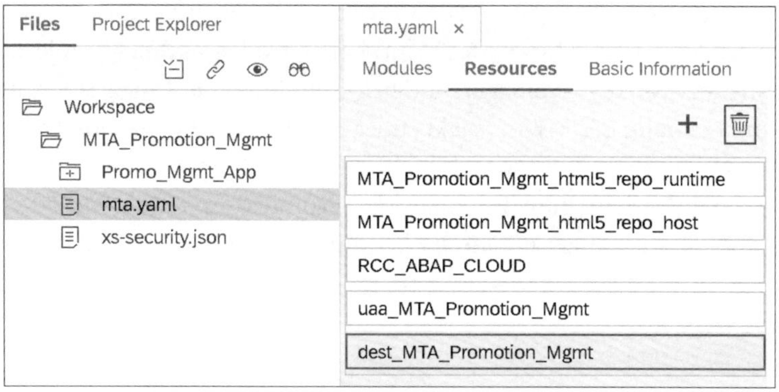

Abbildung 10.45 Löschen von Resourcen

HTML5-Modul testen

Vor dem eigentlichen Deployment der Anwendung können Sie die generierte Benutzeroberfläche in der Cloud-Foundry-Umgebung testen:

1. Rufen Sie dazu das Kontextmenü des HTML5-Moduls auf und wählen Sie **Run • Run Configurations**.
2. Wählen Sie über das Plussymbol den Eintrag **Run as Web Application** aus.
3. Auf der rechten Seite des Fensters vergeben Sie einen Namen für Ihre Testkonfiguration und wählen den Eintrag **flpSandbox.html** im Feld **File Name** aus.
4. Im Bereich **Target Environment** wählen Sie die Option **Run on Cloud Foundry** (siehe Abbildung 10.46).
5. Speichern Sie die Konfiguration, indem Sie **Save and Run** wählen. Anschließend wird die Anwendung ausgeführt, und Sie können Ihre Benutzeroberfläche testen.

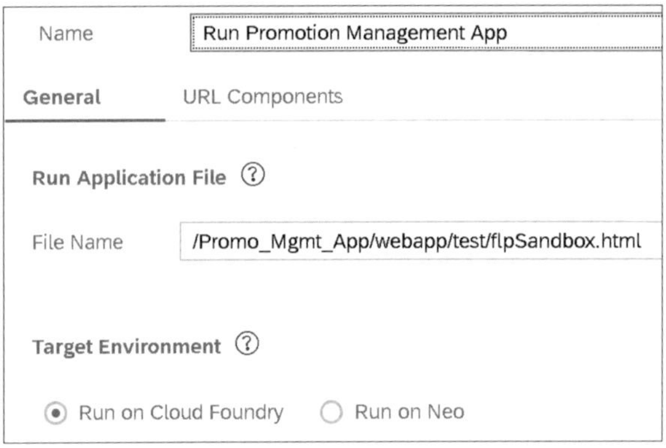

Abbildung 10.46 Testen des HTML5-Moduls

Site Module für das SAP Fiori Launchpad

Damit Anwender*innen die Anwendung ebenfalls aufrufen können, erstellen Sie ein *Site Module* für das SAP Fiori Launchpad . Das Site Module stellt den Einstiegspunkt für den Aufruf der Anwendung dar. Legen Sie es über das Kontextmenü des MTA-Projekts über den Pfad **New • SAP Fiori Launchpad Site Module** an, wie in Abbildung 10.47 gezeigt. Vergeben Sie im Anlagedialog einen Namen, zum Beispiel »FLP_PromoMgmt_SiteModule«, und beenden Sie den Dialog mit einem Klick auf die Schaltfläche **Finish**.

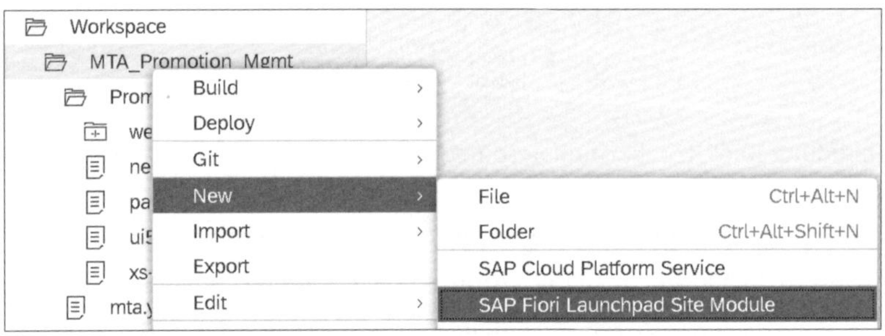

Abbildung 10.47 Site Module für das SAP Fiori Launchpad anlegen

Anwendungskachel anlegen

Erstellen Sie anschließend ein *semantisches Objekt* und eine *Kachel* für die Beispielanwendung, indem Sie die Datei **manifest.json** des HTML5-Moduls aufrufen. Wechseln Sie zur Registerkarte **Navigation** und geben Sie die in Abbildung 10.48 gezeigten Werte an. Durch den Eintrag **PromoMngmt_App** im Feld **Semantic Object** und die **Action display** definieren Sie eine Zielzuordnung. Über diese Zielzuordnung wird letztlich die Anwendung aufgerufen.

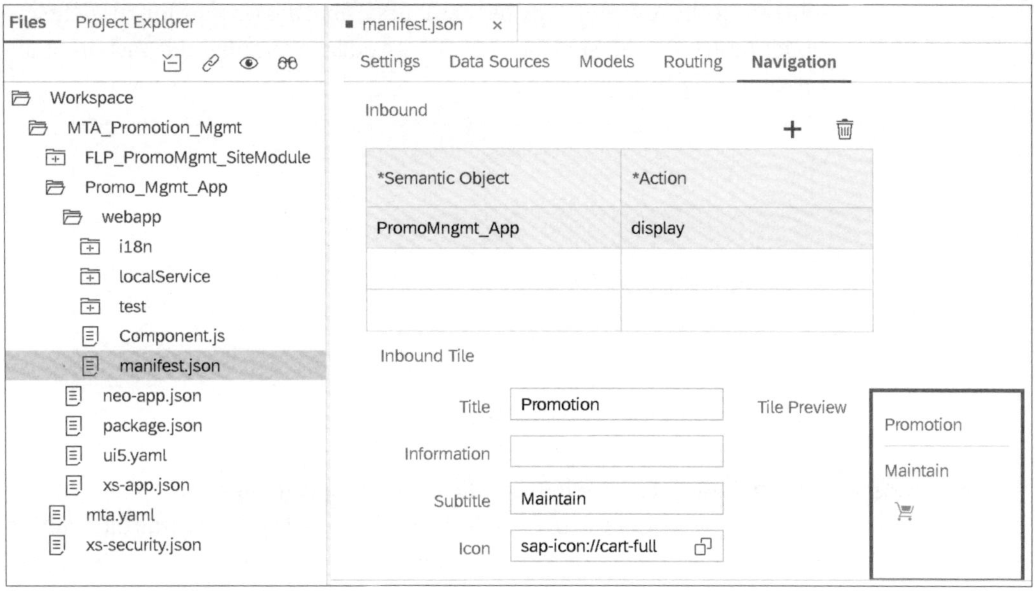

Abbildung 10.48 Kachel der Beispielanwendung

Anwendung dem Site Module hinzufügen

Nun müssen Sie die Anwendung noch dem Site Module für das SAP Fiori Launchpad hinzufügen. Rufen Sie dazu die Datei **CommonDataModel.json** des Site Module `FLP_PromoMgmt_SiteModule` auf und legen Sie über die Schaltfläche **Add Group** eine neue Gruppe an. Vergeben Sie einen sprechenden Namen für diese Gruppe.

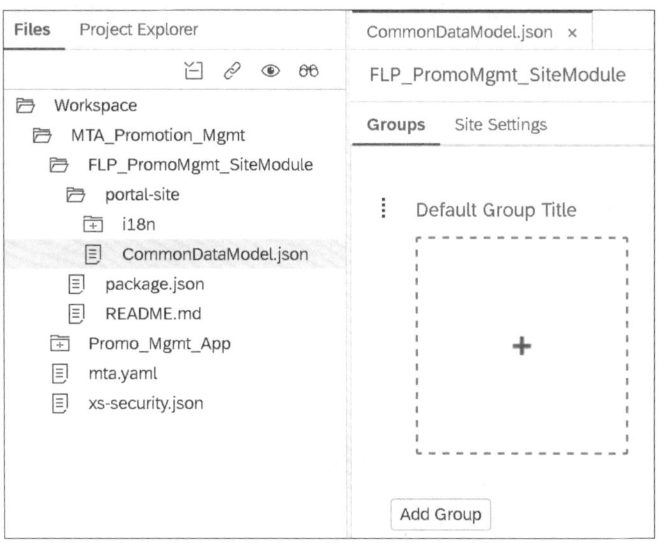

Abbildung 10.49 Eine Gruppe auf dem Site Module definieren

Fügen Sie die Anwendung über das Plussymbol der Gruppe hinzu (siehe Abbildung 10.50) und speichern Sie Ihre Änderungen über die Tastenkombination `Strg` + `S`.

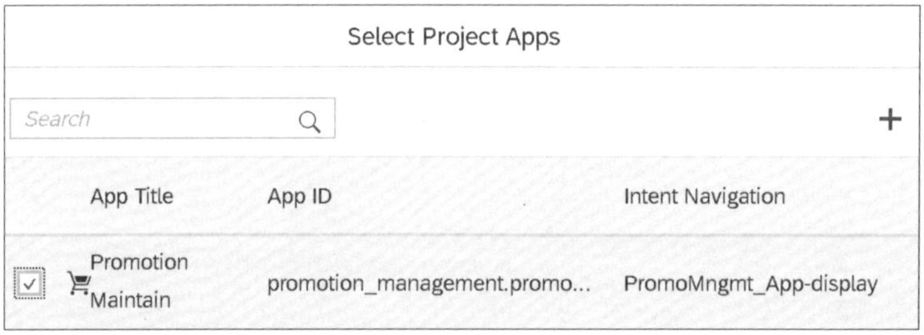

Abbildung 10.50 Auswahl der Anwendung

Intent-basierte Navigation

In Abbildung 10.50 sehen Sie die Spalte **Intent Navigation**. Dieser Eintrag setzt sich aus dem semantischen Objekt `PromoMngmt_App` und der Aktion `display` zusammen. Bei der sogenannten *Intent-basierten Navigation* wird die eigentliche Anwendung nicht direkt über die URL aufgerufen, sondern über ein *Target Mapping*, das aus einem semantischen Objekt und einer Aktion gebildet wird. Die folgende URL wird für den Aufruf unserer Anwendung über die Intent-basierte Navigation verwendet:

https://<application_approuter>/cp.portal/site#PromoMngmt_App-display

MTA-Archiv erstellen

Abschließend kann das Deployment der Multi-Target Application in der Cloud-Foundry-Umgebung erfolgen. Dazu müssen Sie zunächst ein MTA-Archiv erstellen. Rufen Sie dazu über die rechte Maustaste das Kontextmenü Ihres MTA-Projekts auf und wählen Sie den Menüpfad **Build • Build** aus. Daraufhin wird das MTA-Archiv erstellt.

Anwendung deployen

Das erzeugte MTA-Archiv können Sie nun über den Kontextmenüpfad **Deploy • Deploy to SAP Cloud Platform** auf der SAP Cloud Platform bereitstellen (siehe Abbildung 10.51).

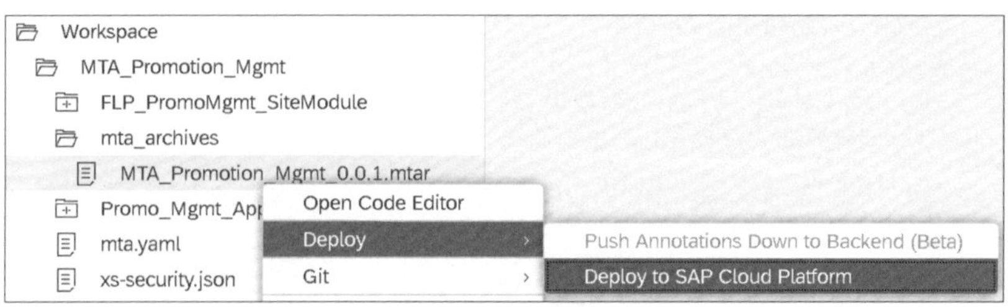

Abbildung 10.51 Deployment der Anwendung auf der SAP Cloud Platform

Als Ziel für das Deployment wählen Sie den Space Ihrer ABAP-Service-Instanz (siehe Abbildung 10.52). Klicken Sie dann die Schaltfläche **Deploy**.

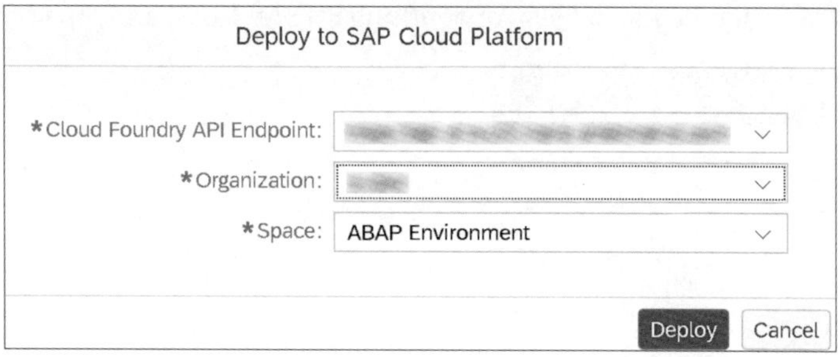

Abbildung 10.52 Deployment im ABAP Environment

Anwendung verwalten

Nachdem das Deployment erfolgreich abgeschlossen ist, können Sie zu Ihrem Cloud-Foundry-Subaccount navigieren. Die Anwendung sollte nun im Bereich **Applications** des Space für das ABAP Environment angezeigt werden. Aktive Anwendungen erkennen Sie an dem in Abbildung 10.53 gezeigten Status **Started**. Ihre Anwendung wird mit einem Präfix und dem Suffix `approuter` angezeigt. Sollte die Anwendung noch nicht aktiv sein, können Sie diese über das Play-Symbol (▷) starten.

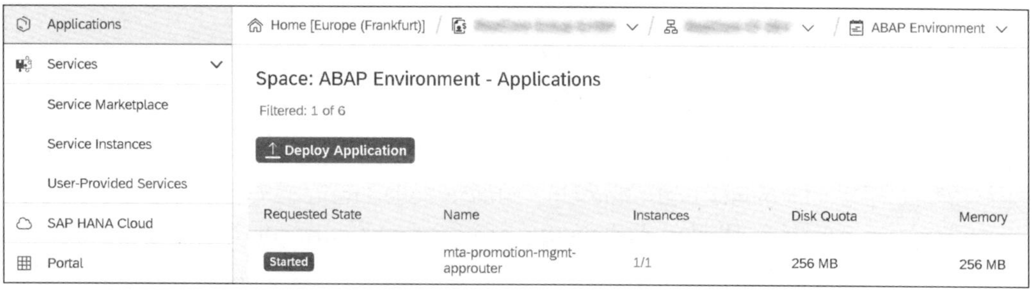

Abbildung 10.53 Anwendung innerhalb des ABAP Environment Space

Anwendung aufrufen

Klicken Sie auf den Namen der Anwendung. Das sich daraufhin öffnende Fenster zeigt unter **Application Routes** die URL, über die Anwender*innen das Site Module öffnen können (siehe Abbildung 10.54).

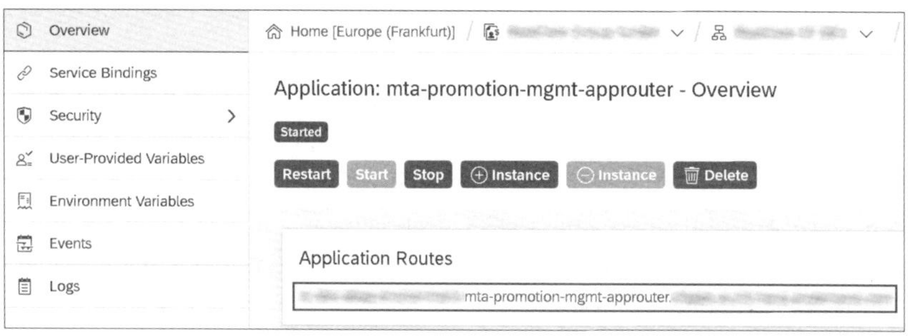

Abbildung 10.54 URL zum Aufruf der Anwendung über das Site Module

Abbildung 10.55 zeigt die Kachel der Anwendung im SAP Fiori Launchpad.

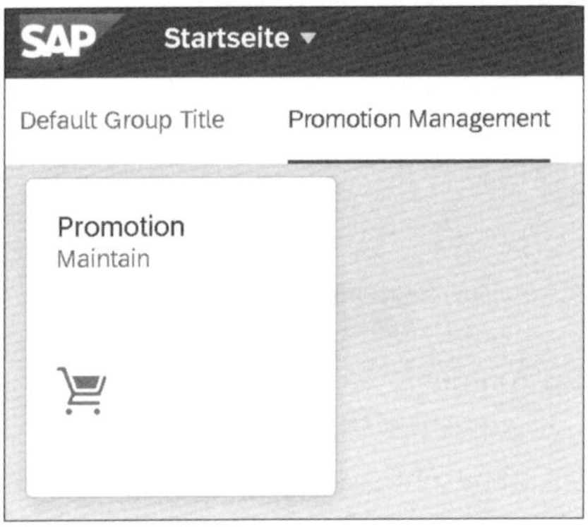

Abbildung 10.55 Kachel der Beispielanwendung im SAP Fiori Launchpad

Sie haben Ihre Anwendung nun erfolgreich in der Cloud-Foundry-Umgebung der SAP Cloud Platform bereitgestellt und so den Anwender*innen zur Verfügung gestellt. Diese können über die Anwendung nun Rabattaktionen anlegen, ändern oder löschen.

10.6 Zusammenfassung

In diesem Kapitel haben wir Ihnen gezeigt, wie Sie mithilfe von SAP Fiori Elements und ohne eine einzige Zeile Frontend-Quellcode zu schreiben eine SAP-Fiori-Anwendung bereitstellen können, die den SAP-Fiori-Designrichtlinien folgt.

Als Erstes haben wir Ihnen in Abschnitt 10.1, »Einheitliche Benutzeroberflächen mit SAP Fiori Elements«, die von SAP bereitgestellten Floorplans vorgestellt. Sie definieren einen visuellen Grundaufbau für die SAP-Fiori-Benutzeroberflächen und sind auf bestimmte Anwendungsfälle zugeschnitten. Bei der Nutzung von SAP Fiori Elements reichern Sie OData-Services mit Metadaten an und nehmen so Einfluss auf die Darstellung der Floorplans.

In Abschnitt 10.2, »UI-Annotationen«, haben wir Ihnen gezeigt, wie Sie CDS-Views mit UI-Annotationen versehen können und so Suchfelder, Textausgaben, Wertehilfen und Feldgruppen für Ihre Benutzeroberflächen definieren. Diese Annotationen eines CDS-View lassen sich durch CDS-Metadatenerweiterungen auslagern. Es können jedoch nur Annotationen ausgelagert werden, die mit der Annotation `@MetadataExtension.usageAllowed : true` angereichert wurden. Hierzu gehört beispielsweise die Annotation `@EndUser-`

`Text.label` oder gehören die `@UI`-Annotationen. Mithilfe des in Abschnitt 10.4, »Aktive Annotationen«, vorgestellten Eclipse-View Active Annotations behalten Sie den Überblick über die aktiven Annotationen eines CDS-View.

Abschließend haben wir Ihnen in Abschnitt 10.5, »Benutzeroberflächen mit der SAP Web IDE anlegen«, gezeigt, wie Sie mit der SAP Web IDE sogenannte Multi-Target Applications anlegen können. Multi-Target Applications sind Anwendungen, die sich aus verschiedenen Modulen zusammensetzen. Diese Module werden mit unterschiedlichen Technologien erstellt und in einem MTA-Archiv gebündelt. Innerhalb unserer Beispielanwendung haben Sie die Benutzeroberfläche in Form eines HTML5-Moduls generiert. Das MTA-Archiv haben Sie anschließend auf der SAP Cloud Platform deployt und so den Anwender*innen zur Verfügung gestellt.

Kapitel 11

Customizing im ABAP Environment bereitstellen

In diesem Kapitel zeigen wir Ihnen, wie Sie Customizing-Funktionalität für Ihre Anwendungen im ABAP Environment bereitstellen können.

Customizing ist ein essenzieller Bestandteil jedes ABAP-Systems. Mithilfe von Customizing können Unternehmen ABAP-Systeme nach ihren Wünschen individuell anpassen. So lassen sich Transaktionen und Anwendungen in ihrer Funktionalität und ihrem Verhalten beeinflussen, ohne dass ihr Quellcode angepasst werden muss. Solche Customizing-Funktionalität wird in der Regel über Tabellen bereitgestellt. Im SAP-Standard können diese Tabellen zum Beispiel über einen Customizing-Pfad in der Transaktion SPRO gepflegt werden.

Kundeneigene Tabellen werden dagegen oftmals auf »direktem Weg« gepflegt. Dazu wird mit dem *Tabellenpflegegenerator* ein Pflege-View für die Tabelle erstellt, der anschließend über die Transaktion SM30 aufgerufen werden kann.

Auch im ABAP Environment haben Sie die Möglichkeit, Customizing-Tabellen für Ihre Anwendungen anzulegen und den Anwender*innen zur Pflege zur Verfügung zu stellen. In diesem Kapitel erläutern wir Ihnen, wie Sie Customizing-Funktionalität im ABAP Environment bereitstellen können und wie sich die Bereitstellung von der in On-Premise-Systemlandschaften unterscheidet.

Abschnitt 11.1, »Business Configuration«, dient als Einstieg in die Thematik. Wir zeigen Ihnen, wie Sie die notwendigen Vorbereitungen in Ihrer Systemlandschaft treffen.

In Abschnitt 11.2, »Eine Business-Configuration-Anwendung entwickeln«, erklären wir Ihnen anhand eines Beispiels, wie Sie eine Anwendung zur Pflege von Customizing-Tabellen erstellen.

Im letzten Abschnitt 11.3, »Customizing Lifecycle Management«, gehen wir auf die Besonderheiten beim Transport von Customizing im ABAP Environment ein.

11.1 Business Configuration

Customizing-Funktionalität wird im ABAP Environment unter dem Begriff *Business Configuration* zusammengefasst. Genau wie in On-Premise-Systemen können Anwender damit das Verhalten und die Funktionalität von Anwendungen beeinflussen. Die empfohlene Vorgehensweise bei der Pflege der Customizing-Tabellen unterscheidet sich allerdings von der in On-Premise-Systemen.

Customizing On-Premise

In einer klassischen On-Premise-Systemlandschaft mit drei Systemen wird das Customizing typischerweise im *Entwicklungssystem* (DEV) von einem Key User oder einer Entwicklerin vorgenommen. Anschließend wird das Customizing in das *Qualitätssicherungssystem* (QAS) transportiert und dort entsprechend getestet. Nachdem die Anpassungen erfolgreich getestet wurden, werden sie in das *Produktivsystem* (PRD) transportiert. Abbildung 11.1 zeigt das Vorgehen beim Transportieren von Customizing in On-Premise-Systemlandschaften.

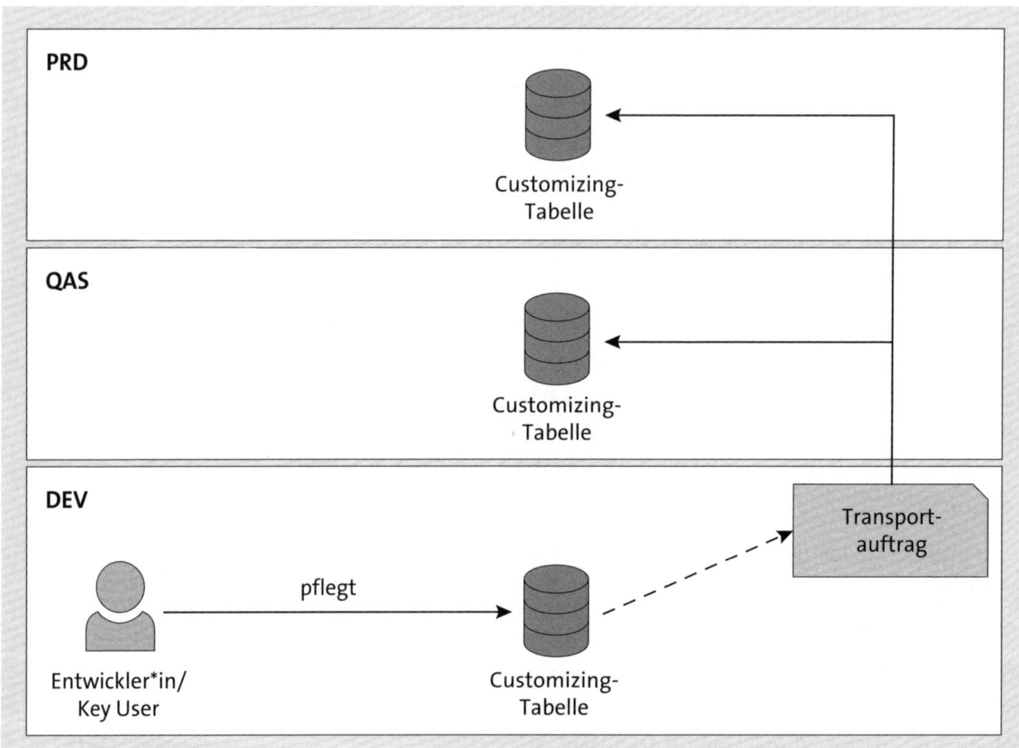

Abbildung 11.1 Customizing in On-Premise-Systemlandschaften

Customizing im ABAP Environment

Im Hinblick auf das Customizing im ABAP Environment empfiehlt die SAP, eine klassische Systemlandschaft in zwei »Zuständigkeitsbereiche« zu unterteilen:

- Im Entwicklungssystem haben Entwickler*innen die Möglichkeit, Customizing vorzunehmen, um ihre Anpassungen zu testen. Bei diesem Customizing handelt es sich um *lokales Customizing*, das nicht in Folgesysteme transportiert wird.
- Dem gegenüber steht Customizing, das produktiv genutzt werden soll, sogenannter *Clean Content*. Dieses Customizing wird von Key Usern direkt im Qualitätssicherungssystem vorgenommen. Nachdem die Anpassungen erfolgreich getestet wurden, werden diese in das Produktivsystem transportiert.

Abbildung 11.2 zeigt das Vorgehen beim Transportieren von Customizing im ABAP Environment.

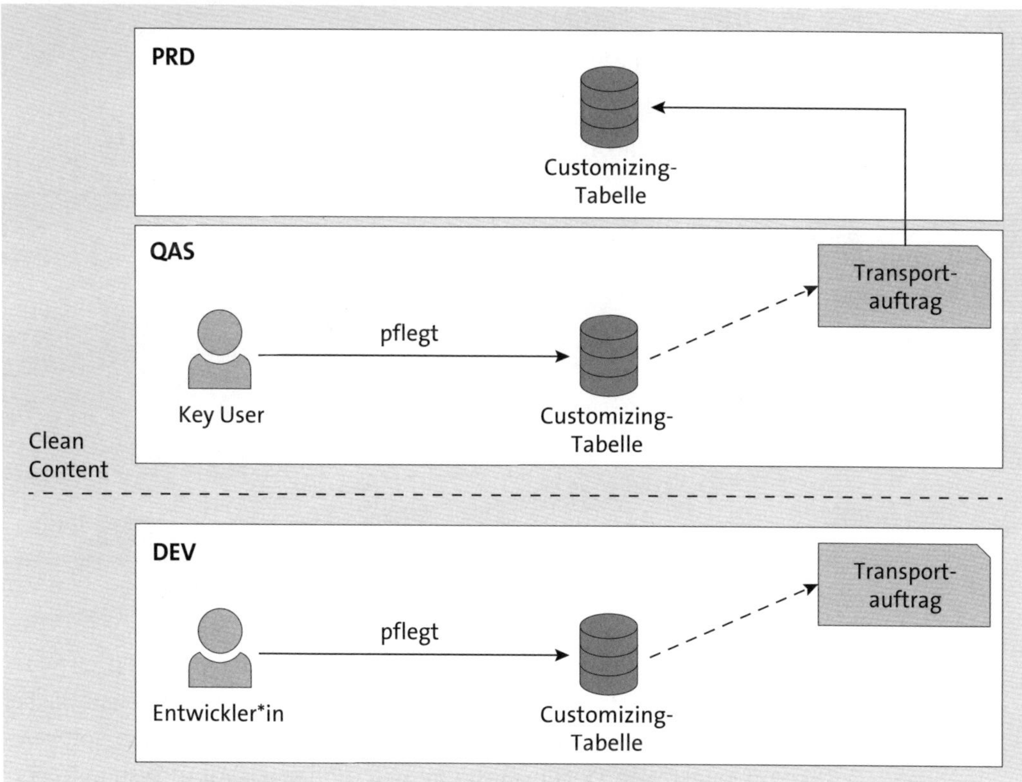

Abbildung 11.2 Customizing im ABAP Environment

11.1.1 Softwarekomponenten

In Abschnitt 4.2, »Softwarekomponenten«, haben wir Ihnen bereits die Bedeutung von Softwarekomponenten im ABAP Environment erläutert. Für die Organisation und den Transport von Entwicklungsobjekten unserer Beispielanwendung haben Sie bereits eine Softwarekomponente vom Typ Development angelegt. Für Customizing-Inhalte ist diese Softwarekomponente allerdings nicht geeignet. Sie benötigen eine Softwarekomponente vom Typ *Business Configuration*.

Softwarekomponente anlegen

Legen Sie eine solche Softwarekomponente wie folgt an:

1. Rufen Sie die SAP-Fiori-Anwendung **Manage Software Components** über das Dashboard Ihres Entwicklungssystems auf und klicken Sie auf das Plussymbol oberhalb der Ausgabeliste.
2. Geben Sie für die neue Softwarekomponente die folgenden Eigenschaften an (siehe Abbildung 11.3):
   - **Name**: Z_CUSTOMIZING
   - **Type**: Business Configuration
   - **Description**: Business Configuration
3. Beenden Sie die Anlage, indem Sie die Schaltfläche **Save** klicken.

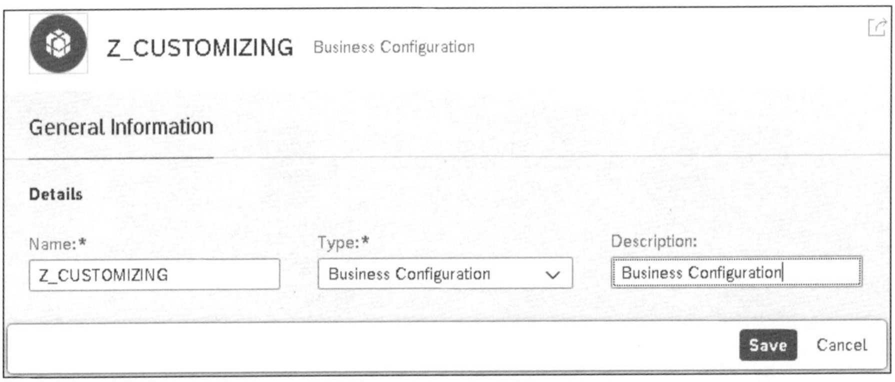

Abbildung 11.3 Softwarekomponente für Business Configuration

Softwarekomponente importieren

Nach dem Speichern wird die neue Softwarekomponente in der Liste der zur Verfügung stehenden Softwarekomponenten angezeigt. Genau wie bei einer Softwarekomponente vom Typ Development muss eine Softwarekomponente vom Typ Business Configuration in das ABAP-System importiert werden, damit sie verwendet werden kann. Markieren Sie dazu den entsprechenden Eintrag in der Liste und klicken Sie auf die Schaltfläche **Pull**.

Weitere Softwarekomponenten

Aufgrund der Empfehlung der SAP, die Systemlandschaft in unterschiedliche Zuständigkeitsbereiche zu unterteilen, benötigen Sie eine weitere Softwarekomponente vom Typ Business Configuration. Mit dieser Softwarekomponente ermöglichen Sie Key Usern die spätere Pflege und den Transport von Clean Content. Die zweite Softwarekomponente muss einen anderen Namen als die Softwarekomponente für das Entwicklungssystem haben und wird anschließend nur ins Qualitätssicherungssystem/Produktivsystem importiert.

[!]

Anzahl der Softwarekomponenten

Sie können beliebig viele Softwarekomponenten vom Typ Development anlegen und in das ABAP-System importieren. Das gibt Ihnen die notwendige Flexibilität, um Anwendungen voneinander zu separieren und getrennt voneinander in Folgesysteme zu transportieren. Bei Softwarekomponenten vom Typ Business Configuration haben Sie diese Flexibilität nicht. Grundsätzlich können Sie mehrere Softwarekomponenten dieses Typs anlegen, Sie können allerdings nur eine pro ABAP-System importieren. Sollten Sie eine weitere Softwarekomponente importieren, erhalten Sie die in Abbildung 11.4 dargestellte Fehlermeldung.

Abbildung 11.4 Fehlermeldung beim Import einer weiteren Softwarekomponente

11.1.2 Berechtigungsvergabe

Customizing-Transportauftrag

Genau wie in einem On-Premise-System wird Customizing im ABAP Environment in einem Customizing-Transportauftrag aufgezeichnet. Dabei ist es unerheblich, ob das Customizing im Entwicklungssystem oder im Qualitätssicherungssystem vorgenommen wurde. In beiden Fällen benötigen die Entwickler*innen und Key User die notwendige Berechtigung zur Anlage eines Transportauftrags. Mit der Anwendungsrollenvorlage `SAP_BR_BPC_EXPERT` können Sie eine entsprechende Anwendungsrolle anlegen.

Für die Verwaltung von Anwendungsrollenvorlagen steht Ihnen im Dashboard des ABAP Environment die SAP-Fiori-Anwendung *Business Role Tem-*

plates zur Verfügung (siehe Abbildung 11.5). Über diese Anwendung können Sie Anwendungsrollen basierend auf Anwendungsrollenvorlagen erzeugen.

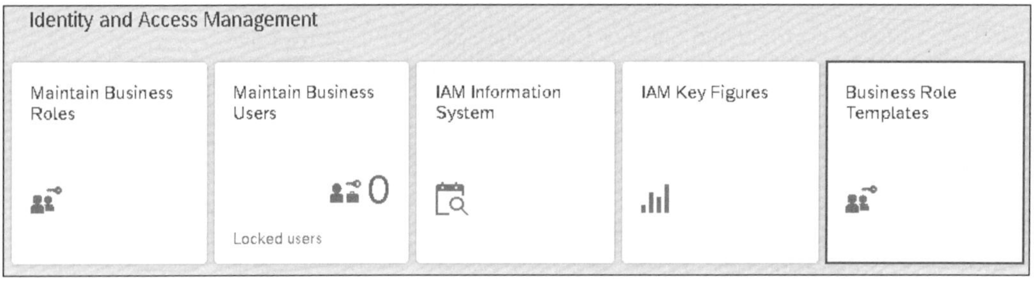

Abbildung 11.5 SAP-Fiori-Anwendung »Business Role Templates«

Anwendungsrolle anlegen

Rufen Sie diese SAP-Fiori-Anwendung über das Dashboard Ihres Entwicklungssystems auf, um wie folgt eine neue Anwendungsrolle anzulegen:

1. Markieren Sie die Anwendungsrollenvorlage SAP_BR_BPC_EXPERT und wählen Sie die Schaltfläche **Create Business Role** unterhalb der Ausgabeliste.
2. Für die neue Anwendungsrolle sind eine **New Business Role ID** und eine **New Business Role Description** anzugeben. Übernehmen Sie einfach die vom System vorgeschlagenen Werte, so wie in Abbildung 11.6 dargestellt, und bestätigen Sie Ihre Eingaben anschließend mit **OK**.

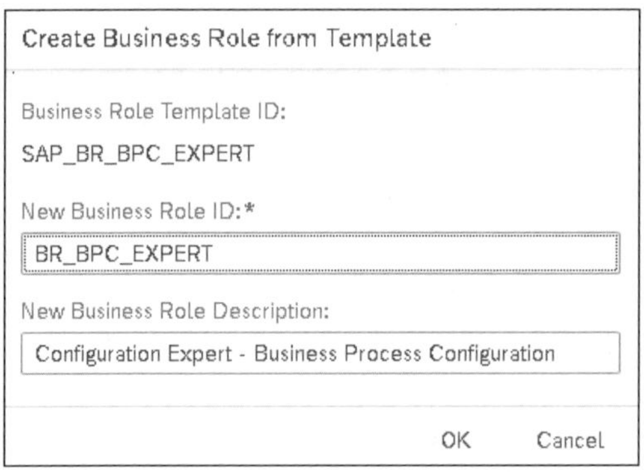

Abbildung 11.6 Anlage einer neuen Anwendungsrolle

Einschränkungen der Anwendungsrolle

Nachdem die Anwendungsrolle angelegt wurde, wird sie Ihnen in der SAP-Fiori-Anwendung **Maintain Business Roles** angezeigt. Wechseln Sie über die Schaltfläche **Edit** in den Bearbeitungsmodus und wählen Sie anschließend die Funktion **Maintain Restrictions**. Wählen Sie im Feld **Write, Read, Value Help** den Wert **Unrestricted**, so wie in Abbildung 11.7 dargestellt, und speichern Sie anschließend Ihre Änderungen. Weitere Informationen zu dieser

Einschränkung von Berechtigungsrollen finden Sie in Abschnitt 12.3.4, »Business-Rollen verwalten«.

Abbildung 11.7 Einschränkungen der Anwendungsrolle

Anwendungsrolle zuweisen

Die Anwendungsrolle kann nun den entsprechenden Benutzern zugewiesen werden. Dazu können Sie die SAP-Fiori-Anwendung **Maintain Business Users** oder **Maintain Business Roles** verwenden. Beachten Sie hierbei, dass Sie die Anwendungsrolle sowohl Ihren Entwickler*innen im Entwicklungssystem als auch Ihren Key Usern im Qualitätssicherungssystem zuordnen müssen.

[+]

Änderungsprotokolle

Neben der Berechtigung, Customizing-Transportaufträge anlegen zu dürfen, beinhaltet die Anwendungsrollenvorlage SAP_BR_BPC_EXPERT außerdem die Berechtigung für die SAP-Fiori-Anwendung *Business Configuration Change Logs*. Mit dieser SAP-Fiori-Anwendung können Sie Datenänderungen in Tabellen auswerten. Als Voraussetzung für die Protokollierung von Tabellenänderungen muss die Änderungsprotokollierung in den technischen Eigenschaften der Tabelle aktiviert sein.

11.2 Eine Business-Configuration-Anwendung entwickeln

Customizing in On-Premise-Systemen

Das Bereitstellen von Customizing in On-Premise-Systemen folgt in der Regel immer demselben Muster. Über das ABAP Dictionary legt man die Customizing-Tabelle an und lässt sich anschließend über den Tabellenpflegegenerator eine entsprechende Pflegeanwendung generieren. Dabei werden neben einer Programmoberfläche sämtliche CRUD-Operationen und Sperrlogiken automatisch erzeugt.

Auch über die Erzeugung eines Transportauftrags während der Pflege der Tabelle muss sich der Entwickler oder die Entwicklerin keine Gedanken machen. Der Tabellenpflegegenerator legt auch hierfür entsprechende Funktionen an. Innerhalb weniger Minuten lassen sich somit eine Customizing-Tabelle und eine dazugehörige Pflegeanwendung erstellen. Über die Transaktion SM30 lässt sich diese Oberfläche anschließend aufrufen, um die Tabelle zu pflegen. Abbildung 11.8 zeigt den Tabellenpflegedialog in einem On-Premise-System.

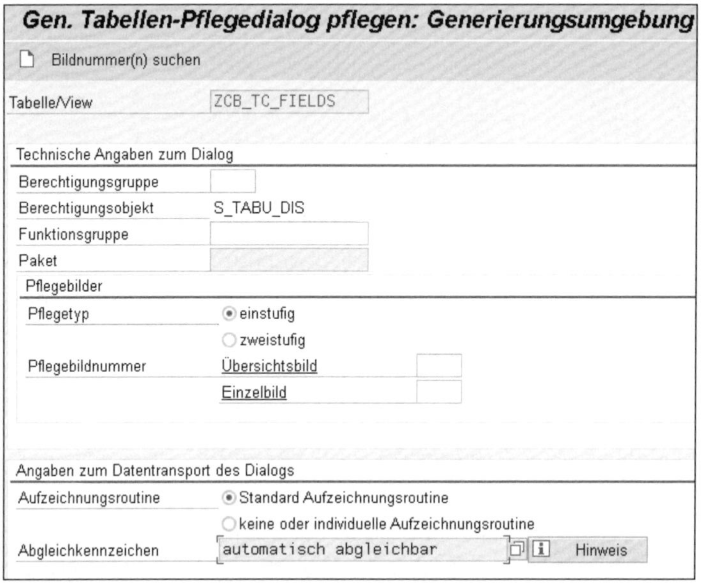

Abbildung 11.8 Tabellenpflegedialog in einem On-Premise-System

Pflegeanwendung selbst erstellen

Im ABAP Environment gibt es zurzeit keine Möglichkeit, sich eine Pflegeanwendung für eine Customizing-Tabelle generieren zu lassen. Es bleibt Ihnen daher nichts anderes übrig, als sich eine solche Anwendung mit dem ABAP-RESTful-Programmiermodell selbst zu erstellen. Dabei können Sie auf das Implementierungsszenario Managed Behavior zurückgreifen, müssen sich also nicht um das Persistieren der Daten kümmern. In jedem Fall müssen Sie aber die Erzeugung eines Customizing-Transportauftrags implementieren.

[»]

Business Configurations pflegen

Mit der SAP-Fiori-Anwendung *Business Configurations pflegen* steht Ihnen eine zentrale Anwendung zur Pflege von Business Configurations zur Verfügung. Ähnlich der Transaktion SM30 aus dem On-Premise-Umfeld verwenden Sie eine generische Oberfläche für einfache Pflegeanwendungen. Die Generierung einer Benutzeroberfläche in der SAP Web IDE ist somit nicht notwendig.

Möchten Sie die Anwendung nutzen, registrieren Sie Ihr Geschäftsobjekt und das zugehörige Service Binding mittels der klassenbasierten API `MBC_CP_API` in dieser Anwendung. Die genannte API befindet sich zum Zeitpunkt der Drucklegung dieses Buchs noch im Beta-Stadium, das heißt, Sie müssen sich diese von SAP freischalten lassen.

Pflegeanwendung erstellen

In diesem Abschnitt zeigen wir Ihnen, wie Sie eine Pflegeanwendung für eine Customizing-Tabelle erzeugen können. Dazu greifen wir auf das in Abschnitt 10.2.3, »Textassoziationen hinzufügen«, angelegte Datenelement `ZPM_APPROVAL_STATUS` zurück. In diesem Datenelement wurde eine gleichnamige Domäne zur Abbildung der gültigen Genehmigungsstatus hinterlegt. Die Domänenfestwerte sollen nun durch eine Wertetabelle ersetzt werden. Für jeden Genehmigungsstatuswert soll eine mehrsprachige Beschreibung möglich sein. Sowohl die Statuswerte als auch ihre Beschreibung sollen über eine entsprechende Pflegeanwendung gepflegt werden können.

Aufbau der Pflegeanwendung

Abbildung 11.9 stellt den Aufbau und die Bestandteile der geplanten Pflegeanwendung dar.

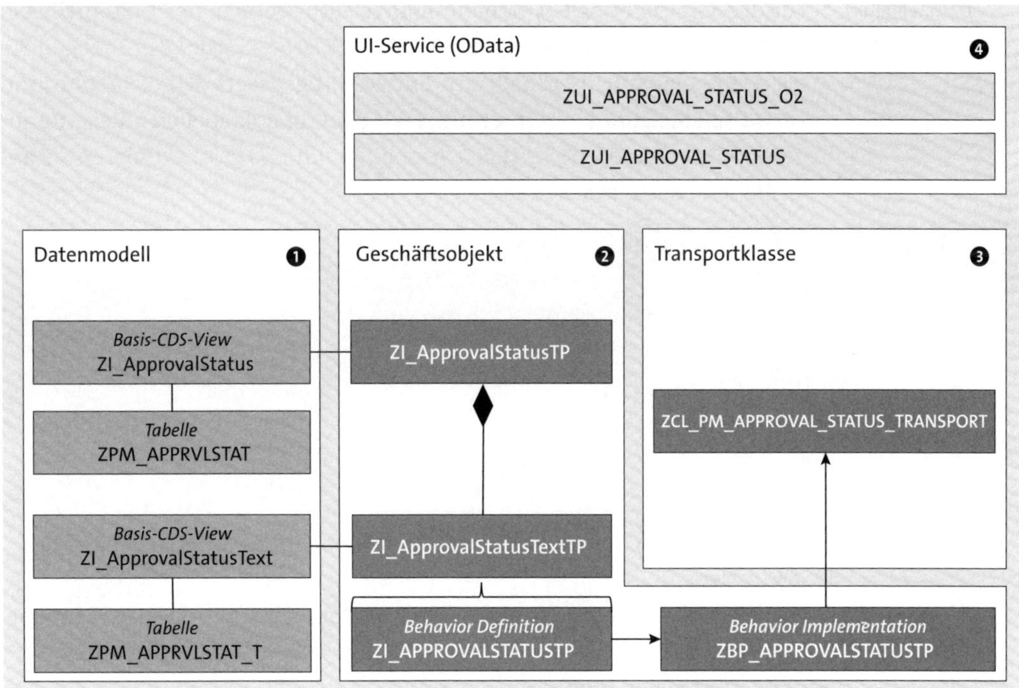

Abbildung 11.9 Objekte der Pflegeanwendung

Das Datenmodell ❶ besteht aus den beiden Tabellen `ZPM_APPRVLSTAT` und `ZPM_APPRVLSTAT_T` sowie aus den dazugehörigen Basis-Views `ZI_ApprovalStatus` und `ZI_ApprovalStatusText`.

Das Geschäftsobjekt ❷ setzt sich aus den CDS-Views `ZI_ApprovalStatusTP` und `ZI_ApprovalStatusTextTP` zusammen. Zusätzlich definieren wir das Verhalten des Geschäftsobjekts über die Behavior Definition `ZI_APPROVALSTATUSTP` und die Behavior Implementation `ZBP_APPROVALSTATUSTP`. Wir erweitern das Speicherverhalten um die Erstellung eines Transportauftrags. Über eine Validierung stellen wir außerdem sicher, dass der Benutzer die notwendigen Berechtigungen zur Anlage eines Transportauftrags hat.

Die Anlage des Transportauftrags kapseln wir in einer separaten Klasse `ZCL_PM_APPROVAL_STATUS_TRANSPORT` ❸. Über die Service Definition `ZUI_APPROVAL_STATUS` und das Service Binding `ZUI_APPROVAL_STATUS_02` stellen wir dem Benutzer einen UI-Service zur Pflege der Customizing-Tabelle zur Verfügung ❹.

11.2.1 Customizing-Tabellen anlegen

Datenelement anlegen

Für die Beschreibung des Genehmigungsstatuswerts in der Texttabelle benötigen wir ein neues Datenelement `ZPM_APPROVAL_STATUS_DESCR`. Legen Sie das Datenelement innerhalb des Entwicklungspakets `ZPM_COMMON` an und verweisen Sie auf die in Abschnitt 4.3.1, »Datenbanktabellen anlegen«, angelegte Domäne `ZPM_DESCRIPTION` (siehe Abbildung 11.10). Aktivieren Sie anschließend das Datenelement.

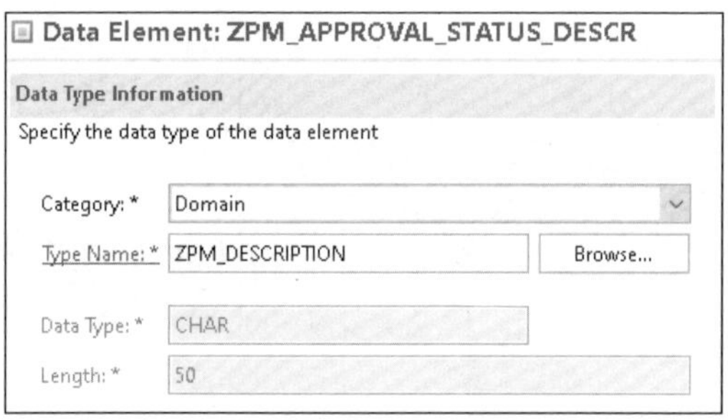

Abbildung 11.10 Datenelement für die Beschreibung des Genehmigungsstatus

Tabelle für Statuswerte

Legen Sie als Nächstes die eigentliche Wertetabelle `ZPM_APPRVLSTAT` im Entwicklungspaket `ZPM_DM` an. Übernehmen Sie anschließend die in Listing 11.1 gezeigte Tabellendefinition.

```
@EndUserText.label : 'Approval Status'
@AbapCatalog.enhancementCategory : #NOT_EXTENSIBLE
@AbapCatalog.tableCategory : #TRANSPARENT
@AbapCatalog.deliveryClass : #C
@AbapCatalog.dataMaintenance : #ALLOWED
define table zpm_apprvlstat {
```

```
  key client : abap.clnt not null;
  key status : zpm_approval_status not null;
      changedat  : timestampl;
}
```

Listing 11.1 Tabelle für Statuswerte

Über die Annotation @AbapCatalog.deliveryClass in Listing 11.1 definieren Sie die *Auslieferungsklasse* Ihrer Tabelle. Für Customizing-Tabellen können Sie die Werte #C und #S verwenden:

Auslieferungsklasse

- Für klassisches, mandantenabhängiges Customizing empfiehlt SAP die Verwendung des Werts #C. Tabelleninhalte dieser Tabellen werden über Softwarekomponenten vom Typ Business Configuration in Folgesysteme transportiert.
- Die Auslieferungsklasse #S können Sie für Tabelleninhalte verwenden, die Teil einer Anwendung sind. Solche Tabellen sind typischerweise mandantenunabhängig und werden von Entwickler*innen im Entwicklungssystem gefüllt. Tabelleninhalte dieser Tabellen werden über Softwarekomponenten vom Typ Development in Folgesysteme transportiert.

Über das Feld changedat protokollieren wir die letzte Änderung eines Datensatzes und implementieren das Sperrverhalten.

[«]

Auslieferungsklasse des Genehmigungsstatus

In unserem Beispiel verwenden wir für beide Customizing-Tabellen die Auslieferungsklasse #C. So grundlegende Festlegungen wie einen Genehmigungsstatus würde man vermutlich eher über eine Customizing-Tabelle mit der Auslieferungsklasse #S abbilden. Die Statuswerte würden so mit der Anwendung ausgeliefert und wären in allen Systemen identisch. Um unser Beispiel einfach und leicht nachvollziehbar zu halten, verwenden wir jedoch den Wert #C für die Auslieferungsklasse.

Texttabelle für Statuswerte

Legen Sie als Nächstes die Texttabelle für die Statuswerte ZPM_APPRVLSTAT_T an. Übernehmen Sie dafür das in Listing 11.2 gezeigte Coding.

```
@EndUserText.label : 'Approval Status Description'
@AbapCatalog.enhancementCategory : #NOT_EXTENSIBLE
@AbapCatalog.tableCategory : #TRANSPARENT
@AbapCatalog.deliveryClass : #C
@AbapCatalog.dataMaintenance : #RESTRICTED
define table zpm_apprvlstat_t {
```

```
  key client          : abap.clnt not null;
  @AbapCatalog.textLanguage
  key spras           : spras not null;
  @AbapCatalog.foreignKey.screenCheck : false
  key status          : zpm_approval_status not null
    with foreign key [0..*,1] zpm_apprvlstat
      where client = zpm_apprvlstat_t.client
        and status = zpm_apprvlstat_t.status;
      status_description : zpm_approval_status_descr;
}
```

Listing 11.2 Texttabelle für Statuswerte

Basis-CDS-View für Statustabelle

Legen Sie als Nächstes zu Ihren beiden Customizing-Tabellen entsprechende Basis-CDS-Views an. Beginnen Sie mit der Tabelle ZPM_APPRVLSTAT für die Statuswerte. Legen Sie dazu den Basis-CDS-View ZI_ApprovalStatus im Entwicklungspaket ZPM_DM an und übernehmen Sie die in Listing 11.3 gezeigte CDS-View-Definition.

```
@AbapCatalog.sqlViewName: 'ZIAPPRVLSTAT'
@AbapCatalog.compiler.compareFilter: true
@AbapCatalog.preserveKey: true
@AccessControl.authorizationCheck: #CHECK
@EndUserText.label: 'Basic- View Approval Status'
define view ZI_ApprovalStatus
  as select from zpm_apprvlstat
{
  key status,
      @Semantics.systemDateTime.lastChangedAt: true
      changedat
}
```

Listing 11.3 Basis-CDS-View ZI_ApprovalStatus

Über das Feld changedat in Listing 11.3 realisieren wir später das optimistische Sperrverhalten. Mit der Annotation @Semantics.systemDateTime.lastChangedAt: true stellen wir daher sicher, dass das Feld bei jeder Speicherung der Instanz aktualisiert wird.

Basis-CDS-View für Texttabelle

Fahren Sie nun mit dem Basis-CDS-View für die Texttabelle ZPM_APPRVLSTAT_T fort. Legen Sie dazu den Basis-CDS-View ZI_ApprovalStatusText an und übernehmen Sie die CDS-View-Definition aus Listing 11.4.

```
@AbapCatalog.sqlViewName: 'ZI_APPRVLSTAT_T'
@AbapCatalog.compiler.compareFilter: true
```

```
@AbapCatalog.preserveKey: true
@AccessControl.authorizationCheck: #CHECK
@EndUserText.label: 'Basic- View Approval Status Description'
define view ZI_ApprovalStatusText
  as select from zpm_apprvlstat_t
{
  key spras,
  key status,
      status_description
}
```

Listing 11.4 Basis-CDS-View ZI_ApprovalStatusText

Schließen Sie nun die Anlage des Datenmodells für die Business-Configuration-Anwendung damit ab, dass Sie die Tabelle `ZPM_APPRVLSTAT` als Wertetabelle in der Domäne `ZPM_APPROVAL_STATUS` hinterlegen, wie in Abbildung 11.11 dargestellt. Passen Sie außerdem den CDS-View `ZI_ApprovalStatusValues` für die Wertehilfe der Statuswerte aus Abschnitt 10.2.3, »Textassoziationen hinzufügen«, dahingehend an, dass Sie die beiden CDS-Views zum Auslesen der Domänenfestwerte durch die Basis-CDS-Views `ZI_ApprovalStatus` und `ZI_ApprovalStatusText` ersetzen.

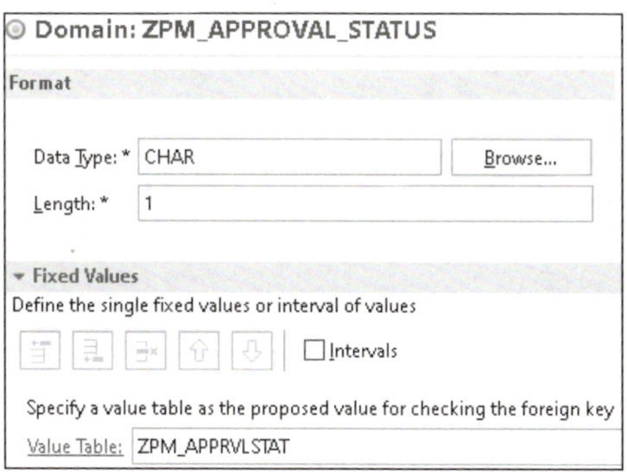

Abbildung 11.11 Hinterlegen der Wertetabelle in der Domäne

11.2.2 Business-Configuration-Anwendung bereitstellen

Genehmigungsstatus

Nachdem wir unsere Customizing-Tabellen angelegt haben, fahren wir nun mit der Anlage der Pflegeanwendung fort. Wir beginnen mit der Modellierung des Geschäftsobjekts Genehmigungsstatus. Legen Sie dazu die in Listing 11.5 und Listing 11.6 gezeigten CDS-Views im Entwicklungspaket `ZPM_BO` an. Listing 11.5 zeigt den Root View `ZI_ApprovalStatusTP` für den Genehmigungsstatus mit der Kompositionsbeziehung zum Child View `ZI_ApprovalStatusTextTP` für die Genehmigungsstatusbeschreibungen.

```
@AbapCatalog.sqlViewName: 'ZIAPPRVLSTATTP'
@AbapCatalog.compiler.compareFilter: true
@AbapCatalog.preserveKey: true
@AccessControl.authorizationCheck: #CHECK
@EndUserText.label: 'Approval Status - Business Object'
define root view ZI_ApprovalStatusTP
  as select from ZI_ApprovalStatus
  composition [0..*] of ZI_ApprovalStatusTextTP as _ApprovalStatusTxt
{
      @UI.facet: [
            {
              id: 'ApprovalStatus',
              label: 'Approval Status',
              type: #COLLECTION,
              position: 1
            },
            {
              id: 'General',
              parentId: 'ApprovalStatus',
              label: 'General Data',
              type: #FIELDGROUP_REFERENCE,
              targetQualifier: 'General',
              position: 1
            },
            {
           id: 'Translation',
           label: 'Translation',
           type: #LINEITEM_REFERENCE,
           position: 3,
           targetElement: '_ApprovalStatusTxt'
          }]

      @UI.fieldGroup: [ { qualifier: 'General', position: 10 } ]
      @UI.lineItem: [{position: 10, label: 'Status' }]
  key status,

      changedat,

      _ApprovalStatusTxt
}
```

Listing 11.5 CDS-View des Genehmigungsstatus

Genehmigungsstatusbeschreibung

Listing 11.6 zeigt den CDS-View `ZI_ApprovalStatusTextTP` für die Genehmigungsstatusbeschreibungen mit der `to parent`-Assoziation zu dem CDS-View für den Genehmigungsstatus.

```
@AbapCatalog.sqlViewName: 'ZIAPPRVLSTATTTP'
@AbapCatalog.compiler.compareFilter: true
@AbapCatalog.preserveKey: true
@AccessControl.authorizationCheck: #CHECK
@EndUserText.label: 'Approval Status Description - Business Object'
define view ZI_ApprovalStatusTextTP
  as select from ZI_ApprovalStatusText
  association to parent ZI_ApprovalStatusTP as _ApprovalStatus on
$projection.status = _ApprovalStatus.status
{
      @UI.facet: [
         {
           id: 'ApprovalStatusText',
           label: 'Translation',
           targetQualifier: 'Translation',
           type: #FIELDGROUP_REFERENCE,
           position: 1
         }
        ]

      @UI.fieldGroup: [{ position: 1,
                     qualifier: 'Translation',
                     label: 'Language Key'}]
      @Consumption.valueHelpDefinition: [
      {entity: {name: 'I_Language', element: 'Language' }}
      ]
      @UI.lineItem: [{ position: 1 }]
  key spras,
  key status,
      @UI.fieldGroup: [{ position: 2,
                     qualifier: 'Translation',
                     label: 'Translated Text' }]
      @UI.lineItem: [{ position: 2, label: 'Translation' }]
      status_description,
      _ApprovalStatus
}
```

Listing 11.6 CDS-View für die Genehmigungsstatusbeschreibungen

Behavior Definition

Nachdem Sie Ihr Geschäftsobjekt soweit modelliert haben, definieren Sie das transaktionale Verhalten. Genau wie bei unserer Beispielanwendung für das Geschäftsobjekt Rabattaktion verwenden Sie dazu das Implementierungsszenario Managed Behavior. Legen Sie die Behavior Definition `ZI_APPROVALSTATUSTP` an und übernehmen Sie das in Listing 11.7 gezeigte Coding.

```
managed;

define behavior for ZI_ApprovalStatusTP alias ApprovalStatus
persistent table ZPM_APPRVLSTAT
lock master
etag master changedat
{
  create;
  update;
  delete;
  association _ApprovalStatusTxt { create; }
}

define behavior for ZI_ApprovalStatusTextTP alias ApprovalStatusText
persistent table ZPM_APPRVLSTAT_T
lock dependent by _ApprovalStatus
{
  update;
  delete;
  field ( readonly ) status;
}
```

Listing 11.7 Geschäftsobjektverhalten des Genehmigungsstatus

Beachten Sie in Listing 11.7 insbesondere die Ergänzung des eTag-Felds `changedat` zur Realisierung eines optimistischen Sperrverhaltens.

Definition des UI-Service

Mit der Aktivierung der Behavior Definition haben Sie die Erstellung des Geschäftsobjekts Genehmigungsstatus soweit abgeschlossen. Damit Sie das Geschäftsobjekt über eine Pflegeanwendung bereitstellen können, müssen Sie noch einen entsprechenden UI-Service definieren. Erstellen Sie dazu die in Tabelle 11.1 aufgeführte Service Definition und das Service Binding.

Objekttyp	Name
Service Definition	ZUI_APPROVAL_STATUS
Service Binding	ZUI_APPROVAL_STATUS_02

Tabelle 11.1 Service Definition und Service Binding der Pflegeanwendung für den Genehmigungsstatus

Exponieren Sie über die Service Definition `ZUI_APPROVAL_STATUS` die beiden CDS-Views `ZI_ApprovalStatusTP` und `ZI_ApprovalStatusTextTP`, wie in Listing 11.8 gezeigt.


```
@EndUserText.label: 'Service Definition for Approval Status'
define service ZUI_APPROVAL_STATUS {
  expose ZI_ApprovalStatusTP;
  expose ZI_ApprovalStatusTextTP;
}
```

Listing 11.8 Service Definition ZUI_APPROVAL_STATUS

Vorschau

Achten Sie bei der Anlage des Service Binding darauf, den **Binding Type** »ODATA V2 - UI« auszuwählen. Anschließend können Sie die Pflegeanwendung für den Genehmigungsstatus über die Vorschau für SAP-Fiori-Elements-Anwendungen aufrufen. Abbildung 11.12 zeigt die Detailansicht eines Genehmigungsstatus mit mehreren sprachabhängigen Beschreibungen.

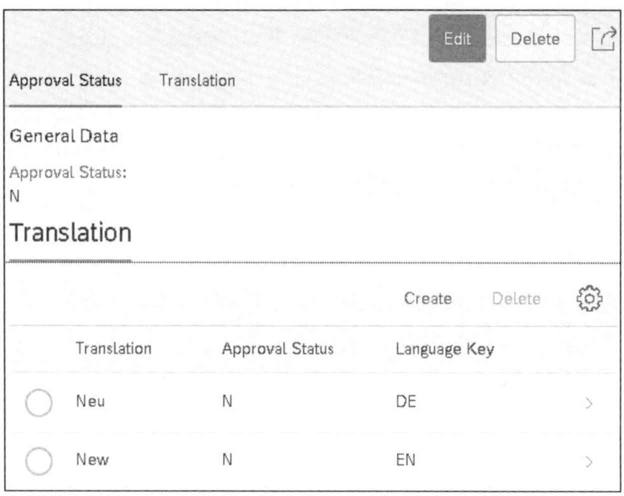

Abbildung 11.12 Detailansicht eines Genehmigungsstatus

11.2.3 Customizing-Aufträge erstellen

Die Pflegeanwendung ist nun fast fertiggestellt. Sie können bereits alle notwendigen Operationen durchführen, um die beiden Customizing-Tabellen zu pflegen. Allerdings werden zurzeit noch keine Änderungen in Transportaufträgen aufgezeichnet. Im ABAP Environment haben Sie zwei Möglichkeiten, um Customizing-Transportaufträge anzulegen und Tabelleneinträge von Customizing-Tabellen hinzuzufügen: die manuelle Anlage über den Transport Organizer oder die implizite Anlage über die Klasse `CL_A4C_BC_FACTORY`.

Manuelle Anlage

Für den Transport Organizer gibt es einen eigenen View in Eclipse. Um diesen einzublenden, navigieren Sie im Menü über **Window • Show View • Other...** in die Einstellungen zur Anzeige von Views. Expandieren Sie den Knoten **ABAP** und markieren Sie **Transport Organizer**. Schließen Sie Ihre Auswahl mit **Open** ab.

Über den Transport Organizer können Sie Transportaufträge manuell erzeugen:

1. Klicken Sie dazu auf die Schaltfläche (**New Transport Request**, siehe Abbildung 11.13).

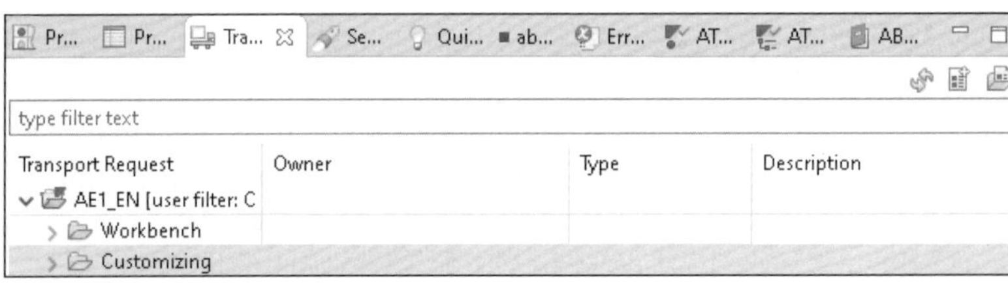

Abbildung 11.13 Transport Organizer in Eclipse

2. Wählen Sie im darauf folgenden Anlagedialog im Feld **Request Type** die Option **Customizing** und vergeben Sie im Feld **Short Description** eine entsprechende Kurzbeschreibung.
3. Legen Sie im Feld **Target** außerdem das Transportziel fest und fügen Sie in der Liste **Tasks** bei Bedarf weitere Transportaufgaben über die Schaltfläche **Add...** hinzu (siehe Abbildung 11.14).
4. Schließen Sie die Anlage des Transportauftrags anschließend über die Schaltfläche **Finish** ab.

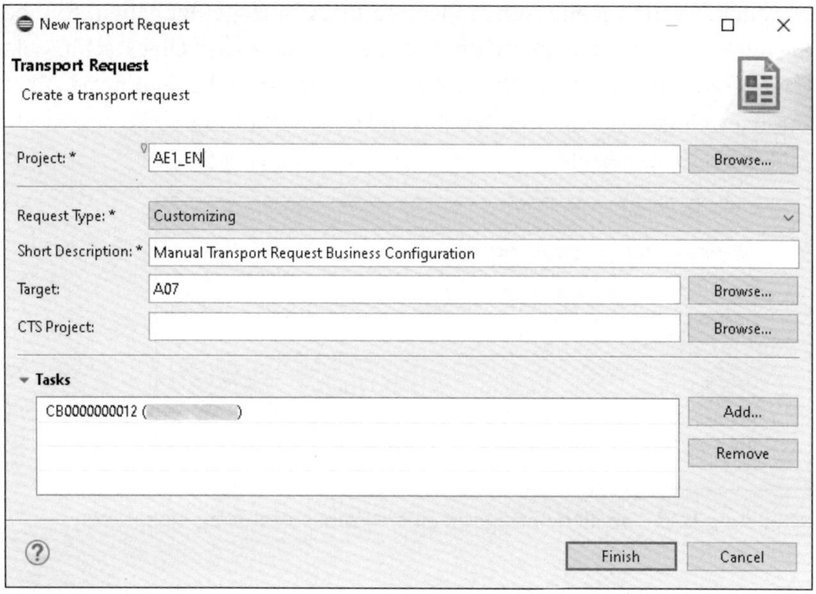

Abbildung 11.14 Anlage eines neuen Customizing-Transportauftrags

Tabelle manuell hinzufügen

Objekte können auch manuell zu einem Transportauftrag hinzugefügt werden. In der Detailansicht Ihres Transportauftrags können Sie im Bereich **Objects** über die Schaltfläche (**Add Object**) einen entsprechenden Dialog aufrufen. Um unsere Tabelle für den Genehmigungsstatus hinzuzufügen, geben Sie im Dialog die folgenden Werte an (siehe Abbildung 11.15):

- **Object Name**: `ZPM_APPRVLSTAT`
- **Object Type**: TABU
- **Program ID**: R3TR

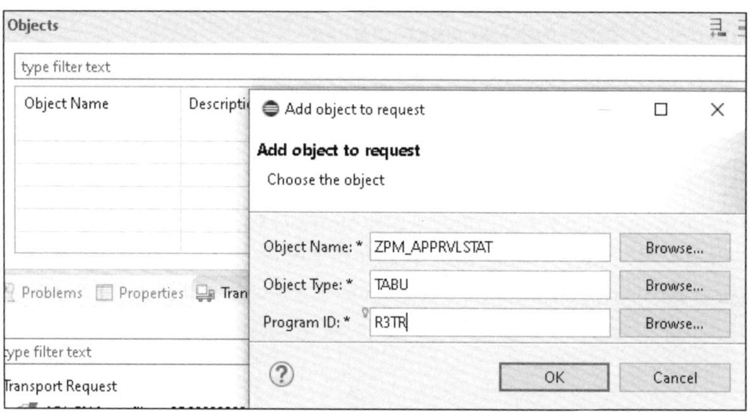

Abbildung 11.15 Eine Tabelle zu einem Transportauftrag hinzufügen

Nachdem Sie die Tabelle zum Transportauftrag hinzugefügt haben, können Sie mit einem Doppelklick auf den Tabellennamen zu den Objektschlüsseln navigieren. Über die Schaltfläche **Add** fügen Sie nun Tabelleneinträge über ihren jeweiligen Tabellenschlüssel zum Transportauftrag hinzu, wie in Abbildung 11.16 dargestellt.

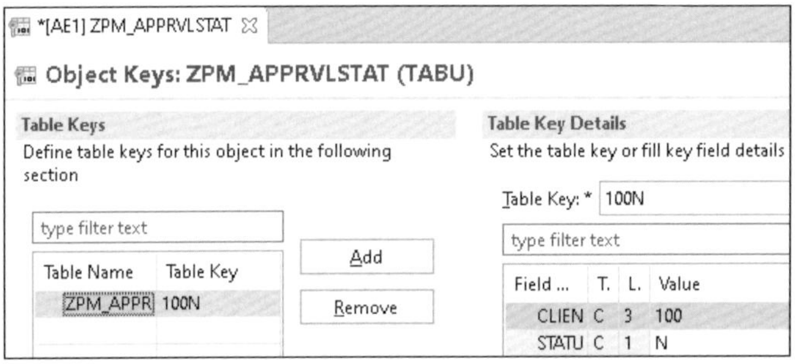

Abbildung 11.16 Tabelleneinträge zu einem Transportauftrag hinzufügen

Implizite Anlage

Die manuelle Anlage eines Customizing-Auftrags kann für gewisse Situationen praktikabel sein. Für den »Normalbetrieb« ist diese Vorgehensweise allerdings weniger geeignet. Mit der Klasse `CL_A4C_BC_FACTORY` steht im ABAP Environment eine API zur Verfügung, mit der Sie Tabelleneinträge implizit zu Customizing-Transportaufträgen hinzufügen können. Dazu verwenden Sie die Methode `ADD_TO_TRANSPORT_REQUEST`. Sollte für den ändernden Benutzer kein implizit erzeugter Transportauftrag und keine Transportaufgabe vorhanden sein, legt die Methode beides automatisiert an. Für die Anlage benötigt der Benutzer allerdings die in Abschnitt 11.1.2, »Berechtigungsvergabe«, erwähnten Berechtigungen. Falls sie ihm fehlen, wird eine entsprechende Ausnahme ausgelöst.

[!]

Anzahl der Customizing-Transportaufträge

Bei der Verwendung der Klasse `CL_A4C_BC_FACTORY` als API werden alle Tabelleneinträge in *einem* Transportauftrag aufgezeichnet. Sie haben somit keine Möglichkeit, unterschiedliche Tabelleninhalte in verschiedenen Transportaufträgen voneinander zu trennen.

Manuell erzeugte und noch offene Customizing-Transportaufträge werden von der API nicht erkannt und führen zu einer Neuanlage eines Transportauftrags. Da es pro Benutzer nur einen offenen Customizing-Transportauftrag geben darf, erhalten Sie die in Abbildung 11.17 dargestellte Fehlermeldung.

Abbildung 11.17 Fehlermeldung bei der impliziten Erzeugung eines Transportauftrags

Voraussetzungen

Über die API können nur Tabelleneinträge kundeneigener Tabellen zu Transporten hinzugefügt werden. Die Tabellen müssen also Bestandteil Ihrer eigenen Softwarekomponenten sein. Tabelleneinträge von SAP-Standardtabellen können nicht hinzugefügt werden. Des Weiteren muss den Tabellen die Auslieferungsklasse #S oder #C zugewiesen sein, andernfalls erhalten Sie die in Abbildung 11.18 dargestellte Fehlermeldung.

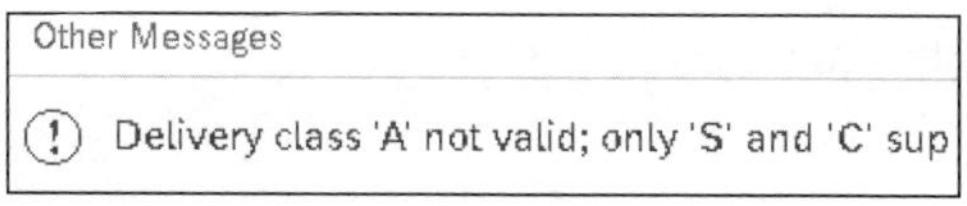

Abbildung 11.18 Fehler bei Verwendung der API und einer Tabelle mit der Auslieferungsklasse #A

Implementierung

Die Methode ADD_TO_TRANSPORT_REQUEST wird typischerweise in der Speicherphase einer Pflegeanwendung aufgerufen. Im Managed Behavior können Sie dazu ein erweitertes Speicherverhalten implementieren. Wir zeigen Ihnen, wie Sie unsere Pflegeanwendung um die Funktion des impliziten Hinzufügens von Tabelleneinträgen erweitern können.

Legen Sie dazu zunächst die Klasse ZCL_APPROVAL_STATUS_TRANSPORT im Entwicklungspaket ZPM_DM an. Mit dieser Klasse kapseln Sie die Transportlogik unserer beiden Customizing-Tabellen. Übernehmen Sie die Klassendefinition aus Listing 11.9.

```
PUBLIC SECTION.
  TYPES:
    tt_status    TYPE TABLE OF zpm_apprvlstat
                       WITH NON-UNIQUE DEFAULT KEY,
    tt_statustxt TYPE TABLE OF zpm_apprvlstat_t
                       WITH NON-UNIQUE DEFAULT KEY.

  METHODS:
    constructor,
    transport
      IMPORTING
        i_check_mode             TYPE abap_bool
```

```
          VALUE(i_status_table)    TYPE tt_status OPTIONAL
          VALUE(i_statustxt_table) TYPE tt_statustxt OPTIONAL
        EXPORTING
          e_messages               TYPE if_a4c_bc_handler=>
tt_message.

  PROTECTED SECTION.
    DATA: transport_api TYPE REF TO if_a4c_bc_handler.
```

Listing 11.9 Definition der Transportklasse

Methoden CONSTRUCTOR und TRANSPORT

Implementieren Sie anschließend die Methoden CONSTRUCTOR und TRANSPORT und übernehmen Sie den in Listing 11.10 gezeigten Quelltext.

```
METHOD constructor.
  me->transport_api = cl_a4c_bc_factory=>get_handler( ).
ENDMETHOD.

METHOD transport.

  DATA: object_keys TYPE if_a4c_bc_handler=>tt_object_tables,
        object_key  TYPE if_a4c_bc_handler=>ts_object_list.

  CHECK i_status_table IS NOT INITIAL.

  " 1. Genehmigungsstatus in Objektschlüssel-Tabelle sammeln
  IF i_status_table IS NOT INITIAL.
    object_key-objname = 'ZPM_APPRVLSTAT'.
    object_key-tabkeys = REF #( i_status_table ).
    APPEND object_key TO object_keys.
  ENDIF.

  " 2. Beschreibungen in Objektschlüssel-Tabelle sammeln
  IF i_statustxt_table IS NOT INITIAL.
    object_key-objname = 'ZPM_APPRVLSTAT_T'.
    object_key-tabkeys = REF #( i_statustxt_table ).
    APPEND object_key TO object_keys.
  ENDIF.

  TRY.

      " 3. Objektschlüssel zu Transportauftrag hinzufügen
      transport_api->add_to_transport_request(
        EXPORTING
```

```
        iv_check_mode         = i_check_mode
        it_object_tables      = object_keys
        iv_mandant_field_name = 'CLIENT'
      IMPORTING
        rt_messages           = e_messages
        rv_success            = DATA(success_flag) ).

    IF success_flag NE 'S'.
      RAISE EXCEPTION TYPE cx_a4c_bc_exception.
    ENDIF.
  CATCH cx_a4c_bc_exception INTO DATA(bc_exception).
    APPEND
      VALUE #( msgty = 'E'
               msgid = 'SY'
               msgno = '002'
               msgv1 = bc_exception->get_text( ) )
      TO e_messages.
  ENDTRY.
ENDMETHOD.
```

Listing 11.10 Implementierung der Transportklasse

Wir gehen an dieser Stelle auf die wichtigsten Abschnitte in Listing 11.10 ein:

1. **Genehmigungsstatus in Objektschlüssel-Tabelle sammeln**
   Über den Parameter `i_status_table` übergeben Sie später die geänderten Tabelleneinträge der Genehmigungsstatus an die Transportklasse. Diese Tabelleneinträge fügen Sie mit dem entsprechenden Objektnamen – also dem Tabellennamen – zur Objektschlüssel-Tabelle hinzu.
2. **Beschreibungen in Objektschlüssel-Tabelle sammeln**
   Analog zu den Genehmigungsstatus verfahren Sie auch mit den Beschreibungen des Genehmigungsstatus. Die geänderten Beschreibungen übergeben Sie später über den Parameter `i_statustxt_table` an die Transportklasse.
3. **Objektschlüssel zu Transportauftrag hinzufügen**
   Mit der Methode `add_to_transport_request` fügen Sie die Objektschlüssel-Tabelle zu einem Transportauftrag hinzu. Über den Parameter `iv_check_mode` können Sie beeinflussen, ob die Methode im Prüfmodus aufgerufen werden soll.

Validierung

Das Hinzufügen von Tabelleneinträgen zu einem Transportauftrag erfolgt typischerweise in der Speicherphase. Aufgrund des Point of no Return sollte zuvor sichergestellt sein, dass dem Benutzer die notwendigen Berechtigungen zur Anlage eines Transportauftrags zugewiesen sind. Dazu implementieren wir eine entsprechende Validierung, in der die Methode ADD_TO_TRANSPORT_REQUEST im Prüfmodus aufgerufen wird.

Legen Sie dazu zunächst eine Behavior Implementation ZBP_APPROVALSTATUSTP für das Geschäftsobjekt Genehmigungsstatus an, wie in Abbildung 11.19 dargestellt.

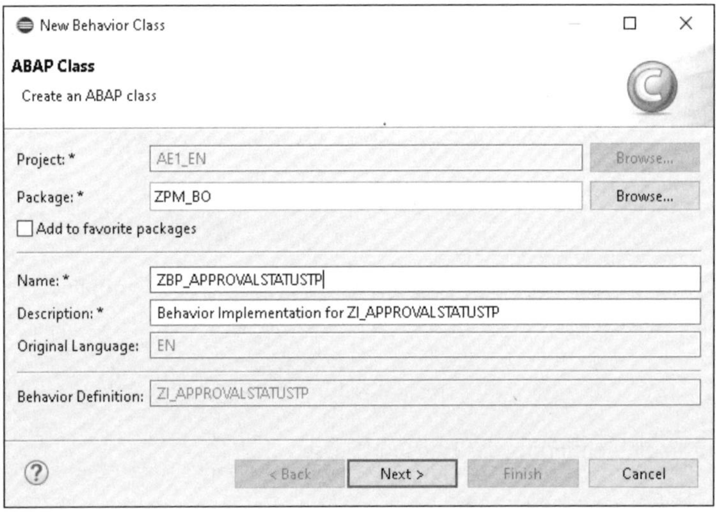

Abbildung 11.19 Behavior Implementation für Genehmigungsstatus

Behavior Definition

Ergänzen Sie anschließend Ihre Behavior Definition ZI_APPROVALSTATUSTP, wie in Listing 11.11 angegeben. Dadurch verknüpfen Sie zum einen die Behavior Implementation ZBP_APPROVALSTATUSTP mit der Behavior Definition und fügen zum anderen eine Validierung für beide Entitäten hinzu.

```
managed implementation in class zbp_approvalstatustp unique;

define behavior for ZI_ApprovalStatusTP alias ApprovalStatus
...
{
...
  validation validateTransport on save
  { field status; }
}
define behavior for ZI_ApprovalStatusTextTP alias ApprovalStatusText
...
{
...
```

```
  validation validateTransport on save
  { field status, status_description, spras; }
}
```

Listing 11.11 Ergänzung der Behavior Definition um Behavior Implementation und Validierung

Handler-Klassen

Durch die in Listing 11.11 gezeigte Definition können Sie nun innerhalb der Behavior Implementation ZBP_APPROVALSTATUSTP die lokalen Handler-Klassen implementieren. Legen Sie diese Klassen wie in Listing 11.12 und Listing 11.13 gezeigt an. Listing 11.12 zeigt die Definition der lokalen Handler-Klasse LHC_APPROVALSTATUS für die Root Enitity ApprovalStatus.


```
CLASS lhc_approvalstatus DEFINITION
  INHERITING FROM cl_abap_behavior_handler.

  PRIVATE SECTION.
    METHODS validate_transport
          FOR VALIDATION ApprovalStatus~validateTransport
      IMPORTING keys FOR ApprovalStatus.

ENDCLASS.

CLASS lhc_approvalstatus IMPLEMENTATION.

  METHOD validate_transport.
  ENDMETHOD.

ENDCLASS.
```

Listing 11.12 Definition der lokalen Handler-Klasse für den Genehmigungsstatus

Listing 11.13 zeigt die Definition der lokalen Handler-Klasse LHC_APPROVALSTATUSTEXT für die Child Entity ApprovalStatusText.

```
CLASS lhc_approvalstatustext DEFINITION
  INHERITING FROM cl_abap_behavior_handler.

  PRIVATE SECTION.
    METHODS validate_transport
          FOR VALIDATION ApprovalStatusText~validateTransport
      IMPORTING keys FOR ApprovalStatusText.

ENDCLASS.
```

```
CLASS lhc_approvalstatustext IMPLEMENTATION.

  METHOD validate_transport.
  ENDMETHOD.

ENDCLASS.
```

Listing 11.13 Definition der lokale Handler-Klasse für die Genehmigungsstatusbeschreibung

Methode VALIDATE_TRANSPORT

Implementieren Sie anschließend jeweils die Methode VALIDATE_TRANSPORT der entsprechenden Handler-Klasse. Beginnen Sie mit der Handler-Klasse der Root Entity ApprovalStatus und übernehmen Sie den in Listing 11.14 gezeigten Quelltext.

```
CLASS lhc_approvalstatus IMPLEMENTATION.

  METHOD validate_transport.

    " 1. Instanz der Transportklasse erstellen
    DATA(status_transport) = NEW zcl_approval_status_transport( ).

    " 2. Transportmethode im Prüfmodus aufrufen
    status_transport->transport(
      EXPORTING
        i_check_mode     = abap_true
        i_status_table   = CORRESPONDING #( keys )
      IMPORTING
        e_messages       = DATA(result_messages) ).

    " 3. Ergebnis verarbeiten
    LOOP AT result_messages INTO DATA(message).
      IF message-msgty CA 'AEX'.
        failed = VALUE #( FOR key IN keys ( %key = key-%key ) ).
      ENDIF.

      APPEND VALUE #( %key = CORRESPONDING #( keys[ 1 ] )
                      %msg = new_message(
                          id        = message-msgid
                          number    = message-msgno
                          severity = CONV #( message-msgty )
                          v1        = message-msgv1
                          v2        = message-msgv2
```

```
                                v3        = message-msgv3
                                v4        = message-msgv4 )
                              ) TO reported.
    ENDLOOP.

  ENDMETHOD.

ENDCLASS.
```

Listing 11.14 Implementierung der lokalen Handler-Klasse für den Genehmigungsstatus

Wir gehen an dieser Stelle auf die wichtigsten Abschnitte in Listing 11.14 ein:

1. **Instanz der Transportklasse erstellen**
   Wir erstellen eine Instanz unserer Transportklasse ZCL_APPROVAL_STATUS_TRANSPORT.
2. **Transportmethode im Prüfmodus aufrufen**
   Wir rufen die Methode TRANSPORT unserer Transportklasse im Prüfmodus auf und übergeben die geänderten Genehmigungsstatus.
3. **Verarbeiten des Ergebnisses**
   Nachdem wir die Methode TRANSPORT aufgerufen haben, verarbeiten wir die Rückgabetabelle. Über den Changing-Parameter failed liefern wir das Schlüsselfeld im Fehlerfall zurück. Alle Meldungen werden zudem über den Changing-Parameter reported zurückgemeldet.

Handler-Klasse für die Genehmigungsstatusbeschreibung

Fahren Sie nun mit der Implementierung der Handler-Klasse der Child Entity ApprovalStatusText fort. Die Implementierung ist weitestgehend identisch mit der der Handler-Klasse für den Genehmigungsstatus in Listing 11.14. Lediglich der Aufruf der TRANSPORT-Methode unterscheidet sich. Listing 11.15 zeigt die relevanten Quelltextänderungen.

```
CLASS lhc_approvalstatustext IMPLEMENTATION.
  METHOD validate_transport.

    " 1. Instanz der Transportklasse erstellen
    ...

    " 2. Transportmethode im Prüfmodus aufrufen
    status_transport->transport(
      EXPORTING
        i_check_mode       = abap_true
        i_statustxt_table = CORRESPONDING #( keys )
```

```
      IMPORTING
        e_messages      = DATA(result_messages) ).

    " 3. Ergebnis verarbeiten
    ...

  ENDMETHOD.
ENDCLASS.
```

Listing 11.15 Implementierung der lokalen Handler-Klasse für die Genehmigungsstatusbeschreibung

Erweitertes Speicherverhalten

Nachdem wir über die Validierung sicherstellen können, dass der die Customizing-Tabelle pflegende Benutzer die notwendigen Berechtigungen zum Erstellen eines Customizing-Transportauftrags besitzt, setzen wir nun das eigentliche Hinzufügen von Tabelleneinträgen zu dem Transportauftrag um. Dazu implementieren wir ein erweitertes Speicherverhalten für unser Geschäftsobjekt Genehmigungsstatus.

Erweitern Sie das Speicherverhalten für alle Entitäten des Geschäftsobjekts, indem Sie im Kopfbereich der Behavior Definition `ZI_APPROVALSTATUSTP` den Zusatz `with additional save` ergänzen.

```
implementation managed with additional save in class
zbp_approvalstatustp unique;

define behavior for ZI_ApprovalStatusTP alias ApprovalStatus
persistent table zpm_apprvlstat
with additional save
...
```

Listing 11.16 Definition des erweiterten Speicherverhaltens

Lokale Saver-Klasse

Durch die in Listing 11.16 gezeigte Definition können Sie nun innerhalb der Behavior Implementation `ZBP_APPROVALSTATUSTP` eine lokale Saver-Klasse implementieren. Legen Sie, wie in Listing 11.17 gezeigt, die Saver-Klasse `LSC_APPROVAL_STATUS` an und redefinieren Sie die Methode `SAVE_MODIFIED`.

```
CLASS lsc_approval_status DEFINITION
  INHERITING FROM cl_abap_behavior_saver.

  PROTECTED SECTION.
    METHODS save_modified REDEFINITION.
ENDCLASS.
```

```
CLASS lsc_approval_status IMPLEMENTATION.

  METHOD save_modified.
  ENDMETHOD.

ENDCLASS.
```

Listing 11.17 Definition der lokale Saver-Klasse

Implementieren Sie anschließend die Methode `SAVE_MODIFIED` und übernehmen Sie dazu den in Listing 11.18 gezeigten Quelltext.


```
METHOD save_modified.

    " 1. Änderungen des Genehmigungsstatus sammeln
    DATA(all_root_keys) = create-approvalstatus.
    APPEND LINES OF update-approvalstatus TO all_root_keys.
    APPEND LINES OF delete-approvalstatus TO all_root_keys.

    " 2. Änderungen an den Genehmigungsstatusbeschreibungen
    " sammeln
    DATA(all_text_keys) = create-approvalstatustext.
    APPEND LINES OF update-approvalstatustext
           TO all_text_keys.
    APPEND LINES OF delete-approvalstatustext
           TO all_text_keys.

    " 3. Instanz der Transportklasse erstellen
    DATA(status_transport) = NEW zcl_approval_status_transport( ).

    " 4. Transportmethode aufrufen
    status_transport->transport(
      EXPORTING
        i_check_mode      = abap_false
        i_status_table    = CORRESPONDING #( all_root_keys )
        i_statustxt_table = CORRESPONDING #( all_text_keys )
      IMPORTING
        e_messages         = DATA(result_messages) ).

    IF line_exists( result_messages[ msgty = 'E' ] ) OR
       line_exists( result_messages[ msgty = 'A' ] ) OR
       line_exists( result_messages[ msgty = 'X' ] ).
      ASSERT 1 EQ 2.
```

```
    ENDIF.
ENDMETHOD.
```

Listing 11.18 Implementierung des erweiterten Speicherverhaltens

Wir gehen auf die wichtigsten Abschnitte in Listing 11.18 ein:

1. **Änderungen des Genehmigungsstatus sammeln**
   Alle neu angelegten, geänderten und gelöschten Tabelleneinträge der Genehmigungsstatustabelle werden gesammelt.
2. **Änderungen an den Genehmigungsstatusbeschreibungen sammeln**
   Alle neu angelegten, geänderten und gelöschten Einträge der Tabelle für die Genehmigungsstatusbeschreibungen werden gesammelt.
3. **Instanz der Transportklasse erstellen**
   Wir erstellen eine Instanz unserer Transportklasse `ZCL_APPROVAL_STATUS_TRANSPORT`.
4. **Transportmethode aufrufen**
   Wir rufen die Methode `TRANSPORT` unserer Transportklasse auf und übergeben die geänderten Genehmigungsstatus und Genehmigungsstatusbeschreibungen.

Damit haben Sie Ihre erste Pflegeanwendung für eine Customizing-Tabelle im ABAP Environment fertigstellt. Sobald Sie nun einen Genehmigungsstatus oder eine Genehmigungsstatusbeschreibung über die Pflegeanwendung anpassen, werden die entsprechenden Tabelleneinträge automatisch zu einem Transportauftrag hinzugefügt.

Abbildung 11.20 zeigt den automatisch erzeugten Customizing-Transportauftrag für Einträge der Tabellen für den Genehmigungsstatus und die Genehmigungsstatusbeschreibungen.

A07			Target for Z_CUSTOMIZING
Modifiable			
AE1K900093	CB0000000012 ...		Customizing Request
AE1K900094	CB0000000012 ...	Customizing Task	Customizing Request
ZPM_APPRVLSTAT		Table Contents	
ZPM_APPRVLSTAT_T		Table Contents	

Abbildung 11.20 Customizing-Transportauftrag

11.3 Customizing Lifecycle Management

Ablauf des Customizing

Im Laufe des Kapitels haben wir Ihnen die Unterschiede zwischen dem Customizing im ABAP Environment und dem in On-Premise-Systemen dargelegt. Der Aufbau der Systemlandschaft, die Verwendung verschiedener

Softwarekomponenten und die verschiedenen Rollen tragen dazu bei, dass das Thema im ersten Moment etwas undurchsichtig wirken kann. In diesem Abschnitt möchten wir Ihnen daher einen besseren Überblick über den Ablauf des Customizing im ABAP Environment vermitteln. Wir gehen die einzelnen Schritte exemplarisch für eine klassische Systemlandschaft, bestehend aus drei Systemen, durch.

Berücksichtigen Sie, dass Sie für den empfohlenen *Customizing Lifecycle* eine Softwarekomponente vom Typ Business Configuration sowohl im Entwicklungssystem als auch im Qualitätssicherungssystem/Produktivsystem benötigen. Des Weiteren benötigen alle Entwickler*innen im Entwicklungssystem und alle Key User im Qualitätssicherungssystem die Berechtigung zur Anlage eines Customizing-Transportauftrags.

Abbildung 11.21 stellt den Ablauf der Entwicklung einer Pflegeanwendung und Pflege der Customizing-Tabelle dar:

❶ In Eclipse werden die neue Customizing-Tabelle und die zugehörige Pflegeanwendung entwickelt. Die gesamte Entwicklung erfolgt in einer Softwarekomponente vom Typ Development und folgt der in Abschnitt 11.2, »Eine Business-Configuration-Anwendung entwickeln«, beschriebenen Vorgehensweise.

Nachdem die Anwendung fertiggestellt wurde, wird der entsprechende Workbench-Transportauftrag freigegeben, und die Softwarekomponente kann in die Folgesysteme importiert werden. Nähere Informationen zum Transportwesen im ABAP Environment erhalten Sie in Kapitel 15, »Software Lifecycle Management«.

❷ Nachdem die Pflegeanwendung im Entwicklungssystem fertiggestellt wurde, können die Entwickler*innen die Customizing-Tabelle mit Testdaten für ihre Anwendung füllen. Die Tabelleneinträge werden in einem Customizing-Transportauftrag aufgezeichnet und sind der Softwarekomponente für das Entwicklungssystem zugewiesen.

❸ Sobald die Pflegeanwendung auf das Qualitätssicherungssystem transportiert wurde, können Key User Customizing für den produktiven Einsatz (Clean Content) vornehmen. Alle Tabelleneinträge werden in einem Customizing-Transportauftrag aufgezeichnet und sind der Softwarekomponente für das Qualitätssicherungssystem/Produktivsystem zugewiesen.

❹ Für die Freigabe von Customizing-Transportaufträgen im Qualitätssicherungssystem verwenden Key User ebenso wie das Entwicklungsteam den Transport Organizer in Eclipse.

❺ Im letzten Schritt erfolgt der Import der Softwarekomponente in das Produktivsystem.

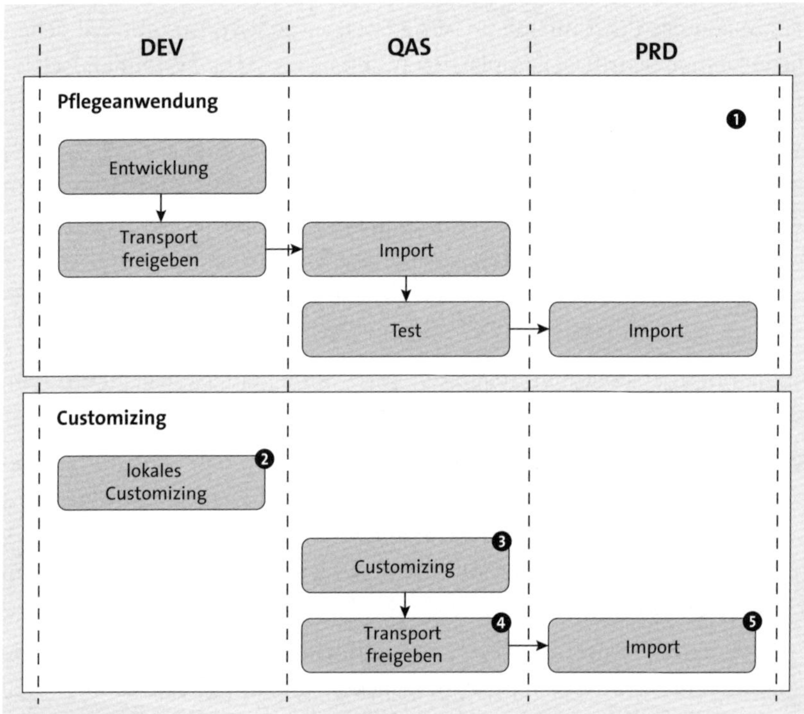

Abbildung 11.21 Ablauf bei der Entwicklung einer neuen Pflegeanwendung und Bereitstellen von Customizing

11.4 Zusammenfassung

In diesem Kapitel haben wir Ihnen die Customizing-Möglichkeiten für im ABAP Environment entwickelte Anwendungen vorgestellt.

In Abschnitt 11.1, »Business Configuration«, haben wir die Unterschiede zur Vorgehensweise in einer On-Premise-Systemlandschaft dargestellt. Zusätzlich haben wir die notwendigen Vorbereitungen im ABAP Environment getroffen und eine Softwarekomponente vom Typ Business Configuration sowie eine entsprechende Anwendungsrolle zur Anlage von Customizing-Transportaufträgen angelegt.

Als Nächstes haben wir in Abschnitt 11.2, »Eine Business-Configuration-Anwendung entwickeln« eine Customizing-Tabelle mit zugehöriger Texttabelle erstellt. Zusätzlich haben wir mit dem ABAP-RESTful-Programmiermodell eine Pflegeanwendung entwickelt und das implizite Erstellen von Customizing-Transportaufträgen implementiert.

Abschließend sind wir in Abschnitt 11.3, »Customizing Lifecycle Management«, den Ablauf des Customizing-Prozesses im ABAP Environment anhand einer Abbildung noch einmal durchgegangen und haben Ihnen die am Prozess beteiligten Rollen und ihre jeweiligen Aufgaben in den Systemen erläutert.

Kapitel 12
Berechtigungen implementieren

Zugriffschutz und Berechtigungen sind essenziell für betriebswirtschaftliche Anwendungen. In diesem Kapitel führen wir Sie in die Implementierung von Berechtigungsprüfungen für den Zugriff auf Ihre Geschäftsobjekte und abhängige Services ein.

Berechtigungen im ABAP Environment

Die Absicherung des Zugriffs auf Daten und Anwendungen sowie die Überprüfung von Berechtigungen und deren Verwaltung in Benutzerrollen und Katalogen sind wichtige Aufgaben bei der Entwicklung und Bereitstellung von ABAP-Anwendungen. Wir wenden uns daher in diesem Kapitel der Definition von Berechtigungen und der Implementierung von Berechtigungsprüfungen nach dem ABAP-RESTful-Programmiermodell zu. Darüber hinaus erläutern wir die Zuweisung von Berechtigungen über Rollen und Business-Kataloge.

Dazu zeigen wir Ihnen in Abschnitt 12.1, »Berechtigungsobjekte«, wie Sie eigene Berechtigungen für bestimmte Interaktionen mit Ihren Geschäftsobjekten über Berechtigungsfelder und -objekte modellieren können.

In Abschnitt 12.2, »Berechtigungsprüfungen für Geschäftsobjekte«, stellen wir Ihnen im Anschluss die verschiedenen Möglichkeiten vor, Berechtigungsprüfungen und Zugriffskontrollen in mit dem ABAP-RESTful-Programmiermodell entwickelten Anwendungen zu realisieren.

In Abschnitt 12.3, »Benutzern Berechtigungen zuweisen«, gehen wir außerdem darauf ein, wie sich die im Vorfeld definierten Berechtigungen einzelnen Anwendern zuordnen lassen. Wir zeigen, wie sich mit dem ABAP-RESTful-Programmiermodell konkrete Berechtigungen für den Zugriff auf Geschäftsanwendungen festlegen lassen und wie Sie mit selbst angelegten Identity-Access-Management-Anwendungen Business-Kataloge erstellen können. Diese Business-Kataloge erweitern wir mit sogenannten *Restriction Types*, um das Ausprägen von Berechtigungswerten in Business-Rollen zu ermöglichen. Schließlich werden wir sämtliche definierten Berechtigungen und Kataloge in Business-Rollen zusammenführen und diese einzelnen Benutzern des ABAP Environment zuweisen.

12.1 Berechtigungsobjekte

Berechtigungskonzept des ABAP Environment

Bevor wir auf die einzelnen Aspekte des Berechtigungskonzepts von ABAP-RESTful-Anwendungen eingehen, wollen wir Ihnen zunächst einen groben Überblick über das hier angewendete *Berechtigungsmodell* geben. Das ABAP Environment nutzt, wie andere SAP-Systeme auch, ein *additives Berechtigungskonzept*. Das bedeutet, dass ein Benutzer erst einmal nicht über Berechtigungen verfügt. Dem Benutzer werden dann einzelne Berechtigungen zugewiesen, die ihm das Ausführen bestimmter Handlungen erlauben. Je mehr Berechtigungen ein Benutzer erhält, desto mehr Handlungen darf er am System ausführen. Eine Handlung beschreibt hier eine bestimmte Aktivität, also beispielsweise das Lesen, Ändern, Anlegen oder Löschen bestimmter Instanzen eines Geschäftsobjekts.

Die Durchführung mancher Handlungen kann mehrere zusammenhängende Berechtigungen erfordern. Der Benutzer kann zum Beispiel grundsätzlich berechtigt sein, eine bestimmte Aktivität auszuführen, diese Berechtigung könnte jedoch für eine spezielle Instanz nicht gelten. Auch ist es möglich, dass ein Benutzer nur über die Berechtigung verfügt, bestimmte Instanzen eines Geschäftsobjekts zu lesen bzw. anzeigen zu lassen.

Berechtigungsobjekte

Berechtigungsobjekte sind ein geeignetes Mittel, um solche zusammenhängenden Berechtigungen zu modellieren. Der Aufbau und die Komponenten eines Berechtigungsobjekts sind in Abbildung 12.1 dargestellt.

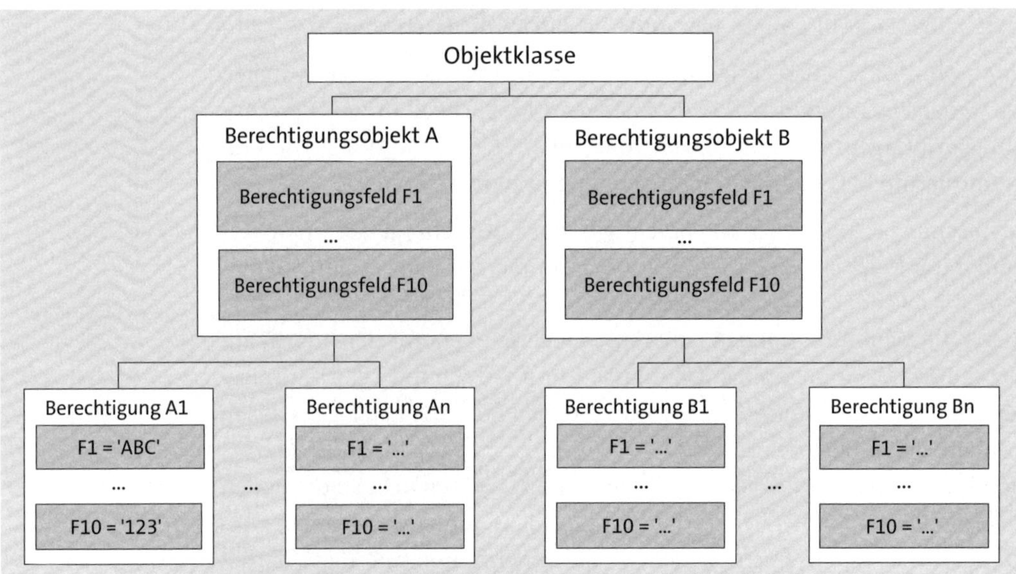

Abbildung 12.1 Aufbau von Berechtigungsobjekten

Ein Berechtigungsobjekt fasst mehrere schützenswerte Felder, die über Berechtigungsprüfungen validiert werden, zusammen. Diese Felder werden als *Berechtigungsfelder* bezeichnet. Über Berechtigungsfelder können bestimmte Werte definiert werden, um erlaubte Handlungen in Anwendungen zu beschreiben.

Berechtigungsfelder

Bei diesen Werten kann es sich zum einen um Aktivitäten eines Anwenders, zum anderen um bestimmte Attribute eines Geschäftsobjekts handeln:

Berechtigungswerte

- **Aktivitätsfelder**
  Berechtigungsfelder für Aktivitäten werden auch als *Aktivitätsfelder* bezeichnet. Über Aktivitätsfelder können einem Benutzer also beispielsweise Berechtigungen für das Lesen von Instanzen, zu deren Anlage oder deren Änderung zugeordnet werden.
- **Attribute eines Geschäftsobjekts**
  Soll ein bestimmtes Attribut eines Geschäftsobjekts in eine Berechtigungsprüfung aufgenommen werden, kann hierzu ebenfalls ein entsprechendes Berechtigungsfeld angegeben werden. Über dieses werden dann die berechtigungsrelevanten Werte spezifiziert.

Mittels Berechtigungsfeldern ist es also möglich, Berechtigungsobjekte zu modellieren, die beschreiben, welche Aktionen ein Benutzer ausführen darf und für welche Geschäftsobjektinstanzen diese Berechtigungen gelten.

Beachten Sie, dass Berechtigungsobjekte allerdings zunächst noch keine expliziten Berechtigungen spezifizieren. Berechtigungsobjekte modellieren vielmehr einen Rahmen, aus dem Berechtigungen für konkrete Aktionen abgeleitet werden können. Man spricht daher bei Berechtigungen auch von *Berechtigungsobjektinstanzen*.

Berechtigungsobjektinstanzen

Wir wollen dies an einem Beispiel erläutern: Wir modellieren ein Berechtigungsobjekt für ein Geschäftsobjekt *Artikel*. Über dieses Berechtigungsobjekt werden nun alle berechtigungsrelevanten Aktionen für dieses Geschäftsobjekt definiert, also beispielsweise das Lesen, Ändern und Löschen von Artikeldaten. Zusätzlich werden im Berechtigungsobjekt noch Felder angegeben, die darüber hinaus berechtigungsrelevant für die Geschäftsobjekte sind, wie beispielsweise der Artikeltyp. Aus diesem Berechtigungsobjekt können nun konkrete Berechtigungen instanziiert werden. Eine Berechtigung erlaubt dem Benutzer dann immer eine konkrete Aktion, also beispielsweise das Ändern von Artikeln des Typs »Handelsware«.

Berechtigungsobjekte werden zu ihrer Organisation und Strukturierung bestimmten Klassen zugeordnet. Im ABAP Environment steht Ihnen nur eine *Berechtigungsobjektklasse* »CPAE – SAP Cloud Platform ABAP Environ-

Berechtigungsobjektklassen

ment Objects« zur Verfügung. Das bedeutet, dass alle Berechtigungsobjekte innerhalb des ABAP Environment automatisch dieser Objektklasse zugeordnet werden.

Anforderungen an die Beispielanwendung

In den folgenden Abschnitten realisieren wir exemplarische Berechtigungsprüfungen für unser Geschäftsobjekt, die Rabattaktion. Die folgenden Benutzeraktivitäten sind hierbei relevant:

- Lesen und Anzeigen von Rabattaktionen
- Genehmigen von Rabattaktionen

Es soll möglich sein, die Anzeige von Rabattaktionen abhängig von ihrem Genehmigungsstatus einzuschränken.

[»]

Verwendung der Testversion

Sollten Sie die Trial-Version des ABAP Environment verwenden, ist es leider nicht möglich, Berechtigungsfelder oder -objekte anzulegen. Die Anlage von Identity-Access-Management-Anwendungen, Business-Katalogen, Restriction Fields und Restriction Types sowie die Anlage von Rollen ist ebenfalls nicht möglich. Daher können die in diesem Kapitel beschrieben Beispiele leider nicht in der Testumgebung nachgestellt werden.

12.1.1 Eigene Berechtigungsfelder anlegen

Berechtigungsfeld für den Genehmigungsstatus

Nachdem wir die Grundlagen des Berechtigungsmodells sowie den Aufbau der Berechtigungsobjekte im ABAP Environment dargestellt haben, fahren wir damit fort, die definierten Anforderungen für unsere Beispielanwendung in einem eigenen Berechtigungsobjekt abzubilden. Hierzu ist es zunächst notwendig, die relevanten Berechtigungsfelder zu erzeugen. Wir legen also zunächst ein Berechtigungsfeld für den Genehmigungsstatus unseres Geschäftsobjekts Rabattaktion an:

1. Öffnen Sie über die rechte Maustaste das Kontextmenü im Project Explorer Ihrer Eclipse-Entwicklungsumgebung und wählen Sie **New • Other ABAP Repository Object • Authorizations • Authorization Field**. Bestätigen Sie Ihre Auswahl mit **Next**. Alternativ können Sie den Anlagedialog auch über die Tastenkombination [Strg] + [N] öffnen.
2. Geben Sie in Abschnitt 4.2.2, »Projektstruktur anlegen«, erstellte Paket `ZPM_AUTHORITY` und den Namen des Berechtigungsfelds an. Für unseren Beispielfall wählen Sie den Namen »ZAF_APPRST«. Bestätigen Sie die Eingabe mit **Next**.

3. Wählen Sie einen entsprechenden Transportauftrag aus und schließen Sie die Anlage über die Schaltfläche **Finish** ab.

> **Namenskonventionen**
>
> Eigene Berechtigungsfelder werden im Kundennamensraum angelegt. Zur Kennzeichnung können Sie bei der Namensvergabe zusätzlich das Präfix AF (für »Authorization Field«) verwenden.

Es öffnet sich der Eclipse-View zur Pflege von Berechtigungsfeldern (siehe Abbildung 12.2).

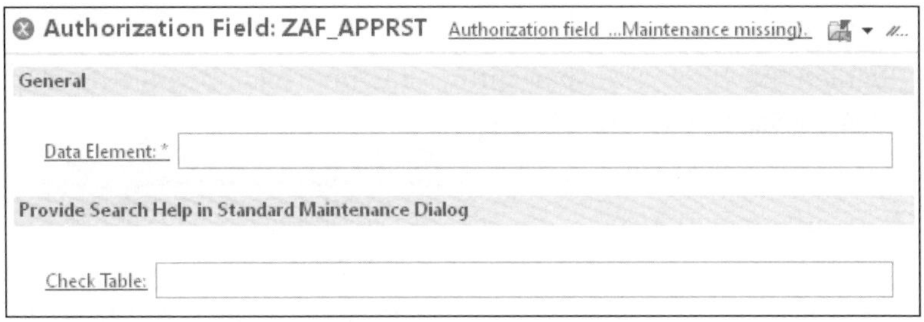

Abbildung 12.2 Berechtigungsfelder anlegen

4. Geben Sie im Feld **Data Element** ein Datenelement für das anzulegende Berechtigungsfeld an. Wählen Sie hier das in Abschnitt 4.3.1, »Datenbanktabellen anlegen«, erstellte Datenelement ZPM_APPROVAL_STATUS.
5. Über den Zusatz **Check Table** haben Sie die Möglichkeit, eine Prüftabelle für die Wertehilfe anzugeben, die bei der Pflege von Berechtigungswerten angezeigt wird.
6. Speichern Sie Ihre Eingaben über die Tastenkombination Strg + S.

> **Verwendung von Datenelementen in Berechtigungsfeldern**
>
> Bei der Anlage von Berechtigungsfeldern können ausschließlich Datenelemente mit Domänenzuordnung verwendet werden. Notwendige Werte der Berechtigungsfelder sollten dann als Domänenfestwerte hinterlegt werden, um die spätere Pflege von Berechtigungen zu erleichtern. Optional kann eine Wertetabelle hinterlegt werden.
>
> Beachten Sie jedoch, dass bei der Anlage von Restriction Types (siehe Abschnitt 12.3.3, »Restriction Fields und Restriction Types definieren«) in der derzeitigen Version des ABAP Environment unbedingt Domänenfestwerte hinterlegt sein müssen.

12.1.2 Eigene Berechtigungsobjekte anlegen

Berechtigungen modellieren

Wir werden nun auf Basis des angelegten Berechtigungsfelds ein Berechtigungsobjekt zur Modellierung der Berechtigungen für das Geschäftsobjekt Rabattaktion erzeugen:

1. Rufen Sie über die rechte Maustaste das Kontextmenu im Project Explorer auf und navigieren Sie über **New • Other ABAP Repository Object • Authorizations • Authorization Object** zum Dialog zur Anlage von Berechtigungsobjekten.
2. Geben Sie den Namen des Berechtigungsobjekts an, z. B. »ZAO_PROMO«.
3. Wählen Sie eine passende Beschreibung und bestätigen Sie Ihre Eingaben mit **Next**.
4. Wählen Sie einen Transportauftrag aus und schließen Sie die Anlage über die Schaltfläche **Finish** ab.

[»]

Namenskonventionen

Eigene Berechtigungsobjekte werden im Kundennamensraum angelegt. Zur Kennzeichnung können Sie bei der Namensvergabe zusätzlich das Präfix AO (für *Authorization Object*) verwenden.

5. Es öffnet sich ein Eclipse-View zur Pflege des Berechtigungsobjekts (siehe Abbildung 12.3).
6. Im Abschnitt **Authorization Fields** können Sie dem Berechtigungsobjekt nun einzelne Berechtigungsfelder zuordnen. Sie können sowohl eigene Berechtigungsfelder als auch bestehende SAP-Berechtigungsfelder verwenden. Ergänzen Sie hier das im vorangehenden Abschnitt erstellte Berechtigungsfeld ZAF_APPRST.

[»]

Das Berechtigungsfeld ACTVT

Bei der Anlage eines Berechtigungsobjekts wird das SAP-Berechtigungsfeld ACTVT standardmäßig zugeordnet und als Aktivitätsfeld (**Activity Field**) markiert. ACTVT erlaubt die Definition der wichtigsten Aktivitäten für Geschäftsobjekte und Anwendungen, weshalb Sie in der Regel keine eigenen Aktivitätsfelder anzugeben brauchen. Bei Bedarf können jedoch auch selbstdefinierte Aktivitätsfelder in das Berechtigungsobjekt aufgenommen werden. Beachten Sie hierbei allerdings, dass immer nur ein Aktivitätsfeld pro Berechtigungsobjekt angegeben werden kann.

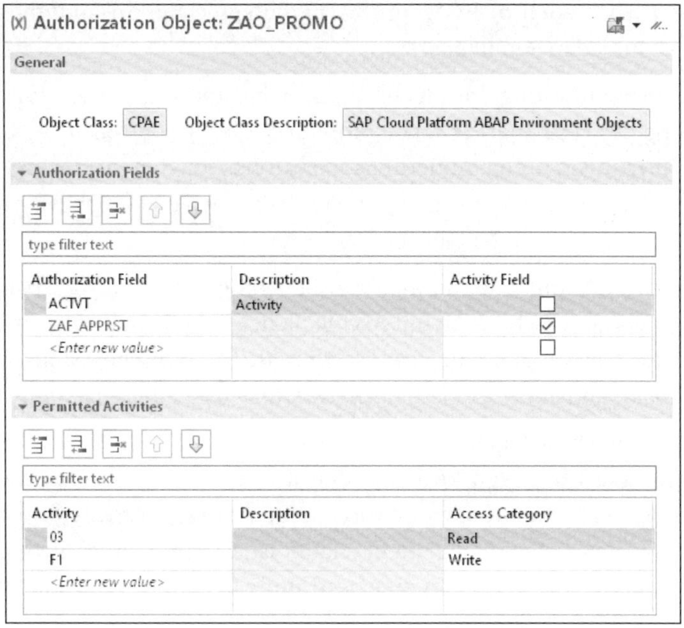

Abbildung 12.3 Berechtigungsfeld anlegen

7. Im Abschnitt **Permitted Activities** können Sie die entsprechenden Werte für berechtigungsrelevante Aktivitäten des Berechtigungsobjekts angeben. Für unsere Beispielanforderungen geben Sie hier die Aktivitäten Anzeigen (Wert »03«) und Genehmigen (Wert »F1«) an, wie in Abbildung 12.3 zu erkennen. Tragen Sie diese Werte in der Spalte **Activity** ein.
8. Über die **Access Category** kann zusätzlich festgelegt werden, ob es sich bei einer Aktivität um einen lesenden oder schreibenden Zugriff auf die Instanzen eines Geschäftsobjekts handelt.
9. Speichern Sie das Berechtigungsobjekt über die Tastenkombination `Strg` + `S`.

12.2 Berechtigungsprüfungen für Geschäftsobjekte

Wir haben nun alle notwendigen Vorkehrungen getroffen, um eigene Berechtigungsprüfungen für unser Geschäftsobjekt Rabattaktion zu implementieren. In diesem Abschnitt werden wir auf Basis der angelegten Berechtigungsobjekte Berechtigungsprüfungen implementieren.

Explizite Berechtigungsprüfung

Es ist charakteristisch für das Berechtigungskonzept für ABAP-Anwendungen, dass sämtliche Berechtigungsprüfungen explizit zu implementieren sind. Wurden für eine Aktion keine expliziten Berichtigungsprüfungen implementiert, wird auch nichts geprüft. Die entsprechende Handlung ist damit quasi für jeden Benutzer erlaubt.

Bei der Implementierung von Berechtigungsobjekten werden wir für die Absicherung des Lese-Zugriffs sogenannte *CDS-Zugriffskontrollen* verwenden. Berechtigungen für die Änderungsoperationen auf den Instanzen von Geschäftsobjekten werden mittels spezieller Methoden in der Behavior Implementation des Geschäftsobjekts umgesetzt.

Berechtigungstypen

Bevor Sie mit der Implementierung von Berechtigungsprüfungen beginnen, ist es wichtig, zwischen den unterschiedlichen Typen von Berechtigungen unterscheiden zu können. Grundsätzlich ist hier zwischen *statischen Berechtigungen* und *instanzbasierten Berechtigungen* zu differenzieren:

- **Statische Berechtigungen**
  Statische Berechtigungen beziehen den Kontext einer Aktivität nicht mit ein. Bei der Validierung von statischen Berechtigungen wird also nur geprüft, ob eine Aktivität allgemein erlaubt ist. Es wird hierbei nicht unterschieden, ob eine Aktion für eine bestimmte Instanz des Geschäftsobjekts ausgeführt werden darf.
- **Instanzbasierte Berechtigungen**
  Bei der Prüfung von instanzbasierten Berechtigungen wird die entsprechende Geschäftsobjektinstanz mit einbezogen. So kann pro Instanz entschieden werden, ob eine bestimmte Aktion für die jeweilige Instanz berechtigt ist oder nicht.

Besonderheiten beim Managed Behavior

Da wir uns im Folgenden auf die Implementierung von Berechtigungsprüfungen in Managed Behaviors fokussieren, beachten Sie, dass hier in der zum Zeitpunkt der Drucklegung dieses Buchs aktuellen Version des ABAP Environment nur instanzbasierte Berechtigungsprüfungen realisiert werden können. Das bedeutet, es lassen sich nur Berechtigungsprüfungen für die Operationen Ändern und Löschen sowie für selbstdefinierte Aktionen implementieren. Statische Prüfungen für eine Anlageoperation können über die Behavior Implementation in Managed Behaviors nicht abgebildet werden. Sie müssten in Unmanaged Behaviors oder gegebenenfalls als Unmanaged Save realisiert werden.

12.2.1 CDS-Zugriffskontrollen anlegen

CDS-Zugriffskontrollen

Für Berechtigungsprüfungen beim Lesezugriff auf Geschäftsobjekte greift das ABAP-RESTful-Programmiermodell auf bestehende Funktionalität von ABAP CDS zurück, die CDS-Zugriffskontrollen. CDS-Zugriffskontrollen bieten eine Möglichkeit, den Zugriff auf die Instanzen eines Geschäftsobjekts über die entsprechenden CDS-Views berechtigungsabhängig zu steuern.

CDS-Rollen

CDS-Zugriffskontrollen definieren sogenannte *CDS-Rollen*, also gewisse Zugriffregeln über verschiedene Zugriffsbedingungen für einzelne CDS-Views. CDS-Rollen werden keinem Benutzer direkt zugeordnet, sondern bei jedem Zugriff auf einen CDS-View evaluiert. Die Ergebnismenge des CDS-View wird dann entsprechend gefiltert (siehe Abbildung 12.4).

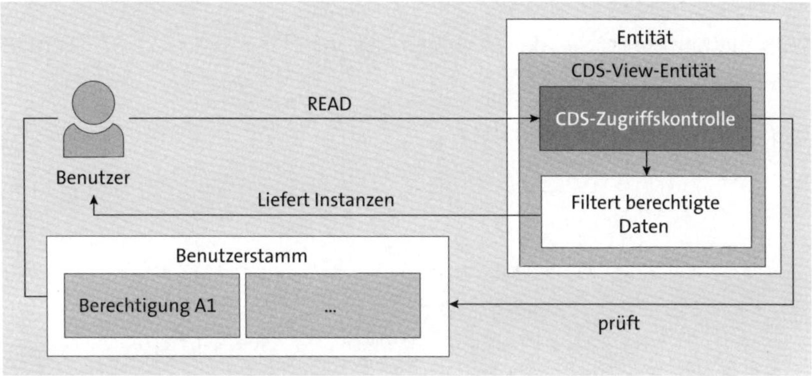

Abbildung 12.4 CDS-Zugriffskontrollen

[+]

Weiterführende Informationen zu CDS-Zugriffskontrollen

CDS-Zugriffskontrollen liefern weitaus mehr Funktionalität als die Prüfung von Berechtigungsobjekten beim Zugriff auf CDS-Views. Wir werden allerdings in diesem Abschnitt nur einen kleinen Ausschnitt der Funktionen von CDS-Zugriffskontrollen betrachten. Für einen tieferen Einblick empfehlen wir Ihnen das Buch »Core Data Services für ABAP« von Renzo Colle, Ralf Dentzer und Jan Hrastnik (2. Auflage, SAP PRESS 2020).

CDS-Zugriffskontrollen anlegen

Um eine CDS-Zugriffskontrolle anzulegen, gehen Sie wie folgt vor:

1. Rufen Sie über die rechte Maustaste das Kontextmenu im Project Explorer auf und wählen Sie **New • Other ABAP Repository Object • Core Data Services • Access Control**.
2. Im sich öffnenden Anlagedialog für CDS-Zugriffskontrollen geben Sie einen Namen für Ihre CDS-Zugriffskontrolle an, in unserem Beispiel »ZI_PROMOTIONTP«.
3. Geben Sie zusätzlich eine passende Beschreibung an und klicken Sie auf **Next**.
4. Wählen Sie einen entsprechenden Transportauftrag aus und schließen Sie die Anlage über die Schaltfläche **Finish** ab.

[»]

Namenskonventionen

Es wird aus Gründen der Übersichtlichkeit empfohlen, immer nur eine CDS-Zugriffskontrolle pro CDS-View zu definieren. Bei der Namensgebung sollten Sie sich dabei am Namen des CDS-View orientieren.

5. Implementieren Sie die CDS-Zugriffskontrolle ZI_PROMOTIONTP gemäß Listing 12.1.

```
define role ZI_PROMOTIONTP {
    grant
        select
            on
                ZI_PROMOTIONTP
                    where
                        (ApprovalStatus) = aspect pfcg_auth(
ZAO_PROMO, ZAF_APPRST, ACTVT = '03'
}
```

Listing 12.1 Implementierung einer CDS-Zugriffkontrolle

Data Control Language

CDS-Zugriffkontrollen werden mit der sogenannten *Data Control Language* (DCL) implementiert. Pro CDS-Zugriffskontrolle wird eine CDS-Rolle definiert. CDS-Rollen werden über das Schlüsselwort `define role <RoleName>` definiert. Mit dem Schlüsselwort `grant select on <CDSViewName>` wird der CDS-View angeben, auf den sich die CDS-Zugriffskontrolle bezieht. In unserem Fall geben wir hier den Root View unseres Geschäftsobjekts Rabattaktion an. Innerhalb der `where`-Bedingung können nun einzelne Zugriffsbedingungen angegeben werden, um den Zugriff auf die Daten des CDS-View einzuschränken. Einzelne Zugriffsbedingungen können über `and` oder `or` verknüpft werden. Über den Zusatz `aspect` können einzelne Aspekte des Benutzerkontexts in die Zugriffsprüfung aufgenommen werden.

Prüfung von Berechtigungen

Für unseren Anwendungsfall verwenden wir nur den Zusatz `aspect pfcg_auth(<AuthObject>, <AuthField>, ..., <AuthField>='value')`. Dieser erlaubt es, den Zugriff auf den CDS-View über einzelne Berechtigungswerte des Benutzers einzuschränken. Zum einen können die Felder der CDS-Views gegen bestimme Berechtigungsfelder geprüft werden, zum anderen können auch Festwerte zur Prüfung einzelner Berechtigungsfelder angeben werden. In unserem Beispiel in Listing 12.1 werden nur die Datensätze selektiert, deren Genehmigungsstatus den Berechtigungswerten des Benutzers entspricht. Zusätzlich werden nur Daten selektiert, wenn der Benutzer für die Aktivität Anzeigen (03) berechtigt ist.

[«]

Wirkung von Zugriffskontrollen

Für unser Beispiel haben wir die CDS-Zugriffskontrollen über den Root View unseres Geschäftsobjekts definiert. Definierte Zugriffskontrollen wirken nur für den CDS-View, für den sie definiert wurden. Beim Zugriff auf die Daten unseres Geschäftsobjekts über Projektions-Views hat die Zugriffskontrolle dementsprechend keine Auswirkungen. Sie haben allerdings die Möglichkeit, CDS-Zugriffskontrollen explizit über den Zusatz `inherit` zu vererben. So können Zugriffskontrollen auf Ebene der CDS-Views einzelner Entitäten oder sogar auf Ebene der Basis-CDS-Views definiert werden und einheitlich an die Projektionsschicht weitergeben werden.

Annotationen für Zugriffskontrollen

Die erwarteten Zugriffsbeschränkungen sollten auch in der Definition der CDS-Views angeben werden. Hierzu wird die CDS-Annotation `@AccessControl.authorizationCheck` verwendet. Falls Sie CDS-Zugriffskontrollen für die CDS-Views verwenden, sollte für diese Annotation der Wert `#CHECK` angegeben werden.

12.2.2 Berechtigungsprüfungen in der Behavior Implementation definieren

Berechtigungsprüfungen für Änderungsoperationen auf den Instanzen von Geschäftsobjekten werden über die Verhaltensimplementierung der entsprechenden Entitäten abgebildet. Ruft ein Benutzer eine entsprechende Operation einer Entität auf, wird hierdurch die Ausführung einer speziell definierten Methode in der Behavior Implementation der Entität angestoßen. Innerhalb dieser Methoden können die Berechtigungen der Operationen für jede Instanz validiert und die Ausführung der Operation erlaubt oder verhindert werden (siehe Abbildung 12.5).

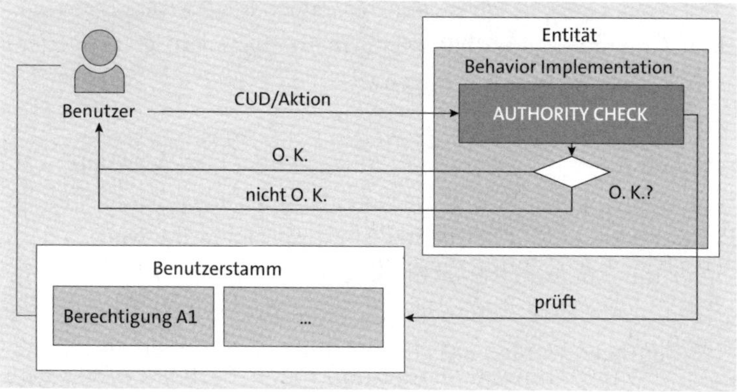

Abbildung 12.5 Berechtigungsprüfungen über Behavior Implementations

Berechtigungsprüfungen für Geschäftsobjekte definieren

Abhängigkeiten bei Berechtigungsprüfungen

Bevor wir mit der eigentlichen Implementierung der Berechtigungsprüfungen fortfahren können, muss zunächst auf Ebene der Behavior Definition angeben werden, für welche Operationen des Geschäftsobjekts Berechtigungen erforderlich sind. Zusätzlich müssen wir die Abhängigkeiten bei der Berechtigungsprüfung zwischen einzelnen Entitäten definieren. Geben Sie hierzu die Zusätze `authorization master` und `authorization dependant` gemäß Listing 12.2 in der Charakteristik-Definition der Entitäten Rabattaktionskopf und Rabattaktionsposition an.

```
define behavior for ZI_PromotionTP alias Promotion
authorization master ( instance )
{...}
define behavior for ZI_PromotionItemTP alias PromotionPosition
authorization dependent by _Promotion
{...}
```

Listing 12.2 Definition von Abhängigkeiten bei Berechtigungsprüfungen

Der Zusatz `authorization master ( instance )` markiert die führende Entität für die Prüfung von instanzbasierten Berechtigungen. Das bedeutet, dass bei Operationen auf abhängigen Entitäten mit dem Zusatz `authorization dependant` die Berechtigungen über die führende Instanz geprüft werden. Der Zusatz `authorization dependent` kann entweder über ein explizites Feld-Mapping oder mit dem Schlüsselwort `by _`*`<Association>`* über eine entsprechende Assoziation angegeben werden.

[»]

Abhängige Berechtigungen bei Objekten einer Kompositionshierarchie

In der aktuellen Version des ABAP-RESTful-Programmiermodells erhält die Root Entity in einer Kompositionshierarchie immer den Zusatz `authorization master ( instance )`. Die abhängigen Child Entities müssen dann den Zusatz `authorization dependent` tragen.

Operationen der abhängingen Entität

Die Operationen Ändern, Löschen und Anlegen über eine Assoziation auf der Ebene der abhängigen Entität werden als Änderungsoperationen auf Ebene der führenden Entität betrachtet. Für diese Operation werden dementsprechend die Änderungsberechtigungen der führenden Entität geprüft. Für selbstdefinierte Aktionen gilt keine Abhängigkeitsbeziehung. Deren Berechtigungen werden auf Ebene der entsprechenden Entität validiert.

Operationen ausschließen

Es werden grundsätzlich alle in der Behavior Definition angegebenen Operationen, abgesehen von der Anlageoperation, in die Berechtigungsprüfung aufgenommen. Sie haben jedoch die Möglichkeit, einzelne Operationen definitionsseitig von der Berechtigungsprüfung auszuschließen. Hierzu verwenden Sie den Zusatz (`authorization : none`), wie beispielhaft in Listing 12.3 für die Änderungsoperation der Entität Rabattaktion demonstriert.

```
define behavior for ZI_PromotionTP alias Promotion
{
        ...
        update ( authorization : none );
}
```

Listing 12.3 Ausschluss von Berechtigungsprüfungen für Operationen

Berechtigungsprüfungen für Geschäftsobjekte implementieren

Berechtigungsprüfung implementieren

Nachdem Sie die Berechtigungsprüfungen für das Geschäftsobjekt Rabattaktion definiert haben, können Sie die konkreten Prüfungen in ABAP implementieren. Die Berechtigungsprüfungen werden im Managed Behavior über die lokalen Handler-Klassen des Behavior Pools des Geschäftsobjekts implementiert. Hierzu werden innerhalb der lokalen Handler-Klasse spezielle Methoden für die Implementierung von Berechtigungsprüfungen der einzelnen Entitäten des Geschäftsobjekts definiert.

Methodendefinition

Methoden für die Implementierung von instanzbasierten Berechtigungsprüfungen werden über folgende Syntax definiert:

```
METHODS <MethodName> FOR AUTHORIZATION
IMPORTING <KeyTable> REQUEST <Request> FOR <Entity> RESULT
<ResultTable>.
```

Entsprechende Methoden werden über den Zusatz `FOR AUTHORIZATION` gekennzeichnet. Sie erhalten als Übergabeparameter eine Liste der Schlüsselfelder der zu prüfenden Instanzen. Der Parameter `REQUEST` gibt an, welche Aktion (Ändern, Löschen etc.) für die Instanz ausgeführt werden soll. Als Rückgabe muss eine Tabelle mit den entsprechenden Berechtigungen für die einzelnen Operationen der jeweiligen Instanz geliefert werden.

Berechtigungsprüfung für die Rabattaktion

Definieren Sie nun eine Methode `CHECK_AUTHORITY_FOR_PROMOTION` zur Implementierung von Berechtigungsprüfungen in der lokalen Handler-Klasse des Behavior Pools `ZBP_PRMOTIONTP`. Den Quellcode können Sie Listing 12.4 entnehmen.

```
CLASS lhc_promotion DEFINITION INHERITING FROM cl_abap_behavior_
handler.
    METHODS check_authority_for_promotion FOR AUTHORIZATION
      IMPORTING it_keys REQUEST is_request FOR promotion RESULT
rt_result.
ENDCLASS.
```

Listing 12.4 Definition einer Methode zur Implementierung von Berechtigungsprüfungen

Implementieren Sie die Methode `CHECK_AUTHORITY_FOR_PROMOTION` danach, wie in Listing 12.5 gezeigt.

```
METHOD check_authority_for_promotion.
    DATA ls_authority LIKE LINE OF rt_result.

    "1. Lesen der relevanten Instanzen
    READ ENTITY ZI_PromotionTP ALL FIELDS WITH
    VALUE #( FOR ls_key IN it_keys ( %key = ls_key-%key ) )
    RESULT DATA(lt_promotions).

    "2. Berechtigungen je Instanz prüfen
    LOOP AT lt_promotions ASSIGNING FIELD-SYMBOL(<ls_promotion>).

      CLEAR ls_authority.
      ls_authority-%key = <ls_promotion>-%key.
      ENDIF.

      "3. Berechtigungsprüfung für Genehmigungsoperation
      AUTHORITY-CHECK OBJECT 'ZAO_PROMO'
      ID 'ACTVT' FIELD 'F1' "Genehmigen
      ID 'ZAF_APPRST' FIELD <ls_promotion>-ApprovalStatus.

      IF sy-subrc <> 0.
        ls_authority-%action-approvePromotion =
if_abap_behv=>auth-unauthorized.
      ENDIF.
      INSERT ls_authority INTO TABLE rt_result.
    ENDLOOP.
  ENDMETHOD.
ENDCLASS.
```

Listing 12.5 Implementierung von Berechtigungsprüfungen

Implementierung der Prüfmethode

Wir betrachten den Quellcode aus Listing 12.5 noch einmal im Detail:

1. **Lesen der relevanten Instanzen**
   Zunächst werden die relevanten Instanzen des Geschäftsobjekts mit der EML-Leseoperation `READ ENTITY` gelesen.
2. **Berechtigungen je Instanz prüfen**
   Für die gelesenen Instanzen werden nun nacheinander die Berechtigungen für die entsprechenden Aktivitäten gegen die im Benutzerstamm des Anwenders oder der Anwenderin festgelegten Berechtigungen verprobt. Zusätzlich wird validiert, ob eine Aktivität ebenfalls für die jeweilige Instanz erlaubt ist.

   Konkret wird an dieser Stelle also das Vorhandensein bestimmter Berechtigungen des in Abschnitt 12.1.2, »Eigene Berechtigungsobjekte anlegen«, angelegten Berechtigungsobjekts geprüft. Es müssen also im Benutzerstamm des Anwenders oder der Anwenderin konkrete Instanzen dieses Berechtigungsobjekts vorliegen, die in der Ausprägung der Berechtigungsfelder `ACTVT` (Aktivität) und `ZAF_APPRST` (Genehmigungsstatus) mit den abgefragten Werten übereinstimmen.

   Diese Prüfung wird über das ABAP-Schlüsselwort `AUTHORITY-CHECK` umgesetzt. Wir gehen hier nicht im Detail auf diesen aus der klassischen ABAP-Programmierung bekannten Befehl ein.
3. **Berechtigungen für Operationen setzen**
   Über den Rückgabeparameter der Methode `CHECK_AUTHORITY_FOR_PROMOTION` wird nun auf Basis der Berechtigungsprüfung festgelegt, ob eine Operation für die jeweilige Instanz ausgeführt werden darf. Hierzu stehen die in Tabelle 12.1 aufgeführten Felder der Rückgabestruktur zur Verfügung. Die dynamische Rückgabestruktur der speziellen Methoden zur Implementierung von Berechtigungsprüfungen in Managed Behaviors bietet Ihnen also die Möglichkeit, die Ausführung von Operationen flexibel für jede Instanz separat zu steuern.

Feld	Beschreibung
`%key`	Schlüsselfelder der aktuellen Geschäftsobjektinstanz
`%update` (nur für Root Entities)	Feld zur Kennzeichnung, ob der Benutzer zur Änderung der entsprechenden Instanz berechtigt ist.
`%delete`	Feld zur Kennzeichnung, ob der Benutzer zum Löschen der entsprechenden Instanz berechtigt ist.

Tabelle 12.1 Rückgabewerte für Autorisierung von Operationen

Feld	Beschreibung
`%assoc` (nur für Root Entities)	Struktur, die die einzelnen Kind-Assoziationen der Geschäftsobjektsentität enthält. Erlaubt die Kennzeichnung, ob der Benutzer für die Anlage von Instanzen über die entsprechende Assoziation berechtigt ist.
`%action`	Struktur, die die selbstdefinierten Aktionen der Geschäftsobjektsentität enthält. Erlaubt die Kennzeichnung, ob der Benutzer für die Ausführung der entsprechenden Aktion für die jeweilige Instanz berechtigt ist.

Tabelle 12.1 Rückgabewerte für Autorisierung von Operationen (Forts.)

[+]

Konstanten verwenden

Um die einzelnen Felder der Rückgabestruktur bei der Implementierung von Berechtigungsprüfungen auszuprägen, können Sie die Konstanten des Interface `IF_ABAP_BEHV` verwenden. Es stehen Ihnen folgende Konstanten zur Verfügung:

- `if_abap_behv=>auth-unauthorized`
- `if_abap_behv=>auth-allowed`

Wirkungsbereich von Berechtigungsprüfungen

Die Berechtigungsprüfungen für unser Geschäftsobjekt sind nun vollständig implementiert. Sollte nun ein Benutzer ohne hinreichende Berechtigungen über die SAP-Fiori-Anwendung eine Operation auf einer Instanz unseres Geschäftsobjekts ausführen, wird eine entsprechende Fehlermeldung ausgeben. Beachten Sie, dass Berechtigungsprüfungen nicht nur beim Zugriff über SAP-Fiori-Anwendungen durchlaufen werden, sondern auch beim programminternen Zugriff über die EML oder bei direkten HTTP-Aufrufen der Geschäftsobjekt-API.

12.3 Benutzern Berechtigungen zuweisen

Berechtigungen zuweisen

Wir haben nun einige Einschränkungen für den Zugriff auf das Geschäftsobjekt Rabattaktion implementiert. Wenn Sie das Geschäftsobjekt über die Vorschaufunktion für SAP-Fiori-Elements-Anwendungen aufrufen, fällt Ihnen die durch die CDS-Zugriffskontrollen und die implementierten Berechtigungsprüfungen eingeschränkte Anzeige auf. Bislang haben wir jedoch noch keine Möglichkeit, einem Benutzer die geprüften Berechtigungen auch zu erteilen. Nachdem wir den Lese- und Änderungszugriff durch

Berechtigungsprüfungen abgesichert haben, werden wir daher nun Benutzern diese Berechtigungen zuweisen.

Business User oder technische Benutzer

Hierzu müssen Sie zunächst unterscheiden, ob es sich bei dem entsprechenden Benutzern um den Benutzer eines Fachanwenders oder einer Fachanwenderin (*Business User*) oder um einen *technischen Benutzer* handelt (siehe Abbildung 12.6). Benutzer für Fachanwender*innen werden in der Regel für den Zugriff auf Dialoganwendungen wie beispielsweise SAP-Fiori-Anwendungen verwendet. Sie sind realen Personen zugordnet. Technische Benutzer hingegen werden speziell für den programminternen Zugriff auf Web-APIs angelegt.

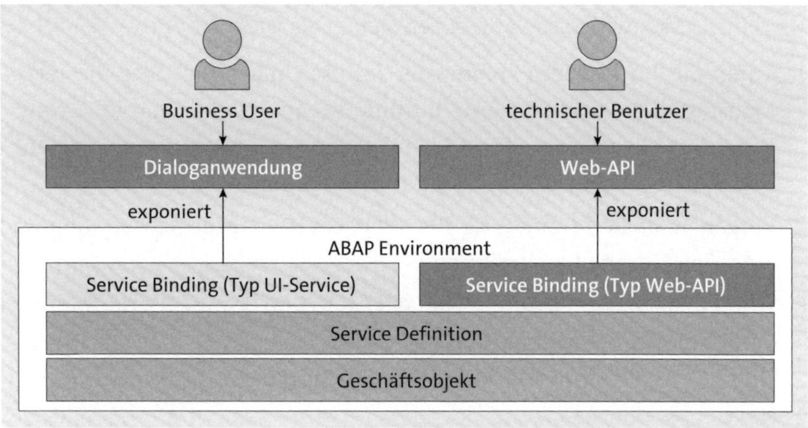

Abbildung 12.6 Geschäftsbenutzer und technische Benutzer

In den folgenden Abschnitten erläutern wir die Autorisierung von Business Usern. Technische Benutzer werden nicht durch das Rollenkonzept des ABAP Environment abgedeckt und erhalten ihre Berechtigungen über die zugeordneten Kommunikationsszenarien.

12.3.1 Identity-Access-Management-Anwendungen

Identity Access Management

Anwendungen für das *Identity Access Management* (IAM) dienen zur Spezifikation des externen Zugriffs auf Services des ABAP Environment. Beispielsweise greift ein Sachbearbeiter wahrscheinlich mit anderen Berechtigungen auf einen Service zu als eine Genehmigende. Diese Zusammenhänge werden über IAM-Anwendungen modelliert. Diese Anwendungen fassen einen oder mehrere zusammenhängende Web-APIs bzw. Services für Dialoganwendungen zusammen und prägen bestimmte Werte für die abhängigen Berechtigungsobjekte eines Zugriffszenarios aus.

[»]

Default-Berechtigungswerte ausprägen

Für jeden der entsprechenden Services lassen sich Default-Berechtigungswerte ausprägen. Default-Berechtigungswerte dienen im Wesentlichen als Vorlage für die Ausprägung von Berechtigungsobjektinstanzen. Die entsprechenden Werte können automatisch an IAM-Anwendungen weitergeben werden. Wir empfehlen, als Default-Berechtigungswerte die Berechtigungswerte anzugeben, die in den in CDS-Zugriffskontrollen oder in den Behavior Implementations der entsprechenden Geschäftsobjekte geprüft werden.

IAM-Anwendung anlegen

Um eine IAM-Anwendung anzulegen, gehen Sie wie folgt vor:

1. Rufen Sie im **Project Explorer** der Eclipse-Umgebung über die rechte Maustaste das Kontextmenu auf und öffnen Sie über den Pfad **New • Other ABAP Repository Object • Cloud Identitiy and Access Management • IAM App** den Anlagedialog für IAM-Anwendungen.
2. Vergeben Sie den Namen »Z_PROMOTIONTP« für die Anwendung und ergänzen Sie eine Beschreibung.
3. Wählen Sie als **Application Type** »EXT – External App«. Daraufhin wird die Bezeichnung automatisch um ein Präfix ergänzt, das den entsprechenden Anwendungstyp kennzeichnet. Bestätigen Sie die Eingaben mit **Next**.
4. Wählen Sie einen entsprechenden Transportauftrag und schließen Sie die Anlage mit **Finish** ab.

Services zuordnen

Es öffnet sich ein View in Eclipse, über den Sie die IAM-Anwendung pflegen können. Auf der Registerkarte **Services** können Sie ihr die angelegten Business Services zuordnen (siehe Abbildung 12.7).

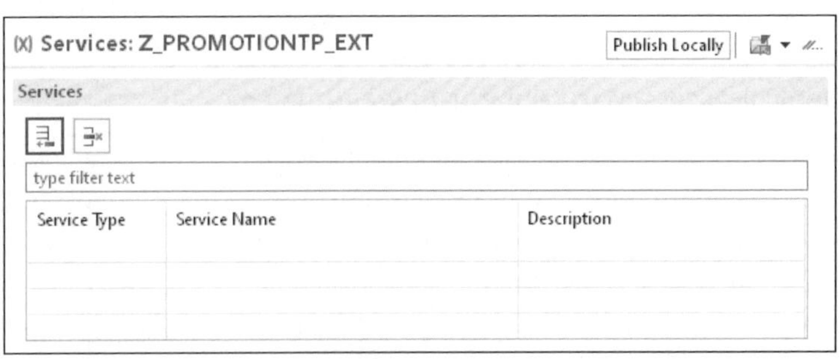

Abbildung 12.7 Services der IAM-Anwendung zuordnen

Fügen Sie über die Schaltfläche (**Insert**) den in Abschnitt 6.4, »Business Services erstellen«, für unser Geschäftsobjekt angelegten Service `ZUI_`

PROMOTION_02 hinzu. Beachten Sie, dass Sie bei der Angabe des Servicenamens immer die Version anhängen müssen. In diesem Fall geben Sie also ZUI_PROMOTION_02_0001 an.

Berechtigungen pflegen

Über die Registerkarte **Authorizations** des Pflege-View für IAM-Anwendungen können Sie nun in den Pflege-View für die Berechtigungswerte navigieren und die entsprechenden Berechtigungen für den Zugriff auf die hinzugefügten Services eintragen (siehe Abbildung 12.8).

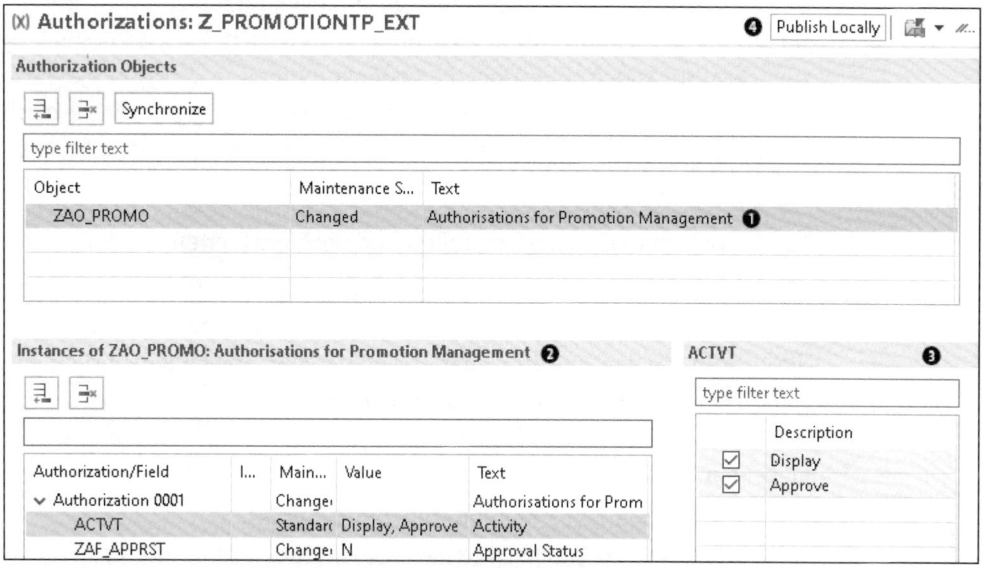

Abbildung 12.8 Berechtigungen für IAM-Anwendung pflegen

[«]

Default-Berechtigungswerte in der IAM-Anwendung

Wenn Sie Default-Berechtigungswerte für den Service hinterlegt haben, werden die für die IAM-Anwendung geltenden Berechtigungen automatisch mit diesen Werten vorbelegt.

Geben Sie im Abschnitt **Authorization Objects** ❶, die für den Zugriff auf den Service relevanten Berechtigungsobjekte an, in diesem Fall das Objekt ZAO_PROMO. Sollte das entsprechende Berechtigungsobjekt bereits eingetragen sein, wählen Sie es über die linke Maustaste aus.

Im Abschnitt **Instance of ZAO_PROMO: Authorizations for Promotion Management** ❷, haben Sie nun die Möglichkeit, eine konkrete Instanz des Berechtigungsobjekts auszuprägen. Diese Instanz entspricht dann den Berechtigungen für den Zugriff auf den Service.

Über die Pflegetabelle rechts ❸ können Sie die einzelnen Werte für die Berechtigungsfelder der Berechtigungsobjektinstanz ausprägen. Wurden Default-Berechtigungswerte vorbelegt, können Sie diese hier anpassen. Die in Abbildung 12.8 gepflegten Berechtigungen umfassen beispielsweise das Anzeigen bzw. Lesen und Genehmigen von Rabattaktionen des Status **N** (New).

IAM-Anwendung veröffentlichen

Nachdem Sie alle relevanten Services und die abhängigen Berechtigungswerte für eine IAM-Anwendung festgelegt haben, müssen Sie diese für die Nutzung innerhalb des ABAP Environment freigeben. Speichern Sie dazu zunächst Ihre Änderungen über die Tastenkombination [Strg] + [S]. Veröffentlichen Sie dann die IAM-Anwendung über die Schaltfläche **Publish Locally** ❹, die Sie rechts oben auf der Registerkarte **Authorizations** finden.

12.3.2 Business-Kataloge erstellen und veröffentlichen

IAM-Anwendung Benutzern zuordnen

Nachdem Sie die relevanten Services und Berechtigungen für unser Zugriffszenario mithilfe der IAM-Anwendung definiert haben, sehen wir uns die Zuordnung des Zugriffsszenarios und der abhängigen Berechtigungen zu den Benutzern des ABAP Environment an. Bislang haben wir zwar definiert, mit welchen Berechtigungen der Zugriff eines Business Users auf die einzelnen Services erfolgt, aber noch nicht spezifiziert, welche Benutzer auf diese Art auf unsere Anwendung zugreifen.

Business-Kataloge

Hierfür müssen wir zunächst einen sogenannten *Business-Katalog* erstellen. Business-Kataloge bündeln einzelne IAM-Anwendungen und können über sogenannte *Business-Rollen* einzelnen Benutzern zugeordnet werden.

Um einen Business-Katalog anzulegen, gehen Sie wie folgt vor:

1. Rufen Sie im Project Explorer über die rechte Maustaste das Kontextmenü auf und öffnen Sie über den Pfad **New • Other ABAP Repository Object • Cloud Identitiy and Access Management • Business Catalog** den Anlagedialog für Business-Kataloge.
2. Geben Sie als Namen »Z_PROMOTION« an und pflegen Sie eine geeignete Beschreibung. Bestätigen Sie Ihre Eingaben mit **Next**.
3. Wählen Sie im Folgedialog einen entsprechenden Transportauftrag aus und schließen Sie die Anlage mit **Finish** ab.

IAM Apps zu Business-Katalogen zuordnen

Im Bereich **Apps** des Eclipse-View zur Pflege von Business-Katalogen ist es nun möglich, die erstellen IAM-Anwendung einem Business-Katalog zuzuordnen (siehe Abbildung 12.9):

1. Klicken Sie dazu auf die Schaltfläche **Add...**
2. Es öffnet sich ein Dialog zu Anlage von Zuordnungen zwischen Business-Katalogen und IAM-Anwendungen.
3. Geben Sie als **IAM App** die in Abschnitt 12.3.1, »Identity-Access-Management-Anwendungen«, angelegte IAM App `Z_PROMOTIONTP_EXT` an. Bestätigen Sie Ihre Eingaben mit **Next**.
4. Geben Sie im folgenden Fenster einen entsprechenden Transportauftrag an und bestätigen Sie die Anlage mit **Finish**.
5. Speichern Sie abschließend den Business-Katalog über die Tastenkombination [Strg] + [S] und veröffentlichen Sie diesen über die Schaltfläche **Publish Locally**.

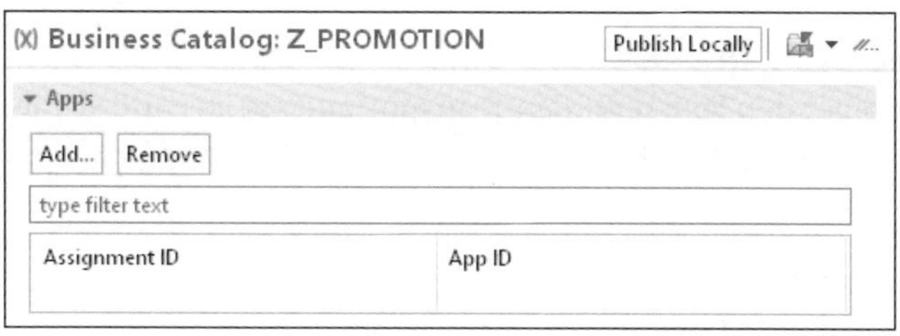

Abbildung 12.9 IAM Apps zu Business-Katalogen zuordnen

12.3.3 Restriction Fields und Restriction Types definieren

IAM-Anwendungen prägen bestimmte Instanzen von Berechtigungsfeldern aus, indem sie erlaubte Aktivitäten und anhängige Berechtigungswerte für ABAP-RESTful-Anwendungen definieren. Damit legen Sie also einen Berechtigungsrahmen fest, der mehreren Anwendern zugeordnet werden kann. Nun kann es jedoch notwendig sein, diesen statisch festgelegten Berechtigungsrahmen für bestimmte Anwender weiter einzuschränken, beispielsweise dann, wenn der schreibende Zugriff nur für eine Teilmenge der durch die IAM-Anwendung festgelegten Instanzen erlaubt sein soll. Eine statische Festlegung solcher Einschränkungen über weitere IAM-Anwendungen ist an dieser Stelle jedoch eher unhandlich.

Restriction Types

Restriction Types ermöglichen es Ihnen, einzelne Berechtigungsfeldwerte auf Ebene der Business-Rollen zu pflegen. Sie bieten Ihnen also eine Möglichkeit, die durch die IAM-Anwendungen vordefinierten Berechtigungen Ihrem Rollenkonzept entsprechend flexibel einzuschränken. So können Sie unter anderem die Werte von Berechtigungsfeldern einzelner Berechtigungsobjekte abhängig von der Art der durchgeführten Aktivität festlegen.

Restriction Fields

Wir legen nun einen Restriction Type zur dynamischen Einschränkung des Berechtigungsfelds für den Genehmigungsstatus an. Voraussetzung dafür ist jedoch, dass wir ein sogenanntes *Restriction Field* erstellen. Restriction Fields werden für Berechtigungsfelder definiert, die über Restriction Types einschränkbar gemacht werden. Restriction Types bündeln dann mehrere zusammenhängende Restriction Fields.

Restriction Field erstellen

Um ein Restriction Field anzulegen, gehen Sie wie folgt vor:

1. Rufen Sie über die rechte Maustaste das Kontextmenü des Project Explorer auf und wählen Sie **New • Other ABAP Repository Object • Cloud Identity and Access Management • Restriction Field**.
2. Im Anlagedialog vergeben Sie den Namen »ZRF_APPROVAL_STATUS« für das Restriction Field und wählen eine sprechende Beschreibung. Bestätigen Sie die Eingabe mit **Next**.
3. Wählen Sie im folgenden Fenster einen Transportauftrag aus und schließen Sie die Anlage mit **Finish** ab.

> **Namenskonventionen**
>
> Restriction Fields werden im Kundennamensraum angelegt. Zur Kennzeichnung können Sie bei der Namensvergabe das Präfix RF verwenden.

4. Sie gelangen zum Pflege-View. Geben Sie im Feld **Authorization Field** das Berechtigungsfeld an, auf das sich das Restriction Field bezieht (siehe Abbildung 12.10), für unsere Beispielanwendung also »ZAF_APPRST«.

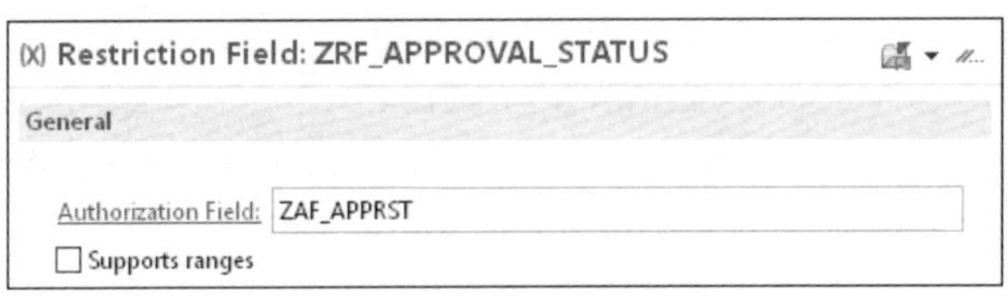

Abbildung 12.10 Restriction Field anlegen

5. Speichern Sie das angelegte Restriction Field mit der Tastenkombination Strg + S.

> **Domänenfestwerte für Restriction Fields**
>
> Beachten Sie, dass Restriction Fields in der zum Zeitpunkt der Drucklegung dieses Buchs aktuellen Version des ABAP Environment nicht für alle Berechtigungsfelder definiert werden können. Das entsprechende Berechtigungsfeld muss über ein Datenelement mit Domänenzuordnung und

Domänenfestwerten typisiert worden sein. Berechtigungsfelder, die nicht auf Domänenfestwerte zurückgreifen können, können nicht mit Restriction Types einschränkbar gemacht werden.

Restriction Type anlegen

Auf Basis des erstellten Restriction Field können Sie nun einen entsprechenden Restriction Type erstellen:

1. Öffnen Sie dazu das Kontextmenü im Project Explorer und wählen Sie **New • Other ABAP Repository Object • Cloud Identity and Access Management • Restriction Type**.
2. Im Anlagedialog vergeben Sie den Namen »ZRT_PROMOTION« und geben eine passende Beschreibung ein. Bestätigen Sie Ihre Angaben mit **Next**.
3. Wählen Sie einen Transportauftrag aus und schließen Sie die Anlage über die Schaltfläche **Finish** ab.

[«]

Namenskonventionen

Restriction Types werden im Kundennamensraum angelegt. Zur Kennzeichnung können Sie bei der Namensvergabe das Präfix RT verwenden.

4. Im sich öffnenden Eclipse-View aus Abbildung 12.11 können Sie nun den Restriction Type konfigurieren.

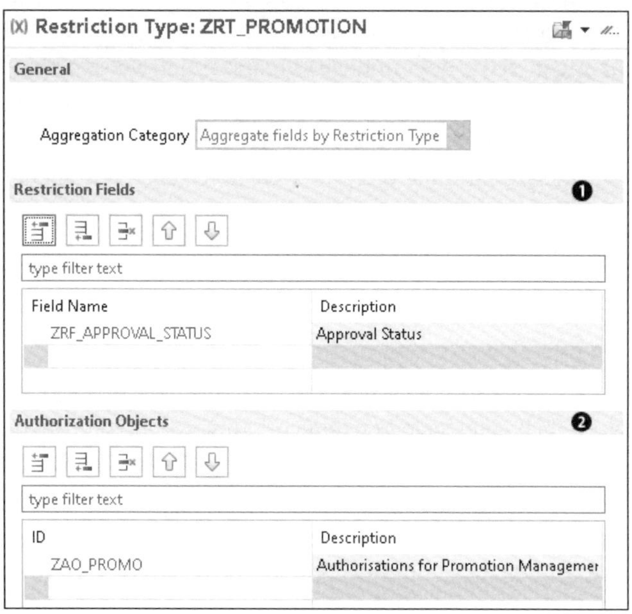

Abbildung 12.11 Restriction Fields anlegen

5. Im Bereich **Restriction Fields** ❶ ordnen Sie dem Restriction Type das von Ihnen erstellten Restriction Field ZRF_APPROVAL_STATUS zu.
6. Im Bereich **Authorization Objects** ❷ geben Sie das von den Einschränkungen abhängige Berechtigungsobjekt ZAO_PROMO an.
7. Speichern Sie den Restriction Type mit der Tastenkombination [Strg] + [S].

Business-Katalog zuordnen

Um den definierten Restriction Type in einer Business-Rolle verwenden zu können, muss er einem Business-Katalog zugeordnet werden. Öffnen Sie hierzu unseren Business-Katalog Z_PROMOTION in der Eclipse-Entwicklungsumgebung. Im Bereich **Restriction Types** nehmen Sie den angelegten Restriction Type ZRT_PROMOTION in den Business-Katalog auf.

Abbildung 12.12 Restriction Type einem Business-Katalog zuordnen

Über die Kontrollkästen **Read**, **Write** und **F4** können Sie spezifizieren, für welche Zugriffsart (Schreibzugriff, Lesezugriff oder Zugriff über die Wertehilfe) Einschränkungen in der Rollenpflege vorgenommen werden können. Die definierten Einschränkungen haben bei der Berechtigungsprüfung dann nur Auswirkung auf die Aktivitäten des jeweiligen Typs. Markieren Sie für unsere Beispielszenario die Checkbox **Write** für den Schreibzugriff. Speichern Sie zum Abschluss den Business-Katalog und veröffentlichen Sie diesen über die Schaltfläche **Publish Locally**.

12.3.4 Business-Rollen verwalten

Als letzten Schritt werden wir nun die über die verschiedenen, in diesem Abschnitt angelegten Objekte festgelegten Berechtigungen den Benutzern unserer ABAP-Environment-Instanz zuweisen. Berechtigungen werden den Business Usern des ABAP Environment über Business-Rollen zugewiesen. Eine Business-Rolle fasst verschiedene Berechtigungen und Einschränkungen für eine bestimmte Menge von Anwendungen und Services zusammen und wird in der Regel für eine bestimmte Position oder eine bestimmte operative Funktion definiert, beispielsweise für Entwickler*innen oder Admins.

Zusammenspiel der definierten Objekte

Abbildung 12.13 veranschaulicht noch einmal die Verbindung zwischen IAM-Anwendung, Business-Katalogen und Rollen und stellt den Zusammenhang zu den Berechtigungsprüfungen her.

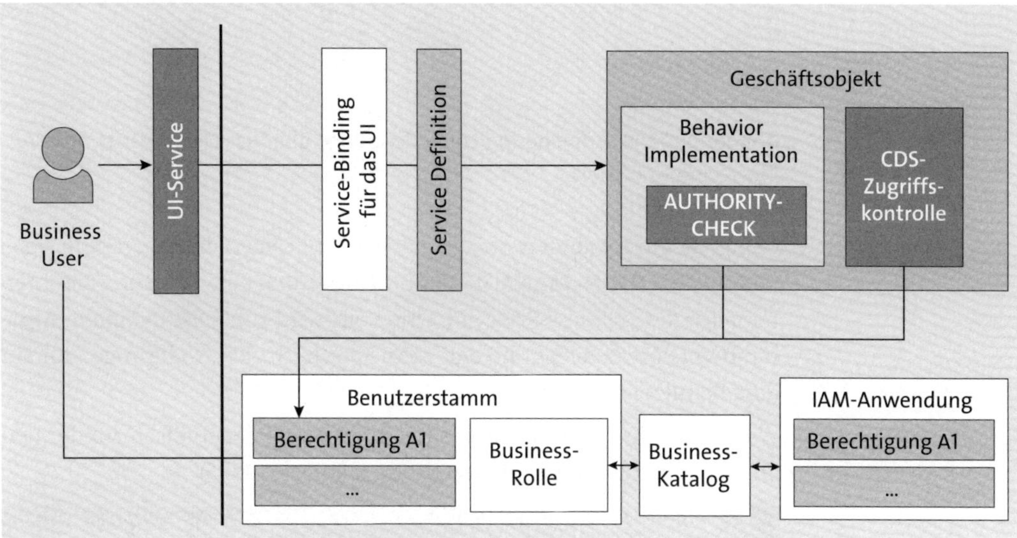

Abbildung 12.13 Zusammenspiel von IAM-Anwendungen, Business-Katalogen und Business-Rollen

Über die IAM-Anwendungen, Business-Kataloge und Business-Rollen werden letztendlich die Berechtigungen bzw. Berechtigungsobjektinstanzen im Benutzerstamm der Business User angelegt, die dann in den implementierten Berechtigungsprüfungen abgefragt werden. Bei der eigentlichen technischen Berechtigungsprüfung ist jedoch die Rolle, über die ein Benutzer die Berechtigung erhalten hat, nicht mehr relevant.

Business-Rollen anlegen

Anwendung »Maintain Business Roles«

Business-Rollen werden über das Dashboard des ABAP Environment verwaltet. Um eine Business-Rolle anzulegen, gehen Sie dort wie folgt vor:

1. Öffnen Sie die Anwendung **Maintain Business Roles** im Katalog **Identity and Access Management** des Dashboards (siehe Abbildung 12.14).
2. Wählen Sie auf dem Startbildschirm der Anwendung die Schaltfläche **New**.

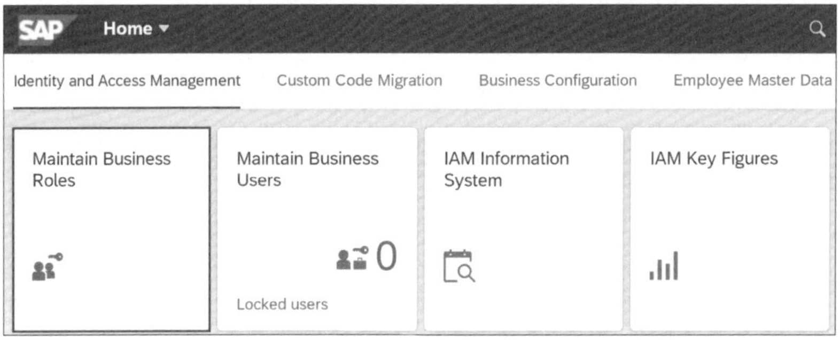

Abbildung 12.14 Anwendung zur Rollenpflege über das Dashboard des ABAP Environment öffnen

3. Geben Sie im folgenden Anlagedialog einen Namen, in unserem Beispiel »BR_PROMOTION_MANAGEMENT_CLERK«, und eine passende Beschreibung für die Business-Rolle ein. Eine Rolle wird zunächst in einer temporären Version angelegt und erst beim Speichern aller Änderungen für andere Benutzer sichtbar.
4. Wählen Sie die Schaltfläche **Create**, um in den Pflegebildschirm der neu angelegten Rolle zu navigieren (siehe Abbildung 12.15).

Abbildung 12.15 Pflegedialog für Business-Rollen

[»]

Namenskonventionen

Business-Rollen müssen nicht im Kundennamensraum angelegt werden. Zur Kennzeichnung hat sich bei der Namensgebung allerdings das Präfix BR_ (für »Business-Role«) etabliert.

5. Auf der Registerkarte **General Role Details** haben Sie die Möglichkeit, allgemeine Angaben, wie Beschreibungen oder Langtexte, für die anzulegende Business-Rolle zu spezifizieren.

6. Auf der Registerkarte **Assigned Business Catalogs** ordnen Sie die erstellten und veröffentlichten Business-Kataloge zu. Klicken Sie dazu auf die Schaltfläche **Add** (siehe Abbildung 12.16).

Abbildung 12.16 Business-Kataloge zu Business-Rollen zuordnen

7. Wählen Sie im Folgedialog den Business-Kataloge `Z_PROMOTION` aus. Bestätigen Sie Ihre Auswahl mit **Apply**.

Business User zuordnen

Zuweisung über die SAP-Fiori-Anwendung

Über die Registerkarte **Assigned Business Users** (siehe Abbildung 12.15) können Sie die Business-Rolle anschließend den Business Usern zuordnen. Alternativ können Sie auch die Benutzerpflege nutzen, um die Business-Rollen einzelnen Benutzern zuordnen. Wir werden Ihnen hier jedoch nur den Weg über die Rollenverwaltung des ABAP Environment demonstrieren:

1. Klicken Sie auf die Schaltfläche **Add** (siehe Abbildung 12.17).
2. Im Folgedialog wählen Sie die Benutzer Ihres ABAP Environment aus, denen Sie die Rolle zuweisen möchten, und bestätigen Sie Ihre Auswahl über die Schaltfläche **Apply**.
3. Speichern Sie die Rolle `BR_PROMOTION_MANAGEMENT_CLERK` über die Schaltfläche **Save**.

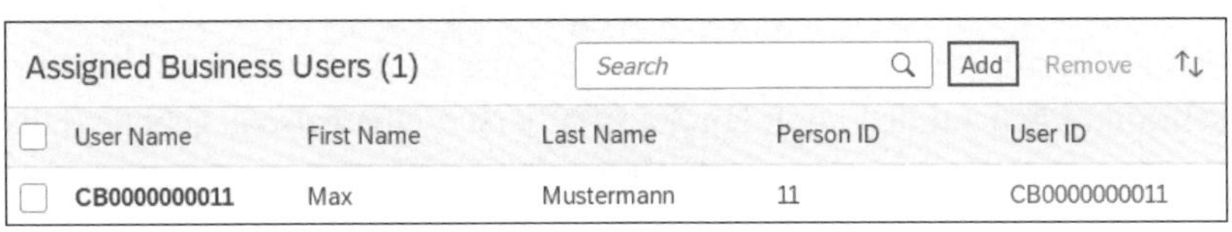

Abbildung 12.17 Geschäftsbenutzern Rollen zuweisen

Einschränkungen in Business-Rollen vornehmen

Restriction Types und Restriction Fields

Über den Link **Maintain Restrictions** oben auf der Startseite der Anwendung **Maintain Business Roles** (siehe Abbildung 12.15) können Sie die durch die Restriction Types und Restriction Fields definierten Einschränkungen für einzelne Berechtigungswerte in der Business-Rolle pflegen. Abbildung 12.18 zeigt die Übersicht zur Pflege der Einschränkungen auf Berechtigungsfelder.

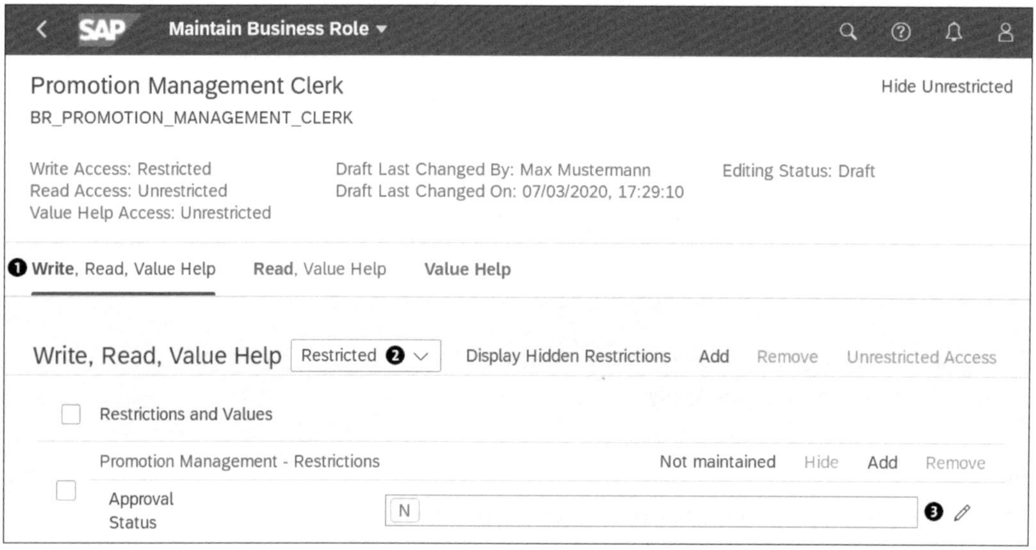

Abbildung 12.18 Einschränkungen für Berechtigungsrollen pflegen

Pflegesicht für die Einschränkungen

Hier können Sie einzelne Berechtigungswerte für den Lese-, den Schreib- und den Wertehilfezugriff pflegen. Für jede Zugriffsvariante steht eine Registerkarte zur Verfügung, über die Sie die entsprechenden Einschränkungen pflegen können ❶:

- alle Zugriffsarten (**Write, Read, Value Help**)
- nur lesender Zugriff und Zugriff über die Wertehilfe (**Read, Value Help**)
- nur Zugriff über die Wertehilfe (**Value Help**)

Beachten Sie, dass bei der Pflege der Zugriffsarten grundsätzlich der schreibende Zugriff stärker eingeschränkt sein muss als der lesende Zugriff. Einschränkungen auf den lesenden Zugriff überschreiben also gegebenenfalls die Einschränkungen auf den schreibenden Zugriff.

Über eine Werteliste ❷ legen Sie auf jeder der Registerkarten zunächst fest, ob der entsprechende Zugriff über die Rollen eingeschränkt werden soll:

- Mit der Auswahl **Unrestricted** können Sie rollenbasierte Einschränkungen auch auslassen. In diesem Fall greifen die durch die IAM-Anwendungen ausgeprägten Berechtigungswerte.
- Über die Auswahl **No Acess** können alle Berechtigungswerte für die entsprechende Zugriffsart initialisiert werden. Prüfungen auf die Werte der entsprechenden Berechtigungsfelder sind damit nicht erfolgreich.
- Die Auswahl **Restricted** erlaubt es Ihnen, einzelne Berechtigungswerte manuell zu überschreiben.

Restriction Fields ausprägen

Abhängig von der Konfiguration werden für jede Zugriffsart verschiedene Restriction Types mit den entsprechenden Restriction Fields angezeigt. Sie können für jedes Restriction Field, z. B. für den Genehmigungsstatus (**Approval Status**), Werte definieren ❸. Hierzu wechseln Sie mit einem Klick auf das Stiftsymbol (🖉) in den Änderungsmodus und wählen aus der angezeigten Werteliste die gültigen Berechtigungswerte aus. Mit den in Abbildung 12.18 gepflegten Einschränkungen wäre für einen Benutzer, dem die Rolle `BR_PROMOTION_MANAGEMENT_CLERK` zugewiesen wurde, die Aktion »Genehmigen« nur für Rabattaktionen mit dem Status **N** (New) erlaubt.

Sie habe zusätzlich die Möglichkeit, einen vollständig uneingeschränkten Zugriff (**Unrestricted**) zu pflegen oder keine Werte anzugeben (**Not maintained**). Die für die Restriction Fields angebenden Werte überlagern dann die einzelnen Berechtigungswerte für die entsprechenden Aktivitäten der Zugriffart.

Auwirkungen der Berechtigungen

Wenn nun ein Benutzer mit der Rolle `BR_PROMOTION_MANAGEMENT_CLERK` den UI-Service für das Geschäftsobjekt beispielsweise über die Vorschaufunktion für SAP-Fiori-Elements-Anwendungen ausführt, zeigen sich die Auswirkungen der zugewiesenen Berechtigungen. Der in Abschnitt 12.3.1, »Identity-Access-Management-Anwendungen«, über die IAM-Anwendung definierte Zugriff umfasst Berechtigungen für das Anzeigen und das Genehmigen von Rabattaktionen, die den Status **N** haben. Diese Berechtigungen werden nun von den über CDS-Zugriffskontrollen und in der Behavior Implementation implementierten Berechtigungsprüfungen validiert. Obwohl keine Filter eingestellt wurden, werden dem Benutzer also nur Rabattaktionen mit dem Status **New (N)** angezeigt (siehe Abbildung 12.19).

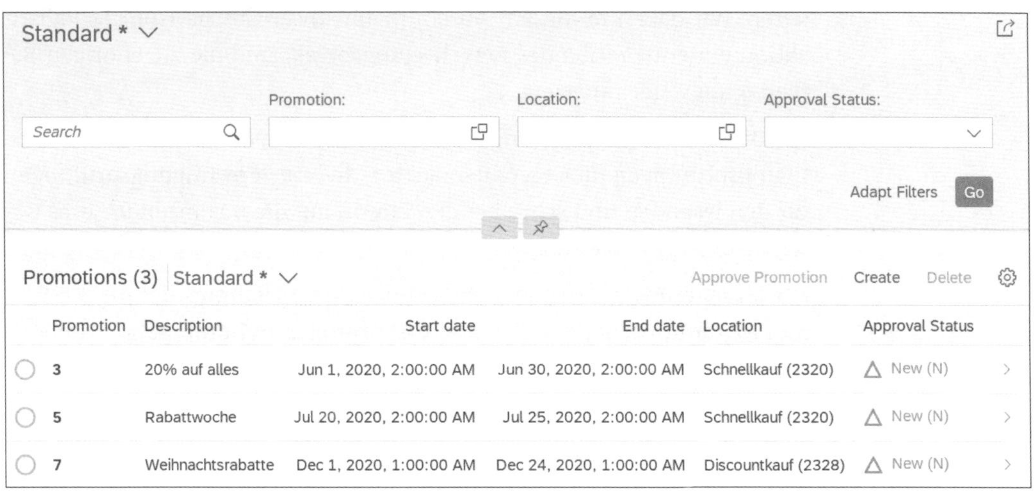

Abbildung 12.19 Eingeschränkte Anzeige in der Anwendung

Bei den in Abbildung 12.18 gepflegten Einschränkungen für den schreibenden Zugriff auf das Geschäftsobjekt Rabattaktion ist das Genehmigen der angezeigten Instanzen weiterhin möglich. Wenn Sie jedoch schärfere Einschränkungen innerhalb der Rolle vornehmen, indem Sie beispielsweise keinen Zugriff (**No Access**) erlauben, schlagen die in der Behavior Implementation implementierten Berechtigungsprüfungen fehl. Es wird die in Abbildung 12.20 dargestellte Fehlermeldung ausgegeben, und die entsprechende Aktion wird ohne Datenänderung abgebrochen.

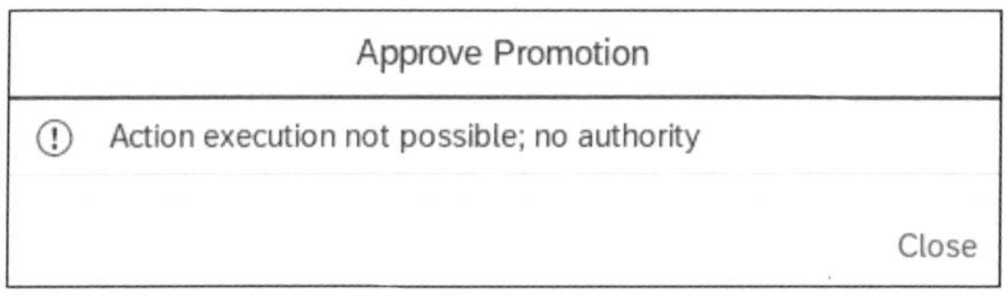

Abbildung 12.20 Fehlermeldung bei fehlgeschlagener Berechtigungsprüfung

12.4 Zusammenfassung

In diesem Kapitel haben wir Sie in die Grundlagen des Berechtigungsmodells für das ABAP Environment eingeführt. In Abschnitt 12.1, »Berechtigungsobjekte«, haben Sie den Aufbau und die Bedeutung von Berechtigungsfeldern und Berechtigungsobjekten im Umfeld des ABAP Environment kennengelernt. Berechtigungsobjekte und Berechtigungsfelder bilden die Basis für Berechtigungsmodelle in der ABAP-Entwicklung. Über Berechtigungsobjekte lassen sich Berechtigungen für einzelne Handlungen bzw. Aktivitäten auf den Instanzen eines Geschäftsobjekts abstrakt modellieren. Wir haben in diesem Abschnitt für unser Geschäftsobjekt Rabattaktion ein entsprechendes Berechtigungsobjekt und die zugehörigen Berechtigungsfelder angelegt.

Auf Basis dieses Berechtigungsobjekts haben wir in Abschnitt 12.2, »Berechtigungsprüfungen für Geschäftsobjekte«, diverse Berechtigungsprüfungen für den lesenden und schreibenden Zugriff auf die Instanzen unseres Geschäftsobjekts implementiert.

Zur Absicherung des lesenden Zugriffs werden im Rahmen des ABAP-RESTful-Programmiermodells CDS-Zugriffskontrollen in Kombination mit entsprechenden Berechtigungsobjekten verwendet. Über eine solche CDS-Zugriffskontrolle haben wir einen lesenden Zugriff auf das Geschäftsobjekt Rabattaktion mit Prüfung des Genehmigungsstatus der einzelnen Geschäftsobjektinstanzen realisiert.

Die Berechtigungsprüfung für den schreibenden Zugriff haben wir exemplarisch für die Aktion »Genehmigen« in Abschnitt über die Behavior Implementation unseres Geschäftsobjekts umgesetzt.

In Abschnitt 12.3, »Benutzern Berechtigungen zuweisen«, haben wir Ihnen gezeigt, wie Sie die geprüften Berechtigungen den Benutzern zuzuweisen. Wir haben hierzu IAM-Anwendung zur Spezifikation der Berechtigungen eines bestimmten Zugriffs auf die Instanzen unseres Geschäftsobjekts angelegt. Business-Kataloge bündeln diese IAM-Anwendungen und erlauben die Zuweisung der so definierten Berechtigungem zu einzelnen Business Usern über Business-Rollen. Die Anlage eines Business-Katalogs haben wir Ihnen auf Basis der im Vorfeld erstellten IAM-Anwendung demonstriert. Anschließend haben wir diesen Business-Katalog um Restriction Types zur dynamischen Pflege bestimmter Berechtigungswerte auf Ebene der Business-Rollen erweitert. Zum Abschluss haben wir eine eigene Business-Rolle erzeugt und diese einem Business User zugeordnet. Dabei haben wir aufgezeigt, wie die dynamische Pflege von Einschränkungen für einzelne Rollen die Berechtigungen der ihr zugewiesenen Benutzer beeinflusst.

Kapitel 13
Kommunikation mit externen Systemen

In diesem Kapitel behandeln wir die Integration externer Systeme mit dem ABAP Environment. Sie lernen, wie die Kommunikation mit Systemen innerhalb und außerhalb Ihrer Systemlandschaft erfolgt.

Mit dem ABAP Environment lassen sich eine Vielzahl von Anwendungsszenarien umsetzen. In den vorangehenden Kapiteln haben wir eine eigene Beispielanwendung mit dem ABAP-RESTful-Programmiermodell umgesetzt. Das ABAP Environment eignet sich jedoch nicht nur für die Entwicklung eigener, hochmoderner Anwendungen. Aufgrund der vielfältigen Möglichkeiten, externe Systeme anzubinden, kann es auch dazu genutzt werden, um Daten aus verschiedensten Datenquellen abzugreifen und in die eigenen Prozesse zu integrieren. Sie können beispielsweise ein On-Premise-System an das ABAP Environment anbinden und so die Vorzüge von SAP Cloud Platform und On-Premise-Systemlandschaft verknüpften. Sie haben auch die Möglichkeit, eigene Funktionalität in Form von Application Programming Intefaces (APIs) für externe Systeme bereitzustellen oder das ABAP Environment als zentrale Erweiterungsumgebung für Ihre Cloud-Systeme zu verwenden. In diesem Kapitel geben wir Ihnen einen praxisorientierten Einblick in die vielfältigen Möglichkeiten des ABAP Environment.

In Abschnitt 13.1, »Kommunikationsmanagement«, erläutern wir die grundlegenden Begriffe und Komponenten rund um die Kommunikation mit externen Systemen.

Abschnitt 13.2, »Arbeiten mit APIs«, beschäftigt sich mit der Verwendung von APIs im ABAP Environment. Wir zeigen Ihnen, wie Sie externe APIs aufrufen und eigene APIs für den Aufruf von außen bereitstellen können.

In Abschnitt 13.3, »Anbindung an On-Premise-SAP-Systeme«, beschäftigen wir uns mit der Anbindung eines On-Premise-Systems an das ABAP Environment. Wir zeigen Ihnen, wie Sie Daten aus diesem System via RFC-Funktionsbaustein (Remote Function Call) ermitteln und einen OData-Service konsumieren können, der Daten aus einem On-Premise-System exponiert.

Abschließend stellen wir Ihnen in Abschnitt 13.4, »Side-by-Side-Erweiterungen für SAP S/4HANA«, die verschiedenen Erweiterungsmöglichkeiten für SAP-S/4HANA-Systeme vor. Wir zeigen Ihnen, wie Sie das ABAP Environment nutzen können, um ein SAP-S/4HANA-System nach dem Prinzip der Side-by-Side-Erweiterungen zu erweitern.

13.1 Kommunikationsmanagement

Damit Sie externe Funktionen in die Geschäftslogik Ihrer im ABAP Environment entwickelten Anwendungen integrieren oder eigene Funktionalität für externe Systeme bereitstellen können, müssen die unterschiedlichen Systeme miteinander kommunizieren. Diese Kommunikation setzt die Konfiguration bestimmter Komponenten voraus. Das Zusammenspiel dieser einzelnen technischen Komponenten gewährleistet letztlich eine funktionierende und sichere Kommunikation. In diesem Abschnitt stellen wir Ihnen die verschiedenen Komponenten und ihre jeweilige Rolle bei der Kommunikation mit externen Systemen vor.

Exponieren von Business Services

Abbildung 13.1 zeigt die obersten Ebenen und Artefakte des ABAP-RESTful-Programmiermodells bei der Freigabe eines Business Service. In den folgenden Abschnitten sehen wir uns die Ebenen Kommunikationsszenario und Kommunikationsvereinbarung genauer an.

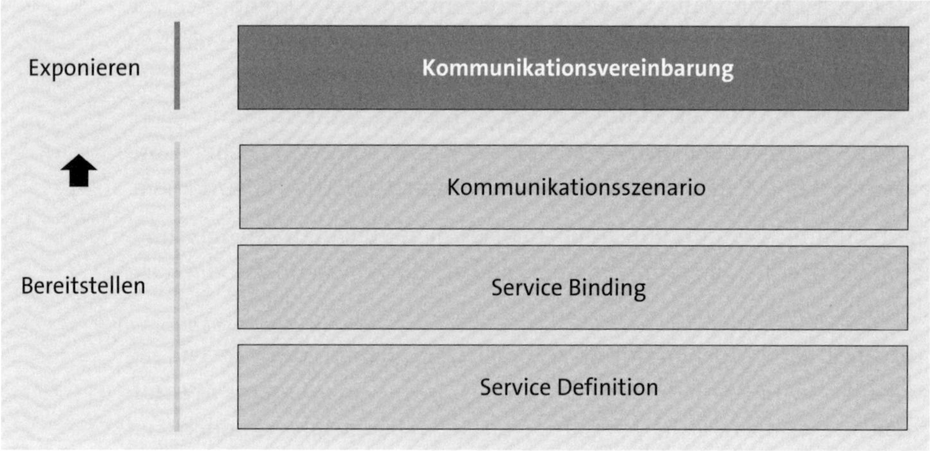

Abbildung 13.1 Exponieren von Business Services

13.1.1 Kommunikationsszenario

Eingangs- und Ausgangsservices

Kommunikationsszenarien definieren die Eingangs- und Ausgangsservices eines Geschäftsprozesses:

- Von *Eingangsservices* spricht man, wenn man mit dem ABAP Environment eigene Web-APIs bereitstellt. Dabei kann es sich sowohl um Web-APIs auf Basis kundeneigener Geschäftsobjekte als auch um Web-APIs auf Basis von SAP-Standard-Geschäftsobjekten handeln.
- Von *Ausgangsservices* spricht man dagegen, wenn man externe Services in seine Geschäftsprozesse integriert.

Exponieren eines CDS-View

Angenommen, Sie möchten die Daten eines CDS-View außerhalb Ihres ABAP Environment einem externen System bereitstellen. Über eine Service Definition und ein Service Binding haben Sie bereits einen Business Service erstellt, der sich lokal aufrufen lässt. Damit Sie diesen Business Service externen Systemen bereitstellen können, würden Sie ihn im nächsten Schritt einem Kommunikationsszenario hinzufügen. Dabei ist es nicht zwingend erforderlich, ein neues Kommunikationsszenario anzulegen. Sie können den Business Service auch zu einem bestehenden Kommunikationsszenario hinzufügen.

Stellen Sie sich das Kommunikationsszenario wie eine Art Werkzeugkiste vor. Jeder Business Service entspricht in dieser Analogie einem Werkzeug. In einer Werkzeugkiste verstauen Sie nur zusammengehörige Werkzeuge. So würden Sie zum Beispiel eine Maurerkelle nicht in die Werkzeugkiste für Holzarbeiten legen. Sofern Sie also bereits eine passende Werkzeugkiste haben, können Sie das Werkzeug auch darin verstauen. Genauso verhält es sich mit den Business Services. Sie fassen diejenigen Business Services in einem Kommunikationsszenario zusammen, die Ihrer Ansicht nach zu einem Geschäftsprozess zusammengefasst werden sollten.

Authentifzierungsmethoden

Zusätzlich zur Definition der Eingangs- und Ausgangsservices legen Sie über das Kommunikationsszenario die Authentifizierungsmethode fest. Sie können zwischen *Basis* und *X.509-Authentifizierung* wählen. Bei der Basisauthentifizierung verifizieren Sie sich über einen Benutzernamen und ein Passwort, bei der X.509-Authentifizierung über ein Zertifikat. Über Berechtigungsobjekte können Sie außerdem eine Berechtigungsprüfung implementieren und so den unautorisierten Zugriff verhindern.

Bestandteile eines Kommunikationsszenarios

Abbildung 13.2 fasst die elementaren Bestandteile eines Kommunikationsszenarios noch einmal zusammen.

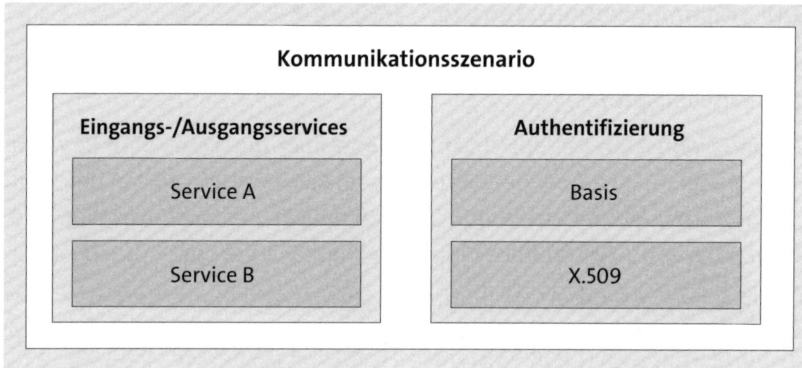

Abbildung 13.2 Elementare Bestandteile des Kommunikationsszenarios

SAP-Fiori-Anwendung

Im Dashboard des ABAP Environment erhalten Sie mit der SAP-Fiori-Anwendung **Kommunikationsszenarien anzeigen** eine Übersicht Ihrer existierenden Kommunikationsszenarien. Neben der ID und dem Namen des Szenarios wird Ihnen hier angezeigt, ob das Kommunikationsszenario von Ihnen angelegt oder von SAP ausgeliefert wurde. Des Weiteren können Sie der Übersicht entnehmen, ob es sich um eine ausgehende oder eingehende Kommunikation handelt (siehe Abbildung 13.3). In der Detailansicht eines Kommunikationsszenarios finden Sie weitere Informationen, wie zum Beispiel den zugeordneten Business Service oder die gewählte Authentifizierungsmethode.

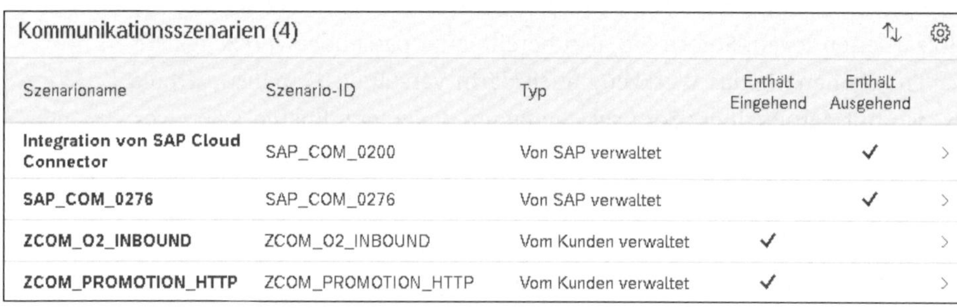
Kommunikationsszenarien (4)

Szenarioname	Szenario-ID	Typ	Enthält Eingehend	Enthält Ausgehend
Integration von SAP Cloud Connector	SAP_COM_0200	Von SAP verwaltet		✓
SAP_COM_0276	SAP_COM_0276	Von SAP verwaltet		✓
ZCOM_O2_INBOUND	ZCOM_O2_INBOUND	Vom Kunden verwaltet	✓	
ZCOM_PROMOTION_HTTP	ZCOM_PROMOTION_HTTP	Vom Kunden verwaltet	✓	

Abbildung 13.3 Übersicht der Kommunikationsszenarien

Mit dem ABAP Environment stellt Ihnen SAP bereits eine Vielzahl vordefinierter Kommunikationsszenarien zur Verfügung. In Tabelle 13.1 finden Sie eine Übersicht der wichtigsten Kommunikationsszenarien, die wir in diesem Buch zum Teil verwenden.

Szenario-ID	Beschreibung
SAP_COM_0200	Integration des Cloud Connector
SAP_COM_0276	Integration des Cloud Foundry Destination Service
SAP_COM_0464	Integration der Migration von Eigenentwicklungen
SAP_COM_0548	E-Mail-Integration
SAP_COM_0636	Communication Management – RFC Metadata Integration

Tabelle 13.1 Vordefinierte Kommunikationsszenarien

Die Anlage eines eigenen Kommunikationsszenarios, um beispielsweise die Daten eines CDS-View externen Systemen zur Verfügung zu stellen, erfolgt mittels Eclipse. Wir zeigen sie Ihnen Schritt für Schritt in Abschnitt 13.2.2, »APIs bereitstellen«.

13.1.2 Kommunikationssystem

Kommunikationssysteme repräsentieren einzelne Kommunikationspartner, wie zum Beispiel externe Systeme. Sie stellen den Endpunkt eines außen stehenden Systems oder Service dar. Jegliche eingehende und ausgehende Kommunikation erfolgt über das Kommunikationssystem als technischer »Anlaufpunkt« innerhalb des ABAP Environment. Kernbestandteile der Kommunikationssysteme sind daher auch die Verbindungsinformationen eines Kommunikationspartners.

SAP-Fiori-Anwendung

Für die Verwaltung von Kommunikationssystemen steht Ihnen die SAP-Fiori-Anwendung **Kommunikationssysteme** im Dashboard des ABAP Environment zur Verfügung (siehe Abbildung 13.4).

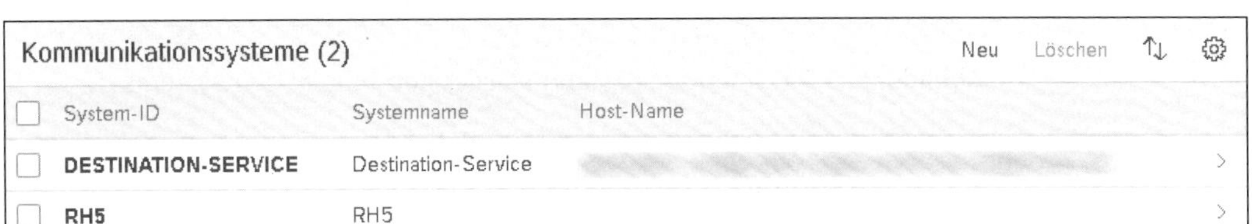

Abbildung 13.4 Übersicht der Kommunikationssysteme

Für jedes Kommunikationssystem müssen eine System-ID und ein Systemname vergeben werden. Damit wird das System im ABAP Environment identifiziert. System-ID und -Name werden beispielsweise auch für den direkten Zugriff mittels Quellcode verwendet.

Verbindungsinformationen

Für die Angabe der Verbindungsinformationen stehen Ihnen zwei verschiedene Möglichkeiten zur Verfügung. Sie können die Verbindungsinformationen entweder direkt über einen Hostnamen und Port hinterlegen. Alternativ hinterlegen Sie den Namen der *Destination-Service-Instanz* und den Namen der *Destination*, sofern das anzubindende System als Destination innerhalb eines *Destination Service* (siehe Abschnitt 13.1.5, »Destination und Destination Service«) gepflegt ist.

Zusätzlich zu den Verbindungsinformationen definieren Sie im Kommunikationssystem, welche *Kommunikationsbenutzer* für die eingehende und ausgehende Kommunikation verwendet werden können. Für jeden Kommunikationsbenutzer können Sie dabei die zu verwendende Authentifizierungsmethode festlegen. Kommunikationsbenutzer können sich über Basis-Authentifizierung oder mithilfe eines SSL-Zertifikats über *OAuth 1.0* oder *OAuth 2.0* authentifizieren.

Bestandteile eines Kommunikationssystems

Abbildung 13.5 zeigt die elementaren Bestandteile eines Kommunikationssystems noch einmal in der Übersicht.

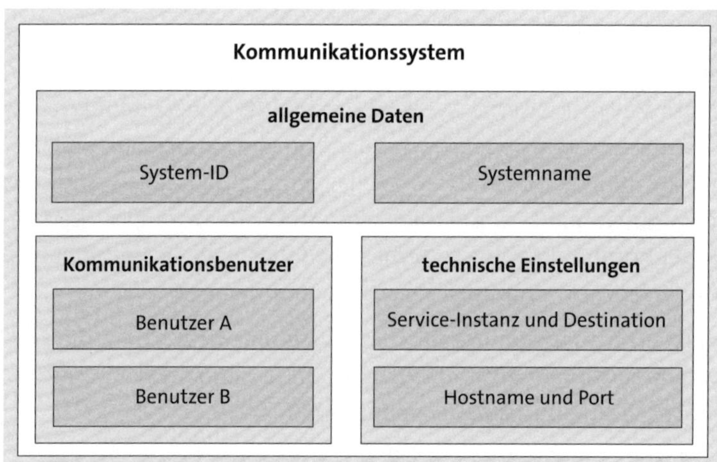

Abbildung 13.5 Elementare Bestandteile des Kommunikationssystems

13.1.3 Kommunikationsbenutzer

Der Kommunikationsbenutzer ist ein technischer Benutzer, mit dem sich ein Service gegenüber dem ABAP Environment oder einem externen System authentifiziert. Dazu wird ein Kommunikationsbenutzer einem entsprechenden Kommunikationssystem zugeordnet. Der Kommunikationsbenutzer kann mit einem technischen Benutzer eines On-Premise-Systems zum Aufbau einer RFC-Verbindung verglichen werden.

Kommunikationsbenutzer werden mit der SAP-Fiori-Anwendung **Kommunikationsbenutzer pflegen** verwaltet. Bei der Anlage eines Kommunikationsbenutzers müssen Sie einen Benutzernamen und eine Beschreibung vergeben. Des Weiteren müssen Sie für den Benutzer ein Passwort mit mindestens 20 Zeichen festlegen. Zusätzlich zur Authentifizierung über ein Passwort können Sie auch entsprechende Zertifikate hinterlegen.

SAP-Fiori-Anwendung

[+]

Benutzer-IDs im ABAP Environment

Für alle Anwendungs- und Kommunikationsbenutzer, die Sie im ABAP Environment anlegen, wird automatisch eine generierte Benutzer-ID (z. B. CB0000000002) vergeben. Diese Benutzer-ID erschwert eine Unterscheidung der Benutzertypen. Anhand der ersten beiden Zeichen können Sie die Anwendungsbenutzer allerdings von technischen Benutzern differenzieren. Beginnt eine Benutzer-ID mit »CB«, handelt es sich um einen Anwendungsbenutzer. Beginnt sie mit »CC«, handelt es sich um einen technischen Benutzer.

Abbildung 13.6 zeigt den Aufbau eines Kommunikationsbenutzers.

Bestandteile eines Kommunikationsbenutzers

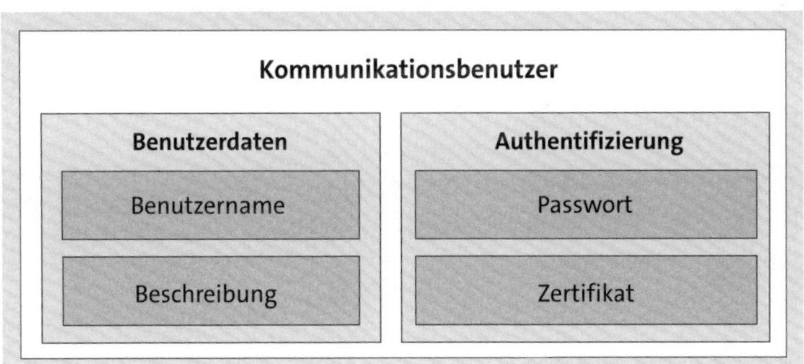

Abbildung 13.6 Elementare Bestandteile des Kommunikationsbenutzers

13.1.4 Kommunikationsvereinbarung

Mit der Kommunikationsvereinbarung konfigurieren Sie den elektronischen Datenaustausch zwischen dem ABAP Environment und einem Kommunikationspartner. Die Kommunikationsvereinbarung ist die technische Zusammenführung eines Kommunikationsszenarios, eines Kommunikationsbenutzers und eines Kommunikationssystems.

SAP-Fiori-Anwendung

Für die Verwaltung von Kommunikationsvereinbarungen steht Ihnen im Dashboard des ABAP Environment die SAP-Fiori-Anwendung **Kommunikationsvereinbarungen** zur Verfügung. Bei der Anlage einer Kommunikationsvereinbarung geben Sie immer zuerst ein Kommunikationsszenario an. Eine Kommunikationsvereinbarung basiert daher immer auf einem Kommunikationsszenario und kann sowohl als Eingangs- als auch als Ausgangskommunikation konfiguriert werden.

Bestandteile der Kommunikationsvereinbarung

Abbildung 13.7 zeigt die elementaren Bestandteile der Kommunikationsvereinbarung.

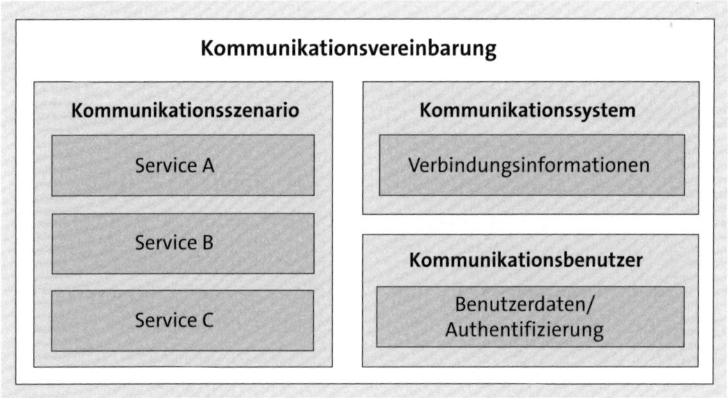

Abbildung 13.7 Elementare Bestandteile der Kommunikationsvereinbarung

Komponenten des Kommunikationsmanagements

Abbildung 13.8 gibt Ihnen abschließend noch einmal einen Überblick, in welcher Beziehung die einzelnen Komponenten des Kommunikationsmanagements zueinanderstehen.

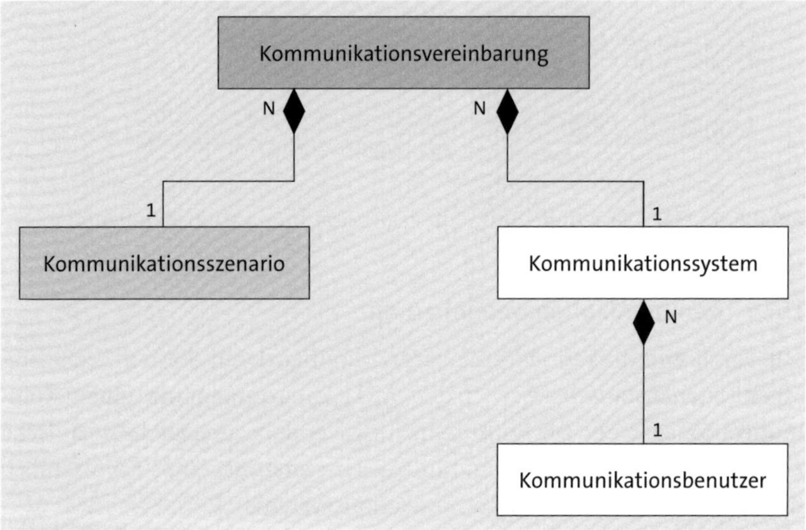

Abbildung 13.8 Beziehungen zwischen den verschiedenen Komponenten des Kommunikationsmanagements

Eine Kommunikationsvereinbarung besteht aus einem Kommunikationsszenario, einem Kommunikationssystem und einem Kommunikationsbenutzer. Für jedes Kommunikationssystem können Sie mehrere Kommunikationsbenutzer hinterlegen, sodass Ihnen in der Kommunikationsvereinbarung anhängig vom ausgewählten Kommunikationssystem gegebenenfalls mehrere Kommunikationsbenutzer zur Auswahl zur Verfügung stehen.

13.1.5 Destination und Destination Service

Damit Sie im ABAP Environment Funktionalität externer Systeme, wie zum Beispiel eine API, verwenden können, müssen Sie zunächst eine Verbindung zum entsprechenden Endpunkt konfigurieren. In einem Cloud Foundry Space können Sie solche Verbindungsendpunkte als Destinations anlegen. Dazu steht Ihnen der Destination Service aus dem Service Marketplace der SAP Cloud Platform zur Verfügung.

Abhängig von den zugewiesenen Quota können Sie eine bestimmte Anzahl an Instanzen für diesen Destination Service anlegen. Beachten Sie allerdings, dass Sie in Ihrer ABAP-Service-Instanz nur Destinations verwenden können, deren Service-Instanz sich im selben Cloud Foundry Space wie die ABAP-Service-Instanz befindet.

Aufbau des Destination Service

Abbildung 13.9 zeigt den Aufbau des Destination Service. Stellen Sie sich eine Instanz des Destination Service wie eine Art Telefonbuch vor. Jede Instanz des Service stellt ein Telefonbuch dar. In jedem dieser Telefonbücher können Sie mehrere Telefonnummern finden. Die Telefonnummern in den jeweiligen Telefonbüchern entsprechen den einzelnen Destinations.

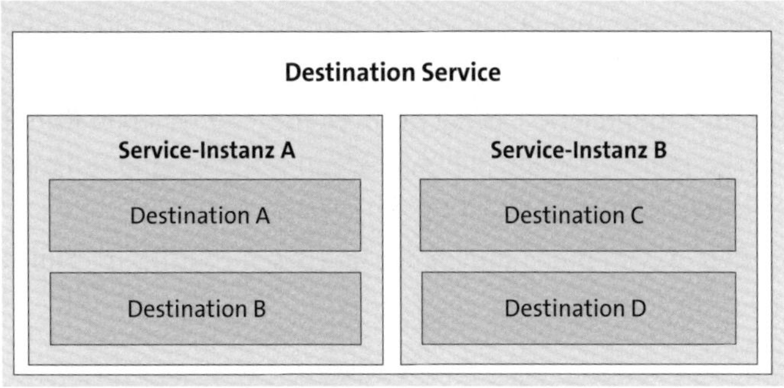

Abbildung 13.9 Aufbau von Destination Service

Anlegen einer Destination-Service-Instanz

Wir zeigen Ihnen nun, wie man eine Instanz des Destination Service angelegt und mit dem ABAP Environment verknüpft. Diese Instanz dient uns im weiteren Verlauf dieses Kapitels als Basis für die Anlage von Destinations:

1. Melden Sie sich zunächst an der SAP Cloud Platform an und navigieren Sie in den Cloud Foundry Space, in dem sich auch Ihre Instanz des ABAP Environment befindet.
2. Wählen Sie im Navigationsmenü an der linken Seite den Menüpunkt **Service Marketplace** aus und lassen Sie sich mithilfe der Suchfunktion und des Stichworts »destination« den Destination Service anzeigen (siehe Abbildung 13.10).

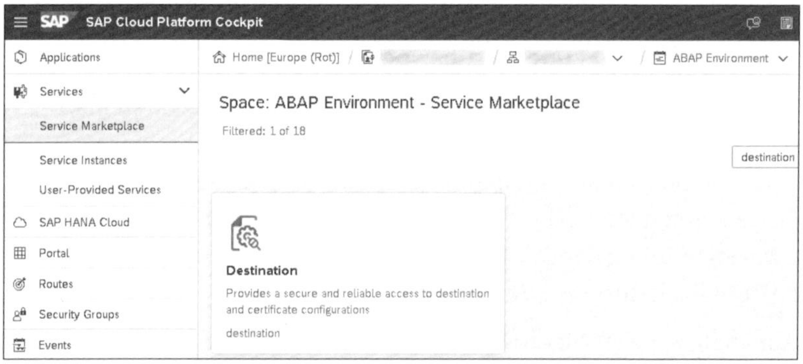

Abbildung 13.10 Auswahl des Destination Service

3. Über die Kachel **Destination** gelangen Sie in die Übersicht Ihres Destination Service.
4. Lassen Sie sich nun über den Menüpunkt **Instances** Ihre Destination-Service-Instanzen anzeigen.
5. Starten Sie die Anlage einer neuen Instanz über die Schaltfläche **New Instance**.
6. Wählen Sie im Anlagedialog den gewünschten Service Plan und überspringen Sie die Schritte zum Spezifizieren von Parametern und Anbinden einer Anwendung.
7. Abschließend wird Ihnen eine Übersicht Ihrer vorgenommenen Konfigurationen dargestellt. Vergeben Sie hier, wie in Abbildung 13.11 dargestellt, einen Namen für Ihre Destination-Service-Instanz.
8. Beenden Sie den Assistenten, indem Sie auf die Schaltfläche **Finish** klicken.

[»]

Destinations im Subaccount

Sie können Destinations auch über den Menüpunkt **Connectivity** direkt im Subaccount pflegen. Für diese Destinations wird keine Service-Instanz benötigt. Solche Destinations sind von allen Service-Instanzen des gesamten Subaccounts, also unabhängig vom Space erreichbar.

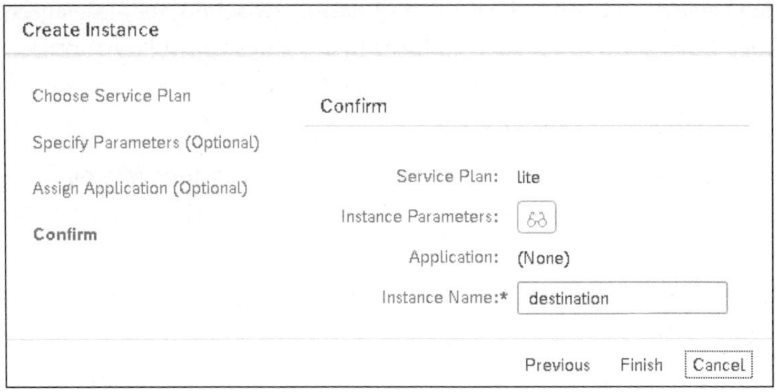

Abbildung 13.11 Übersicht bei der Anlage einer Destination-Service-Instanz

Service Key anlegen

13

Damit Sie die Instanz des Destination Service innerhalb der SAP Cloud Platform benutzen können, müssen Sie als Nächstes einen Service Key erstellen:

1. Navigieren Sie dazu in die Instanz Ihres Destination Service und wählen Sie im Navigationsmenü an der linken Seite den Menüpunkt **Service Keys**.
2. Klicken Sie anschließend auf die Schaltfläche **Create Service Key**.
3. Vergeben Sie im darauffolgenden Dialog im Feld **Name** einen entsprechenden Namen für den Service Key.
4. Markieren Sie den angelegten Service Key, wie in Abbildung 13.12 dargestellt, und kopieren Sie diese JSON-Struktur in Ihre Zwischenablage.

Abbildung 13.12 Angelegter Service Key

Kommunikationsvereinbarung anlegen

Stellen Sie im letzten Schritt die Kommunikation zwischen der angelegten Instanz des Destination Service und Ihrer Instanz des ABAP Environment her, indem Sie eine neue Kommunikationsvereinbarung für das Kommunikationsszenario `SAP_COM_0276` anlegen:

1. Rufen Sie dazu die SAP-Fiori-Anwendung **Kommunikationsvereinbarungen** im Dashboard Ihrer ABAP-Service-Instanz auf und klicken Sie auf die Schaltfläche **Neu**.
2. Wählen Sie im Anlagedialog im Feld **Szenario** das Kommunikationsszenario **SAP_COM_0276** und vergeben Sie im Feld **Vereinbarungsname** einen entsprechenden Namen.
3. Fügen Sie den Service Key aus Ihrer Zwischenablage im Feld **Serviceschlüssel** ein und schließen Sie die Anlage mit der Schaltfläche **Anlegen** ab (siehe Abbildung 13.13).

Abbildung 13.13 Anlegen einer neuen Kommunikationsvereinbarung

Mithilfe des Service Keys legt das System nun eine entsprechende Kommunikationsvereinbarung mit allen notwendigen Verbindungs- und Authentifizierungsinformationen an. Bei der Anlage wird außerdem automatisch ein Kommunikationssystem angelegt, das den Namen der Kommunikationsvereinbarung trägt.

Wie in Abbildung 13.14 dargestellt, wird unter **Zusätzliche Eigenschaften** in der Kommunikationsvereinbarung der Name der Kommunikationsvereinbarung als **Eigenschaftswert** hinterlegt. Dieser Wert kann bei Bedarf auch geändert werden und identifiziert die Instanz des Destination Service für den Zugriff über den Quellcode.

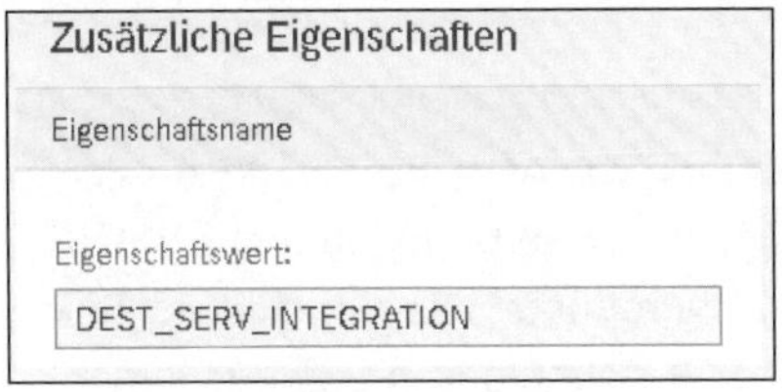

Abbildung 13.14 Name der Destination-Service-Instanz für den Quellcodezugriff

13.2 Arbeiten mit APIs

Bedeutung von APIs

Die serviceorientierte Cloud-Architektur spielt in jeder Hinsicht eine bedeutende Rolle im ABAP Environment. So können Sie externe Funktionalität über Web-APIs in Ihre bestehenden Anwendungen integrieren und so beispielsweise Wetterdaten über öffentliche Webservices abrufen oder APIs aus dem *SAP API Business Hub* verwenden. Ebenso können Sie auch eigene APIs bereitstellen. Sie können so beispielsweise Funktionen des Geschäftsobjekts Rabattaktion exponieren und diese in Ihrem On-Premise-System verwenden.

Abbildung 13.15 zeigt die Arbeit mit APIs in der Übersicht.

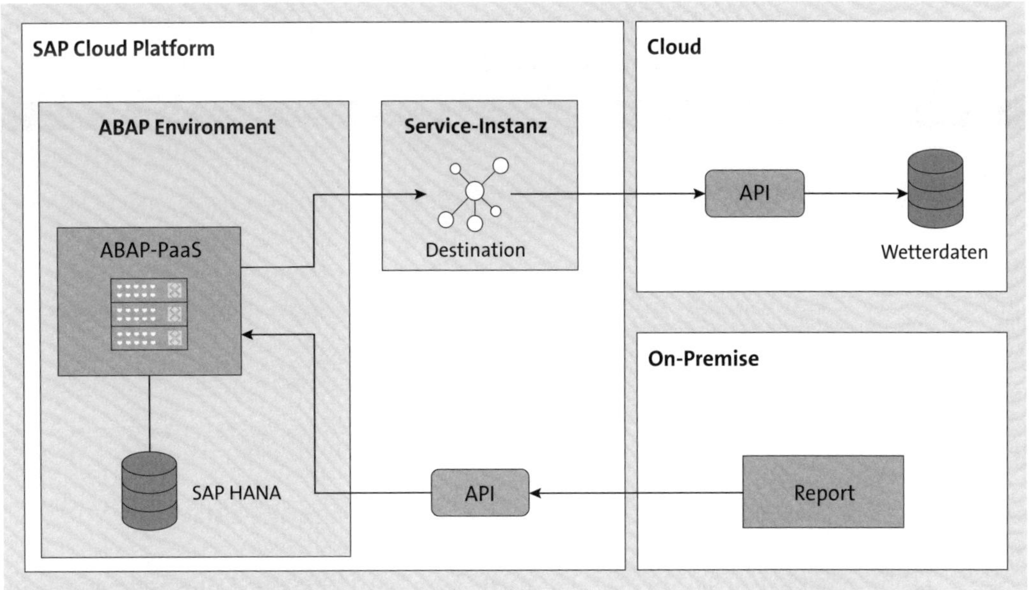

Abbildung 13.15 Arbeiten mit APIs im ABAP Environment

[»]

SAP API Business Hub

Der SAP API Business Hub ist eine Sammlung von APIs, die von SAP zur Verfügung gestellt wird. Mit diesen APIs können Erweiterungen und zusätzliche Funktionalitäten in verschiedene SAP-Produkte, wie zum Beispiel SAP Cloud Platform, SAP S/4HANA oder SAP S/4HANA Cloud, integriert werden. Der SAP API Business Hub ist über die URL *https://api.sap.com* erreichbar.

13.2.1 APIs aufrufen

Um Ihnen zu zeigen, wie einfach das Einbinden externer Funktionalität ins ABAP Environment ist, erklären wir Ihnen in diesem Abschnitt, wie Sie eine API aufrufen können. Wir verwenden dazu den OData-Service *Product Master* aus dem SAP API Business Hub (*https://api.sap.com/api/API_PRODUCT_SRV/overview*). Unser Ziel ist es, eine Konsolenanwendung zu entwickeln, die Produktdaten ausliest und in der Konsole darstellt.

Anlegen einer Destination

Konfigurieren Sie zunächst eine Verbindung zum Endpunkt der API, indem Sie eine entsprechende Destination anlegen. Rufen Sie dazu die in Abschnitt 13.1.5, »Destination und Destination Service«, angelegte Destination-Service-Instanz auf und wählen Sie im Navigationsmenü an der linken Seite den Menüpunkt **Destinations** aus. Wie in Abbildung 13.16 dargestellt, werden Ihnen alle Destinations der Service-Instanz angezeigt.

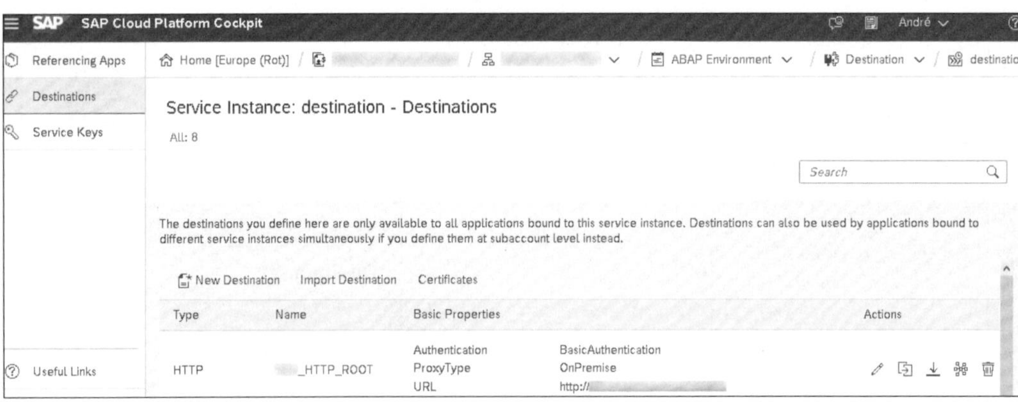

Abbildung 13.16 Destinations einer Destination-Service-Instanz

Klicken Sie auf die Schaltfläche **New Destination** und übernehmen Sie die in Tabelle 13.2 aufgeführten Eigenschaften. Schließen Sie die Anlage anschließend mit einem Klick auf die Schaltfläche **Save** ab.

Eigenschaft	Wert
Name	s4_api_sandbx_prd_a2x
Type	HTTP
Description	Product Master Sandbox
URL	*https://sandbox.api.sap.com/s4hanacloud/sap/opu/OData/sap/API_PRODUCT_SRV*
Proxy Type	Internet
Authentication	NoAuthentication

Tabelle 13.2 Eigenschaften Product Master API

Aufrufen einer API via Destination

Nachdem Sie die Destination angelegt haben, können Sie diese bereits in Ihrem Quellcode verwenden. Mit der Klasse CL_HTTP_DESTINATION_PROVIDER und der Methode CREATE_BY_CLOUD_DESTINATION erzeugen Sie für die Kombination aus einer Destination-Service-Instanz und einer Destination eine entsprechende *HTTP-Destination*, die Sie wiederum in einem HTTP-Client verwenden können.

Konsolenanwendung

Legen Sie dazu eine neue Konsolenanwendung an, wie in Abschnitt 4.4, »Eine Konsolenanwendung anlegen«, beschrieben, und übernehmen Sie den in Listing 13.1 gezeigten Quellcode.

```
METHOD if_oo_adt_classrun~main.

TRY.

" 1. HTTP-Destination erzeugen
DATA(lo_destination) = cl_http_destination_provider=>create_by_cloud_
destination(
      i_name = 's4_api_sandbx_prd_a2x'
      i_service_instance_name = 'DEST_SERV_INTEGRATION'
      i_authn_mode = if_a4c_cp_service=>service_specific ).

" 2. HTTP-Client erzeugen
DATA(lo_web_http_client) = cl_web_http_client_manager=>create_by_
http_destination(
       lo_destination ).

" 3. HTTP-Header-Felder setzen
DATA(lo_http_web_request) =
```

```
lo_web_http_client->get_http_request( ).

lo_http_web_request->set_header_fields( VALUE #(
      ( name = 'Content-Type' value = 'application/json' )
      ( name = 'Accept' value = 'application/json' )
      ( name = 'APIKey' value = '**********' ) ) ).

" 4. Webservice aufrufen
DATA(lo_web_http_response) =
lo_web_http_client->execute( if_web_http_client=>get ).

out->write( lo_web_http_response->get_text( ) ).

  CATCH cx_http_dest_provider_error
        cx_web_http_client_error
        cx_web_message_error INTO DATA(l_error).
    out->write( l_error->get_text( ) ).
ENDTRY.

ENDMETHOD.
```

Listing 13.1 Konsolenanwendung zur Ermittlung und Ausgabe von Produktdaten

Wir gehen an dieser Stelle auf die wichtigsten Abschnitte in Listing 13.1 ein:

1. **HTTP-Destination erzeugen**
   Es wird eine HTTP-Destination auf Basis einer Destination erzeugt. Über die Parameter i_name und i_service_instance_name werden der Name der Destination und der Name der Destination-Service-Instanz übergeben. Bei dem Namen der Service-Instanz handelt es sich um den **Eigenschaftswert** unter **Zusätzliche Eigenschaften** in der korrespondierenden Kommunikationsvereinbarung (siehe Abschnitt 13.1.5, »Destination und Destination Service«).
2. **HTTP-Client erzeugen**
   Es wird ein HTTP-Client auf Basis der zuvor erzeugten HTTP-Destination erzeugt.
3. **HTTP-Header-Felder setzen**
   Die für den Aufruf notwendigen HTTP-Header-Felder werden gesetzt. Über das Header-Feld APIKey wird der Authentifizierungsschlüssel zur Identifizierung gegenüber dem Service gesetzt. Den Authentifizierungsschlüssel einer API aus dem SAP API Business Hub können Sie sich über

die Webseite der API anzeigen lassen, indem Sie auf die Schaltfläche **Show API Key** klicken.

4. **Webservice aufrufen**
   Der Webservice wird aufgerufen und der Body der HTTP-Antwort in der Konsole ausgegeben.

Konsolenausgabe

Nachdem Sie die Konsolenanwendung aktiviert und aufgerufen haben, wird die Konsolenausgabe wie Abbildung 13.17 aussehen.

Abbildung 13.17 HTTP-Antwort in der Konsolenausgabe

> **API via URL aufrufen**
>
> Sie können eine API auch direkt über ihre URL aufrufen, ohne zuvor eine Destination anlegen zu müssen. Die HTTP-Destination wird in diesem Fall mit der Klasse `CL_HTTP_DESTINATION_PROVIDER` und der Methode `CREATE_BY_URL` erzeugt. Im Folgenden wir eine HTTP-Destination via URL erzeugt:

```
DATA(lo_http_destination) =
cl_http_destination_provider=>create_by_url( 'https://sandbox.api.
sap.com/s4hanacloud/sap/opu/OData/sap/API_PRODUCT_SRV/A_Product' ).
```

13.2.2 APIs bereitstellen

Sie können nicht nur externe Funktionalität ins ABAP Environment einbinden, sondern auch selbst entwickelte Funktionalität außen stehenden Systemen in Form von Web-APIs zur Verfügung stellen. Wir zeigen Ihnen in diesem Abschnitt, wie Sie die Daten der Rabattaktion für die Abfrage durch externe Systeme bereitstellen können.

Definition eines API-Service

Erstellen Sie zunächst die Service Definition und das Service Binding aus Tabelle 13.3 im Entwicklungspaket `ZPM_BO`.

Objekttyp	Name
Service Definition	ZAPI_PROMOTION
Service Binding	ZAPI_PROMOTION_02

Tabelle 13.3 Service Definition und Service Binding der Rabattaktionsdaten

Basis-CDS-View exponieren

Exponieren Sie dann den Basis-CDS-View ZI_PROMOTION über die Service Definition ZAPI_PROMOTION, wie in Listing 13.2 dargestellt.

```
@EndUserText.label: 'Service Definition for Promotion (API)'
define service ZAPI_PROMOTION {
  expose ZI_Promotion;
}
```

Listing 13.2 Service Definition ZAPI_PROMOTION

Service Binding

Achten Sie bei der Anlage des Service Binding darauf, den **Binding Type** »ODATA V2 – Web API« auszuwählen. Da es sich bei dem angelegten Service Binding um eine API handelt, steht die Anwendungsvorschau von SAP Fiori Elements nicht zur Verfügung.

Anlegen der Kommunikationskomponenten

Nachdem Sie das Service Binding aktiviert haben, ist die Anlage des API-Service abgeschlossen. Bis jetzt kann der Service allerdings nur intern verwendet werden. Ein Aufruf von außen ist nicht möglich. Damit der Service von externen Systemen verwendet werden kann, muss eine Sicherheitsschicht für den Service in Form einer Kommunikationsvereinbarung angelegt werden. Wie in Abschnitt 13.1.4, »Kommunikationsvereinbarung«, bereits beschrieben, handelt es sich dabei um die Zusammenführung eines Kommunikationsszenarios, eines Kommunikationssystems und eines Kommunikationsbenutzers. Wir legen diese Komponenten nun nacheinander an.

Anlegen des Kommunikationsszenarios

Kommunikationsszenario für die Rabattaktion

Mit einem Kommunikationsszenario definieren Sie, welche Business Services Sie bereitstellen möchten. Die Anlage erfolgt in Ihrer Eclipse-Umgebung. Legen Sie das Kommunikationsszenario für unser Beispiel innerhalb des Pakets ZPM_BO an:

1. Rufen Sie im Project Explorer mit der rechten Maustaste das Kontextmenü auf und wählen Sie **New • Other ABAP Repository Object • Cloud Communication Management • Communication Scenario** (siehe Abbildung 13.18). Alternativ können Sie den Dialog zur Erstellung von Entwicklungsobjekten auch mit der Tastenkombination [Strg] + [N] aufrufen.
2. Bestätigen Sie Ihre Auswahl mit **Next**.
3. Vergeben Sie den Namen »ZCOM_PROMOTION« und die Beschreibung »Communication Scenario for Promotion«, wie in Abbildung 13.19 gezeigt.
4. Klicken Sie auf die Schaltfläche **Next**. Wählen Sie im nächsten Dialogschritt einen Transportauftrag aus und beenden Sie den Anlagedialog mit **Finish**.

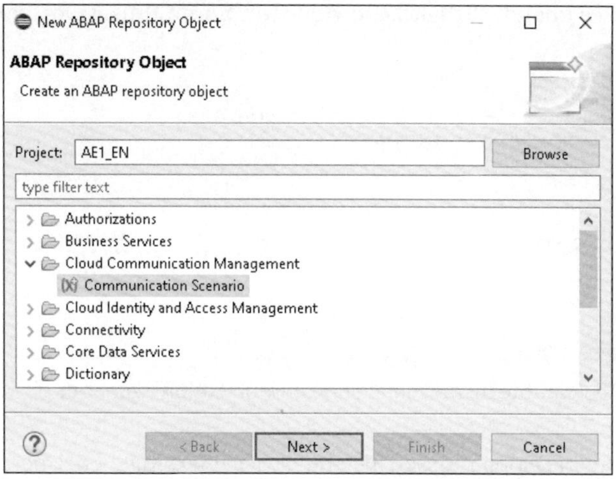

Abbildung 13.18 Anlage eines neuen Repository-Objekts

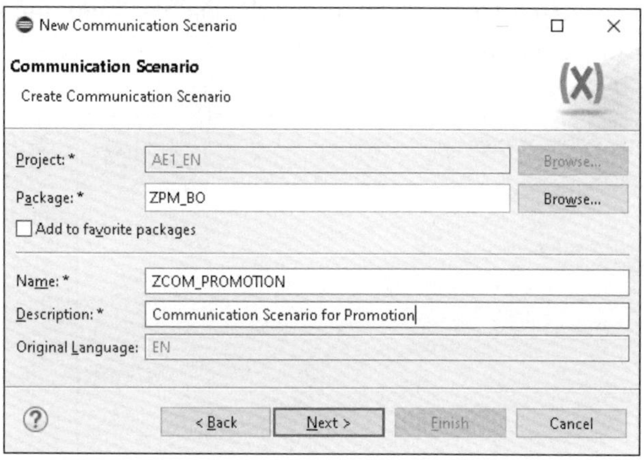

Abbildung 13.19 Anlage eines neuen Kommunikationsszenarios

5. Es öffnet sich die Anzeige zur Pflege von Kommunikationsszenarien. Die Einstellungen werden hier über drei verschiedene Registerkarten vorgenommen. Wählen Sie zunächst die Registerkarte **Overview** aus.
6. Auf dieser Registerkarte können Sie konfigurieren, in wie vielen Instanzen gleichzeitig die zugewiesenen Services aufgerufen werden können. Wählen Sie die Option **One instance per scenario & communication system**, wie in Abbildung 13.20 dargestellt.
7. Auf der Registerkarte **Inbound** können Sie die Authentifizierungsmethode und die bereitzustellenden Business Services festlegen. Wählen Sie **Basic** als Authentifizierungsmethode und fügen Sie anschließend Ihren

Business Service über die Schaltfläche **Add** zum Kommunikationsszenario hinzu.

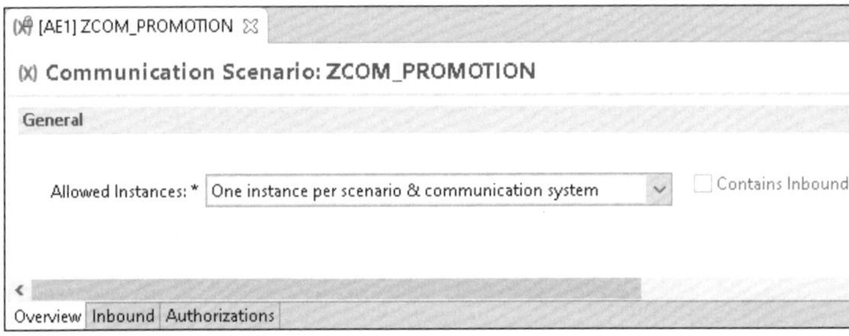

Abbildung 13.20 Erlaubte Instanzen eines Kommunikationsszenarios

8. Im sich öffnenden Dialog müssen Sie eine Service-ID eingeben. Über die Wertehilfe können Sie sich alle zur Verfügung stehenden Service-IDs anzeigen lassen. Wählen Sie die **ZAPI_PROMOTION_O2_IWSG** und bestätigen Sie Ihre Eingabe mit **Finish**. Abbildung 13.21 zeigt das Kommunikationsszenario mit dem hinzugefügten Service.

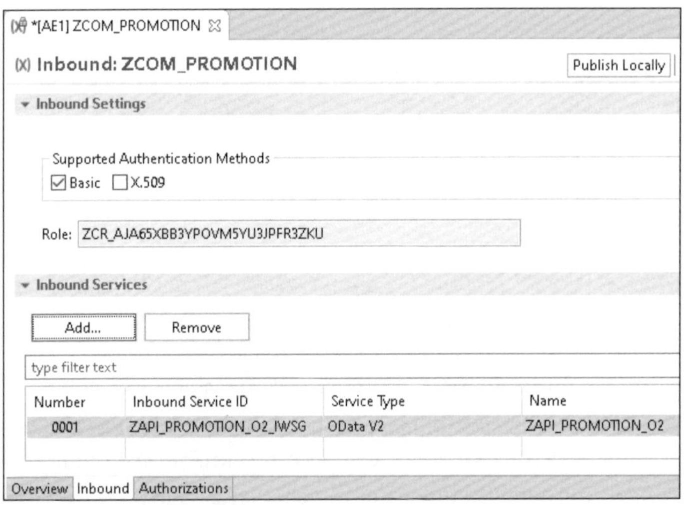

Abbildung 13.21 Services eines Kommunikationsszenarios

[»]

Berechtigungen hinzufügen

Falls Sie zu Ihrem Kommunikationsszenario Berechtigungsobjekte hinterlegen möchten, können Sie das auf der Registerkarte **Authorizations** tun. In unserem Fall sind hier keine Einstellungen nötig.

Speichern und veröffentlichen Sie das Kommunikationsszenario über die Schaltfläche **Publish Locally**. Dadurch wird das neu erstellte Szenario aktiviert und kann in der Instanz des ABAP Environment verwendet werden.

Kommunikationsszenario veröffentlichen

Anlegen des Kommunikationsbenutzers

Zur Authentifizierung gegenüber einem Kommunikationssystem mittels Basis-Authentifizierung benötigen Sie einen Kommunikationsbenutzer. Rufen Sie daher die SAP-Fiori-Anwendung zur Pflege der Kommunikationsbenutzer im Dashboard Ihrer ABAP-Service-Instanz auf und legen Sie einen neuen Kommunikationsbenutzer über die Schaltfläche **Neu** an. Vergeben Sie, wie in Abbildung 13.22 dargestellt, einen Benutzernamen, eine Beschreibung und ein entsprechendes Kennwort. Bei Bedarf können Sie sich das Kennwort auch vorschlagen lassen. Schließen Sie die Anlage des Kommunikationsbenutzers mit der Schaltfläche **Anlegen** ab.

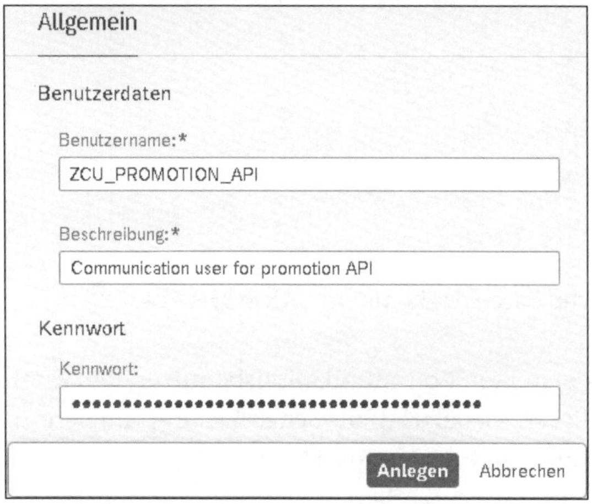

Abbildung 13.22 Anlegen eines Kommunikationsbenutzers

Anlegen des Kommunikationssystems

System-URL

Damit sich externe Systeme bei der Verwendung von bereitgestellten Web-APIs authentifzieren können, benötigen Sie ein Kommunikationssystem für Ihre ABAP-Service-Instanz. Sie können das Kommunikationssystem ganz einfach über die System-URL Ihrer ABAP-Service-Instanz anlegen:

1. Kopieren Sie die System-URL über die Eigenschaften Ihres ABAP-Cloud-Projekts in Ihre Zwischenablage.
2. Rufen Sie als Nächstes die SAP-Fiori-Anwendung **Kommunikationssysteme** im Dashboard Ihrer ABAP-Service-Instanz auf.

3. Legen Sie ein neues Kommunikationssystem über die Schaltfläche **Neu** an.
4. Vergeben Sie im sich öffnenden Dialog eine System-ID und einen Systemnamen und bestätigen Sie die Anlage über die Schaltfläche **Anlegen**.
5. Es öffnet sich nun die Detailansicht des Kommunikationssystems. Deaktivieren Sie hier im Bereich **Technische Daten** den Schalter zur Verwendung eines Destination Service unten rechts und fügen Sie die System URL aus der Zwischenablage im Feld **Host-Name** ein, jedoch ohne das Protokollpräfix »https://«.
6. Geben Sie im Feld **Port** außerdem den Wert »443« an (siehe Abbildung 13.23).

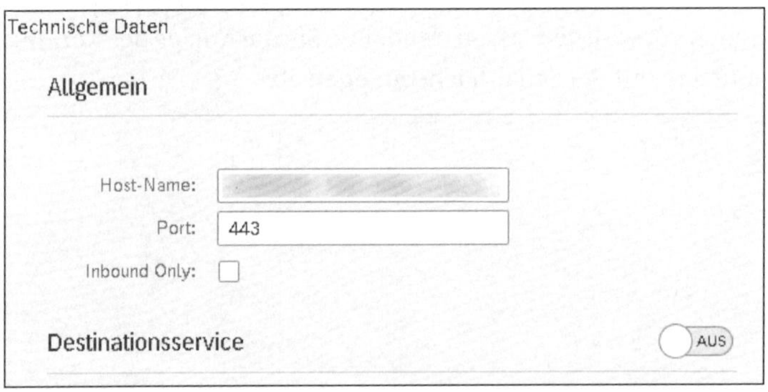

Abbildung 13.23 Technische Daten des Kommunikationssystems

Kommunikationsbenutzer zuweisen

Weisen Sie nun den zuvor erstellten Kommunikationsbenutzer dem Kommunikationssystem zu. Klicken Sie dazu auf die Schaltfläche [+] im Bereich **Benutzer für eingehende Kommunikation** und wählen Sie den entsprechenden Kommunikationsbenutzer aus. Nachdem der Kommunikationsbenutzer, wie in Abbildung 13.24 dargestellt, zum Kommunikationssystem hinzugefügt wurde, sichern Sie Ihre Anpassungen über die Schaltfläche **Sichern**.

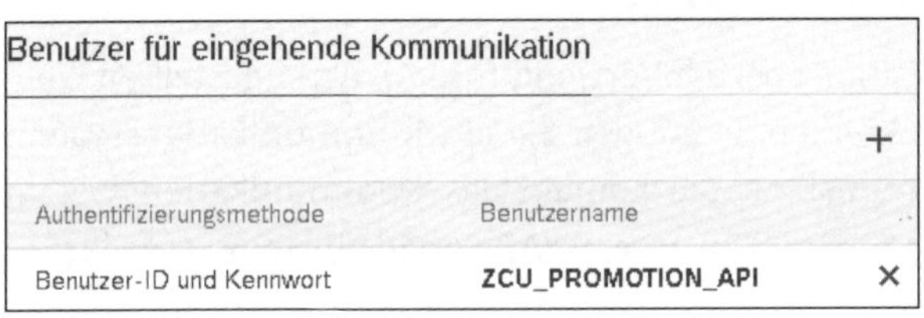

Abbildung 13.24 Kommunikationsbenutzer eines Kommunikationssystems

Anlegen der Kommunikationsvereinbarung

Vereinen Sie nun das Kommunikationsszenario, den Kommunikationsbenutzer und das Kommunikationssystem in einer Kommunikationsvereinbarung:

1. Rufen Sie dazu die SAP-Fiori-Anwendung **Kommunikationsvereinbarungen** im Dashboard Ihrer ABAP-Service-Instanz auf und klicken Sie auf die Schaltfläche **Neu**.
2. Wählen Sie im sich öffnenden Dialog das Kommunikationsszenario `ZCOM_PROMOTION` über die Wertehilfe aus und vergeben Sie bei Bedarf einen abweichenden Namen für die Kommunikationsvereinbarung.
3. Klicken Sie auf **Anlegen**.
4. Es öffnet sich die Detailansicht der Kommunikationsvereinbarung. Geben Sie im Bereich **Gemeinsame Daten** im Feld **Kommunikationssystem** das zuvor angelegte Kommunikationssystem an (siehe Abbildung 13.25).
5. Der zuvor im Kommunikationssystem hinterlegte Kommunikationsbenutzer wird im Bereich **Eingehende Kommunikation** automatisch als **Benutzername** übernommen.
6. Schließen Sie die Anlage der Kommunikationsvereinbarung über die Schaltfläche **Sichern** ab.

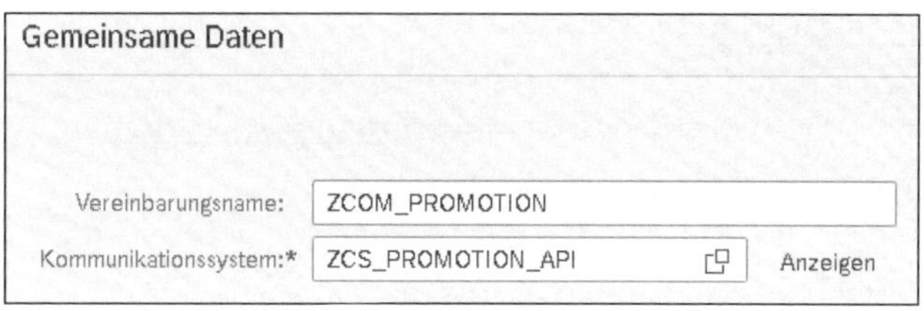

Abbildung 13.25 Kommunikationssystem einer Kommunikationsvereinbarung

Testen der bereitgestellten API

Aufruf im REST-Client

Nachdem Sie die Kommunikationsvereinbarung angelegt haben, haben Sie alle notwendigen Schritte für das Bereitstellen einer API abgeschlossen. Sie können die API nun mit einem beliebigen REST-Client, wie beispielsweise *Postman* (*https://www.postman.com/*), testen. Verwenden Sie dazu die in der Kommunikationsvereinbarung angegebene Service-URL und erweitern Sie diese um die freigegebene Entität aus Ihrer Service Definition (siehe Abbildung 13.26).

Abbildung 13.26 URL des Webservice

Wählen Sie als Authentifizierungsmethode **Basic Auth** und geben Sie die Anmeldedaten des zuvor erstellten Kommunikationsbenutzers an. Abbildung 13.27 zeigt die ermittelten Daten von zwei Rabattaktionen.

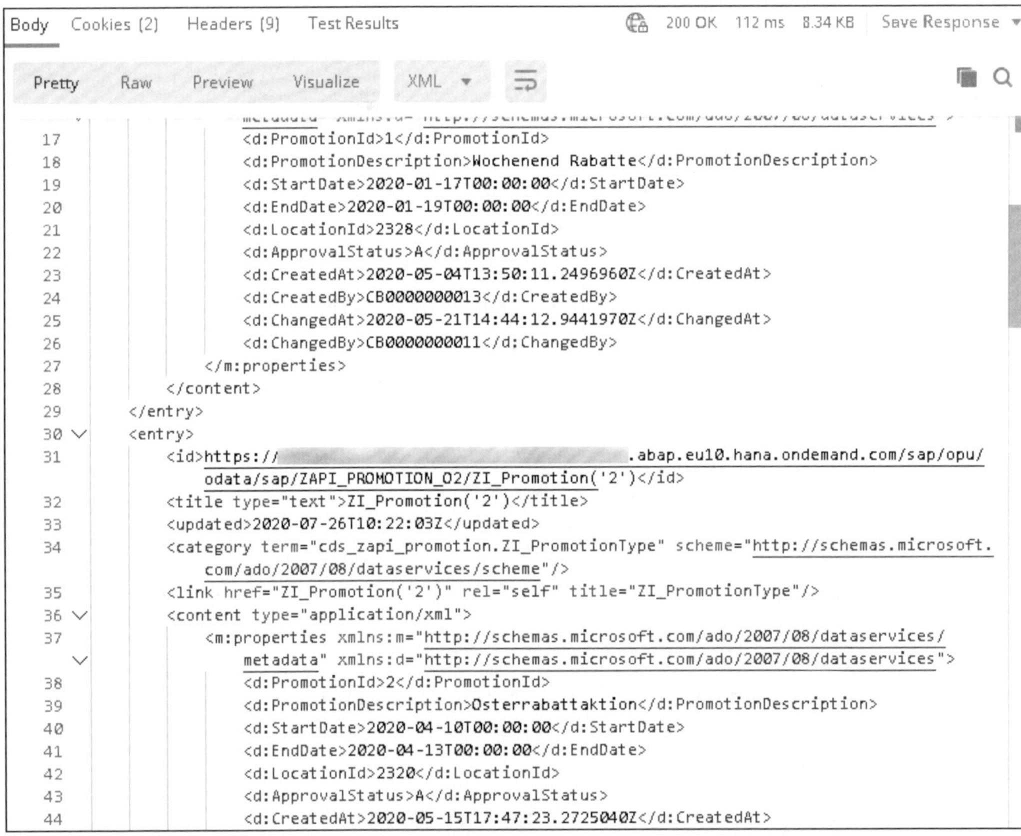

Abbildung 13.27 Ergebnis der API

13.3 Anbindung an On-Premise-SAP-Systeme

Bisher haben wir das ABAP Environment überwiegend unabhängig von einer bestehenden Systemlandschaft betrachtet. Die Integration des ABAP Environment in Ihre bestehende On-Premise-Systemlandschaft ermöglicht Ihnen jedoch eine Vielzahl neuer Anwendungsszenarien. So können Sie beispielsweise bereits vorhandene Stammdaten aus Ihrem On-Premise-System in modernen Webanwendungen verwenden, die Sie im ABAP Environment entwickeln. In diesem Abschnitt betrachten wir daher die Anbindung des ABAP Environment an On-Premise-SAP-Systeme.

Cloud Connector

Damit Sie On-Premise-Systeme an das ABAP Environment anbinden können, benötigen Sie den *Cloud Connector* als zentralen Verbindungspunkt. Er fungiert als Gateway zwischen der SAP Cloud Platform und der On-Premise-Systemlandschaft. Dabei verwaltet er die Aufrufe aus der Cloud und leitet diese an die adressierten On-Premise-Systeme weiter, ohne die komplette On-Premise-Systemlandschaft offenzulegen.

Abbildung 13.28 zeigt die Funktionsweise des Cloud Connector.

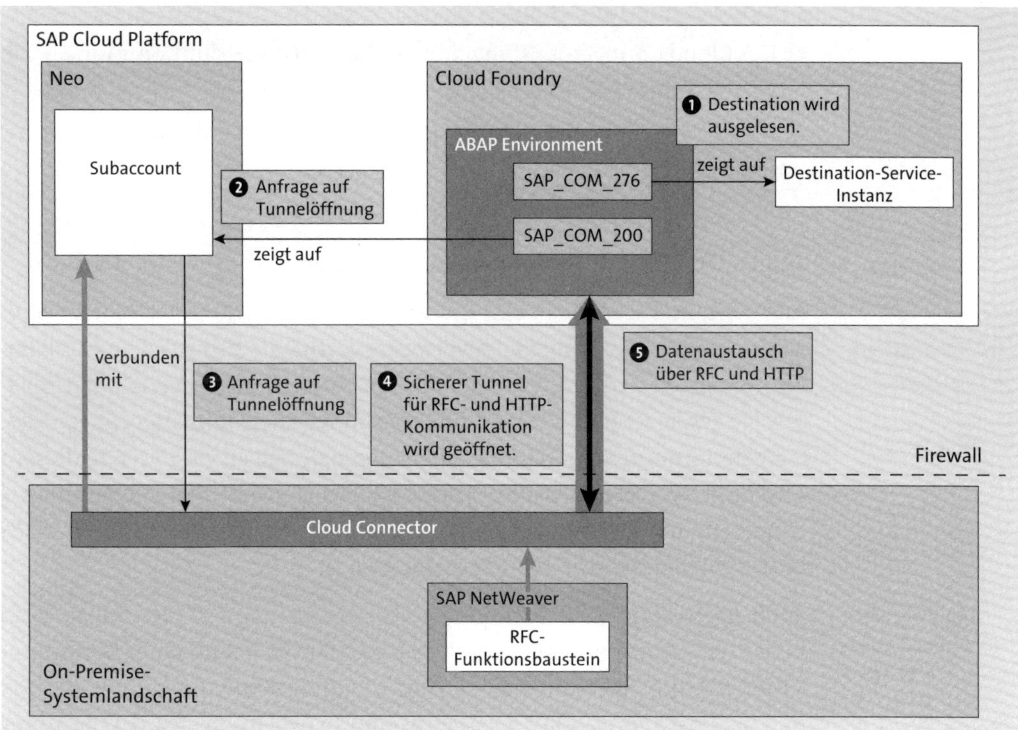

Abbildung 13.28 Funktionsweise des Cloud Connector (in Anlehnung an: SAP Help Portal: Integrating On-Premise Systems)

Die wichtigsten Schritte aus Abbildung 13.28 sind:

❶ On-Premise-Systeme werden analog zu API-Endpunkten als Destinations einer Destination-Service-Instanz angelegt. Für die entsprechende Destination-Service-Instanz wurde eine Kommunikationsvereinbarung für das Kommunikationsszenario SAP_COM_0276 in der ABAP-Service-Instanz angelegt.

Bei einem Verbindungsaufbau werden die Verbindungsinformationen aus den Eigenschaften der Destination ermittelt.

❷ Die Verbindungen des Cloud Connector werden von einem Subaccount der Neo-Umgebung verwaltet. Damit das ABAP Environment auf den Cloud Connector in der Neo-Umgebung zugreifen kann, muss eine entsprechende Kommunikationsvereinbarung für das Kommunikationsszenario SAP_COM_0200 angelegt werden.

❸ Bei einem Verbindungsaufbau stellt das ABAP Environment eine Anfrage an die Neo-Umgebung, ob ein Tunnel geöffnet werden darf.

Der Verbindungsservice der Neo-Umgebung leitet die Anfrage an den Cloud Connector weiter.

❹ Der Cloud Connector öffnet einen sicheren Tunnel zur Kommunikation via RFC und HTTP.

❺ Nachdem der Tunnel geöffnet wurde, kann ein Datenaustausch via RFC und HTTP(S) erfolgen.

13.3.1 On-Premise-System an die SAP Cloud Platform anbinden

Alle Verbindungen über den Cloud Connector werden von einem Subaccount in der Neo-Umgebung verwaltet. Damit Sie also aus dem ABAP Environment auf Verbindungen des Cloud Connector zugreifen können, müssen Sie zunächst eine Verbindung vom ABAP Environment zu Ihrer Neo-Umgebung einrichten. Wie Sie dabei vorgehen, zeigen wir Ihnen in diesem Abschnitt. Wir setzen dabei voraus, dass Sie bereits einen installierten und eingerichteten Cloud Connector verwenden und dieser mit einem Subaccount in der Neo-Umgebung verbunden ist.

Anlegen eines Kommunikationssystems

Zunächst benötigen Sie ein Kommunikationssystem, das Ihren Subaccount in der Neo-Umgebung repräsentiert. Legen Sie daher ein neues Kommunikationssystem über die SAP-Fiori-Anwendung **Kommunikationssysteme** im Dashboard Ihrer ABAP-Service-Instanz an, wie in Abschnitt 13.2.2 unter der Überschrift »Anlegen des Kommunikationssystems« gezeigt. Deaktivieren Sie im Bereich **Technische Daten** den Schalter zur Verwendung eines Destination Service und fügen Sie den regionsabhängigen Host Ihrer Neo-Umgebung im Feld **Host-Name** ein. Geben Sie im Feld **Port** den Wert »443« an (siehe Abbildung 13.29).

Abbildung 13.29 Technische Daten des Kommunikationssystems

Fügen Sie im Bereich **Benutzer für ausgehende Kommunikation** einen neuen Benutzer hinzu. Wählen Sie als **Authentifizierungsmethode** für den neuen Benutzer **Benutzername und Kennwort** und geben Sie die Anmeldedaten des Admins für den Cloud Connector der Neo-Umgebung an. Sichern Sie Ihre Anpassungen abschließend über die Schaltfläche **Sichern**.

Anlegen einer Kommunikationsvereinbarung

Legen Sie als Nächstes eine Kommunikationsvereinbarung für die Verbindung zwischen dem ABAP Environment und der Neo-Umgebung an. Rufen Sie dazu die SAP-Fiori-Anwendung **Kommunikationsvereinbarungen** im Dashboard Ihrer ABAP-Service-Instanz auf und legen Sie eine neue Kommunikationsvereinbarung für das Kommunikationsszenario `SAP_COM_0200` an. Geben Sie als **Kommunikationssystem** im Bereich **Gemeinsame Daten** das zuvor angelegte Kommunikationssystem an und tragen Sie außerdem im Bereich **Zusätzliche Eigenschaften** den technischen Namen der Neo-Umgebung unter **Kontoname** ein (siehe Abbildung 13.30). Den technischen Namen der Neo-Umgebung finden Sie im Bereich **Subaccount Information** unter dem Menüpunkt **Overview** des entsprechenden Subaccounts der SAP Cloud Platform. Sichern Sie anschließend Ihre Anpassungen und schließen Sie damit die Einrichtung der Verbindung zwischen ABAP Environment und Neo-Umgebung ab.

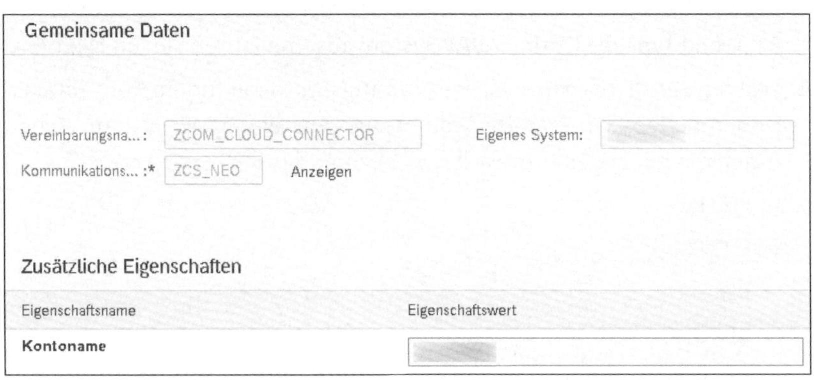

Abbildung 13.30 Kommunikationsvereinbarung für den Cloud Connector

Mapping im Cloud Connector

Als Nächstes definieren wir das anzubindende On-Premise-System im Cloud Connector. Damit ist der Cloud Connector später in der Lage, Aufrufe aus der SAP Cloud Platform weiterzuleiten. Im Cloud Connector werden dazu entsprechende *Mappings* zwischen einem virtuellen System und einem tatsächlichen System definiert. Über diese Mappings können zusätzliche Eigenschaften und Zugriffskontrollen konfiguriert werden. So können beispielsweise HTTP-Verbindungen auf der On-Premise-Seite über das virtuelle Systeme via HTTPS zur Verfügung gestellt werden.

1. Melden Sie sich an der Oberfläche Ihres Cloud Connector an und wählen Sie über das Navigationsmenü an der linken Seite den Menüpunkt **Cloud To On-Premise**.
2. Sie gelangen in die Übersicht Ihrer Mappings. Bevor Sie mit der Anlage des Mappings fortfahren, achten Sie unbedingt darauf, dass Sie im Feld **Subaccount** im oberen Bereich den Subaccount Ihrer Neo-Umgebung ausgewählt haben (siehe Abbildung 13.31).

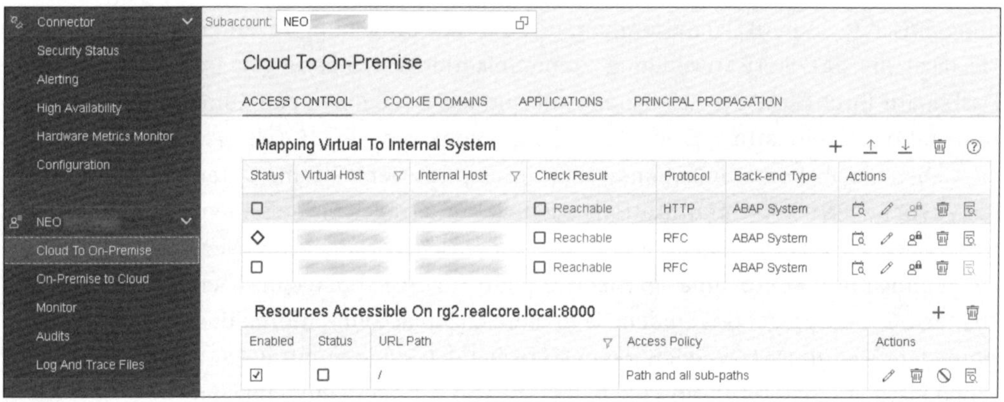

Abbildung 13.31 Übersicht der Mappings im Cloud Connector

3. Legen Sie ein neues Mapping über die Schaltfläche [+] an. Wählen Sie als **Back-end Type** die Option **ABAP System** aus und fahren Sie mit **Next** fort.
4. Wählen Sie als Nächstes das Verbindungsprotokoll für die Kommunikation mit dem On-Premise-System aus. Für ein ABAP-System stehen Ihnen die folgenden Protokolle zur Verfügung:
   - HTTP
   - HTTPS
   - RFC
   - RFC SNC

   Wir richten an dieser Stelle zunächst eine Verbindung via RFC ein. Wählen Sie daher die Option **RFC**.

> **Verbindungsprotokolle**
>
> Die Verbindungsprotokolle HTTP und HTTPS verwenden Sie, wenn Sie auf Webfunktionalität, wie zum Beispiel OData-Services, zugreifen möchten. Für klassische Funktionalität, wie zum Beispiel RFC-Funktionsbausteine, können Sie RFC und RFC SNC (Secure Network Communications) verwenden. Abhängig vom ausgewählten Verbindungsprotokoll unterscheiden sich die Folgeschritte bei der Anlage des Mappings.

5. Im nächsten Dialogschritt können Sie angeben, ob Sie eine Lastverteilung innerhalb des SAP-Systems verwenden möchten. Wählen Sie aus, dass Sie keine Lastverteilung wünschen, und bestätigen Sie mit **Next**.
6. Tragen Sie als Nächstes die Adresse und Instanznummer bzw. den Port Ihres Anwendungsservers ein, wie in Abbildung 13.32 dargestellt.

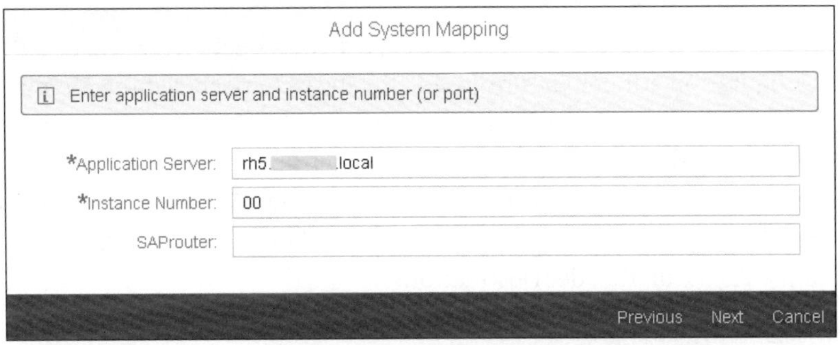

Abbildung 13.32 Anwendungsserver und Port

7. Nachdem Sie die internen Systemdaten angegeben haben, müssen Sie im nächsten Dialogschritt die Daten des virtuellen Systems angeben. Übernehmen Sie die vorgeschlagenen Daten des internen Systems.
8. Überspringen Sie den nächsten Dialogschritt zur Angabe einer optionalen Beschreibung.

> **Virtuelle Systeme**
>
> Das virtuelle System ist die »Außendarstellung« der Verbindung im Cloud Connector. Mit diesem System konfigurieren Sie später die Verbindung in der SAP Cloud Platform.

9. Abschließend wird Ihnen noch einmal eine Übersicht Ihrer vorgenommenen Konfigurationen angezeigt. Wählen Sie die Option **Check Internal**

Host zur Durchführung eines Verbindungstests direkt nach Abschluss der Anlage und schließen Sie die Anlage mit **Finish** ab (siehe Abbildung 13.33).

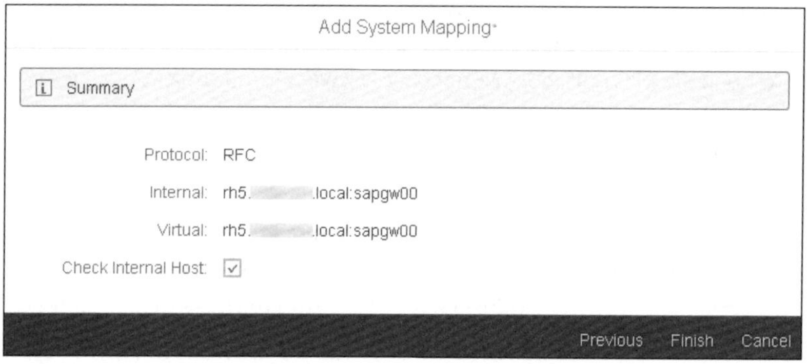

Abbildung 13.33 Zusammenfassung des neuen Mappings

Anlegen einer Destination

Konnte ein erfolgreicher Verbindungstest durchgeführt werden, ist die Konfiguration auf der On-Premise-Seite abgeschlossen. Fahren Sie nun in der Cloud-Foundry-Umgebung der SAP Cloud Platform fort und legen Sie eine neue Destination an. Vergeben Sie einen sprechenden Namen für die Destination und geben Sie gültige Anmeldedaten für das On-Premise-System ein. Übernehmen Sie außerdem die in Tabelle 13.4 aufgeführten Werte für die Eigenschaften der Destination.

Eigenschaft	Wert
Type	RFC
Proxy Type	OnPremise

Tabelle 13.4 Eigenschaften für RFC-Destination

Für eine RFC-Destination müssen außerdem noch weitere systemspezifische Angaben vorgenommen werden. Fügen Sie über die Schaltfläche **New Property** die folgenden drei zusätzlichen Eigenschaften zur Destination hinzu und tragen Sie die entsprechenden Daten Ihres Systems ein:

- jco.client.ashost
- jco.client.client
- jco.client.sysnr

Abbildung 13.34 zeigt eine exemplarisch eingerichtete Destination zu einem On-Premise-System.

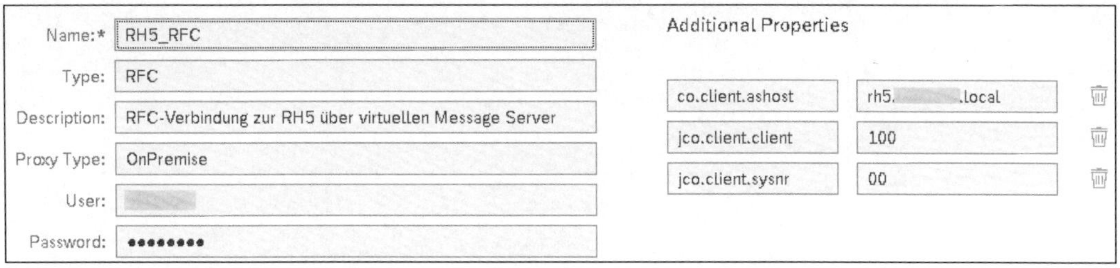

Abbildung 13.34 Destination eines On-Premise-Systems

13.3.2 On-Premise-System über einen Funktionsbaustein aufrufen

In diesem Abschnitt zeigen wir Ihnen, wie Sie einen RFC-Funktionsbaustein aus einem On-Premise-System aufrufen können. Unser Ziel ist es, dass das Geschäftsobjekt Rabattaktion seine Filialdaten nicht länger aus dem ABAP Environment bezieht, sondern über einen RFC-Funktionsbaustein aus einem On-Premise-System ermittelt.

Veröffentlichen von Entwicklungsobjekten

Wenn Sie über den Cloud Connector auf Entwicklungsobjekte eines On-Premise-Systems zugreifen möchten, müssen diese Entwicklungsobjekte innerhalb des Cloud Connector veröffentlicht werden. Für jedes On-Premise-System verwendet der Cloud Connector eine Whitelist von Entwicklungsobjekten, über die die Erreichbarkeit eines Systems limitiert wird. Sollte ein nicht freigegebenes Entwicklungsobjekt aufgerufen werden, wird der Aufruf entsprechend abgelehnt.

RFC-Funktionsbaustein veröffentlichen

Um einen RFC-Funktionsbaustein zu veröffentlichen, gehen Sie wie folgt vor:

1. Melden Sie sich zunächst an der Oberfläche Ihres Cloud Connector an.
2. Navigieren Sie zu den Mappings Ihrer Neo-Umgebung und markieren Sie das in Abschnitt 13.3.1, »On-Premise-System an die SAP Cloud Platform anbinden«, angelegte Mapping.
3. Im Bereich **Resources Accessible On** werden Ihnen die freigegebenen Entwicklungsobjekte als Ressourcen angezeigt. Abhängig vom Mappingtyp (HTTP oder RFC) hinterlegen Sie Funktionsbausteine oder URLs zu OData-Services als Ressourcen. Fügen Sie über die Schaltfläche [+] eine neue Ressource hinzu.
4. Geben Sie im sich öffnenden Dialog im Feld **Function Name** den Namen des Funktionsbausteins an (siehe Abbildung 13.35).
5. Mit der Checkbox **Enabled** können Sie steuern, ob die Veröffentlichung aktiv ist oder nicht.

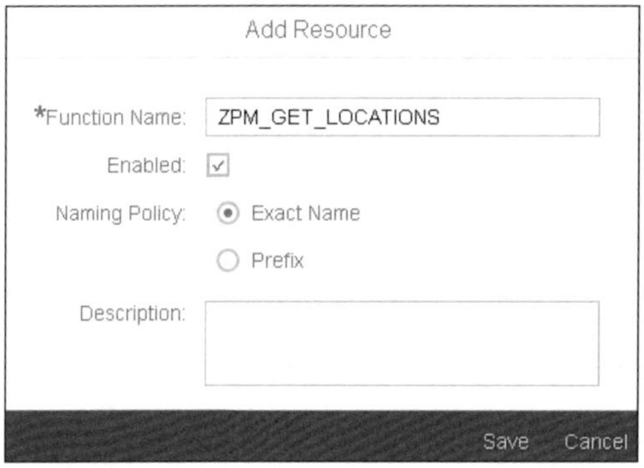

Abbildung 13.35 Hinzufügen einer neuen RFC-Ressource

6. Der Parameter **Naming Policy** beeinflusst die Interpretation bzw. Prüfung des Funktionsbausteinnamens. Sofern Sie **Exact Name** wählen, wird der mitgegebene Name bei jedem Aufruf geprüft. Mit der Auswahl **Prefix** wird nur der Beginn des Funktionsbausteinnamens geprüft. Damit können Sie beispielsweise alle Funktionsbausteine eines Namensraums veröffentlichen, ohne jeden Funktionsbaustein einzeln hinzufügen zu müssen.
7. Schließen Sie die Anlage der Ressource mit einem Klick auf die Schaltfläche **Save** ab.

CDS Custom Entity

Nachdem Sie den Funktionsbaustein auf diese Weise veröffentlicht haben, können Sie die Datenquelle der Filialdaten in unserem Geschäftsobjekt Rabattaktion durch diese Ressource ersetzen. Zurzeit werden die Filialdaten über den Basis-CDS-View `ZI_LOCATION` und die zugrunde liegende Tabelle `ZPM_LOCATION` bereitgestellt. Um die Filialdaten aus dem On-Premise-System abzubilden, verwenden wir eine *CDS Custom Entity*. CDS Custom Entities sind CDS-Views, deren Datenermittlung in einer ABAP-Klasse implementiert ist.

Legen Sie zunächst den CDS-View `ZI_LocationCustomEntity` im Entwicklungspaket `ZPM_DM` an und übernehmen Sie die in Listing 13.3 gezeigte CDS-View-Definition.

```
@EndUserText.label: 'Custom Entity Locations'
@ObjectModel.query.implementedBy: 'ABAP:ZCL_PM_LOCATION_BY_RFC'
define custom entity ZI_LocationCustomEntity
{
  key LocationId          : abap.char(10);
      LocationDescription : abap.string(0);
      City                : abap.string(0);
```

```
    PostalCode          : abap.numc(10);
    Street              : abap.string(0);
    StreetNumber        : abap.int4;
}
```

Listing 13.3 CDS Custom Entity für die Filialdaten

Die Feldbeschreibungen und zugehörigen Datentypen der CDS Custom Entity entsprechen denen des Basis-CDS-View `ZI_LOCATION`. Über die Annotation `@ObjectModel.query.implementedBy` geben Sie die Klasse an, in der die Datenermittlung implementiert ist. Da wir die Klasse noch nicht angelegt haben, ist eine fehlerfreie Aktivierung des CDS-View noch nicht möglich. Speichern Sie deshalb lediglich Ihre Änderungen und fahren Sie mit der Anlage der Klasse fort.

Klasse zur Datenermittlung

Legen Sie die Klasse `ZCL_PM_LOCATION_BY_RFC` im Entwicklungspaket `ZPM_DM` an und implementieren Sie darin das Interface `IF_RAP_QUERY_PROVIDER`. Übernehmen Sie anschließend den in Listing 13.4 gezeigten Quellcode.

```
METHOD if_rap_query_provider~select.

DATA lt_locations TYPE TABLE OF ZI_LocationCustomEntity.

" 1. Auslesen verschiedener Informationen der Webanfrage
DATA(lv_top)    = io_request->get_paging( )->get_page_size( ).
DATA(lv_skip)   = io_request->get_paging( )->get_offset( ).
DATA(lt_fields) = io_request->get_requested_elements( ).
DATA(lt_sort)   = io_request->get_sort_elements( ).

TRY.

" 2. RFC-Destination erzeugen
DATA(lo_destination) = cl_rfc_destination_provider=>create_by_cloud_
destination(
         i_name                  = 'RH5_RFC'
         i_service_instance_name = 'DEST_SERV_INTEGRATION' ).

" 3. Destination auslesen
DATA(lv_destination) =
        lo_destination->get_destination_name( ).

" 4. Funktionsbaustein aufrufen
IF io_request->is_data_requested( ).
```

```
    CALL FUNCTION 'ZPM_GET_LOCATIONS'
      DESTINATION lv_destination
      IMPORTING
        et_locations = lt_locations.

" 5. Daten zurückliefern
io_response->set_total_number_of_records(
        lines( lt_locations ) ).
io_response->set_data( lt_locations ).

ENDIF.

  CATCH cx_rfc_dest_provider_error.
     "Ausnahme behandeln
ENDTRY.

ENDMETHOD.
```

Listing 13.4 Implementierung einer CDS Custom Entity

Wir gehen an dieser Stelle auf die wichtigsten Abschnitte in Listing 13.4 ein:

1. **Auslesen verschiedener Daten der Webanfrage**
   Es werden verschiedene Informationen der Webanfrage ausgelesen und in interne Variablen geschrieben. Mit diesen Informationen können Sie Datenfilterungen, Sortierungen oder Paging-Funktionalität realisieren. Wir verzichten an dieser Stelle jedoch auf die Implementierung solcher Funktionalität.

   Ein Aufruf der Methoden ist allerdings obligatorisch. Sollten die Methoden nicht aufgerufen werden, würde dies zu einem Programmabbruch führen.
2. **RFC-Destination erzeugen**
   Es wird eine RFC-Destination auf Basis einer Destination erzeugt. Über die Parameter `i_name` und `i_service_instance_name` werden der Name der Destination und der Name der Destination-Service-Instanz übergeben. Bei dem Namen der Service-Instanz handelt es sich um den **Eigenschaftswert** unter **Zusätzliche Eigenschaften** der korrespondierenden Kommunikationsvereinbarung (siehe Abschnitt 13.1.5, »Destination und Destination Service«).
3. **Destination auslesen**
   Auslesen und Speichern des generischen Namens der Destination in einer Variablen.

4. **Funktionsbaustein aufrufen**
   Sofern Daten angefordert wurden, wird der RFC-Funktionsbaustein aufgerufen, und die zurückgelieferten Daten werden in eine interne Tabelle vom Typ der CDS Custom Entity geschrieben. Achten Sie darauf, dass die Feldnamen der On-Premise-Struktur mit denen der CDS Custom Entity übereinstimmen.
5. **Daten zurückliefern**
   Es werden sowohl die Daten als auch die Anzahl der Datensätze zurück ans Framework gemeldet.

[«]

Generieren von Feldlisten

Die Definition von CDS Custom Entities kann sehr mühsam sein. Abhängig vom Strukturtyp des verwendeten RFC-Funktionsbausteins muss gegebenenfalls eine Vielzahl von Feldern im CDS-View definiert und typisiert werden. Um den zeitlichen Aufwand hier möglichst gering zu halten, hat SAP eine Klasse entwickelt, mit der sich Feldlisten für Strukturtypen generieren und in der Konsole ausgeben lassen.

Weitere Informationen dazu erhalten Sie in folgendem Blogbeitrag in der SAP Community: *http://s-prs.de/v783022*

Nachdem Sie die Klasse `ZCL_PM_LOCATION_BY_RFC` und den CDS-View `ZI_LocationCustomEntity` aktiviert haben, können Sie die »alte« Datenquelle an allen relevanten Stellen durch die CDS Custom Entity ersetzen. An dieser Stelle gehen wir nicht weiter auf den Austausch der Datenquelle ein.

Verwendung von CDS Custom Entities

Beachten Sie, dass die Verwendung und Einbindung von CDS Custom Entities etwas umständlich ist. So können Sie eine CDS Custom Entity beispielsweise nicht als Datenquelle in anderen CDS-Views oder per Assoziation in Feldlisten verwenden. Für die Wertehilfe der Filialdaten müssten Sie daher eine weitere CDS Custom Entity `ZI_LocationCustomEntityValueHelp` mit den entsprechenden Annotationen für die Wertehilfe anlegen und die »alte« Werteliste `ZI_LocationValueHelp` an der entsprechenden Stelle ersetzen.

13.3.3 On-Premise-Systeme über einen OData-Service aufrufen

Mittels RFC-Funktionsbausteinen Daten aus On-Premise-Systemen zu ermitteln, gibt Ihnen die Möglichkeit, das ABAP Environment optimal in die bereits existierende Systemlandschaft zu integrieren. Bereits vorhandene Datenbestände in Systemen können so weiterhin verwendet werden, ohne dass die Daten repliziert werden müssen. Dennoch ist die Verwendung von Funktionsbausteinen im Hinblick auf die Serviceorientierung heute eigentlich nicht mehr zeitgemäß. Auch für Operationen, bei denen Datensätze im On-Premise-System angelegt oder geändert werden sollen, sind Funktionsbausteine nicht immer praktikabel. Hier bietet sich insbesondere die Verwendung von OData-Services an.

OData-Client-Proxy

Der sicherlich einfachste Weg, um OData-Services im ABAP Environment zu konsumieren, ist der über *OData-Client-Proxys*. Ein OData-Client-Proxy fungiert als eine Art Vermittler für das Weiterreichen und Umwandeln von OData-Anfragen von einem Client zu einem anderen Client. OData-Client-Proxys können über den Import einer *EDMX*-Datei (Entity Data Model XML) eines OData-Service der Version 2.0 generiert werden.

Service Consumption Model

Der Import dieser EDMX-Datei erfolgt über die Anlage eines *Service Consumption Model*. Während der Anlage werden die verschiedenen Metadaten aus der EDMX-Datei ausgelesen, und es werden automatisch ein CDS-View für das Geschäftsobjekt, eine Service Definition und optional eine Behavior Definition erzeugt. Das Service Consumption Model bietet aber noch mehr: Nach der Anlage können Sie sich Quellcodebeispiele für jede beliebige HTTP-Methode des Service Consumption Model anzeigen lassen. Die Verwendung von OData-Services in Ihrem Quellcode ist damit in wenigen Schritten möglich.

Wir zeigen Ihnen nun, wie Sie einen OData-Client-Proxy im ABAP Environment anlegen und anschließend verwenden. Als Basis dient uns ein OData-Service zur Verarbeitung der Filialdaten. Diesem OData-Service liegt ein CDS-View mit transaktionalem Verhalten zugrunde, der nach dem ABAP-Programmiermodell für SAP Fiori entwickelt wurde.

Cloud Connector konfigurieren

Zunächst müssen Sie Ihr On-Premise-System für den Aufruf von OData-Services im Cloud Connector angeben. Erstellen Sie dazu ein neues Mapping für das Verbindungsprotokoll HTTP oder HTTPS. Veröffentlichen Sie anschließend Ihren OData-Service, indem Sie eine neue Ressource hinzufügen und die URL des OData-Service im Feld **URL Path** hinzufügen (siehe Abbildung 13.36).

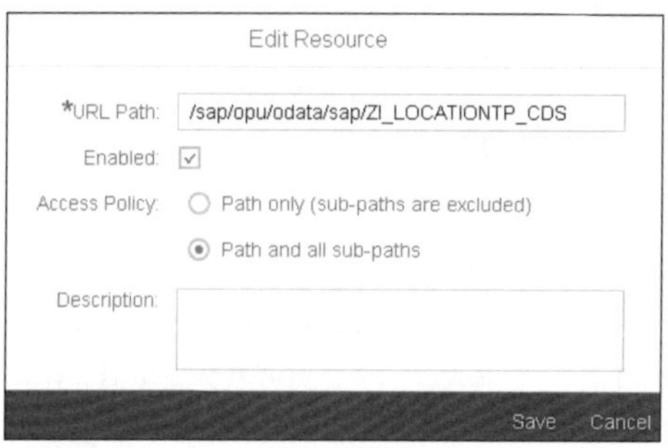

Abbildung 13.36 Hinzufügen einer neuen HTTP-Ressource

HTTP-Destination anlegen

Fahren Sie nun mit den Einstellungen in der SAP Cloud Platform fort. Legen Sie dort eine neue Destination für die Verbindung via HTTP an. Vergeben Sie einen sprechenden Namen für die Destination und geben Sie die URL und die Anmeldedaten des On-Premise-Systems an. Übernehmen Sie außerdem die in Tabelle 13.5 aufgeführten Werte für die Eigenschaften der Destination.

Eigenschaft	Wert
Type	HTTP
Proxy Type	OnPremise
Authentication	BasicAuthentication

Tabelle 13.5 Eigenschaften für die HTTP-Destination

Für HTTP-Destinations müssen außerdem noch weitere systemspezifische Angaben vorgenommen werden. Fügen Sie über die Schaltfläche **New Property** die folgenden vier zusätzlichen Eigenschaften zur Destination hinzu und tragen Sie die entsprechenden Daten Ihres Systems ein:

- jco.client.ashost
- jco.client.client
- jco.client.sysnr
- sap-client

Abbildung 13.37 zeigt eine exemplarisch eingerichtete HTTP-Destination zu einem On-Premise-System.

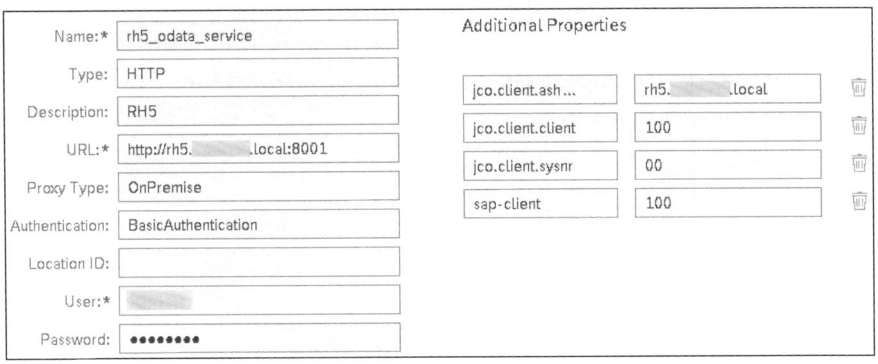

Abbildung 13.37 Eigenschaften einer HTTP-Destination

Service Consumption Model anlegen

Wechseln Sie nun in die Eclipse-Umgebung und legen Sie dort ein neues Service Consumption Model im Paket `ZPM_BO` an:

1. Rufen Sie dazu im **Project Explorer** mit der rechten Maustaste das Kontextmenü auf und wählen Sie **New • Other ABAP Repository Object • Business Services • Service Consumption Model** (siehe Abbildung 13.38). Alternativ können Sie den Dialog zur Erstellung von Entwicklungsobjekten auch mit der Tastenkombination Strg + N aufrufen.
2. Bestätigen Sie Ihre Auswahl mit **Next**.

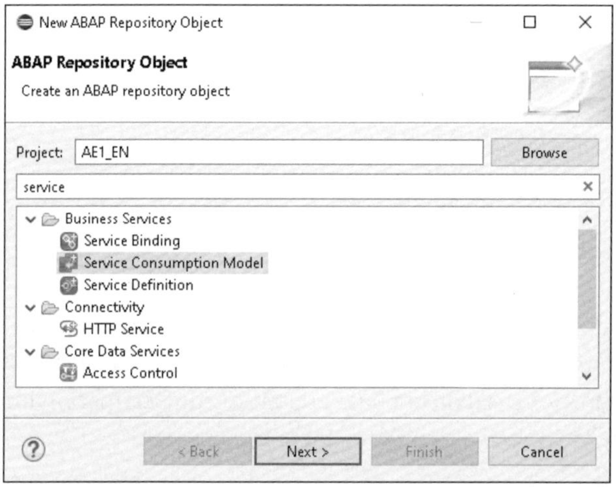

Abbildung 13.38 Anlage eines neuen Service Consumption Model

3. Vergeben Sie im nächsten Dialogschritt einen sprechenden Namen für das Service Consumption Model, wie zum Beispiel »ZSB_LOCATION«, sowie eine entsprechende Beschreibung.
4. Wählen Sie im Feld **Remote Consumption Model** die Option **OData** und bestätigen Sie Ihre Eingaben mit **Next**.
5. Wählen Sie im nächsten Dialogschritt die gespeicherte Metadaten-Datei (EDMX-Datei) Ihres OData-Service aus (siehe Abbildung 13.39) und fahren Sie mit **Next** fort.

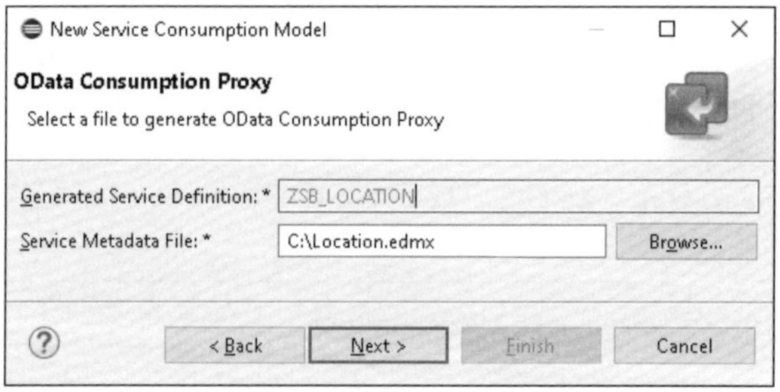

Abbildung 13.39 Auswahl der Metadaten-Datei

6. Geben Sie im nächsten Dialogschritt an, welche Entitäten Ihres OData-Service bei dem Import berücksichtigt werden sollen, und bestätigen Sie Ihre Auswahl mit **Next** (siehe Abbildung 13.40).

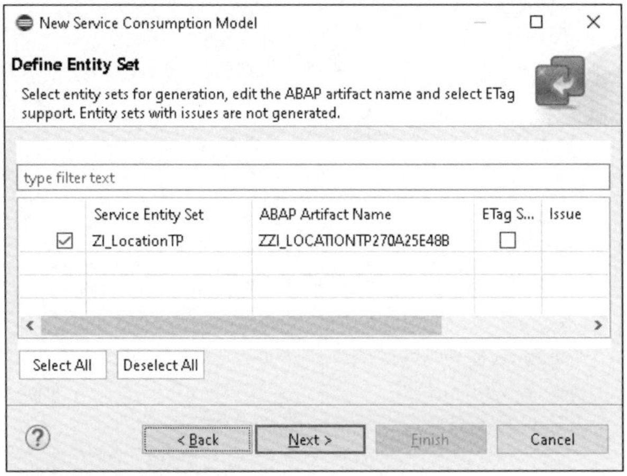

Abbildung 13.40 Auswahl der Entitäten

7. Abbildung 13.41 zeigt Ihnen den vorletzten Dialogschritt. Hier wird Ihnen noch einmal übersichtlich dargestellt, welche Entwicklungsobjekte automatisch angelegt werden. Fahren Sie mit **Next** fort und schließen Sie die Anlage mit der Auswahl eines Transportauftrags ab.

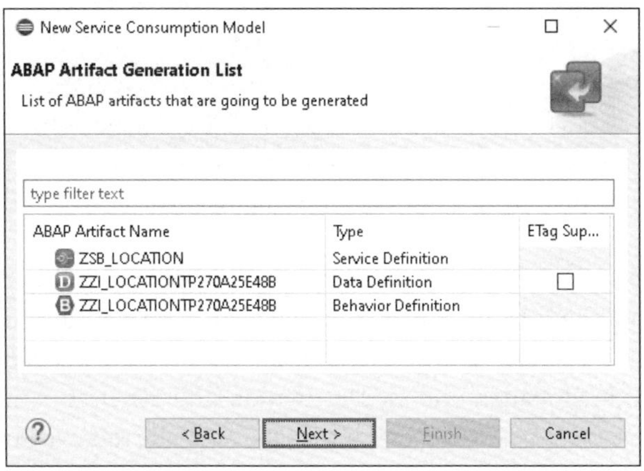

Abbildung 13.41 Übersicht der Entwicklungsobjekte

Anzeige des Service Consumption Model

Nach der erfolgreichen Anlage öffnet sich das Service Consumption Model automatisch, wie in Abbildung 13.42 dargestellt. Für jede im linken Bildschirmbereich markierte Entität können Sie in der Auswahlliste **Operation** eine HTTP-Operation auswählen und sich den Beispielquellcode anzeigen lassen.

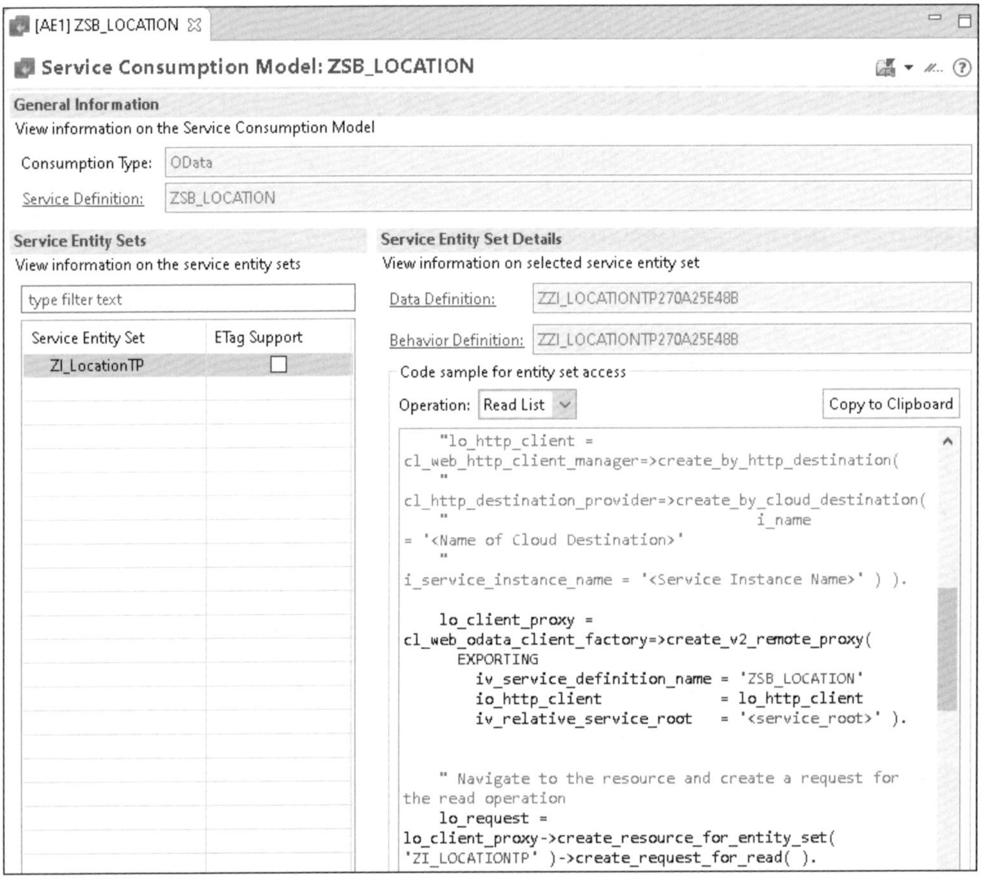

Abbildung 13.42 Beispielquellcode im Service Consumption Model

Quellcode für eine Leseoperation

Sie können den Beispielquellcode kopieren und anschließend in Ihre Anwendungen übernehmen. Dort müssen Sie lediglich noch den auskommentierten Quellcode zur Erzeugung des HTTP-Clients und die Erzeugung der HTTP-Destination einbauen und die Destination und die Destination-Service-Instanz einsetzen. Des Weiteren müssen Sie noch die relative Root-URL Ihres Service angeben. Listing 13.5 zeigt einen Auszug aus dem exemplarischen Aufruf einer Leseoperation des OData-Service für die Filialdaten.

```
...
" Create http client
" Details depend on your connection settings
lo_http_client = cl_web_http_client_manager=>create_by_http_
destination(
```

```
cl_http_destination_provider=>create_by_cloud_destination(
       i_name  = 'rh5_OData_service'
       i_service_instance_name = 'DEST_SERV_INTEGRATION' ) ).

lo_client_proxy = cl_web_OData_client_factory=>create_v2_remote_
proxy(
  EXPORTING
    iv_service_definition_name = 'ZSB_LOCATION'
    io_http_client             = lo_http_client
    iv_relative_service_root   = '/sap/opu/OData/sap/ZI_LOCATIONTP_
CDS' ).


" Zur Entität navigieren und Anfrage für READ anlegen
lo_request =
lo_client_proxy->create_resource_for_entity_set( 'ZI_LOCATIONTP' )->
create_request_for_read( ).
...
```

Listing 13.5 Beispielquellcode zum Aufruf der Leseoperation eines OData-Service

Service Consumption Models ermöglichen durch die Generierung von Beispielquellcode eine schnelle und einfache Integration externer OData-Services in Anwendungen des ABAP Environment. Sie sind daher ein nützliches Werkzeug zur Integration von externen Systemen und dem ABAP Environment.

13.4 Side-by-Side-Erweiterungen für SAP S/4HANA

Mit SAP S/4HANA hat SAP im Jahr 2015 den Nachfolger des bisherigen SAP-ERP-Systems vorgestellt. Genau wie bei dem Vorgänger handelt es sich bei SAP S/4HANA um eine betriebliche Standardsoftware. SAP S/4HANA basiert auf der SAP-HANA-Datenbank und stellt verschiedene Funktionen bereit, um Sie bei der Digitalisierung Ihrer Geschäftsprozesse zu unterstützen. So stehen Ihnen unter anderem Funktionen für das Finanzwesen, das Personalwesen, den Vertrieb, die Beschaffung und die Liquiditätssteuerung zur Verfügung. Diese standardisierten Funktionen und Prozesse werden auch als *digitaler Kern* bezeichnet. Des Weiteren können Ihre Geschäftsprozesse mit externen Systemen interagieren.

Erweitern des digitalen Kerns

Die Stärke von SAP-Standardsoftware war schon immer, dass Kundenunternehmen die bereitgestellten Funktionen individuell, nach ihren eigenen Wünschen anpassen und erweitern konnten. So ist es durch Customizing möglich, bestimmte SAP-Prozesse zu beeinflussen und an kundenindividuelle Anforderungen anzupassen. Diese Art der Anpassung reicht jedoch nicht immer aus bzw. hat ihre Grenzen. Kunden haben dann die Möglichkeit, kundeneigene Felder und Logik an bestimmten Erweiterungspunkten, wie beispielsweise *Append-Strukturen*, *Business Add-Ins* (BAdIs) oder *Enhancements*, zu implementieren. Customizing und Erweiterungen stehen Ihnen auch für die Erweiterung des digitalen Kerns von SAP S/4HANA zur Verfügung. Der Umfang der möglichen Erweiterungen ist jedoch davon abhängig, wie Sie Ihr SAP-S/4HANA-System betreiben.

Bereitstellungsmodelle für SAP S/4HANA

SAP stellt SAP S/4HANA sowohl als On-Premise-Version als auch als Cloud-Version zur Verfügung.

- **SAP S/4HANA On-Premise**
  Sie haben die Möglichkeit, SAP S/4HANA ganz klassisch als On-Premise-Version zu betreiben. Das heißt, Sie erwerben die Lizenz für das Betreiben des SAP-S/4HANA-Systems und können das System gemäß der Lizenzvereinbarung verwenden. Bei der On-Premise-Version liegt der Betrieb des Systems vollständig in Ihren Händen. Da Sie SAP S/4HANA in Rechenzentren Ihrer Firma betreiben, haben Sie beispielsweise die Möglichkeit, zu entscheiden, wann welche Upgrades eingespielt werden.

  Durch den Erwerb des Systems können Sie auf alle Entwicklungsobjekte von SAP S/4HANA zugreifen. Das heißt, Ihnen stehen die klassischen Entwicklungs- und Erweiterungsmöglichkeiten zur Verfügung. Sie haben zum Beispiel weiterhin die Möglichkeit, kundeneigene Programme zu schreiben und können die von SAP bereitgestellten Entwicklungsobjekte, wie Klassen, Interfaces, CDS-Views etc., frei verwenden, selbst wenn diese nicht offiziell freigegeben sind. Von der Verwendung von nicht freigegebenen Entwicklungsobjekten raten wir an dieser Stelle jedoch ausdrücklich ab.

- **SAP S/4HANA Cloud**
  Alternativ können Sie SAP S/4HANA auch als Cloud-Version abonnieren. In diesem Fall steht Ihnen nur die Funktionalität zur Verfügung, die Sie abonniert haben. Im Unterschied zur On-Premise-Version geben Sie bei der Cloud-Version den Betrieb und den Support des Systems aus Ihren Händen. Das heißt, dass SAP S/4HANA nicht in Ihren Rechnenzentren betrieben wird, sondern SAP Ihnen die benötigte Infrastruktur bereitstellt. Sie haben somit auch keinen Einfluss darauf, wann welche Upgrades eingespielt werden. Vielmehr profitieren Sie von einem quartalsweisen Releasezyklus und einem automatischen Upgrade des Systems, ähnlich wie beim Environment.

Das automatische Aktualisieren des SAP-S/4HANA-Systems erfordert es, den digitalen Kern vor jeglichen Änderungen zu schützen. Nur so kann nach einem Upgrade die Lauffähigkeit des Systems gewährleistet werden. Aus diesem Grund sind in der Cloud-Version nur Erweiterungen möglich, die vom digitalen Kern entkoppelt sind. Der Zugriff auf den digitalen Kern ist nur noch über freigegebene APIs möglich. Erweiterungen werden nicht mehr durch Entwickler*innen vorgenommen, sondern durch Fachabteilungen mit Unterstützung von webbasierten Werkzeugen. Entwickler*innen haben keine Möglichkeit mehr, auf das Backend zuzugreifen, Modifizierungen an der Kernsoftware vorzunehmen oder kundeneigene Anwendungen direkt in SAP S/4HANA Cloud zu implementieren.

[«]

SAP S/4HANA Cloud, Single Tenant Edition

Eine weiteres Bereitstellungsmodell ist SAP S/4HANA Cloud, Single Tenant Edition. Diese Version stellt den gleichen Funktionsumfang wie die On-Premise-Version zur Verfügung, wird jedoch in der Cloud über die SAP-Infrastruktur bereitgestellt. Unter anderem übernimmt SAP das Einspielen von Upgrades. Sie als Kundin oder Kunde haben jedoch Einfluss darauf, wann diese Upgrades durchgeführt werden. Des Weiteren haben Sie auch Zugriff auf das Backend und können mit den klassischen Entwicklungswerkzeugen arbeiten.

13.4.1 Erweiterungsmöglichkeiten von SAP S/4HANA

In diesem Abschnitt stellen wir Ihnen kurz die verschiedenen Erweiterungsmöglichkeiten von SAP S/4HANA vor. Sie im Detail zu beschreiben, würde jedoch weit über den Rahmen dieses Buchs hinausgehen. Wir wollen an dieser Stelle daher auf das Buch »Erweiterungen für SAP S/4HANA« von Thomas Schneider und Werner Wolf (SAP PRESS 2018) verweisen. Die Autoren beschreiben in diesem Buch die verschiedenen Erweiterungsmöglichkeiten anhand von praktischen Beispielen.

Erweiterungsmöglichkeiten

Wie bereits beschrieben, unterscheiden sich die Erweiterungsmöglichkeiten und der Umfang möglicher Erweiterungen abhängig davon, nach welchem Bereitstellungsmodell Sie das SAP-S/4HANA-System betreiben. Generell unterscheidet man die beiden folgenden Varianten:

- In-App-Erweiterbarkeit
- Side-by-Side-Erweiterbarkeit

Beide Erweiterungsmöglichkeiten stehen Ihnen sowohl für die On-Premise-Version als auch für die Cloud-Version von SAP S/4HANA zur Verfügung.

In-App-Erweiterbarkeit

Bei der In-App-Erweiterbarkeit nehmen Sie an fest definierten Punkten Einfluss auf die von SAP bereitgestellten Funktionen und Anwendungen. Man unterscheidet zwei Arten der In-App-Erweiterbarkeit:

- In-App-Erweiterbarkeit mit klassischen Entwicklungswerkzeugen
- In-App-Erweiterbarkeit mit webbasierten Key-User-Werkzeugen

Klassische Entwicklungswerkzeuge

Die In-App-Erweiterbarkeit mit klassischen Entwicklungswerkzeugen wird Ihnen vertraut und höchstwahrscheinlich Bestandteil Ihrer täglichen Arbeit sein. Als ABAP-Entwickler*in erweitern Sie mithilfe der Transaktion SE80 oder der Eclipse-Entwicklungsumgebung z. B. bestehende Datenbanktabellen durch kundeneigene Felder oder implementieren BAdIs mit kundenspezifischen Anforderungen und nehmen so Einfluss auf die SAP-Standardprozesse. Diese Form der Erweiterung steht Ihnen ausschließlich für die On-Premise-Version von SAP S/4HANA zur Verfügung.

Webbasierte Key-User-Werkzeuge

Eine Alternative dazu stellt die In-App-Erweiterbarkeit mit webbasierten Key-User-Werkzeugen dar. Die webbasierten Werkzeuge sind die einzige Möglichkeit, um Standardprozesse in SAP S/4HANA Cloud um kundenspezifische Felder und Programmlogik zu erweitern. Wie der Name schon sagt, richten sich die Werkzeuge vor allem an Key User in den Fachabteilungen. Die webbasierten Werkzeuge stehen in Form von SAP-Fiori-Anwendungen über das SAP Fiori Launchpad zur Verfügung (siehe Abbildung 13.43).

Abbildung 13.43 SAP-Fiori-Anwendungen für Key User

[»]

SAP S/4HANA Cloud Trial

SAP stellt Ihnen eine kostenlose Testversion von SAP S/4HANA Cloud zur Verfügung (*http://s-prs.de/v783023*). Hier haben Sie die Möglichkeit, sich mit dem SAP-S/4HANA-System vertraut zu machen und können unter anderem die Anwendung **Benutzerdefinierte Felder und Logik** ausprobieren.

Benutzerdefinierte Felder und Logik

Mithilfe der SAP-Fiori-Anwendung **Benutzerdefinierte Felder und Logik** können Sie beispielsweise Datenquellen eines Geschäftsobjekts durch kundeneigene bzw. *benutzerdefinierte Felder* erweitern. Dazu steht in der Anwendung ein Anlagedialog zur Verfügung, mit dem Sie ohne viel Aufwand Datenquellen erweitern können. Abbildung 13.44 zeigt den Anlagedialog **Neues Feld**.

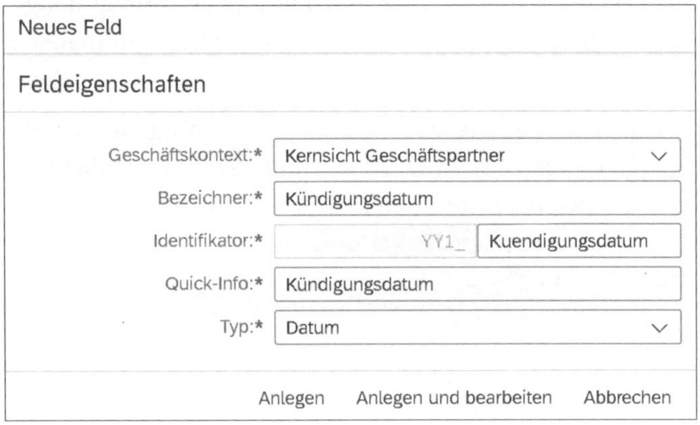

Abbildung 13.44 Der Anlagedialog »Neues Feld«

Verwendung von benutzerdefinierten Feldern

Ein so hinzugefügtes Feld kann anschließend für die Verwendung in den verschiedenen Komponenten des Geschäftsobjekts freigegeben werden (siehe Abbildung 13.45).

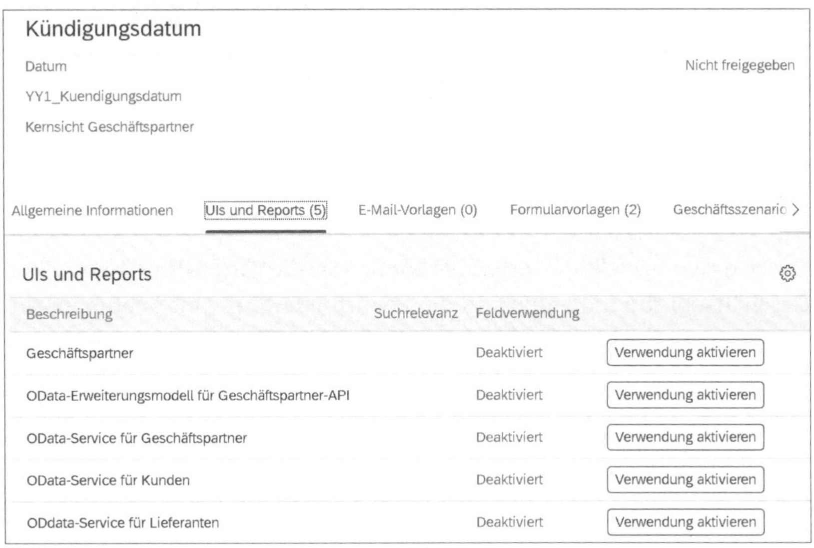

Abbildung 13.45 Verwendung von benutzerdefinierten Feldern

Benutzerdefinierte Logik

Sie können die von SAP bereitgestellten Geschäftsobjekte auch um eigene betriebswirtschaftliche Logik erweitern. In diesem Kontext spricht man auch von *benutzerdefinierter Logik*. Key User mit Erfahrung im Bereich der ABAP-Entwicklung, wie es bei Fachberater*innen teilweise der Fall ist, sind in der Lage, leichtgewichtige BAdI-Implementierungen vorzunehmen. Dazu steht ein webbasierter ABAP-Editor zur Verfügung. In diesem Editor können Sie einfache Prüfungen und Berechnungen mit der cloudfähigen ABAP-Syntax implementieren. Diese Logik wird dann an fest vordefinierten Stellen des Standardprozesse aufgerufen.

Abbildung 13.46 zeigt den webbasierten ABAP-Editor. Er verfügt unter anderem über eine Quellcodevervollständigung sowie ein Syntax-Highlighting. Zusätzlich können Sie sich bei Ihrer Implementierung an der Beispiellogik orientieren, die im rechten Bereich des Editors angezeigt wird.

Abbildung 13.46 Webbasierter ABAP-Editor

Durch die vorgestellten Werkzeuge können Sie die von SAP bereitgestellten Geschäftsobjekte individuell an die Bedürfnisse Ihres Unternehmens anpassen. Abbildung 13.47 stellt die Möglichkeiten der In-App-Erweiterbarkeit für die verschiedenen SAP-S/4HANA-Bereitstellungsmodelle noch einmal grafisch gegenüber.

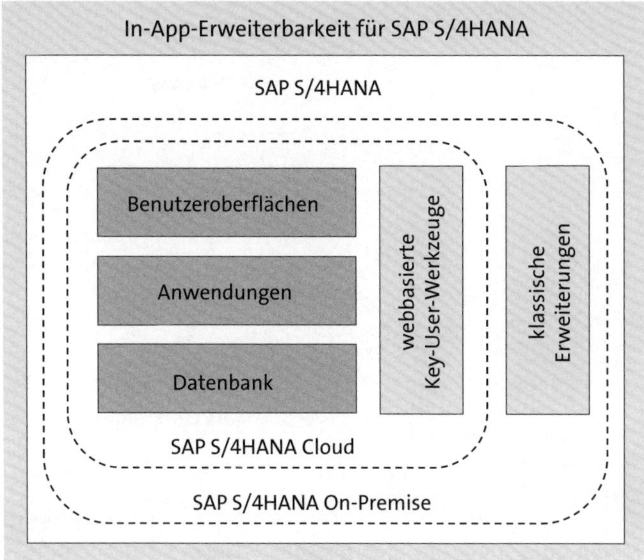

Abbildung 13.47 In-App-Erweiterbarkeit für SAP S/4HANA

Side-by-Side-Erweiterbarkeit

Grenzen der In-App-Erweiterbarkeit

Die In-App-Erweiterbarkeit von SAP S/4HANA Cloud hat natürlich ihre Grenzen. So sind Sie damit zum Beispiel nicht in der Lage, kundeneigene ABAP-Entwicklung in dem Maße durchzuführen, wie Sie es vielleicht aus On-Premise-Systemen kennen, und eigenständige Anwendungen oder Oberflächen zu entwickeln. Genau an dieser Stelle kommt die SAP Cloud Platform ins Spiel.

Side-by-Side-Erweiterbarkeit

Mit der SAP Cloud Platform steht Ihnen ein weiteres Werkzeug zur Erweiterung von SAP S/4HANA zur Verfügung. Losgelöst vom eigentlichen SAP-S/4HANA-System können Sie eigenständige Anwendungen oder Services mit der Technologie Ihrer Wahl erstellen. So stehen Ihnen Programmiersprachen wie Java, Nodes.js oder seit Neustem eben auch ABAP zur Verfügung. Des Weiteren stellt die SAP Cloud Platform Entwicklungswerkzeuge wie die SAP Web IDE zur Verfügung, mit deren Hilfe Sie Benutzeroberflächen erstellen können. Die SAP Cloud Platform ist dazu lose über Schnittstellen mit SAP S/4HANA gekoppelt. Die Integration der Systeme erfolgt über APIs wie OData-Services. Abbildung 13.48 verdeutlich diese Architektur und ordnet die Side-by-Side-Erweiterbarkeit in die Erweiterungsmöglichkeiten für SAP S/4HANA ein.

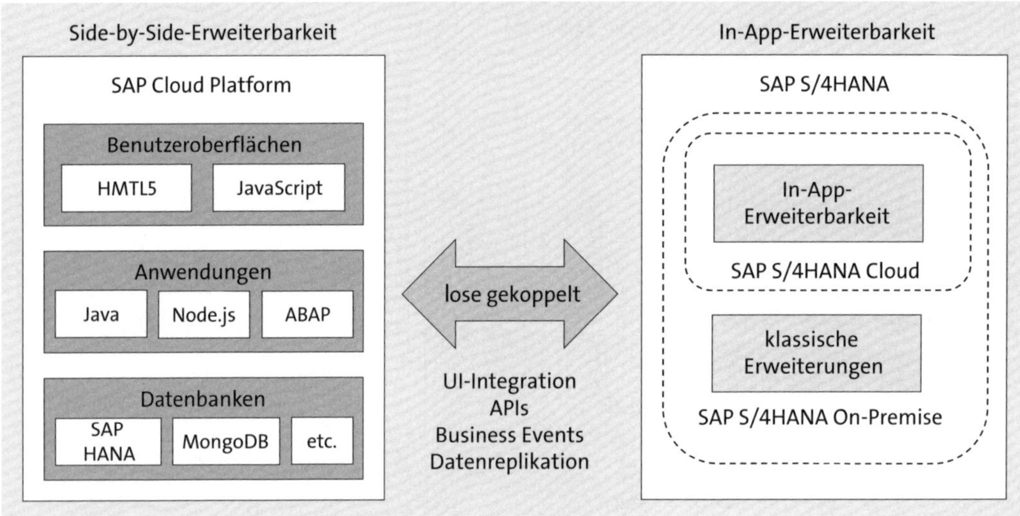

Abbildung 13.48 Erweiterungsmöglichkeiten für SAP S/4HANA

Mit der Side-by-Side-Erweiterbarkeit lassen sich die verschiedensten Geschäftsszenarien abbilden. Ihren Ideen sind dabei so gut wie keine Grenzen gesetzt. Indem Sie die In-App-Erweiterbarkeit um die Side-by-Side-Erweiterbarkeit ergänzen, nutzen Sie die Vorteile beider Technologien.

Datenvalidierungen mit der SAP Cloud Platform

Stellen Sie sich folgenden Anwendungsfall vor: Sie haben, wie in Abbildung 13.44 gezeigt, das Geschäftsobjekt Geschäftspartner mit kundeneigenen Feldern erweitert. Diese Felder können nun von den Endanwender*innen über die Benutzeroberfläche gepflegt werden. Für die Eingaben sollen entsprechende Konsistenzprüfungen im ABAP Environment erfolgen. Der Aufruf des Service erfolgt nun innerhalb der in Abbildung 13.46 implementierten benutzerdefinierten Logik. Die zu prüfenden Daten werden an den Service übergeben und innerhalb des ABAP Environment geprüft. Im Fehlerfall wird eine entsprechende Meldung zurückgeliefert. Abbildung 13.49 stellt diese Kombination aus In-App- und Side-by-Side-Erweiterung grafisch dar.

Side-by-Side-Szenarien

Neben der in Abbildung 13.49 gezeigten Kombination von In-App- und Side-by-Side-Erweiterbarkeit gibt es noch weitere mögliche Szenarien:

- Entwicklung von komplett eigenständigen SAP-Fiori-Anwendungen auf der SAP Cloud Platform und Integration in das SAP Fiori Launchpad des SAP-S/4HANA-Systems
- Erstellung von Benutzeroberflächen für benutzerdefinierte Geschäftsobjekte des SAP-S/4HANA-Systems mit der SAP Web IDE

- Austausch von Business Events zwischen SAP S/4HANA und der SAP Cloud Platform

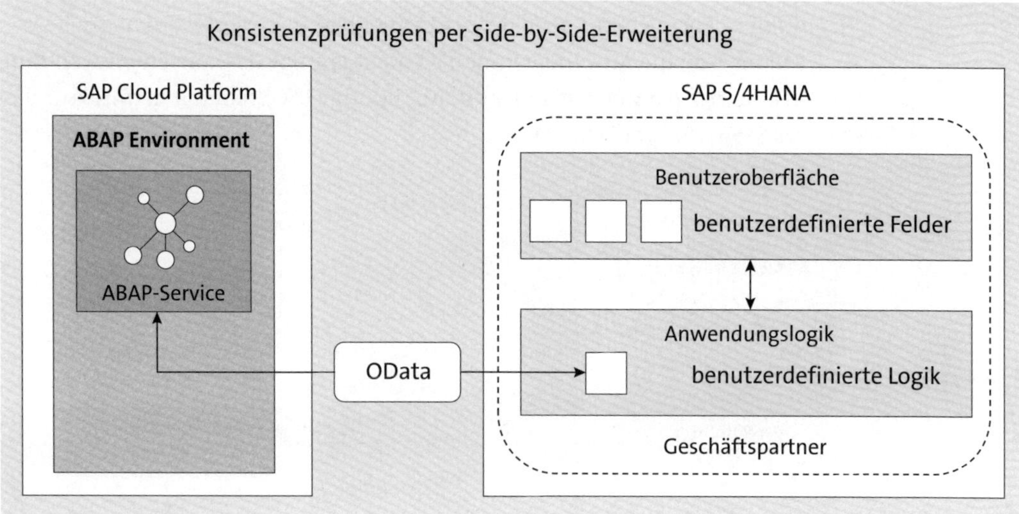

Abbildung 13.49 Side-by-Side-Aufruf eines ABAP-Services

SAP Extensibility Explorer

Durch die beiden erst einmal unabhängig voneinander agierenden Umgebungen sind eine Vielzahl von weiteren Szenarien denkbar. Mit dem *SAP Extensibility Explorer* (*http://s-prs.de/v783024*) stellt Ihnen SAP eine Übersicht über weitere Erweiterungsszenarien zur Verfügung.

13.4.2 Anwendungsbeispiel zur Side-by-Side-Erweiterbarkeit

Die von uns bisher erstellte Beispielanwendung zur Pflege von Rabattaktionen stellt bereits ein Szenario der Side-by-Side-Erweiterbarkeit dar. Wir haben mit Unterstützung der SAP Web IDE in Abschnitt 10.5, »Benutzeroberflächen mit der SAP Web IDE anlegen«, eine SAP-Fiori-Anwendung generiert, die eigenständig im ABAP Environment läuft. Durch die in Abschnitt 13.3.2, »On-Premise-System über einen Funktionsbaustein aufrufen«, und Abschnitt 13.3.3, »On-Premise-Systeme über einen OData-Service aufrufen«, konfigurierten APIs greift die Anwendung zur Laufzeit auf die Filialdaten eines SAP-S/4HANA-Systems zu. So können Sie mit der Anwendung in der SAP Cloud Platform Rabattaktionen für Filialen erstellen, die mit dem SAP-S/4HANA-System verwaltet werden.

Integration der Benutzeroberflächen

Bisher erreichen die Anwender*innen unsere Anwendung nur über die in Abschnitt 10.5, »Benutzeroberflächen mit der SAP Web IDE anlegen«, aufgeführte URL zum direkten Aufruf der Anwendung. In einem SAP-S/4HANA-

System arbeitet man jedoch in den meisten Fällen mit dem SAP Fiori Launchpad. Damit die Anwender*innen das SAP Fiori Launchpad für den Aufruf der Beispielanwendung nicht verlassen müssen, soll die Anwendung in Form einer Kachel in das Launchpad integriert werden. Im besten Fall merken die Anwender*innen so nicht einmal, dass unsere Anwendung in einem separaten System läuft. Abbildung 13.50 stellt die Architektur dieses Szenarios grafisch dar.

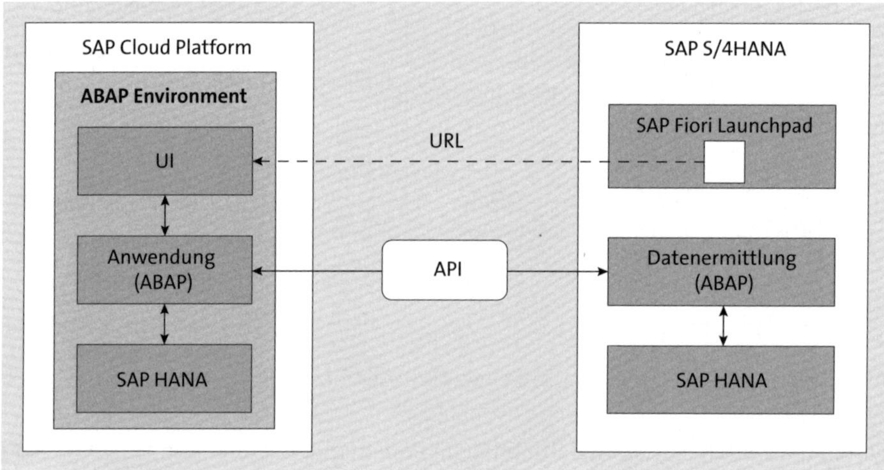

Abbildung 13.50 Integration der Beispielanwendung ins SAP Fiori Launchpad

Wir zeigen Ihnen nun die Anbindung der Anwendungen aus dem ABAP Environment als Kachel in das SAP Fiori Launchpad eines On-Premise-Systems.

SAP Fiori Launchpad Designer

Um das SAP Fiori Launchpad zu konfigurieren, müssen Sie den *SAP Fiori Launchpad Designer* Ihres SAP-Systems aufrufen. Der Aufruf erfolgt über die URL *https://<server>:<port>/sap/bc/ui5_ui5/sap/arsrvc_upb_admn/main.html?scope=CUST*. Alternativ können Sie auch die Transaktion /UI2/FLPD_CUST aufrufen. Abbildung 13.51 zeigt die Oberfläche des SAP Fiori Launchpad Designer.

[»]

Benutzereigene Kacheln in SAP S/4HANA Cloud

In SAP S/4HANA Cloud erfolgt das Erstellen eigener Kacheln über die SAP-Fiori-Anwendung **Benutzereigene Kacheln**.

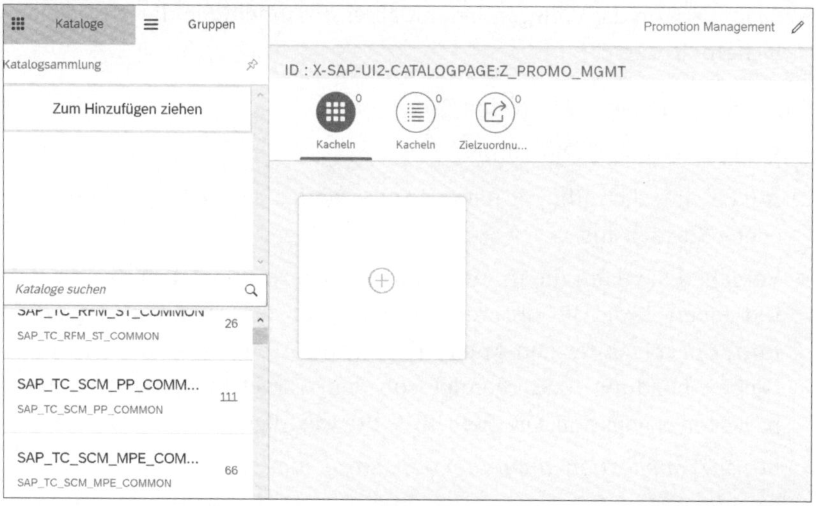

Abbildung 13.51 SAP Fiori Launchpad Designer

Katalog erstellen

In einem ersten Schritt erstellen Sie einen eigenen *Katalog* für das SAP Fiori Launchpad. Ein Katalog umfasst eine beliebige Anzahl von Anwendungen bzw. Kacheln. Zur Anlage gehen Sie wie folgt vor:

1. Wechseln Sie auf die Registerkarte **Kataloge** im SAP Fiori Launchpad Designer und klicken dort auf das Plussymbol (⊕) im unteren linken Bereich.
2. In dem sich öffnenden Anlagedialog müssen Sie einen Titel und eine ID vergeben (siehe Abbildung 13.52). Zur einfachen Abgrenzung von den SAP-Standardkatalogen empfehlen wir Ihnen, den Katalog im Z-Namensraum anzulegen, auch wenn dies nicht zwingend notwendig ist.

Abbildung 13.52 Katalog anlegen

3. Schließen Sie das Anlegen des Katalogs ab, indem Sie die Schaltfläche **Sichern** drücken.

Kachel erstellen

Fügen Sie dem Katalog nun eine Kachel hinzu:

1. Klicken Sie auf das Plussymbol (⊕).
2. Auf der sich daraufhin öffnenden Seite wählen Sie die Kachel **App Launcher – Statisch** aus.
3. Vergeben Sie dann die in Abbildung 13.53 gezeigten Attribute. Als **Ziel-URL** geben Sie die URL unserer Anwendung an, die Sie im SAP Cloud Platform Cockpit unter den **Applications** Ihres ABAP Environment finden (siehe Abbildung 10.53), gefolgt von dem Target Mapping der Intent-basierten Navigation. Die Ziel-URL sollte wie folgt aufgebaut sein:

   https://<application_approuter>/cp.portal/site#PromoMngmt_App-display

Abbildung 13.53 Kachel mit URL-Link zur Anwendung

Nachdem Sie die Kachel dem Katalog zugeordnet haben, kann die Kachel einer *Gruppe* zugeordnet werden. Gruppen im SAP Fiori Launchpad enthalten eine oder mehrere Kacheln. Ihre Namen werden den Anwender*innen innerhalb der Navigationsleiste des SAP Fiori Launchpad angezeigt.

Gruppe anlegen

Erstellen Sie eine Gruppe, indem Sie im SAP Fiori Launchpad Designer auf die Registerkarte **Gruppen** wechseln und auf das Plussymbol (⊕) klicken. Im sich daraufhin öffnenden Anlagedialog müssen Sie wieder einen **Titel** sowie eine **ID** vergeben. Suchen Sie anschließend nach Ihrem zuvor angelegten Katalog und fügen Sie die Kachel über das Plussymbol der Gruppe hinzu. Abbildung 13.54 zeigt die erfolgreich hinzugefügte Kachel innerhalb der Gruppe **Promotion Management**.

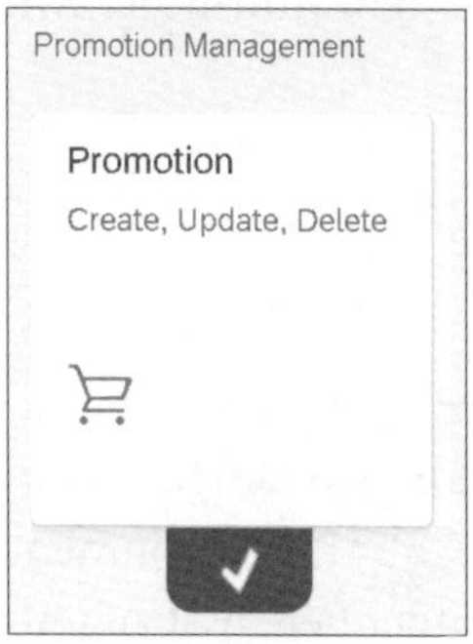

Abbildung 13.54 Konfiguration einer Kachel innerhalb einer Gruppe

> **Katalog und Gruppe einer Rolle zuordnen**
> Damit Anwender*innen die Kachel zu unserer Anwendung innerhalb des SAP Fiori Launchpad angezeigt wird, müssen der Katalog und die Gruppe über die Transaktion PFCG einer Rolle zugeordnet werden. Kataloge und Gruppen werden dort über die Registerkarte **Menü** hinzugefügt. Die Rolle ist dann den zu berechtigenden Benutzern zuzuordnen.

Kachel im SAP Fiori Launchpad

Benutzern, denen sowohl der Katalog als auch die Gruppe zugeordnet wurde, steht die Anwendung anschließend im SAP Fiori Launchpad des SAP-S/4HANA-Systems zur Verfügung (siehe Abbildung 13.55).

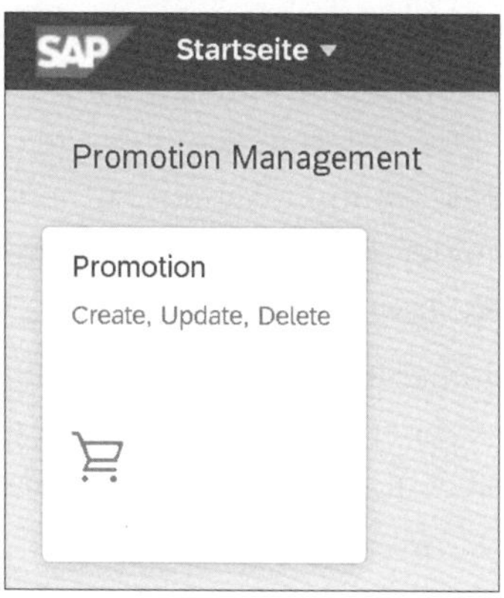

Abbildung 13.55 Gruppe »Promotion Management« im SAP Fiori Launchpad

Wir möchten an dieser Stelle darauf hinweisen, dass wir bei der Integration unserer Anwendung in das SAP Fiori Launchpad die Kommunikation per Single Sign-on (SSO) nicht berücksichtigt haben. Die Einrichtung eines entsprechenden Kommunikationskanals wird in der Regel von Admins durchgeführt. In unserem Fall müssen sich Benutzer bei einem Aufruf der Anwendung am ABAP Environment anmelden.

13.5 Zusammenfassung

Die Integration externer Systeme in das ABAP Environment ist ein zentraler Bestandteil vieler Anwendungsszenarien. Durch die vielfältigen Möglichkeiten, externe Systeme anzubinden, kann das ABAP Environment dazu genutzt werden, Daten aus verschiedensten Datenquellen abzugreifen und in die eigenen Cloud- und On-Premise-Prozesse zu integrieren. Wir haben Ihnen in diesem Kapitel die Grundlagen für die Kommunikation mit Systemen innerhalb und außerhalb Ihrer Systemlandschaft nahegebracht.

Die Kommunikation mit externen Systemen setzt die Konfiguration bestimmter Komponenten voraus, die wir Ihnen in Abschnitt 13.1, »Kommunikationsmanagement«, vorgestellt haben. Im ABAP Environment definierte Business Services können Sie externen Systemen bereitstellen, indem Sie diese einem Kommunikationsszenario zuordnen. In den meisten Fällen fügen Sie einem Kommunikationsszenario alle Business Services hinzu, die Ihrer Ansicht nach zu einem Geschäftsprozess zusammengefasst werden sollten. Über das Kommunikationsszenario legen Sie auch die Authentifizierungsmethode fest (Basis- oder X.509-Authentifizierung).

Kommunikationspartner, wie externe Systeme, werden durch Kommunikationssysteme repräsentiert. Jegliche eingehende und ausgehende Kommunikation erfolgt über das Kommunikationssystem als technischen »Anlaufpunkt« innerhalb des ABAP Environment. Das Kommunikationssystem umfasst die Verbindungsinformationen eines Kommunikationspartners. Zusätzlich zu den Verbindungsinformationen definieren Sie, welche Kommunikationsbenutzer für die Kommunikation verwendet werden.

Der Kommunikationsbenutzer ist ein technischer Benutzer, mit dem man sich gegenüber dem ABAP Environment oder einem externen System authentifiziert. Dazu wird ein Kommunikationsbenutzer einem Kommunikationssystem zugeordnet.

Die Kommunikationsvereinbarung führt das Kommunikationsszenario, Kommunikationssystem und den Kommunikationsbenutzer zusammen. Sie definiert somit den elektronischen Datenaustausch zwischen dem

ABAP Environment und einem Kommunikationspartner. In Abschnitt 13.1.5, »Destination und Destination Service«, haben wir Ihnen gezeigt, wie Sie Destination und Destination Services verwenden, um so eine Verbindung zu APIs aufzubauen.

In Abschnitt 13.2, »Arbeiten mit APIs«, haben wir Ihnen gezeigt, wie Sie externe APIs konsumieren sowie einen Service zum Lesen von Rabattaktionsdaten für externe Systeme bereitstellen.

Sie haben ebenfalls die Möglichkeit, das ABAP Environment mit Ihrer bestehenden On-Premise-Systemlandschaft zu integrieren. So können Sie beispielsweise bereits vorhandene Stammdaten aus Ihrem On-Premise-System in modernen Webanwendungen verwenden, die im ABAP Environment laufen. Die Kommunikation mit den On-Premise-Systemen erfolgt über die Neo-Umgebung der SAP Cloud Platform. Ist das ABAP Environment erst einmal an Ihre On-Premise-Systemlandschaft angebunden, haben Sie die Möglichkeit, Daten über RFC-Funktionsbausteine oder OData-Services auszutauschen.

Die Stärke von SAP-Standardsoftware ist die individuelle Anpassbarkeit durch den Kunden. Mit dem ABAP Environment steht Ihnen eine neue Möglichkeit zur Verfügung, um Ihre bestehenden Geschäftsprozesse innerhalb der Cloud Platform mit ABAP zu erweitern. Man spricht in diesem Zusammenhang auch von der Side-by-Side-Erweiterbarkeit. In Abschnitt 13.4, »Side-by-Side-Erweiterungen für SAP S/4HANA«, haben wir Ihnen verschiedene Erweiterungsszenarien vorgestellt, die Sie mit dem ABAP Environment umsetzen können.

Abschließend haben wir Ihnen gezeigt, wie Sie unsere Rabattaktionsanwendung im SAP Fiori Launchpad eines SAP-S/4HANA-Systems bereitstellen können.

Kapitel 14
Kundeneigenen Quellcode migrieren

In diesem Kapitel lernen Sie, wie Sie kundeneigenen Quellcode von Ihrem On-Premise-System ins ABAP Environment migrieren.

Mit dem ABAP Environment erweitern Sie Ihre bestehende Systemlandschaft um ein innovatives System für den Betrieb und die Bereitstellung cloudbasierter Anwendungen. Sicherlich haben Sie bereits kundeneigene Anwendungen in Ihren On-Premise-Systemen im Einsatz, die Sie gegebenenfalls ins ABAP Environment migrieren möchten. In diesem Kapitel zeigen wir Ihnen, wie Sie dabei vorgehen.

In Abschnitt 14.1, »Cloud-Readiness-Prüfungen durchführen«, erläutern wir, wie Sie Ihren kundeneigenen Quellcode analysieren, um einschätzen zu können, wie hoch der Aufwand für die Anpassung des Quellcodes ist, um die Kompatibilität mit der Cloud-Umgebung herzustellen. Dabei können Sie bei Bedarf bereits erste Anpassungen vornehmen.

In Abschnitt 14.2, »Migration in das ABAP Environment«, zeigen wir Ihnen anschließend, wie Sie kundeneigene Anwendungen von einem On-Premise-System in Ihr ABAP Environment migrieren können.

Abschließend erklären wir in Abschnitt 14.3, »Halbautomatische Quellcodeanpassungen«, wie Sie den transformierten, kundeneigenen Quellcode mit Unterstützung durch halbautomatische Quellcodeanpassungen in Eclipse im ABAP Environment lauffähig machen.

14.1 Cloud-Readiness-Prüfungen durchführen

Wie bereits in Kapitel 5, »Freigegebener Sprachumfang und Objekte«, erläutert, steht Ihnen im ABAP Environment nur noch ein eingeschränkter ABAP-Sprachumfang zur Verfügung. Eine Vielzahl von ABAP-Sprachelementen kann daher in der Cloud-Umgebung nicht weiterverwendet und muss durch Alternativen ersetzt werden. Ähnlich verhält es sich mit vielen Repository-Objekten wie Klassen, Datenelementen, Domänen etc. Auch hier können Sie nur noch die von SAP freigegebenen (whitelisted) Repository-Objekte verwenden. Alle Anwendungen, die Sie in das ABAP Environment migrieren, können nur dann fehlerfrei aktiviert werden, wenn sie ausschließlich den freigegebenen Sprachumfang nutzen. Für Sie kann das also einen erheblichen Anpassungsaufwand bedeuten. Damit Sie für ein Migrationsprojekt ausreichend vorbereitet sind, sollten Sie daher frühzeitig den Aufwand für die erforderlichen Anpassungen kennen.

ABAP Test Cockpit

Mit dem *ABAP Test Cockpit* (ATC) stellt Ihnen SAP ein Werkzeug für die statische Analyse von Quellcode zur Seite. Das ATC wird bereits seit vielen Jahren zur Qualitätssicherung in der ABAP-Entwicklung eingesetzt und leistet somit einen signifikanten Beitrag zur robusten und performanten Entwicklung.

Simplification

Mit der Einführung von SAP S/4HANA wurden viele Standardobjekte von SAP mit dem Ziel der Vereinfachung (*Simplification*) modernisiert. Diese Modernisierung hat zur Folge, dass kundeneigene Anwendungen, die nach SAP S/4HANA migriert werden sollen, gegebenenfalls angepasst werden müssen. Mithilfe des ATC und des *SAP Readiness Check für SAP S/4HANA* können die notwendigen Anpassungen identifiziert und vorgenommen werden.

SAP Readiness Checks

Mit der Einführung des ABAP Environment und den neuen sprachlichen Herausforderungen hat die SAP einen weiteren SAP Readiness Check bereitgestellt: *Cloud Readiness*. Generell stellen SAP Readiness Checks in erster Linie ein probates Mittel zur Aufwandsermittlung dar. Sie erlauben Ihnen, die notwendigen Anpassungsaufwände für Ihre Anwendungen bereits frühzeitig zu ermitteln und Migrationsprojekte optimal zu planen. Nicht immer lassen sich vorhandene Inkompatibilitäten bereits in den Quellsystemen beheben. Gewisse Entwicklungsobjekte stehen Ihnen beispielsweise ausschließlich im ABAP Environment zur Verfügung. Eine Anpassung von Coding-Stellen auf die Nutzung dieser Objekte kann somit erst nach der Migration im Zielsystem erfolgen.

Cloud Readiness

Für die Cloud-Readiness-Prüfungen stellt Ihnen SAP eine neue *Prüfvariante* `SAP_CP_READINESS_REMOTE` im ATC zur Verfügung. Mit dieser Prüfvariante wird Ihr Quellcode auf die folgenden Inkompatibilitäten hin überprüft:

- Verwendung nicht freigegebener Objekttypen, wie z. B. Reports oder Dynpros
- Verwendung nicht freigegebener Repository-Objekte
- Verwendung nicht freigegebener ABAP-Sprachelemente

In Abbildung 14.1 sehen Sie alle Prüfungen der neuen Prüfvariante für die Cloud-Readiness-Prüfungen.

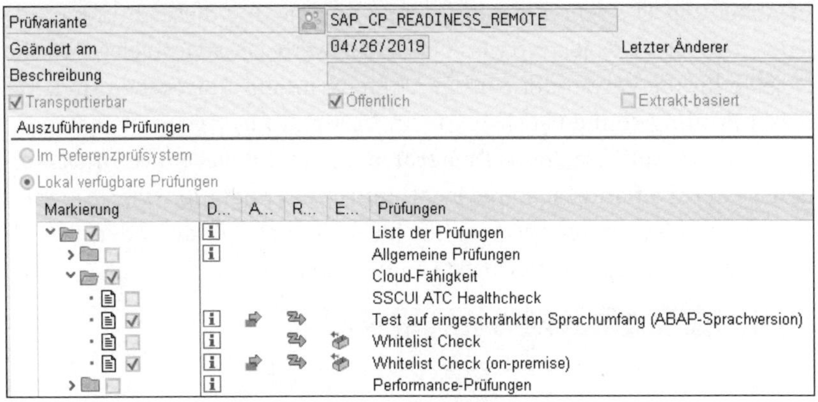

Abbildung 14.1 Prüfvariante für Cloud-Readiness-Prüfungen

Nicht freigegebene Repository-Objekte

14

Mit der Prüfung **Test auf eingeschränkten Sprachumfang (ABAP-Sprachversion)** wird Ihr Quellcode auf nicht freigegebene Objekttypen und nicht freigegebene ABAP-Sprachelemente hin überprüft. Diese beiden Prüfungen sollten sich auch mit zukünftigen Releases des ABAP Environment nicht ändern.

Anders verhält es sich bei der Prüfung auf nicht freigegebene Repository-Objekte (**Whitelist Check (on-premise)**). Mit jedem weiteren Release des ABAP Environment werden in der Regel auch zusätzliche Repository-Objekte für die Verwendung freigegeben. Diese Prüfung ist so aufgebaut, dass SAP für jeden in Tabelle 14.1 genannten Repository-Objekttyp genau die Objekte festlegen kann, die für das ABAP Environment freigegeben sind.

Objekttyp	Beschreibung
INTF	Interface
CLAS	Klasse
FUNC	Funktionsbaustein
DOMA	Domäne
DTEL	Datenelement
TABL	DB-Tabelle
TTYP	Tabellentyp
XSLT	Transformation

Tabelle 14.1 Repository-Objekttypen

In Abbildung 14.2 sehen Sie die genaue Ausprägung dieser Prüfung. Für jeden Repository-Objekttyp wird über Einzelwerte genau festgelegt, welche Objekte für die Verwendung im ABAP Environment freigegeben sind. Mit dieser Prüfung können auch zuvor zur Verwendung freigegebene Repository-Objekte mit dem Status **Deprecated** als veraltet gekennzeichnet werden. Die Prüfvariante ist somit nicht nur für ein Migrationsszenario interessant, sondern unterstützt Sie im Idealfall auch im laufenden Betrieb dabei, veraltete Repository-Objekte auszutauschen.

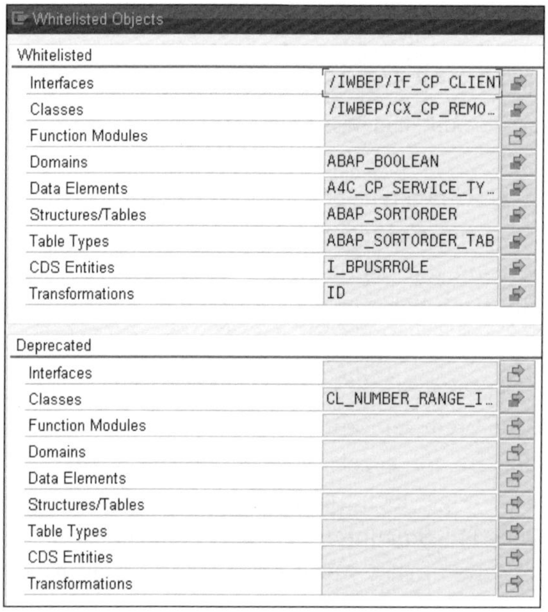

Abbildung 14.2 Freigegebene Repository-Objekte

Status »Deprecated«

Mit jedem weiteren Release des ABAP Environment können also weitere Repository-Objekte freigegeben oder als **Deprecated** gekennzeichnet werden. Folglich aktualisiert sich die Prüfvariante `SAP_CP_READINESS_REMOTE` auch mit jedem Release. Die dafür notwendigen Anpassungen werden über SAP-Hinweise in das System eingespielt. In Abschnitt 14.1.1, »Prüfung mit dem ABAP Test Cockpit«, gehen wir näher auf die notwendigen SAP-Hinweise für die Cloud-Readiness-Prüfungen ein.

Durchführung der Cloud-Readiness-Prüfungen

Abhängig von Ihrer Systemlandschaft und den korrespondierenden Releaseständen haben Sie verschiedene Möglichkeiten, Cloud-Readiness-Prüfungen durchzuführen. In den folgenden beiden Abschnitten stellen wir Ihnen diese Möglichkeiten vor.

14.1.1 Prüfung mit dem ABAP Test Cockpit

SAP GUI oder Eclipse

Die naheliegendste Möglichkeit zur Durchführung von Cloud-Readiness-Prüfungen ist sicherlich die Nutzung des ABAP Test Cockpit im SAP GUI. Über die Transaktion ATC können Sie Jobläufe für automatisierte Prüfungen einrichten oder Default-Prüfvarianten für manuell angestoßene Prüfungen definieren. Ergänzend können Sie auch Prüfungen mit den ABAP Development Tools (ADT) in Eclipse durchführen. Werden ATC-Prüfungen direkt auf dem korrespondierenden System durchgeführt, spricht man auch von *Non-Remote ATC*. Für die Durchführung von Cloud-Readiness-Prüfungen benötigen Sie mindestens SAP NetWeaver Application Server ABAP 7.52. Sie müssen also genau schauen, welchen Releasestand Ihr On-Premise-System aufweist, und abhängig davon evaluieren, ob eine Systemaktualisierung für Sie infrage kommt.

Remote ATC

Eine deutlich gängigere Praxis ist allerdings das Aufsetzen eines zentralen Testsystems, auch *Remote ATC* genannt. Ein solches zentrales Testsystem erlaubt Ihnen die Prüfung von Entwicklungsobjekten auf sogenannten *Satellitensystemen* via RFC-Verbindung (Remote Function Call, siehe Abbildung 14.3). Der Vorteil eines solchen zentralen Testsystems ist, dass Sie Ihre bestehenden On-Premise-Systeme nicht aktualisieren müssen und auch die Aktualisierung der Prüfvarianten nur auf einem System erfolgen muss.

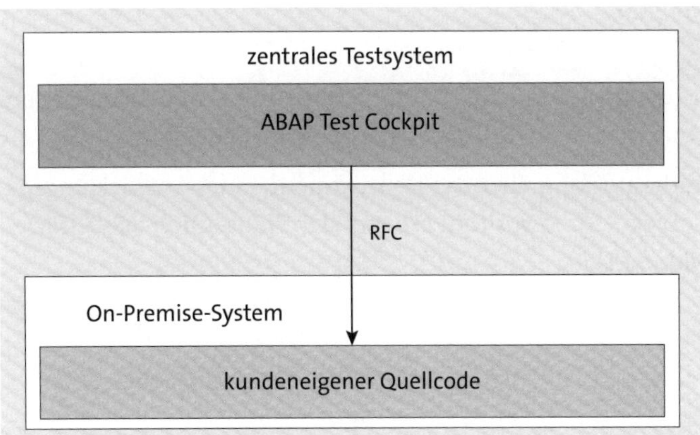

Abbildung 14.3 Cloud-Readiness-Prüfungen über ein zentrales Testsystem (in Anlehnung an Dolinskaja (2018): How to check your custom ABAP code for SAP Cloud Platform ABAP Environment)

Leitfaden für das ABAP Test Cockpit

Sollten Sie an weiteren Informationen zum ABAP Test Cockpit interessiert sein, empfehlen wir Ihnen einen Leitfaden der Deutschsprachigen SAP-

Anwendergruppe (DSAG). Auf fast 100 Seiten erhalten Sie darin eine gut strukturierte Übersicht über die Funktionen des ABAP Test Cockpit. Als DSAG-Mitglied können Sie den Leitfaden für das ABAP Test Cockpit unter folgender Adresse finden: *http://s-prs.de/v783012*

SAP-Hinweise

Damit Sie Cloud-Readiness-Prüfungen direkt auf Ihrem lokalen oder zentralen Testsystem ausführen können, müssen Sie vorab einige SAP-Hinweise implementieren. Mit den SAP-Hinweisen 2682626 und 2684665 erweitern Sie Ihr System grundlegend um die notwendige Funktionalität zur Durchführung dieser Prüfungen. Zusätzlich müssen Sie noch den SAP-Hinweis 2830799 implementieren. Dieser Hinweis beinhaltet die Prüfvariante `SAP_CP_READINESS_REMOTE` und somit auch die Liste an freigegebenen und veralteten Repository-Objekten.

[»]

Cloud-Readiness-Prüfungen im Vorfeld durchführen

Zusätzlich zu der Cloud-Readiness-Prüfung für das aktuelle Release des ABAP Environment können Sie auch eine Prüfung für das nächste Release durchführen. Der SAP-Hinweis 2830799 liefert Ihnen dazu die Prüfvariante `SAP_CP_READINESS_REMOTE_PREV`. Mit dieser Prüfvariante können Sie Ihren Quellcode bereits im Vorfeld auf freigegebene oder veraltete Repository-Objekte hin prüfen.

Prüfung starten

Wenn Sie eine Cloud-Readiness-Prüfung direkt auf Ihrem lokalen System durchführen möchten, haben Sie dazu mehrere Möglichkeiten:

- Sie können die Prüfung über das Kontextmenü eines Entwicklungspakets oder -objekts im *Repository Browser* der Transaktion SE80 starten (siehe Abbildung 14.4).

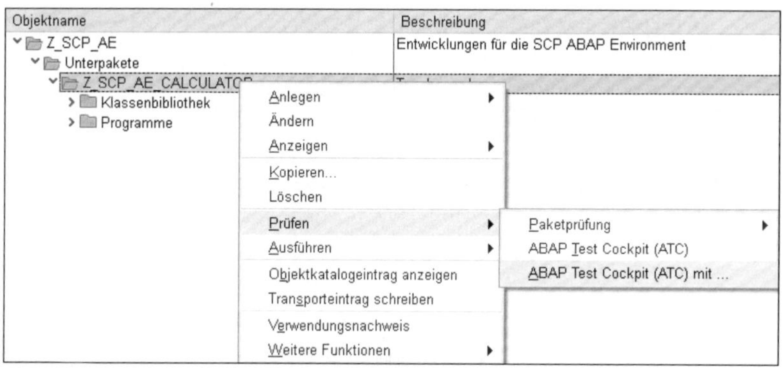

Abbildung 14.4 Quellcode über den Repository Browser prüfen

- Wenn Sie bereits Eclipse einsetzen, können Sie die Prüfung selbstverständlich auch über den Project Explorer in Eclipse starten.
- Sie können einen *Prüflauf* im ATC einplanen. Ein Prüflauf definiert eine Objektmenge und eine für die Prüfung zu verwendenden Prüfvariante.

Prüflauf anlegen

Wir zeigen Ihnen auf den folgenden Seiten, wie Sie einen Prüflauf einplanen und auswerten können:

1. Rufen Sie die Transaktion ATC in Ihrem On-Premise-System auf. Die Transaktion ist die »Schaltzentrale« des ATC. Hier können Sie verschiedene grundlegende Einstellungen zur Durchführung von Prüfungen vornehmen und in verschiedene Reports des ATC abspringen.
2. Führen Sie einen Doppelklick auf den Eintrag **ATC-Administration • Läufe • Läufe einplanen** im Hauptmenübaum der Transaktion aus (siehe Abbildung 14.5).

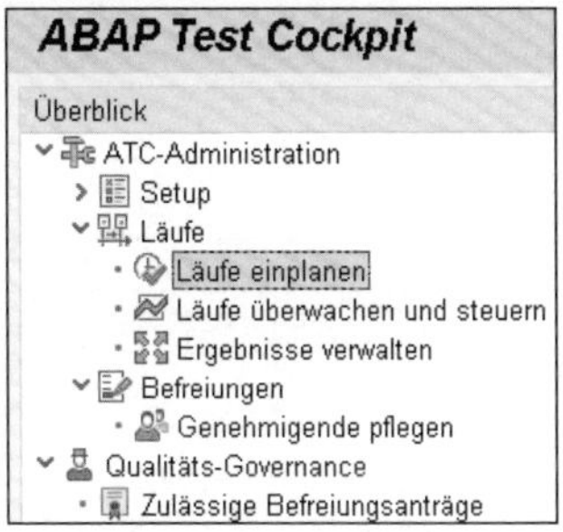

Abbildung 14.5 Hauptmenü der Transaktion ATC

3. Sie gelangen in die Übersicht Ihrer Prüfläufe. Legen Sie einen neuen Prüflauf über die Schaltfläche **Anlegen** an.
4. Vergeben Sie im folgenden Dialog eine sprechende Bezeichnung im Feld **Serienname** (siehe Abbildung 14.6).

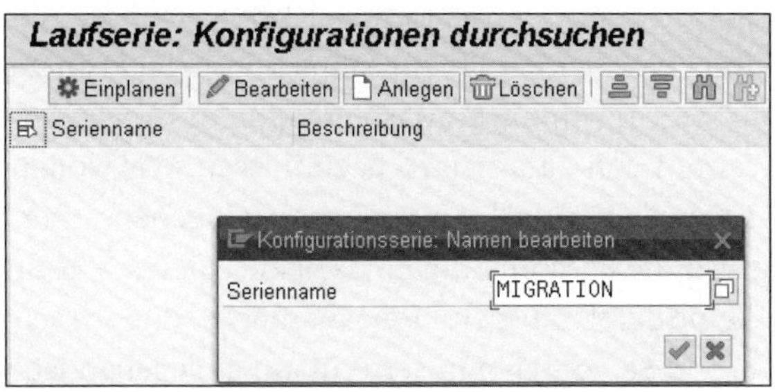

Abbildung 14.6 Anlegen eines neuen Prüflaufs

5. Im folgenden Fenster konfigurieren Sie Ihren Prüflauf (siehe Abbildung 14.7). Im oberen Bereich können Sie eine kurze **Beschreibung** der Prüfung

angeben sowie Einstellungen zur Behandlung von Pragmas und Pseudokommentaren vornehmen. Im Feld **Beschreibung** stehen Ihnen auch diverse Variablen zur Verfügung. Was sich hinter den einzelnen Variablen verbirgt, können Sie der [F1]-Hilfe zum Beschreibungsfeld entnehmen.

6. Geben Sie im Feld **Name** die Prüfvariante »SAP_CP_READINESS_REMOTE« an und definieren Sie, welche Objekte geprüft werden sollen.
7. Speichern Sie abschließend die Konfiguration Ihres Prüflaufs, um automatisch zur Übersicht der Prüfläufe zurückzukehren.

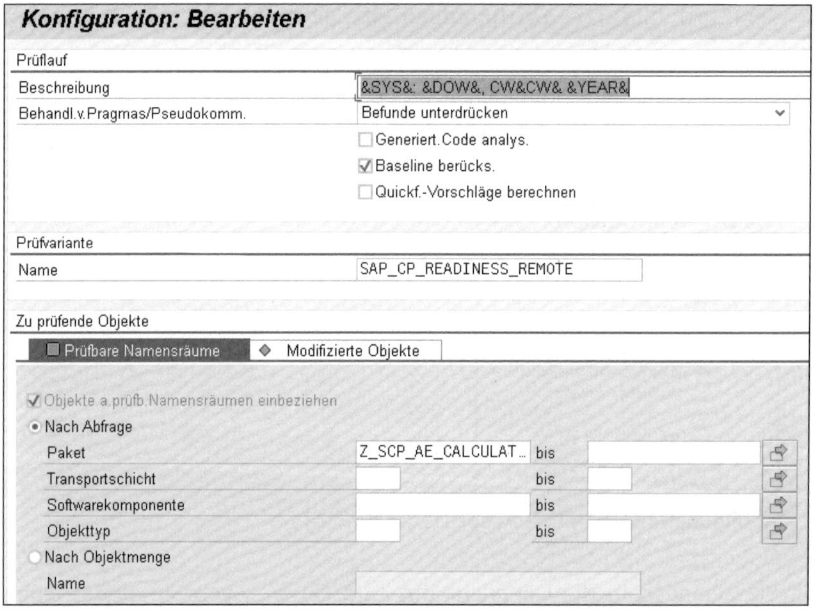

Abbildung 14.7 Prüflauf konfigurieren

Prüflauf einplanen

Damit Ihr Prüflauf ausgeführt wird, müssen Sie diesen einplanen. Markieren Sie dazu Ihren Prüflauf in der Übersicht und klicken Sie auf die Schaltfläche **Einplanen**. Es öffnet sich der Report zur Einplanung von Prüfläufen. Über den Selektionsbildschirm können Sie das Verhalten des eingeplanten Prüflaufs über eine Vielzahl von Parametern beeinflussen. Wir wollen an dieser Stelle nicht näher auf die einzelnen Parameter eingehen. Über die [F1]-Hilfe können Sie sich die Beschreibungen dazu anschauen. Für unseren Fall verändern Sie keine der vorausgefüllten Parameter, sondern achten lediglich darauf, ob im Feld **Serienname** unser Prüflauf angegeben ist, wie in Abbildung 14.8 dargestellt. Schließen Sie die Einplanung des Prüflaufs anschließend über die Schaltfläche (**Ausführen**) ab.

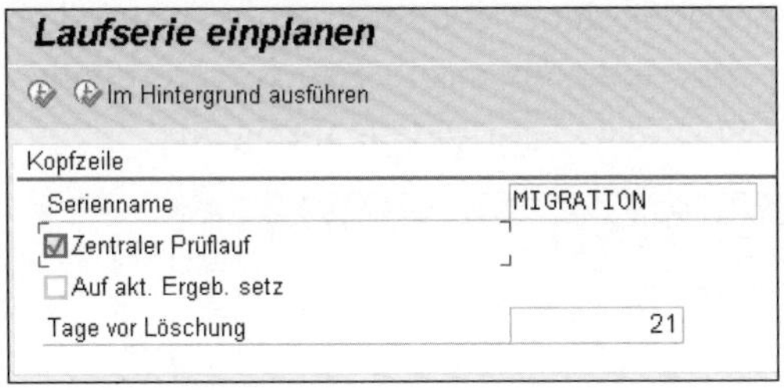

Abbildung 14.8 Laufserie einplanen

Prüflauf auswerten

Als Nächstes wollen wir uns die Ergebnisse des Prüflaufs im *ATC-Laufmonitor* anzeigen lassen. Navigieren Sie dazu zurück in das Hauptmenü der Transaktion ATC und wählen Sie den Eintrag **Läufe überwachen und steuern** per Doppelklick aus. Geben Sie im darauffolgenden Selektionsbildschirm den Namen Ihres Prüflaufs an und führen Sie den Report aus. Ihnen wird nun eine Übersicht aller von Ihnen eingeplanten Prüfläufe angezeigt (siehe Abbildung 14.9). An der Spalte **Zustand** können Sie den Status des eingeplanten Prüflaufs ablesen. Einen abgeschlossenen Prüflauf erkennen Sie an dem Icon .

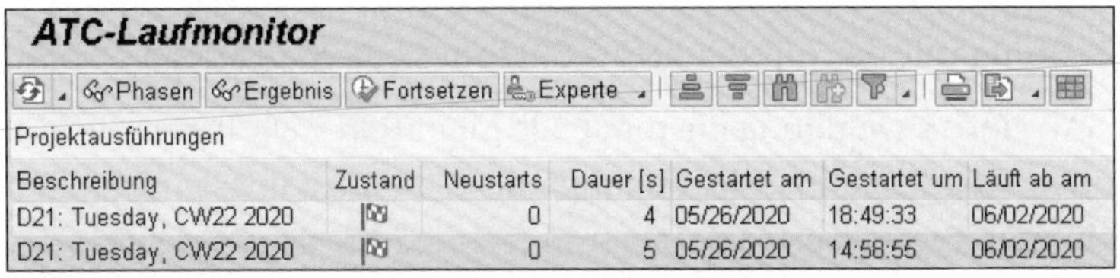

Beschreibung	Zustand	Neustarts	Dauer [s]	Gestartet am	Gestartet um	Läuft ab am
D21: Tuesday, CW22 2020		0	4	05/26/2020	18:49:33	06/02/2020
D21: Tuesday, CW22 2020		0	5	05/26/2020	14:58:55	06/02/2020

Abbildung 14.9 ATC-Laufmonitor

Sie können sich nun die Befunde des Prüflaufs anzeigen lassen. Markieren Sie dazu den Prüflauf und klicken Sie auf die Schaltfläche **Ergebnis**. Abbildung 14.10 zeigt die Befunde eines Prüflaufs. Zu jedem aufgetretenen Befund werden Ihnen verschiedene Informationen, wie zum Beispiel der Prüftitel oder das betroffene Objekt, dargestellt.

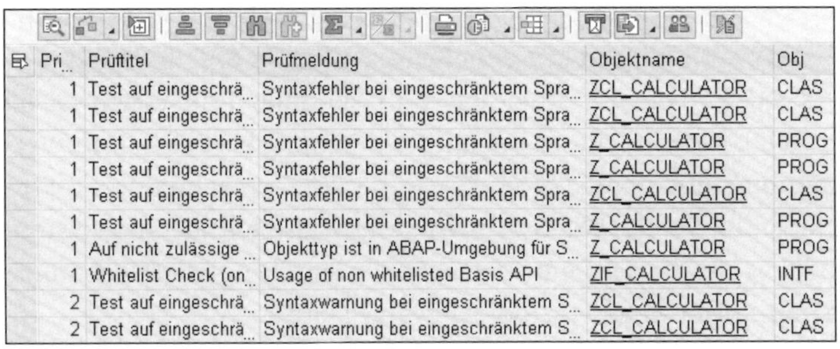

Pri...	Prüftitel	Prüfmeldung	Objektname	Obj
1	Test auf eingeschrä...	Syntaxfehler bei eingeschränktem Spra...	ZCL_CALCULATOR	CLAS
1	Test auf eingeschrä...	Syntaxfehler bei eingeschränktem Spra...	ZCL_CALCULATOR	CLAS
1	Test auf eingeschrä...	Syntaxfehler bei eingeschränktem Spra...	Z_CALCULATOR	PROG
1	Test auf eingeschrä...	Syntaxfehler bei eingeschränktem Spra...	Z_CALCULATOR	PROG
1	Test auf eingeschrä...	Syntaxfehler bei eingeschränktem Spra...	ZCL_CALCULATOR	CLAS
1	Test auf eingeschrä...	Syntaxfehler bei eingeschränktem Spra...	Z_CALCULATOR	PROG
1	Auf nicht zulässige ...	Objekttyp ist in ABAP-Umgebung für S...	Z_CALCULATOR	PROG
1	Whitelist Check (on...	Usage of non whitelisted Basis API	ZIF_CALCULATOR	INTF
2	Test auf eingeschrä...	Syntaxwarnung bei eingeschränktem S...	ZCL_CALCULATOR	CLAS
2	Test auf eingeschrä...	Syntaxwarnung bei eingeschränktem S...	ZCL_CALCULATOR	CLAS

Abbildung 14.10 Befunde eines Prüflaufs

Befunde eines Prüflaufs

Zu jedem Befund können Sie sich außerdem Detailinformationen anzeigen lassen (siehe Abbildung 14.11). Markieren Sie dazu einen entsprechenden Befund und klicken Sie auf die Schaltfläche (**Details anzeigen**).

	Ort / Befund
Paket	Z_SCP_AE_CALCULATOR
Class-Pool	ZCL_CALCULATOR
Methode	ZIF_CALCULATOR~ADD
Zeilennummer	2
Prüftitel	Test auf eingeschränkten Sprachumfang (ABAP-Sprachversion)
Prüfmeldung	Syntaxfehler bei eingeschränktem Sprachumfang
Priorität	Priorität 1
Zuerst gefunden am	05/25/2020 16:46:11
Gefunden am	05/26/2020 14:58:57
Referenzobjekt	MOVE
Syntaxfehler bei eingeschränktem Sprachumfang	
Eine Anweisung "MOVE" ist im eingeschränkten Sprachumfang "5" nicht vorgesehen.	

Abbildung 14.11 Detailinformationen zu einem Befund

Über den Objektnamen in der Liste der Befunde können Sie mit einem Klick zu der betroffenen Stelle im Quellcode springen und diese, soweit möglich, direkt korrigieren.

14.1.2 Prüfung mit der Anwendung »Custom Code Migration«

Mit der SAP-Fiori-Anwendung **Custom Code Migration** stellt Ihnen die SAP eine weitere Möglichkeit zur Verfügung, um Cloud-Readiness-Prüfungen durchzuführen. Die Anwendung bietet Ihnen die Infrastruktur eines zentralen Testsystems mit den Vorzügen einer modernen SAP-Fiori-Benutzeroberfläche. Genau wie beim Remote ATC werden die Entwicklungsobjekte auf den verschiedenen Satellitensystemen über RFC-Verbindung geprüft.

Migrationsprojekte

In der Anwendung verwalten Sie Ihre Migrationen in sogenannten *Migrationsprojekten*. Für jedes Migrationsprojekt können Sie den zu prüfenden Umfang in Form von Entwicklungspaketen festlegen. Filterungen und grafische Auswertungen unterstützen Sie außerdem bei der Überwachung Ihres Migrationsprojekts.

SAP S/4HANA

Die SAP-Fiori-Anwendung ist seit dem Release 1909 für SAP S/4HANA verfügbar. Das SAP-S/4HANA-System agiert als zentrales Prüfsystem (siehe Abbildung 14.12). Auch bei dieser Variante der Prüfung liegt es in Ihrer Verantwortung, die Prüfvariante `SAP_CP_READINESS_REMOTE` regelmäßig zu aktualisieren. Möchten Sie Ihr SAP-S/4HANA-System als zentrales Testsystem für die SAP-Fiori-Anwendung einrichten, finden Sie alle notwendigen Informationen und Anweisungen im SAP-Hinweis 2436688.

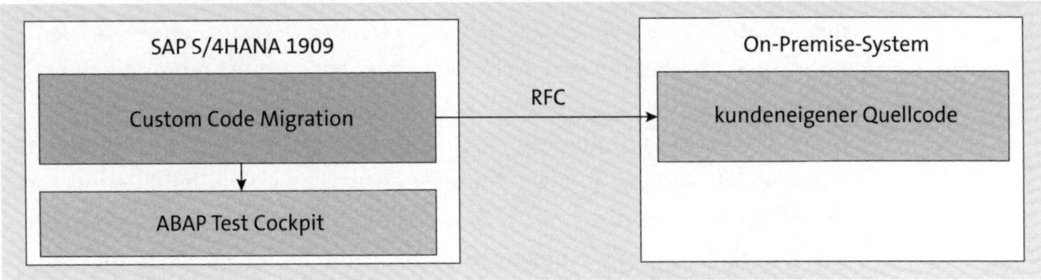

Abbildung 14.12 Verbindung der Anwendung »Custom Code Migration« mit einem SAP-S/4HANA-System

ABAP Environment

Seit Version 1908 ist die SAP-Fiori-Anwendung **Custom Code Migration** auch Bestandteil des ABAP Environment und bietet sich daher insbesondere für Migrationsprojekte an, bei denen man eine Instanz des ABAP Environment im Einsatz hat. Wie in Abbildung 14.13 dargestellt, werden die Satellitensysteme über den Cloud Connector an das ABAP Environment angebunden. Als Protokoll wird auch hier RFC verwendet. Im Vergleich zu den zuvor vorgestellten Optionen hat der Einsatz des ABAP Environment als zentrales Testsystem den großen Vorteil, dass sich die in diesem Szenario eingesetzte Prüfvariante `SAP_CP_READINESS` mit jedem weiteren Release automatisch aktualisiert. Eine manuelle Aktualisierung der Prüfvariante ist somit nicht notwendig.

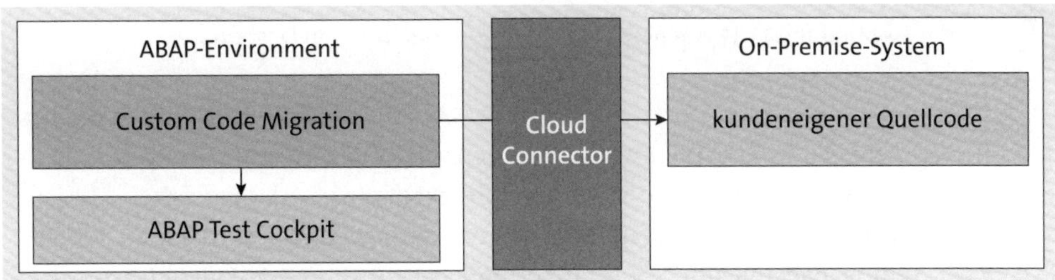

Abbildung 14.13 Verwendung der Anwendung »Custom Code Migration« im ABAP Environment

Auf den folgenden Seiten zeigen wir Ihnen die Verwendung der SAP-Fiori-Anwendung im ABAP Environment und führen ein exemplarisches Migrationsprojekt durch.

[«]

Voraussetzungen

Wenn Sie die SAP-Fiori-Anwendung **Custom Code Migration** im ABAP Environment nutzen möchten, müssen zunächst einige Voraussetzungen erfüllt sein. Damit Sie die Anwendung überhaupt verwenden können, sollte der Anwendungskatalog SAP_CORE_BC_CCM einer entsprechenden Anwendungsrolle zugewiesen sein. Außerdem müssen Sie eine Kommunikationsvereinbarung für das Kommunikationsszenario SAP_COM_0464 erstellen (siehe Abschnitt 13.1, »Kommunikationsmanagement«). Darüber hinaus ist noch die Verbindung zum On-Premise-System über den Cloud Connector herzustellen (siehe Abschnitt 13.3, »Anbindung an On-Premise-SAP-Systeme«). Detaillierte Anweisungen zur Einrichtung finden Sie auch unter folgender Adresse im SAP Help Portal: *http://s-prs.de/v783013*.

Beachten Sie, dass Ihnen die SAP-Fiori-Anwendung in der Testversion des ABAP Environment nicht zur Verfügung steht.

Anwendung aufrufen

Um die Anwendung aufzurufen, melden Sie sich am Dashboard des ABAP Environment an und wählen die Kachel **Migration der Eigenentwicklungen** (siehe Abbildung 14.14).

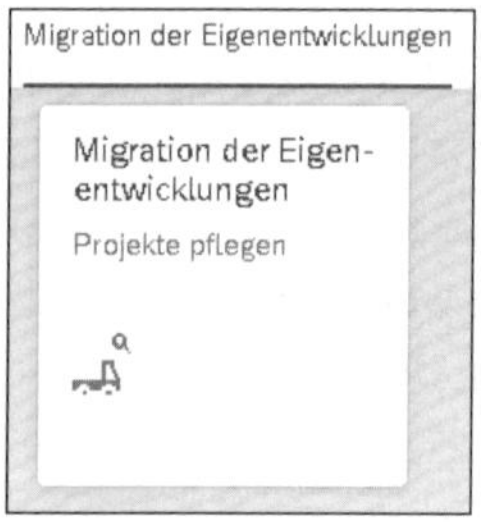

Abbildung 14.14 Kachel der SAP-Fiori-Anwendung im Dashboard

Sie landen im Einstiegsbild (siehe Abbildung 14.15). Hier finden Sie eine Übersicht aller von Ihnen angelegten Migrationsprojekte. Sie können in der Anwendung mehrere Migrationsprojekte anlegen und verwalten. Für jedes Migrationsprojekt definieren Sie den zu prüfenden Umfang an Entwicklungspaketen und legen außerdem das zu prüfende Ziel-Release fest. Je nachdem, wie Sie Ihre Migration organisieren möchten, und abhängig davon, ob Sie parallel noch eine SAP-S/4HANA-Systemkonvertierung vornehmen, ist es nicht ungewöhnlich, mehrere Migrationsprojekte parallel zu verwalten.

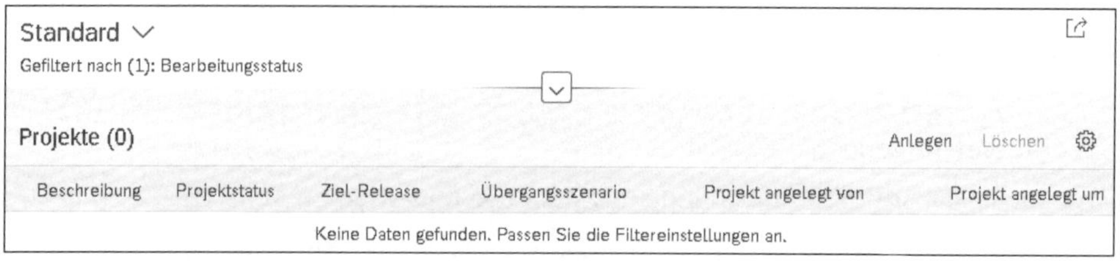

Abbildung 14.15 Einstiegsbild der SAP-Fiori-Anwendung

Migrationsprojekt anlegen

Legen Sie ein neues Migrationsprojekt über die Schaltfläche **Anlegen** an. Vergeben Sie eine sprechende Bezeichnung für das Migrationsprojekt und wählen Sie in der Auswahlliste **Ziel-Release** die Option **ABAP-Umgebung für SAP Cloud Platform** aus (siehe Abbildung 14.16). Geben Sie im Feld **Destination** außerdem die Kommunikationsvereinbarung für Ihr zu prüfendes On-Premise-System an und bestätigen Sie die Anlage des Projekts mit **Sichern**.

Abbildung 14.16 Anlage eines neuen Migrationsprojekts

Übersicht des Projekts

Nachdem Sie das Migrationsprojekt angelegt haben, gelangen Sie in das Übersichtsbild des Projekts. Die Anwendung beginnt automatisch mit der Ermittlung aller kundeneigenen Objekte und führt anschließend die Cloud-Readiness-Prüfung durch. Den Fortschritt der Analyse können Sie in der Übersicht verfolgen. Hier finden Sie auch weitere nützliche Informationen zu Ihrem Migrationsprojekt. Zum Beispiel finden Sie dort die Anzahl an Objekten, die Ihrem Migrationsprojekt zugeordnet sind, sowie die Anzahl an aufgetretenen Cloud-Readiness-Fehlern. Abbildung 14.17 zeigt das Übersichtsbild eines Migrationsprojekts während einer laufenden Cloud-Readiness-Prüfung.

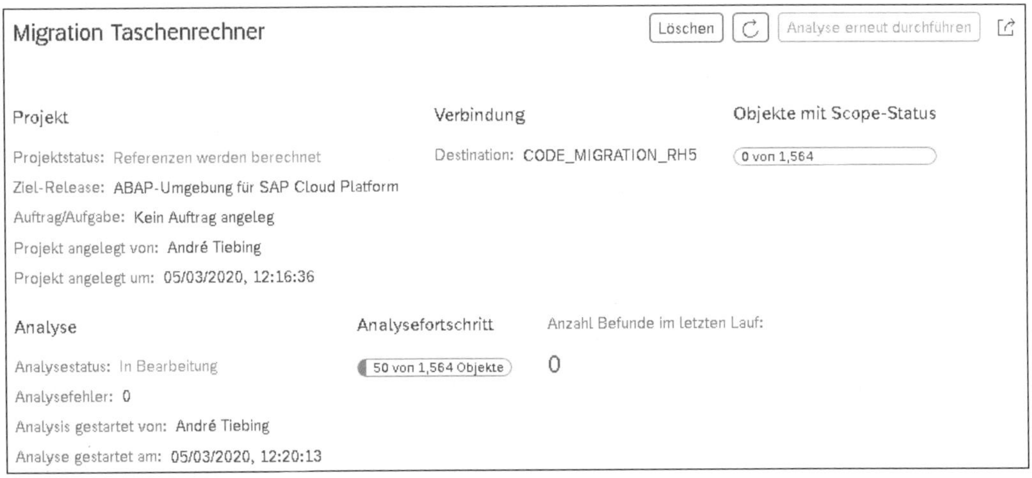

Abbildung 14.17 Übersichtsbild eines Migrationsprojekts

Umfang definieren

Als Nächstes definieren Sie den Umfang unseres Migrationsprojekts. Für jedes Migrationsprojekt können Sie die zu berücksichtigenden Entwicklungspakete und somit die zu prüfenden Objekte festlegen. Lassen Sie sich über die Registerkarte **Scope** unterhalb der Projektübersicht eine grafische Darstellung der Umfangsinformationen anzeigen. Wie Sie dem entsprechenden Diagramm in Abbildung 14.18 entnehmen können, befinden sich initial noch keine Objekte im Umfang Ihres Migrationsprojekts.

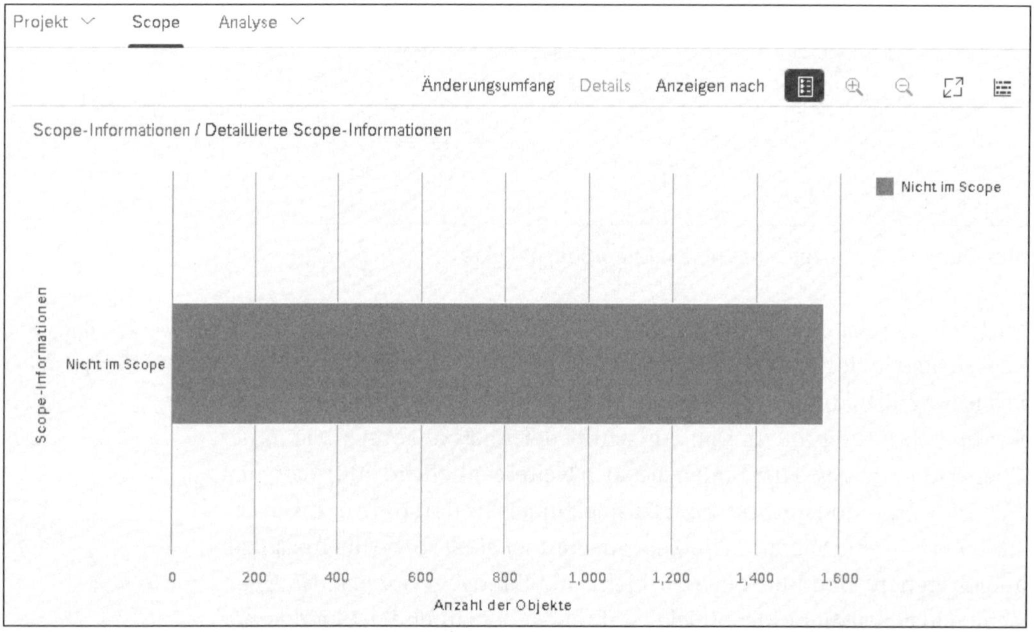

Abbildung 14.18 Scope-Informationen des Migrationsprojekts

Übersicht der Entwicklungspakete

Klicken Sie nun auf der Registerkarte **Scope** auf die Schaltfläche **Änderungsumfang**. Hier werden Ihnen alle Entwicklungspakete Ihres On-Premise-Systems angezeigt. Für jedes Entwicklungspaket werden relevante Informationen aufgeführt. So können Sie zum Beispiel sehen, ob es bereits zum Umfang Ihres Migrationsprojekts hinzugefügt wurde, wie viele Objekte sich in dem Entwicklungspaket befinden und wie viele Fehler die Cloud-Readiness-Prüfung in diesem Paket gefunden hat.

Des Weiteren können Sie in die Detailinformationen jedes Entwicklungspakets navigieren. Hier finden Sie eine Auflistung der untersuchten Entwicklungsobjekte, Details zu den gefundenen Fehlern und viele weitere Informationen. Wählen Sie, wie in Abbildung 14.19 dargestellt, die Entwicklungspakete aus, die Sie zum Umfang Ihres Migrationsprojekts hinzufügen möchten, und bestätigen Sie Ihre Auswahl mit einem Klick auf **Paket zum Scope hinzufügen**.

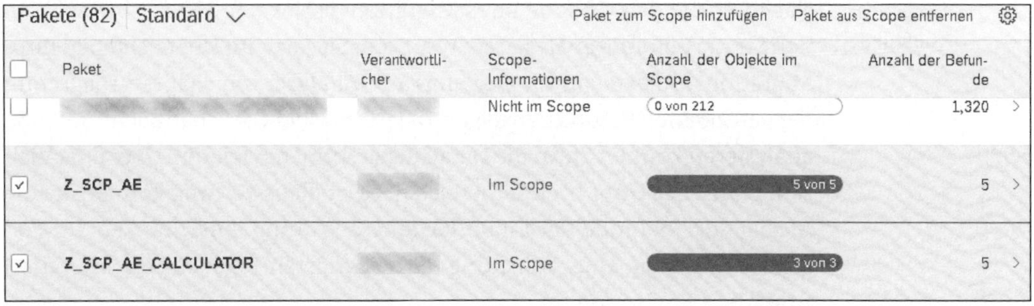

Abbildung 14.19 Hinzufügen von Entwicklungspaketen zum Migrationsprojekt

Mittels statischer Analysen werden während des Scopings Abhängigkeiten zwischen den Entwicklungsobjekten ermittelt. Dadurch soll insbesondere vermieden werden, dass abhängige Entwicklungsobjekte vergessen werden.

Navigieren Sie nun zurück in das Übersichtsbild Ihres Migrationsprojekts. Das Diagramm in Abbildung 14.20 sollte nun die von Ihnen hinzugefügten Entwicklungsobjekte beinhalten. Den Umfang Ihres Migrationsprojekts können Sie jederzeit ändern. Das Hinzufügen und Entfernen von Entwicklungspaketen ist auch später noch möglich.

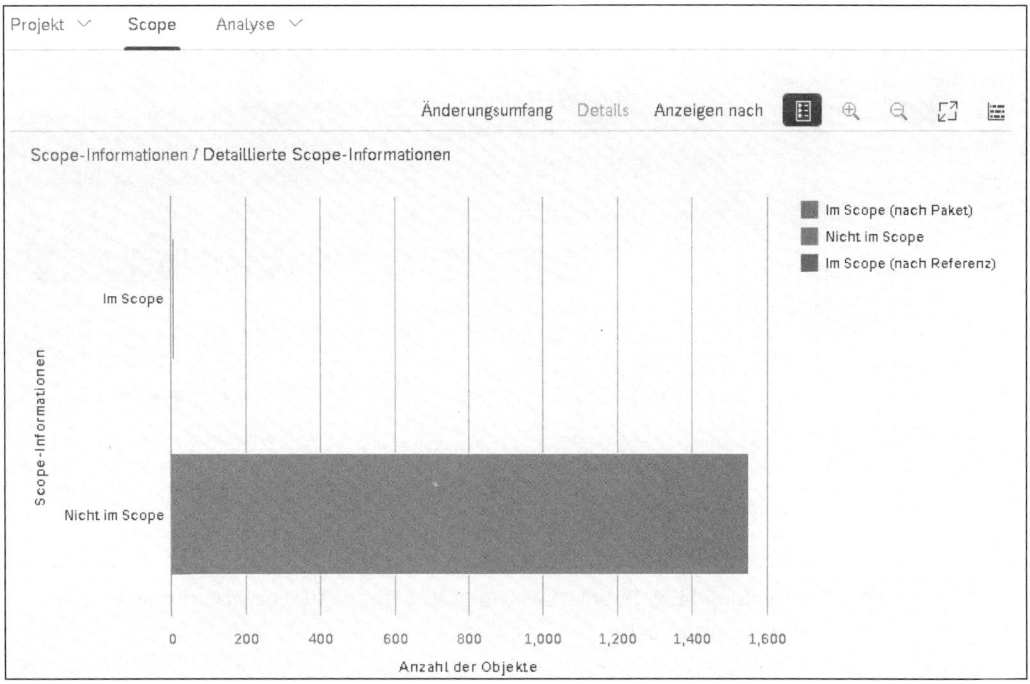

Abbildung 14.20 Scope-Informationen des Migrationsprojekts nach dem Hinzufügen von Entwicklungspaketen

Analyse der Befunde

Nachdem Sie den Umfang Ihres Migrationsprojekts festgelegt haben, können Sie die Befunde analysieren. Wechseln Sie dazu im Übersichtsbild Ihres Migrationsprojekts auf die Registerkarte **Analyse,** um sich ein Diagramm der gefundenen Befunde anzeigen zu lassen. Über die Schaltfläche **Befunde analysieren** können Sie in die Detailauswertung navigieren. Über eine Vielzahl grafischer Filter im Kopfbereich der Detailauswertung können Sie die Anzeige der Befunde der Cloud-Readiness-Prüfung einschränken. Im Folgenden finde Sie eine Auflistung der wichtigsten Filter für die Migration zum ABAP Environment:

- Befunde nach Priorität
- Befunde nach Prüftitel
- Befunde nach Quickfix-Verfügbarkeit
- Befunde nach Scope-Informationen
- Befunde nach Paket

Abbildung 14.21 zeigt die Detailauswertung für Entwicklungsobjekte, die im Umfang des Migrationsprojekts vorhanden sind und für die es keine halbautomatischen Quellcodeanpassungen gibt.

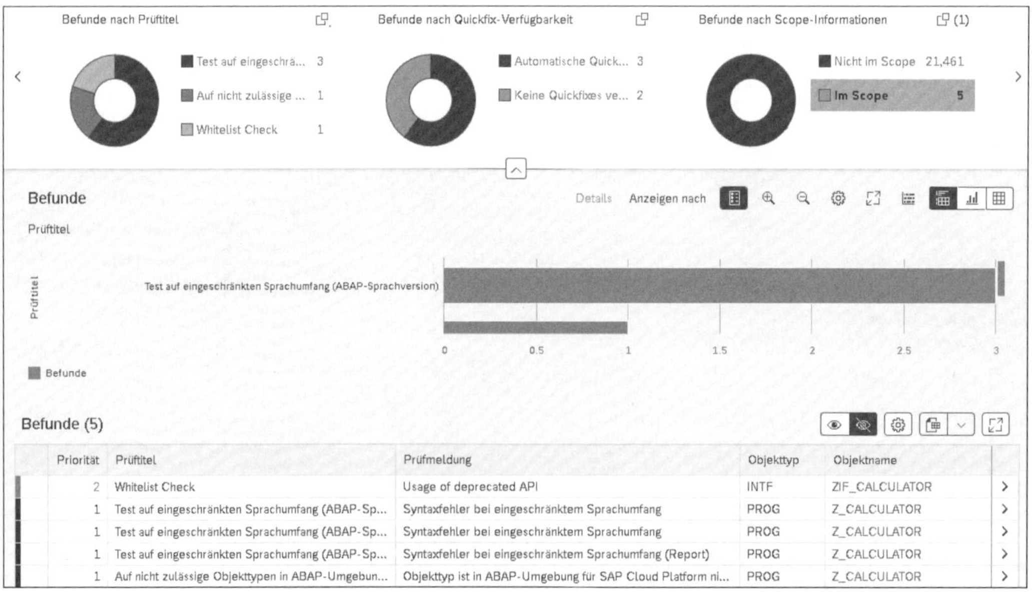

Abbildung 14.21 Detailauswertung der Befunde für Entwicklungsobjekte des Migrationsprojekts

14.2 Migration in das ABAP Environment

abapGit

In diesem Abschnitt zeigen wir Ihnen, wie Sie Ihren kundeneigenen Quellcode von einem On-Premise-System in das ABAP Environment migrieren können. Als Cloud-System ist das ABAP Environment nicht an das klassische SAP-Transportsystem angeschlossen. Die alternative Infrastruktur liefert Ihnen *abapGit*. Als Git-Client für SAP-Systeme wurde abapGit bereits 2014 von Lars Hvam als Open-Source-Projekt ins Leben gerufen und ermöglicht es Ihnen seitdem, Ihre ABAP-Entwicklungen außerhalb des AS ABAP mit Git zu versionieren. Seit 2018 wird das Open-Source-Projekt auch direkt von SAP unterstützt.

Export

Die Migration von kundeneigenem Quellcode in das ABAP Environment erfolgt in zwei separaten Schritten. Im ersten Schritt nutzen Sie den abapGit-Client in Ihrem On-Premise-System, um Ihren kundeneigenen Quellcode in ein Remote Repository zu übertragen, wie in Abbildung 14.22 schematisch dargestellt.

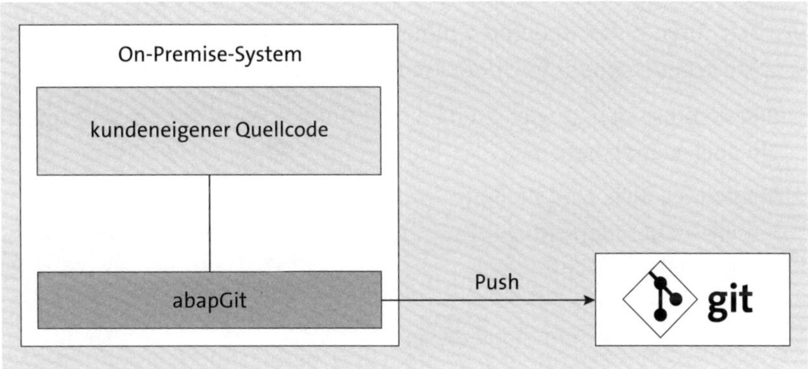

Abbildung 14.22 Export des kundeneigenen Quellcodes nach Git

Import

Nachdem Sie die gewünschten Objekte in ein Remote Repository exportiert haben, werden diese Objekte in einem zweiten Schritt in das ABAP Environment importiert. Für den Import aus einem Remote Repository verwenden Sie ebenfalls abapGit. Da Sie hier keine SAP-GUI-Oberfläche für den Start des Imports zur Verfügung haben, nutzen Sie ein Eclipse-Plug-in.

Abbildung 14.23 stellt den Import von kundeneigenem Quellcode schematisch dar.

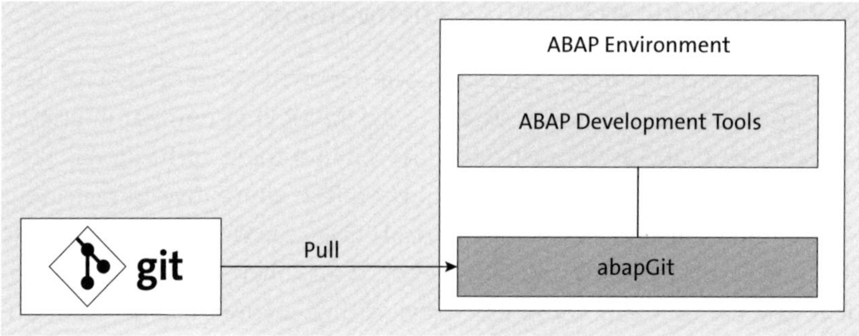

Abbildung 14.23 Importieren von kundeneigenem Quellcode auf das ABAP Environment

14.2.1 Quellcode aus einem Backend-System exportieren

Repository anlegen

Damit Sie kundeneigenen Quellcode exportieren können, benötigen Sie ein Repository bei einem Onlinedienst, wie z. B. *GitHub*, *Bitbucket* oder *GitLab*. Für die Transformation in diesem Abschnitt verwenden wir exemplarisch GitHub. Bei anderen Onlinediensten weichen die erforderlichen Schritte gegebenenfalls von der Beschreibung ab.

1. Erstellen Sie sich zunächst einen Account auf *www.github.com*, sofern Sie noch keinen haben.
2. Loggen Sie sich anschließend in Ihren GitHub-Account ein und legen Sie ein neues Repository über die Schaltfläche **New** an (siehe Abbildung 14.24).

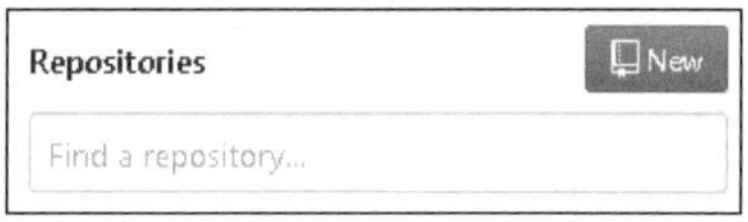

Abbildung 14.24 Schaltfläche für die Anlage eines neuen Repository

3. Vergeben Sie einen Namen für das Repository und fügen Sie bei Bedarf eine optionale Beschreibung im entsprechenden Feld hinzu.
4. Achten Sie zudem darauf, dass das Kennzeichen **Initialize this repository with a README** gesetzt ist, damit ein initialer *Master Branch* angelegt wird. Branches in Git sind etwa mit einem Verweis auf eine bestimmte Version Ihrer Änderungen im Repository zu vergleichen (siehe Abschnitt 15.1, »Git«).
5. Bestätigen Sie Ihre Eingaben über die Schaltfläche **Create repository** (siehe Abbildung 14.25).

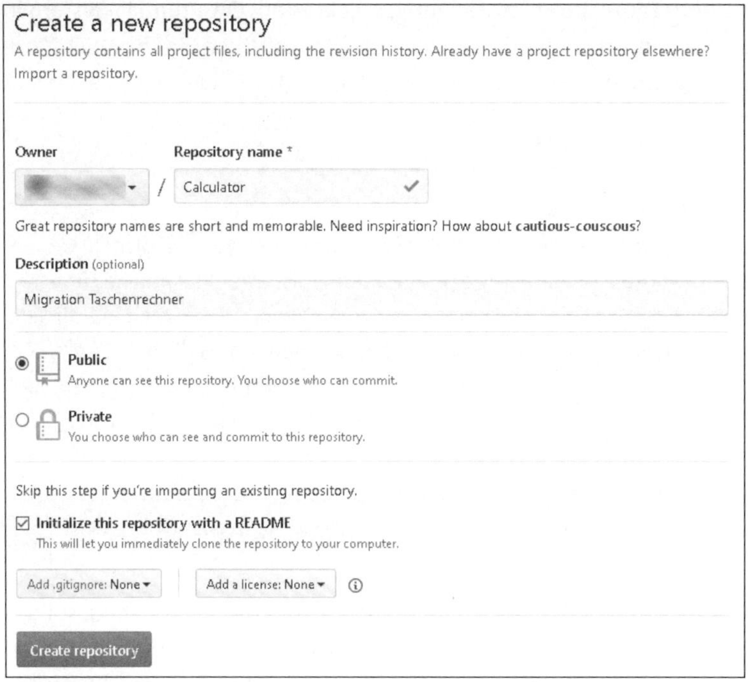

Abbildung 14.25 Anlage eines neuen Git Repository

Abbildung 14.26 zeigt das neu angelegte Repository. Aktuell befindet sich im Repository nur die initial angelegte Datei **README.md**.

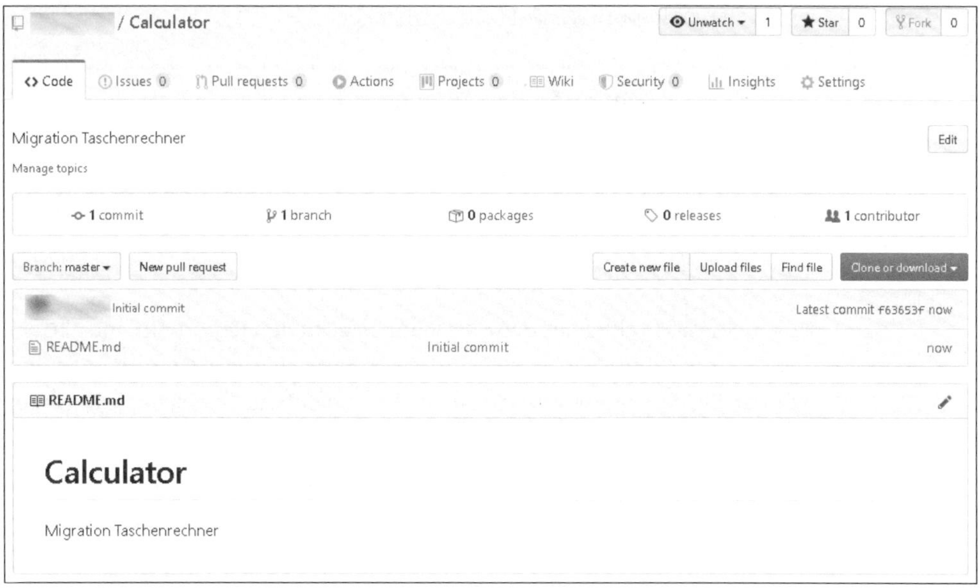

Abbildung 14.26 Neu angelegtes Repository

abapGit-Installation

Für die Übertragung Ihrer Entwicklungsobjekte vom On-Premise-System in das Remote Repository benötigen Sie den abapGit-Client in Ihrem On-Premise-System. Melden Sie sich also zunächst an Ihrem On-Premise-System an.

[!]

Anmeldesprache

Die Anmeldesprache muss beim Export und Import von Quellcode identisch sein. Achten Sie daher unbedingt darauf, als Anmeldesprache für das On-Premise-System dieselbe Sprache zu verwenden, die Sie auch in Eclipse für die Anmeldung am ABAP Environment verwenden. Sollten die Anmeldesprachen voneinander abweichen, erhalten Sie später beim Import in das ABAP Environment die in Abbildung 14.27 dargestellte Fehlermeldung.

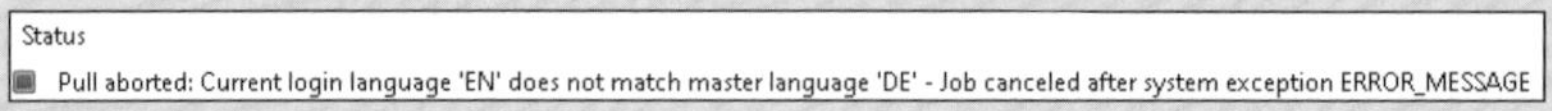

Abbildung 14.27 Fehler beim Import in das ABAP Environment

Falls Sie abapGit in der Vergangenheit noch nicht eingesetzt haben, sollten Sie die Anwendung nun auf Ihrem On-Premise-System installieren. Die Installation ist sehr einfach und mit wenigen Schritten erledigt. Rufen Sie dazu zunächst die URL *http://s-prs.de/v783014* auf und kopieren Sie den Quellcode in die Zwischenablage. Alternativ können Sie den Quellcode auch über die rechte Maustaste und **Speichern unter...** in eine neue Datei zwischenspeichern. Rufen Sie die Transaktion SE38 oder SE80 auf, um einen neuen Report `ZABAPGIT_FULL` anzulegen.

[!]

Namenskonvention für den ABAP-Report

In der Vergangenheit wurde abapGit häufig unter dem Report-Namen `ZABAPGIT` angelegt. Bitte sehen Sie davon ab, diesen Namen für abapGit zu verwenden, da er für die Installation und Aktualisierung von abapGit über das GitHub-Repository verwendet wird.

Fügen Sie das Coding aus der Zwischenablage in den Report ein und aktivieren Sie ihn. Wenn Sie abapGit in einem Entwicklungssystem verwenden, können Sie den Report einfach einem lokalen Entwicklungspaket zuordnen.

Falls Sie abapGit bereits im Einsatz haben, sollten Sie die Anwendung sicherheitshalber aktualisieren. Ersetzen Sie dazu einfach das bestehende Coding und aktivieren Sie den Report. Starten Sie anschließend den Report neu.

SSL und weitere Informationen

Damit Sie abapGit mit einem Remote Repository verbinden können, müssen Sie *Secure Sockets Layer* (SSL) auf Ihrem On-Premise-System einrichten. Laden Sie dazu die benötigte Zertifikatsdatei von der Seite *https://github.com* herunter und fügen Sie diese mithilfe des *Trust Managers* (Transaktion STRUST) Ihres On-Premise-Systems zu Ihrer Zertifikatsliste hinzu. Eine detaillierte Anleitung zur Einrichtung von SSL und viele weitere Informationen zu abapGit finden Sie auch unter *https://docs.abapgit.org/*.

Projekte in abapGit

Als Nächstes legen wir ein neues Projekt mit abapGit an. In abapGit werden Projekte als Offline- oder Onlineprojekte angelegt. Für beide Projekttypen wird ein lokales Repository auf dem On-Premise-System angelegt:

- *Offlineprojekte* haben keine direkte Anbindung an ein Remote Repository. Jeglicher Datenaustausch findet über den Import und Export von Zip-Dateien statt.
- *Onlineprojekte* lassen sich dagegen mit einem Remote Repository verknüpfen.

Für das Remote Repository können Sie Onlinedienste, wie z. B. GitHub oder Bitbucket, verwenden. Die Verwendung eines eigenen Git-Servers ist ebenfalls möglich. Allerdings sollten Sie davon im Kontext der Migration von kundeneigenem Code in das ABAP Environment absehen. Zurzeit ist es noch nicht möglich, einen eigenen Git-Server aus dem lokalen Netzwerk an das in der Cloud befindliche ABAP Environment anzubinden.

Projekt anlegen

Legen Sie wie folgt ein neues Onlineprojekt an:

1. Klicken Sie auf der Startseite von abapGit auf den Link **+ Online** (siehe Abbildung 14.28).

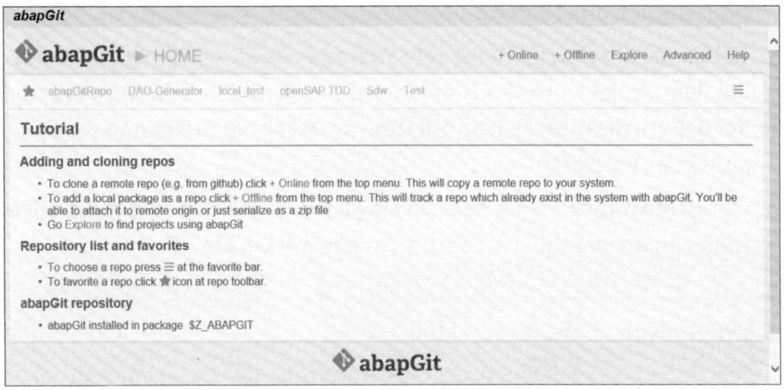

Abbildung 14.28 Startseite von abapGit

2. Daraufhin öffnet sich der Dialog aus Abbildung 14.29. Im Feld **Git clone URL** müssen Sie die URL zu Ihrem Remote Repository angeben.

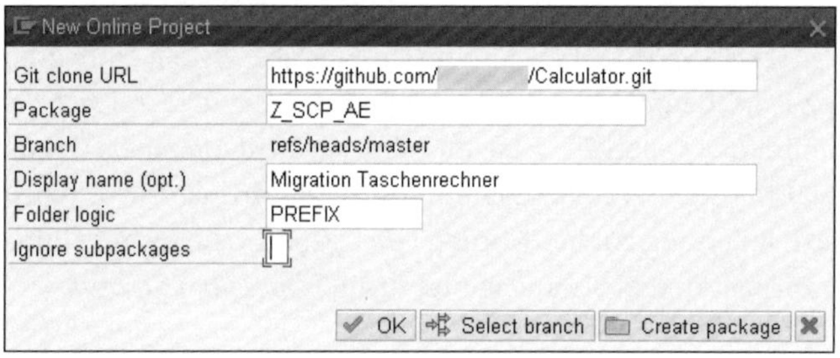

Abbildung 14.29 Anlage eines neuen Onlineprojekts

3. Wechseln Sie dazu in Ihren Webbrowser und rufen Sie Ihr angelegtes Repository unter *www.github.com* auf. Wählen Sie die Schaltfläche **Clone or download** im oberen Bereich des Bildschirms und kopieren Sie die URL zu Ihrem Repository in die Zwischenablage (siehe Abbildung 14.30).

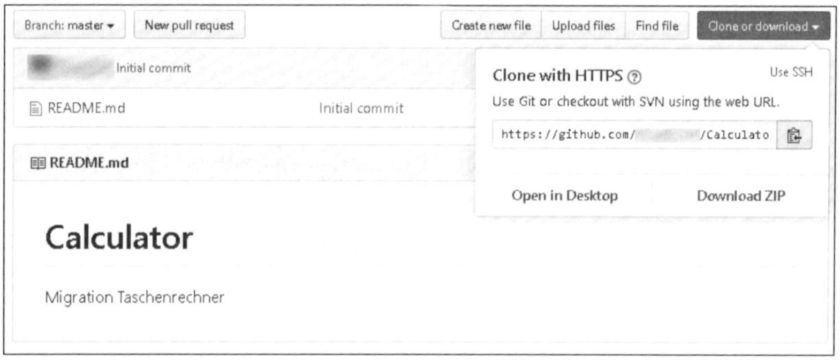

Abbildung 14.30 Kopieren der Repository-URL

4. Wechseln Sie nun wieder zu Ihrem abapGit-Client und fügen Sie die URL im Feld **Git clone URL** ein.
5. Geben Sie anschließend im Feld **Package** das Entwicklungspaket an, das Sie dem Projekt zuordnen möchten. Durch die Zuordnung verknüpfen Sie das Entwicklungspaket mit dem korrespondierenden Remote Repository des Projekts.
6. Optional können Sie im Feld **Display name (opt.)** noch einen Anzeigenamen vergeben. Schließen Sie die Anlage mit **OK** ab.

[»]

Struktur von abapGit-Projekten

Abbildung 14.31 zeigt Ihnen die Struktur von abapGit-Projekten. Jedem Projekt in abapGit wird ein Entwicklungspaket zugeordnet. Die Zuordnung eines Entwicklungspakets zu mehreren Projekten ist nicht möglich. Für jedes Projekt wird automatisch ein korrespondierendes lokales Repository auf dem On-Premise-System angelegt. Bei der Verwendung von Onlineprojekten ordnen Sie Ihrem Projekt zusätzlich ein Remote Repository zu. Ein Remote Repository wiederum können Sie in mehreren Projekten verwenden.

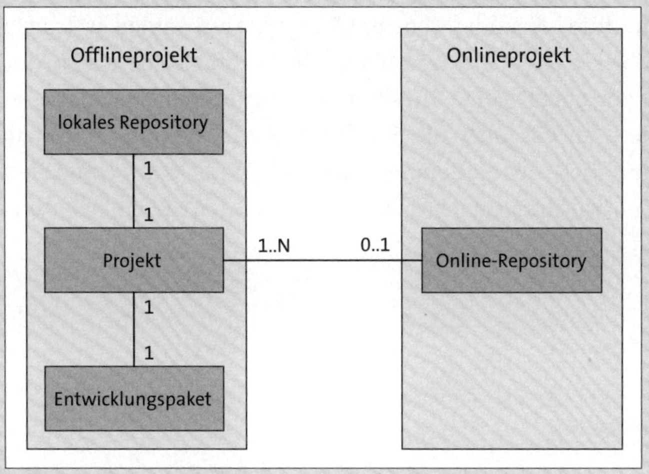

Abbildung 14.31 Struktur von abapGit-Projekten

Detailansicht des Projekts

Nach der Anlage öffnet sich automatisch die Detailansicht des Onlineprojekts (siehe Abbildung 14.32). Hier werden Ihnen alle Entwicklungsobjekte des verknüpften Entwicklungspakets aufgelistet.

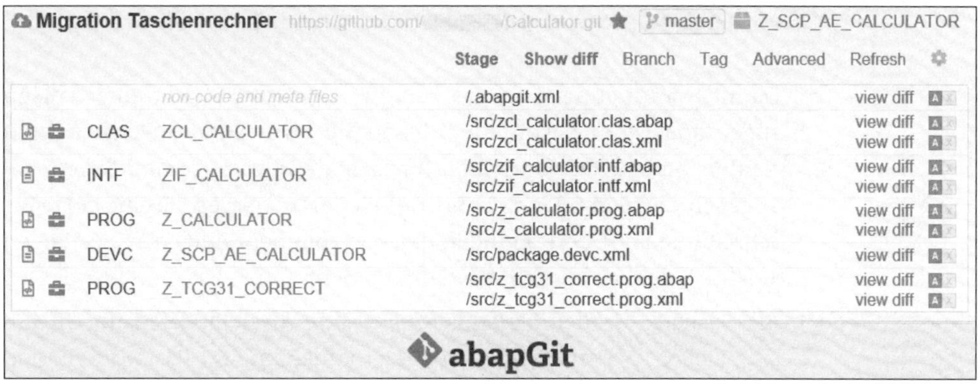

Abbildung 14.32 Detailansicht eines Onlineprojekts

Für jedes Entwicklungsobjekt werden der jeweilige Objekttyp und die zugehörigen Dateien angezeigt. An den Icons am rechten Bildschirmrand erkennen Sie den Status der jeweiligen Dateien, das heißt, ob eine Datei bereits an das Remote Repository übertragen wurde (A) oder ob die lokale Version vom Remote Repository abweicht (M). Bei Bedarf können Sie sich zudem über die Schaltfläche **Show diff** die Abweichungen anzeigen lassen.

Übertragung der Entwicklungsobjekte

Beginnen Sie nun mit der Übertragung der Entwicklungsobjekte ins Remote Repository:

1. Klicken Sie auf die Schaltfläche **Stage**.
2. Im sich daraufhin öffnenden Fenster können Sie auswählen, welche Entwicklungsobjekte Sie übertragen wollen (siehe Abbildung 14.33). Möchten Sie nur einzelne Objekte Ihres Entwicklungspakets übertragen, können Sie diese jeweils über die Schaltfläche **add** auswählen und Ihre Auswahl anschließend mit **Commit selected** bestätigen. Möchten Sie dagegen alle Entwicklungsobjekte übertragen, wählen Sie einfach **Add all and commit**.

Abbildung 14.33 Auswahl der Entwicklungsobjekte für die Übertragung

3. Damit Übertragungen an das Remote Repository später einer Person zugeordnet werden können, müssen Sie im folgenden Fenster Ihren Namen (**committer name**) und Ihre E-Mail-Adresse (**committer e-mail**) angeben (siehe Abbildung 14.34). Des Weiteren müssen Sie eine kurze Beschreibung der Übertragung in das Feld **comment** eingeben. Bestätigen Sie Ihre Eingaben anschließend mit **Commit**.
4. Als Nächstes werden Sie aufgefordert, Ihre Anmeldedaten für GitHub einzugeben. Geben Sie Ihren Benutzernamen und Ihr Passwort ein und bestätigen Sie den Dialog anschließend über die Ausführen-Schaltfläche (, siehe Abbildung 14.35).

Abbildung 14.34 Angaben zur Übertragung

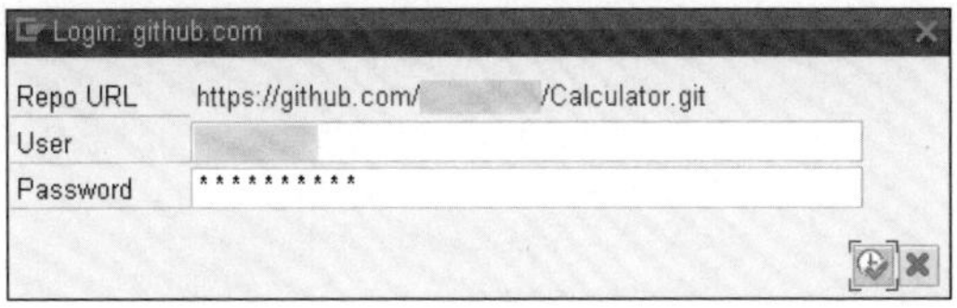

Abbildung 14.35 Eingabe Login-Daten für GitHub

Repository mit übertragenen Objekten

Damit ist die Übertragung Ihrer Entwicklungsobjekte nach GitHub abgeschlossen. Abbildung 14.36 zeigt das Repository auf GitHub nach der Übertragung.

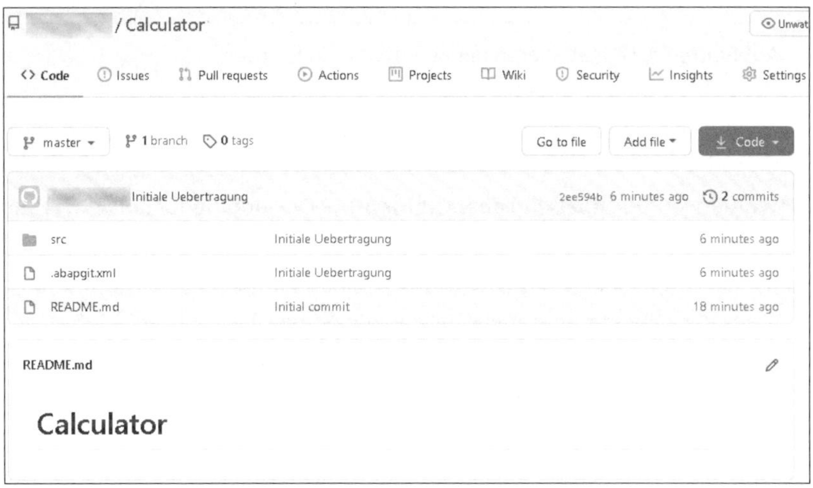

Abbildung 14.36 Repository nach der Übertragung der Objekte

14.2.2 Quellcode in das ABAP Environment importieren

abapGit-Client installieren

Der Import von Entwicklungsobjekten aus einem Remote Repository in das ABAP Environment erfolgt ebenso wie der Export auch über abapGit. Hier nutzen Sie allerdings Ihre Eclipse-Umgebung für den Import. Der abapGit-Client ist für Eclipse als installierbares Plug-in verfügbar. Um ihn zu installieren, gehen Sie wie folgt vor:

1. Öffnen Sie die ADT in Eclipse und wählen Sie im Menü **Help • Install New Software...** (siehe Abbildung 14.37).

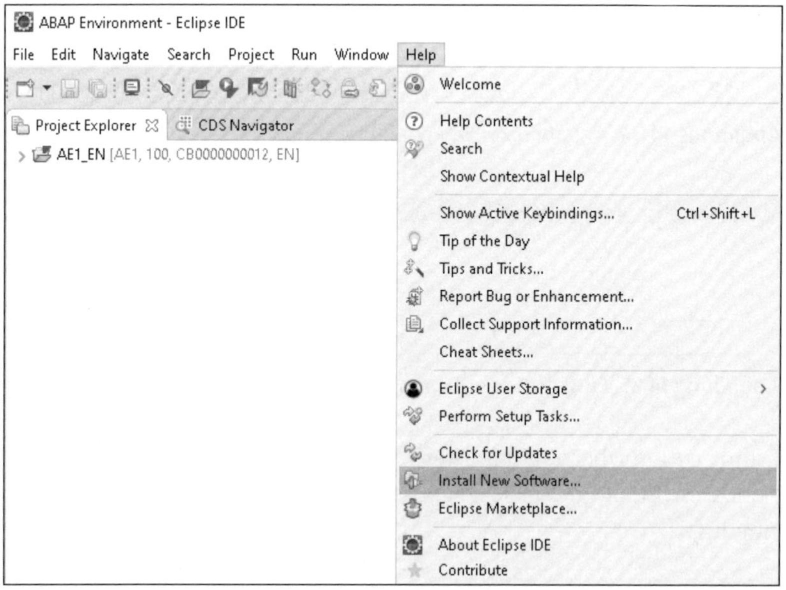

Abbildung 14.37 Installieren neuer Software in Eclipse

2. Tragen Sie im Feld **Work with** die URL »http://eclipse.abapgit.org/updatesite/« ein und bestätigen Sie die Eingabe mit [↵].
3. Wählen Sie anschließend **abapGit for ABAP Development Tools (ADT)** aus und fahren Sie mit **Next** fort (siehe Abbildung 14.38).
4. Im nächsten Dialogschritt wird Ihnen noch einmal eine Zusammenfassung der Objekte angezeigt, die installiert werden. Fahren Sie mit der Installation fort, indem Sie die Schaltfläche **Next** drücken.
5. Bestätigen Sie im letzten Dialogschritt die Lizenzvereinbarung und starten Sie die Installation mit **Finish**.
6. Sobald die Installation abgeschlossen ist, werden Sie dazu aufgefordert, Eclipse neu zu starten. Bestätigen Sie den Dialog und warten Sie, bis Eclipse neu gestartet wurde.

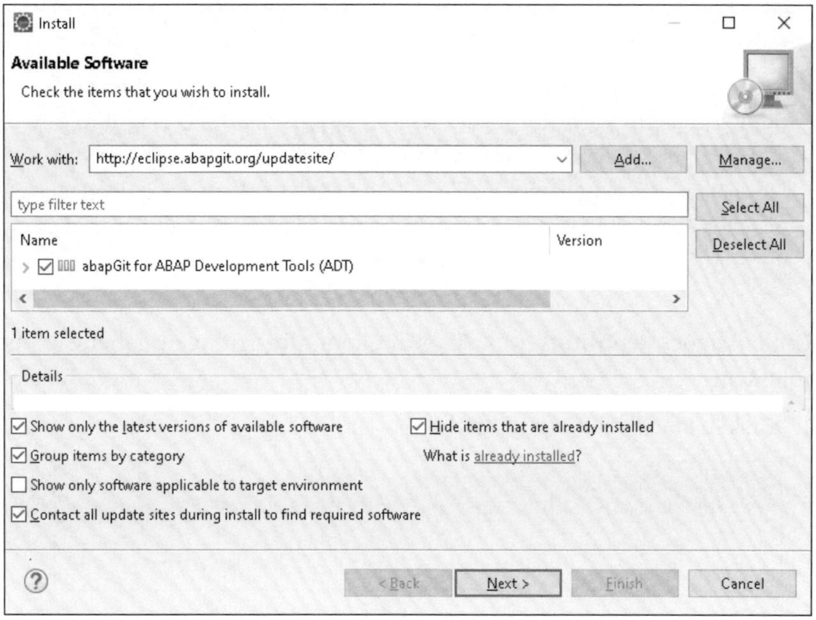

Abbildung 14.38 Installation von abapGit

14

abapGit-View einblenden

Für den abapGit-Client gibt es in Eclipse einen eigenen View. Um sich den abapGit-View einzublenden, navigieren Sie über **Window • Show View • Other...** in die Einstellungen zur Anzeige der Views. Expandieren Sie den Knoten **ABAP** und markieren Sie **abapGit Repositories**. Schließen Sie Ihre Auswahl mit **Open** ab (siehe Abbildung 14.39).

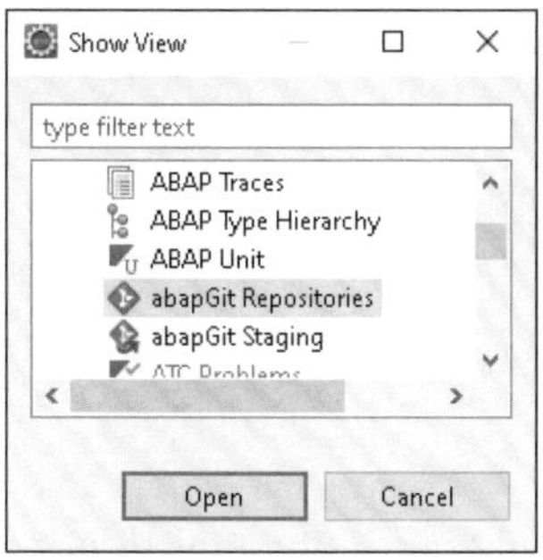

Abbildung 14.39 Hinzufügen des abapGit-View in Eclipse

Der View **abapGit Repositories** sollte nun in Ihrer Entwicklungsumgebung sichtbar sein, wie in Abbildung 14.40 dargestellt. Bevor Sie nun damit beginnen, Ihr Repository zum ABAP Environment hinzuzufügen, sollten Sie sicherstellen, dass Sie am ABAP Environment angemeldet sind und das entsprechende Projekt im Project Explorer ausgewählt ist.

[»]

Entwicklungspaket prüfen

Wenn Sie ein neues Repository zum abapGit-Client in Eclipse hinzufügen, ordnen Sie dem Repository ein Entwicklungspaket zu. Im Dialog zum Hinzufügen eines neuen Repository haben Sie keine Möglichkeit, ein neues Entwicklungspaket anzulegen. Sie sollten sich daher im Vorfeld überlegen, welches Entwicklungspaket Sie dem Repository zuordnen wollen, und gegebenenfalls ein neues Entwicklungspaket anlegen.

Repository hinzufügen

Um ein neues Repository zum abapGit Client hinzuzufügen, gehen Sie wie folgt vor:

1. Klicken Sie auf das Plussymbol ( ).

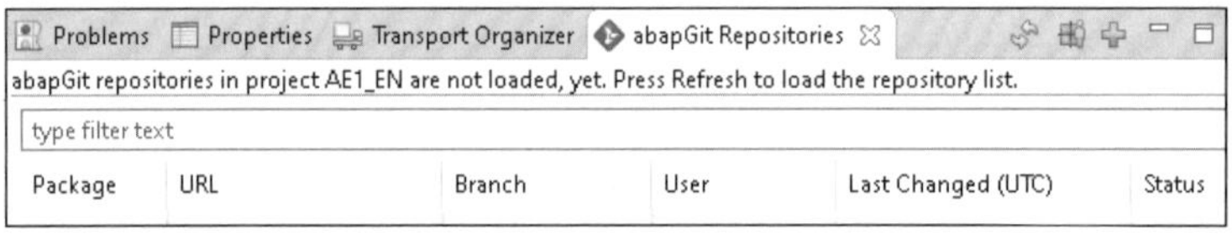

Abbildung 14.40 View des abapGit-Clients

2. Geben Sie im ersten Dialogschritt die URL Ihres Remote Repository ein (siehe Abbildung 14.41). Sie ist identisch mit der URL, die Sie für den abapGit-Client auf Ihrem On-Premise-System verwendet haben. Fahren Sie mit **Next** fort.

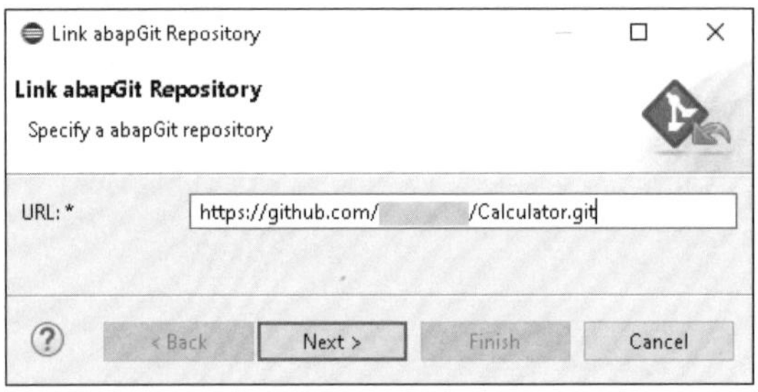

Abbildung 14.41 Eingabe der Repository-URL

3. Wählen Sie im nächsten Dialogschritt im Feld **Branch** den Branch Ihres Repository aus (siehe Abbildung 14.42). In unserem Repository haben wir nur einen Branch zur Auswahl, deshalb wählen wir hier **refs/heads/master**.
4. Geben Sie im Feld **Package** das Entwicklungspaket an, in das Sie Ihre Entwicklungsobjekte importieren möchten.

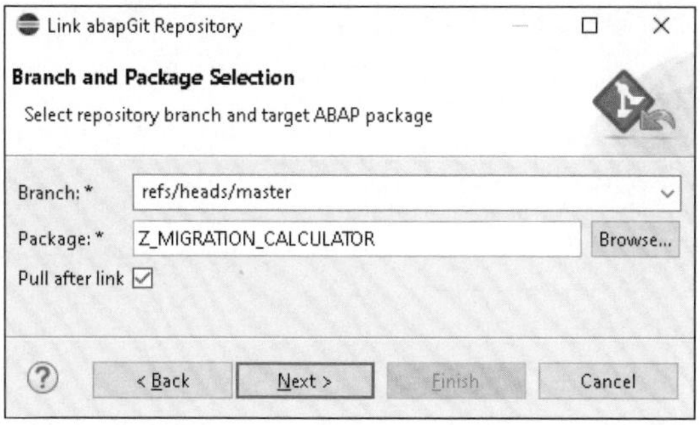

Abbildung 14.42 Auswahl des Branch und Entwicklungspakets

Strukturpakete

Entwicklungsobjekte können nur einem Entwicklungspaket zugeordnet werden. Sowohl die Wertehilfe als auch die manuelle Eingabe erlauben Ihnen die Auswahl eines Strukturpakets. Beim Import der Entwicklungsobjekte aus dem Repository führt dies allerdings später zu einem Fehler. Sie sollten daher unbedingt darauf achten, dass Sie in das Feld **Package** ein Entwicklungspaket eintragen.

5. Mit dem Kennzeichen **Pull after link** können Sie festlegen, ob nach dem Hinzufügen des Repository ein automatischer Import Ihrer Entwicklungsobjekte erfolgen soll. Alternativ können Sie den Import (*Pull*) später auch manuell anstoßen.
6. Wählen Sie im letzten Dialogschritt einen Transportauftrag aus und schließen Sie das Hinzufügen des Repository mit **Finish** ab.

Sofern Sie die Option **Pull after link** gewählt haben, beginnt der Client nun automatisch mit dem Import der Entwicklungsobjekte. Abbildung 14.43 zeigt das hinzugefügte Repository mit einem laufenden Import.

Abbildung 14.43 Laufender Import von Entwicklungsobjekten

Import manuell anstoßen

Sollten Sie die Option für den automatischen Import nicht ausgewählt haben, können Sie den Import nun manuell anstoßen. Klicken Sie dazu mit der rechten Maustaste auf das Repository und wählen Sie **Pull...** im Kontextmenü (siehe Abbildung 14.44).

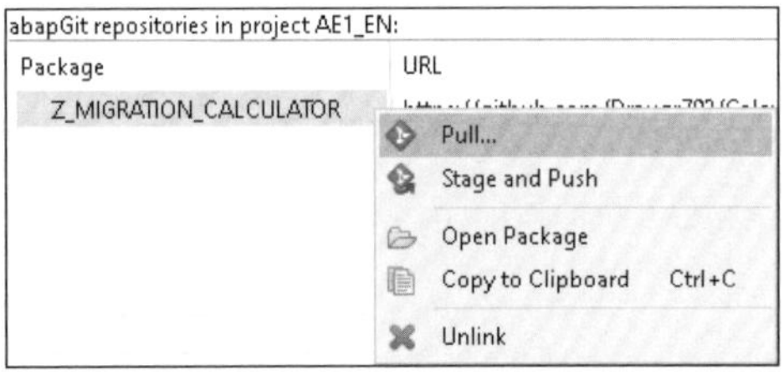

Abbildung 14.44 Manueller Import

Verarbeitungsprotokoll

Während des Imports können Sie den Status der Verarbeitung jederzeit über die Schaltfläche (**Refresh**) aktualisieren. Sobald der Import abgeschlossen ist, können Sie sich das *Verarbeitungsprotokoll* anzeigen lassen. Klicken Sie dazu mit der rechten Maustaste auf das Repository und wählen Sie **Show Object Log...** im Kontextmenü (siehe Abbildung 14.45).

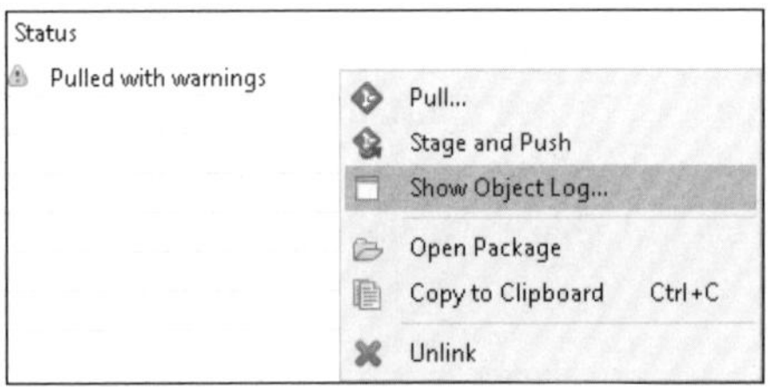

Abbildung 14.45 Verarbeitungsprotokoll anzeigen

Das Verarbeitungsprotokoll gibt Ihnen Aufschluss darüber, welche Entwicklungsobjekte importiert wurden und bei welchen Objekten es gegebenenfalls zu einem Fehler gekommen ist. Im Kopfbereich des Verarbeitungsprotokolls stehen Ihnen verschiedene Schaltflächen zur Filterung und zum Export der Ausgabe zur Verfügung (siehe Abbildung 14.46).

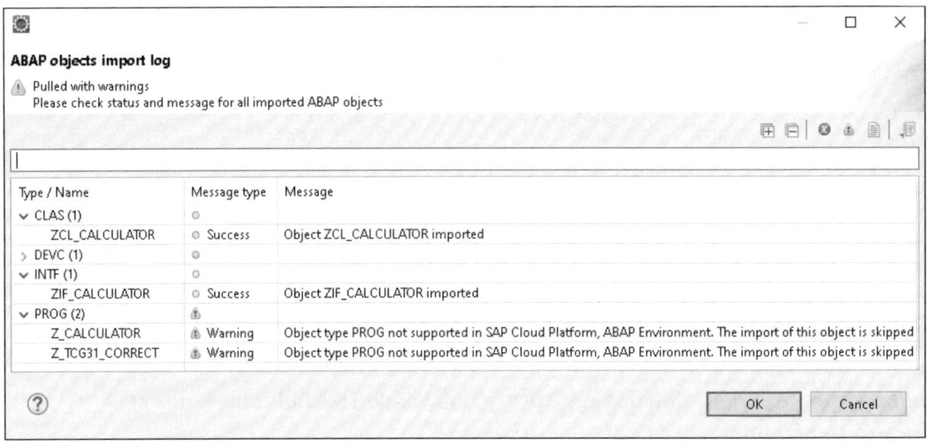

Abbildung 14.46 Verarbeitungsprotokoll

[!]

Nicht freigegebene Objekttypen

Sollten sich im Repository Entwicklungsobjekte nicht freigegebener Objekttypen, wie z. B. Programme oder Dynpros, befinden, werden diese bei dem Import ignoriert. Im Verarbeitungsprotokoll wird für diese Entwicklungsobjekte eine Warnmeldung ausgegeben.

Importierte Entwicklungsobjekte

Abbildung 14.47 zeigt die importierten Entwicklungsobjekte im Project Explorer. Im nächsten Schritt sollten Sie diese Objekte prüfen, gegebenenfalls den Quellcode anpassen und die Objekte anschließend aktivieren.

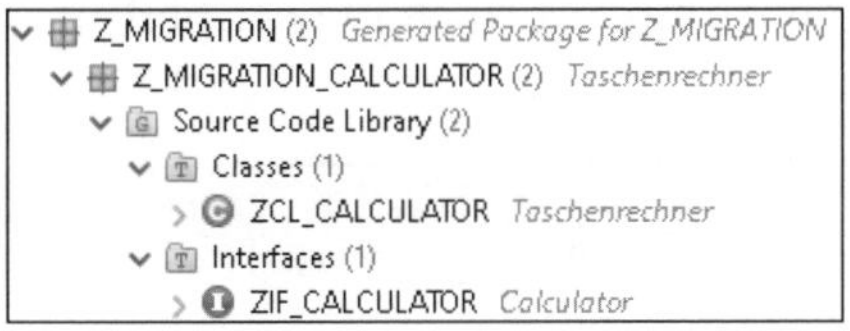

Abbildung 14.47 Importierte Entwicklungsobjekte

[+]

Importieren von ATC-Prüfvarianten

Im ABAP Environment gibt es zum Zeitpunkt der Drucklegung dieses Buchs noch keine Möglichkeit, eigene Prüfvarianten für das ATC anzulegen. Für das Release 2011 plant SAP allerdings, eine entsprechende Erweiterung in Eclipse zu integrieren. Möchten Sie vor diesem Releasestand eigene Prüfvarianten verwenden, können Sie diese in Ihrem On-Premise-System anlegen und über abapGit in das ABAP Environment importieren. Eine genaue Beschreibung der dazu notwendigen Schritte finden Sie in einem Blogbeitrag von André Fischer unter *http://s-prs.de/v783015*.

14.3 Halbautomatische Quellcodeanpassungen

Nachdem Sie kundeneigene Entwicklungsobjekte von Ihrem On-Premise-System in das ABAP Environment transportiert haben, liegen diese zunächst in einer inaktiven Fassung vor. Die Aktivierung der Entwicklungsobjekte ist allerdings nicht immer möglich. Das liegt an den in Kapitel 5, »Freigegebener Sprachumfang und Objekte«, beschriebenen Einschränkungen. So steht Ihnen im ABAP Environment beispielsweise nur noch ein eingeschränkter ABAP-Sprachumfang zur Verfügung, der die Verwendung verschiedener ABAP-Sprachelemente, wie z. B. `MOVE`, untersagt. Auch die

Nutzung von Repository-Objekten beschränkt sich auf die von SAP freigegebenen Objekte.

Kompatibilität mit ABAP Environment

Mit den in Abschnitt 14.1, »Cloud-Readiness-Prüfungen durchführen«, vorgestellten Methoden zur Prüfung Ihres Quellcodes konnten Sie sich bereits im Vorfeld einen Überblick über die Befunde und notwendigen Quellcodeanpassungen verschaffen. Sofern Sie diese Anpassungen nicht bereits im On-Premise-System vorgenommen haben bzw. vornehmen konnten, führen diese Befunde nun zu Fehlern im ABAP Environment und verhindern eine fehlerfreie Aktivierung Ihrer Entwicklungsobjekte (siehe Abbildung 14.48). In diesem Abschnitt zeigen wir Ihnen, wie Sie die notwendigen Anpassungen ermitteln können und dabei durch halbautomatische Quellcodeanpassungen unterstützt werden.

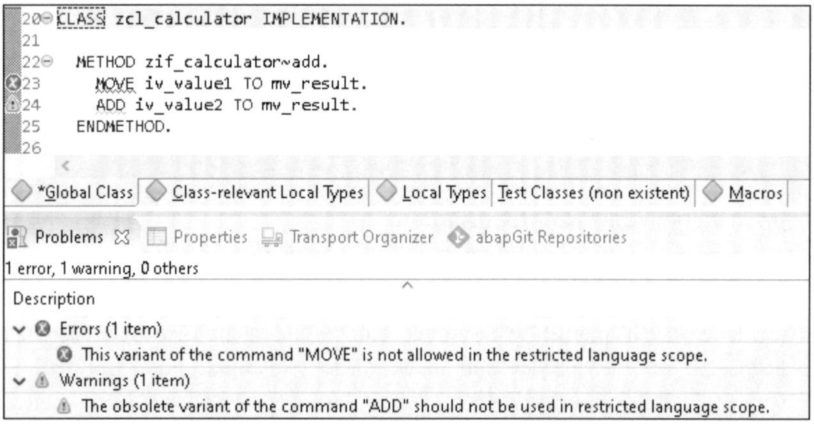

Abbildung 14.48 Fehlerhafter Quellcode

Welche Quellcodeanpassungen im ABAP Environment erforderlich sind, ermitteln Sie mit dem ATC in Eclipse. SAP stellt Ihnen dazu die Prüfvariante `SAP_CP_READINESS` zur Verfügung. Das Ergebnis aus der Quellcodeprüfung dient Ihnen als Arbeitsvorrat für die notwendigen Anpassungen.

Quick Fixes

Um den Aufwand für die Quellcodeanpassungen möglichst gering zu halten, stellt Ihnen SAP die *Quick-Fix-Funktion* innerhalb der ADT zur Verfügung. Sollten Sie bereits in der Vergangenheit mit Eclipse gearbeitet haben, wird Ihnen diese Funktion sicherlich bekannt sein. Über einen eigenen Eclipse-View oder die Tastenkombination [Strg] + [1] unterstützen Sie die Quick Fixes bei der Beseitigung von Fehlern im Quellcode. So können Sie mithilfe von Quick Fixes beispielsweise die fehlende Implementierung einer Methode anlegen (siehe Abbildung 14.49) oder fehlende Textelemente hinzufügen.

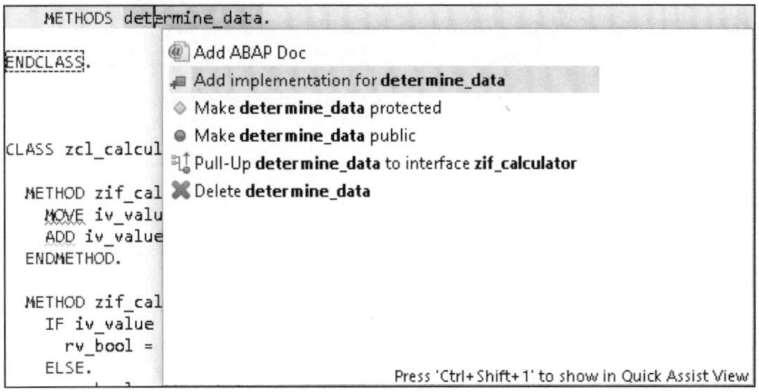

Abbildung 14.49 Quick Fix zur Anlage einer Methodenimplementierung

Voraussetzungen

Die Idee, Quick Fixes für die automatische Quellcodeanpassung in Migrationsprojekten zu verwenden, ist nicht neu. Auch bei der Migration kundeneigenen Quellcodes auf ein SAP-S/4HANA-System kann die Quick-Fix-Funktion bereits seit Release SAP S/4HANA 1809 und den ADT in der Version 2.96 eingesetzt werden. Damit Sie solche Quellcodeanpassungen in Ihrem ABAP Environment vornehmen können, benötigen Sie mindestens die ADT in der Version 3.4.

Anwendungsfälle für Quick Fix

Mit Quick Fixes können Sie nicht alle Befunde der Quellcodeprüfung automatisiert beheben lassen. SAP stellt Ihnen lediglich Quick Fixes für die gängigsten Fehler zur Verfügung:

- **ABAP-Sprachelemente**
  Eine Vielzahl von ABAP-Sprachelementen ist nicht für die Benutzung im ABAP Environment freigegeben. So führt beispielsweise die Benutzung der Anweisung `MOVE` zu einem Syntaxfehler und verhindert eine fehlerfreie Aktivierung des Quellcodes (siehe Abbildung 14.50).

  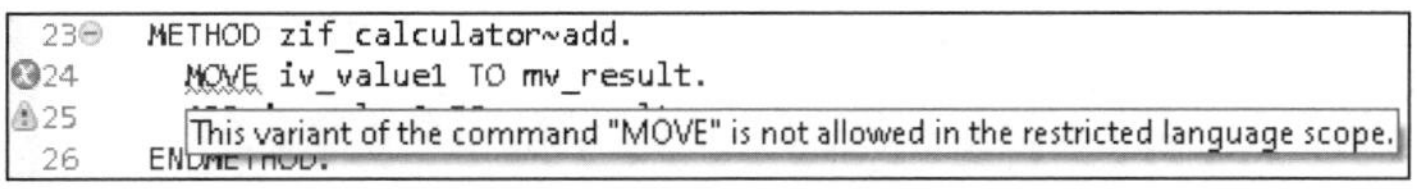

  Abbildung 14.50 Verwendung eines ungültigen ABAP-Sprachelements

  Tabelle 14.2 gibt Ihnen eine Übersicht über die verfügbaren Quick Fixes zur Korrektur von Anweisungen mit ungültigen ABAP-Sprachelementen.

Ungültige Anweisung	Anweisung nach Quick Fix
ADD	+= oder +
DIVIDE	/= oder /
MULTIPLY	*= oder *
SUBTRACT	-= oder -
COMPUTE	=
MOVE	=
DESCRIBE TABLE LINES	LINES()
FREE	CLEAR
REFRESH	CLEAR
MESSAGE	MESSAGE INTO (Wird nur ersetzt, wenn MESSAGE für den Verwendungsnachweis verwendet wird und innerhalb von IF 1 = 0 und ENDIF steht.)
CLASS-DEFINITION-LOAD	Anweisung wurde gelöscht.
INTERFACE-LOAD	Anweisung wurde gelöscht.

Tabelle 14.2 Verfügbarer Quick Fix für ABAP-Sprachelemente

- **Nicht freigegebene Repository-Objekte**
  Im ABAP Environment können nur noch explizit freigegebene Repository-Objekte verwendet werden. Sollten Sie in Ihrem kundeneigenen Quellcode beispielsweise ein Datenelement verwenden, das nicht zur Verwendung freigegeben ist, erhalten Sie einen Syntaxfehler (siehe Abbildung 14.51). Die Quick-Fix-Funktion unterstützt Sie hier leider nicht mit einer automatischen Quellcodeanpassung, sondern Sie müssen solche Stellen manuell anpassen.

```
16    METHODS set_date IMPORTING iv_aedat TYPE aedat.
17                                   Use of Data Element AEDAT is not permitted.
18
```

Abbildung 14.51 Verwendung eines nicht freigegebenen Datenelements

Anders verhält es sich bei Datenelementen, die zur Verwendung im ABAP Environment freigegeben sind, aber von SAP als veraltet (**Depre-**

cated) gekennzeichnet wurden. Hier erhalten Sie keinen Syntaxfehler, sondern lediglich eine Warnung. Quick Fixes unterstützen Sie hier außerdem bei der automatischen Quellcodeanpassung und ersetzen das veraltete Datenelement durch den Nachfolger (siehe Abbildung 14.52).

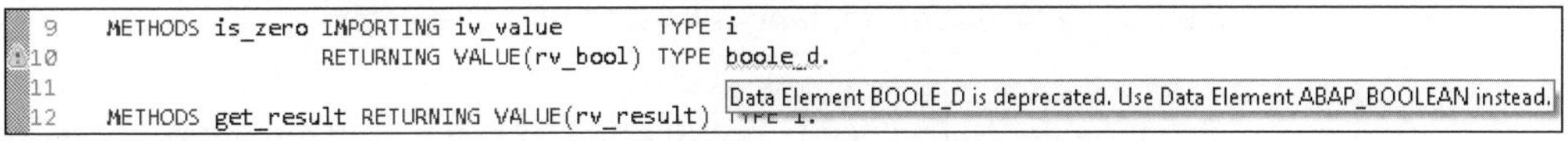

Abbildung 14.52 Verwendung eines veralteten Datenelements

- **Systemfelder**
  Sie können weiterhin auf alle Systemfelder (SY-Strukturen) lesend zugreifen. Anstelle mancher Systemfelder empfiehlt SAP allerdings eine alternative API. Sollten Sie dennoch die Systemfelder verwenden, führt dies zu der, in Abbildung 14.53 dargestellten, Warnmeldung.

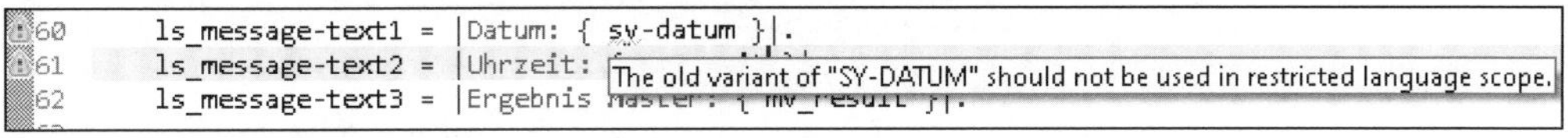

Abbildung 14.53 Verwendung von nicht empfohlenen Systemfeldern

Quick Fixes ersetzen diese Systemfelder durch Aufrufe der APIs. Tabelle 14.3 gibt Ihnen eine Übersicht über die verfügbaren Quick Fixes für die Verwendung von Systemfeldern.

Systemfeld	Anweisung nach Quick Fix
SY-ZONLO	cl_abap_context_info=>get_user_time_zone( )
SY-DATUM	cl_abap_context_info=>get_system_date( )
SY-UZEIT	cl_abap_context_info=>get_system_time( )

Tabelle 14.3 Verfügbare Quick Fixes für Systemfelder

- **ABAP SQL**
  Im ABAP Environment darf nur noch die neue, mit AS ABAP 7.4 eingeführte, ABAP-SQL-Syntax verwendet werden. Für migrierte SQL-Abfragen müssen insbesondere die Feldselektionen kommasepariert aufgeführt werden, und bei der Verwendung von Variablen muss @ als Fluchtsymbol vorangestellt werden (siehe Abbildung 14.54). Quick Fixes unterstützen Sie bei der automatischen Anpassung Ihrer veralteten SQL-Abfragen.

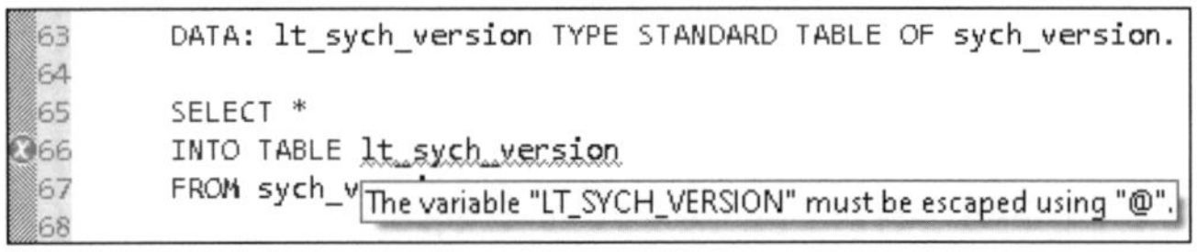

Abbildung 14.54 Verwendung von veralteter SQL-Syntax

Quellcode aktivieren

Bevor Sie Ihren Quellcode mit dem ATC prüfen, müssen Sie zunächst Ihre Entwicklungsobjekte aktivieren. Falls Ihr Quellcode Syntaxfehler aufweist, erhalten Sie dabei die in Abbildung 14.55 dargestellte Meldung. Bestätigen Sie, dass Sie die Entwicklungsobjekte trotz der Syntaxfehler aktivieren möchten.

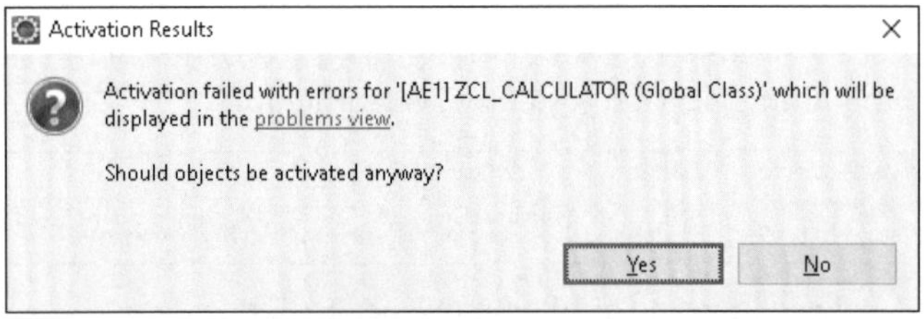

Abbildung 14.55 Aktivieren von fehlerhaften Entwicklungsobjekten

[»]

Aktivieren im Vordergrund

Mit den Standardeinstellungen von Eclipse erfolgt die Aktivierung von Entwicklungsobjekten im Hintergrund. Bei der Aktivierung fehlerhafter Entwicklungsobjekte erhalten Sie bei dieser Einstellung nicht die in Abbildung 14.55 dargestellte Meldung. Es wird dann lediglich eine Fehlermeldung ausgegeben, dass die Aktivierung fehlgeschlagen ist (siehe Abbildung 14.56).

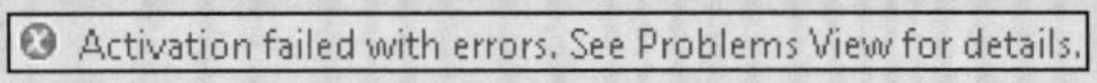

Abbildung 14.56 Meldung bei Aktivierung fehlerhafter Entwicklungsobjekte im Hintergrund

Um die Aktivierung von Entwicklungsobjekten im Vordergrund ausführen zu können, navigieren Sie über **Window • Preferences** in die Einstellungen von Eclipse. Wählen Sie anschließend den Menüpunkt **General** und entfernen Sie den Haken bei der Option **Always run in background** (siehe Abbildung 14.57).

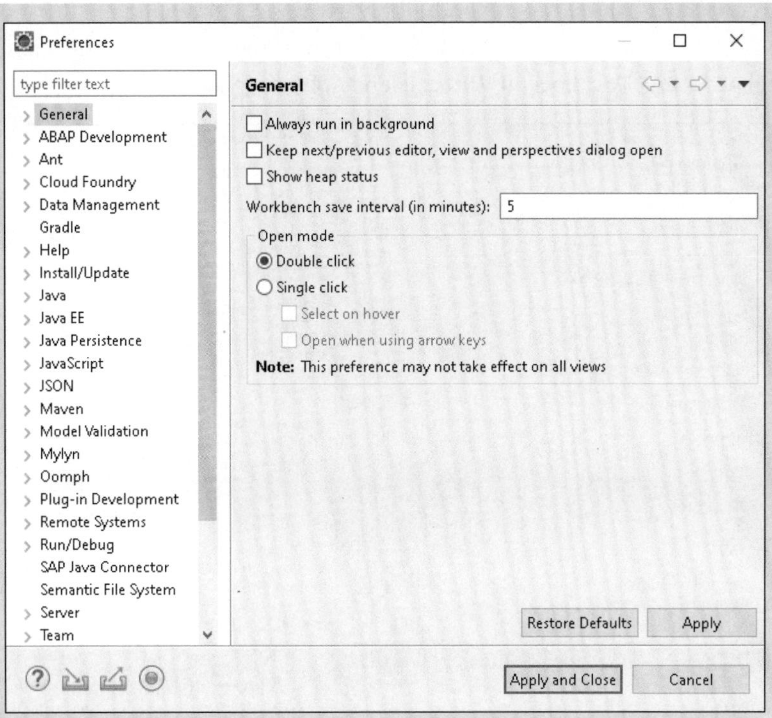

Abbildung 14.57 Aktivierung im Vordergrund einstellen

ABAP Test Cockpit ausführen

Erstellen Sie sich nun Ihren Arbeitsvorrat für die durchzuführenden Anpassungen, indem Sie Ihren Quellcode mit dem ATC prüfen. Achten Sie dabei darauf, dass Sie die Prüfung mit der Prüfvariante `SAP_CP_READINESS` durchführen. Sollten Sie die Prüfung mit der Tastenkombination [Strg] + [⇧] + [F2] starten, verwendet das ATC die in den Eigenschaften des Projekts festgelegte Prüfvariante. Sofern Sie keine alternative Prüfvariante in den Eigenschaften konfiguriert haben, handelt es sich dabei um die Prüfvariante `SAP_CLOUD_PLATFORM_DEFAULT`. Wir empfehlen Ihnen, die Prüfung sicherheitshalber über das Kontextmenü eines Entwicklungspakets oder Entwicklungsobjekts zu starten und dabei die Prüfvariante manuell auszuwählen.

[+]

ABAP-Test-Cockpit-Konfigurator

Mit der SAP-Fiori-Anwendung **ABAP-Test-Cockpit-Konfigurator** können Sie verschiedene ATC-spezifische Einstellungen vornehmen. So können Sie beispielsweise die Standard-Prüfvariante festlegen.

Für den Start der Prüfung über das Kontextmenü, klicken Sie mit der rechten Maustaste auf das gewünschte Objekt im Project Explorer und wählen **Run As • ABAP Test Cockpit With...** (siehe Abbildung 14.58).

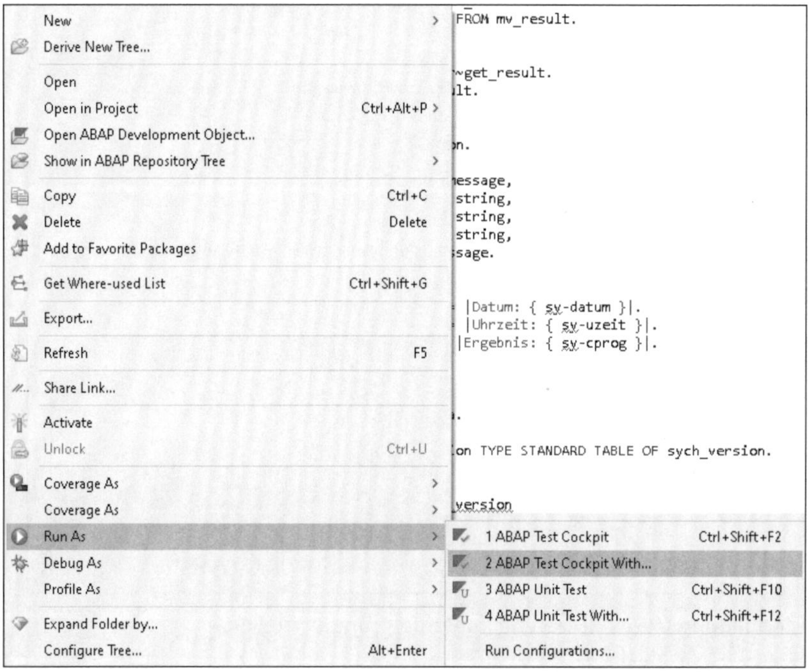

Abbildung 14.58 Start des ATC mit Auswahl der Prüfvariante

Abbildung 14.59 zeigt den Dialog zur Auswahl der Prüfvariante. Geben Sie »SAP_CP_READINESS« ein und starten Sie die Prüfung mit **OK**.

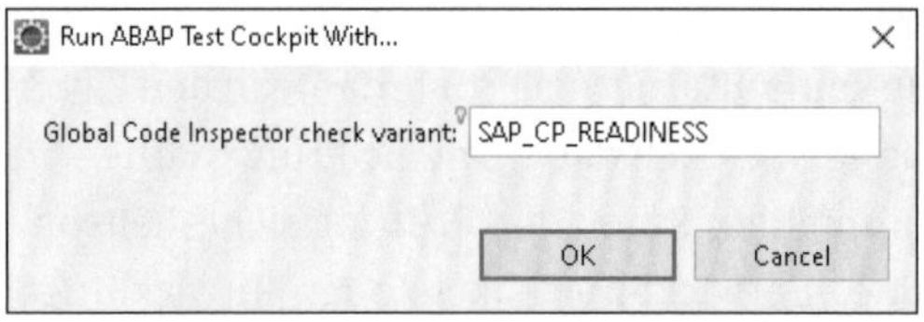

Abbildung 14.59 Auswahl der Prüfvariante

Befunde beheben

Sobald die Quellcodeprüfung abgeschlossen ist, können Sie die Ergebnisse in dem View **ATC Problems** einsehen (siehe Abbildung 14.60). Um die Migration Ihres kundeneigenen Quellcodes abzuschließen, sollten Sie nun alle dort ausgegebenen Befunde nacheinander korrigieren. Befunde, die Sie mit Quick Fix automatisch beheben lassen können, sind mit dem Icon oder gekennzeichnet.

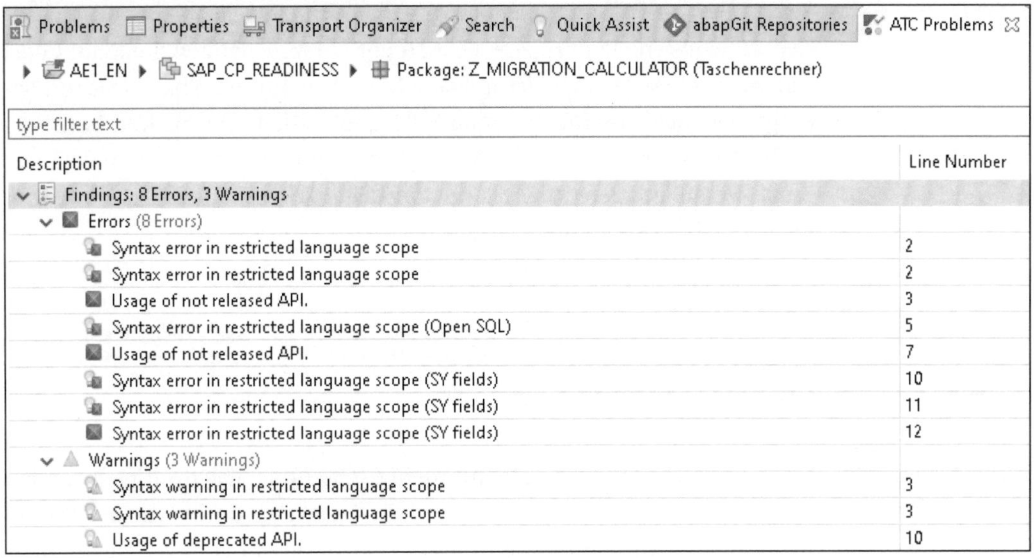

Abbildung 14.60 Darstellung der Befunde im View »ATC Problems«

Quick Fix anwenden

Um einen Quick Fix anzuwenden, klicken Sie mit der rechten Maustaste auf einen Befund und wählen den Eintrag **Quick Fix...** im Kontextmenü. Alternativ können Sie auch einen Befund markieren und die Tastenkombination `Strg` + `1` drücken. Im darauffolgenden Dialog können Sie wählen, welche Korrektur Sie anwenden möchten. Abhängig vom Befund und dem ABAP-Ausdruck werden Ihnen gelegentlich mehrere Korrekturen vorgeschlagen. Wählen Sie die für Sie passende Korrektur aus und starten Sie die Korrektur mit **Finish** (siehe Abbildung 14.61).

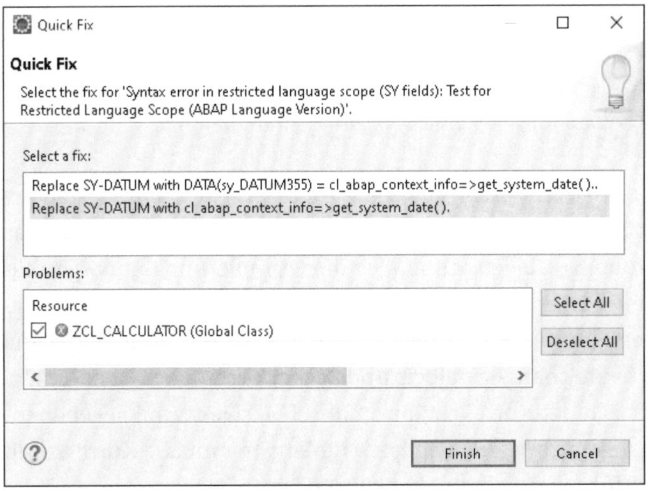

Abbildung 14.61 Auswahl einer Korrektur

Sie können einen Quick Fix auch direkt aus dem Quellcode heraus anwenden. Navigieren Sie dazu zunächst zu der entsprechenden Stelle im Code, indem Sie einen Doppelklick auf den Befund ausführen. Klicken Sie mit der rechten Maustaste auf die Codestelle und wählen Sie im Kontextmenü **Quick Fix**. Alternativ können Sie auch den Cursor auf die entsprechende Stelle setzen und den Quick Fix mit der Tastenkombination [Strg] + [1] anwenden (siehe Abbildung 14.62).

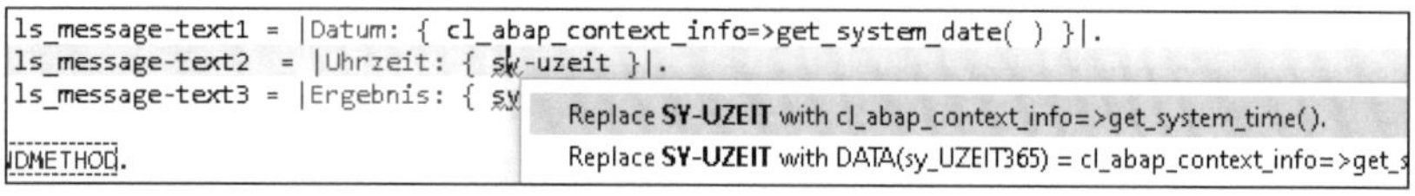

Abbildung 14.62 Quick Fix über Stelle im Quellcode

Massentauglicher Quick Fix

Sie können Quick Fixes auch auf mehrere Befunde gleichzeitig anwenden und so große Mengen an Befunden in wenigen Schritten bearbeiten. Das reduziert den Aufwand für die Quellcodeanpassung um ein Vielfaches. Markieren Sie dazu als Erstes alle Befunde in dem View **ATC Problems**, die Sie korrigieren möchten. Rufen Sie anschließend das Kontextmenü über die rechte Maustaste auf und wählen Sie **Recommended Quick Fixes...** (siehe Abbildung 14.63).

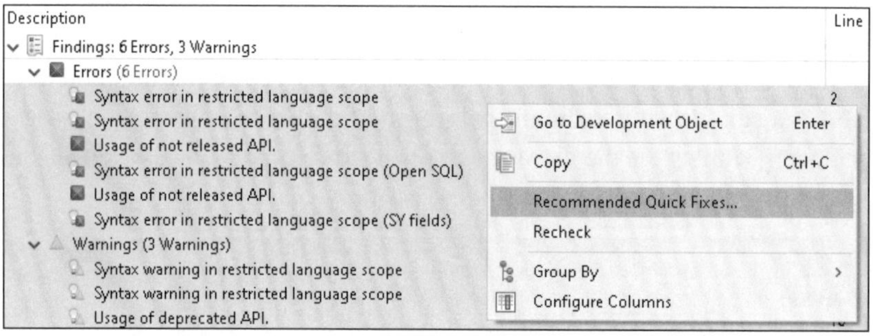

Abbildung 14.63 Anwendung von Quick Fix auf mehrere Befunde

Es öffnet sich ein Assistent und zeigt Ihnen für jeden zuvor markierten Befund die vorgeschlagene Korrektur an (siehe Abbildung 14.64). Über das Kennzeichen **Group by Object** können Sie die Gruppierung der dargestellten Befunde beeinflussen und zwischen einer Gruppierung nach Entwicklungsobjekt oder einer Gruppierung nach Fehlertyp wechseln. Über die Kennzeichen **Activate changed objects** und **Recheck** können Sie auswählen, ob Ihre Objekte nach der Korrektur automatisch aktiviert und gegebenenfalls noch einmal geprüft werden sollen. Wählen Sie nun alle Korrekturen aus, die Sie durchführen möchten, und klicken Sie auf **Next**.

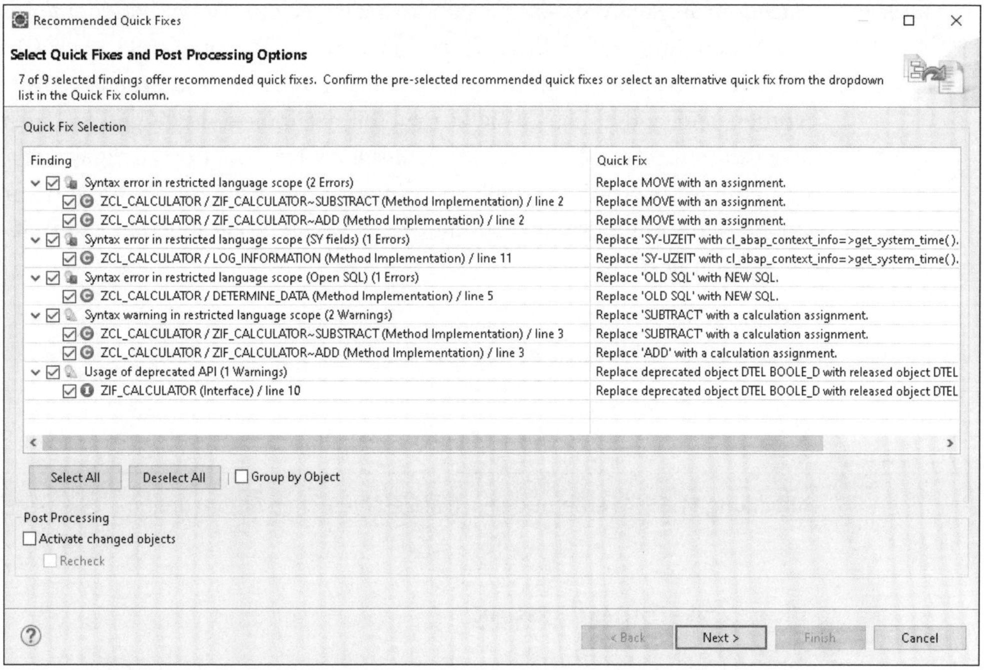

Abbildung 14.64 Auswählen der Korrekturen bei Quick Fix mehrerer Befunde

Nachdem Sie im nächsten Fenster einen Transportauftrag ausgewählt haben, können Sie sich im darauffolgenden Fenster für jedes Entwicklungsobjekt noch einmal anschauen, welche Änderungen durch Quick Fixes angewendet werden (siehe Abbildung 14.65). Schließen Sie den Assistenten mit **Finish** ab.

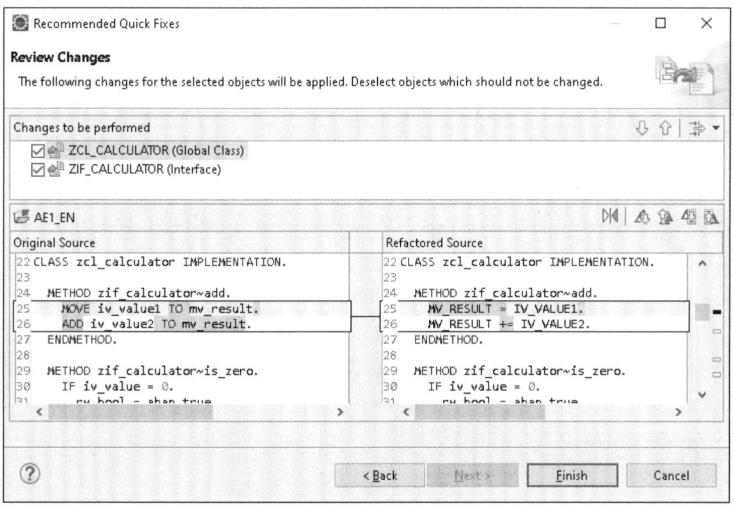

Abbildung 14.65 Vergleichen der Änderungen

Abschluss der Quellcodeprüfungen

Nachdem Sie den Assistenten beendet haben, beginnt Eclipse mit der automatischen Anpassung Ihres Quellcodes. Sollte Ihr Quellcode nach Abschluss der Anpassungen nicht automatisch aktiviert und erneut geprüft worden sein, sollten Sie das jetzt manuell nachholen. Beseitigen Sie auch alle weiteren Fehler, die nicht durch die Quick-Fix-Funktion korrigiert werden können. Sobald die Quellcodeprüfung keine weiteren Befunde mehr findet, ist die Migration von kundeneigenem Quellcode abgeschlossen (siehe Abbildung 14.66).

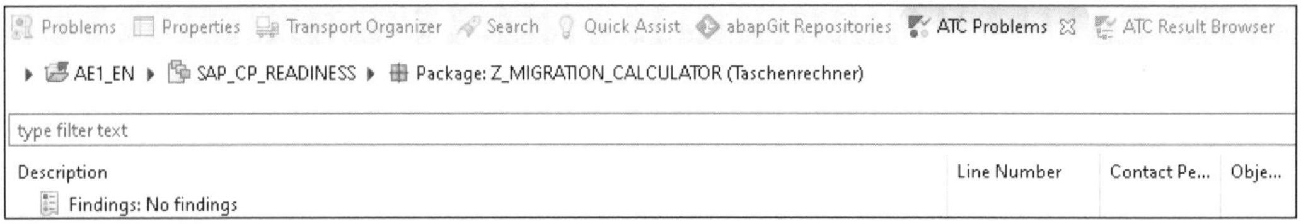

Abbildung 14.66 ATC-Befunde nach abgeschlossenen Anpassungen

14.4 Zusammenfassung

Im ABAP Environment können Sie nur noch einen eingeschränkten ABAP-Sprachumfang und die von SAP festgelegten Repository-Objekte verwenden. Möchten Sie kundeneigenen Quellcode von Ihrem On-Premise-System in das ABAP Environment migrieren, müssen Sie damit rechnen, dass dieser Quellcode angepasst werden muss.

In Abschnitt 14.1, »Cloud-Readiness-Prüfungen durchführen«, haben wir Ihnen verschiedene Möglichkeiten vorgestellt, wie Sie sich in einem ersten Schritt einen Überblick über die notwendigen Anpassungen und die daraus resultierenden Aufwände machen können. Abhängig von Ihrer Systemlandschaft können Sie dabei Ihren Quellcode entweder mit dem ATC im SAP GUI prüfen oder mit **Custom Code Migration** eine moderne SAP-Fiori-Anwendung nutzen.

Für den Export und Import des kundeneigenen Quellcodes nutzen Sie Git in Verbindung mit einem Repository bei einem Onlinedienst, wie z. B. GitHub. In Abschnitt 14.2, »Migration in das ABAP Environment«, haben wir Ihnen den abapGit-Client für die Transformation vorgestellt. Damit exportieren Sie zunächst Ihren kundeneigenen Quellcode vom On-Premise-Systeme in das Remote Repository. Anschließend nutzen Sie den abapGit-Client in Eclipse, um den kundeneigenen Quellcode in das ABAP Environment zu importieren.

Im letzten Abschnitt 14.3, »Halbautomatische Quellcodeanpassungen«, haben wir Ihnen die Quick-Fix-Funktion von Eclipse vorgestellt. Quick Fix unterstützt Sie bei der halbautomatischen Anpassung Ihres Quellcodes. Damit lässt sich eine Vielzahl von Fehlern, die im Kontext der Einschränkungen des ABAP Environment auftauchen können, sehr einfach beheben.

Kapitel 15
Software Lifecycle Management

In diesem Kapitel lernen Sie, wie Sie Entwicklungsobjekte in Folgesysteme transportieren können und wie sich das Software Lifecycle Management in das ABAP Environment integriert.

Es gibt eine Vielzahl an Programmiersprachen. Jede dieser Programmiersprachen ist einzigartig hinsichtlich ihrer Syntax oder Semantik. Dennoch sind sich die meisten Sprachen in ihren grundlegenden Konzepten sehr ähnlich. Das Ziel jeder Programmiersprache ist die Auslieferung eines funktionierenden Stücks Software. Dabei ist unerheblich, ob Sie eine ganze Anwendung entwickeln, einzelne Komponenten oder lediglich eine einzelne Datenbankabfrage. Unabhängig von der Programmiersprache durchläuft jede Software den in Abbildung 15.1 dargestellten Lebenszyklus.

15

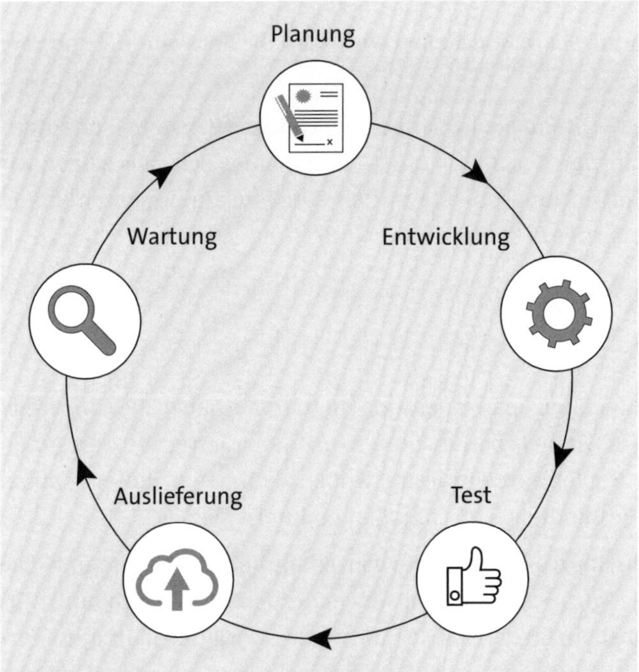

Abbildung 15.1 Softwarelebenszyklus

Sprachabhängige Besonderheiten

Jedes Unternehmen strukturiert seine IT-Prozesse nach eigenen Anforderungen und Möglichkeiten. Folglich werden auch die Phasen des Softwarelebenszyklus in jedem Unternehmen anders praktiziert. Die verwendete Programmiersprache kann dabei als limitierender Faktor eine entscheidende Rolle spielen und die Möglichkeiten während der einzelnen Phasen einschränken.

Bei der ABAP-Entwicklung ist man beispielsweise in der Auslieferungsphase auf das *Change and Transport System* (CTS) von SAP angewiesen. Änderungen an Entwicklungsobjekten werden in Transportaufträgen dokumentiert. Sobald ein Transportauftrag freigegeben wurde, werden für die Entwicklungsobjekte neue Versionen in der Versionshistorie angelegt, und der Transportauftrag kann im Folgesystem importiert werden.

Weiterentwicklung des CTS

Dieses bewährte Vorgehen begleitet ABAP-Entwickler*innen bereits seit vielen Jahren. Dennoch hat auch das CTS seine Schwächen und muss sich den Anforderungen an eine flexiblere Entwicklung und Auslieferung von Software stellen. Die logische Konsequenz, die SAP daraus ableiten musste, war die Weiterentwicklung des altbewährten CTS. In diesem Kapitel stellen wir Ihnen diese Weiterentwicklung vor und vermitteln Ihnen ein Grundverständnis der neuen Möglichkeiten im Lebenszyklus von ABAP-basierter Software.

Im ersten Abschnitt 15.1, »Git«, stellen wir Ihnen die Software Git und ihre Funktionen vor.

In Abschnitt 15.2, »Git-Enabled Change and Transport System«, erläutern wir das neue Transportwesen von SAP. Anhand eines Beispiels zeigen wir Ihnen, wie Sie Entwicklungsobjekte mittels Softwarekomponenten in Folgesysteme transportieren können und mit Branches arbeiten.

15.1 Git

In Kapitel 14, »Kundeneigenen Quellcode migrieren«, haben Sie Git bereits kennengelernt. Da Git im Lebenszyklus von ABAP-basierter Software einen immer größeren Stellenwert einnimmt, wollen wir Ihnen in diesem Kapitel die wichtigsten Bestandteile von Git näher erläutern.

Git ist eine Open-Source-Software zur verteilten Versionsverwaltung. Die plattformunabhängige Software lässt sich nahezu in jeder Umgebung nutzen und wird vor allem im Bereich der Softwareentwicklung häufig zur Versionierung von Dateien eingesetzt. So überrascht es wenig, dass Git auch zur Verwaltung vieler bekannter Projekte wie Eclipse, dem Linux-Kernel oder dem Android-Betriebssystem eingesetzt wird. Änderungen an Objekten können für Entwickler nachvollziehbar und einfach festgehalten werden. Die Versionskontrolle erlaubt es zudem, jederzeit auf einen älteren Stand des Projekts zuzugreifen. Außerdem kann man seine Änderungen anderen Entwickler*innen zur Verfügung stellen oder sich Aktualisierungen von anderen Entwickler*innen einholen.

Repositories

Git organisiert sich über Repositories. Dabei handelt es sich um Speicherbereiche, die dazu verwendet werden, Projekte abzubilden und zu organisieren. In diesen Repositories befinden sich alle Dateien des Projekts. Außerdem kann man dort alle vorangegangenen Versionen der Dateien finden. Da in einem Repository alle Änderungen zur Verfügung stehen, kann einfach nachvollzogen werden, wer welche Änderung wann durchgeführt hat.

Verteilte Versionsverwaltung

Im Gegensatz zu einigen anderen Systemen zur Versionskontrolle, wie z. B. *Apache Subversion* (SVN), setzt Git dabei auf eine verteilte Versionsverwaltung (siehe Abbildung 15.2). Das bedeutet, dass jedem Entwickler bzw. jeder Entwicklerin eine lokale Kopie des Projekts in Form eines lokalen Repository zur Verfügung steht. Ohne eine Abhängigkeit zu einem zentralen Server kann somit jedes Teammitglied offline auf seinem eigenen Entwicklungssystem arbeiten. Verschiedene Teammitglieder können demzufolge auch parallel Anpassungen am selben Projekt vornehmen.

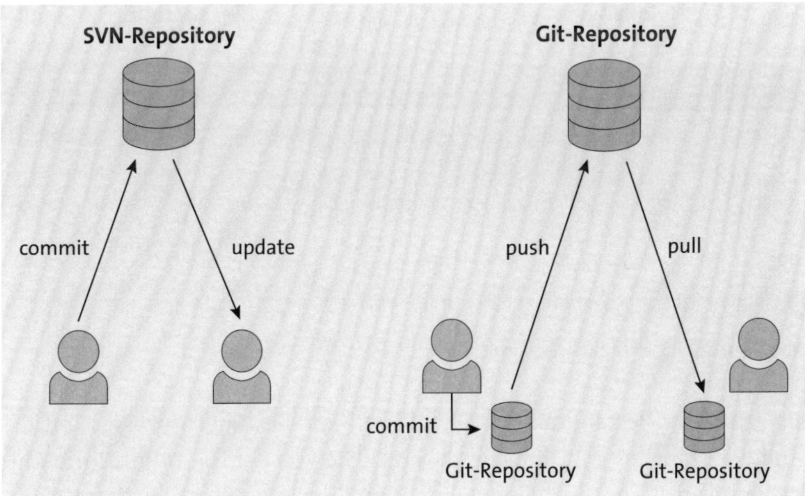

Abbildung 15.2 Vergleich von SVN und Git

Remote Repository

Sie können Git in der beschriebenen Konstellation bereits für eine grundlegende Versionierung Ihres Projekts nutzen. Dabei liegt Ihr Repository allerdings nur lokal auf Ihrem Entwicklungssystem. Sie sollten sich daher früh genug Gedanken zu Datensicherungsmaßnahmen machen, um gegen einen Systemausfall geschützt zu sein. Spätestens wenn Sie aber mit mehreren Entwickler*innen an einem Projekt arbeiten, ist diese Vorgehensweise nicht mehr praktikabel, und Sie sollten auf ein Remote Repository setzen. Ein solches Repository liegt zentral auf einem Server und befindet sich »hinter« Ihrem lokalen Repository. Sie haben dabei die Wahl, ob Sie selbst einen Server mit einem Git-System betreiben möchten oder auf einen Onlinedienst, wie z. B. GitHub, GitLab und Bitbucket setzen.

Commit und Push

Bei der Projektarbeit mit Git werden alle Anpassungen zunächst im entsprechenden Arbeitsverzeichnis Ihrer Entwicklungsumgebung vorgenommen. Sobald Ihre Arbeit einen Zustand erreicht, den Sie für angemessen halten, können Sie diesen mittels eines *Commit* an das lokale Repository übertragen. Erst mit dieser Übertragung wird eine neue Version Ihres Projekts erzeugt, und die Änderungen werden dokumentiert. Möchten Sie Ihre Änderungen zusätzlich für Ihre Kolleg*innen im Remote Repository zur Verfügung stellen, nutzen Sie dafür einen *Push*. Mit einem *Pull* können Sie sich im Umkehrschluss die aktuellsten Anpassungen Ihrer Kolleg*innen von einem Remote Repository in Ihr lokales Repository und Arbeitsverzeichnis laden. Abbildung 15.3 veranschaulicht diese Übertragung von Änderungen.

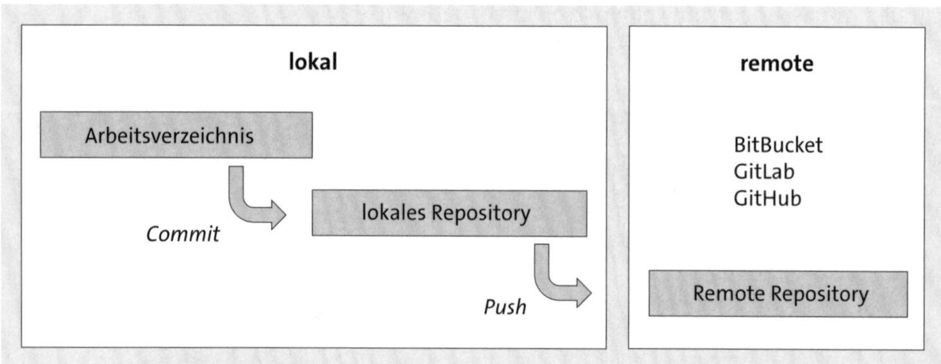

Abbildung 15.3 Projektarbeit mit Git

Branches

Ein wichtiger Bestandteil des alltäglichen Entwicklungsprozesses mit Git sind die Branches. Mit Branches zweigen Sie von der Hauptlinie Ihrer Entwicklung ab. Branches stellen quasi einen Verweis auf eine bestimmte Version Ihrer Änderungen dar. Wenn Sie beispielsweise einen Fehler per Hotfix beheben und zeitgleich Ihre Anwendung erweitern möchten, legen Sie jeweils einen Branch an. In diesen Branches können Sie dann die entsprechenden Anpassungen vornehmen. Sie stellen damit sicher, dass beide Entwicklungen unabhängig voneinander fortgeführt werden können, und reduzieren so die Wahrscheinlichkeit, dass instabile Änderungen in den *Master Branch*, also das Hauptcoding, übertragen werden. In Abbildung 15.4

sehen Sie die typische baumartige Struktur, die bei der Anlage und Bearbeitung verschiedener Branches entstehen kann.

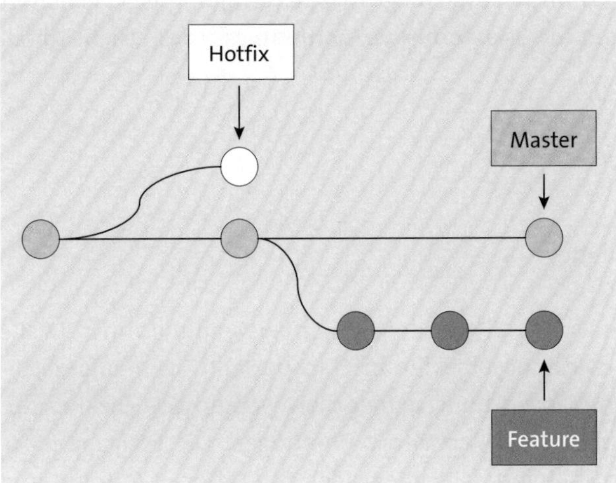

Abbildung 15.4 Baumstruktur bei der Verwendung mehrerer Branches

Merge

Sobald Sie die Entwicklung in Ihrem Branch abgeschlossen haben, sollten Sie diese Änderungen auch wieder an den Master Branch übertragen. Damit stellen Sie sicher, dass zukünftig angelegte Branches Ihre Änderungen beinhalten. Das Zusammenführen eines Branch mit dem Master Branch nennt man *Merge*. Sofern sich unterschiedliche Dateien oder Stellen im Quelltext geändert haben, erfolgt dieser Prozess komplett automatisiert durch Git. Sollten Änderungen an denselben Stellen im Quelltext vorgenommen worden sein, führt dies zu einem Konflikt. Git signalisiert Ihnen die betroffenen Stellen, und Sie müssen diesen Konflikt manuell beheben. Dazu geben Sie an, welcher Teil des Quelltexts »richtig« ist und in den Master Branch überführt werden soll.

Weiterführende Informationen zu Git finden Sie unter:

https://git-scm.com/ doc

15.2 Git-Enabled Change and Transport System

Eine typische SAP-Systemlandschaft besteht aus drei Systemen: einem Entwicklungssystem (DEV), einem Qualitätssicherungssystem (QAS) und einem Produktivsystem (PRD). Solche Systemlandschaften können selbstverständlich auch mit dem ABAP Environment abgebildet werden und benötigen ein entsprechendes Transportwesen. Für den Transport von Entwicklungsobjekten zwischen den verschiedenen ABAP-Systemen desselben Global Accounts können Sie allerdings nicht das aus dem On-Premise-Umfeld bekannte CTS verwenden. Als Alternative stellt Ihnen SAP das *Git-Enabled Change and Transport System* (gCTS) zur Verfügung. gCTS erweitert das klassische CTS um Git als externes Versionierungssystem (siehe Abbildung 15.5).

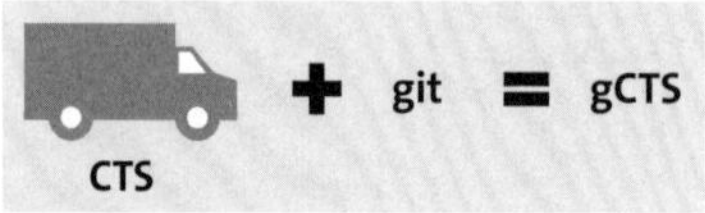

Abbildung 15.5 Erweitertes CTS

Freigabe von Transportaufträgen

Genau wie beim klassischen CTS werden bei der Verwendung von gCTS alle Änderungen an Entwicklungsobjekten in Transportaufträgen aufgezeichnet. Sobald Sie einen Transportauftrag freigeben, werden die Objekte automatisch an ein zentrales Git-Repository übertragen. Die Freigabe eines Transportauftrags kombiniert dabei die beiden Git-Aktionen Commit und Push. Diese Änderungen können in Folgesysteme wiederum über ein Pull aus dem zentralen Git-Repository importiert werden.

Integriertes Git

gCTS verwendet ein integriertes Git. Im Gegensatz zu abapGit, das Sie zur Migration von kundeneigenem Quellcode in das ABAP Environment einsetzen, haben Sie bei gCTS nicht die Flexibilität, sich für einen Onlinedienst, wie zum Beispiel GitHub oder Bitbucket, zu entscheiden. Außerdem ist das integrierte Git nur für die ABAP-Systeme Ihres Global Accounts sichtbar. Ein direkter Zugriff auf das integrierte Git ist nicht möglich. Bei der Entwicklung haben Sie so allerdings den Vorteil, dass Sie sich nicht um die Einrichtung eines Git kümmern müssen und weiterhin mit den bereits bekannten Transportaufträgen arbeiten können.

Abbildung 15.6 zeigt die Softwareverteilung mit gCTS im ABAP Environment.

[+]

gCTS für SAP S/4HANA

gCTS steht für SAP-S/4HANA-Systeme seit dem Release 1909 auch On-Premise zur Verfügung. Im Gegensatz zum ABAP Environment ist der Einsatz allerdings optional. Bei der Verwendung von gCTS mit einem SAP-S/4HANA-System haben Sie die Möglichkeit, selbst zu entscheiden, welches Git Sie einsetzen möchten. Der Einsatz von gCTS im SAP-S/4HANA-Umfeld eignet sich in erster Linie für Unternehmen, die eine Git-basierte Softwareverteilung wünschen oder den Einsatz von Continuous Integration.

Weiterführende Informationen zur Verwendung von gCTS in On-Premise-Systemlandschaften finden Sie im SAP-Hinweis 2821718.

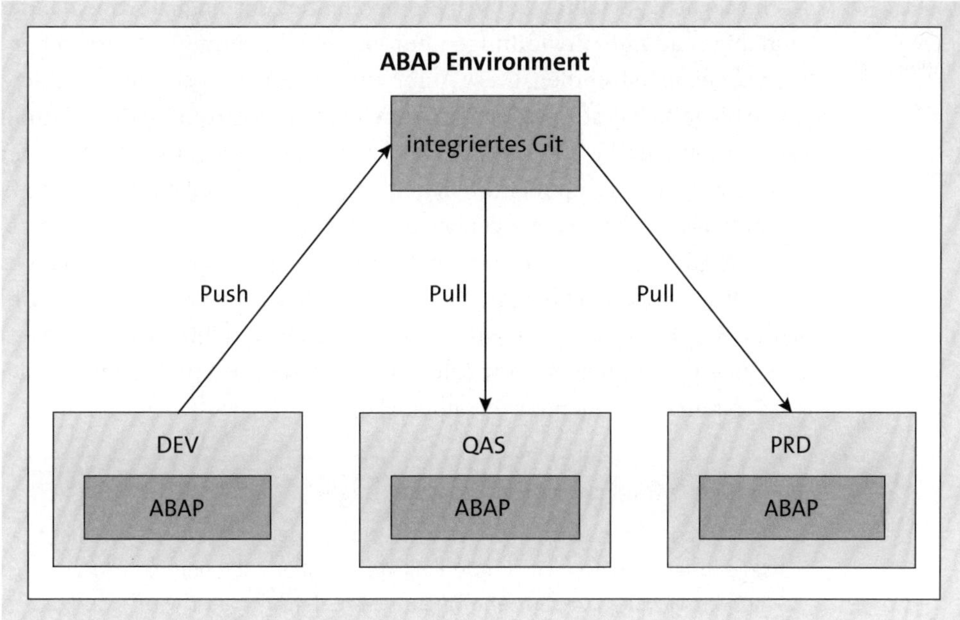

Abbildung 15.6 Softwareverteilung mit gCTS

15.2.1 Mit Softwarekomponenten arbeiten

In Abschnitt 4.2, »Softwarekomponenten«, haben wir Ihnen bereits gezeigt, wie Sie eine Softwarekomponente anlegen können. Wir sind jedoch nur kurz auf die Bedeutung von Softwarekomponenten eingegangen und haben Ihnen den Unterschied zwischen Softwarekomponenten vom Typ Development und Business Configuration erläutert. Da Softwarekomponenten eine wichtige Rolle im ABAP Environment spielen, gehen wir in diesem Abschnitt noch einmal vertieft auf sie ein. Hierbei behandeln wir insbesondere Softwarekomponenten vom Typ Development, die sich grundlegend von solchen vom Typ Business Configuration unterscheiden, die wir in Kapitel 11, »Customizing im ABAP Environment bereitstellen«, ausführlicher behandelt haben.

Struktur- und Entwicklungspakete

Über Softwarekomponenten organisieren und verwalten Sie Ihre Entwicklungen. Softwarekomponenten beinhalten das gesamte Coding und alle Entwicklungsobjekte einer oder mehrerer Anwendungen. Dazu existiert für jede Softwarekomponente ein korrespondierendes Strukturpaket in Ihrem ABAP-System. In Strukturpaketen können Sie allerdings keine Entwicklungsobjekte anlegen. Dazu stehen Ihnen wiederum Entwicklungspakete zur Verfügung, mit denen Sie Ihr Strukturpaket in fachliche oder technische Einheiten unterteilen.

Verwendung von Softwarekomponenten

Nach Möglichkeit sollten Softwarekomponenten unabhängig voneinander lauffähig sein und Entwicklungen nur lose über mehrere Softwarekomponenten gekoppelt werden. Diese Anforderung begründet sich insbesondere durch die in sich geschlossene Struktur einer Softwarekomponente. Grundsätzlich können Objekte einer Softwarekomponente nicht die Objekte einer anderen Softwarekomponente verwenden. Jegliches Bereitstellen von Funktionalität »außerhalb« der eigenen Softwarekomponente kann nur über explizite Application Programming Interfaces (APIs) erfolgen. Dazu muss der API-Status entsprechender Entwicklungsobjekte auf **Released** stehen. In Abschnitt 5.3, »Entwicklungsobjekte freigeben«, haben wir Ihnen anhand eines CDS-View gezeigt, wie Sie Entwicklungsobjekte freigeben und somit in anderen Softwarekomponenten verwenden können.

[!]

Keine nachträglichen Zuordnungen möglich

Objekte können nachträglich nicht in eine andere Softwarekomponente umgehängt werden. Wir empfehlen Ihnen daher, sich bereits im Vorfeld einer Entwicklung ausreichend Gedanken zu der Anlage von Softwarekomponenten zu machen.

Transport über Softwarekomponenten

Softwarekomponenten spielen nicht nur in der Verwaltung und Organisation von Entwicklungsobjekten eine wichtige Rolle. Über Softwarekomponenten erfolgt auch der Transport von kundeneigenen Entwicklungsobjekten in die Folgesysteme. Für jede Softwarekomponente, die Sie über die SAP-Fiori-Anwendung *Manage Software Components* anlegen, wird automatisch ein korrespondierendes Repository im integrierten Git des ABAP Environment angelegt. Jede Softwarekomponente ist somit genau einem Repository zugewiesen. Die Softwarekomponente und das korrespondierende Git-Repository sind im gesamten Global Account für alle ABAP-Systeme eindeutig.

Sobald Sie einen Transportauftrag freigeben, werden Änderungen an das Git-Repository der entsprechenden Softwarekomponente übertragen. Anschließend können diese Änderungen in ein Folgesystem importiert werden. Der Import erfolgt immer für die gesamte Softwarekomponente. Sie haben keine Möglichkeit, einzelne Transportaufträge zu selektieren.

Abbildung 15.7 verdeutlicht die Bedeutung von Softwarekomponenten im Zusammenhang mit gCTS.

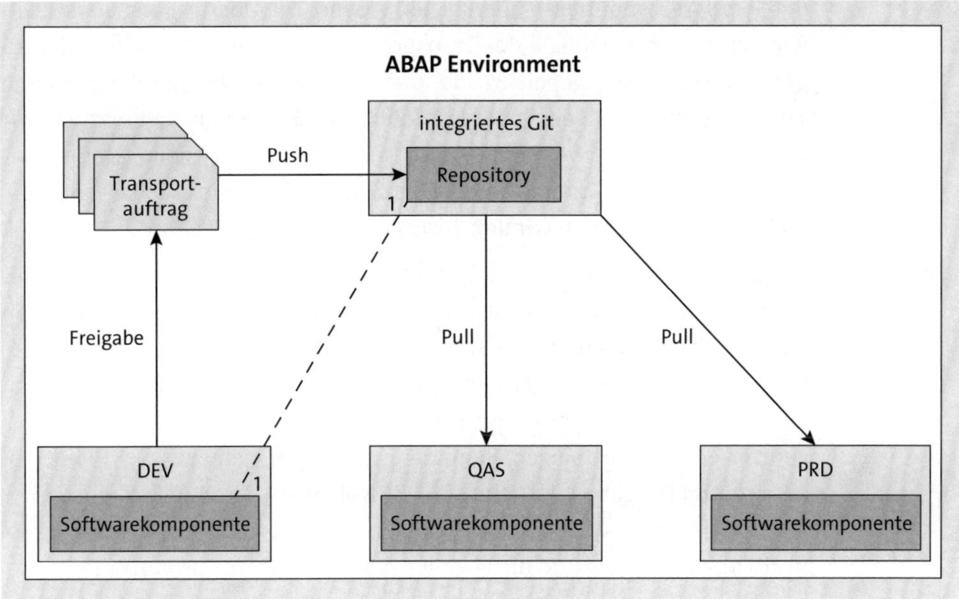

Abbildung 15.7 Bedeutung von Softwarekomponenten in gCTS

15.2.2 Entwicklungsobjekte transportieren

Nachdem Sie erfahren haben, wie das Transportwesen des ABAP Environment aufgebaut ist, zeigen wir Ihnen nun, wie der Transport von Entwicklungsobjekten in der Praxis aussieht. Zur Veranschaulichung transportieren wir die Entwicklungsobjekte, die wir in Abschnitt 14.2.2, »Quellcode in das ABAP Environment importieren«, in das ABAP Environment migriert haben.

Wir gehen an dieser Stelle davon aus, dass das in Abschnitt 14.2.2, »Quellcode in das ABAP Environment importieren«, verwendete Entwicklungspaket `Z_MIGRATION_CALCULATOR` der Softwarekomponente `Z_MIGRATION` untergeordnet ist. Abbildung 15.8 zeigt das korrespondierende Strukturpaket zur Softwarekomponente mit dem untergeordneten Entwicklungspaket `Z_MIGRATION_CALCULATOR`.

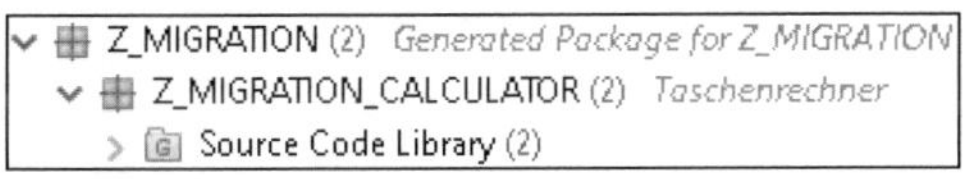

Abbildung 15.8 Pakethierarchie der Softwarekomponente Z_MIGRATION

Übertragung an das Git-Repository

Damit wir neu angelegte und geänderte Entwicklungsobjekte in ein Folgesystem importieren können, müssen diese zuvor an das Git-Repository der Softwarekomponente übertragen werden. Die Übertragung an das Git-Repository erfolgt, sobald der Transportauftrag, in dem sich die Änderungen befinden, freigegeben wurde. Bisher haben Sie für die Freigabe von Transportaufträgen gegebenenfalls die Transaktion SE10 benutzt. Da wir im ABAP Environment keinen Zugriff auf das SAP GUI haben, können wir diese und ähnliche Transaktionen allerdings nicht zur Freigabe verwenden. Stattdessen verwenden wir den *Transport Organizer* in Eclipse.

Transport Organizer

Bei dem Transport Organizer handelt es sich um einen Eclipse-View, der Ihnen grundlegende Transportfunktionen zur Verfügung stellt. Sie können diesen View über **Window • Show View • Other...** in Ihrer Eclipse-Umgebung einblenden. Viele der Funktionen des Transport Organizers kennen Sie bereits aus der Transaktion SE10. So können Sie mit dem Transport Organizer Transporte anlegen, Benutzer hinzufügen, den bzw. die Inhaber*in ändern und Freigaben vornehmen. Wir wollen an dieser Stelle nicht weiter auf die einzelnen Funktionen eingehen. Abbildung 15.9 zeigt den Transport-Organizer-View und die Detailansicht eines Transportauftrags.

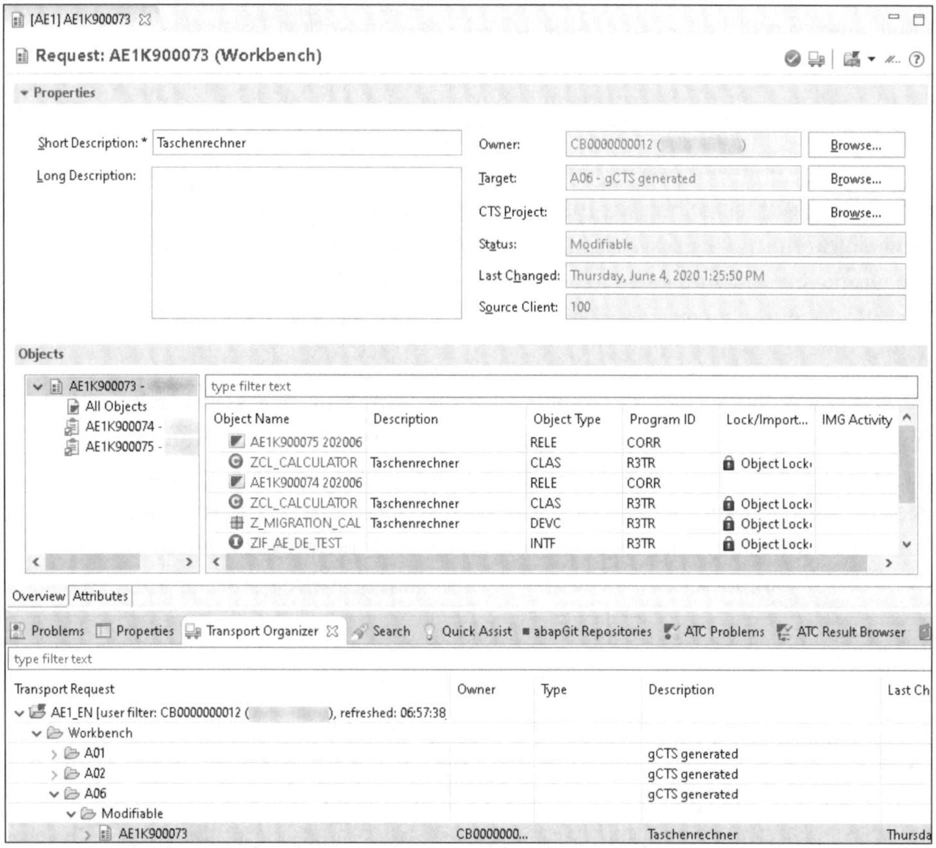

Abbildung 15.9 Transport Organizer mit der Detailansicht eines Transports

Transportauftrag freigeben

Geben Sie nun sowohl die Aufgaben des Transportauftrags als auch den zuvor angelegten Transportauftrag selbst frei:

1. Rufen Sie das Kontextmenü zu Ihrem Transportauftrag mit der rechten Maustaste auf und wählen Sie den Eintrag **Release** (siehe Abbildung 15.10).

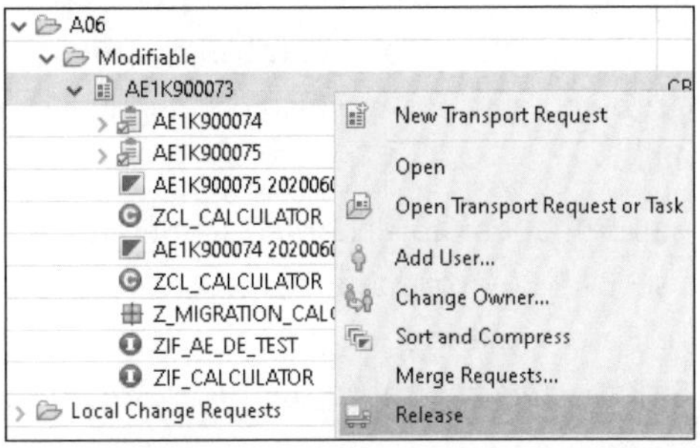

Abbildung 15.10 Freigabe eines Transportauftrags

2. Wechseln Sie anschließend in das Dashboard Ihres Folgesystems und rufen Sie die SAP-Fiori-Anwendung **Manage Software Components** auf.
3. Wählen Sie dort Ihre Softwarekomponente aus und klicken Sie auf die Schaltfläche **Import**.

Im Anschluss startet der asynchrone Import der Softwarekomponente.

[!]

Zurückziehen von Änderungen

Beachten Sie, dass Sie keine Möglichkeit haben, einzelne Transporte selektiv in das Folgesystem zu transportieren. Es werden immer alle Änderungen aller freigegebenen Transportaufträge einer Softwarekomponente transportiert. Sollten Sie Änderungen zurückziehen wollen, müssen Sie das manuell über den **History**-View in Eclipse vornehmen.

Wir empfehlen Ihnen zudem, Entwicklungsobjekte aus dem Transportauftrag zu entfernen, sofern sich durch das Zurückziehen einer Änderung keine tatsächliche Änderung für das Entwicklungsobjekt ergibt.

15.2.3 Mit Branches arbeiten

Stellen Sie sich die folgende Situation vor: Sie arbeiten gerade an einer neuen Funktionalität einer bereits produktiven Anwendung. Plötzlich berichtet Ihnen der Fachbereich von einem Fehler in eben dieser Anwendung. Die Korrektur dieses Fehlers muss schnellstmöglich erfolgen und kann nicht auf die Auslieferung der neuen Funktionalität warten. Damit Ihre bereits vorgenommenen Anpassungen im produktiven Betrieb keine ungewollten Auswirkungen haben, müssen diese wieder entfernt werden. Das kann beispielsweise durch das Auskommentieren der entsprechenden Quelltextstellen erfolgen. Dieses Vorgehen ist zwar für überschaubare Entwicklungen vielleicht noch umsetzbar, für größere Entwicklungen mit mehreren Entwicklungsobjekten sieht das aber anders aus. Außerdem können Sie mit dieser Vorgehensweise lediglich Quelltextobjekte »zurücksetzen«. Bei anderen Entwicklungsobjekten, wie zum Beispiel Tabellen, ist das Auskommentieren nicht möglich.

Eine solche oder ähnliche Situation haben Sie sicherlich schon einmal erlebt. Seit dem Release 2002 des ABAP Environment haben Sie deshalb die Möglichkeit, Branches für Ihre Softwarekomponenten anzulegen. Damit sind Sie in der Lage, solche Situationen zukünftig deutlich eleganter zu lösen.

Manage Software Components

Die Anlage und Verwaltung von Branches erfolgt über die SAP-Fiori-Anwendung *Manage Software Components*. Jeder Branch wird im Git-Repository der Softwarekomponente angelegt. Da die Namen der Softwarekomponenten und der korrespondierenden Git-Repositories im Global Account eindeutig sind, können Sie einen Branch aus jedem beliebigen ABAP-System heraus anlegen.

Abbildung 15.11 zeigt den Bereich **Branching** in der Detailansicht einer Softwarekomponente in der SAP-Fiori-Anwendung **Manage Software Components.** Dort finden Sie eine Übersicht aller vorhandenen Branches. Über verschiedene Schaltflächen können Sie neue Branches erzeugen oder bestehende Branches auschecken.

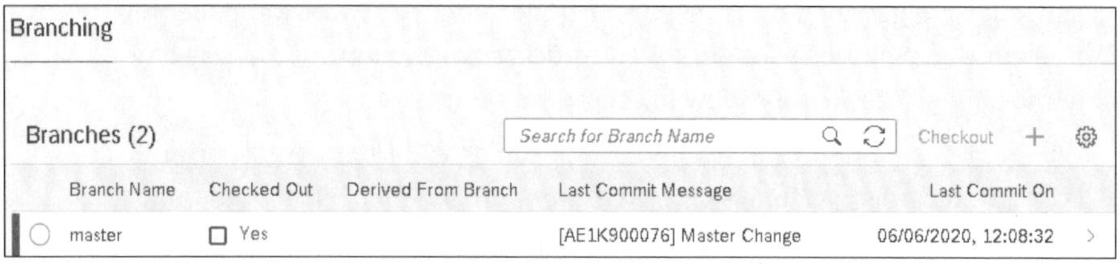

Abbildung 15.11 Branching-Bereich innerhalb der Anwendung »Manage Software Components«

Branches anlegen

Die manuelle Anlage eines neuen Branch erfolgt immer basierend auf einem bereits bestehenden Branch. Der initiale Master-Branch wird bei der Anlage einer Softwarekomponente (siehe Abschnitt 4.2.1, »Softwarekomponenten anlegen«) automatisch erzeugt. Markieren Sie daher den Branch, von dem Sie den neuen Branch ableiten möchten, und klicken Sie auf das

Plussymbol (⊞). Vergeben Sie im folgenden Dialog einen Namen für den Branch und bestätigen Sie die Eingabe mit **Create** (siehe Abbildung 15.12).

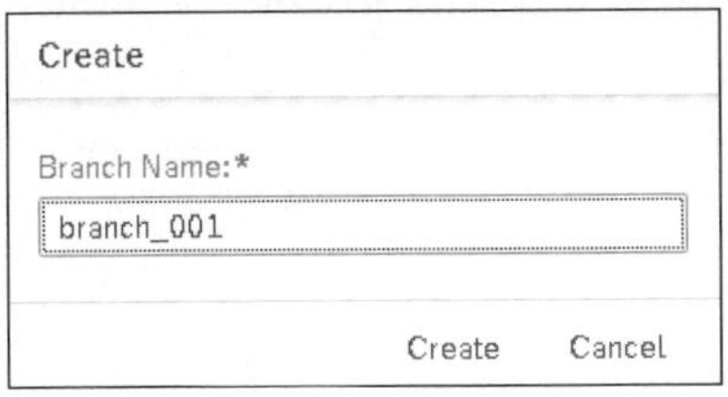

Abbildung 15.12 Anlage eines neuen Branch

[!]

Quell-Branch berücksichtigen

Beachten Sie, dass ein neuer Branch nur die Änderungen des Quell-Branch enthält, die sich im Git-Repository befinden. Sollten Sie noch offene Transportaufträge haben, befinden sich diese Änderungen nicht im Git-Repository und würden somit auch nicht in den neuen Branch übernommen werden. Der Spalte **Last Commit Message** in der Übersicht der vorhandenen Branches (siehe Abbildung 15.11) können Sie entnehmen, welcher Transport zuletzt freigegeben wurde.

15

Branches auschecken

Wenn Sie einen neu angelegten Branch verwenden möchten, muss dieser *ausgecheckt* werden. Markieren Sie dazu den entsprechenden Branch in der Übersicht und wählen Sie die Schaltfläche **Checkout**. Durch das Auschecken werden alle Änderungen des Branch an das ABAP-System übertragen. Dieser Vorgang ist systemabhängig. Achten Sie daher darauf, dass Sie die SAP-Fiori-Anwendung im Dashboard für das »richtige« ABAP-System aufgerufen haben.

Damit Sie einen Branch auschecken können, müssen alle Transportaufträge, die Objekte der Softwarekomponente beinhalten, freigegeben sein. Sie müssen Ihre Änderungen somit an das Git-Repository übertragen. Es gibt zum Zeitpunkt der Drucklegung dieses Buchs keine Möglichkeit, Änderungen zwischenzuspeichern, ohne sie an das Git-Repository zu übertragen, wie es bei der Git-Aktion *Stash* der Fall wäre.

Aktiver Branch

Für jedes ABAP-System kann nur ein Branch einer Softwarekomponente zur selben Zeit aktiv sein. Demzufolge arbeiten alle Entwickler*innen mit derselben Objektversion. Das Sperrverhalten für Entwicklungsobjekte ändert sich dadurch jedoch nicht. Genau wie in einem On-Premise-System kann ein Entwicklungsobjekt immer nur von einer Person gleichzeitig bearbeitet werden.

History

Abbildung 15.13 zeigt die Übersicht der letzten Aktivitäten einer Softwarekomponente im Bereich **History**. Hier können Sie auch das Auschecken eines Branch nachverfolgen, indem Sie über die Schaltfläche (**Auffrischen**) den Status aktualisieren.

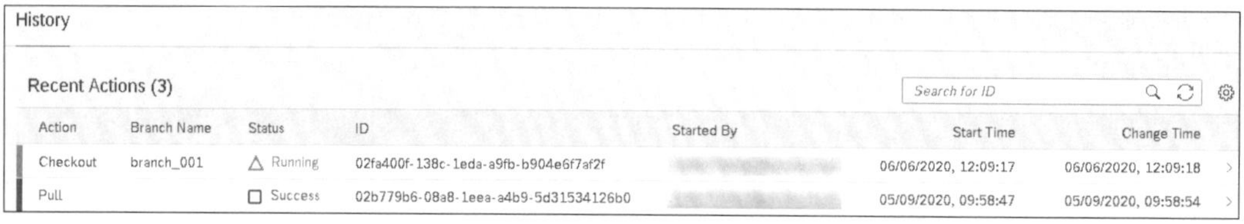

Abbildung 15.13 Letzte Aktivitäten einer Softwarekomponente

Änderungen durchführen

Sobald der Branch komplett ausgecheckt wurde, können Sie damit arbeiten. Entwicklungsobjekte, die Sie während des Auscheckens in der Eclipse-Umgebung geöffnet hatten, sollten Sie sicherheitshalber über das Kontextmenü aktualisieren. Klicken Sie dazu mit der rechten Maustaste auf das Entwicklungsobjekt im Project Explorer und wählen Sie den Eintrag **Refresh** im Kontextmenü. Alternativ können Sie auch die Taste [F5] verwenden. Sobald Sie Ihre Arbeit abgeschlossen haben, geben Sie Ihren Transportauftrag frei und übertragen somit die Änderungen in den ausgecheckten Branch.

Merge

Die Möglichkeit, das Branching zu benutzen, ist ein wichtiger Schritt für eine zukunftsorientierte Softwareentwicklung im SAP-Umfeld. Dennoch unterscheidet sich das Branching grundlegend von dem in anderen Entwicklungsumgebungen und Programmiersprachen. Typischerweise werden Branches dort zu Beginn einer neuen Entwicklung oder Erweiterung angelegt und nach Fertigstellung zurück in den Master Branch gemergt. Im gCTS entsprechen Branches eher dem Zustand einer releasefähigen Softwareversion. Das bedeutet, dass Sie neue Funktionalitäten grundsätzlich im Master Branch entwickeln. Sobald im Testsystem die Entscheidung getroffen wird, dass die Entwicklungen ins Produktivsystem überführt werden können, wird dieser Zustand mit einem Release Branch »festgehalten« und anschließend ins Produktivsystem importiert. Diese Einschränkungen sind dem Umstand geschuldet, dass Sie im gCTS keine Möglichkeit haben, unterschiedliche Branches miteinander zu mergen.

Im Folgenden möchten wir Ihnen einen besseren Überblick über die Arbeit mit Branches im gCTS verschaffen. Anhand von zwei Anwendungsfällen gehen wir mit Ihnen die einzelnen Schritte exemplarisch für eine klassische Systemlandschaft durch, die aus drei Systemen besteht.

Abbildung 15.14 stellt den Ablauf bei der Entwicklung einer neuen Funktionalität für eine bereits produktive Anwendung dar. Das Entwicklungssystem basiert dabei auf dem Master Branch und das Qualitätssicherungssystem und das Produktivsystem jeweils auf den letzten Release Branch:

Entwicklung neuer Funktionalität

❶ In Eclipse entwickeln Sie die neue Funktionalität für eine bereits produktive Anwendung. Dabei werden alle Änderungen in Transportaufträgen aufgezeichnet.

❷ Sobald Sie die Entwicklung abgeschlossen haben, werden die Transportaufträge mit dem Transport Organizer in Eclipse freigegeben und die Änderungen in den Master Branch übertragen.

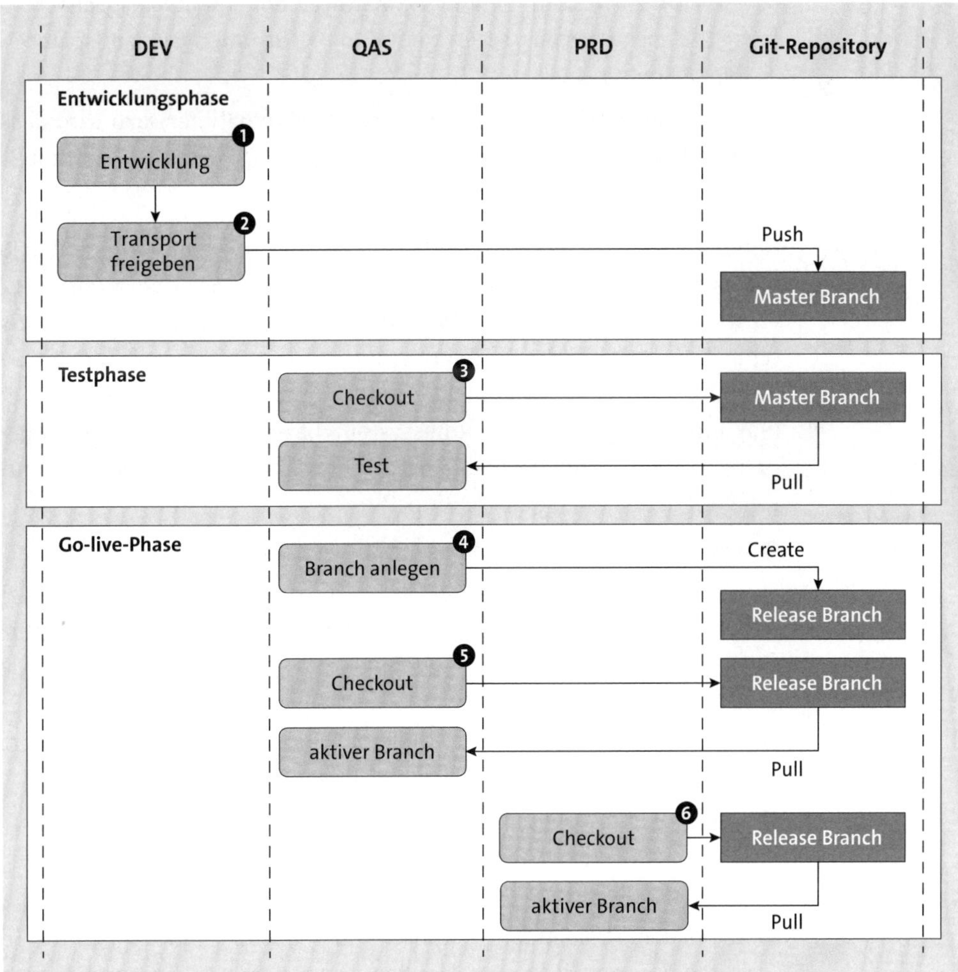

Abbildung 15.14 Ablauf der Entwicklung einer neuen Funktionalität

❸ In der darauffolgenden Testphase müssen diese Änderungen ins Testsystem importiert werden. Dazu checken Sie den Master Branch im Testsystem mit der Anwendung **Manage Software Components** aus. Sollten weitere Änderungen erforderlich sein, werden die zuvor genannten Schritte wiederholt.

❹ Sobald die Tests erfolgreich abgeschlossen wurden, beginnt die Go-live-Phase. Im Testsystem erzeugen Sie mit der SAP-Fiori-Anwendung **Manage Software Components** einen neuen Release Branch, basierend auf dem Master Branch.

❺ Als Nächstes wird auch dieser Release Branch im Testsystem über die SAP-Fiori-Anwendung **Manage Software Components** ausgecheckt. Das stellt sicher, dass das Testsystem und das Produktivsystem später denselben Stand haben.

❻ Zum Schluss erfolgt die eigentliche Produktivnahme. Dazu wird der Release Branch im Produktivsystem über die SAP-Fiori-Anwendung **Manage Software Components** ausgecheckt.

Entwicklung dringender Korrekturen

Abbildung 15.15 stellt den Ablauf bei der Entwicklung einer dringenden Korrektur für eine schon produktive Anwendung dar. Es wurde bereits mit der Entwicklung einer neuen Funktionalität begonnen, und die Korrektur soll schnellstmöglich in das Produktivsystem transportiert werden. Die Auslieferung der Korrektur kann nicht erst zusammen mit der neuen Funktionalität erfolgen. Das Entwicklungssystem basiert dabei auf dem Master Branch und das Qualitätssicherungssystem und das Produktivsystem jeweils auf dem letzten Release Branch:

❶ Im Entwicklungssystem muss die Entwicklung der neuen Funktionalität im Master Branch pausiert werden. Die Korrektur erfolgt im aktuellsten Release Branch. Dieser Release Branch wird mit der SAP-Fiori-Anwendung **Manage Software Components** im Entwicklungssystem ausgecheckt.

❷ In Eclipse wird die Korrektur implementiert. Dabei werden alle Änderungen in Transportaufträgen aufgezeichnet.

❸ Sobald die Korrektur abgeschlossen wurde, werden die Transportaufträge mit dem Transport Organizer in Eclipse freigegeben und die Änderungen in den Release Branch übertragen.

❹ In der darauffolgenden Testphase müssen diese Änderungen ins Testsystem importiert werden. Der Release Branch ist im Testsystem bereits ausgecheckt. Mit der SAP-Fiori-Anwendung **Manage Software Components** wird die Softwarekomponente importiert. Sollten weitere Änderungen erforderlich sein, werden die zuvor genannten Schritte wiederholt.

❺ Sobald die Tests erfolgreich abgeschlossen wurden, erfolgt die Produktivnahme der Korrektur. Da der Release Branch auch im Produktivsystem ausgecheckt ist, wird analog zum Testsystem lediglich die Softwarekomponente mithilfe der SAP-Fiori-Anwendung **Manage Software Components** importiert.

❻ Anschließend kann mit der Entwicklung der neuen Funktionalität fortgefahren werden. Dazu wird mit der SAP-Fiori-Anwendung **Manage Software Components** zunächst der Master Branch im Entwicklungssystem ausgecheckt.

❼ Bevor nun mit der weiteren Entwicklung der neuen Funktionalität fortgefahren werden kann, müssen die zuvor durchgeführten Korrekturen auch im Master Branch vorgenommen werden.

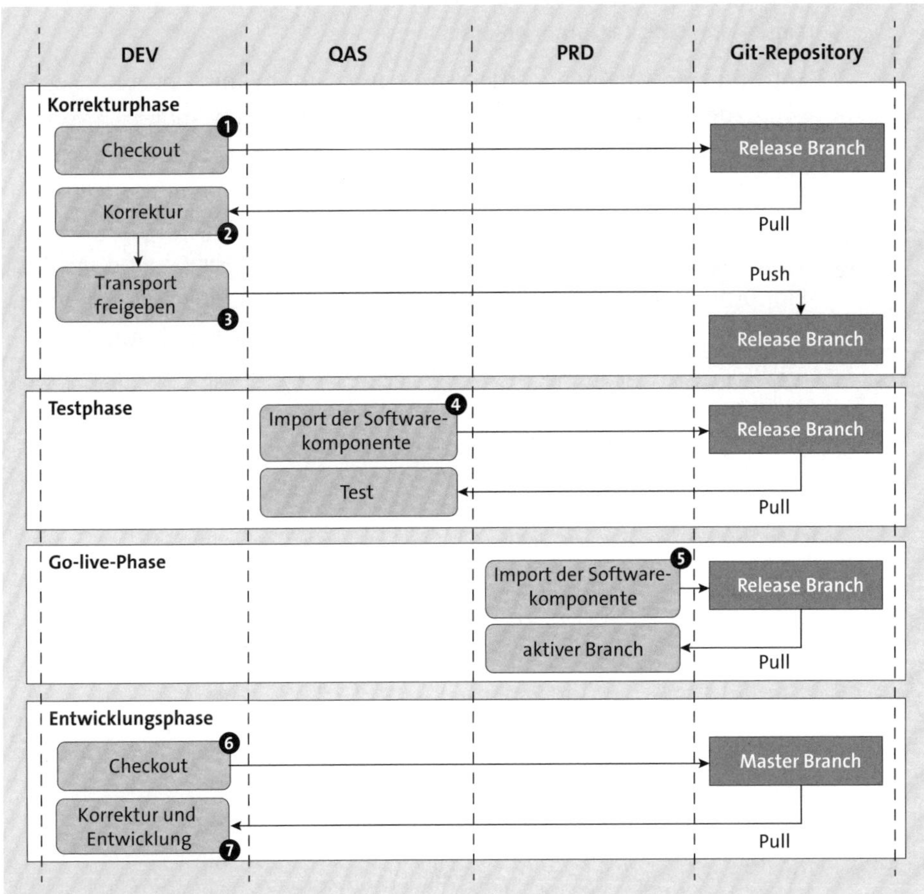

Abbildung 15.15 Ablauf bei der Entwicklung einer dringenden Korrektur

Abgrenzung der Anwendungsfälle

Grundsätzlich unterscheiden sich diese beiden Anwendungsfälle darin, in welchen Branch entwickelt wird. Sofern eine Korrektur erfolgen muss und parallel keine neue Funktionalität entwickelt wird, kann die Implementierung der Korrektur auch, wie im ersten Ablauf dargestellt, direkt im Master Branch erfolgen.

15.3 Zusammenfassung

In diesem Kapitel haben wir Ihnen das neue Transportwesen für das ABAP Environment vorgestellt. Der Transport von Entwicklungsobjekten zwischen verschiedenen ABAP-Systemen des ABAP Environment kann nicht länger über das aus dem On-Premise-Umfeld bekannte CTS erfolgen. Stattdessen verwenden Sie gCTS. Dabei handelt es sich um eine Erweiterung des klassischen CTS um Git als externes Versionierungssystem. In Abschnitt 15.1, »Git«, haben wir daher die grundlegenden Funktionen und Begrifflichkeiten von Git zusammengefasst.

Softwarekomponenten werden nicht nur zur Organisation und Verwaltung, sondern auch für den Transport von Entwicklungsobjekten verwendet. In Abschnitt 15.2, »Git-Enabled Change and Transport System«, haben wir erläutert, welche Bedeutung Softwarekomponenten für das Transportwesen im ABAP Environment haben. Wir haben Ihnen gezeigt, wie Sie Entwicklungsobjekte mit dem Transport Organizer in Eclipse und der SAP-Fiori-Anwendung **Manage Software Components** in Folgesysteme transportieren können. Als Letztes haben wir Ihnen erklärt, wie Sie mit Branches arbeiten. Bei der Verwendung von Branches mit gCTS steht Ihnen noch nicht der volle Umfang der Funktionalität zur Verfügung. Ein Merge verschiedener Branches ist beispielsweise nicht möglich.

Anhang A
Quellen- und Literaturverzeichnis

Bücher

Catalin Chiuaru, Sebastian Freilinger-Huber, Timo Stark, Tobias Trapp (2019): ABAP-Entwicklung für SAP S/4HANA. 1. Auflage. SAP PRESS.

Renzo Colle, Ralf Dentzer, Jan Hrastnik (2020): Core Data Services für ABAP. 2. aktualisierte und erweiterte Auflage. SAP PRESS.

Felix Roth, Stefan Stöhr (2018): BOPF – Business-Objekte mit ABAP entwickeln. 1. Auflage. SAP PRESS.

Thomas Schneider, Werner Wolf (2018): Erweiterungen für SAP S/4HANA. Das Praxishandbuch. 1. Auflage. SAP PRESS.

Holger Seubert (2018): SAP Cloud Platform. Services, Nutzen, Erfolgsfaktoren. 1. Auflage, SAP PRESS.

Artikel aus Internetquellen

Cloud Foundry Foundation (o. J.): Runtime Components, *https://docs.cloudfoundry.org/concepts/architecture/* [zuletzt abgerufen am 08.04.2020]

Cloud Foundry Foundation (o. J.): Services Overview, *https://docs.cloudfoundry.org/devguide/services/index.html* [zuletzt abgerufen 08.04.2020]

Cloud Foundry Foundation (o. J.): Welcome to Cloud BOSH, *https://bosh.io/docs/* [zuletzt abgerufen am 08.04.2020]

Martin Fowler, James Lewis (2014): Microservices, *https://martinfowler.com/articles/microservices.html* [zuletzt abgerufen am 08.04.2020]

SAP SE (2020): SAP – ABAP RESTful Programming Model, *https://help.sap.com/doc/3750bcdf7b8045e18f1b759e6d2b000b/Cloud/en-US/ABAP_RESTful_Programming_Model_EN.pdf* [zuletzt abgerufen am 25.08.2020]

Thomas Schneider (2019): Software Lifecycle Management for SAP Cloud Platform ABAP Environment, *https://blogs.sap.com/2019/11/13/software-*

lifecycle-management-for-sap-cloud-platform-abap-environment/ [zuletzt abgerufen am 02.04.2020]

Quellenangaben zu Abbildungen

Abbildung 2.1: Gegenüberstellung der SAP-Cloud- und On-Premise-Produkte (in Anlehnung an: Tammy Powlas (2020): SAP Road Map: ABAP Platform Webcast Recap, *https://blogs.sap.com/2020/03/17/sap-road-map-abap-platform-webcast-recap-abapisnotdead/* [zuletzt abgerufen am 17.08.2020])

Abbildung 2.2: ABAP Environment in der Systemlandschaft (in Anlehnung an: Wahl, Florian (2020): SAP Cloud Platform ABAP Environment – Erfahrungsbericht, Seite 9. In: Dokumente des DSAG Arbeitskreises Development im DSAGNet, *https://www.dsag.de/system/files/node/document/field_doc_file/dsag_abapdevdays2020_sap_cp_abap_environment_erfahrungsbericht_1.pdf* [zuletzt abgerufen am 25.09.2020])

Abbildung 2.3: Anbindung von SAP-Cloud-Systemen an das ABAP Environment (in Anlehnung: Wahl, Florian (2020): SAP Cloud Platform ABAP Environment – Erfahrungsbericht, Seite 11. In: Dokumente des DSAG Arbeitskreises Development im DSAGNet, *https://www.dsag.de/system/files/node/document/field_doc_file/dsag_abapdevdays2020_sap_cp_abap_environment_erfahrungsbericht_1.pdf* [zuletzt abgerufen am 25.09.2020])

Abbildung 2.4: Anbindung von On-Premise-Systemen an das ABAP Environment (in Anlehnung an: Wahl, Florian (2020): SAP Cloud Platform ABAP Environment – Erfahrungsbericht, Seite 16. In: Dokumente des DSAG Arbeitskreises Development im DSAGNet, *https://www.dsag.de/system/files/node/document/field_doc_file/dsag_abapdevdays2020_sap_cp_abap_environment_erfahrungsbericht_1.pdf* [zuletzt abgerufen am 25.09.2020])

Abbildung 2.5: Nutzung des ABAP Environment als Daten-Hub (in Anlehnung an: Wahl, Florian (2020): SAP Cloud Platform ABAP Environment – Erfahrungsbericht, Seite 17. In: Dokumente des DSAG Arbeitskreises Development im DSAGNet, *https://www.dsag.de/system/files/node/document/field_doc_file/dsag_abapdevdays2020_sap_cp_abap_environment_erfahrungsbericht_1.pdf* [zuletzt abgerufen am 25.09.2020])

Abbildung 2.6: Komponenten und Funktionen des ABAP Environment (in Anlehnung an: Wahl, Florian (2020): SAP Cloud Platform ABAP Environment – Erfahrungsbericht, Seite 17. In: Dokumente des DSAG Arbeitskreises Development im DSAGNet, *https://www.dsag.de/system/files/node/document/field_doc_file/dsag_abapdevdays2020_sap_cp_abap_environment_erfahrungsbericht_1.pdf* [zuletzt abgerufen am 25.09.2020])

Abbildung 3.16: ABAP-Cloud-Projekt als Systemverbindung (Quelle: SAP Help Portal: ABAP Cloud Projects, *https://help.sap.com/viewer/5371047f1273405bb46725a417f95433/Cloud/en-US/0fd39d8ff44045c79b38-da7537423078.html* [zuletzt abgerufen am 06.07.2020])

Abbildung 7.4: Transaktionszyklus des ABAP-RESTful-Programmiermodells (Quelle: SAP SE (2020): SAP – ABAP RESTful Programming Model, Seite 257, *https://help.sap.com/doc/3750bcdf7b8045e18f1b759e6d2b000b/Cloud/en-US/ABAP_RESTful_Programming_Model_EN.pdf* [zuletzt abgerufen am 25.08.2020])

Abbildung 8.1: Speichersequenz Managed Behavior (Quelle: SAP SE (2020), SAP – ABAP RESTful Programming Model, Seite 257, *https://help.sap.com/doc/3750bcdf7b8045e18f1b759e6d2b000b/Cloud/en-US/ABAP_RESTful_Programming_Model_EN.pdf* [zuletzt abgerufen am 25.08.2020])

Abbildung 9.2: Einordnung der Projektionsschicht (Quelle: SAP SE (2020), SAP – ABAP RESTful Programming Model, Seite 43, *https://help.sap.com/doc/3750bcdf7b8045e18f1b759e6d2b000b/Cloud/en-US/ABAP_RESTful_Programming_Model_EN.pdf* [zuletzt abgerufen am 25.08.2020]

Abbildung 13.28: Funktionsweise des Cloud Connector (Quelle: SAP Help Portal: Integrating On-Premise Systems, *https://help.sap.com/viewer/65de2977205c403bbc107264b8eccf4b/Cloud/en-US/c95327f-bed6c4efeb1855f12f826301d.html* [zuletzt abgerufen am 09.08.2020])

Abbildung 14.3: Cloud-Readiness-Prüfungen über ein zentrales Testsystem (Quelle: Dolinskaja (2018): How to check your custom ABAP code for SAP Cloud Platform ABAP Environment, *https://blogs.sap.com/2018/10/02/how-to-check-your-custom-abap-code-for-sap-cloud-platform-abap-environment/* [zuletzt abgerufen am 29.09.2020])

Anhang B
Das Autorenteam

André Tiebing ist ABAP Senior Consultant bei der RealCore Group. Hier bringt er seine über zehnjährige Erfahrung bei der Konzeptionierung und Entwicklung individueller Lösungen in Kundenprojekte namhafter Handelsunternehmen ein. Seit Anfang 2020 leitet er zusammen mit Benjamin Kunold das Competence Center SAP Development und ist für die Identifizierung und Analyse von neuen und zu vertiefenden Technologieschwerpunkten verantwortlich. Nach seiner Ausbildung zum Fachinformatiker für Anwendungsentwicklung bei einem großen Textileinzelhandelsunternehmen hat er einige Jahre als Entwickler im Bereich SAP Retail gearbeitet, bevor er zu seinem aktuellen Arbeitgeber wechselte.

Benjamin Kunold arbeitet seit 2010 für die RealCore Group. Er ist zusammen mit André Tiebing als Head of Competence Center SAP Development beschäftigt. Zu seinem Tätigkeitsbereich gehört neben der Identifizierung und Analyse vielversprechender neuer Technologien auch der Wissenstransfer im Bereich der ABAP-Entwicklung. Im Mittelpunkt steht hier vor allem SAP Cloud Platform, ABAP Environment. Benjamin Kunold besitzt mehr als zehn Jahre Erfahrung in der ABAP-Entwicklung und arbeitet in verschiedenen Projekten des Einzelhandels sowie des Energiedienstleistungssektors. Nach seiner Ausbildung als Fachinformatiker für Anwendungsentwicklung absolvierte er nebenberuflich den Bachelor-Studiengang Wirtschaftsinformatik an der Fachhochschule Dortmund.

Patrick Jungk ist als SAP-Berater und -Anwendungsentwickler bei der RealCore Group tätig. Seine ersten ABAP-Programme schrieb er bereits in der Schulzeit, und auch neben seinem Studium der Wirtschaftsinformatik programmierte er SAP-Anwendungen für diverse Unternehmen aus Industrie und Handel. Seit dem erfolgreichen Abschluss des Studiums arbeitet Patrick Jungk in Projekten namhafter Handelsunternehmen an der Konzeption und Entwicklung von SAP-Anwendungssoftware. Neben der ABAP-Entwicklung zählen die SAP Cloud Platform und Webtechnologien wie SAPUI5/SAP Fiori zu den Schwerpunkten seiner Expertise.

Index

B

C

D

E

F

T

U